全球贸易摩擦研究报告

（2012 年）

主编　顾春芳

机械工业出版社

图书在版编目（CIP）数据

全球贸易摩擦研究报告. 2012 / 顾春芳主编. --北京：机械工业出版社，2013. 3
ISBN 978-7-111-41763-7

Ⅰ. ①全… Ⅱ. ①顾… Ⅲ. ①国际贸易—国际争端—研究报告—2012 Ⅳ. ①F744

中国版本图书馆 CIP 数据核字（2013）第 046776 号

机械工业出版社（北京市百万庄大街 22 号 邮政编码 100037）
策划编辑：崔红曼 责任编辑：于 洋
版式设计：潘海艳 责任校对：罗文利
封面设计：高 威
北京诚顺达印刷有限公司印刷
2013 年 3 月第 1 版第 1 次印刷
210mm×285mm · 18.5 印张 · 415 千字
001—800 册
标准书号：ISBN 978-7-111-41763-7
定价：120 元

《全球贸易摩擦研究报告（2012年）》
编委会名单

主　编：顾春芳

副主编：马恩中　吴　岩　王　新　关　钢

执行副主编：于伟毅　左浩泓　崔红曼

编　者：于　洋　裘红萍　罗　蓉　常　雁　王珊珊　史云庆
卢　欣　张　辉　赵秋艳　张　硕　鲁　欣　金颖琦
刘欣欣　李朝辉　刘宪民　罗文利

序　言

金融危机后的四年，全球经济的主题基本是围绕复苏而展开的。当前，有关国际经济组织的数据均显示，经济的整体增长形势仍显疲软。为保护产业发展，各国（地区）纷纷采取各类手段。例如，在传统的贸易救济领域，反倾销与反补贴合并调查频繁使用，而知识产权、技术性贸易壁垒等一些具有相对更高“技术”含量的手段近年来亦在国际贸易领域频繁出现。但由于其对配套的法律和技术层面的要求较高，目前运用这种手段的主要是发达成员。此外，货币汇率、投资措施、服务贸易等领域也纷争不断。随着中国在全球经济与贸易中地位的不断提高，中国出口产品在国际市场上遭遇的贸易摩擦形势也愈加严峻。主要贸易伙伴除在上述领域运用法律手段外，还从机构、制度设置上加强了有针对性的监控检查，如美国设立跨部门贸易执法中心等。因此，持续关注、分析、预测全球贸易摩擦的趋势和特点对我国有效应对贸易摩擦具有重要的现实意义。

《全球贸易摩擦研究报告（2012 年）》从国别、产业、措施手段三个角度对我国面临的贸易摩擦形势进行了系统研究，力图从不同的视角为不同的用户提供参考。从国别方面看，主要关注我国的主要贸易伙伴美国、欧盟、印度、加拿大、澳大利亚等国家（地区）针对全球的贸易救济调查情况，重点关注了这些国家（地区）针对我国的贸易救济调查情况；从产业看，对我国机电、冶金、轻工、纺织等重点产业在国际贸易过程中所面临的贸易摩擦情况进行了总结和分析；从措施手段来看，重点对我国产品在国际贸易过程中面临的贸易救济调查、知识产权调查、产品安全预警/召回/通报、海关知识产权侵权扣押、WTO 贸易争端等进行了分析。

此外，《全球贸易摩擦研究报告（2012 年）》通过对全球贸易摩擦的形势、特点进行客观分析，形成了贸易摩擦领域综合性、专业性的研究，希望通过该报告为所有相关领域的读者提供进一步深入研究分析的基础。

目　录

序　言

第一章　全球贸易救济案件综述 1

第一节　全球贸易救济案件的特点及趋势 1

第二节　主要国家（地区）贸易救济案件的特点及走势 8

美国 8

欧盟 13

印度 17

南非 21

巴西 24

土耳其 27

阿根廷 29

澳大利亚 32

加拿大 35

第二章　我国贸易救济申诉案件综述 38

第一节　我国贸易救济申诉案件的特点 38

第二节　我国贸易救济措施实施效果分析 40

第三章　全球对华贸易救济案件综述 43

第一节　全球对华贸易救济案件的特点及趋势 43

第二节　主要国家（地区）对华贸易救济案件的特点及走势 49

美国 49

欧盟 54

印度 58

澳大利亚 61

阿根廷 63

墨西哥 65

土耳其 67

加拿大 70

第四章　全球知识产权保护情况……73
第一节　全球专利申请及授权情况……73
第二节　美国知识产权调查……77
第三节　主要贸易伙伴海关知识产权侵权商品扣押情况……86
第五章　技术性贸易措施通报情况……102
第一节　世贸组织 TBT、SPS 通报情况分析……102
TBT、SPS 通报情况综述……102
中国 TBT、SPS 通报情况分析……108
美国 TBT、SPS 通报情况分析……111
欧盟 TBT、SPS 通报情况分析……114
日本 TBT、SPS 通报情况分析……116
加拿大 TBT、SPS 通报情况分析……121
第二节　主要国家对华产品拒绝、召回、预警和扣留情况……126
美国 FDA 拒绝进口中国产品情况综述……126
美国 CPSC 对华产品召回情况综述……128
欧盟 RASFF 对华产品通报情况综述……130
欧盟 RAPEX 对华产品通报情况综述……136
日本检疫机构发布进口食品扣留通报情况综述……140
加拿大卫生部发布进口产品召回通报情况综述……147
澳大利亚竞争和消费者委员会发布进口产品召回通报情况综述……150
新西兰消费者协会发布进口食品召回通报情况综述……152
第六章　WTO 争端解决……154
第一节　WTO 争端案件情况综述……154
第二节　中国参加 WTO 争端解决机制情况分析……170
第七章　我国重点行业面临的贸易摩擦形势分析……178
机电……178
化工……184
冶金……193
轻工……199
纺织……208
第八章　我国高新技术产品贸易壁垒分析……212
第一节　我国高新技术产品贸易情况……212
第二节　主要国家限制高新技术产品出口的情况……214

第三节　我国高新技术产品出口面临的贸易壁垒 217

第九章　全球对华贸易救济调查典型案例 221

案例 1　美国对华环状焊接碳素钢管双反调查案 221
案例 2　美国对华可锻铸铁管附件反倾销案 228
案例 3　欧盟对华不锈钢无缝钢管反倾销案 241
案例 4　欧盟对华瓷砖反倾销案 244
案例 5　印度对华 PVC 胶膜反倾销案 250
案例 6　巴基斯坦对华过氧化氢反倾销案 266

附　录 277

附表 1　世贸组织产品分类标准表 277
附表 2　发展中经济体（地区）、发达经济体（地区）和转型经济体的划分标准 278
附表 3　中国在贸易救济、知识产权领域及世贸组织的"第一案" 281
附表 4　缩略语 282
附表 5　1995～2011 年 WTO 成员启动的反倾销调查涉案产品分类列表 283
附表 6　1995～2011 年 WTO 成员启动的反补贴调查涉案产品分类列表 284
附表 7　1995～2011 年 WTO 成员启动的保障措施调查涉案产品分类列表 285

第一章　全球贸易救济案件综述[一]

第一节　全球贸易救济案件的特点及趋势

据WTO统计，2011年，WTO成员共启动174起[二]贸易救济调查。其中，反倾销155起，反补贴8起，保障措施11起。而在所有遭受贸易救济调查的国家（地区）中，中国是全球反倾销和反补贴调查的最大受害者。

一、反倾销是全球贸易救济调查的主要形式

1995～2011年，WTO成员共启动4501起贸易救济调查。其中，46个WTO成员启动了4010起反倾销调查，占全球贸易救济案件总数的89.1%；20个WTO成员启动了262起反补贴调查，占比5.8%；47个WTO成员启动了229起保障措施调查，占比5.1%。

二、全球贸易救济新立案数呈下降之势，但2008年的经济衰退使其有所回升

全球经济形势的发展是影响贸易救济立案数的重要因素之一：在全球经济上升时期，各成员之间的贸易保护措施相对较少，反之则增多。据统计，全球国内生产总值（以下简称GDP[三]）增速与全球贸易救济立案数基本呈背离状，即全球GDP增速加快，贸易救济立案数减少；反之，GDP增速放缓，贸易救济立案数增加。1995～2001年，全球贸易救济新立案数呈现上升之势，而同期的全球GDP虽有起伏，但总体呈现下降走势，并于2001年降至历年最低，为1.5%；2002～2007年，全球贸易救济新立案数呈现下降走势，而这一时期的全球GDP呈现出上升之势。

2008年以来，金融危机迅速蔓延至全球，各国为扶持和保护国内产业、防范国际市场萎缩导致的贸易转移，相继出台了形形色色的贸易保护措施，使用贸易救济措施的频率提高。据WTO统计，2009年，全球贸易救济新立案数262起，比上年增加23起，增幅为9.6%。2010年以后，各国经济呈现回暖态势，全球GDP增速升至3.5%；同期，各国启动贸易救济调查的数量大幅下降，共200起，同比下降23.7%。

三、发起国集中，印度成为全球发起贸易救济调查最多的WTO成员

截至2011年，共有55个WTO成员启动了4501起贸易救济调查，占同期WTO成员总数（153个[四]）的35.9%。其中，印度启动的贸易救济调查数位居首位，共685起，占贸易救济立案总数的15.2%；其次是美国，为577起，占比12.8%；位居第三的是欧盟，为502起，占比11.2%；居第四位的是阿根廷，为300起，占比6.7%；澳大利亚位居第五位，为248起，占比5.5%（图1-1）。列居前五位的WTO成员所启

[一] 数据来源：WTO（http://www.wto.org）。

[二] 至截稿时，WTO公布的全球反补贴数据统计至2011年6月30日，因此在第一章中所有涉及2011年反补贴的数据均截至2011年6月30日。

[三] GDP数据来源：WTO发布的《International Trade Statics》。

[四] 153个是截至2011年底正式入世的成员数（根据WTO公布的数据统计所得）。

动的贸易救济调查数占全球贸易救济调查总数的51.4%。

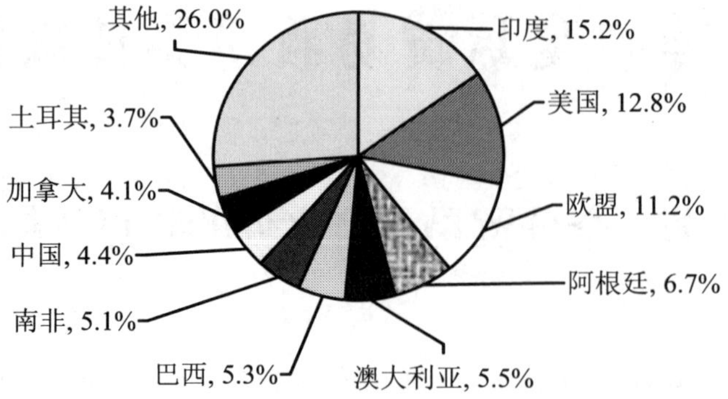

图1-1 1995～2011年世贸组织成员贸易救济立案国别（地区）分布情况

据WTO统计，截至2002年，印度首次超过欧盟，成为仅次于美国的启动贸易救济调查第二大成员；2007年，印度首次超过美国，成为启动贸易救济调查最多的成员。尽管从贸易救济立案总数上来看，印度已经超越美国和欧盟，但其并非在反倾销、反补贴和保障措施3种贸易救济形式中均占据主导地位。

下面我们就各成员方在反倾销、反补贴和保障措施3种调查形式中的表现进行具体分析。

1. 反倾销

1995～2011年，46个WTO成员启动了4010起反倾销调查。其中，印度启动的反倾销调查数高居首位，共656起，占反倾销案件总数的16.4%；其次是美国，为458起，占比11.4%；欧盟位居第三，为437起，占比10.9%；阿根廷位居第四，为291起，占比7.3%；澳大利亚列第五位，为235起，占比5.9%（图1-2）。上述5个成员启动的反倾销调查占全球反倾销案件总数的51.9%，而其余41个成员启动的反倾销调查仅占比48.1%。

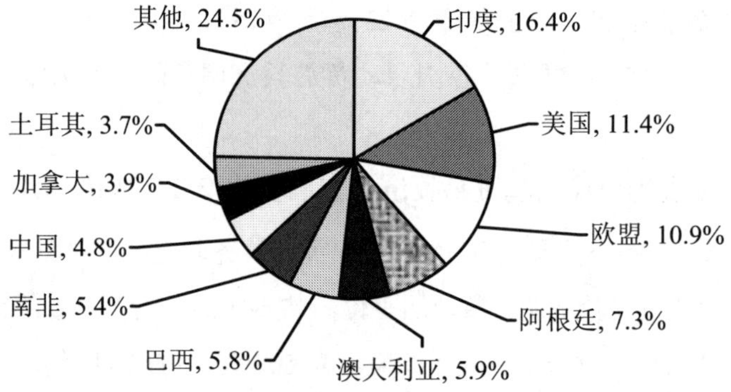

图1-2 1995～2011年世贸组织成员反倾销立案国别（地区）分布情况

在46个启动反倾销调查的WTO成员中，印度的年均增速最快（表1-1）。1995年，印度共启动的反倾销调查6起，位列第七；在随后的16年里，印度共启动了650起反倾销调查，年均立案约41起，超过同期的美国（28起）和欧盟（25起），跃居首位。印度成为近十几年来反倾销立案增速最快的WTO成员。

表 1-1　1995～2011 年美国、欧盟和印度反倾销立案数和位次变化情况

年 份	美 国		欧 盟		印 度	
	案件数	位 次	案件数	位 次	案件数	位 次
1995	14	4	33	1	6	7
1996	22	3	25	2	21	4
1997	15	4	41	2	13	6
1998	36	2	22	4	28	3
1999	47	3	65	1	64	2
2000	47	1	32	4	41	3
2001	77	2	28	3	79	1
2002	35	2	20	5	81	1
2003	37	2	7	10	46	1
2004	26	3	30	1	21	5
2005	12	6	25	2	28	1
2006	8	7	35	1	35	1
2007	28	2	9	5	47	1
2008	16	5	19	3	55	1
2009	20	4	15	6	31	1
2010	3	9	15	3	41	1
2011	15	5	17	3	19	1

2. 反补贴

1995～2011 年，20 个 WTO 成员共启动了 262 起反补贴调查。其中，美国高居首位，共 109 起，占全球反补贴案件总数的 41.6%；其次是欧盟，为 60 起，占比 22.9%；加拿大位居第三，为 25 起，占比 9.5%；南非列第四，为 13 起，占比 5.0%；澳大利亚列第五，为 11 起，占比 4.2%（图 1-3）。上述 5 个 WTO 成员启动的反补贴调查数占全球反补贴案件总数的 83.2%，而其余 15 个成员启动的反补贴调查仅占 16.8%。不同于反倾销调查，反补贴中并未出现立案数急速增长的成员，美国、欧盟、加拿大等发达成员一直占据主导地位。

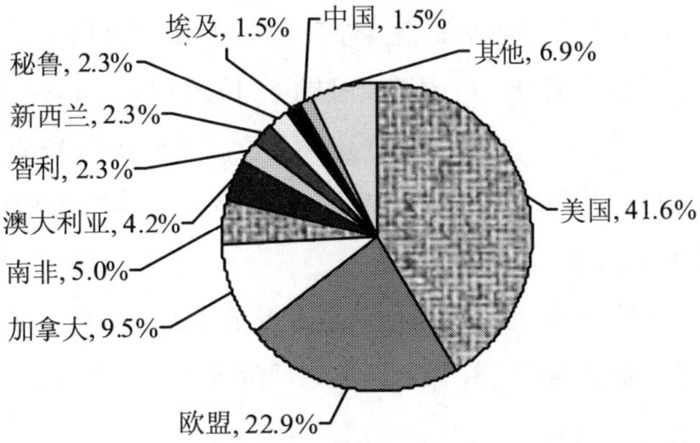

图1-3　1995～2011年世贸组织成员反补贴立案国别（地区）分布情况

3. 保障措施

1995～2011 年，47 个 WTO 成员共启动了 229 起保障措施调查。其中，由印度启动的案件数位居首位，为 28 起，占全球保障措施案件总数的 12.2%；其次是印度尼西亚和土耳其，均为 16 起，各占比 7.0%；位居第三的是约旦，为 15 起，占比 6.6%；列第四位的是智利，为 12 起，占比 5.2%；美国和乌克兰并列第五，均为 10 起，各占比 4.4%（图 1-4）。上述 7 个成员共启动了 107 起保障措施调查，占全球保障措施案件总数的 46.8%。

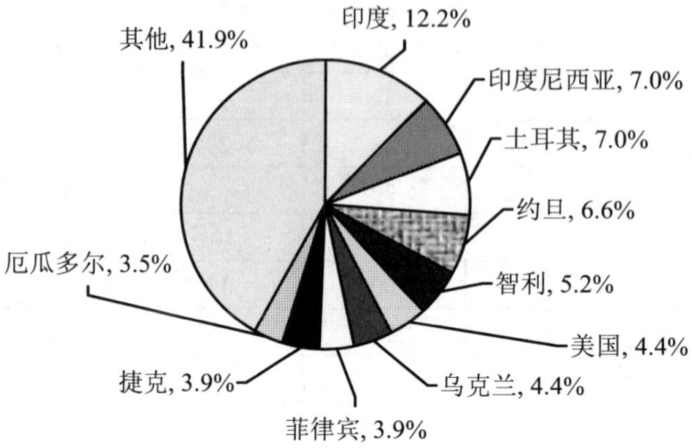

图1-4　1995～2011年世贸组织成员保障措施立案国别分布情况

从以上数据可以看出，在反倾销调查中，美国和欧盟的主导地位已经被印度所取代；在反补贴调查中，美国和欧盟则一直是反补贴调查的主要发起者；而在保障措施调查中，印度等发展中成员一直是“主力军”。

四、被诉国集中，中国、韩国成为重点调查对象

1995～2011 年，46 个 WTO 成员启动的 4010 起反倾销调查共涉及 102 个国家（地区）。其中，中国是反倾销措施最大的受害者，共遭受 853 起反倾销调查，占同期反倾销案件总数的 21.3%，高出位居第二的韩国 14.2 个百分点；其次是韩国，为 284 起，占比 7.1%；美国位居第三，为 234 起，占比 5.8%；中国台湾列第四位，为 211 起，占比 5.3%；印度尼西亚和日本位居第五，为 165 起，占比 4.1%（图 1-5）。上述 6 个国家（地区）遭受的反倾销调查占同期全球反倾销案件总数的 47.7%，被调查对象相对集中也成为全球反倾销调查的特点之一。

同期，WTO 成员启动的 262 起反补贴调查共涉及 44 个国家（地区）。其中，印度是反补贴调查最大的受害者，共遭受 50 起反补贴调查，占同期反补贴案件总数的 19.1%；其次是中国，为 46 起，占比 17.6%；韩国位居第三，为 18 起，占比 6.9%；意大利位居第四，为 13 起，占比 5.0%；欧盟、美国和印度尼西亚位居第五，均为 12 起，各占比 4.6%（图 1-6）。上述 7 个国家（地区）遭受的反补贴调查占全球反补贴案件总数的 62.4%。

从以下数据可以看出，尽管反倾销、反补贴调查涉及的国家（地区）多达 100 多个，但真正遭受反倾销、反补贴调查“重创”的仍集中在中国、印度、韩国等少数国家（地区）。而从被诉国集中度看，反补贴大于反倾销。

自 1995 年 WTO 成立以来，中国出口商品已连续 16 年成为各成员反倾销调查的重点，而近年来尤为突出。2003 年之前，全球对华反倾销案件数占当年全球反倾销案件总数之比在 12%～17%之间徘徊；

但2003年之后，这一占比超过20%，并于2007年高达37.6%。此外，我国从2004年开始遭受反补贴调查，在短短的7年间，全球对华反补贴调查从无到有，目前我国已成为反补贴调查的第二大受害国，并且从2006年以来已连续5年成为反补贴调查的最大受害国。

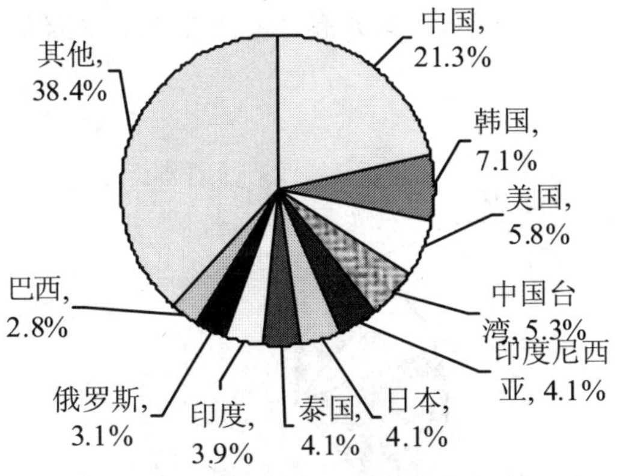

图1-5　1995～2011年各国（地区）遭受反倾销调查分布情况

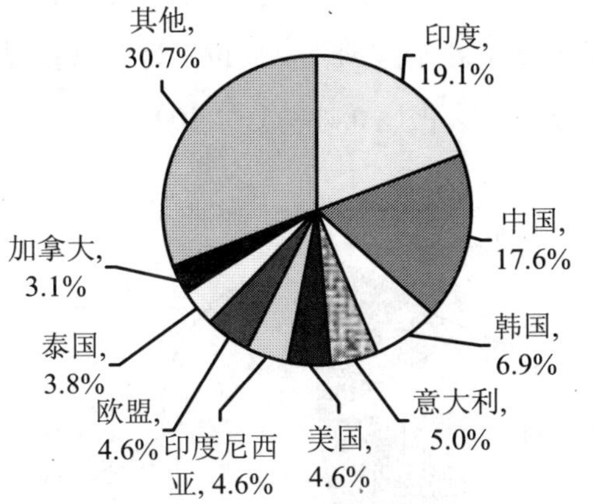

图1-6　1995～2011年各国（地区）遭受反补贴调查分布情况

五、涉案地区集中，半数以上的贸易救济案件涉及亚洲的出口商品

1. 亚洲既是反倾销调查的主要发起者，又是反倾销措施的主要受害者

1995～2011年，在46个WTO成员启动的4010起反倾销调查中，亚洲位居首位，共1458起，占反倾销案件总数的36.4%；其次是北美洲，为759起，占比18.9%；南美洲位居第三，为709起，占比17.7%；欧洲位居第四，为506起，占比12.6%；大洋洲以291起位居第五，占比7.3%；非洲位居第六，为287起，占比7.2%（图1-7）。

而在WTO成员启动的4010起反倾销调查中，被诉国家（地区）为亚洲的共2416起，占反倾销案件总数的60.2%；其次是欧洲，为912起，占比22.7%；北美洲位居第三，为348起，占比8.7%；南美洲居第四位，为216起，占比5.4%；非洲位居第五，为83起，占比2.1%；大洋洲居第六位，为35起，占比0.9%（图1-8）。

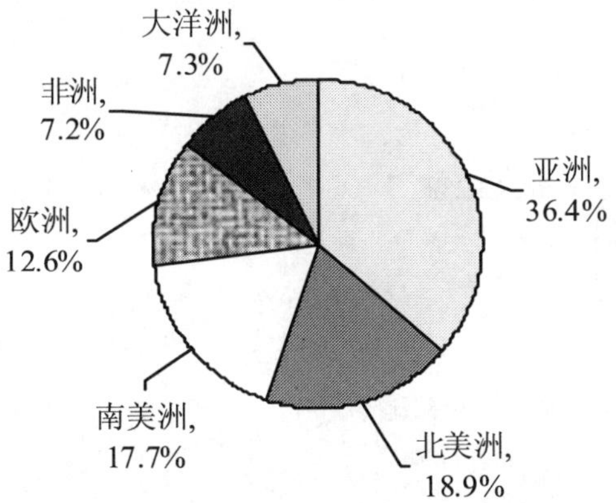

图1-7　1995～2011年世贸组织成员反倾销立案各大洲分布情况

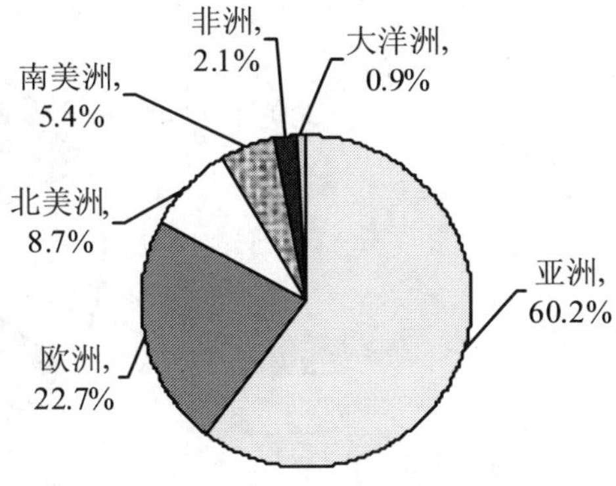

图1-8　1995～2011年各大洲遭受反倾销调查分布情况

2. 北美洲是反补贴调查的主要发起者，而亚洲成为反补贴措施的主要受害者

1995～2011年，在20个WTO成员启动的262起反补贴调查中，北美洲高居首位，为138起，占反

补贴案件总数的52.7%；其次是欧洲，为61起，占比23.3%；南美洲位居第三，为20起，占比各7.6%；非洲和大洋洲位居第四，均为17起，各占比6.5%；亚洲位居第五，为9起，占比3.4%（图1-9）。

而WTO成员启动的262起反补贴调查中，遭受调查的共涉及44个国家（地区）。其中，涉及亚洲的反补贴案件高居首位，共161起，占比61.5%；其次是欧洲，为51起，占比19.5%；北美洲位居第三，为22起，占比8.4%；南美洲居第四位，为21起，占比8.0%；非洲位居第五，为6起，占比2.3%；大洋洲居第六位，为1起，占比0.4%（图1-10）。

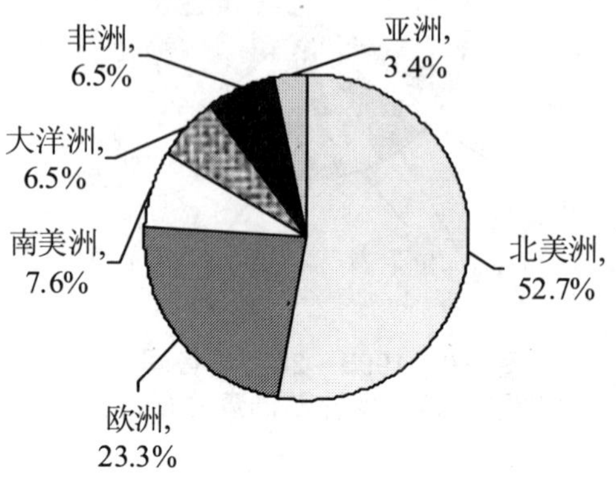

图1-9　1995～2011年各大洲反补贴立案情况

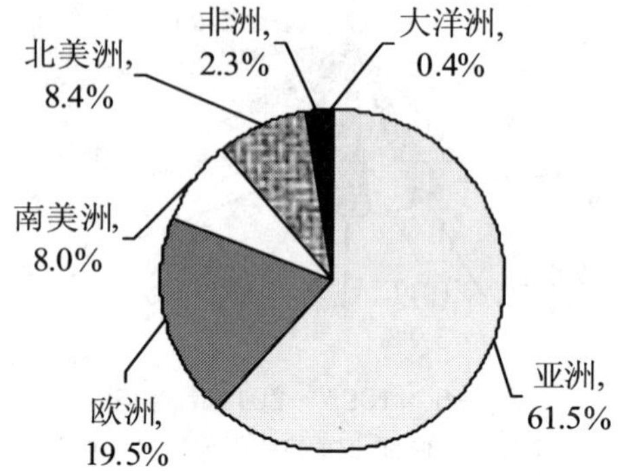

图1-10　1995～2011年各大洲遭受反补贴调查分布情况

3. 亚洲是保障措施调查的主要发起者

1995～2011年，在47个WTO成员启动的229起保障措施调查中，亚洲高居首位，为99起，占比43.2%；其次是欧洲，为49起，占比21.4%；南美洲位居第三，为40起，占比17.5%；北美洲居第四位，为26起，占比11.4%；非洲位居第五，为13起，占比5.7%；大洋洲居第六位，为2起，占比0.9%（图1-11）。

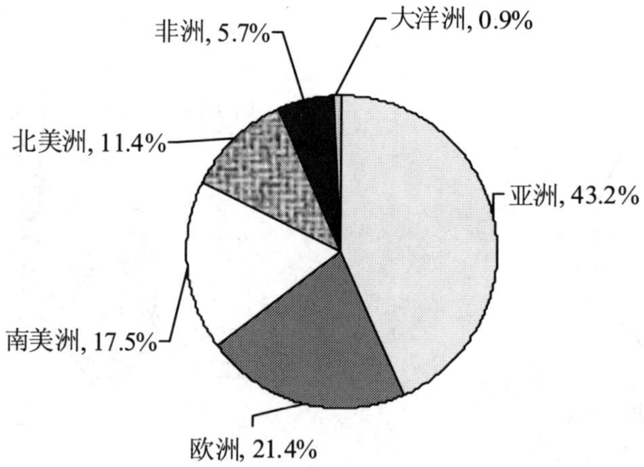

图1-11　1995～2011年各大洲保障措施立案情况

综上可知，就反倾销而言，亚洲既是高发区，又是受害最严重的地区；就反补贴而言，尽管亚洲不是主要发起者，却仍是反补贴调查针对的主要目标；而就保障措施而言，亚洲是主要发起者。

六、涉案行业集中，全球贸易救济调查侧重于贱金属及其制品和化工产品㊀

1995～2011 年，在 WTO 成员启动的 4010 起反倾销调查中，涉及贱金属及其制品（第 15 类）的案件数位居首位，为 1103 起，占反倾销案件总数的 27.5%；其次是化工产品（第 6 类），为 825 起，占比 20.6%；橡胶、塑料及其制品（第 7 类）位居第三，为 513 起，占比 12.8%（图 1-12）。涉及上述 3 个类别的反倾销案件占反倾销案件总数的 60.9%。

同期，在 WTO 成员启动的 262 起反补贴调查中，涉及贱金属及其制品（第 15 类）的案件数高居首位，为 101 起，占比 38.5%；其次是橡胶、塑料及其制品（第 7 类），为 28 起，占比 10.7%；食品，饮料、酒类及醋，烟草及烟草替代品（第 4 类）位居第三，为 24 起，占比 9.2%（图 1-13）。涉及上述 3 个类别的反补贴案件占反补贴案件总数的 58.4%。

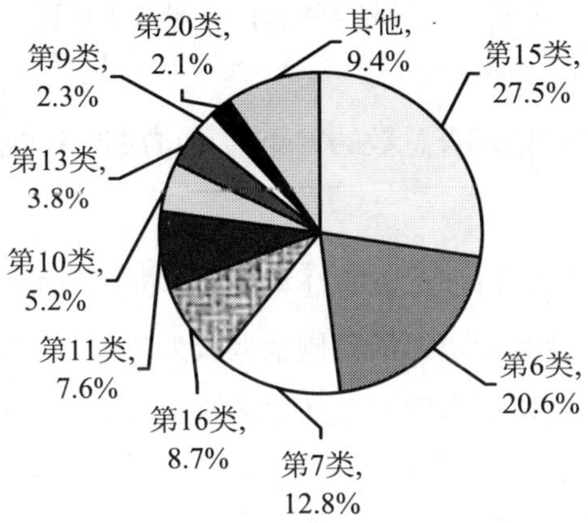

图1-12 1995～2011年全球反倾销调查涉案产品类别分布情况

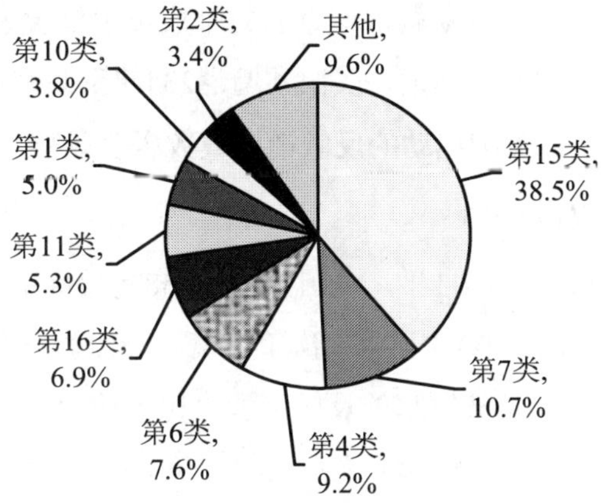

图1-13 1995～2011年全球反补贴调查涉案产品类别分布情况

同期，在 WTO 成员启动的 229 起保障措施调查中，涉及化工产品（第 6 类）的案件数居首位，为 39 起，占比 17.0%；其次是贱金属及其制品（第 15 类），为 36 起，占比 15.7%；位居第三的是陶瓷产品，玻璃及其制品等（第 13 类），为 22 起，占比 9.6%（图 1-14）。涉及上述 3 个类别的保障措施案件占保障措施案件总数的 42.3%。

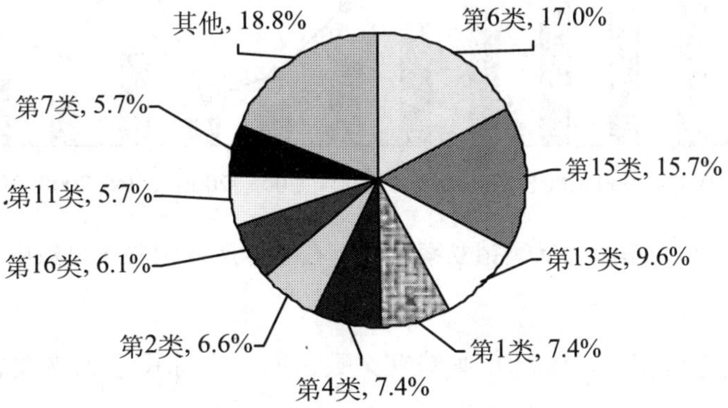

图1-14 1995～2011年全球保障措施调查涉案产品类别分布情况

㊀ 本报告中提及的第 1、2、…类参见附表 1 世贸组织产品分类标准表。

第二节　主要国家（地区）贸易救济案件的特点及走势

美　　国

据WTO统计，1995～2011年，美国共启动577起贸易救济调查，占全球贸易救济调查总数的12.8%，在全球启动贸易救济调查的55个成员中仅次于印度居第二位。其中，反倾销458起；反补贴109起；保障措施10起。同期，美国共遭遇234起反倾销调查和12起反补贴调查。

一、美国启动的反倾销调查数居全球第二位，约占全球反倾销调查总数的11.4%，而遭遇的反倾销调查仅占5.8%

1995～2011年，美国共启动458起反倾销调查，占全球反倾销调查总数的11.4%，在46个启动反倾销调查的WTO成员中仅次于印度（656起）列居第二位；而同期美国遭遇的反倾销调查为234起，占比5.8%，约是其发起的反倾销调查比重的一半，在102个遭遇反倾销调查的国家（地区）中列中国（853起）、韩国（284起）之后居第三位。

1. 2001年之后，美国全球反倾销新立案呈现下降态势

1995～2011年，美国共启动458起反倾销调查，实施反倾销措施305起，占美国全球反倾销立案总数的66.6%。其中，2001年之前，美国全球反倾销立案呈现上升态势，并于2001年达到顶峰，为77起，这也是美国反倾销史上年度反倾销新立案最多的年份。但2001年之后，美国反倾销立案则呈现一路下跌的态势，2010年仅3起，创历史最低（图1-15）。

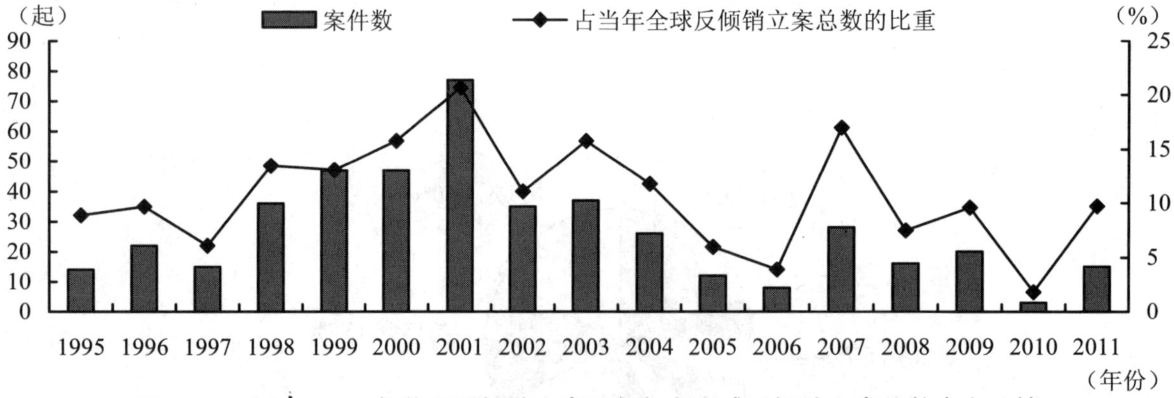

图1-15　1995～2011年美国反倾销立案及各年在全球反倾销立案总数中占比情况

与年度反倾销新立案数趋势相同，年度反倾销立案数占同年全球反倾销立案总数的比重也呈现先升后降的态势。2001年之前，该比重呈现上升趋势，并于2001年达到顶峰，为20.7%；2001年之后，虽个别年份的比重有所回升，例如2003年（15.8%）、2007年（17.0%），但总体呈现下滑态势。

值得关注的是，美国反倾销立案数的下降并不意味着美国减少了对进口产品的限制。从近年来美国与各国的贸易摩擦来看，美国使用技术性贸易措施、知识产权、汇率等的频率明显上升。以美国337

调查为例，2000～2011年的12年间，美国共发起337调查397起，年均约33起；而1972～1999年的28年间，美国共发起337调查428起，年均约15起，是2000～2011年的一半。

被诉方集中，中国是重点。1995～2011年，美国启动的458起反倾销调查共涉及55个国家（地区）。其中，涉及中国的107起，约是位居第二的日本的3.2倍，占美国反倾销立案总数的23.4%，位居各国之首；其次是日本，为33起，占比7.2%；位居第三的是韩国，为31起，占比6.8%；位居第四的印度和中国台湾，均为23起，各占比5.0%；居第五位的是墨西哥，为20起，占比4.4%（图1-16）。涉及上述6个被诉方的反倾销案件之和占美国反倾销立案总数的51.8%。

涉案行业集中，贱金属和化工产品是调查重点。1995～2011年，美国发起的458起反倾销调查共涉及海关编码税则中的14个类别。其中，涉及贱金属及其制品（第15类）的案件高居首位，共241起，占美国反倾销立案总数的52.6%；其次是化工产品（第6类），为65起，占比14.2%；位居第三的是橡胶、塑料及其制品（第7类），为37起，占比8.1%（图1-17）。涉及上述3个类别的案件数之和占美国反倾销立案总数的74.9%。

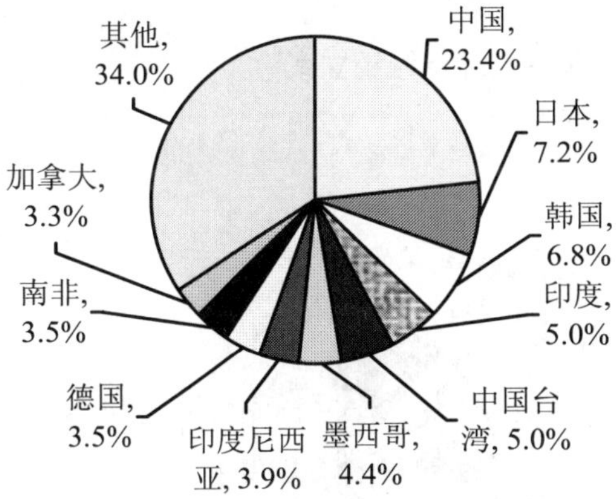

图1-16　1995～2011年美国反倾销立案按被诉方国别（地区）分布情况

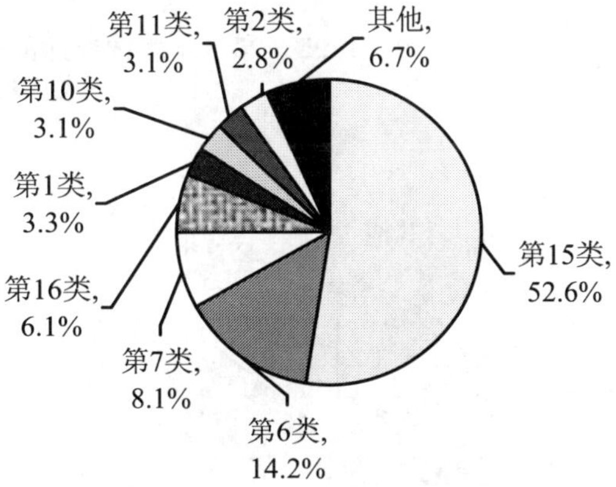

图1-17　1995～2011年美国反倾销立案按涉案产品类别分布情况

2. 美国遭遇反倾销调查走势平缓，2008年以来有所回升

1995～2011年，美国共遭遇了234起反倾销调查，采取最终反倾销措施的136起，占美国遭遇的反倾销调查总数的58.1%。美国遭遇的反倾销调查主要经历了3个阶段。第一阶段是1995～2003年，美国共遭遇139起反倾销调查，年均约15起。在这一阶段，美国遭遇的反倾销调查未出现较大起伏。其中，1996年和2003年是美国遭遇反倾销调查史上单年案件数最多的年份，均为21起。第二阶段是2004～2007年，美国共遭遇44起反倾销调查，年均11起。在该阶段，美国遭遇的反倾销调查呈现下降态势。第三阶段是2008年以来，美国遭遇的反倾销调查在该阶段有所回升，占当年全球反倾销立案总数的比重亦呈现上升态势。其中，2010年，美国共遭遇19起反倾销调查，是2004年以来最高的年份；占当年全球反倾销立案总数的11.1%，是1995年以来最高的（图1-18）。

印度、巴西和中国是对美国反倾销调查的主要申诉方。1995～2011年，共有25个WTO成员对美国发起了234起反倾销调查。其中，中国对美国发起的调查数居首位，为34起，占美国遭遇的反倾销调查总数的14.5%；其次是巴西和印度，均为33起，各占比14.1%；位居第三的是墨西哥，为27起，占比11.5%（图1-19）。上述4个国家对美国启动的反倾销调查之和占美国遭遇的反倾销调查总数的54.2%。

涉案行业集中，化工产品以及橡胶、塑料制品是被调查重点。1995～2011年，美国遭遇的234起反倾销调查共涉及海关编码税则中的16个类别。其中，涉及化工产品（第6类）的案件数高居首位，为95起，占比40.6%；其次是橡胶、塑料及其制品（第7类），为50起，占比21.4%；位居第三的是纸、纸板及其制品（第10类），为16起，占比6.8%（图1-20）。涉及上述3个类别的反倾销案件之和占美国遭遇的反倾销调查总数的比重为68.8%。

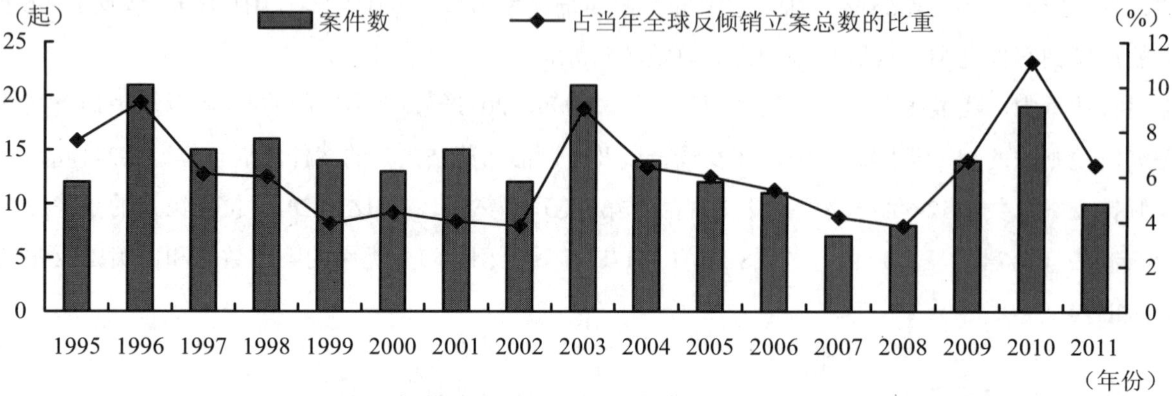

图1-18　1995～2011年美国遭遇的反倾销调查及各年在全球反倾销立案总数中占比情况

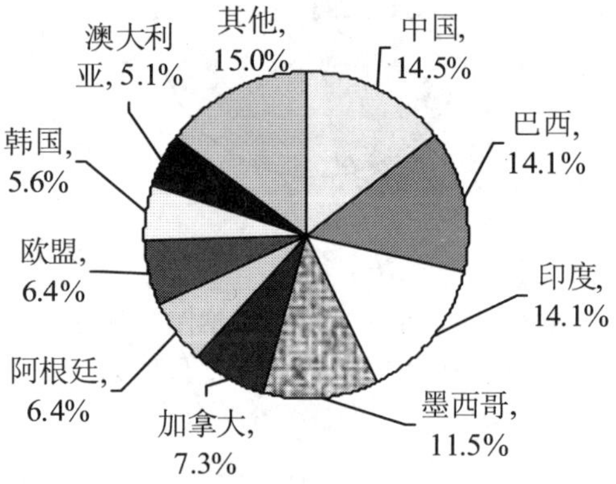

图1-19　1995～2011年美国遭遇的反倾销调查按申诉方国别（地区）分布情况

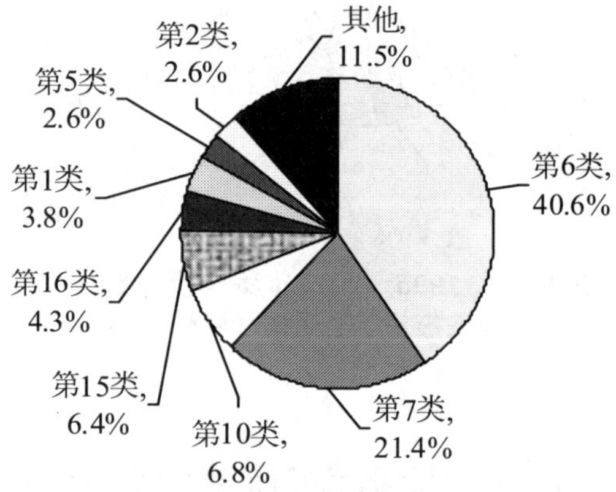

图1-20　1995～2011年美国遭遇的反倾销调查按涉案产品类别分布情况

二、美国是全球反补贴调查的主要发起者，其发起的反补贴调查数约占全球的41.6%

1995～2011年，美国共启动109起反补贴调查，占全球反补贴调查总数的41.6%，在20个启动反补贴调查的WTO成员中高居首位；而美国同期遭遇的反补贴调查仅12起，占比4.6%，在44个遭遇反补贴调查的国家（地区）中与欧盟、印度尼西亚并列第五位。美国发起的反补贴调查约是其所遭遇的反补贴调查的9.1倍。

1. 2002年之前是美国启动反补贴调查的主要时间段

1995～2011年，美国启动了109起反补贴调查，采取最终反补贴措施的72起，占美国反补贴调查总数的66.1%。其中，1998～2001年是美国反补贴调查史上启动反补贴调查较频繁的时间段。在该阶段，美国共启动48起反补贴调查，年均12起，2001年是美国反补贴调查史上年度立案最多的一年（18起）。但2002年之后，美国反补贴立案呈现下降态势，直至2007年，美国全球反补贴又掀起新的高潮，并于

2009年达14起，是单年立案数仅次于2001年的年份（图1-21）。

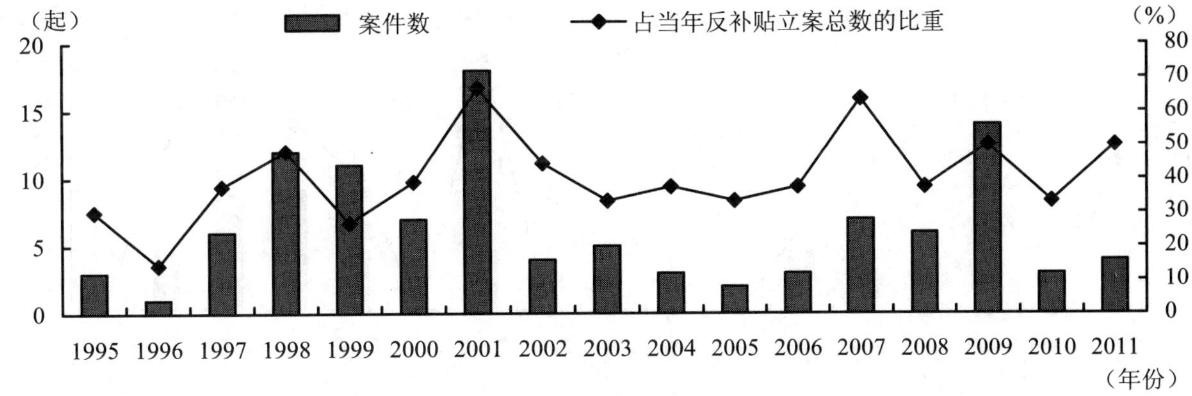

图1-21　1995～2011年美国反补贴立案及各年在全球反补贴立案中占比情况

被诉方集中，中国是重点。1995～2011年，美国共对25个国家（地区）启动了109起反补贴调查。其中，涉及中国的案件高居首位，为29起，约是位居第二的印度的2.2倍，占美国反补贴调查总数的26.6%；其次是印度，为13起，占比11.9%；位居第三的是韩国，为9起，占比8.3%；加拿大居第四位，为8起，占比7.3%；位居第五的是印度尼西亚，为7起，占比6.4%（图1-22）。美国对上述5个国家的反补贴调查之和占美国反补贴调查总数的60.5%。

涉案行业集中，贱金属及其制品是调查重点。1995～2011年，美国启动的109起反补贴调查共涉及海关编码税则中的13个类别。其中，涉及贱金属及其制品（第15类）的案件数高居首位，为56起，占美国反补贴立案总数的51.4%，是位居第二的化工产品的5.6倍；其次是化工产品（第6类），为10起，占比9.2%；位居第三的是纸、纸板及其制品（第10类），共8起，占比7.3%（图1-23）。涉及上述3个类别的案件之和占美国反补贴立案总数的67.9%。

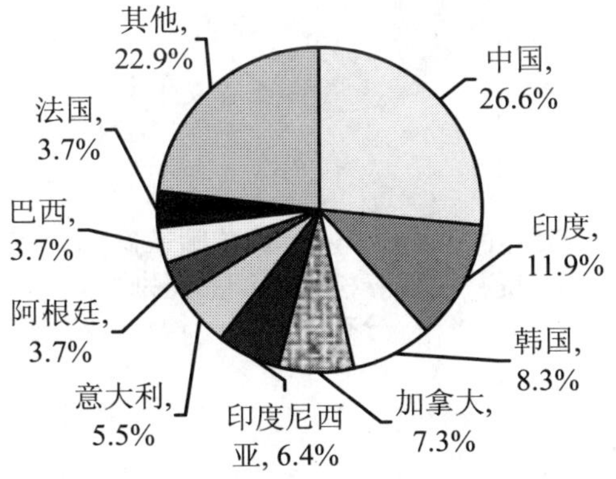

图1-22　1995～2011年美国反补贴立案按被诉方国别（地区）分布情况

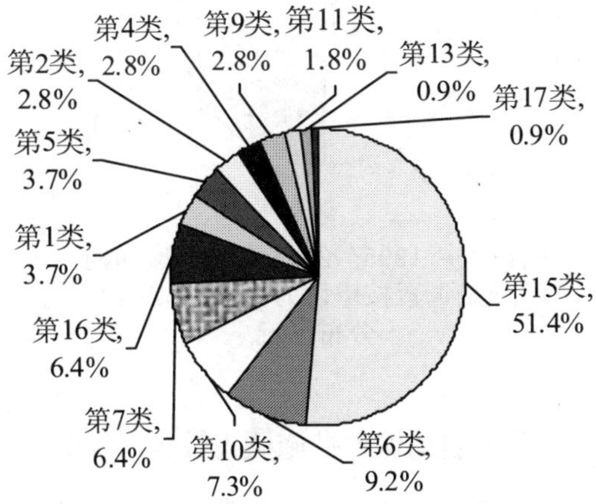

图1-23　1995～2011年美国反补贴立案按涉案产品类别分布情况

2. 美国遭遇的反补贴调查较少，2007年之后有所增加

1995～2011年，美国共遭遇12起反补贴调查，年均不足1起，采取最终反补贴措施的6起，占美国遭遇的反补贴调查总数的50%。其中，1995～2007年的13年里，仅有5年美国遭遇了反补贴调查，而且年度案件数均较少；2007年之后，美国遭遇的反补贴调查有所增加，并于2009年创历年最高，

为4起（图1-24）。

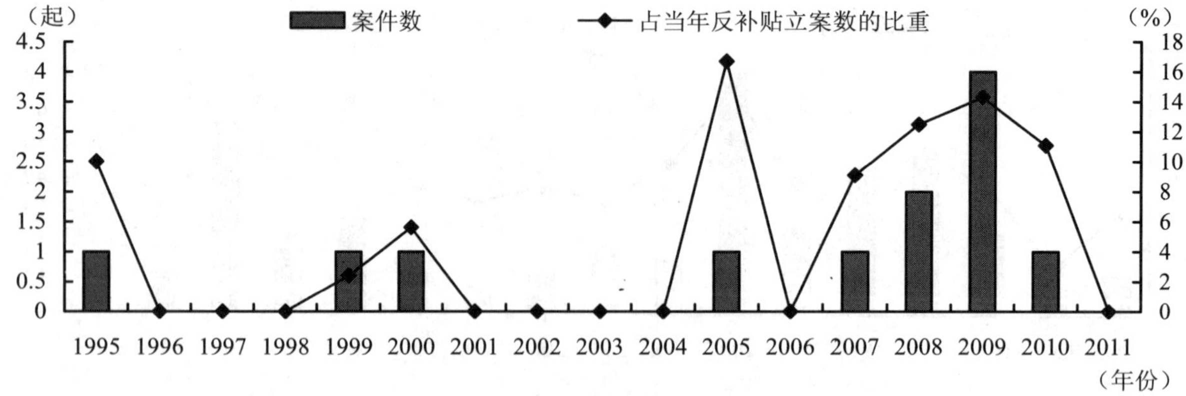

图1-24　1995～2011年美国遭遇的反补贴调查及各年在全球反补贴立案总数中占比情况

仅6个国家对美国启动过反补贴调查，加拿大和中国是主要发起者。美国遭遇的12起反补贴调查由6个国家启动。其中，加拿大和中国对美国启动反补贴调查数居首位，均为3起；其次是欧盟和秘鲁，均为2起；并列第三的是澳大利亚和智利，均为1起（图1-25）。

动植物产品、矿产品和化工产品是被调查重点。在美国遭遇的12起反补贴调查中，涉及动物及动物产品（第1类）、植物产品（第2类）、矿产品（第5类）、化工产品（第6类）的案件均为2起；涉及食品，饮料、酒类及醋，烟草及烟草替代品（第4类），纺织品（第11类），贱金属及其制品（第15类），车辆、航空器、船舶及有关运输设备（第17类）的案件均为1起（图1-26）。

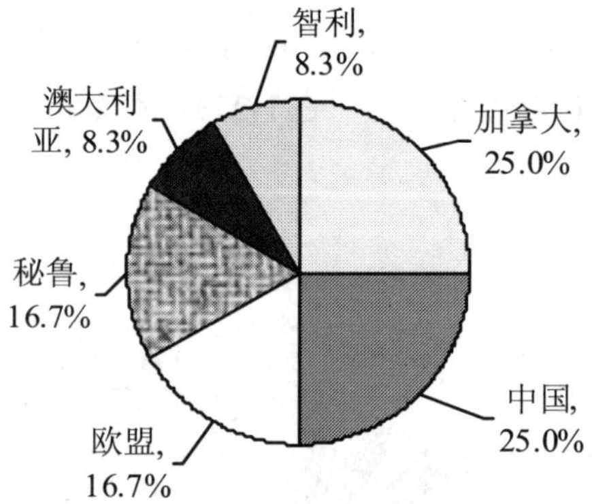

图1-25　1995～2011年美国遭遇的反补贴调查按申诉方国别（地区）分布情况

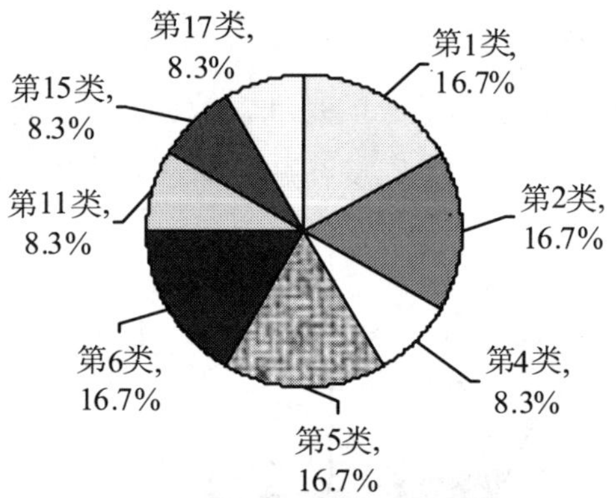

图1-26　1995～2011年美国遭遇的反补贴调查按涉案产品类别分布情况

三、美国启动保障措施调查较少，2002年之后未再启动

1995～2011年，美国共启动10起保障措施调查，占全球保障措施立案总数的4.4%，在全球启动保障措施调查的47个WTO成员中列第四位。美国保障措施调查集中于2002年之前，而自2002年起就未启动过保障措施调查。

植物产品和贱金属及其制品是美国保障措施调查的重点类别。在美国启动的10起保障措施调查中，涉及植物产品（第2类）、贱金属及其制品（第15类）的案件数各3起；涉及动物及动物产品（第1类），食品，饮料、酒类及醋，烟草及烟草替代品（第4类），塑料、橡胶及其制品（第7类）、杂项制品（第20类）的案件各1起。

欧　　盟

据WTO统计，1995～2011年，欧盟共启动502起贸易救济调查，占全球贸易救济调查总数的11.2%，在全球启动贸易救济调查的55个成员中居第三位。其中，反倾销437起；反补贴60起；保障措施5起。同期，欧盟共遭遇87起反倾销调查和12起反补贴调查。

一、欧盟发起的反倾销调查居全球第三位，约占全球反倾销调查总数的10.9%

1995～2011年，欧盟共启动了437起反倾销调查，占全球反倾销调查总数的10.9%，在46个启动反倾销调查的WTO成员中列印度和美国之后居第三位；而同期欧盟遭遇的反倾销调查数为87起，占比2.2%，约是其发起反倾销调查比重的1/5，在102个遭遇反倾销调查的国家（地区）中列第12位。

1. 欧盟全球反倾销新立案呈现下降态势

1995～2011年，欧盟共启动了437起反倾销调查，采取最终反倾销措施的282起，占欧盟全球反倾销立案总数的64.5%。其中，2000年之前，欧盟反倾销新立案数在较高位徘徊，共186起，年均约37起。但2000年之后，欧盟反倾销新立案数共251起，年均约21起，年均立案数降幅达43.2%。虽然2004～2006年欧盟反倾销新立案数有所回升，但从总体趋势来看，欧盟反倾销新立案数呈现下降态势（图1-27）。

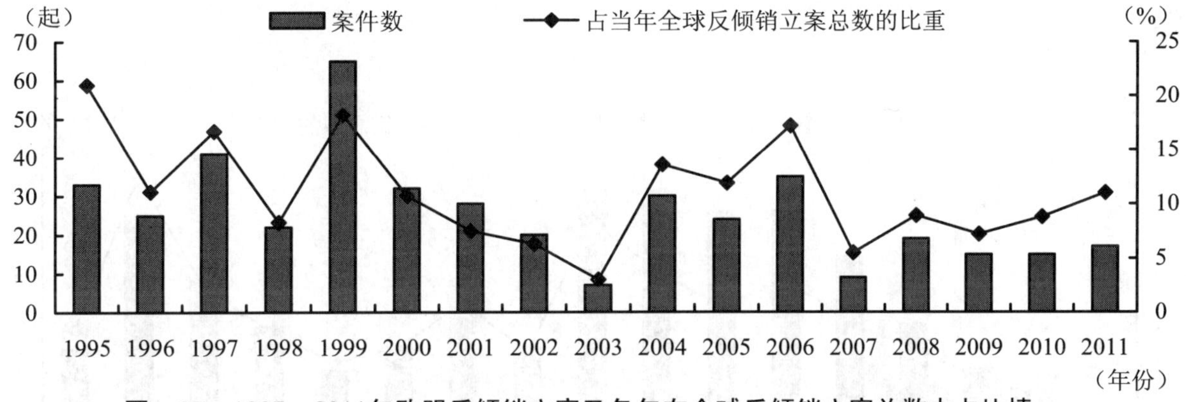

图1-27　1995～2011年欧盟反倾销立案及各年在全球反倾销立案总数中占比情况

中国是欧盟反倾销调查的最大受害者。1995～2011年，欧盟启动的437起反倾销调查涉及54个国家（地区）。其中，涉及中国的案件高居首位，为107起，约是位居第二的印度的3.2倍，占欧盟反倾销立案总数的24.5%；其次是印度，为33起，占比7.6%；位居第三的是韩国，为28起，占比6.4%；居第四位的是中国台湾，为24起，占比5.5%；并列第五位的是俄罗斯（2012年8月22日，俄罗斯正式成为世贸组织第156个成员。）和泰国，均为20起，各占比4.6%（图1-28）。涉及上述6个被诉方的反倾销案件之和占欧盟反倾销立案总数的53.2%。

贱金属是欧盟反倾销调查的重点。1995～2011年，欧盟启动的437起反倾销调查共涉及海关编码税则中的17类。其中，涉及贱金属及其制品（第15类）的案件数位居首位，为150起，占欧盟反倾销立案总数的34.3%；其次是化工产品（第6类），为84起，占比19.2%；位居第三位的是机械设备（第16类），为57起，占比13.0%（图1-29）。涉及上述3个类别的案件之和占欧盟反倾销立案总数的66.5%。

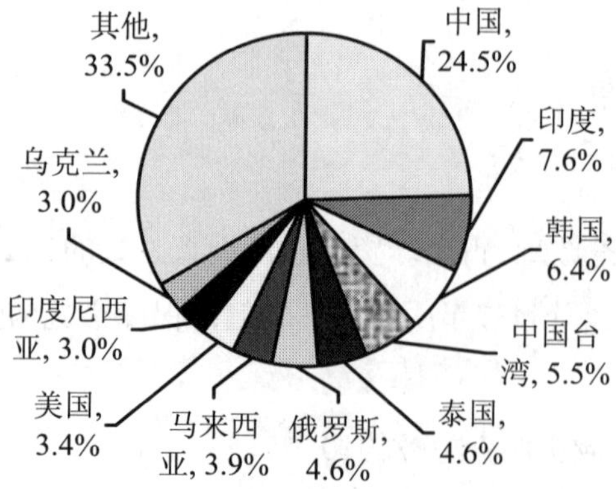

图1-28 1995～2011年欧盟反倾销立案按被诉方国别（地区）分布情况

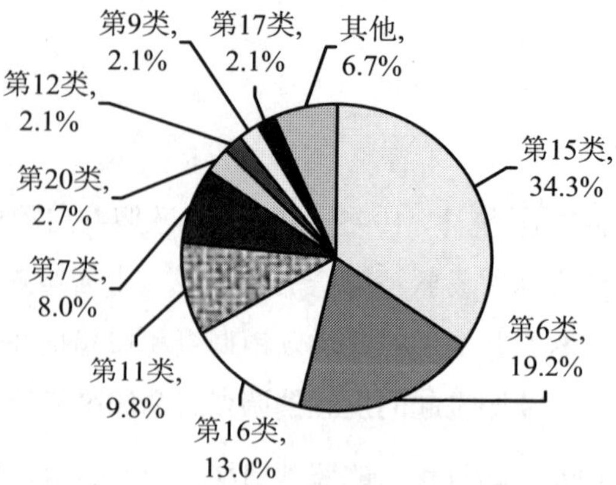

图1-29 1995～2011年欧盟反倾销立案按涉案产品分布情况

2. 欧盟遭遇的反倾销调查数2008年以来呈现回升态势

1995～2011年，欧盟共遭遇87起反倾销调查，采取最终反倾销措施的56起，占欧盟遭遇的反倾销调查总数的64.4%。其中，2004年之前，欧盟共遭遇52起反倾销调查，年均约6起，并呈上升之势；2002和2003年欧盟遭遇反倾销调查达到峰值，均为10起。2004年之后，欧盟共遭遇35起反倾销调查，年均约4起。在该阶段，虽然欧盟遭遇的反倾销调查在2004年出现急跌，但2008年以后开始回升。2010年，欧盟共遭遇9起反倾销调查，仅次于2002年和2003年，占当年全球反倾销立案总数的比重却创历史纪录，达5.3%（图1-30）。

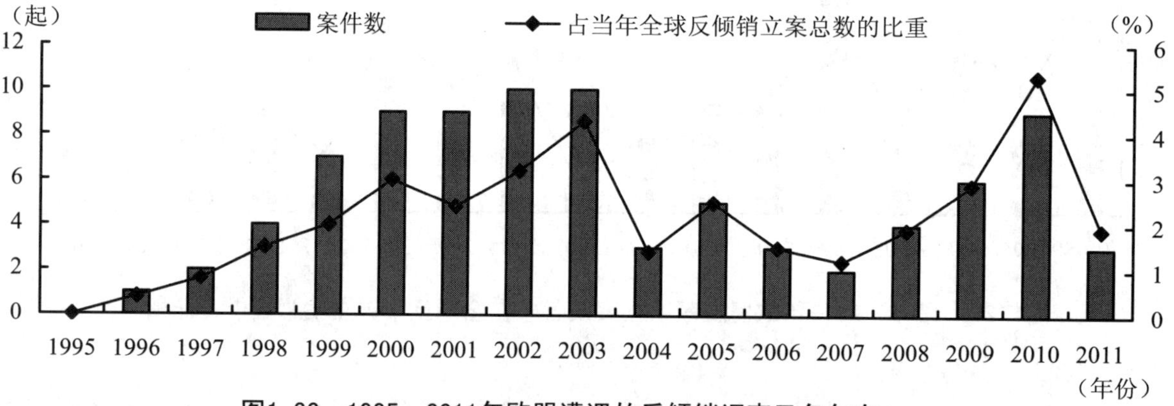

图1-30 1995～2011年欧盟遭遇的反倾销调查及各年在全球反倾销立案总数中占比情况

申诉方集中，56%的反倾销调查由印度发起。1995～2011年，共有11个WTO成员对欧盟启动了87起反倾销调查。其中，印度对欧盟启动的反倾销调查数高居首位，共48起，占欧盟遭遇的反倾销调查总数的55.2%；其次是中国，为17起，占比19.5%；位居第三的是巴西，为5起，占比5.7%（图1-31）。

涉案行业集中，化工产品是调查重点。1995～2011年，欧盟遭遇的87起反倾销调查共涉及海关编码税则中的10个类别。其中，涉及化工产品（第6类）的案件数高居首位，为47起，占欧盟所遭遇的反倾销调查总数的54.0%；其次是橡胶、塑料及其制品（第7类），为16起，占比18.4%；位居第三的是贱金属及其制品（第15类），为8起，占比9.2%（图1-32）。涉及上述3个类别的反倾销案件之和占欧盟遭遇的反倾销调查总数的81.6%。

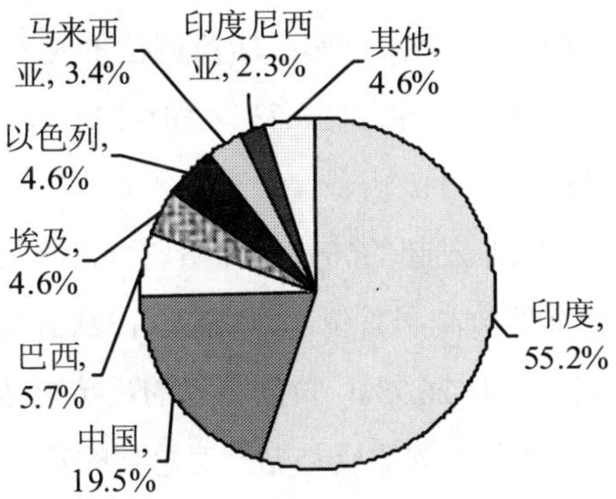

图1-31　1995～2011年欧盟遭遇的反倾销调查按申诉方国别（地区）分布情况

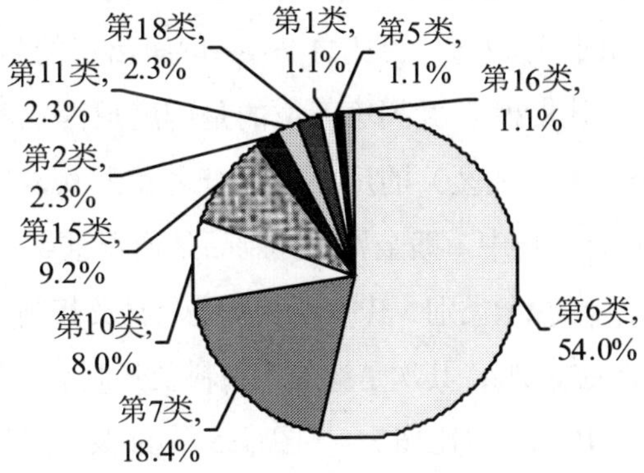

图1-32　1995～2011年欧盟遭遇的反倾销调查按涉案产品类别分布情况

二、欧盟启动的反补贴调查居全球第二，占全球反补贴调查总数的22.9%

1995～2011年，欧盟共启动60起反补贴调查，占全球反补贴调查总数的22.9%，在全球20个启动反补贴调查的WTO成员中仅次于美国列第二位；而同期欧盟共遭遇反补贴调查12起，占比4.6%，在44个遭遇反补贴调查的国家（地区）中与美国和印度尼西亚并列第五位。欧盟启动的反补贴调查是其遭遇的反补贴调查的5倍。

1. 欧盟启动的反补贴调查2000年之后明显减少，但仍是全球反补贴调查的主要发起者

1995～2011年，欧盟共启动60起反补贴调查，采取最终反补贴措施的30起，占欧盟反补贴立案总数的50.0%。其中，2000年之前，欧盟共启动32起反补贴调查，年均约6起，呈上升态势；1999年是欧盟反补贴调查史上立案最多的年份，共19起。2000年之后，欧盟共启动28起反补贴调查，年均约2起（图1-33）。

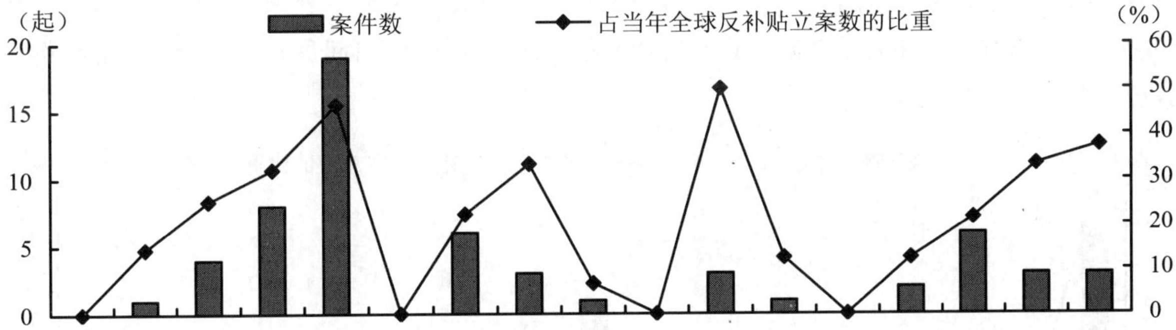

图1-33　1995～2011年欧盟反补贴立案及各年在全球反补贴立案总数中占比情况

但从欧盟启动的反补贴调查占当年全球反补贴立案总数的比重来看，虽然欧盟自2000年以来的反补贴调查数大幅减少，但占当年全球反补贴立案总数的比重却并非一直下降。其中，2005年是欧盟反补贴调查史上在全球反补贴立案总数中占比最高的一年，为50%。而且2000～2011年，欧盟共启动28起反补贴调查，仍列同期美国（76起）之后居第二位。因此，欧盟2000年之后仍是WTO成员中启动反补贴调查的主要发起者。

被诉方集中，印度是重点。1995～2011年，欧盟启动的60起反补贴调查共涉及19个国家（地区）。

其中，涉及印度的高居首位，为18起，是位居第二的韩国的2.6倍，占欧盟反补贴调查总数的30.0%；其次是韩国，为7起，占比11.7%；位居第三的是中国台湾，为6起，占比10.0%；居第四位的是泰国，为5起，占比8.3%；并列第五位的是印度尼西亚和马来西亚，均为4起，各占比6.7%（图1-34）。欧盟对上述6个国家（地区）的反补贴调查之和占欧盟反补贴立案总数的73.4%。

涉案行业集中，贱金属及其制品是调查重点。1995～2011年，欧盟发起的60起反补贴调查共涉及海关编码税则中的9个类别。其中，涉及贱金属及其制品（第15类）的案件数高居首位，为17起，占欧盟反补贴调查总数的28.3%；其次是橡胶、塑料及其制品（第7类），为16起，占比26.7%；位居第三的是纺织品（第11类），为10起，占比16.7%（图1-35）。涉及上述3个类别的案件数之和占欧盟反补贴立案总数的71.7%。

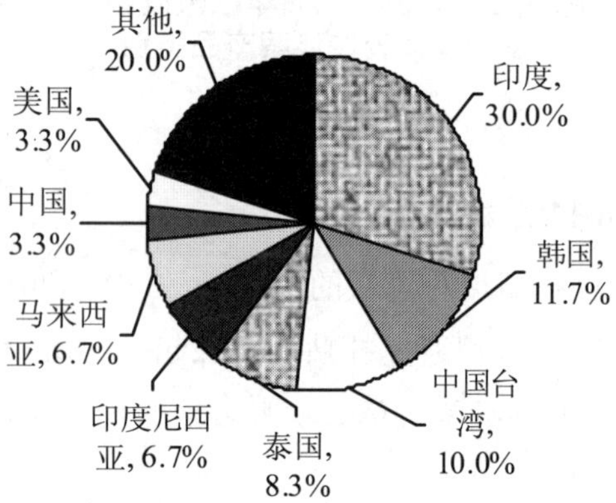

图1-34　1995～2011年欧盟反补贴立案按被诉方国别（地区）分布情况

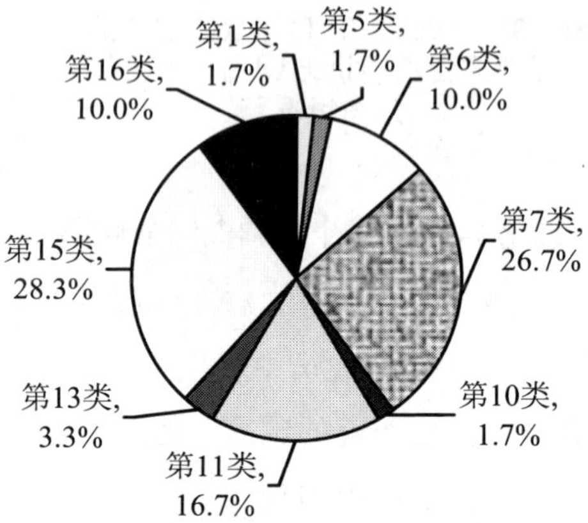

图1-35　1995～2011年欧盟反补贴立案按涉案产品类别分布情况

2. 欧盟2004年以来极少遭遇反补贴调查

1995～2011年，欧盟共遭遇12起反补贴调查，年均不足1起，采取最终反补贴措施的10起，占欧盟遭遇的反补贴调查总数的83.3%。其中，2004年之前是欧盟遭遇反补贴调查的主要阶段，共遭遇10起反补贴调查；而2004年之后，欧盟仅2009年和2010年各遭遇1起反补贴调查，其余年份均未遭遇反补贴调查（图1-36）。

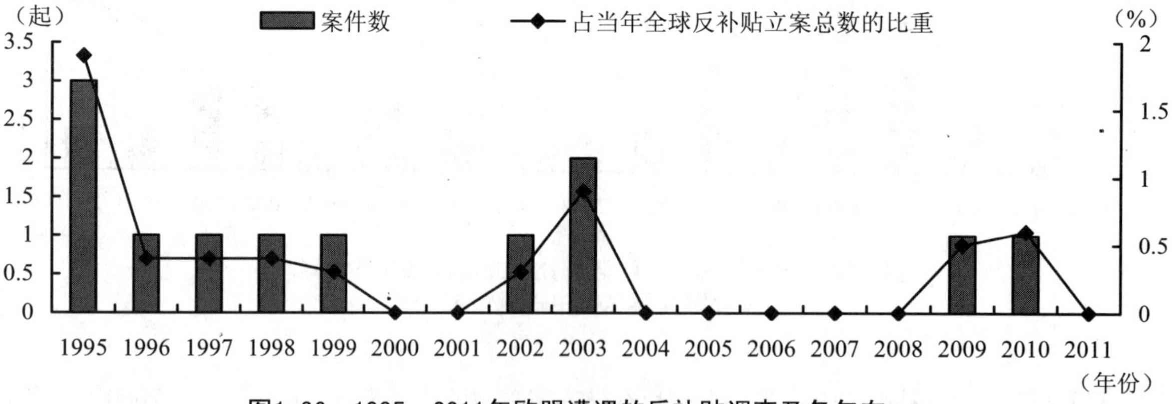

图1-36　1995～2011年欧盟遭遇的反补贴调查及各年在全球反补贴立案总数中占比情况

申诉方相对分散，秘鲁和阿根廷是重点。1995～2011年，共有10个WTO成员对欧盟发起12起反补贴调查。其中，阿根廷和秘鲁各2起；加拿大、智利、埃及、中国、以色列、墨西哥、新西兰和委内瑞拉各1起。

涉案行业集中，食品，饮料、酒类及醋，烟草及烟草替代品是被调查重点。1995～2011年，欧盟遭遇的12起反补贴调查共涉及海关编码税则中的4个类别。其中，涉及食品，饮料、酒类及醋，烟草及烟草替代品（第4类）的案件数高居首位，为6起，占比50.0%；其次是动植物油（第3类），为3起；位居第三的是植物产品（第2类），为2起。此外，涉及动物及动物产品（第1类）的1起。

三、欧盟鲜少运用保障措施调查，涉案产品分散

1995～2011年，欧盟共发起5起保障措施调查，占全球保障措施立案总数的2.2%，在47个启动保障措施调查的WTO成员中列居第九位。

欧盟启动的5起保障措施调查主要分布在2002年、2003年、2004年、2005年和2010年5年中，主要涉及包括动物及动物产品（第1类），植物产品（第2类），食品，饮料、酒类及醋，烟草及烟草替代品（第4类），贱金属及其制品（第15类），车辆、航空器、船舶及有关运输设备（第17类）在内的5类产品，各为1起。

印　度

据WTO统计，1995～2011年，印度共启动685起贸易救济调查，占全球贸易救济调查总数的15.2%，在全球启动贸易救济调查的55个WTO成员中列居首位。其中，反倾销656起，反补贴1起，保障措施28起。同期，印度共遭遇155起反倾销调查和50起反补贴调查。

一、印度是全球反倾销调查的主要发起者，占全球反倾销调查总数的16.4%

1995～2011年，印度共启动656起反倾销调查，占全球反倾销调查总数的16.4%，在46个启动反倾销调查的WTO成员中列居首位；而同期印度遭遇的反倾销调查数为155起，接近其启动反倾销调查比重的1/4，仅占全球反倾销调查总数的3.9%，在102个遭遇反倾销调查的国家（地区）中列居第七位。

1. 印度反倾销立案数在全球反倾销调查中的比重呈上升趋势

1995～2011年，印度启动了656起反倾销调查，采取最终反倾销措施的478起，占印度全球反倾销立案总数的72.9%。印度年度反倾销调查虽有起伏，但其占当年全球反倾销立案总数的比重却呈现持续上升的态势。其中，2002年，印度启动的反倾销调查居历年之首，为81起；2007年，印度启动的反倾销调查占当年全球反倾销立案总数的比重最高，达28.5%（图1-37）。

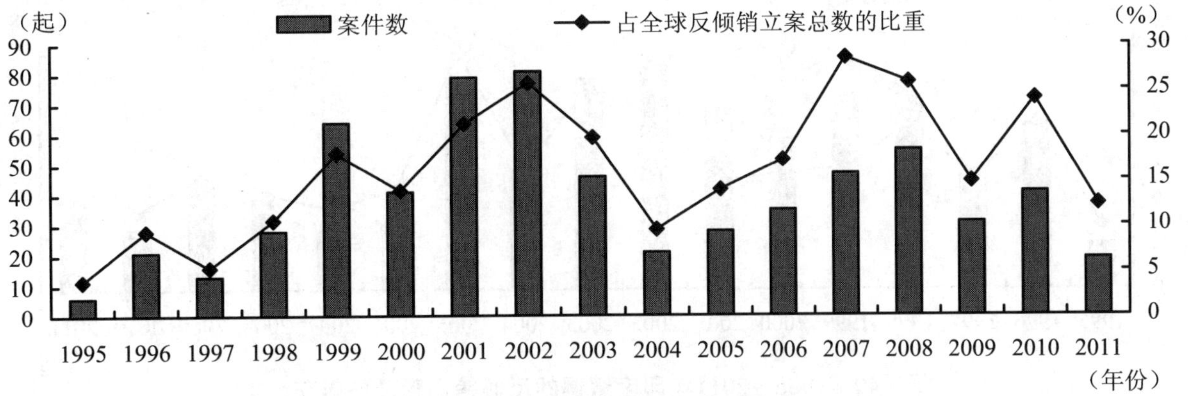

图1-37　1995～2011年印度反倾销立案及各年在全球反倾销立案总数中占比情况

中国是印度反倾销调查的最大受害者。1995～2011年，印度启动的656起反倾销调查涉及58个国家（地区）。其中，涉及中国的案件高居首位，共147起，是位居第二的韩国的3倍，占印度反倾销调查总数的22.4%；其次是韩国，为49起，占比7.5%；居第三位的是欧盟，为48起，占比7.3%；位居第四的是中国台湾，为47起，占比7.2%；居第五位的是泰国，为38起，占比5.8%（图1-38）。涉及上述5个被诉方的反倾销案件之和占印度反倾销立案总数的50.2%。

涉案行业集中，化工产品是调查重点。1995～2011年，印度启动的656起反倾销调查共涉及海关编码税则中的14个类别。其中，涉及化工产品（第6类）的案件数高居首位，为275起，占印度反倾销调查总数的41.9%；其次是塑料、橡胶及其制品（第7类），为94起，占比14.3%；居第三位的是贱金属及其制品（第15类），为87起，占比13.3%（图1-39）。涉及上述3个类别的反倾销调查之和占印度反倾销立案总数的69.5%。

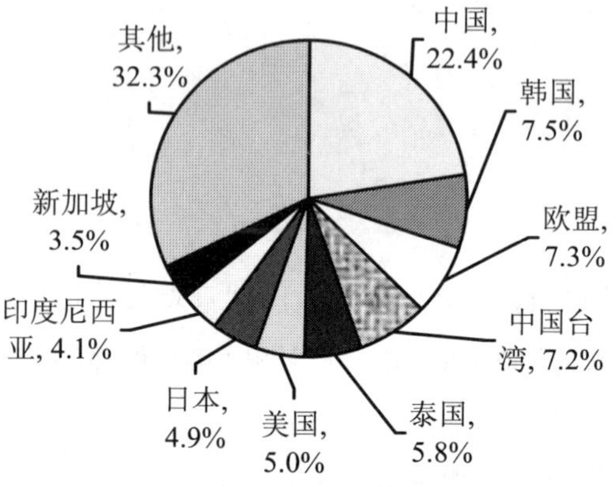

图1-38 1995～2011年印度反倾销立案按被诉方国别（地区）分布情况

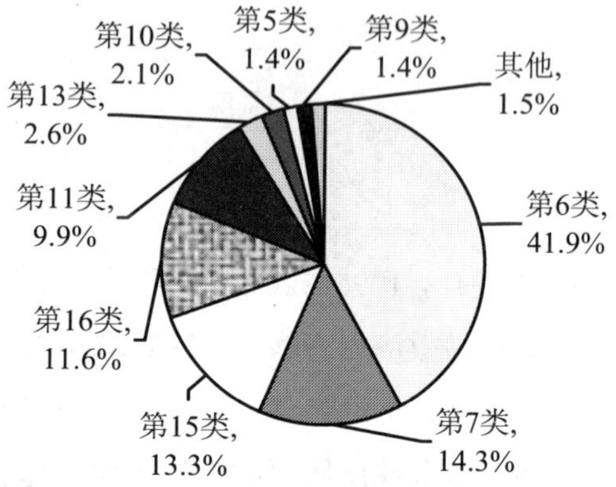

图1-39 1995～2011年印度反倾销立案按涉案产品类别分布情况

2. 印度遭遇的反倾销调查相对平稳，但2006年以来有所减少

1995～2011年，印度共遭遇了155起反倾销调查，采取最终反倾销措施的94起，占印度遭遇反倾销调查总数的60.6%。2006年之前，印度遭遇的反倾销调查一直保持在高位，年均约9起，其中只有4年的案件数低于平均值，分别是1995年（3起）、1997年（8起）、2004年（8起）；2006年之后，印度遭遇的反倾销调查有所减少，年均约6起（图1-40）。

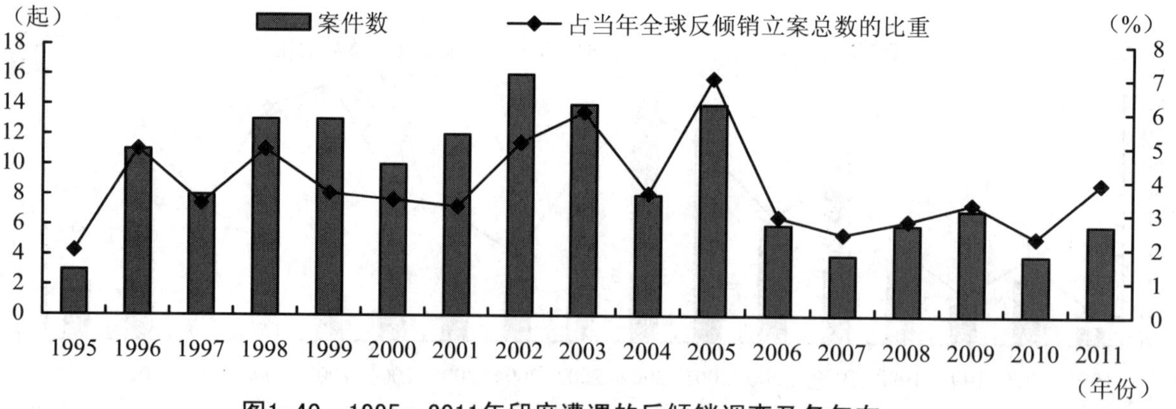

图1-40 1995～2011年印度遭遇的反倾销调查及各年在全球反倾销立案总数中占比情况

欧盟、美国是对印度反倾销调查的主要发起者。1995～2011年，共有21个WTO成员对印度启动了155起反倾销调查。其中，欧盟对印度启动的调查数居首位，为33起，占比21.3%；其次是美国，为23起，占比14.8%；位居第三的是南非，为21起，占比13.5%；居第四位的是印度尼西亚，为12起，占比

7.7%；位居第五的是巴西，为11起，占比7.1%（图1-41）。上述5个成员对印度启动的反倾销调查之和占印度遭遇的反倾销调查总数的64.4%。

涉案行业集中，贱金属和化工产品是被调查重点。1995～2011年，印度遭遇的155起反倾销调查共涉及海关编码税则中的11个类别。其中，涉及贱金属及其制品（第15类）的案件数高居首位，为48起，占比31.0%；其次是化工产品（第6类），为40起，占比25.8%；位居第三的是塑料、橡胶及其制品（第7类），为24起，占比15.5%（图1-42）。涉及上述3个类别的案件数之和占印度遭遇的反倾销调查总数的72.3%。

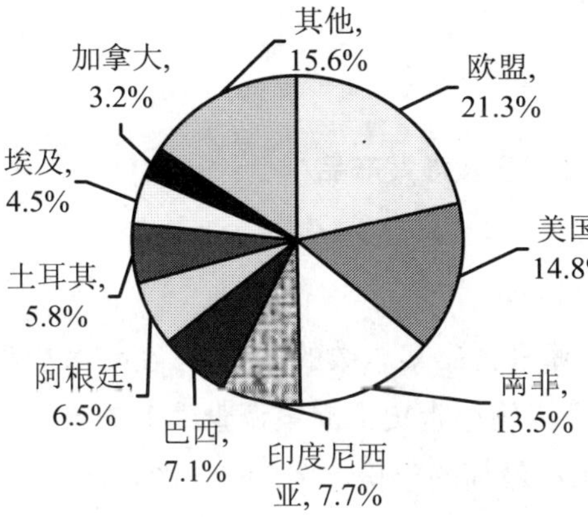

图1-41　1995～2011年印度遭遇的反倾销调查按申诉方分布情况

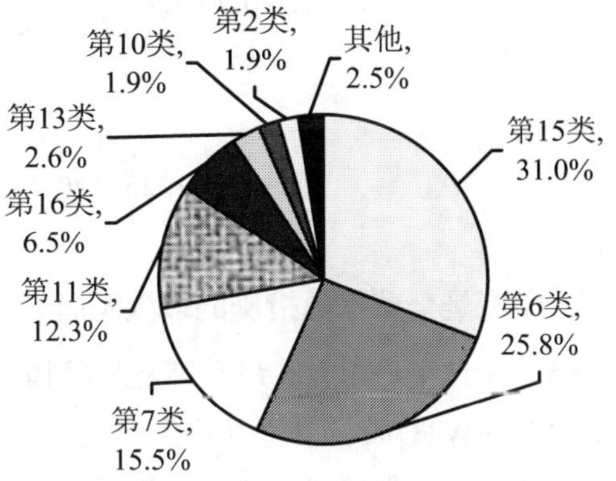

图1-42　1995～2011年印度遭遇的反倾销调查按涉案产品类别分布情况

二、印度遭遇的反补贴调查列居全球首位，但仅启动一起反补贴调查

1995～2011年，印度仅启动1起反补贴调查，被诉国是中国，这是印度16年来启动的唯一一起反补贴调查。但同期，印度却遭遇了50起反补贴调查，在44个遭遇反补贴调查的国家（地区）中列居首位。

2004年之后印度遭遇反补贴调查明显减少。2004年之前，印度共遭遇40起反补贴调查，年均约4起。在该阶段，印度遭遇的反补贴调查较为频繁，其中2001年和2003年是印度遭遇反补贴调查史上案件最多的年份，均为8起。2004年之后，印度遭遇的反补贴调查相对较少，共10起，年均约1起（图1-43）。

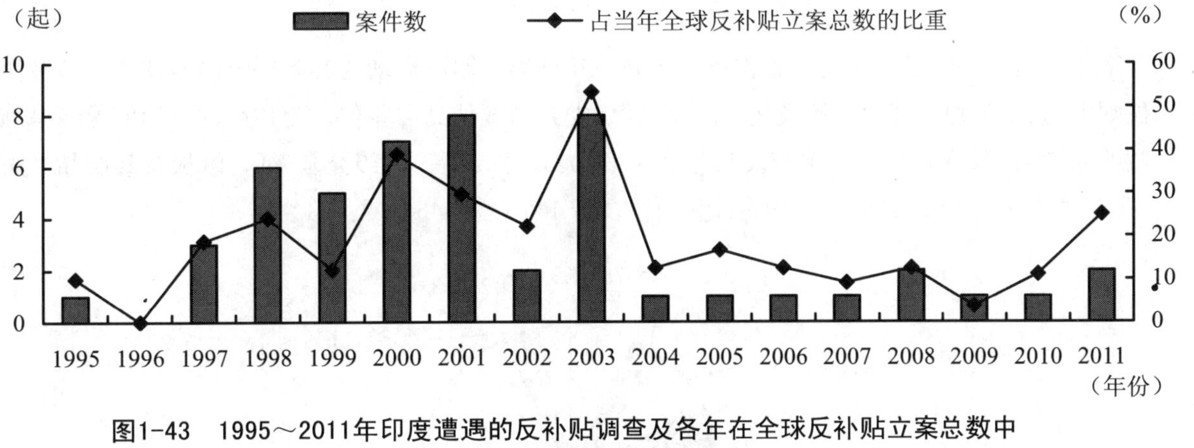

图1-43　1995～2011年印度遭遇的反补贴调查及各年在全球反补贴立案总数中占比情况

贱金属及其制品是印度遭遇的反补贴调查的重点产品。1995～2011年，印度遭遇的50起反补贴调查共涉及海关编码税则中的7个类别。其中，涉及贱金属及其制品（第15类）的案件数高居首位，共18起，占印度遭遇的反补贴调查总数的36.0%；其次是机械设备（第16类），为11起，占比22.0%；位居第三的是塑料、橡胶及其制品（第7类），为10起，占比20.0%（图1-44）。涉及上述3个类别的案件之和占印度遭遇的反倾销调查总数的78.0%。

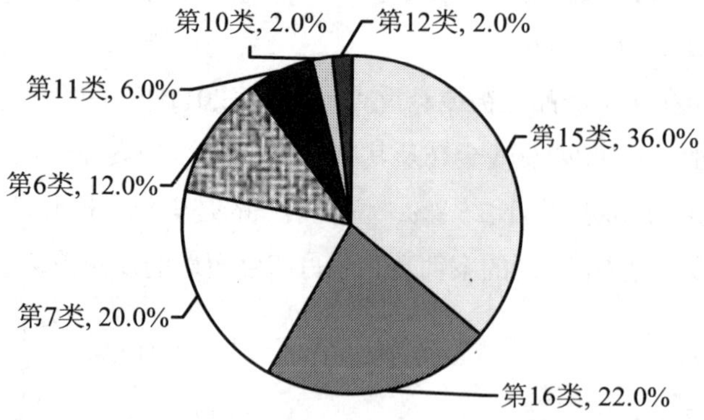

图1-44　1995～2011年印度遭遇的反补贴调查按涉案产品类别分布情况

三、印度是全球保障措施的最大发起者，化工产品是重点目标

1995～2011年，印度共启动28起保障措施调查，占全球保障措施立案总数的12.2%，在47个启动保障措施调查的WTO成员中位列首位。其中，2009年是印度保障措施调查史上立案调查最多的年份，为10起。但从占全球保障措施立案总数的比重来看，1998年是比重最高的年份，为50%（图1-45）。

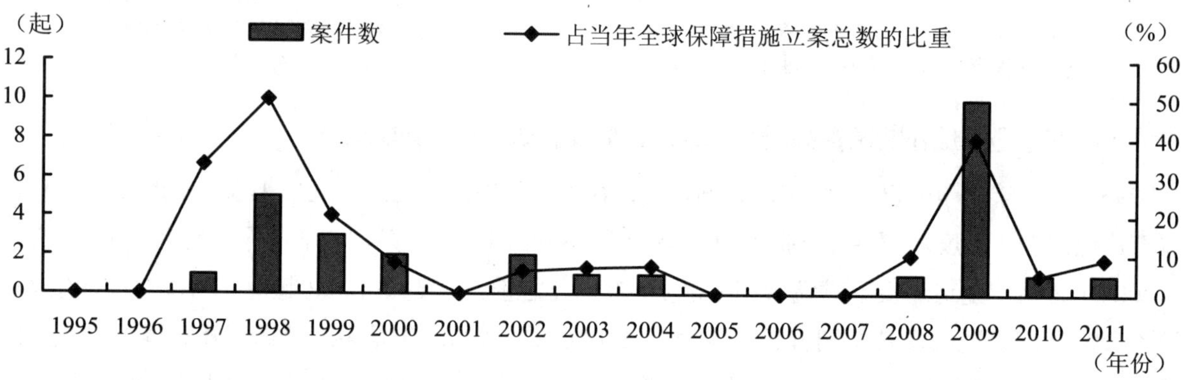

图1-45　1995～2011年印度保障措施立案及各年在全球保障措施立案总数中占比情况

涉案行业集中，化工产品是调查重点。1995～2011年，印度启动的28起保障措施调查共涉及海关编码税则中的8个类别。其中，涉及化工产品（第6类）的案件高居首位，为17起，占印度保障措施立案总数的60.7%；其次是塑料、橡胶及其制品（第7类），木制品（第9类），纸、纸板及其制品（第10类），贱金属及其制品（第15类），均为2起，各占比7.1%（图1-46）。

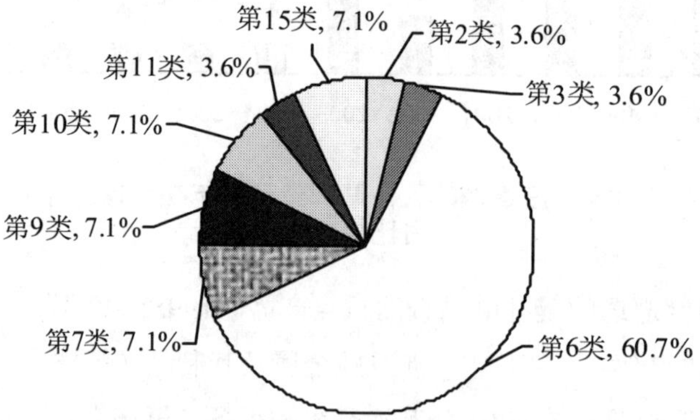

图1-46　1995～2011年印度保障措施立案按涉案产品分布情况

南　　非

据WTO统计，1995～2011年，南非共启动230起贸易救济调查，占全球贸易救济调查总数的5.1%，在全球55个启动贸易救济调查的WTO成员中列第七位。其中，反倾销216起，反补贴13起，保障措施1起。同期，南非共遭遇60起反倾销调查和6起反补贴调查。

一、南非启动的反倾销调查居全球第七位，占全球反倾销调查总数的5.4%

1995～2011年，南非共启动216起反倾销调查，占全球反倾销调查总数的5.4%，在46个启动反倾销调查的WTO成员中列第七位；而同期南非遭遇的反倾销调查数为60起，占比1.5%，约是其启动反倾销调查数所占比重的1/4以上，在102个遭遇反倾销调查的国家（地区）中列居第十四位。

1. 南非全球反倾销立案2000年之后大幅下降

1995～2011年，南非共启动216起反倾销调查，采取最终反倾销措施的128起，占南非反倾销调查总数的59.3%。其中，2001年之前是南非启动反倾销调查较为频繁的阶段，共启动151起，年均约25起；1998年是南非反倾销调查史上启动反倾销调查最多的年份，为41起，占当年全球反倾销立案总数的比重也是最高的（15.4%）。2001年之后，南非启动的反倾销调查相对较少，年均约6起，其中2005年成为2001年之后南非单年反倾销立案最多的年份，共23起（图1-47）。

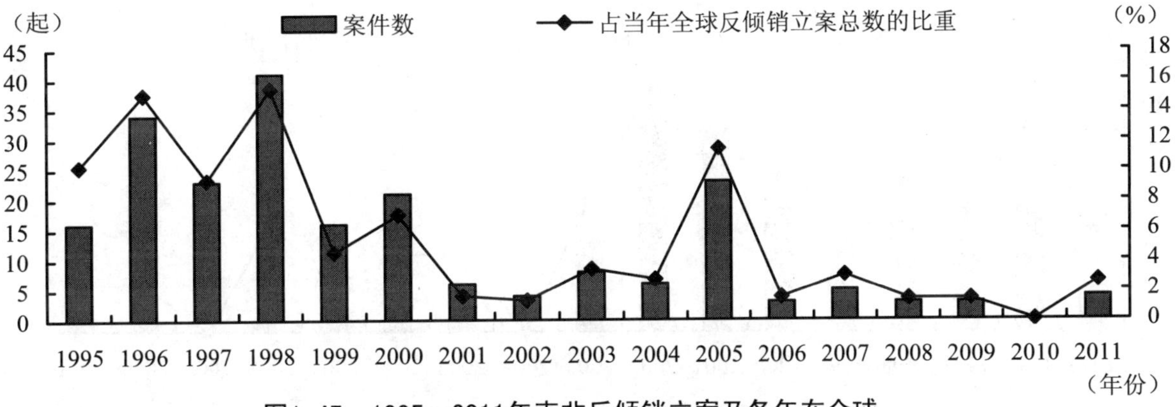

图1-47　1995～2011年南非反倾销立案及各年在全球反倾销立案总数中占比情况

中国、印度是南非反倾销调查的主要对象。1995～2011年，南非共对43个国家（地区）启动了216起反倾销调查。其中，涉及中国的案件高居首位，为35起，占南非反倾销立案总数的16.2%；其次是印度，为21起，占比9.7%；位居第三位的是韩国，为15起，占比6.9%；并列第四的是德国和中国台湾，均为11起，各占比5.1%；居第五位的是巴西，为10起，占比4.6%（图1-48）。涉及上述6个被诉方的反倾销案件之和占南非反倾销案件总数的47.6%。

涉案行业集中，贱金属、塑料橡胶制品是调查重点。1995～2011年，南非启动的216起反倾销调查共涉及海关编码税则中的15个类别。其中，涉及贱金属及其制品（第15类）的案件数高居首位，为60起，占比27.8%；其次是塑料、橡胶及其制品（第7类），为37起，占比17.1%；位居第三的是化工产品（第6类），为31起，占比14.4%（图1-49）。涉及上述3个类别的反倾销案件之和占南非反倾销案件总数的59.3%。

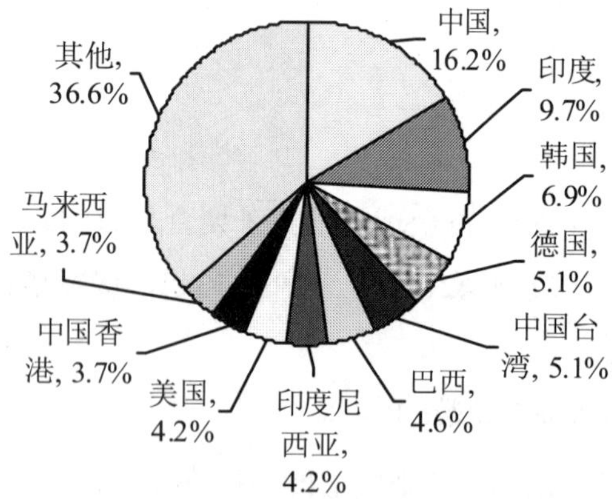

图1-48　1995～2011年南非反倾销立案按被诉方国别（地区）分布情况

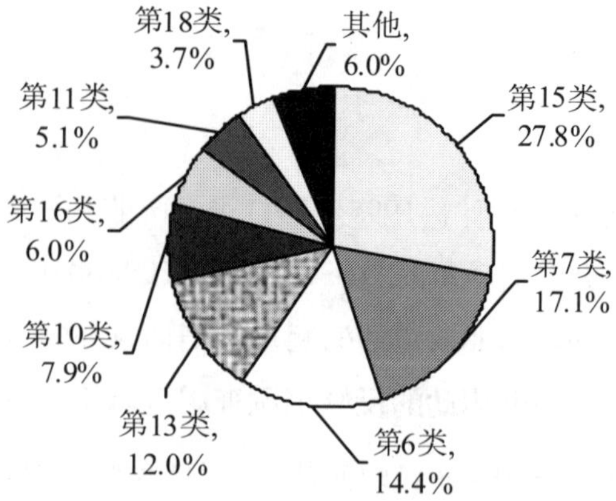

图1-49　1995～2011年南非反倾销立案按涉案产品类别分布情况

2. 南非遭遇的反倾销调查2004年之后明显减少

1995～2011年，南非共遭遇60起反倾销调查，采取最终反倾销措施的40起，占南非遭遇的反倾销调查总数的66.7%。其中，2004年之前，南非共遭遇50起反倾销调查，年均约6起，其中2002年达到顶峰，为10起；而2004年之后，南非遭遇的反倾销调查年均减至约1起（图1-50）。

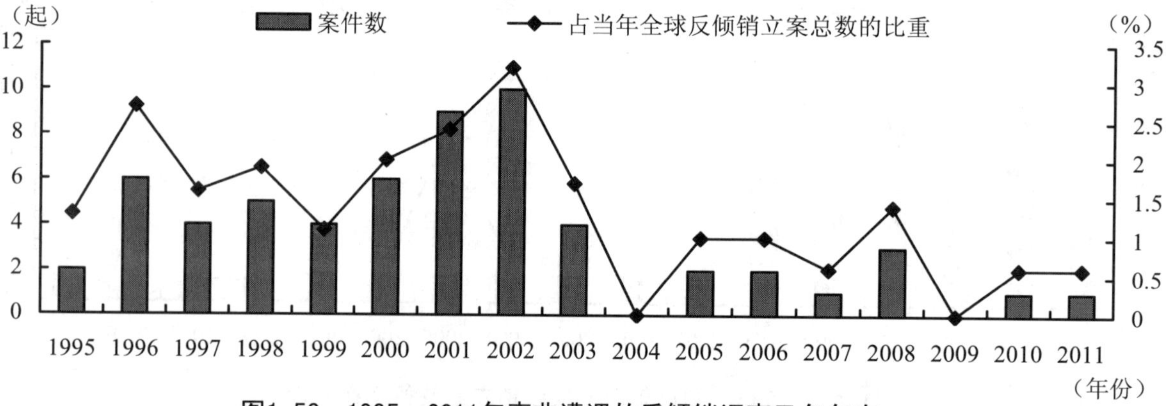

图1-50　1995～2011年南非遭遇的反倾销调查及各年在全球反倾销立案总数中占比情况

申诉方集中，美国是重点。1995～2011年，共有13个WTO成员对南非启动了60起反倾销调查。其中，由美国提起的调查数高居首位，为16起，占比26.7%；其次是印度和阿根廷，均为10起，各占比16.7%；位居第三的是加拿大，为5起，占比8.3%（图1-51）。上述4个国家对南非反倾销立案之和占南非遭遇的反倾销调查总数的68.4%。

涉案行业集中，67%以上的调查涉及贱金属及其制品。1995～2011年，南非遭遇的60起反倾销调查共涉及海关编码税则中的7个类别。其中，涉及贱金属及其制品（第15类）的案件数高居首位，为40起，占比66.7%；其次是化工产品，为10起，占比16.7%；位居第三的是纸、纸板及其制品（第10类），为3起，占比5.0%（图1-52）。涉及上述3个类别的案件之和占南非遭遇的反倾销调查总数的88.4%。

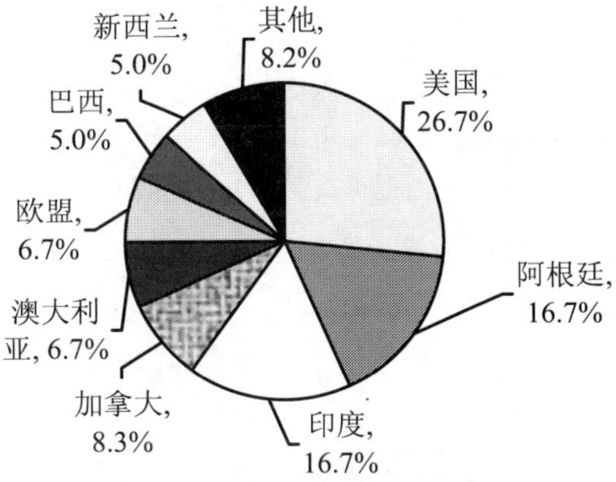

图1-51　1995～2011年南非遭遇反倾销调查按申诉方国别（地区）分布情况

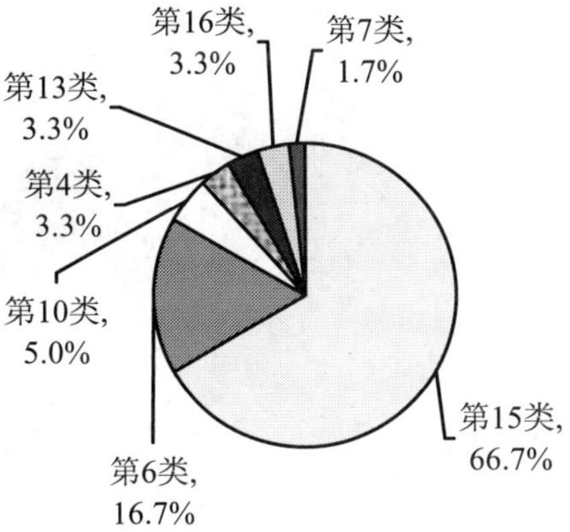

图1-52　1995～2011年南非遭遇反倾销立案按涉案产品分布情况

二、南非是启动反补贴调查最多的发展中成员

1995～2011年，南非共启动13起反补贴调查，占全球反补贴调查总数的5.0%，在全球启动反补贴调查的20个WTO成员中居第四位，在13个启动反补贴调查的发展中成员中居首位；而同期南非共遭遇6起反补贴调查，占比2.3%，在44个遭遇反补贴调查的国家（地区）中列居第九位。

1. 南非2002年之后甚少启动反补贴调查

1995～2011年，南非共启动13起反补贴调查，采取最终反补贴措施5起，占南非反补贴调查总数的38.5%。其中，2002年之前是南非启动反补贴调查较为频繁的时间段，2000年是南非反补贴调查史上启动反补贴调查数最多的年份，为6起。2002年之后，南非很少启动反补贴调查，仅在2008年启动了2起反补贴调查（图1-53）。

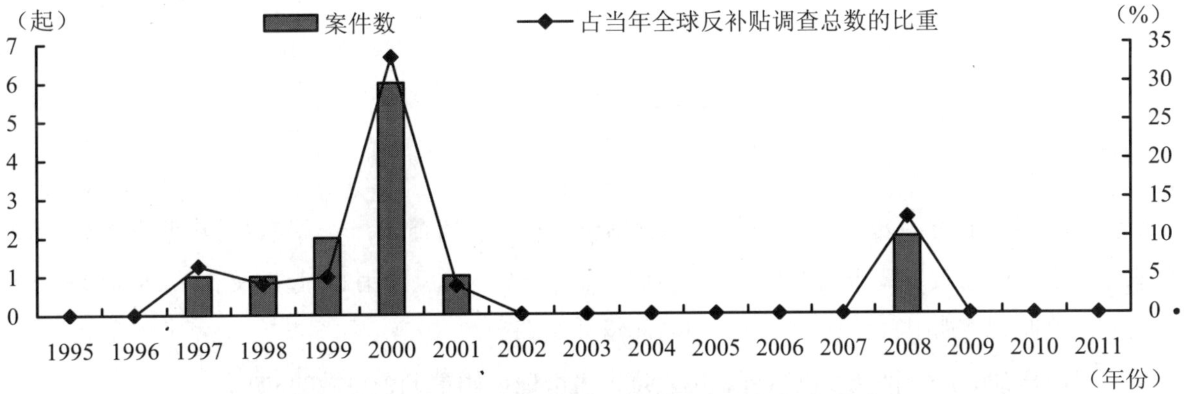

图1-53　1995～2011年南非反补贴立案及各年在全球反补贴立案总数中占比情况

被诉方集中，印度是重点。1995～2011年，南非启动的13起反补贴调查共涉及5个国家（地区）。其中，涉及印度的案件高居首位，为9起，占南非反补贴调查总数的69.2%；其次是中国、韩国、马来西亚和巴基斯坦，均为1起，各占比7.7%。

涉案行业集中，贱金属及其制品是调查重点。1995～2011年，南非启动的13起反补贴调查共涉及海关编码税则中的6个类别。其中，涉及贱金属及其制品（第15类）的案件数高居首位，为5起，占南非反倾销调查总数的38.5%；其次是机械设备（第16类），为3起，占比23.1%；位居第三的是橡胶、塑料及其制品（第

7类），为2起，占比15.4%（图1-54）。涉及上述3个类别的案件之和占南非反补贴立案总数的77%。

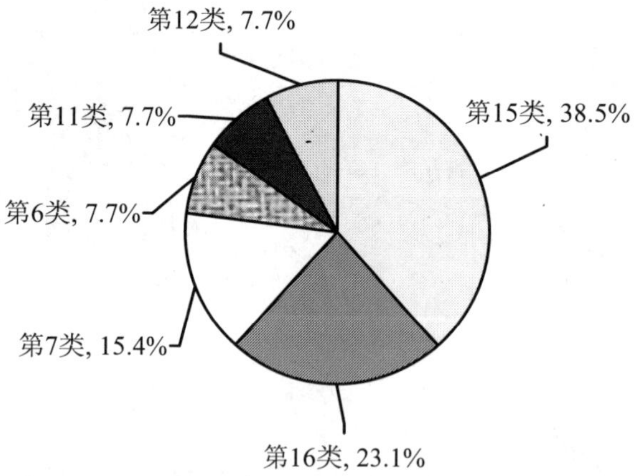

图1-54　1995～2011年南非反补贴立案按涉案产品分布情况

2. 南非2001年之后未遭遇反补贴调查，美国和新西兰是主要发起者

1995～2011年，共有4个WTO成员对南非启动了6起反补贴调查，且均分布在1996～2000年之间，采取最终反补贴措施4起。其中，美国和新西兰均为2起；澳大利亚和欧盟各1起。

南非遭遇的6起反补贴调查主要涉及贱金属及其制品（第15类）、食品，饮料、酒类及醋，烟草及烟草替代品（第4类），分别为4起和2起。

三、南非鲜少启动保障措施调查

截至2011年底，南非仅启动1起保障措施调查，保障措施并非南非贸易救济调查的重点。该案件涉及化工产品（第6类）。

巴　　西

据WTO统计，1995～2011年，巴西共启动238起贸易救济调查，占全球贸易救济调查总数的5.3%，在全球55个启动贸易救济调查的WTO成员中列第六位。其中，反倾销232起，反补贴3起，保障措施3起。同期，巴西共遭遇了114起反倾销调查和7起反补贴调查。

一、巴西启动的反倾销调查高居全球第六位，占全球反倾销调查总数的5.8%

1995～2011年，巴西共启动232起反倾销调查，占全球反倾销调查总数的5.8%，在46个启动反倾销调查的WTO成员中居第六位；而同期巴西遭遇的反倾销调查数为114起，占比2.8%，在102个遭遇反倾销调查的国家（地区）中列居第九位。

1. 巴西年度反倾销立案在全球反倾销调查中占比2004年之后呈上升态势

1995～2011年，巴西共启动232起反倾销调查，采取反倾销措施的119起，占巴西全球反倾销立案总数的51.3%。其中，2004年之前，巴西反倾销立案相对平稳，共108起，年均12起；2003年是巴西反倾销历史上占全球反倾销调查总数的比重最低的年份，为1.7%。2004～2011年，巴西反倾销立案呈现上升态势，共124起，年均约16起；2010年是巴西反倾销史上立案最多的年份，占全球反倾销调查总数的比重高达21.6%（图1-55）。

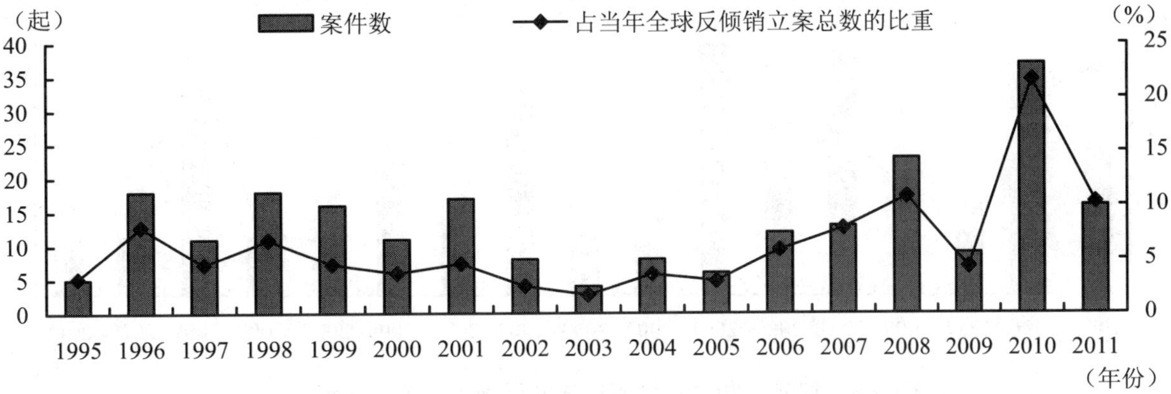

图1-55　1995～2011年巴西反倾销立案及各年在全球反倾销立案总数中占比情况

中国和美国是主要被诉方。1995～2011年，巴西启动的232起反倾销调查共涉及54个国家（地区）。其中，涉及中国的49起，占巴西反倾销立案总数的21.1%，高居首位；其次是美国，为33起，占比14.2%；位居第三的是印度，为11起，占比4.7%；并列第四位的阿根廷和韩国，均为10起，占比4.3%；居第五位的是中国台湾，为7起，占比3.0%（图1-56）。涉及上述6个被诉方的反倾销案件之和占巴西反倾销立案总数的51.6%。

塑料橡胶制品和贱金属及其制品是调查重点。1995～2011年，巴西启动的232起反倾销调查共涉及海关编码税则中的15个类别。其中，涉及橡胶、塑料及其制品（第7类）的案件数以60起高居首位，占巴西反倾销案件总数的25.9%；其次是贱金属及其制品（第15类），为50起，占比21.6%；位居第三的是化工产品（第6类），为41起，占比17.7%（图1-57）。涉及上述3个类别的反倾销案件之和占巴西反倾销立案总数的65.2%。

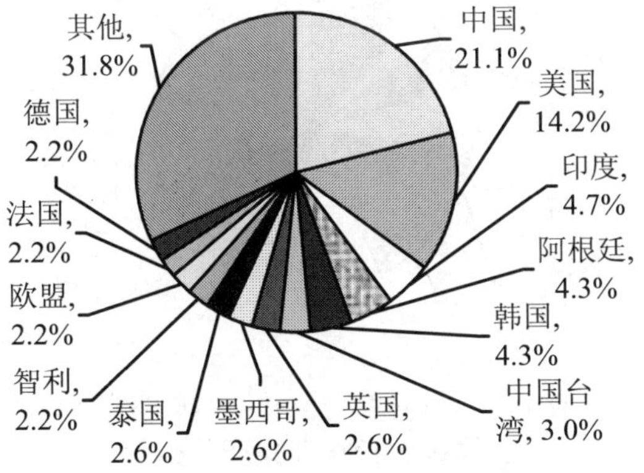

图1-56　1995～2011年巴西反倾销立案按被诉方国别（地区）分布情况

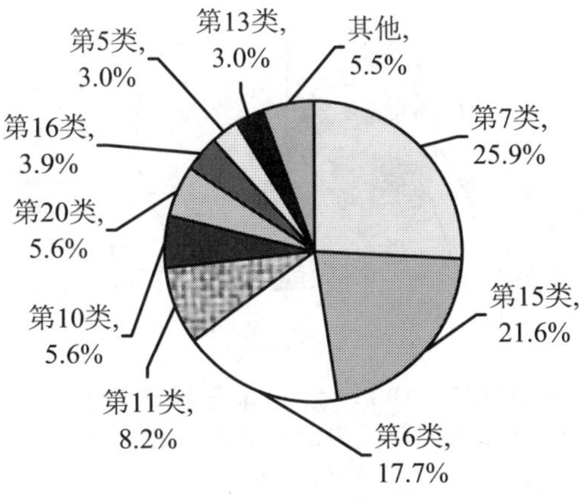

图1-57　1995～2011年巴西反倾销立案按涉案产品类别分布情况

2. 巴西遭遇的反倾销调查数2002年之后有所减少

1995～2011年，巴西共遭遇了114起反倾销调查，采取反倾销措施的82起，占巴西遭遇的反倾销调查总数的71.9%。其中，2002年之前，巴西遭遇的反倾销调查较频繁，共64起，年均约9起；1999年和2001年是南非遭遇反倾销调查史上遭遇反倾销调查最多的年份，均为13起；2002年之后，巴西遭遇的反倾销调查数有所减少，共50起，年均5起（图1-58）。

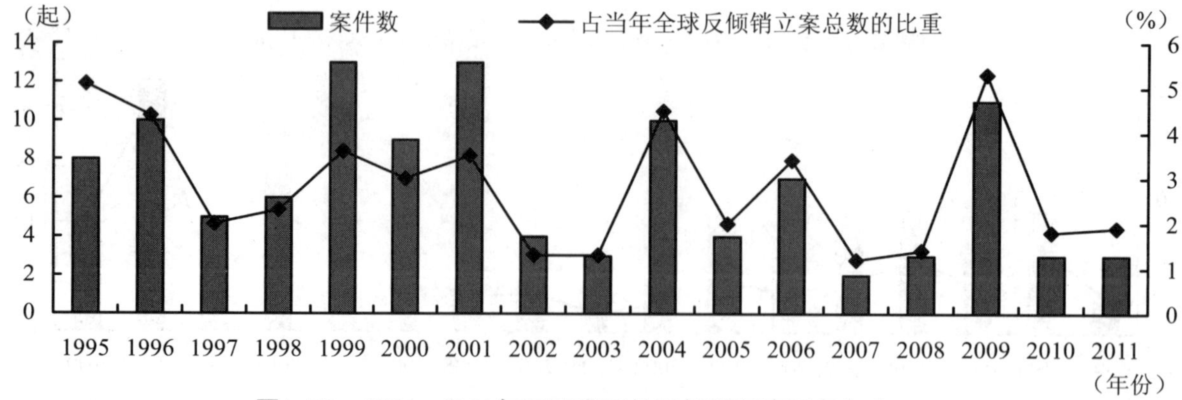

图1-58　1995～2011年巴西遭遇的反倾销调查及各年在全球反倾销立案总数中占比情况

申诉方集中，阿根廷主要发起者。1995～2011年，共有19个WTO成员对巴西发起114起反倾销调查。其中，阿根廷对巴西发起的调查数高居首位，为49起，占巴西遭遇反倾销调查总数的43.0%，是位居次席的美国/南非的4.9倍；其次是美国和南非，均为10起，各占比8.8%；位居第三位的是印度，为7起，占比6.1%；并列第四位的是墨西哥和加拿大，均为6起，各占比5.3%；居第五位的是秘鲁，为5起，占比4.4%（图1-59）。上述7个国家对巴西启动的反倾销调查之和占巴西遭遇反倾销调查总数的81.7%。

贱金属及其制品是巴西遭遇的反倾销调查重点。1995～2011年，巴西遭遇的114起反倾销调查共涉及海关编码税则中的14个类别。其中，涉及贱金属及其制品（第15类）的案件数高居首位，为35起，占比30.7%；其次是机械设备（第16类），为19起，占比16.7%；位居第三的是橡胶、塑料及其制品（第7类），为11起，占比9.6%（图1-60）。涉及上述3个类别的反倾销案件之和占巴西遭遇反倾销调查总数的57.0%。

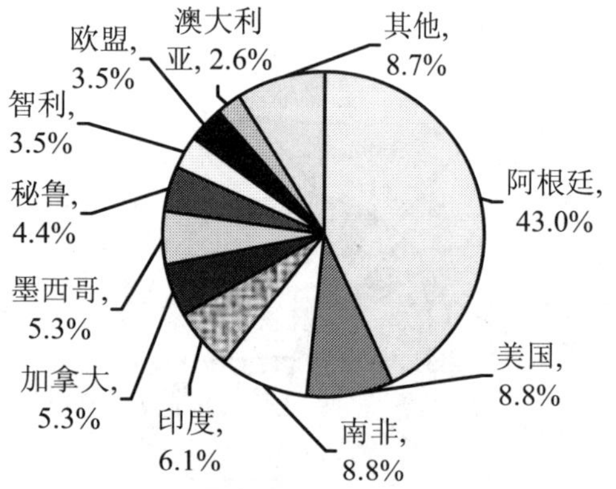

图1-59　1995～2011年巴西遭遇的反倾销调查按申诉方国别（地区）分布情况

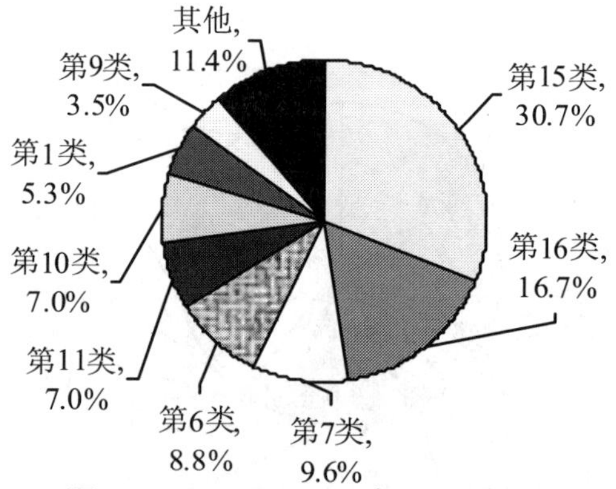

图1-60　1995～2011年巴西遭遇的反倾销调查按涉案产品类别分布情况

二、巴西遭遇的反补贴调查是其启动反补贴调查的2.3倍

1995～2011年，巴西共启动3起反补贴调查，占全球反补贴调查总数的1.1%；而同期巴西共遭遇反补贴调查7起，在全球44个遭遇反补贴调查的国家（地区）中，与阿根廷、法国、中国台湾并列第八位。巴西遭遇的反补贴调查是其启动反补贴调查数的2.3倍。

1. 印度是巴西反补贴调查的唯一对象

1995～2011年，巴西启动的3起反补贴调查仅针对一个被诉国，即印度；涉案产品主要涉及橡胶、塑料及其制品（第7类）（2起）和贱金属及其制品（第15类）（1起）。

2. 美国是对巴西启动反补贴调查的主要国家，贱金属及其制品是重点

1995～2011年，巴西遭遇的7起反补贴调查分别由美国（4起）、加拿大（2起）和秘鲁（1起）发起。其中，涉及贱金属及其制品（第15类）的案件数高居首位，为6起，占比85.7%；其次是车辆、航空器、船舶及有关运输设备（第17类），为1起。

三、巴西鲜少启动保障措施调查

1995～2010年，巴西共启动3起保障措施调查，并对其中2起采取了保障措施。这3起保障措施调查分别涉及机械设备（第16类）、植物产品（第2类）和杂项制品（第20类）。

土 耳 其

据WTO统计，1995～2011年，土耳其共启动165起贸易救济调查，占全球贸易救济调查总数的3.7%，在全球启动贸易救济调查的55个WTO成员中位列第十。其中，反倾销148起，反补贴1起，保障措施16起。同期，土耳其共遭遇53起反倾销调查和2起反补贴调查。

一、土耳其启动的反倾销调查居全球第十，占全球反倾销调查总数的3.7%

1995～2011年，土耳其共启动148起反倾销调查，占全球反倾销调查总数的3.7%，在46个启动反倾销调查的WTO成员中列第十位；而同期土耳其共遭遇反倾销调查53起，占比1.3%，在102个遭遇反倾销调查的国家（地区）中居第十六位。

1. 土耳其启动的反倾销调查2005年之后呈下降趋势，2008年出现单年激增

1995～2011年，土耳其共启动148起反倾销调查，采取反倾销措施的145起，占土耳其全球反倾销立案总数的98.0%，远超过美国和欧盟。其中，2005年之前，土耳其启动的反倾销调查呈上升态势，并于2004年达到顶峰（25起）；2005年之后，土耳其反倾销立案呈现下降趋势，虽然2008年受金融危机影响，土耳其反倾销调查激增，但2008年之后，土耳其反倾销立案再次下滑（图1-61）。

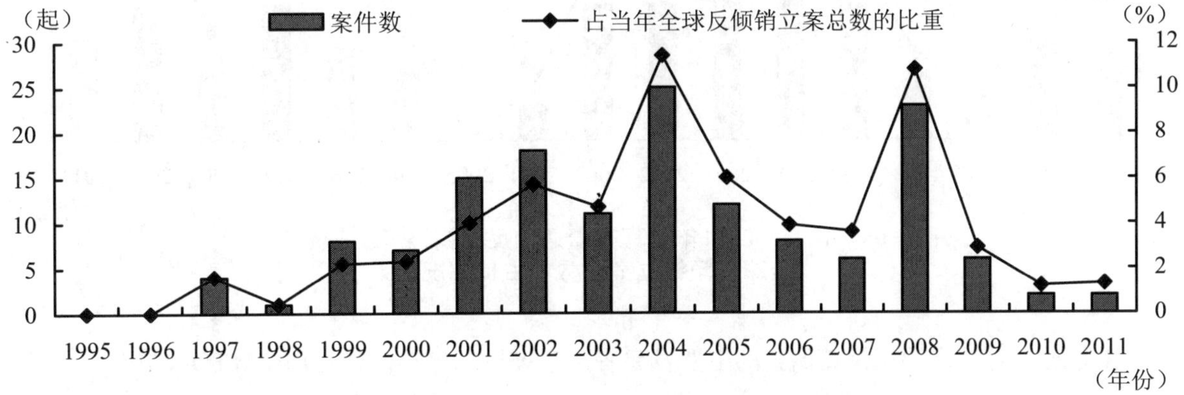

图1-61　1995～2011年土耳其反倾销立案及各年在全球反倾销立案总数中占比情况

被诉方集中，中国是重点。1995～2011年，土耳其启动的148起反倾销调查共涉及31个国家（地区）。其中，涉及中国的案件数高居首位，为58起，占比39.2%；其次是泰国，为11起，占比7.4%；并列第三位的是

印度、印度尼西亚和中国台湾，均为9起，各占比6.1%；居第四位的是韩国，为7起，占比4.7%；位居第五的是马来西亚，为6起，占比4.1%（图1-62）。涉及上述7个被诉方的反倾销案件之和占土耳其反倾销总数的73.7%。

涉案产品集中，橡胶、塑料制品及纺织品是调查重点。1995～2011年，土耳其启动的148起反倾销调查共涉及海关编码税则中的10个类别。其中，涉及橡胶、塑料及其制品（第7类）的案件数高居首位，为45起，占比30.4%；其次是纺织品（第11类），为39起，占比26.4%；位居第三的是贱金属及其制品（第15类），为23起，占比15.5%（图1-63）。涉及上述3个类别的案件数之和占土耳其反倾销调查总数的72.3%。

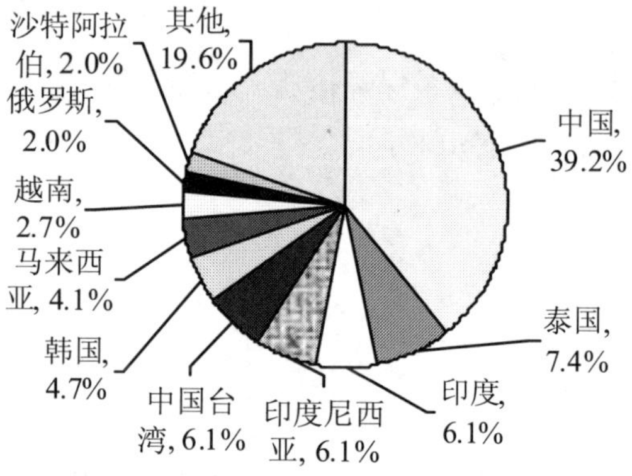

图1-62　1995～2011年土耳其反倾销立案按被诉方国别（地区）分布情况

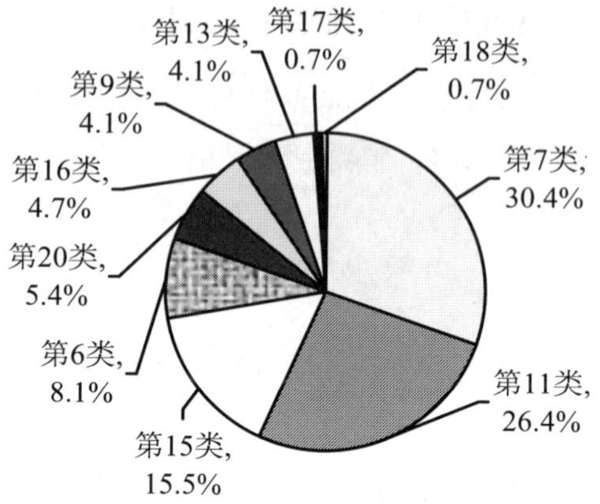

图1-63　1995～2011年土耳其反倾销立案按涉案产品类别分布情况

2. 土耳其遭遇的反倾销调查2004年之后有所减少

1995～2011年，土耳其共遭遇53起反倾销调查，采取最终反倾销措施的28起，占土耳其遭遇反倾销调查总数的52.8%。其中，1995～2003年是土耳其遭遇的反倾销调查较为频繁的阶段，共34起，年均约4起；2000年是土耳其遭遇反倾销调查最多的年份，为7起。2004～2011年，土耳其遭遇的反倾销调查相对较少，共19起，年均约2起（图1-64）。

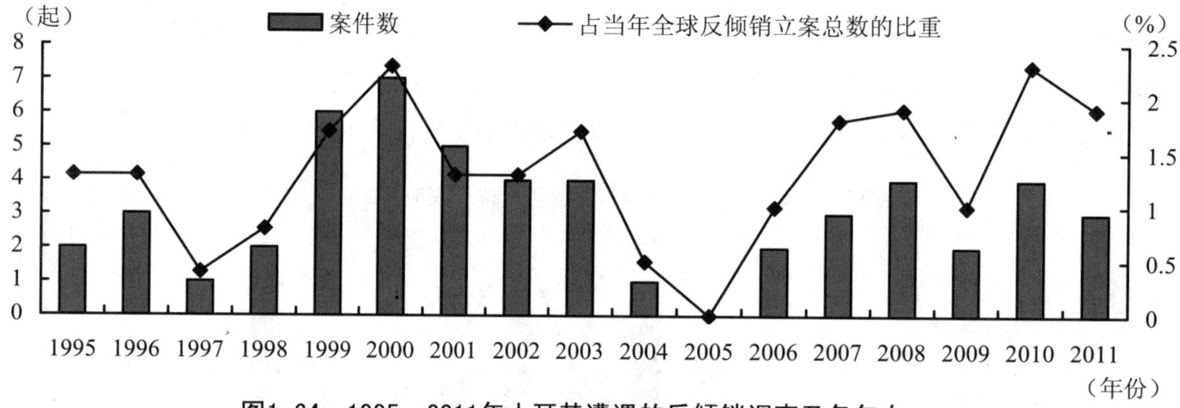

图1-64　1995～2011年土耳其遭遇的反倾销调查及各年在全球反倾销立案总数中占比情况

欧盟是对土耳其启动反倾销调查的主要发起者。1995～2011年，共有15个WTO成员对土耳其启动53起反倾销调查。其中，由欧盟启动的反倾销调查高居首位，为13起，占比24.5%；其次是美国，为8起，占比15.1%；位居第三的是印度，为6起，占比11.3%；居第四位的是南非，为4起，占比7.5%；并列第五位的是巴西、以色列、埃及和加拿大，均为3起，各占比5.7%（图1-65）。

涉案行业集中，贱金属及其制品是被调查重点。1995～2011年，土耳其遭遇的53起反倾销调查共涉及海关编码税则中的10个类别。其中，涉及贱金属及其制品（第15类）的案件数高居首位，为26起，占比49.1%；其次是纺织品（第11类），为8起，占比15.1%；位居第三的是化工产品（第6类），为5起，占比9.4%（图1-66）。涉及上述3个类别的反倾销案件之和占土耳其遭遇反倾销调查总数的73.6%。

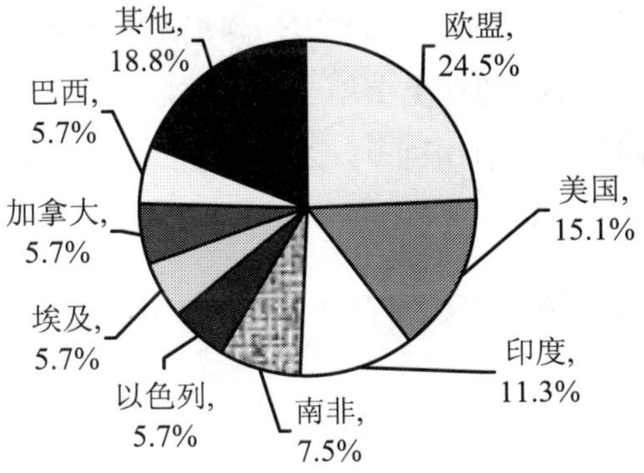

图1-65　1995～2011年土耳其遭遇的反倾销调查按申诉方国别（地区）分布情况

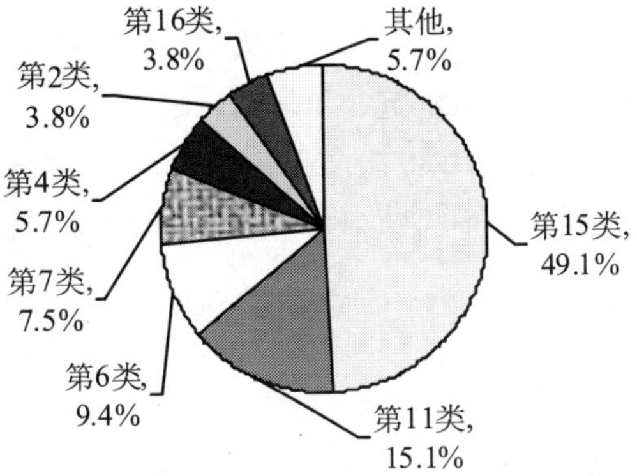

图1-66　1995～2011年土耳其遭遇的反倾销调查按涉案产品类别分布情况

二、土耳其较少利用反补贴调查保护国内产业

1995～2011年，土耳其对印度启动了1起反补贴调查，产品涉及橡胶、塑料及其制品（第7类）。同期，土耳其遭遇了2起反补贴调查，申诉方均为美国，产品分别涉及贱金属及其制品（第15类），食品，饮料、酒类及醋，烟草及烟草替代品（第4类）。

三、土耳其启动的保障措施调查居全球第二，机械设备和仪器仪表是重点

1995～2011年，土耳其共启动16起保障措施调查，在47个启动保障措施调查的WTO成员中仅次于印度，与印度尼西亚并列第二位。土耳其启动的保障措施调查主要集中在2004～2009年中，其中，2004年和2006年是土耳其保障措施立案最多的年份，均为5起。

机械设备和仪器仪表是调查重点。在土耳其启动的16起保障措施调查中，涉及机械设备（第16类）、仪器仪表（第18类）的案件数各3起；涉及水泥、玻璃及其制品（第13类），化工产品（第6类）的各2起；涉及矿产品（第5类），橡胶、塑料及其制品（第7类），皮革及其制品（第8类），纺织品（第11类），鞋帽及羽毛制品（第12类），车辆、航空器、船舶及有关运输设备（第17类）的各1起。

阿 根 廷

据WTO统计，1995～2011年，阿根廷共启动300起贸易救济调查，占全球贸易救济调查总数的6.7%，在全球启动贸易救济调查的55个WTO成员中列第四位。其中，反倾销291起，反补贴3起，保障措施6起。同期，阿根廷共遭遇了35起反倾销调查和7起反补贴调查。

一、阿根廷启动的反倾销调查居全球第四，占全球反倾销调查总数的7.3%

1995～2011年，阿根廷共启动了291起反倾销调查，占全球反倾销立案总数的7.3%，在46个启动反倾销调查的WTO成员中列第四位；而同期阿根廷共遭遇35起反倾销调查，占比0.9%，在102个遭遇反倾销调查的国家（地区）中列第二十四位。

1. 阿根廷反倾销立案2000年之后有所减少

1995～2011年，阿根廷共启动了291起反倾销调查，采取反倾销措施206起，占阿根廷反倾销立案总数的70.8%。其中，1995～2000年，阿根廷启动的反倾销调查呈现波浪式上升态势，共137起，年均约23起；1995年是阿根廷反倾销调查史上年度立案占当年全球反倾销调查的比重最高的一年，为17.2%，2000年是阿根廷反倾销调查史上年度立案数最多的一年，为43起。2001～2007年，阿根廷反倾销调查呈下降之势，共86起，年均约12起。其中，2003年是阿根廷反倾销调查史上年度立案数最少的一年，仅1起。而2008年以后，受全球金融危机影响，阿根廷反倾销新立案有所回升，2009年达28起，与2001年持平，这一时段阿根廷年均反倾销立案17起（图1-67）。

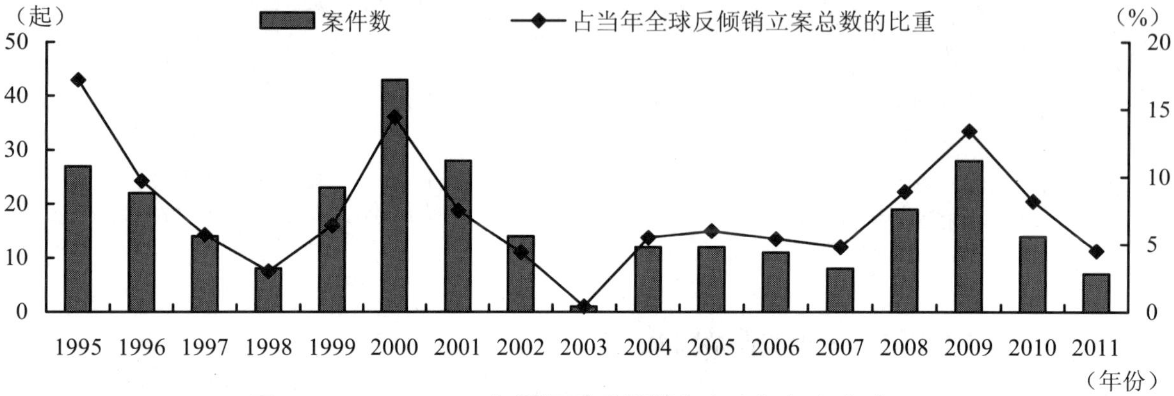

图1-67 1995～2011年阿根廷反倾销立案及各年在全球反倾销立案中占比情况

中国是阿根廷反倾销调查的最大受害者。1995～2011年，阿根廷启动的291起反倾销调查共涉及41个国家（地区）。其中，涉及中国的案件高居首位，共86起，占阿根廷全球反倾销立案总数的29.6%；其次是巴西，为49起，占比16.8%；位居第三的是美国，为15起，占比5.2%；居第四位的是韩国，为13起，占比4.5%；位居第五的是中国台湾，为11起，占比3.8%（图1-68）。涉及上述5个被诉方的反倾销案件之和占阿根廷反倾销调查总数的59.9%。

贱金属及其制品是阿根廷反倾销调查的重点。1995～2011年，阿根廷启动的291起反倾销调查共涉及海关编码税则中的15个类别。其中，涉及贱金属及其制品（第15类）的案件高居首位，为81起，占比27.8%；其次是机械设备（第16类），为59起，占比20.3%；位居第三的是化工产品（第6类），为33起，占比11.3%（图1-69）。涉及上述3个类别的案件之和占阿根廷反倾销调查总数的59.4%。

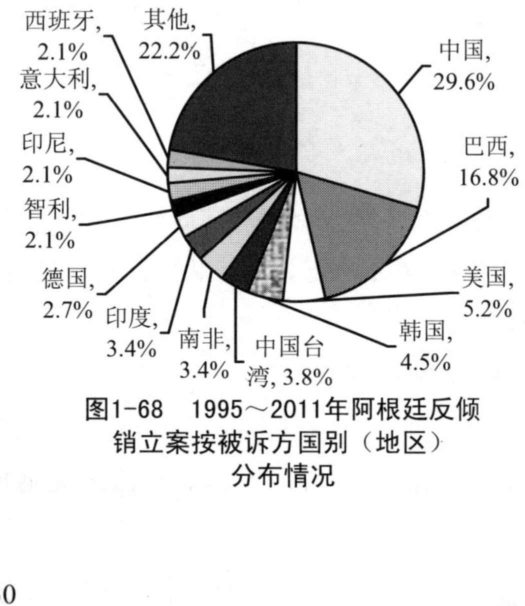

图1-68 1995～2011年阿根廷反倾销立案按被诉方国别（地区）分布情况

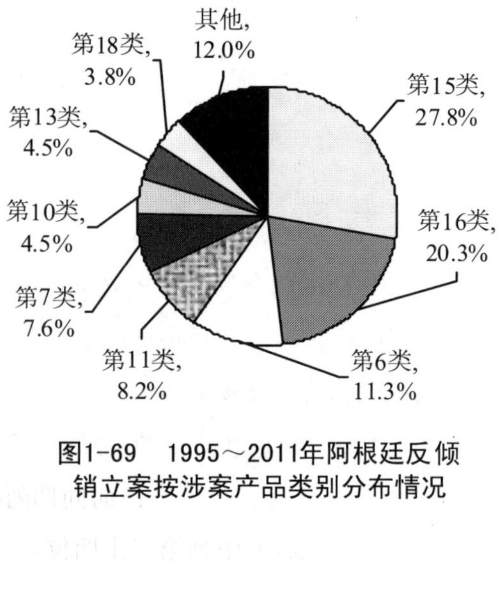

图1-69 1995～2011年阿根廷反倾销立案按涉案产品类别分布情况

2. 阿根廷遭遇的反倾销较少

1995～2011年，阿根廷共遭遇35起反倾销调查，年均约2起，采取最终反倾销措施的19起，占阿根廷遭遇的反倾销调查总数的54.3%。其中，2001年是阿根廷遭遇反倾销调查最多的年份，为5起；2005年是阿根廷遭遇反倾销调查在当年全球反倾销立案总数中占比最高的年份，为2.0%（图1-70）。

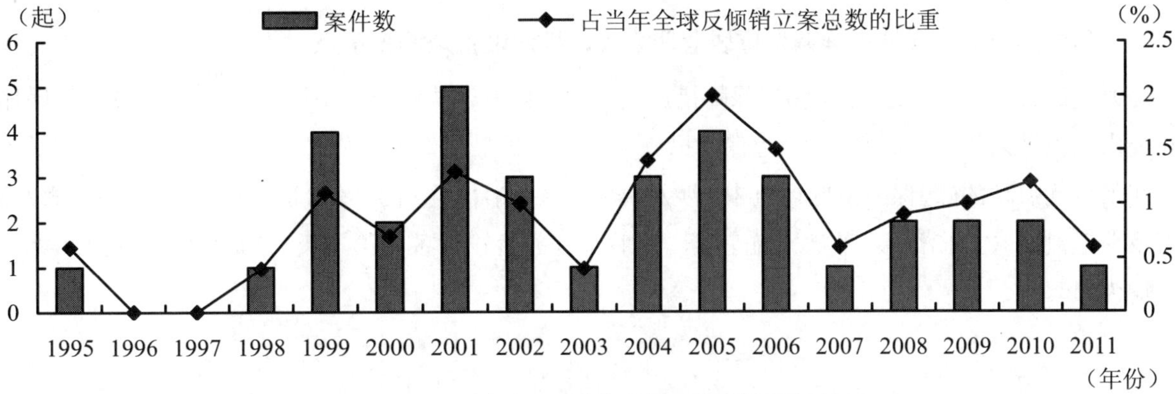

图1-70　1995～2011年阿根廷遭遇的反倾销调查及各年在全球反倾销立案总数中占比情况

巴西和秘鲁是对阿根廷反倾销调查的主要发起者。1995～2011年，共有11个WTO成员对阿根廷启动了35起反倾销调查。其中，巴西对阿根廷启动的调查列居首位，为10起，占阿根廷遭遇的反倾销调查总数的28.6%；其次是秘鲁，为7起，占比20.0%；并列第三位的是美国和智利，均为5起，各占比14.3%；位居第四的是乌拉圭，为2起，占比5.7%；并列第五位的是加拿大、韩国、巴拉圭、南非、泰国和委内瑞拉，均为1起，各占比2.9%（图1-71）。

贱金属及其制品、动植物油和化工产品是阿根廷遭遇的反倾销调查的重点。1995～2011年，阿根廷遭遇的35起反倾销调查共涉及海关编码税则中的10个类别。其中，涉及贱金属及其制品（第15类）、动植物油（第3类）、化工产品（第6类）的案件同居首位，均为6起，各占比17.1%；其次是橡胶、塑料及其制品（第7类），为5起，占比14.3%；位居第三的是植物产品（第2类），为4起，占比11.4%（图1-72）。

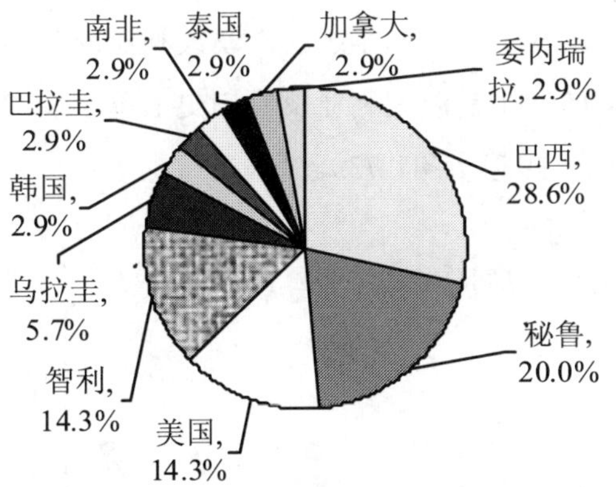

图1-71　1995～2011年阿根廷遭遇的反倾销调查按申诉方国别（地区）分布情况

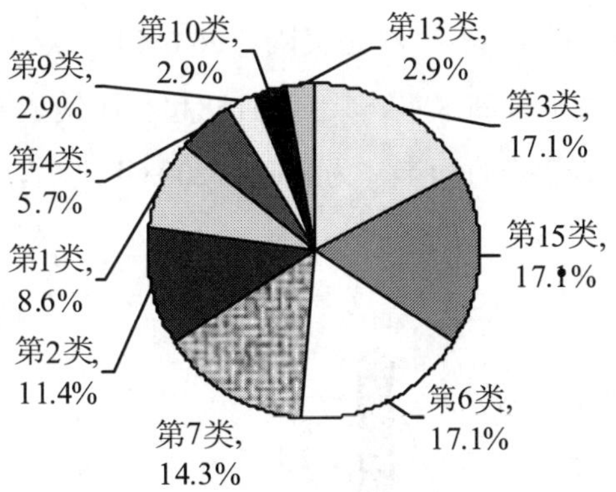

图1-72　1995～2011年阿根廷遭遇的反倾销调查按涉案产品类别分布情况

二、阿根廷启动的反补贴调查仅是其所遭遇的反补贴调查的一半

1995～2011年，阿根廷共启动反补贴调查3起，采取最终反补贴措施的3起；同期，阿根廷遭遇了7起反补贴调查，采取最终反补贴措施的4起，占阿根廷遭遇的反补贴调查总数的57.1%。

阿根廷启动的3起反补贴调查针对欧盟（2起）和西班牙（1起）；主要涉及植物产品（第2类），动植物油（第3类），食品，饮料、酒类及醋，烟草及烟草替代品（第4类），均为1起。

阿根廷遭遇的7起反补贴调查由美国（4起）、智利（2起）和秘鲁（1起）3个WTO成员发起；主要涉及贱金属及其制品（第15类）、动物及动物产品（第1类）、植物产品（第2类）和机械设备（第16类），分别为2起、2起、2起和1起。

三、阿根廷启动的保障措施调查位居全球第八，机械设备是调查重点

1995～2011年，阿根廷共启动6起保障措施调查，在47个启动保障措施调查的WTO成员中与保加利亚和委内瑞拉并列第八位。其中，4起保障措施调查采取了最终保障措施。

在阿根廷启动的6起保障措施调查中，涉及机械设备（第16类）的案件2起，涉及植物产品（第2类）、鞋帽及羽毛制品（第12类）、车辆、航空器、船舶及有关运输设备（第17类）、杂项制品（第20类）的案件均为1起。

澳大利亚

据WTO统计，1995～2011年，澳大利亚共启动248起贸易救济调查，占全球贸易救济调查总数的5.5%，在全球启动贸易救济调查的55个WTO成员中列第五位。其中，反倾销235起，反补贴11起，保障措施2起。同期，澳大利亚共遭遇了24起反倾销调查和1起反补贴调查。

一、澳大利亚启动的反倾销调查位居全球第五，占全球反倾销调查总数的5.9%

1995～2011年，澳大利亚共启动了235起反倾销调查，占全球反倾销立案总数的5.9%，在46个启动反倾销调查的WTO成员中列第五位；而同期澳大利亚共遭遇了24起反倾销调查，占比0.6%，在102个遭遇反倾销调查的国家（地区）中列第三十位。

1．澳大利亚采取反倾销措施的比重远低于美国和欧盟

1995～2011年，澳大利亚启动了235起反倾销调查，采取反倾销措施的89起，占澳大利亚反倾销立案总数的37.9%，约是美国（66.6%）、欧盟（64.5%）的一半。其中，2003年之前，澳大利亚反倾销新立案处于较高水平，共启动158起反倾销调查，年均约20起，1997年是澳大利亚反倾销史上单年反倾销新立案最多的一年，为44起；2003年之后，共启动77起，年均约9起（图1-73）。

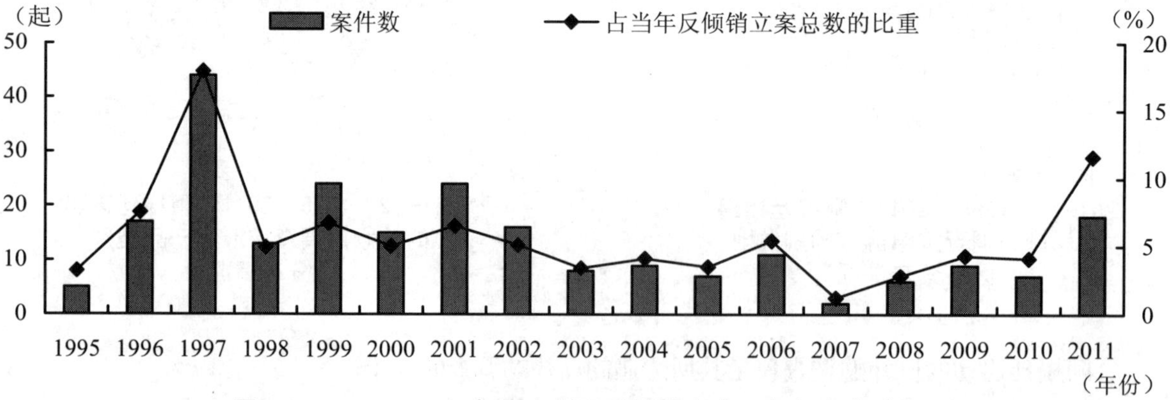

图1-73　1995～2011年澳大利亚反倾销立案及各年在全球反倾销立案中占比情况

中国和韩国是澳大利亚反倾销调查的重点。1995～2011年，澳大利亚启动的235起反倾销调查共涉及39个国家（地区）。其中，涉及中国的案件位居首位，为34起，占澳大利亚反倾销立案总数的14.5%；其次是韩国，为23起，占比9.8%；位居第三的是泰国，为22起，占比9.4%；居第四位的是印度尼西亚，为21起，占比8.9%；位居第五的是马来西亚，为13起，占比5.5%。涉及上述5个被诉方的案件之和占澳大利亚反倾销调查总数的48.1%（图1-74）。

橡胶、塑料制品及贱金属是调查重点。1995～2011年，澳大利亚启动的235起反倾销调查共涉及海关编码税则中的15个类别。其中，涉及橡胶、塑料及其制品（第7类）的案件高居首位，为62起，占比26.4%；其次是贱金属及其制品（第15类），为45起，占比19.1%；位居第三的是纸、纸板及其制品（第10类），为26起，占比11.1%（图1-75）。涉及上述3个类别的案件之和占澳大利亚反倾销立案总数的56.6%。

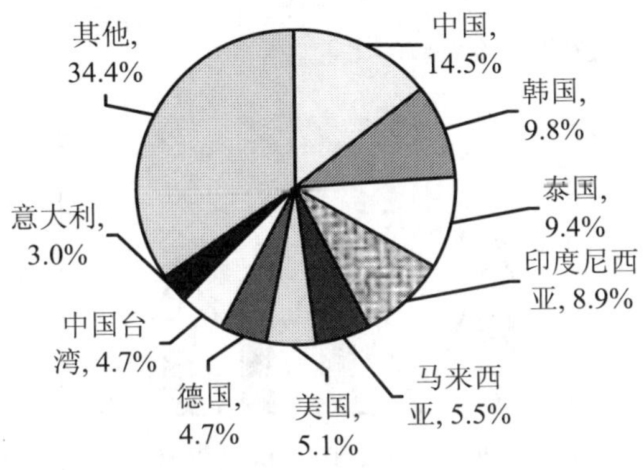

图1-74　1995～2011年澳大利亚反倾销立案按被诉方国别（地区）分布情况

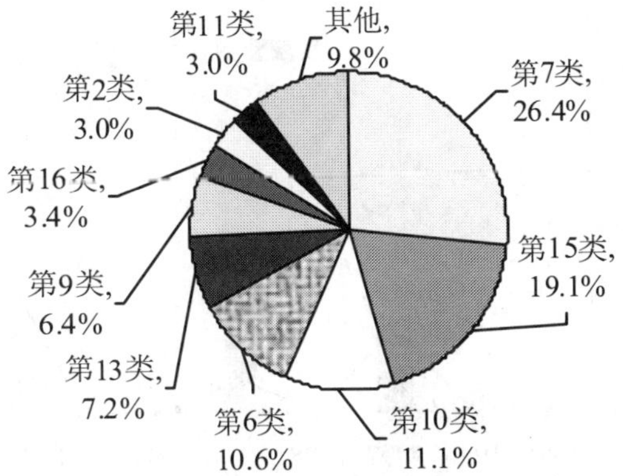

图1-75　1995～2011年澳大利亚反倾销立案按涉案产品类别分布情况

2. 澳大利亚遭遇的反倾销较少

1995～2011年，澳大利亚共遭遇24起反倾销调查，年均约1起，采取最终反倾销措施的12起，占澳大利亚遭遇的反倾销调查总数的50.0%。

南非是对澳大利亚反倾销调查主要发起者。1995～2011年，澳大利亚遭遇的24起反倾销调查是由11个国家（地区）发起的。其中，南非对澳大利亚启动的反倾销调查数位居首位，为5起，占比20.8%；其次是美国和印度尼西亚，均为3起，各占比12.5%；并列第三位的是阿根廷、欧盟、巴西、印度、马来西亚，均为2起，各占比8.3%（图1-76）。

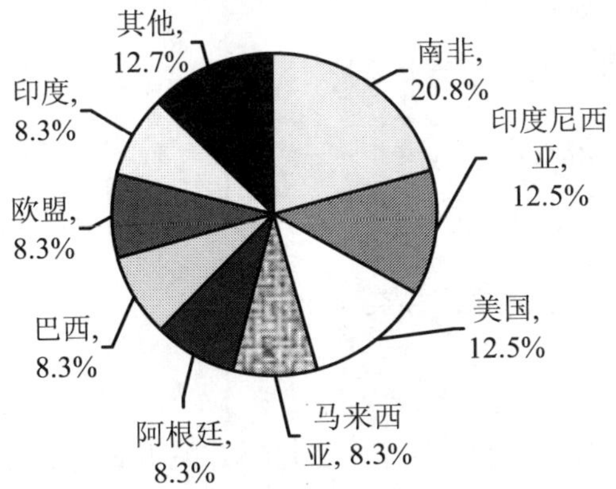

图1-76　1995～2011年澳大利亚遭遇的反倾销调查按申诉方国别（地区）分布情况

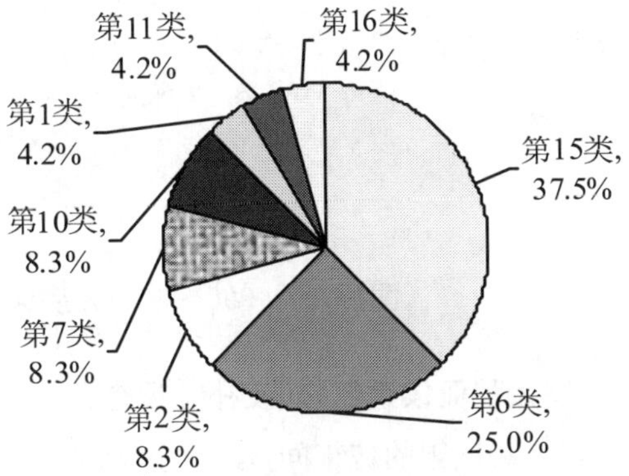

图1-77　1995～2011年澳大利亚遭遇的反倾销调查按涉案产品类别分布情况

贱金属及其制品是澳大利亚遭遇反倾销调查的重点。1995～2011年，澳大利亚遭遇的24起反倾销调查涉及海关编码中的8个类别。其中，涉及贱金属及其制品（第15类）的高居首位，为9起，占比37.5%；其次是化工产品（第6类），为6起，占比25.0%；并列第三位的是植物产品（第2类），橡胶、塑料及其制品（第7类），纸、纸板及其制品（第10类），均为2起，各占比8.3%（图1-77）。

二、澳大利亚启动反补贴调查位居全球第五，占全球反补贴调查总数的4.2%

1995～2011年，澳大利亚启动11起反补贴调查，采取最终反补贴措施的4起，占澳大利亚反补贴调查总数的36.4%。

1. 澳大利亚启动的反补贴调查较分散

在1995～2011年的17年间，有8年澳大利亚启动了反补贴调查。其中，2003年是澳大利亚启动反补贴调查最多的年份，为3起，占当年反补贴立案总数的比重也是历年最高，为20.0%（图1-78）。

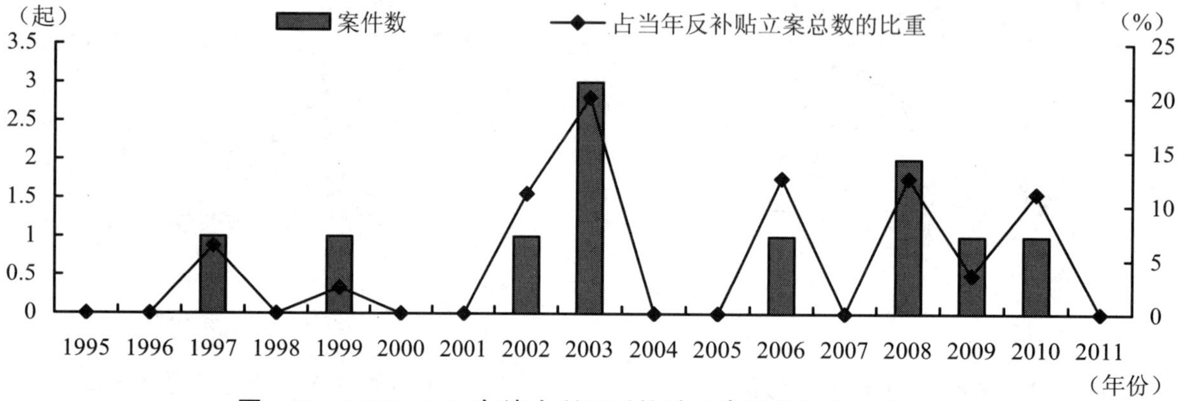

图1-78　1995～2011年澳大利亚反补贴立案及各年在全球反补贴立案总数中占比情况

贱金属是澳大利亚反补贴调查的重点。1995～2011年，澳大利亚启动的11起反补贴调查涉及海关编码中的5个类别。其中，涉及贱金属及其制品（第15类）、动植物油（第3类）、化工产品（第6类）的案件数位居首位，均为3起，各占比27.3%；其次是矿产品（第5类），纸、纸板及其制品（第10类），均为1起，各占比9.1%（图1-79）。

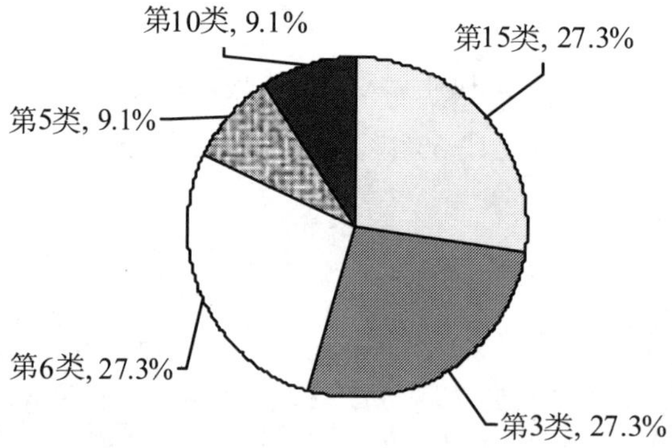

图1-79　1995～2011年澳大利亚反补贴立案按涉案产品类别分布情况

2. 澳大利亚仅遭遇1起反补贴调查

1995～2011年的17年间，澳大利亚仅在1999年遭遇了1起反补贴调查，这起反补贴调查是由欧盟发起的，涉及纺织品（第11类）。

三、动物及动物产品是澳大利亚保障措施调查的重点

1995～2011年，澳大利亚启动2起保障措施调查。这2起保障措施调查均涉及动物及动物产品（第1类）。

加 拿 大

据WTO统计，1995～2011年，加拿大共启动183起贸易救济调查，占全球贸易救济调查总数的4.1%，在全球启动贸易救济调查的55个WTO成员中位列第九。其中，反倾销155起，反补贴25起，保障措施3起。同期，加拿大共遭遇39起反倾销调查和8起反补贴调查。

一、加拿大启动的反倾销调查位居全球第九，占全球反倾销调查总数的3.9%

1995～2011年，加拿大共启动了155起反倾销调查，占全球反倾销立案总数的3.9%，在46个启动反倾销调查的WTO成员中列第九位；同期，加拿大共遭遇了39起反倾销调查，占比1.0%，在102个遭遇反倾销调查的国家（地区）中列第二十二位。

1. 加拿大启动的反倾销调查2002年以来呈下降态势

1995～2011年，加拿大共启动155起反倾销调查，采取反倾销措施的96起，占加拿大反倾销立案总数的61.9%。其中，2002年之前，加拿大反倾销立案处于较高水平，共启动102起反倾销调查，年均约15起；2001年是加拿大反倾销史上立案数最多的一年，为25起；2002年之后，共启动53起，年均约5起（图1-80）。

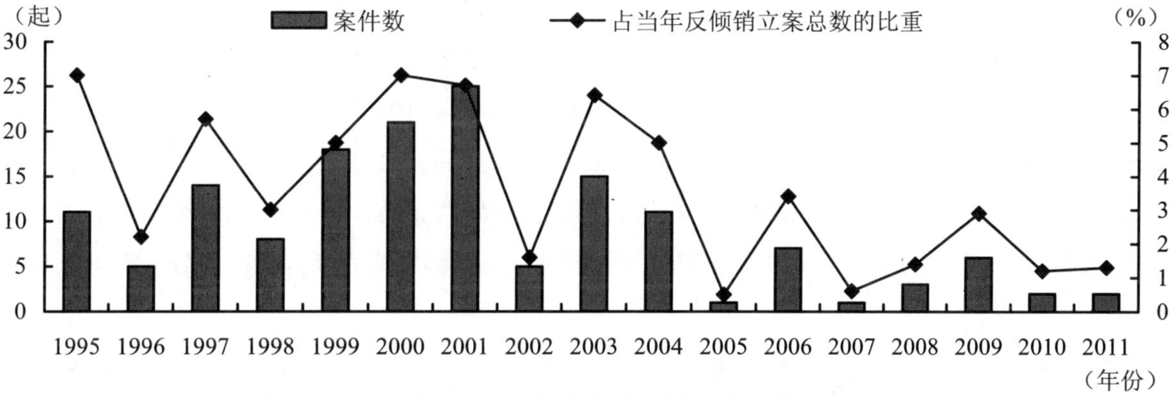

图1-80　1995～2011年加拿大反倾销立案及其各年在全球反倾销立案总数中占比情况

中国和美国是加拿大反倾销调查的重点。1995～2011年，加拿大启动的155起反倾销调查共涉及46个国家（地区）。其中，涉及中国的案件高居首位，共28起，占加拿大反倾销立案总数的18.1%；其次是美国，为17起，占比11.0%；并列第三位的是韩国和中国台湾，均为8起，各占比5.2%；居第四位的是巴西，为6起，占比3.9%；法国、印度、俄罗斯和南非并列第五，均为5起，各占比3.2%。涉及上述9个被诉方的案件之和占加拿大反倾销调查总数的56.2%（图1-81）。

65%以上的调查涉及贱金属及其制品。1995～2011年，加拿大启动的155起反倾销调查共涉及海关编码税则中11个类别。其中，涉及贱金属及其制品（第15类）的案件高居首位，为102起，占比65.8%；其次是食品，饮料、酒类及醋，烟草及烟草替代品（第4类），木制品（第9类），均为9起，各占比5.8%；并列第三位的是植物产品（第2类），鞋帽及羽毛制品（第12类），均为7起，各占比4.5%（图1-82）。涉及上述5个类别的案件之和占加拿大反倾销立案总数的86.4%。

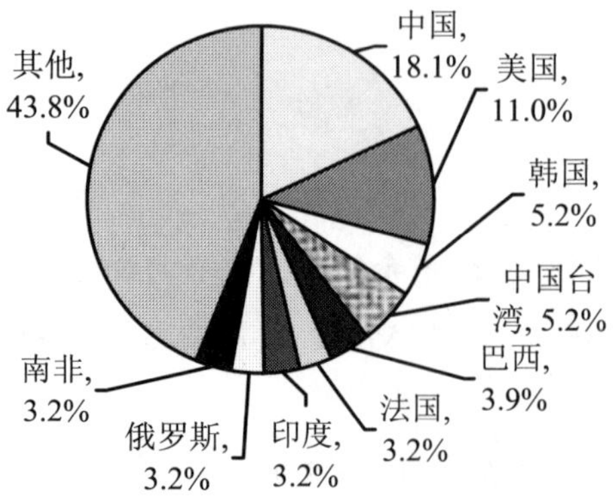

图1-81　1995～2011年加拿大反倾销立案按被诉方国别（地区）分布情况

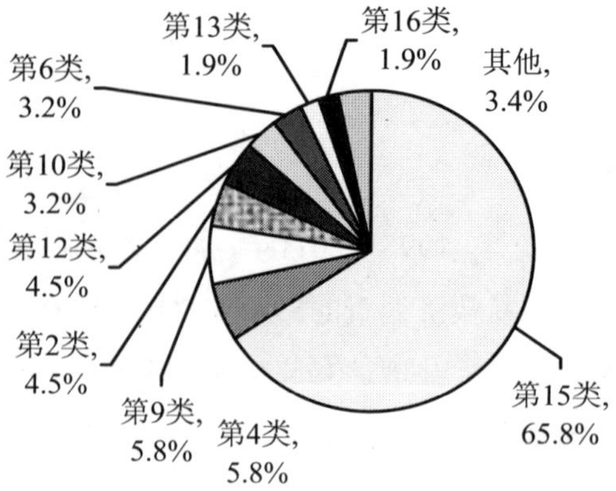

图1-82　1995～2011年加拿大反倾销立案按涉案产品类别分布情况

2. 加拿大共遭遇39起反倾销调查

1995～2011年，加拿大共遭遇39起反倾销调查，年均约2起，采取最终反倾销措施的17起，占加拿大遭遇的反倾销调查总数的43.6%。其中，2004年之前，加拿大共遭遇27起反倾销调查，年均3起；2004年之后，共遭遇12起反倾销调查，年均约2起。

美国是对加拿大启动反倾销调查主要发起者。1995～2011年，加拿大遭遇的39起反倾销调查是由13个国家（地区）发起的。其中，美国对加拿大启动的反倾销调查高居首位，为15起，占比38.5%；其次是澳大利亚，为6起，占比15.4%；位居第三的是印度，为5起，占比12.8%（图1-83）。

贱金属及其制品、纸制品是加拿大遭遇反倾销调查的重点。1995～2011年，加拿大遭遇的39起反倾销调查涉及海关编码中9个类别。其中，涉及贱金属及其制品（第15类），纸、纸板及其制品（第10类）的高居首位，均为8起，各占比20.5%；其次是化工产品（第6类），为6起，占比15.4%；并列第三位的是动物及动物产品（第1类），橡胶、塑料及其制品（第7类），均为4起，各占比10.3%（图1-84）。

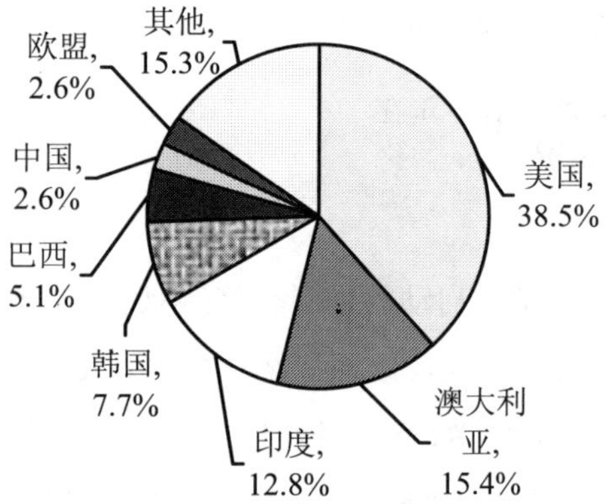

图1-83　1995～2011年加拿大遭遇的反倾销调查按申诉方分布情况

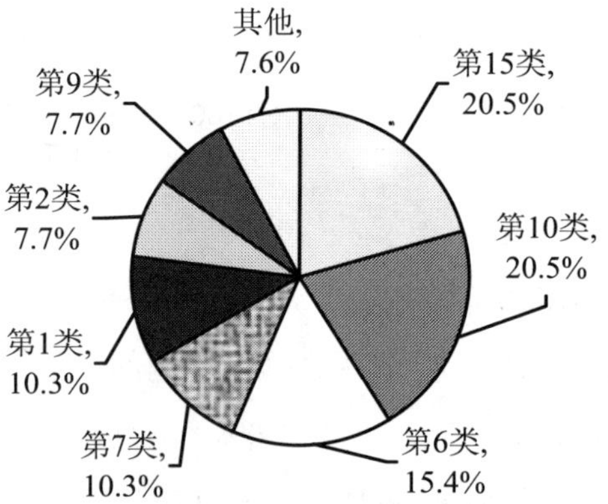

图1-84　1995～2011年加拿大遭遇的反倾销调查按涉案产品分布情况

二、加拿大启动反补贴调查位居全球第三，占全球反补贴调查总数的9.5%

1995～2011年，加拿大启动25起反补贴调查，占全球反补贴调查总数的9.5%。其中，采取最终反补贴措施的17起，占加拿大反补贴调查总数的68.0%。同期，加拿大共遭遇了8起反补贴调查，占全球反补贴调查总数的3.1%。

1. 加拿大启动的反补贴调查相对分散

1995～2011年，加拿大共启动25起反补贴调查。其中，2000年、2004年是加拿大启动反补贴调查最多的年份，均为3起，分别占当年反补贴立案总数的22.2%和50.0%（图1-85）。

贱金属及其制品是加拿大反补贴调查的重点。1995～2011年，加拿大启动的25起反补贴调查涉及海关编码中5个类别。其中，涉及贱金属及其制品（第15类）的案件高居首位，为18起，占比72.0%；其次是化工产品（第6类），为3起，占比12.0%；位居第三的是植物产品（第2类），为2起，占比8.0%（图1-86）。

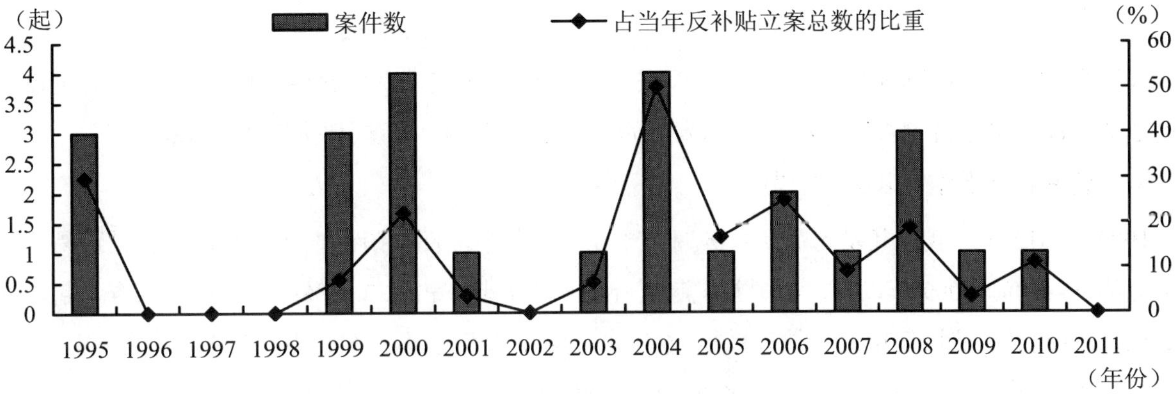

图1-85 1995～2011年加拿大反补贴立案及各年在全球反补贴立案总数中占比情况

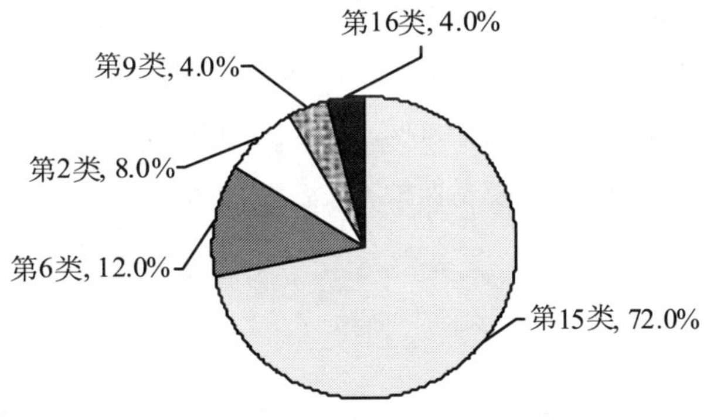

图1-86 1995～2011年加拿大反补贴立案按涉案产品类别分布情况

2. 加拿大2005年之后未再遭遇反补贴调查

1995～2011年，加拿大遭遇的8起反补贴调查均在2005年之前，2001年和2002年，加拿大遭遇的反补贴调查最多，为2起；采取最终反补贴措施的3起。

加拿大遭遇的8起反补贴调查共涉及海关编码中4个类别，分别是动物及动物产品（第1类）、植物产品（第2类）、木制品（第9类）、贱金属及其制品（第15类），均为2起。

三、加拿大2006年以来未启动过保障措施调查

1995～2011年，加拿大启动了3起保障措施调查，这3起保障措施调查分布在2002年和2005年，分别是1起和2起。这3起保障措施调查分别涉及食品，饮料、酒类及醋，烟草及烟草替代品（第4类），贱金属及其制品（第15类），车辆、航空器、船舶及有关运输设备（第17类）。

第二章　我国贸易救济申诉案件综述

第一节　我国贸易救济申诉案件的特点㊀

我国自1997年开始运用贸易救济措施以来，截至2012年底，按WTO统计口径，已经对进口产品启动了210起贸易救济调查。2012年，新发起贸易救济调查11起，同比大幅上升120%。

一、贸易救济措施仍以反倾销为主

1997～2012年，我国共发起贸易救济调查210起。其中，反倾销调查203起，占我国贸易救济调查总数的96.67%；2009年以来，我国共发起反补贴调查6起，占比2.86%；保障措施调查1起，占比0.48%。由此可见，我国运用贸易救济措施16年来，反倾销仍是国内产业保护自身权益的最主要手段，但截至2012年底，反补贴调查数量占比较2011年底上升0.85个百分点。

二、2012年反倾销立案数量同比大幅上升

1997～2012年，我国反倾销立案203起，年均立案12.7起。1997～2000年的4年间，我国反倾销立案总数为16起，年均立案4起；2001～2005年的5年间，共立案120起，年均立案24起；2006～2012年的7年间，共立案67起，年均立案9.6起（图2-1）。

2012年，我国反倾销立案9起，同比上升80%，是继2010年和2011年立案数量连续2年下降后的首次回升。可见，在2012年全球经济低迷、贸易保护主义滋生的情况下，国内企业已逐渐意识到要运用法律武器维护国内产业安全。

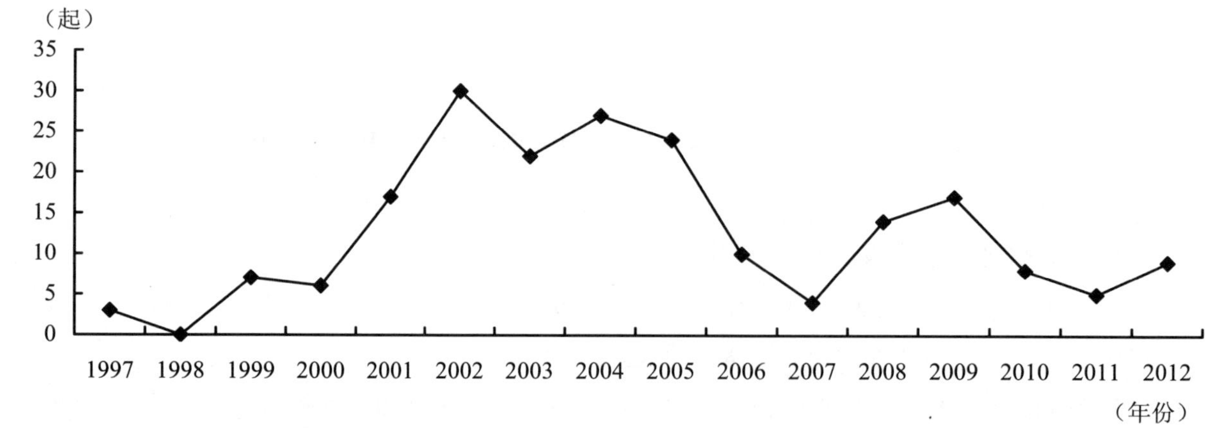

图2-1　1997～2012年我国企业反倾销申诉案件立案年度走势

三、美国被诉反倾销案件数量跃升至首位

1997～2012年，我国共对26个国家（地区）发起203起反倾销调查，其中，美国的被诉案件多达

㊀ 本章案件统计标准，参照WTO标准，即1个国家1种产品对应1起案件

36 起，占我国反倾销申诉案件总数的 17.7%；其次是日本（35 起），占比 17.2%；韩国（33 起）位列第三，占比 16.3%；欧盟（20 起）居第四位，占比 9.9%；中国台湾（16 起）位列第五，占比 7.9%。排名前 11 位涉案国家（地区）在我国反倾销调查中占比为 87.2%，这一占比较 2011 年上升了 0.6 个百分点（表 2-1）。

表 2-1　1997～2012 年我国反倾销调查涉案国家（地区）排名情况

国家（地区）	2012 年	2011 年累计	2012 年新增
美　国	36	34	2
日　本	35	33	2
韩　国	33	32	1
欧　盟	20	17	3
中国台湾	16	16	0
俄罗斯	11	11	0
新加坡	6	6	0
印　度	5	4	1
印度尼西亚	5	5	0
泰　国	5	5	0
德　国	5	5	0

四、反倾销原审申诉企业所属省份大多集中在北京、山东和吉林

1997～2012，我国反倾销原审申诉企业共涉及 27 个省份。未涉案的省级行政区（港、澳、台除外）3 个，分别为西藏、海南、贵州。其中，北京申诉企业居首位，共申请发起 55 起反倾销调查；山东 46 起，列第二位；吉林 43 起，位居第三（表 2-2）。

从 2012 年新申请发起的反倾销调查来看，江苏企业申诉立案 4 起，位居第一；其次是江西、河南、重庆，分别为 2 起；另外，浙江、河北、甘肃、辽宁、安徽、山东的企业分别立案 1 起。

表 2-2　1997～2012 年我国贸易救济案件申诉企业所在省份排名情况

申诉企业所在省份	2012 年累计	2011 年累计	2012 年新增
北　京	55	55	0
山　东	47	46	1
吉　林	43	43	0
上　海	40	40	0
江　苏	40	36	4
浙　江	38	37	1
黑龙江	29	29	0
四　川	28	28	0
辽　宁	28	27	1
河　北	27	26	1

五、涉案产业以化工为主，共涉及 11 个行业

1997～2012 年，我国发起 203 起反倾销调查，涉及化工产品的案件仍居首位，共 150 起，占我国反倾

销申诉案件总数的73.9%，较上年滑落0.3个百分点。

203起反倾销调查共涉及：化工（150起）、造纸（18起）、冶金（12起）、纺织（7起）、电子（5起）、机械（3起）[㊀]、有色金属（3起）、农产品（2起）、医药（1起）、汽车（1起）、轻工（1起）11个行业。截至2012年，我国共发起反补贴调查6起，其中包括农产品（2起）、有色金属（2起）、冶金（1起）、汽车（1起）（图2-2）。

2012年新发起的9起反倾销案件，共涉及化工（6起）、有色金属（3起）2个行业。

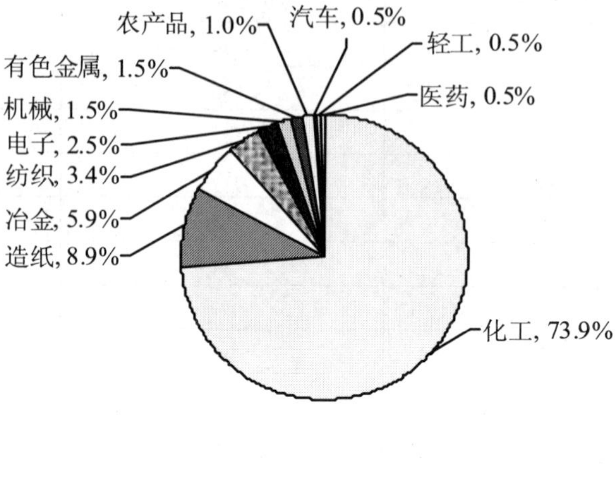

图2-2　1997～2012年我国反倾销申诉案件涉案产品按行业分布情况

六、我国调查机关统计口径的贸易救济申诉案件分析

1997～2012年，我国共发起82起贸易救济调查，其中，反倾销75起，反补贴6起，保障措施1起。2012年，共计发起贸易救济调查8起（其中反倾销6起，反补贴2起），比2011年增加5起。

按照我国调查机关的统计，截至2012年底，我国申诉的贸易救济案件共涉及67种产品（含保障措施案的“部分钢铁产品”），反倾销66个产品，反补贴5个产品，保障措施1个产品。

截至2012年底，共计39个涉案产品仍在实施贸易救济措施。2012年新增的征税产品为未曝光的摄影感光纸及纸板和高性能不锈钢无缝管；2012年停止征税的产品为二氯甲烷。

第二节　我国贸易救济措施实施效果分析

一、贸易救济措施涉案企业存续情况

1. 涉案企业存续及变化情况

截至2011年底，我国已裁决贸易救济案件（含不征税及无损害）的申诉企业（含协会提供的申诉企业，不含2011年底复审案件的调查企业）共计287家，其中，截至2011年3月实际填报存续情况的企业有278家。在278家填报存续情况的企业中，未发生停产或转产、重组、破产、更名的企业为178家，占比64.0%，较2010年下降1.3个百分点；发生上述变化的企业为100家，占比36.0%，较2010年上升1.3个百分点。

㊀ 2010年对涉案产品的分类进行了调整，与2009年不同，以2010年为准。

在100家发生变化的企业中，已停止生产原涉案产品的企业有55家（包括停、转产企业29家和破产企业26家），发生重组（破产除外）的企业有37家，企业名称变更的有41家。

2. 变化较大的行业情况

在全部申诉企业中，下列行业变化较为突出：

涤纶短纤维：自2008年2月3日起到期终止措施，原申诉企业18家，截至2011年底停产和破产的企业达到10家，仍在经营的企业利润微薄。

新闻纸：2009年6月30日起终止措施，原申诉企业17家，截至2011年底停产和破产的企业达到10家，仍在经营的企业多处于亏损状态。

锦纶6、66长丝：2005年终止调查，原申诉企业14家，截至2011年停产和破产的企业达到了9家，仍在经营且填报了2011年度调查表的企业，毛利率在6%～7%之间。

饲料级L－赖氨酸盐酸盐：2002年作出无损害裁决，3家申诉企业中2家破产，1家停产。

二、贸易救济措施的积极效果

1. 涉案产业出口竞争力提升

2011年，38个仍在实施措施的涉案产品出口额为141.98亿美元，出口额在1亿美元以上的产品有14个（占比37%）。9个产品保持了净出口，分别是碳钢紧固件（净出口额为10.69亿美元）、铜版纸（9.45亿美元）、甲乙酮（1.77亿美元）、二氯甲烷（3493.17万美元）、X射线安全检查设备（2800.54万美元）、三氯乙烯（2501.03万美元）、丙烯酸酯（2361.72万美元）、氨纶（1155.30万美元）、磺胺甲噁唑（65.93万美元）。

2. 涉案产业加快转型升级

生产工艺改进，产品质量达到国际先进水平。目前，我国PBT树脂生产企业主要是采用较为先进的PTA直接酯化法，使物耗、能耗较反倾销立案前均有所下降；电解电容器纸的质量与反倾销立案前相比进一步提高，品种更加齐全，产品密度范围从最低0.28到最高1.2，覆盖了目前电解电容器纸的所有品种；国内马铃薯淀粉产业引进的欧洲成套线先进设备和工艺水平甚至高于目前欧盟生产企业的设备和工艺，执行等同于甚至高于欧洲的产品质量标准，完全达到国际同类产品的先进水平。

加快技术创新和产品结构优化。我国高强度紧固件比重明显提升，达到近60%，并且对汽车、风力发电、航空航天等相关工业的提升和发展起到了相互促进的作用；我国电解电容器纸受到了国外或外资高端用户的认可；氨纶产业在反倾销措施实施期间先后自主研发了经编氨纶、耐高温氨纶、耐氯氨纶、低温定型氨纶等新产品，技术研发走在行业前列。

促进农民增收和推动农业产业化经营。马铃薯淀粉贸易救济措施的实施使产业得到恢复性发展，并增加了对原料马铃薯的消费，国内马铃薯价格得以提升，2010年国内马铃薯采购价格由2008年和2009年的300～400元/吨升至1000～1200元/吨，薯农收入明显提高；在我国发起的首起农产品反倾销反补贴合并调查的白羽肉鸡行业中，不乏多家大型农业产业化龙头企业、上市公司，还包括国内家禽行业首家美国上市企业，白羽肉鸡双反措施的实施也为这些企业的规模化经营创造了有利条件。

3. 进一步增强国内产业运用贸易救济措施的积极性

2011年发布措施实施到期公告的5起案件的国内企业，除PBT树脂产业外，其余4个行业的企业均明确表示，将向商务部按期提出复审案件申请，继续运用贸易救济措施维护国内产业安全。行业对贸易救济措施的认识和运用也更为全面，例如，马铃薯淀粉行业在实施反倾销措施之后，在2011年4月开始实施反倾销期中复审措施，2011年9月开始实施反补贴措施，2011年12月1日，由中国淀粉工业协会马铃薯淀粉专业委员会代表中国马铃薯淀粉国内产业又向商务部正式递交反倾销措施期终复审申请，充分显示马铃薯淀粉行业作为一个涉农的细分行业在运用贸易救济措施保护自身正当权益方面的意识在逐步增强。

三、产业恢复发展过程中遇到的问题

1. 部分产业产能过剩问题突出

根据企业提供的数据，2005 年氨纶反倾销立案时，国内氨纶总产能约为 16 万吨，到 2011 年底，国内氨纶总产能估计达到 42 万吨，而国内实际消费量不足 30 万吨，产能过剩矛盾日益突显；从国内市场需求情况预测，核苷酸类食品添加剂国内需求量每年保持约 10%的增长，而国内产能增速远大于需求增速，随着国内产能继续扩大和释放，国内供过于求的局面将逐渐突出，市场竞争将进一步加剧；2011 年，国内丁苯胶新增产能 20 万吨，其中一套 10 万吨/年的装置因设备原因延后至 12 月中旬开车，从而延后了供过于求出现的时间，2012 年 5 月有另一套 20 万吨/年的新产能投产，届时中国国内丁苯胶供应将严重过剩。

2. 部分产业原材料受制于人

壬基酚的上游主要原料为壬烯和苯酚，每生产 1 吨壬基酚需要壬烯 0.58～0.6 吨，需要苯酚 0.43～0.45 吨。目前，4 家壬基酚生产企业所需壬烯全部依靠进口；苯酚也全部外购，且目前我国对苯酚产品正在实施反倾销措施。2011 年以来，壬烯进口价格持续高涨，9 月的进口平均单价较 1 月上涨了 52.2%，国内企业面临着巨大的成本压力。

己内酰胺是生产锦纶 6 切片的主要原料，占锦纶 6 切片生产成本的 90%以上。而就己内酰胺用途而言，74%的己内酰胺用于生产锦纶 6 切片，两种产品联系紧密。国内己内酰胺产能增长不足，产品严重供不应求。2009 年，我国己内酰胺产能为 52.5 万吨，国内市场需求为 93 万吨，供需缺口为 40.5 万吨，为同期我国己内酰胺产能的 77.1%。2010 年，我国己内酰胺产能为 55.5 万吨，仅增长了 3 万吨；市场需求为 111.78 万吨，供需缺口扩大至 56.28 万吨，为同期我国己内酰胺产能的 1 倍多。己内酰胺供求缺口只能依靠进口产品来弥补。而我国对己内酰胺发起 2 次反倾销调查，且目前仍在实施措施，增加了企业的原材料成本。

3. 部分产品出口量增价跌，须警惕贸易摩擦风险

2011 年，涉案产品中出口量增价跌的产品有 5 个，分别为邻苯二甲酸酐（出口量增长 4.31 倍，单价下降 30.95%）、三氯乙烯（出口量增长 3.43 倍，单价下降 1.89%）、甲苯二异氰酸酯（出口量增长 1.56 倍，单价下降 27.77%）、乙醇胺（出口量增长 3.09%，单价下降 34.17%）、电工钢（出口量增长 2.36%，单价下降 12.22%）。

第三章　全球对华贸易救济案件综述[㊀]

第一节　全球对华贸易救济案件的特点及趋势[㊁]

据海关统计，2011 年，我国货物贸易出口总额为 18986.0 亿美元，欧盟、美国、日本居前 3 位，对上述 3 个国家（地区）的出口额之和占我国出口总额的比重为 43.7%。2011 年，我国 HS84～85 项下机电产品的累计出口额为 7995.6 亿美元，居各类产品之首，占我国出口总额的 42.1%；其次是 HS50～63 项下纺织品及原料，累计出口额为 2405.5 亿美元，占比 12.7%；位居第三的是 HS72～83 项下贱金属及其制品，累计出口额为 1449.4 亿美元，占比 7.6%；居第四位的是 HS86～89 项下车辆、船舶及其零部件，累计出口额为 1091.8 亿美元，占比 5.8%；居第五位的是 HS94～96 项下家具、玩具及杂项制品，累计出口额为 1038.0 亿美元，占比 5.5%；位居第六的是 HS28～38 项下化工产品，累计出口额为 970.9 亿美元，占比 5.1%。这些重点出口产品在国际市场上具有一定的比较优势，并已成为全球对华贸易救济调查的重点。

一、全球对华贸易救济新立案自 2009 年以来有所减少，中国产品仍是美欧等贸易伙伴的主要调查对象

据中国贸易救济信息网统计，1979～2011 年，全球对华共启动 1488 起贸易救济调查。其中，反倾销 1129 起，占比 75.9%；反补贴 52 起，占比 3.5%；涉华保障措施 221 起，占比 14.9%；特别保障措施 86 起，占比 5.8%（图 3-1）。

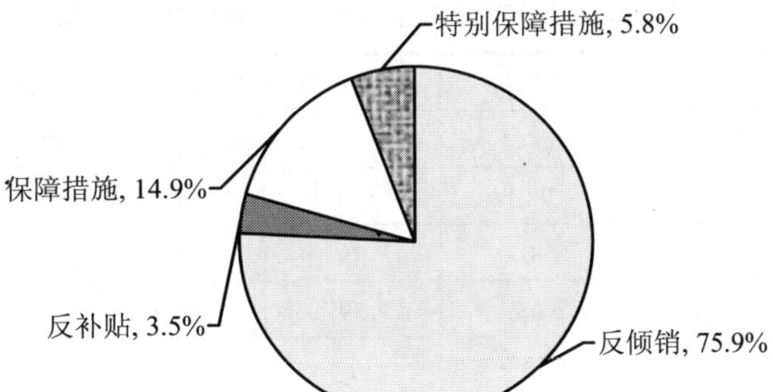

图3-1　1979～2011年全球对华贸易救济调查形式分布情况

㊀ 数据来源：本章中，除特别注明出处，数据均源自中国贸易救济信息网，http://www.cacs.gov.cn。

㊁ 案件统计标准：参照 WTO 标准，即 1 个国家、1 种产品对应 1 起案件。

2009年，全球对华共启动125起贸易救济调查，创历年之最。但2009年之后，国外对华贸易救济调查呈现下降态势。2010年，全球对华贸易救济调查为74起，比2009年同期下降40.8%；2011年为73㊀起，同比下降1.4%（图3-2）。但我国仍是各国贸易救济调查的重点对象。例如，2011年，美国共启动15起反倾销调查，其中对华5起；启动9起反补贴调查，其中对华4起，居各国之首。此外，欧盟启动15起反倾销调查，其中对华6起；印度启动19起反倾销调查，其中对华5起；加拿大启动2起反倾销和2起反补贴调查，针对的均是中国产品。在上述国家（地区）启动的反倾销/反补贴调查中，对华案件均居首位。

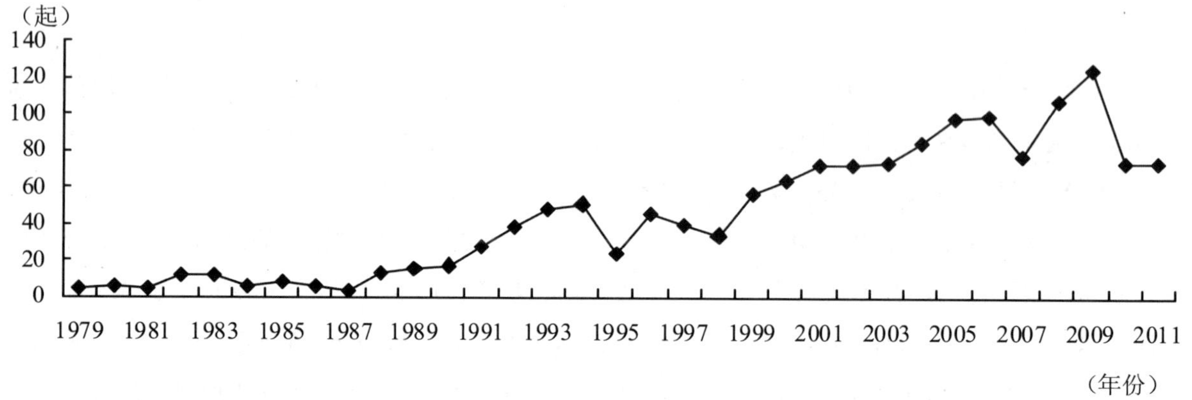

图3-2　1979～2011年全球对华贸易救济立案年度分布走势

二、反倾销仍居主导地位，反补贴、保障措施和特保措施的使用更趋频繁

截至2011年底，全球对华反倾销调查占比略超75%，是贸易救济调查4种形式中的最主要手段。但全球对华反补贴、保障措施和特别保障措施的使用频率近年来不断加快（表3-1）。依据WTO成立、中国入世这两个时间点将1979～2011年分成3个阶段：1979～1994年、1995～2001年和2002～2011年。通过对比可以看出，2002～2011年，反倾销案件的占比由1979～1994年的98.1%降至66.8%；反补贴占比由0升至5.9%；涉华保障措施占比由1.9%升至17.7%；特别保障措施占比由0升至9.6%。

表3-1　全球对华贸易救济调查4种形式分阶段占比情况

调查形式	1979～1994年（16年）		1995～2001年（7年）		2002～2011年（10年）	
	数量（起）	占比（%）	数量（起）	占比（%）	数量（起）	占比（%）
反倾销	261	98.1	277	82.2	591	66.8
反补贴	0	0	0	0	52	5.9
涉华保障措施	5	1.9	59	17.5	157	17.7
特别保障措施	0	0	1	0.3	85	9.6
合　计	266	100	337	100	885	100

三、国外对华贸易救济调查“联动”频繁，我国产品遭遇多重打击，或在多国（地区）遭遇“围堵”

近年来，我国遭遇的贸易摩擦“联动”现象频繁，这使我国产品在海外市场遭受多方位打击。首

㊀ 2011年的数据统计中，俄白哈关税同盟启动的贸易救济调查不再依照3个国家分别启动进入，而是以俄白哈关税同盟1个地区单独计入，以下同。

先，贸易救济调查形式由单一的反倾销/反补贴调查向反倾销和反补贴合并的双项联动调查发展。据中国贸易救济信息网的统计，在国外对华发起的52起反补贴调查中，有51起同时伴随反倾销调查，而1起反补贴调查之所以未伴随反倾销调查是此前该国已对涉案产品采取反倾销措施。

其次，我国同类产品常在多国（地区）遭遇多次贸易救济调查。截至2011年底，我国出口产品中遭遇多起贸易救济调查的产品主要包括各种罐头、草甘膦、彩电、自行车及其零部件、打火机、荧光灯、电熨斗、糠醇、高锰酸钾、空调、氯化钡、扑热息痛、水泥、碳酸钡、热轧碳钢板等数十种产品。例如，1979～2011年，共有18个国家（地区）对我国出口的鞋类产品发起37起贸易救济调查（包括反倾销和保障措施）。其中，加拿大对华鞋类产品启动6起反倾销调查，欧盟和委内瑞拉对华鞋类产品均启动过5起反倾销调查；而委内瑞拉不仅对我国鞋类产品启动反倾销调查，同时还启动了保障措施调查。再以我国出口的轮胎为例：1979～2011年，已有13个国家（地区）针对我国出口的各种轮胎启动了25起反倾销调查。其中，印度、巴西、土耳其各3起，澳大利亚、阿根廷、埃及、墨西哥、美国、南非各2起。

同时，在同一国家（地区）对同种产品提起贸易救济调查的申诉方通常是同一个/几家企业/协会。例如，在欧盟对华鞋类产品启动的5起反倾销调查中，申诉方均是欧洲鞋业联合会；委内瑞拉对华启动的5起贸易救济调查的申诉方均相同；加拿大对华鞋类产品启动的3起反倾销调查中，申诉方均为加拿大制鞋协会；在欧盟对华自行车及其零部件启动的5起反倾销调查中，有4起案件的申诉方是欧洲自行车生产商协会；在美国对华管材的6起反补贴调查中，3起案件的申诉方都有美国最大的钢铁垄断跨国公司——美国钢铁公司。

四、通过反规避、反吸收在全球范围内强化对华反倾销措施的实施效果

自1991年我国出口产品遭遇第一起反吸收调查以来，截至2011年底，共有6个国家（地区）对华启动68起反规避和反吸收调查。其中，反规避60起，反吸收8起（图3-3）。尤其是2004年之后，全球对华反规避调查有较大幅度的增长，并于2011年创历史最高纪录，12起。

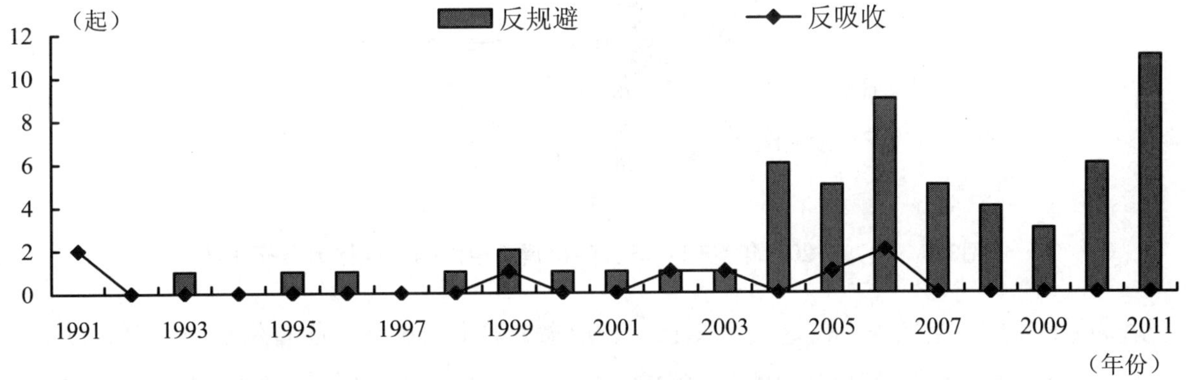

图3-3　1991～2011年全球对华反规避、反吸收调查年度分布情况

60起反规避调查共涉及轻工、机械、化工、冶金等11个行业。其中，涉及轻工的案件居首位，为21起；其次是机械，为9起；位列第三的是冶金，为7起。此外，涉及化工的5起，纺织的4起，造纸的3起。8起反吸收调查涉及轻工、冶金、化工、纺织和机械5个行业。其中，涉及化工、轻工和有色金属的案件均为2起；涉及纺织和机械的各1起。

五、对华启动贸易救济调查的国家（地区）不断增多，美欧是主要发起者

1994年之前，对华发起贸易救济调查的国家（地区）为18个；2001年为31个；截至2011年底已达47个（图3-4）。

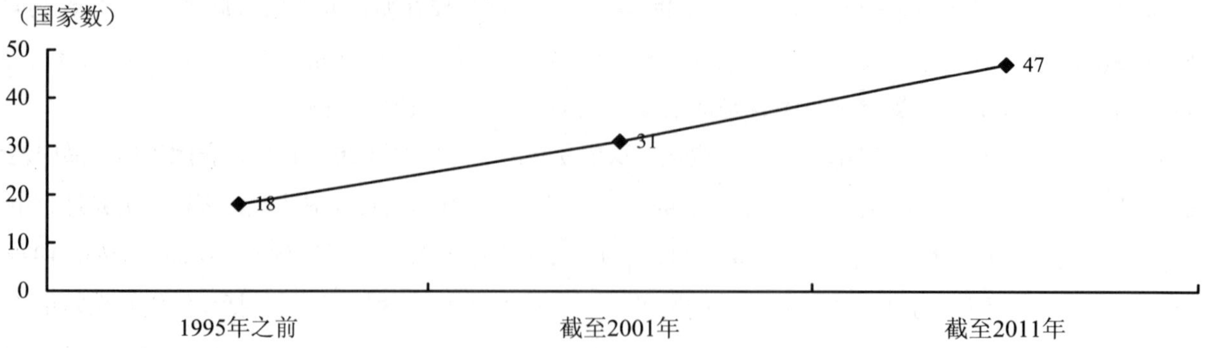

图3-4　1979～2011年对华启动贸易救济调查发起国按阶段分布情况

在全球对华发起的1488起贸易救济调查中，由美国发起的调查数高居首位，共240起；其次是印度（184起）；欧盟位居第三（175起）；土耳其居第四位（94起）；阿根廷以93起位居第五。上述5个国家（地区）启动的对华贸易救济调查合计占全球对华贸易救济案件总数的52.8%。

45%以上的反倾销调查由美国、欧盟、印度和阿根廷发起。在全球对华发起的1129起反倾销调查中，美国和欧盟并居首位，均为158起，各占比14.0%；其次是印度，为152起，占比13.5%；阿根廷位居第三，为86起，占比7.6%（图3-5）。上述4个国家（地区）对华发起的反倾销调查合计占全球对华反倾销案件总数的49.1%。

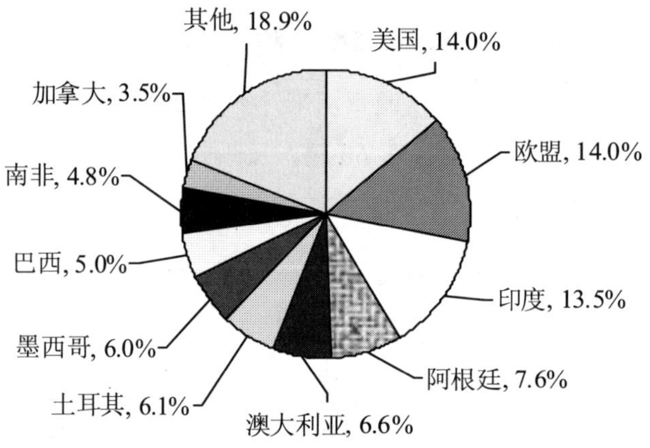

图3-5　1979～2011年全球对华反倾销调查申诉国（地区）分布情况

90%以上的反补贴调查由发达成员发起。自加拿大对中国产品发起首例反补贴调查以来，截至2011年底，共有7个成员对我国产品动用了反补贴调查手段。其中，美国高居首位，30起，占国外对华反补贴调查总数的57.7%；其次是加拿大，12起，占比23.1%；澳大利亚居第三位，为5起，占比9.6%。此外，欧盟2起，印度、南非、墨西哥各1起。在上述7个国家（地区）中，美国、欧盟、澳大利亚和加拿大这4个发达国家（地区）启动的反补贴调查占国外对华反补贴调查总数的94.2%。

印度、土耳其是涉华保障措施的主要发起国。在全球41个国家（地区）发起的221起涉华保障措施调查中，印度居首位，23起，占比10.4%；其次是土耳其，18起，占比8.1%；印度尼西亚位居第三，16起，占比7.2%。

近50%的特别保障措施由美国发起。在全球对华启动的86起特别保障措施调查中，美国以42起高居首位，占比 48.8%；其次是欧盟，10 起，占比 11.6%；印度位居第三，为 8 起，占比 9.3%。上述 3 个国家（地区）启动的特别保障措施调查合计占比 69.7%。

六、印度、阿根廷等发展中国家㊀对华启动贸易救济调查增势依然显著

1979～2011 年，共有 35 个国家（地区）对我国出口产品发起 1129 起反倾销调查。其中，发达国家（地区）8 个，发展中国家 22 个，转型经济体 5 个。22 个发展中国家中有 6 个国家启动的反倾销调查位列对华反倾销调查的前十位，分别是印度（152 起）、阿根廷（86 起）、土耳其（69 起）、墨西哥（68 起）、巴西（57 起）、南非（54 起）。

近年来，印度、阿根廷、土耳其等发展中国家对华反倾销立案快速增长。1995 年之前，印度对华共启动 4 起反倾销调查；而 1995 年之后共启动了 148 起反倾销调查，年均约 9 起，超过同期的美国年均（6 起）和欧盟年均（6 起）。阿根廷自 1991 年对华启动反倾销调查，1995 年之前总共立案 7 起，而 1995 年之后启动 79 起反倾销调查，年均约 5 起。尤其是近年来，阿根廷对华反倾销立案调查不断增加，2006 年，阿根廷对华启动 1 起反倾销调查，占同期阿根廷全球反倾销调查总数的 9.1%；2007 年为 4 起，占比为 57.1%；2008 年为 9 起，占比为 45.0%；2009 年为 19 起，占比为 65.5%，超过美国、欧盟和印度，成为当年对华启动反倾销调查最多的国家；2010 年为 3 起，位居当年的第三位，占比 20.0%；2011 年为 3 起，占比 42.9%。土耳其从 1989 年开始对华发起反倾销调查，2001 年之前，对华共启动 15 起反倾销调查，而 2001～2011 年则达到 54 起，年均约 5 起。

墨西哥、巴西、南非对华反倾销调查也一直保持较高水平，而且态势平稳。其中，1993 年，墨西哥对华启动 22 起反倾销调查，创单个国家（地区）对华启动反倾销调查的年度最高纪录；2008 年和 2010 年，巴西对华分别启动 9 起和 3 起反倾销调查，在同年各国（地区）排名中均居第三；2011 年，巴西又对华启动 5 起反倾销调查，与印度和美国并列第二位。

此外，在 221 起涉华保障措施中，发展中国家也占据主导地位，共发起 151 起调查，占比高达 68.3%。其中，印度、土耳其分列前两位。

七、国外对华贸易救济调查范围扩大，进一步波及新兴产业

1．化工、轻工等劳动密集型产业是全球对华贸易救济调查的“重灾区”

（1）50%以上的反倾销调查涉及化工、轻工和机械产品

1979～2011 年，全球对华启动的 1129 起反倾销调查共涉及轻工、化工、冶金、机械、金属制品等 15 个行业。其中，涉及化工产品的案件高居首位，共 260 起，占全球对华反倾销案件总数的 23.0%；其次是轻工产品，220 起，占比 19.5%；机械位居第三，137 起，占比 12.1%（图 3-6）。从上述数据可以看出，涉及化工、轻工和机械的反倾销调查约占全球对华反倾销案件总数的 54.6%。

（2）55%以上的反补贴调查涉及冶金、金属制品、机械产品

2004～2011 年，全球对华发起的 52 起反补贴调查共涉及冶金、金属制品、机械、造纸、化工等 12 个行业。其中，涉及冶金产品的案件高居首位，共 14 起，占比 26.9%；其次是金属制品，为 8 起，占比 15.4%；机械产品位居第三，为 7 起，占比 13.5%（图 3-7）。

㊀ 本书中，发展中国家（地区）、发达国家（地区）和转型经济体的划分依据联合国贸易和发展组织发布的《UNCTAD handbook of statistics 2010》，详见附录。

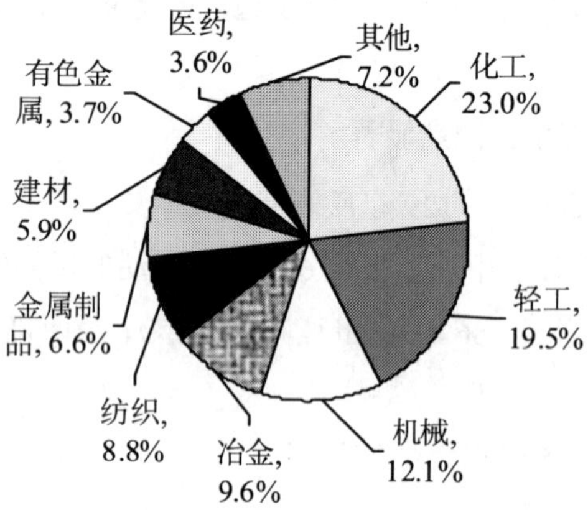

图3-6 1979～2011年国外对华反倾销调查涉案行业分布情况

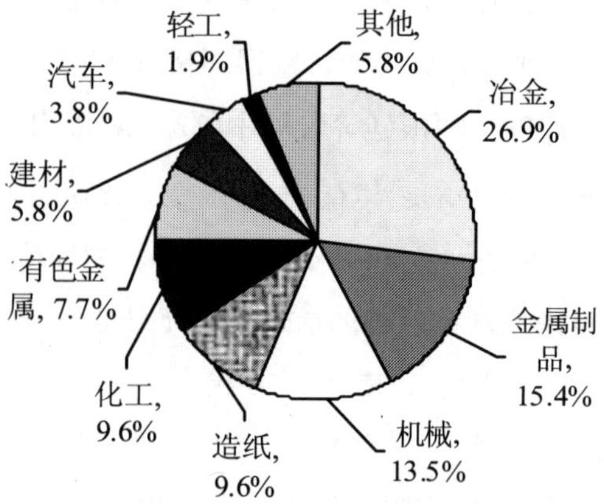

图3-7 2004～2011年国外对华反补贴调查涉案行业分布情况

（3）45%以上的涉华保障措施调查涉及轻工和化工产品

1987～2011 年，在 221 起全球涉华保障措施案件中，涉及轻工产品的案件居首位，共 58 起，占全球涉华保障措施案件总数的 26.2%；其次是化工，44 起，占比 19.9%；建材和冶金并列第三，均为 25 起，各占比 11.3%（图 3-8）。

（4）65%以上的特别保障措施调查涉及纺织品

2002～2011 年，在 86 起特别保障措施案中，涉及纺织品的案件高居首位，共 57 起，占特别保障措施案件总数的 66.3%；其次是轻工和化工，均为 6 起，各占比 7.0%；金属制品位居第三，4 起，占比 4.7%（图 3-9）。

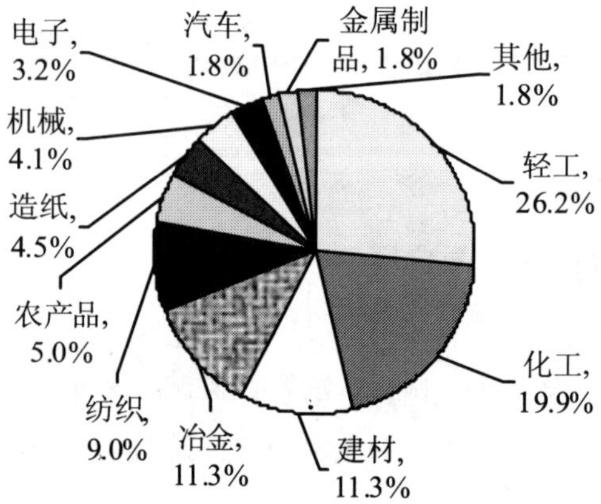

图3-8 1987～2011年国外涉华保障措施调查涉案行业分布情况

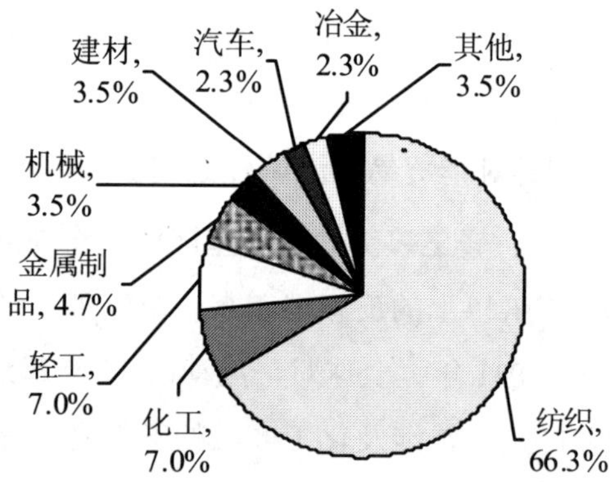

图3-9 2002～2011年国外特别保障措施调查涉案行业分布情况

2. 贸易救济调查范围扩大，波及新兴产业

长期以来，我国具有优势的传统产品一直是国外对华贸易救济调查的重点，例如化工原料、纺织品服装、鞋靴等产品。但近年来，国外对华贸易救济调查涉案产品范围向附加值相对较高的领域拓展，例如数据卡、RG 型同轴电缆、数字胶印印版等。

第二节　主要国家（地区）对华贸易救济案件的特点及走势

美　　国

目前，美国是仅次于欧盟的中国第二大贸易伙伴。据中国海关统计，2011年，中美双边贸易总额达4467亿美元，同比增长16%。其中，中国对美国出口3245亿美元，同比增长15%；自美国进口1222亿美元，同比增长20%；中方顺差2023亿美元。

自2008年金融危机以来，美国频繁对我国出口产品启动贸易救济调查。据中国贸易救济信息网统计，2011年，美国对我国输美产品启动反倾销调查5起、反补贴调查4起，分别位居同期各国（地区）对华反倾销调查的第二位、反补贴调查的第一位。截至2011年底，美国对华贸易救济调查仍位居各发起国（地区）之首。

一、美国对华贸易救济调查形式增至4种，双反调查居各国之首

2006年11月，美国对华铜版纸启动反补贴调查，这是美国首起对华反补贴调查。至此，美国对华贸易救济调查形式增至4种：反倾销、反补贴、保障措施、特别保障措施。据中国贸易救济信息网统计，美国自1980年开始对华发起贸易救济调查以来，截至2011年，共对华启动240起贸易救济调查，在对华启动贸易救济调查的国家（地区）中高居首位。

尽管在美国4种贸易救济调查中，反补贴出现最晚，但近年来美国双反调查的比重却很高。据中国贸易救济信息网统计，2006～2011年，美国共对华启动45起反倾销调查，其中30起伴随反补贴调查，占同期美国反倾销调查的66.7%，高居各国之首。

二、反倾销是美国对华贸易救济调查的主要形式

在美国对华启动的 240 起贸易救济调查中，反倾销 158 起，占比 65.8%；反补贴 30 起，占比 12.5%；涉华保障措施 10 起，占比 4.2%；特别保障措施 42 起，占比 17.5%（图 3-10）。

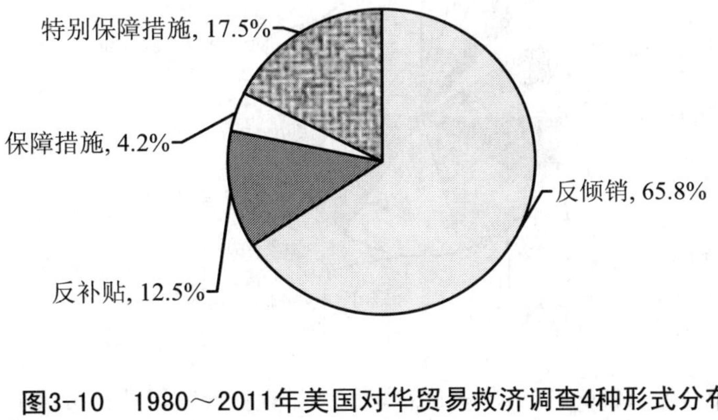

图3-10　1980～2011年美国对华贸易救济调查4种形式分布情况

1. 美国对华反倾销新立案数近年有所下降，采取最终措施的比重高出美国平均水平 37.5 个百分点

1980～2011年，美国共对华启动反倾销调查158起，年均约5起。美国对华反倾销大致经历了3个阶

段：20世纪80年代是第一阶段，年均立案约2起。这一阶段美国对华反倾销调查较少，年度立案波动大。20世纪90年代为第二阶段，年均立案5起。这一阶段的平均立案多于第一阶段，且年度立案波动仍然较大。进入21世纪以来为第三阶段，年均立案7起。其中，2009年达到顶峰，共立案12起。但自2009年之后，美国对华反倾销调查有所减少。2010年，美国对华反倾销调查为3起，比2009年同期下降75.0%；2011年为5起，比2009年同期下降58.3%（图3-11）。

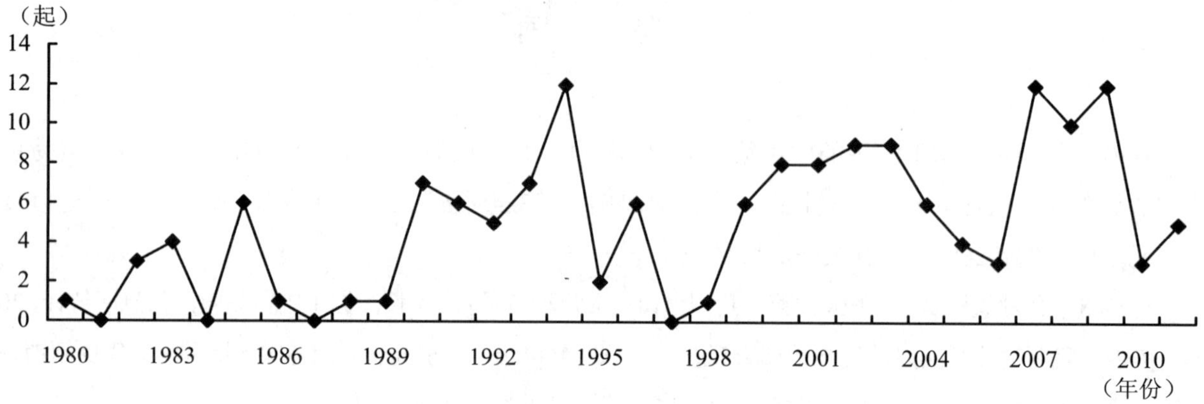

图3-11　1980～2011年美国对华反倾销调查年度分布走势

截至 2011 年底，在美国对华发起的 158 起反倾销调查中，有 153 起案件已作出终裁。其中，采取最终反倾销措施的案件 117 起，占美国对华反倾销案件已作出终裁总数的 76.5%；作出否定性裁决的（包括无损害、无倾销、申诉方撤诉、终止调查等）36 起，占比 23.5%。而据美国国际贸易委员会的统计，1980～2008 年，美国共发起 1632 起反倾销和反补贴调查，采取最终反倾销措施的达 39%。由此可见，美国对华反倾销案采取最终措施的比例高于美国平均水平 37.5 个百分点。

2．反倾销调查范围不断扩大，化工、轻工和冶金是调查重点

美国对华发起的 158 起反倾销调查共涉及化工、冶金、轻工、金属制品等 14 个行业。其中，涉及化工的案件高居首位，为 38 起，占比 24.1%；其次是冶金，为 26 起，占比 16.5%；轻工位居第三，为 22 起，占比 13.9%（图 3-12）。涉及上述 3 个行业的案件数占同期美国对华反倾销案件总数的 54.4%。

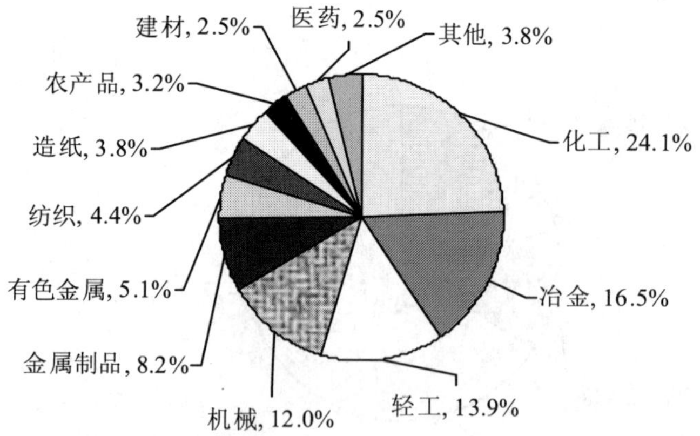

图3-12　1980～2011年美国对华反倾销调查涉案行业分布情况

从以上数据可以看出，我国重点对美出口产品，例如机电产品、纺织品、钢铁、轻工产品均已成为美国反倾销调查的目标。据商务部统计，2011 年，我国对美国出口 HS84～85 项下的机电产品累计达 1499.9

亿美元，居各类产品之首，占我国对美国出口总额的46.2%；HS50～63项下纺织品及原料、HS94～96项下家具、玩具及杂项制品、HS72～83项下贱金属及其制品、HS64～67项下鞋靴、伞等产品、HS28～38项下化工产品的出口额占我国对美国出口总额的比重分别为10.8%、9.8%、5.5%、4.6%、3.6%。在贱金属及其制品中，HS72～73项下钢铁及其制品的出口额累计95.1亿美元，占贱金属及其制品出口总额的53.2%。

美国对华反倾销调查不仅涉案行业集中度较高，而且对华反倾销调查的范围也在不断扩大。以下分3个阶段分析美国对华反倾销重点的变化。

20世纪80年代，美国对华启动的17起反倾销调查共涉及化工、轻工、纺织、冶金、金属制品、机械和医药七类产品。其中，涉及化工产品的反倾销调查高居首位，共4起，占同期美国对华反倾销案件总数的23.5%；其次是轻工和纺织，均为3起，分别占比17.6%；位居第三的是机械、金属制品和医药，均为2起，各占比11.8%。

20世纪90年代，美国对华启动的52起反倾销调查涉及20世纪80年代除纺织品之外的其他六类产品，并增加了农产品、汽车和有色金属三类产品。其中，涉及化工产品的案件高居首位，为14起，占比26.9%；其次是轻工产品，为13起，占比25.0%；冶金产品位居第三，为8起，占比15.4%。

进入21世纪以来，美国对华发起的89起反倾销调查共涉及11个行业。其中，电子、造纸、煤炭和建材是以往的反倾销调查所未涉及的领域。在美国对华启动的89起反倾销调查中，涉及化工产品的案件高居首位，20起，占比22.5%；其次是冶金，18起，占比20.2%；机械位居第三，13起，占比14.6%。

3．美国尚未承认中国的市场经济地位，多数案件调查以印度作为替代国

在美国对华发起的158起反倾销调查中，从未给予中国企业以市场经济地位，而多以替代国（地区）作为计算中国涉案产品正常价值的依据。据中国贸易救济信息网统计，截至2011年底，在美国对华已经作出肯定性终裁的117起反倾销案中，有13起案件美国商务部认为没有合适的替代国，使用了可获得信息来计算中国涉案产品的正常价值；在其余的104起案件中，美国商务部共使用过15个国家作为替代国。其中，以印度作为替代国的案件有85起，高居首位；其次是印度尼西亚，为11起。特别是在1995年以后，在美国对华已经作出肯定性终裁的82起反倾销案中，以印度作为替代国的就达73起。可见，印度已经成为美国对华反倾销裁决的主要替代国。

三、中国成为美国反补贴调查的最大受害者，国内补贴政策受关注

据中国贸易救济信息网统计，1975～2011年，美国共发起204起反补贴调查，其中对华30起，位居各国之首，占比14.7%；其次是阿根廷和印度，均为15起，各占比7.4%；位居第三的是巴西，为13起，占比6.4%。美国对华输美产品发起的30起反补贴调查均为伴随反倾销调查。

1．对90%以上的对华反补贴案征收高额反补贴税

截至2011年底，在美国对华发起的30起反补贴调查中，已对26起作出了终裁。在这26起已作出终裁的反补贴案件中，23起为肯定性终裁，占比88.5%，明显高于美国反倾销调查中作出肯定性终裁的比例（76.5%）。

在23起作出肯定性终裁的反补贴调查中，除3起案件的反补贴税率低于20%外，其余20起案件中，有15起案件的税率都超过了100%的税率。例如，在对华环状焊接碳素钢管反补贴案中，美方裁定天津双街钢管集团有限公司的反补贴税率高达616.83%；在对华铝型材的反补贴案中，裁定辽宁忠旺铝型材有限公司等3家企业的反补贴税率均高达374.15%，并裁定普遍税率为374.15%。美国在未承认中国市场经济地位的情况下，对华启动反补贴调查，并征收高额反补贴税的行为严重损害了中国企业的利益。

事实上，美国对中国产品征收如此高额的反补贴税在其反补贴调查史上是“罕见”的。据中国贸

易救济信息网统计，1995～2011 年，美国对除中国以外的贸易伙伴共启动 83 起反补贴调查，对其中 44 起案件作出肯定性终裁。而在这 44 起作出肯定性终裁的反补贴案件中，除 1 起案件的普遍税率为 62.92%外，其余 43 起案件的终裁税率均未超过 50%。

2. 涉案行业集中，冶金、机械是调查重点

美国发起的 30 起对华反补贴调查涉及化工、冶金、造纸、机械、金属制品、纺织、建材、有色金属、汽车和轻工 10 个行业。其中，涉及冶金产品的案件高居首位，共 8 起，占同期美国对华反补贴案件总数的 26.7%；其次是机械，5 起，占比 16.7%；并列第三的是化工和金属制品，均为 4 起，各占比 13.3%（图 3-13）。涉及冶金和机械产品的反补贴调查占同期美国对华反补贴案件总数的 43.4%。

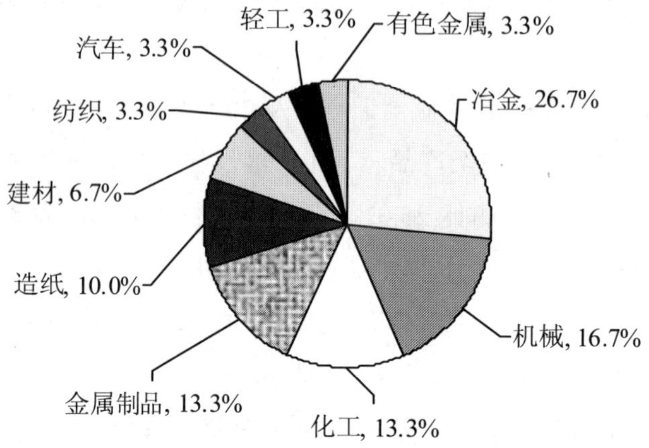

图3-13　2006～2011年美国对华反补贴调查涉案行业分布情况

3. 美国政府和企业关注中国各项扶持、优惠政策

近年来，美国企业和政府都非常关注中国中央政府和地方政府对产业提供的各种支持，并常常借此对中国产品提起双反调查。2011 年 10 月 11 日，WTO 补贴与反补贴措施委员会向各成员分发了《美国依据第 25.10 条[㊀]提交的关于中国补贴项目》的通报。在通报中，美国罗列了 2004 年至今中国未向 WTO 通报的有关补贴项目。其中包括绿色技术补贴中的 28 项中央政府措施、6 项地方政府措施，知名品牌补贴中的 8 项中央政府措施、84 项地方政府措施，与关税有关的补贴中的 8 项措施，以及其他补贴中的 3 项中央补贴计划、16 项地方补贴计划。

四、近半数特别保障措施调查由美国发起

2001～2011 年，我国共遭遇 86 起特别保障措施调查。其中，由美国发起的高居首位，为 42 起，占全球特别保障措施案件总数的 48.8%。

2001～2010 年的 10 年间，2004、2005 年是美国启动特别保障措施调查的高峰年，分别为 14 起和 22 起。2006～2008 年，美国未对中国输美产品发起特别保障措施调查。

1. 纺织品服装是美国特别保障措施调查的重点

2002～2011 年，在美国启动的 42 起特别保障措施调查中，涉及纺织品服装的案件高居首位，共 35 起，占比 83.3%；其次是机械，3 起，占比 7.1%；化工、轻工、冶金和汽车并列第三，均为 1 起，各占比 2.4%（图 3-14）。

㊀ 《补贴与反补贴措施协定》第 25.10 条，认为另一成员的任何措施具有补贴作用而未依照 GATT1994 第 16 条和本条的规定作出通知的任何成员可提请该另一成员注意此事项。如被指控的补贴此后仍未迅速作出通知，则该成员自己可将被指控的所涉补贴提请委员会注意。

2. 特别保障措施案多以协商方式解决[㊀]

2002～2011 年，美国启动的 42 起特别保障措施案共涉及纺织、机械、冶金、汽车、化工、轻工 6 个行业，除轮胎案外，其余案件均以最终取消特别保障措施或无损害裁决而告终（图 3-15）。

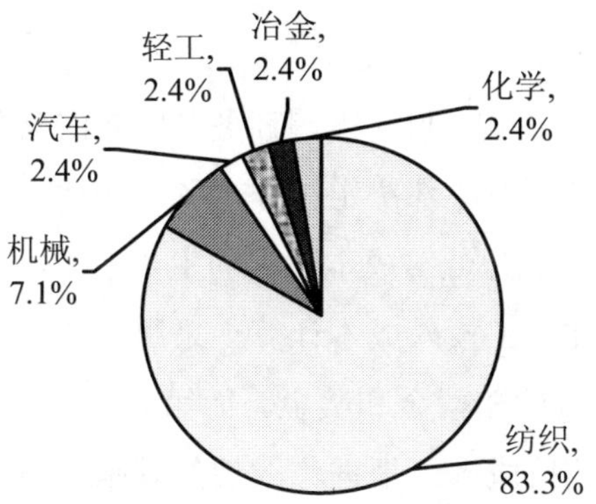

图3-14　2001～2011年美国特别保障措施调查涉案行业分布情况

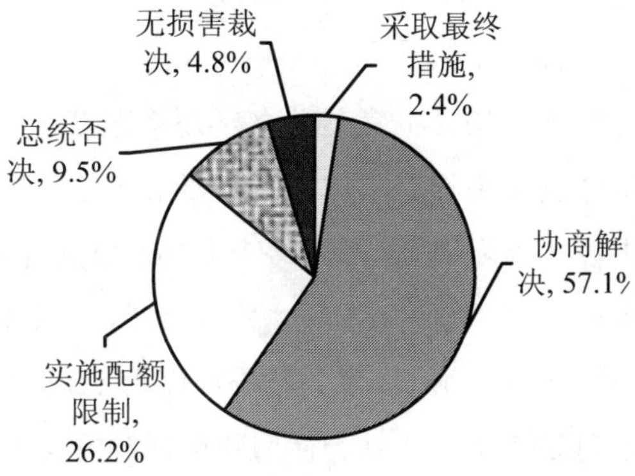

图3-15　2002～2011年美国特别保障措施调查终裁结果分布情况

五、美国出台相关法规强化反倾销和反补贴法

为了支持总统的国家出口刺激计划，美国商务部在 2010 年宣布了 14 项加强反倾销和反补贴执法的建议措施。2011 年，美国商务部出台了落实这 14 项建议措施的部分规则。

1. 事实资料核证

2011 年 2 月 10 日，美国商务部公布了反倾销及反补贴程序中当事人或其代表向商务部提交有关事实资料核证的暂定最终规则。该规则加强现行核证程序，并要求相关人员：指明适用于该核证的个案，指明适用于该核证的反倾销或反补贴程序的阶段，指明制作核证的人员身份，指出作出核证的日期，清楚地指明当事人及其代表承担因虚假核证应付的严重后果。该暂定最终规则于 2011 年 3 月 14 日生效。

2011 年 9 月 2 日，美国商务部颁布补充暂定最终规则，允许外国政府在提交核证时使用暂定最终规则生效前已使用的形式或者暂定最终规则中提供的形式，但公司应该继续使用暂定最终规则中规定的公司核证。该补充暂定最终规则自 2011 年 9 月 2 日起生效。

2. 反倾销反补贴调查程序中临时措施期间担保方式

2011 年 10 月 3 日，美国商务部发布公告，修订反倾销、反补贴调查程序中肯定性初裁的效力规则，确定临时措施将通常采取现金缴付的方式，而不再使用保证金的形式。

㊀ “特别保障措施”是“特定产品过渡性保障机制”的简称。根据《中华人民共和国加入 WTO 议定书》，中国产品在向 WTO 成员出口时，如果数量增幅过大，以至于对其相关产业造成“严重损害”或构成“严重损害威胁”，这些 WTO 成员可单独针对中国产品采取保障措施。实施期限为 2001 年 12 月 11 日～2013 年 12 月 10 日。

此外，WTO 成员还专门针对中国纺织品设置了特别保障规则。根据该规则，2005～2008 年，如果中国纺织品出口对 WTO 成员造成市场扰乱，该成员可临时实行限制，但 4 年内只能用 1 次，每次只能持续 1 年。

美国启动特别保障措施调查的法律依据是《美国 1974 年贸易法》第 421 节，即“421 条款”。它是根据“2000 年中美关系法案”补充写入《美国 1974 年贸易法》的，是《中国加入 WTO 议定书》第 16 条规定的“过渡期内对特定产品的保障机制”的具体体现。根据该条款，如果美国国际贸易委员会认为，中国出口至美国的产品数量的增加或者所依条件对同类产品或直接竞争产品的生产商造成或威胁造成市场扰乱时，美国国内产业可以接受保障措施救济。

3. 反倾销行政复审程序中的反倾销税计算方法

2011 年 10 月 21 日，美国商务部发布公告，对自被行政复审调查的非市场经济国家出口商进口的产品，尽管复审前适用单独税率，但如果在复审中该出口商未向美商务部报告，致使未经过复审审查，则美国商务部将指示海关按照非市场经济国家的全国统一税率进行清关，不再按照涉案企业适用的单独税率清关。修改后的实践与美国对市场经济国家企业的征税方法一致。该决定自 2011 年 11 月起实施。

此外，2011 年美国商务部还修改若干其他规定。2011 年 6 月 21 日，美国商务部宣布涉及非市场经济体反倾销程序中估算生产要素（劳工）成本的新方法。美国商务部决定在非市场经济体反倾销程序中以《国际劳工组织年鉴》第 6A 章而非现在使用的第 B5 章作为劳工成本数据的主要来源，对劳工成本适用“单一替代国方法”。目前，商务部在非市场经济体劳工投入成本计算上采用的是《国际劳工组织年鉴》第 5B 章的数据，而第 5B 章中的数据仅反映直接的赔偿金和奖金。而第 6A 章的数据反映了包括工资、津贴、住房和培训等方面的所有相关直接和间接成本。根据修改后的规则，商务部将使用一个主要替代国优势特定产业的工资数据来计算非市场经济体应诉者的劳工投入，如《国际劳工组织年鉴》第 6A 章所述。该规则自公布之日起生效。

欧　　盟

自 2005 年东扩之后，欧盟已成为中国第一大贸易伙伴，也是中国的第四大外资来源地，而中国则成为欧盟的第二大贸易伙伴（仅次于美国）。据中国海关统计，2011 年，中欧双边贸易总额达 5672.1 亿美元，同比增长 18.3%。其中，中国对欧盟出口 3560.2 亿美元，同比增长 14.4%；自欧盟进口 2111.9 亿美元，同比增长 25.4%；中国顺差 1448.3 亿美元。

一、欧盟对华贸易救济调查形式自 2010 年增至 4 种

2010 年 4 月，欧盟对华铜版纸启动反补贴调查，这是欧盟对华首起反补贴调查，也使得欧盟对华贸易救济调查形式增至 4 种：反倾销、反补贴、保障措施、特别保障措施。据中国贸易救济信息网统计，1979～2011 年，欧盟对华共启动 176 起贸易救济调查，位列美国、印度之后，居第三位。

在对华启动反补贴调查的 7 个国家中，欧盟居美国、加拿大、澳大利亚之后，列第四位。据中国贸易救济信息网统计，2010～2011 年，欧盟对华启动 14 起反倾销调查，其中 2 起伴随反补贴调查，占同期欧盟反倾销调查总数的 14.3%。

二、反倾销仍是欧盟对华贸易救济调查的主要形式

据中国贸易救济信息网统计，在欧盟启动的 176 起贸易救济调查中，反倾销 158 起，占欧盟对华贸易救济调查总数的 89.8%；反补贴 2 起，占比 1.1%；涉华保障措施 6 起，占比 3.4%；特别保障措施 10 起，占比 5.7%（图 3-16）。从上述数据来看，反倾销仍然是欧盟对华贸易救济调查的主要形式。

1. 欧盟对华反倾销立案稳中有增，采取最终措施的比重接近美国

欧盟对华反倾销调查大致经历了 3 个阶段：20 世纪 90 年代之前，欧盟对华反倾销立案在其对华反倾销历史上是最少的，共 28 起，年均约 3 起；最高峰值点出现在 1988 年，为 7 起。20 世纪 90 年代，欧盟对华反倾销新立案 55 起，年均约 6 起，最高峰值点出现在 1999 年，共 13 起。21 世纪以来，欧盟对华反

倾销立案波动大于前两个阶段，共立案75起，年均约6起；最高峰值点出现在2006年，为12起（图3-17）。

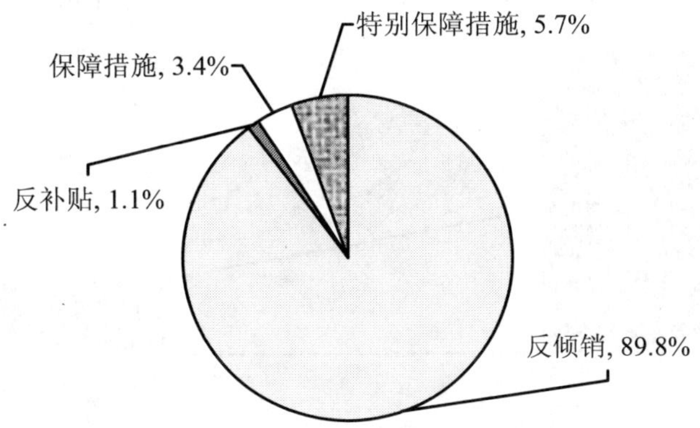

图3-16　1979～2011年欧盟对华贸易救济调查4种形式分布情况

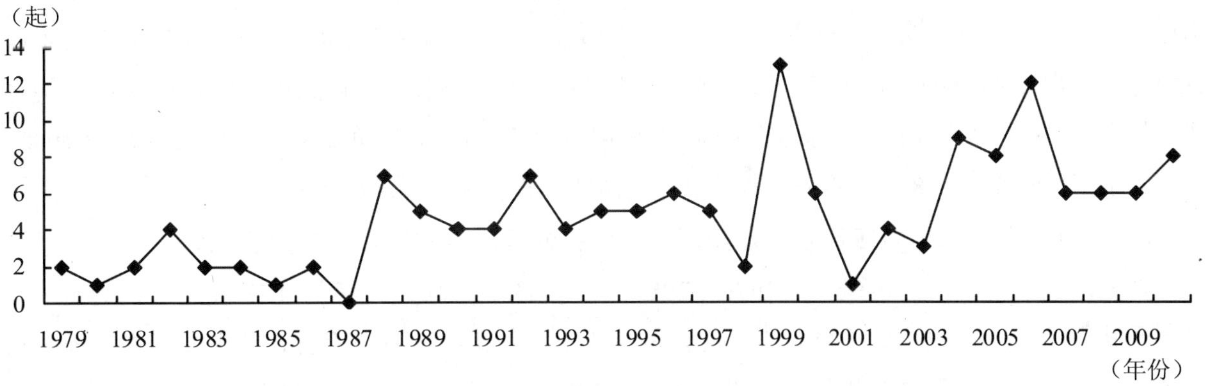

图3-17　1979～2010年欧盟对华反倾销调查年度分布走势

截至2011年底，在欧盟对华启动的158起反倾销调查中，已作出终裁的案件共152起。其中，未采取最终反倾销措施（包括无损害、申诉方撤诉等）的共39起，占已作出终裁案件总数的25.7%；采取最终反倾销措施的共113起，占比74.3%，略低于美国（76.5%）。

在39起未采取最终反倾销措施的案件中，有3起是由于征税不符合欧盟成员国的公共利益[㊀]而终止调查，占未采取反倾销措施案件总数的7.7%；作出无损害、无倾销或损害与倾销无因果关系的裁决8起，占比20.5%；申诉方撤诉的18起，占比46.2%；因其他原因而终止调查的10起，占比25.6%。

2．中国产品成为欧盟反规避、反吸收调查的主要对象

1979～2011年，欧盟共启动47起反规避调查，11起反吸收调查。其中，对华启动反规避调查27

㊀ 为了平衡进口国不同利益主体的利益，部分WTO成员将公共利益评价引入反倾销程序，其中包括欧盟和加拿大。欧盟将反倾销中的公共利益称为共同体利益，其反倾销法第21条专门对共同体利益作出了规定。依据该规定，共同体利益是否要求实施反倾销措施，要在评价各方整体利益的基础上作出决定，需特别考虑消除损害性倾销的贸易扭曲效应和恢复有效竞争的需要。根据欧盟反倾销法第21条和欧盟在反倾销实践中对公共利益的解释，欧盟公共利益评价主要考虑共同体产业、用户、消费者、进口商和供应商的利益。此外，欧盟还会考虑倾销对市场竞争、就业、对外关系等方面的影响。征收反倾销税可能会加强共同体产业的市场控制地位，损害市场竞争。不过，欧盟当局通常会推翻征收反倾销税会削弱市场竞争的观点。
加拿大根据《特殊进口措施法》第45条的规定，反倾销公共利益评价的目的是判定征收反倾销税或者按裁定的倾销幅度全额征收反倾销税是否违背公共利益。修订后的《特殊进口措施法》第40.1条明确规定了国际贸易法院在公共利益调查中应予考虑的因素。与欧盟不同，加拿大反倾销公共利益评价主要考虑全额征收反倾销税对产品供应、市场竞争、下游用户、消费者和上游供应商等的影响。加拿大虽未直接考虑国内产业的利益，但由于将公共利益与国内产业利益相对照，维护国内产业的利益仍是反倾销措施的首要目标。

起，占欧盟反规避案件总数的57.4%；反吸收调查8起，占欧盟反吸收案件总数的72.7%（图3-18）。

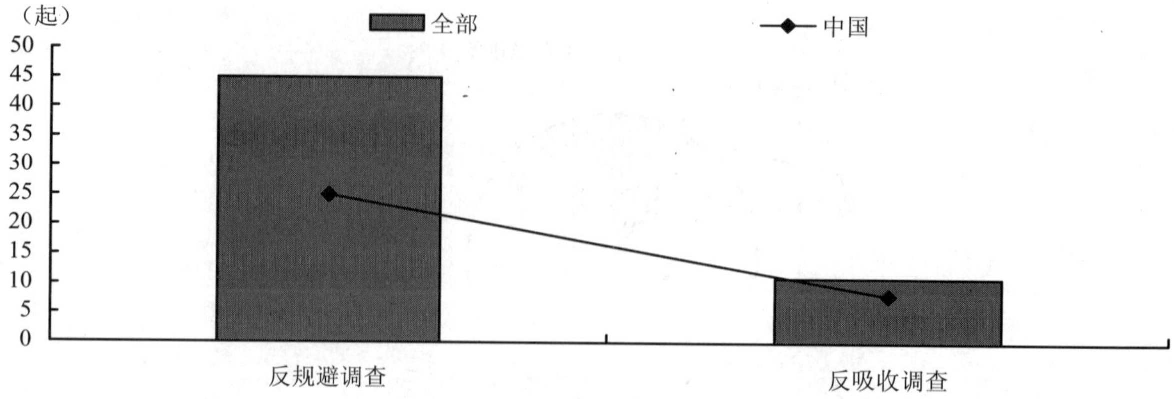

图3-18 1979～2011年欧盟对全球及对华反规避和反吸收调查情况对比

欧盟针对中国产品启动反规避调查通常是在反倾销措施实施3年后，而反吸收调查则是在反倾销措施实施1年后，并以此扩大对华出口产品的征税范围。欧盟对华启动的27起反规避调查共涉及17种出口产品。其中，5种产品的第一次反规避调查是在反倾销措施实施后约3年启动；6种产品是1年或1年内；1种产品为6年；其余5种产品则分别是在时隔16年、7年、8年、5年、4年启动的。与反规避不同，欧盟对华8起反吸收调查均是在反倾销措施实施1年后启动的。

3. 市场经济地位仍为应诉难点，美国、印度和韩国成为欧盟裁决常用替代国

据中国贸易救济信息网统计，1979～2011年，在欧盟已作出终裁的152起反倾销调查中，中国企业获得市场经济地位的案件仅26[㊀]起，占比17.1%。就单一案件而言，获得市场经济地位待遇的企业占个案全部应诉企业的比例仍十分有限。2005年6月，在欧盟对华塑料袋反倾销案中，108家中国企业要求获得市场经济地位待遇，但最终欧盟只承认了7家中国企业的市场经济地位。2008年7月，在欧盟对华无缝钢铁管反倾销案中，17家中国应诉企业要求获得市场经济地位待遇，但欧盟在裁决时并未承认其中任何一家企业的市场经济地位。2009年，在欧盟启动的6起反倾销调查中，欧盟仅在葡萄糖酸钠反倾销案中给予山东凯翔生物化工有限公司以市场经济地位待遇。2009年6月，在欧盟对华聚酯高强力纱反倾销案中，11家中国应诉企业要求获得市场经济地位，但裁决结果是未承认任何一家企业的市场经济地位。

由于在反倾销调查中，中国企业很少能获得市场经济地位待遇，因此欧盟委员会常采用替代国（地区）来计算中国涉案产品的正常价值。截至2010年底，在已作出反倾销终裁的152起案件中，欧盟在终裁中共使用了26个国家（地区）作为替代国（地区）。其中，选择美国作为替代国的案件达35起，居首位；其次是土耳其，12起；印度位居第三，11起（表3-2）。

表3-2 1979～2011年欧盟对华反倾销案中10个主要替代国（地区）

替代国（地区）	美 国	土耳其	印 度	韩 国	巴 西
涉案数（起）	35	12	11	9	8
替代国（地区）	泰 国	日本	印度尼西亚	中国台湾	加拿大
涉案数（起）	6	6	6	5	4

注：对替代国（地区）的统计是针对欧盟在各反倾销案终裁中所选用的替代国（地区）。

㊀ 在欧盟对华钼铁反倾销案中，我国1家企业在初裁时获得了市场经济地位待遇，但终裁时又被取消，该案未计入。

4．涉案产品范围进一步扩大，涉及机械、冶金和建材的案件数呈现增势

自 1979 年欧盟对我国输欧产品发起第一起反倾销调查以来，欧盟共对我国 15 个行业的产品启动了反倾销调查。其中，涉及化工产品的案件居首位，共 41 起，占欧盟对华反倾销案件总数的 25.9%；其次是轻工产品，为 35 起，占比 22.2%；位居第三的是冶金产品，为 18 起，占比 11.4%（图 3-19）。

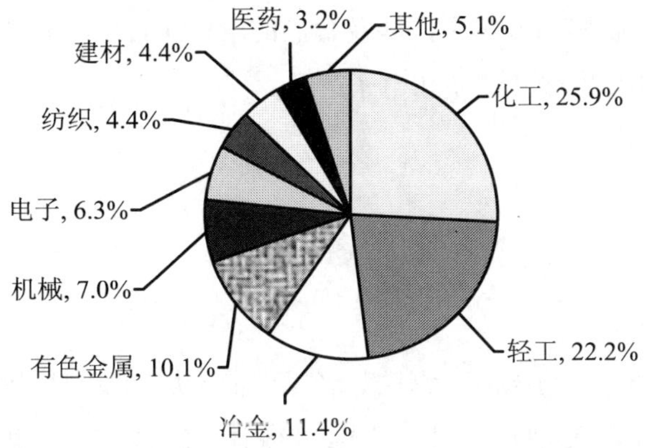

图3-19　1979～2011年欧盟对华反倾销调查涉案行业分布情况

尽管从案件总数来看，化工、轻工是欧盟对华反倾销调查的重点，但欧盟对华反倾销调查范围一直在不断扩大中。我们将 1979～2005 年分成 3 个时段来分析：1979～1994 年（16 年）、1995～2001 年（7 年）和 2002～2011 年（10 年）。1995 年之前，欧盟对华反倾销调查涉及 10 个行业，截至 2001 年则增至 12 个，到 2011 年底又增至 15 个。

不仅如此，自 2002 年以来，涉及化工、轻工的案件数呈现下降态势，而涉及机械、建材、冶金的案件数则呈现上升态势。从图 3-20 可以看出，涉及机械行业案件在 1979～1994 年、1995～2001 年和 2002～2011 年 3 个阶段的占比分别是 3.8%、5.3%和 10.3%，建材为 1.9%、2.6%和 7.4%，冶金则是 5.8%、10.5%和 16.2%，均呈现增长态势。其中，涉及冶金工业的占比增幅最大，为 10.4%。

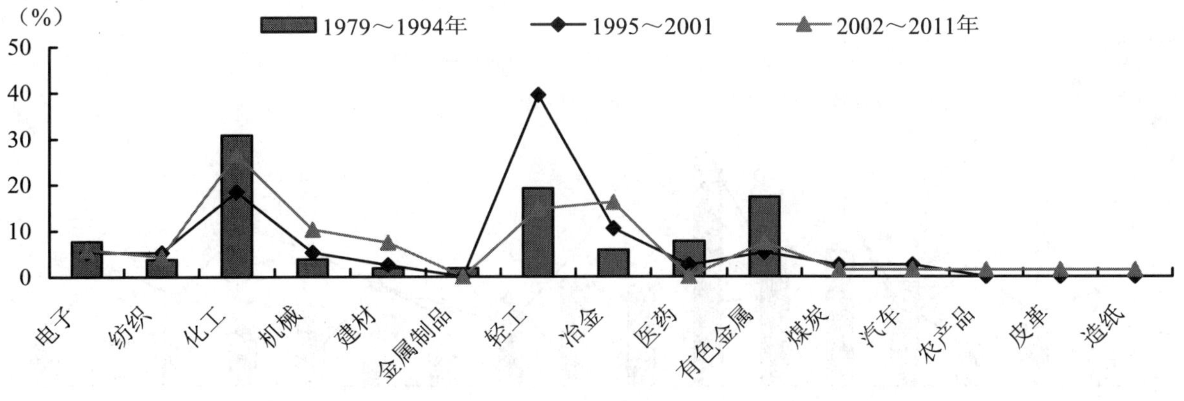

图3-20　欧盟对华反倾销调查涉案行业分阶段对比情况

此外，涉及轻工的案件在 1995～2001 年居各行业之首，占比 39.5%，在 2002～2011 年则降至 14.7%，降幅达 24.8%；涉及化工的案件在 1979～1994 年居各行业之首，占比 30.8%，在 2002～2011 年则降至 26.5%，降幅为 4.3%。

三、欧盟保障措施和特别保障措施立案明显减少，纺织品和食品是调查重点

2005 年，欧盟接连启动 9 起特别保障措施调查，其中 8 起案件针对中国纺织品，特别保障措施成

为欧盟当年对华贸易救济调查的主要形式。2006～2011 年，欧盟对华特别保障措施为零。与此相似，2006 年之前，欧盟启动 4 起保障措施调查，均涉及中国；2006～2011 年，欧盟启动 1 起保障措施。这说明在特定背景下，某种贸易救济形式可能在一段时间内成为申诉国惯用的手段，这也意味着今后全球对华贸易救济调查的形式会不断发生变化。

在欧盟对华启动的 10 起特别保障措施调查中，涉及纺织品的案件高居首位，共 9 起；另外 1 起为轻工产品。而在欧盟 5 起涉华保障措施案中，涉及食品的案件居首位，共 3 起，包括糖水梨、柑橘罐头和冷冻草莓；另外 2 起案件分别涉及钢铁和电子产品。

印　　度

目前，机电产品、化工产品、纺织品、钢铁和轻工产品位居印度自中国进口产品的前五大类，而这些产品都是印度反倾销调查的重点目标。据中国海关统计，2011 年，印度自中国进口 HS84～85 项下机电产品累计达 230.9 亿美元，在印度自中国进口总额中占比 45.7%；HS28～38 项下化工产品的累计进口 98.2 亿美元，占比 19.4%；HS72～83 项下贱金属及其制品的累计进口 53.3 亿美元，占比 10.5%；HS50～63 项下纺织品及原料的累计进口 35.8 亿美元，占比 7.1%。

一、印度对华贸易救济调查形式自 2009 年起增至 4 种，反倾销和保障措施增势显著

自 2009 年以来，印度对华贸易救济调查形式已增至 4 种：反倾销、反补贴、保障措施和特别保障措施。不仅如此，印度在反倾销和保障措施两种调查形式中的案件数已超过美国和欧盟，成为对华反倾销和涉华保障措施调查的最大发起国。据 WTO 统计，1995～2011 年，印度共发起反倾销调查 656 起，占同期 WTO 成员启动反倾销调查总数的 16.4%。其中，对华反倾销案件 147 起，位列各成员之首。事实上，自 2000 年以来，印度在多个年度的对华反倾销新立案均超过了美国和欧盟（图 3-21）。

此外，印度启动的保障措施也位列各成员之首。据 WTO 统计，1995～2011 年，印度共启动 28 起保障措施调查，居各成员之首。

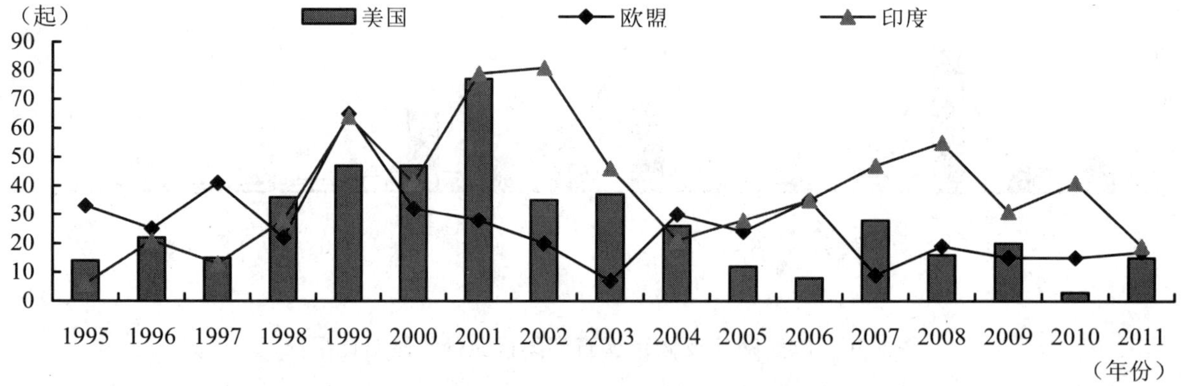

图3-21　1995～2011年印度、美国和欧盟反倾销调查年度对比情况

二、反倾销仍是印度对华贸易救济的主要手段

据中国贸易救济信息网统计，1994～2011 年，印度已对华启动 184 起贸易救济调查。其中，反倾销 152 起，占印度对华贸易救济调查总数的 82.6%；反补贴 1 起，占比 0.5%；涉华保障措施 23 起，占比 12.5%，特别保障措施 8 起，占比 4.3%（图 3-22）。

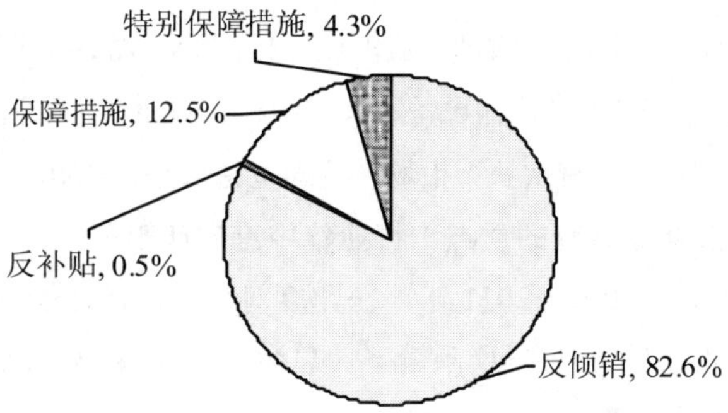

图3-22　1994～2011年印度对华贸易救济调查4种形式分布情况

1．对华反倾销立案增速较快，采取最终措施的比重高于美国和欧盟

1994～2011 年，印度共对华发起 152 起反倾销调查，年均约 8 起，而同期美国和欧盟均约为 6 起。

1994～2001 年，印度对华反倾销立案调查一路攀升（图 3-23）。其中，2001 年，印度对华反倾销年度立案达 15 起，创历史新高。虽然自 2001 年起，印度对华反倾销立案有所减少，但受 2008 年金融危机影响，加之长期奉行贸易保护政策，印度加大了对国内重点产业的保护力度，对华反倾销调查也再度回升，并于 2008 年又达到 15 起。2009 年和 2010 年分别是 10 起和 11 起，均居高位。2011 年，印度对华反倾销调查减至 5 起。

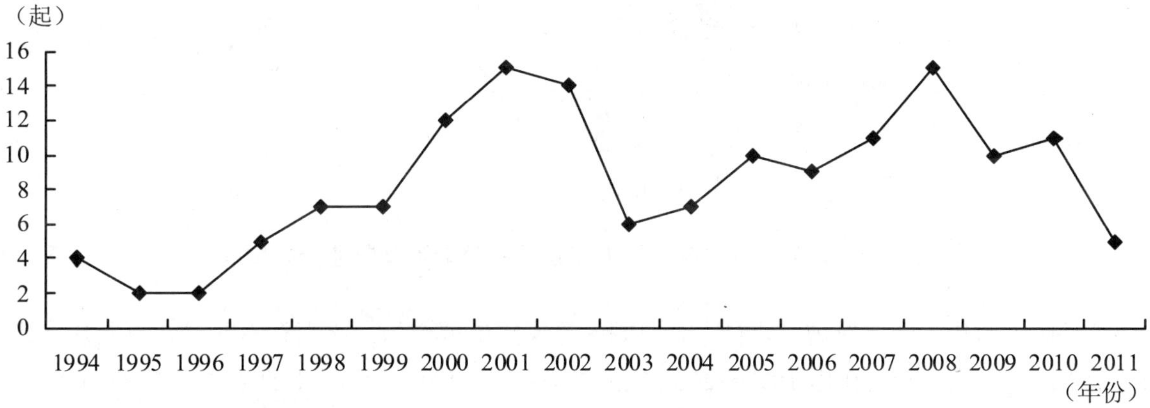

图3-23　1994～2011年印度对华反倾销年度调查年度分布情况

截至 2011 年底，在印度对华发起的 152 起反倾销调查中，已作出终裁的 144 起。其中，未采取最终反倾销措施的 18 起，占终裁案件总数的 12.5%，低于美国（23.5%）和欧盟（25.7%）；裁定采取最终反倾销措施的 126 起，占比 87.5%，高于美国（76.5%）和欧盟（74.3%）。

2．中国企业应诉积极性有所提高，但市场经济地位仍难获得

目前，中国企业对所有发展中国家发起的反倾销调查应诉率较低，但对印度反倾销调查的应诉率却高于其他发展中国家。1994～2011 年，在印度作出反倾销终裁的 144 起案件中，共 86 起案件有中国企业应诉，占比 59.7%。

近年来，中国企业应诉印度反倾销案的积极性有所提高。1994～2001 年，在印度作出反倾销终裁的 54 起案件中，20 起案件有中国企业应诉，应诉率为 37.0%；而 2002～2011 年，在印度作出终裁的 90 起案件中，66 起案件有中国企业应诉，应诉率高达 73.3%。

由于印度将中国视为“非市场经济国家”，因此，涉案企业要求获得市场经济地位待遇仍是应诉核心。截至目前，有中国企业获得市场经济地位的案件并不多。据中国贸易救济信息网统计，在印度作出反倾销终裁的 144 起案件中，仅有 16 起[㊀]案件有中国企业获得市场经济地位，占比 11.1%，涉案产品包括紧凑型荧光灯、苛性钠、滚珠轴承、十水硼砂、碳酸钾、覆铜板、柠檬酸、瓷砖、不锈钢冷轧平板、阴极射线彩色显像管、汽车和卡车子午轮胎、SDH 光传输设备、圆型织机、青霉素 G 钾盐和 6-氨基青霉烷酸、玻璃纤维。中国企业在应诉印度反倾销案中首次获得市场经济地位待遇是在 2002 年 11 月立案的十水硼砂案。

3．化工产品是印度对华反倾销调查的重点，行业集中度有所下降

据中国贸易救济信息网统计，1994～2011 年，在印度对华发起的 152 起反倾销调查中，涉及化工产品的案件高居首位，共 72 起，占印度对华反倾销案件总数的 47.4%；其次是医药，16 起，占比 10.5%；位居第三的是机械，11 起，占比 7.2%（图 3-24）。

尽管化工、医药是印度对华反倾销调查的重点，但自 2008 年以来，其所占的反倾销案件总数的比重呈下降态势。我们将 1994～2011 年分成 1994～2001 年、2002～2007 年和 2008～2011 年 3 个时间段。印度对华化工产品反倾销调查的占比由 1994～2001 年的 50.0%降至 2008～2011 年的 36.6%，降幅为 13.4%；医药产品则由 16.7%降至 4.9%，降幅为 11.8%。

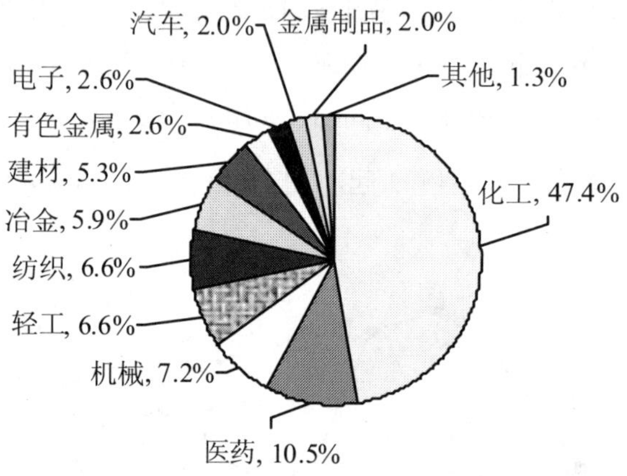

图3-24　1994～2011年印度对华反倾销调查涉案行业分布情况

同时，印度对华冶金、机械、建材、金属制品等反倾销调查的占比则有不同程度的上升。其中，对华冶金产品反倾销调查占比由 1994～2001 年的 7.4%升至 2002～2011 年的 9.8%，升幅为 2.4%；机械则由 5.6%升至 12.2%，升幅为 6.6%；建材由 1.9%升至 14.6%，升幅为 12.7%。此外，印度针对中国电子、纺织以及汽车产品的反倾销调查均是在 2001 年后出现的（图 3-25）。

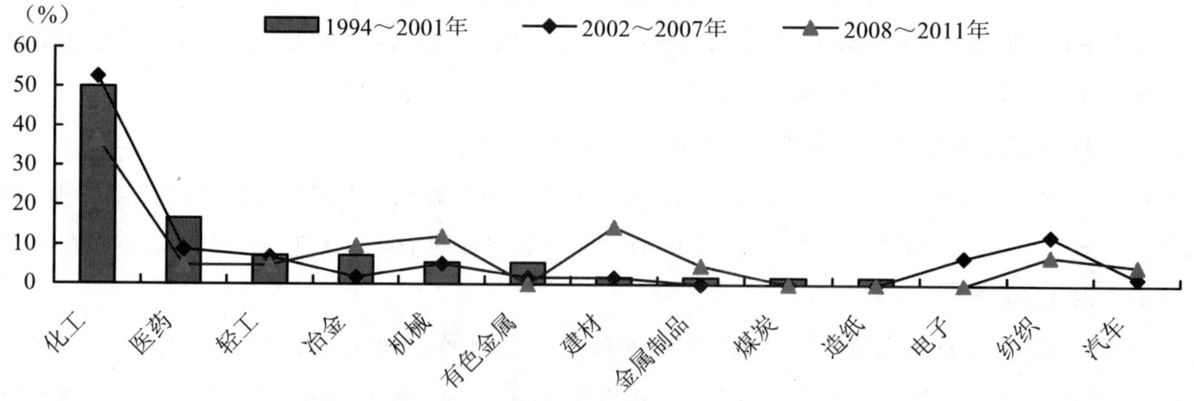

图3-25　印度对华反倾销调查涉案行业分阶段对比情况

㊀ 该数据不包括印度对华反倾销复审调查中获得市场经济待遇的案件。

三、化工产品是印度涉华保障措施和特别保障措施调查的重点

印度自1997年开始启动涉华保障措施调查，截至2011年，共启动23起涉华保障措施。其中，1997～2004年共启动10起，2005～2007年为0，2008年2起，2009年9起，2010年和2011年各1起。

在23起涉华保障措施调查中，涉及化工产品的案件居首位，共16起，占比69.6%；其次是造纸，2起；纺织、建材、轻工、冶金和有色金属各1起。

印度自2002年启动特别保障措施调查，截至2011年，印度共发起8起特别保障措施调查，其中3起涉及化工产品，涉及纺织、汽车、轻工、医药和有色金属的各1起。

澳大利亚

据中国海关统计，2011年，中澳双边贸易总额达1148.4亿美元，同比增长32.1%。其中，中国对澳大利亚出口339.1亿美元，同比增长24.5%；自澳大利亚进口809.3亿美元，同比增长35.6%。中方逆差470.2亿美元。目前，中国已经成为澳大利亚第二大贸易伙伴，而澳大利亚是中国第九大贸易伙伴。

在中国对澳大利亚的出口中，除纺织品、服装和轻工等传统产品外，机械、化工、家电、通信设备的比重正逐年提高，成为对澳出口的新增长点。自2002年起，我国对澳机电产品出口已超过纺织品服装，跃居我国对澳第一大类出口产品。目前，机电产品、纺织品、轻工产品、化工产品、贱金属及其制品均位居澳大利亚自中国进口金额的前五位，而这些产品也成为澳大利亚对华反倾销调查的重点目标。据中国海关统计，2011年，澳大利亚自中国进口HS84～85项下机电产品累计金额127.6亿美元，占澳大利亚自中国进口总额的37.6%；HS50～63项下纺织品及原料的累计进口43.3亿美元，占比12.8%；HS94～96项下家具、玩具及杂项制品的累计进口30.9亿美元，占比9.1%；HS72～83项下贱金属及其制品的累计进口35.0亿美元，占比10.3%；HS28～38项下化工产品的累计进口21.5亿美元，占比6.3%。在我国对澳大利亚的贱金属及其制品出口中，HS72～73项下的钢铁及其制品占比达64.0%。

一、澳大利亚对华贸易救济调查以反倾销为主

作为全球第二个制定反倾销政策的国家㊀，澳大利亚也是对华发起反倾销调查最早的国家之一，早在1979年澳大利亚就针对中国输澳产品进行过反倾销调查。据中国贸易救济信息网统计，截至2011年底，澳大利亚共对华启动80起贸易救济调查。其中，反倾销75起，占澳大利亚对华贸易救济调查总数的93.8%；反补贴5起，占比6.3%。

二、澳大利亚对华反倾销立案年度走势平稳

从1979～2011年澳大利亚对华发起反倾销调查的年度走势看（图3-26），1991年为8起，是澳大利亚对华反倾销立案的高峰年。不同于美国和欧盟，澳大利亚对华反倾销立案没有明显的增减。据中国贸易救济信息网统计，1979～2011年，澳大利亚共计对中国产品启动75起反倾销调查，年均2起，

㊀ 澳大利亚的反倾销政策出台于1906年，仅次于加拿大（1904年），是最早制定反倾销政策的国家之一。澳大利亚反倾销政策历经修订和完善，构成了目前主要以《海关法修正案》和《关税法修正案》为核心的反倾销政策体系。然而，澳大利亚反倾销政策对新西兰是个例外，因为1988年澳大利亚与新西兰签订了《澳—新加速货物自由贸易协定》，并发表了《关于在澳新两国之间建立更为紧密的经济联系的宣言》。根据该协定和宣言，澳新两国互免反倾销政策的适用，并从1990年7月1日起实现两国货物贸易的全面自由化。

低于同期的美国（5 起）和欧盟（5 起）。

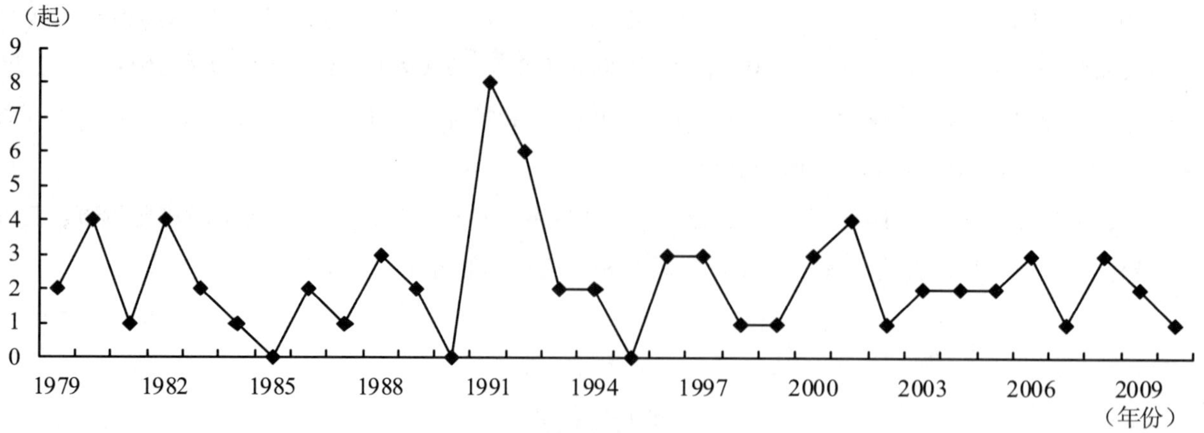

图3-26 1979～2011年澳大利亚对华反倾销调查年度分布走势

1. 未采取最终措施的案件占比高于美国和欧盟

截至 2011 年底，澳大利亚对华发起的 72 起反倾销调查均已作出最终裁决。在这 72 起案件中，作出肯定性裁决的 39㊀起，占已作出终裁案件总数的 54.2%，低于美国（76.5%）和欧盟（74.3%）；作出否定性裁决的为 33 起，占比 45.8%，高于美国（23.5%）、欧盟（25.7%）。在这 72 起作出终裁的案件中，中国企业参与应诉的 30 起，占比 41.7%。

2. 化工、轻工和建材产品是澳大利亚对华反倾销调查的重点

据中国贸易救济信息网统计，1979～2011 年，澳大利亚对华发起的 75 起反倾销调查共涉及化工、轻工、建材、冶金、汽车等 11 个行业。其中，涉及化工产品的案件居首位，22 起，占澳大利亚对华反倾销案件总数的 29.3%；其次是轻工产品，15 起，占比 20.0%，其中食品罐头是主要涉案产品；位居第三的是建材产品，为 13 起，占比 17.3%，其中玻璃产品为主要涉案产品。涉及上述 3 个行业的反倾销调查占比为 66.6%（图 3-27）。

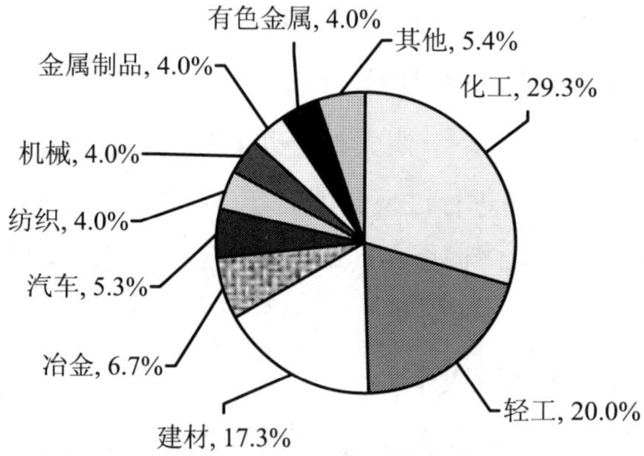

图3-27 1979～2011年澳大利亚对华反倾销调查涉案行业分布情况

3. 涉及化工、轻工产品反倾销案件占比下降，调查范围有所扩大

自 1995 年以来，尽管化工和轻工产品仍是澳大利亚对华反倾销调查的重点，但其占同期反倾销案

㊀ 澳大利亚于 2010 年 4 月对华浮法玻璃启动的反倾销调查最初以无倾销结案，但澳大利亚贸易措施复审办公室随后根据相关申诉要求澳大利亚海关重新调查，经再次调查后，澳大利亚海关对中国进口产品征收反倾销税。在统计中，将此案计入肯定性裁决一类。

件总数的比重已经明显缩小。涉及冶金、造纸、机械的案件均是在 2002 年之后启动的，且自 2008 年起，截至 2011 年，澳大利亚尚未启动涉及化工、轻工产品的反倾销调查。2002～2007 年，澳大利亚对华化工产品的反倾销案件占同期反倾销案件总数的比重已由我国入世前（1979～2001 年）的 34.5%降至 27.3%，降幅为 7.2%；轻工则由 23.6%降至 18.2%，降幅为 5.4%（图 3-28）。

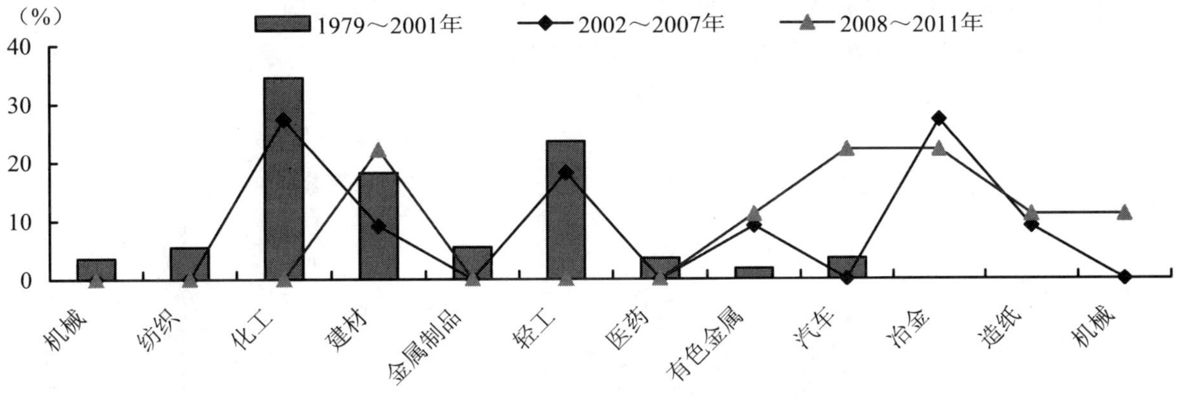

图3-28　澳大利亚对华反倾销调查涉案行业分阶段对比情况

三、澳大利亚大规模修改现行贸易救济制度

2011 年 6 月 22 日，澳大利亚对现行贸易救济制度进行近 10 年来的最大规模修改，此次修改将大幅度降低国内产业使用反倾销调查的成本，提高反倾销调查的效率和透明度，内容主要包括：（1）提高效率：未来 1 年内增加 45%的调查官员，增设临时措施，提供更快的救济，增设部长决定期限（30 日）条款；（2）提高措施的执行效果：增加资源，加强对措施执行状况的监控；打击规避反倾销税的行为；（3）改进决策程序：更多使用贸易和产业专家；设立更高效的申请程序，为国内产业申请提供更多资源支持；明确产业损害的评估因素；为复杂案件提供期限方面的灵活性；（4）改善国内产业使用反倾销体系的便利性：新设专门岗位，帮助中小企业和中下游制造商参与调查程序；改善进口和补贴数据的开放度，明确提出申请的数据要求；明确反倾销调查的利害关系方范围，将相关产业协会、工会和下游产业纳入；为有关利害关系方申请复审调查提供更多的灵活性；（5）与其他国家保持更大的一致性：定期审查其他国家的反倾销实践和决策；支持国内产业反击各种补贴行为。

此外，澳大利亚还设立了“国际贸易救济论坛（International Trade Remedies Forum）”，以监督相关改革措施的执行。该论坛专设两个工作组，一组负责检查海关法中有关“深加工农产品（Close processed Agricultural Products）”条款的适用情况，另一组则负责审查“特殊市场情形（Particular Market Situation）”条款的适用及其改进。

阿 根 廷

中国是阿根廷第二大出口市场和第二大进口来源国。随着双边贸易规模的扩大，两国之间的贸易摩擦逐渐加剧。2008 年全球金融危机以来，阿根廷国内采取了多项贸易保护措施，涉及大量的中国输阿产品，影响了中阿两国的正常贸易。据中国海关统计，2011 年，中阿双边贸易总额为 147.8 亿美元，同比增长 12.6%。其中，中国对阿根廷出口 85 亿美元，同比增长 38.9%；自阿根廷进口 62.8 亿美元，同比增长 7.6%。中方逆差 22.2 亿美元。

一、反倾销是阿根廷对华贸易救济的主要形式

据中国贸易救济信息网统计，1991～2011 年，阿根廷对华共启动 93 起贸易救济调查，其中，反倾销是阿根廷对华贸易救济调查的主要形式，共 86 起，占比 92.5%；涉华保障措施案件 7 起，占比 7.5%。

1. 对华反倾销调查波动幅度大，75%以上的案件采取了最终反倾销措施

1991～2011 年，阿根廷对华共启动 86 起反倾销调查，在所有对华发起反倾销调查国家（地区）中居第三位。

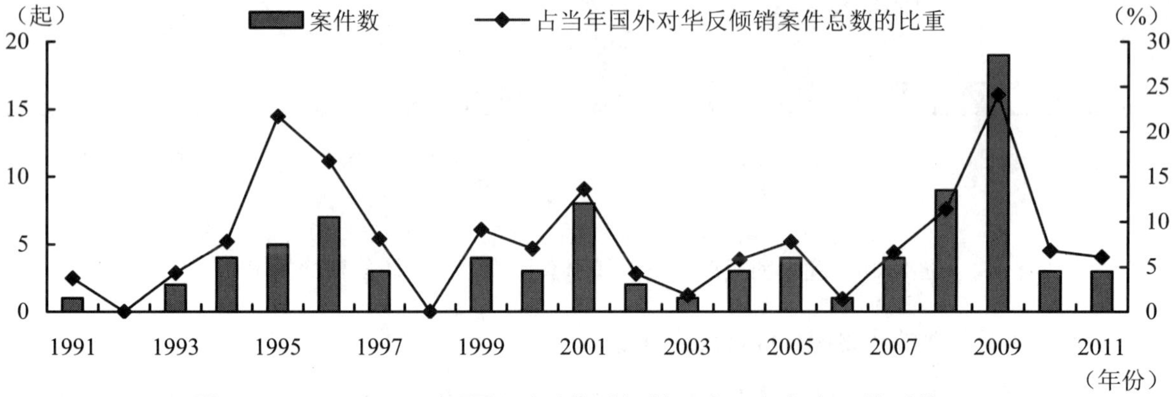

图3-29　1991～2011年阿根廷对华反倾销调查及各年在国外对华反倾销案件总数中占比情况

从图 3-29 可以看出，阿根廷对华反倾销的年度立案波动较大。1991～1996 年，阿根廷对华反倾销案件呈上升趋势，在同期国外对华反倾销案件中的比重也逐年走高。其中，1995 年占比高达 21.7%，1996 年为 16.7%，均居当年国外对华反倾销案件发起国（地区）之首。随后，阿根廷对华反倾销案件开始减少，1998 年降至 0 起，直到 2001 年，其对华反倾销增至 8 起，占当年国外对华反倾销案件总数的 13.6%，居第二位。2002～2009 年，阿根廷对华反倾销案件呈大幅上升之势。2009 年，阿根廷对华发起反倾销调查位居各国对华反倾销之首，为 19 起，比上年大幅增长 111.1%。2010 年和 2011 年，阿根廷对华反倾销调查迅速减少，均为 3 起，分别占当年国外对华反倾销案件总数的 6.8%和 6.1%。

截至 2011 年底，在阿根廷对华发起的 86 起反倾销调查中，有 81 起已经作出最终裁决，其余 5 起尚在审理中。其中，阿根廷对 64 起案件采取了最终反倾销措施（目前尚在执行反倾销措施的案件有 51 起，已终止反倾销措施的案件 13 起），占阿根廷作出终裁案件总数的 79.0%。

自 20 世纪 90 年代初，中阿贸易快速发展，以及阿根廷本土产业的衰退，阿根廷国内贸易保护主义更加关注来自中国的进口产品，阿根廷是拉美地区对中国发起贸易救济调查最多的国家，其措施不仅直接影响中国对阿的正常出口，也在拉美国家中产生了消极示范效应。据 WTO 统计，阿根廷发起的反倾销调查中有 1/4 案件针对的是中国产品。

2. 对华反倾销涉案产品范围不断扩大，轻工产品是调查重点

1995 年之前，阿根廷对华反倾销调查仅涉及轻工、纺织、机械和汽车 4 个行业；1995 年以后，阿根廷对华反倾销随着案件的增多，涉案产品范围也迅速扩大到 10 个行业，除上述 4 个行业外，还包括金属制品、化工、冶金、电子、建材、医药和造纸产品。1991～2011 年，阿根廷对华轻工产品发起的反倾销调查最多，为 24 起，占其对华反倾销案件总数的 27.9%；其次是机械产品，23 起，占比 26.7%；居第三位的是金属制品，12 起，占比 14.0%（图 3-30）。

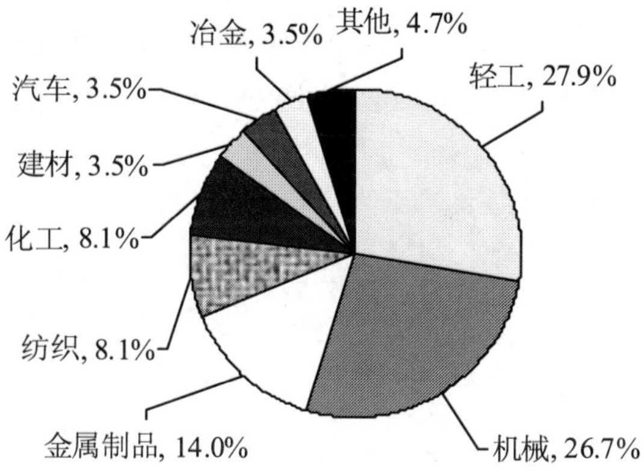

图3-30　1991～2011年阿根廷对华反倾销调查涉案行业分布情况

在阿根廷单类产品进口统计中，我国几大轻工类产品一直居阿根廷进口额之首。据商务部统计，2007～2011 年，阿根廷自中国进口 HS94～96 项下家具、玩具、杂项制品累计金额近 18.41 亿美元，占阿根廷该类产品进口总额的 42.9%，居阿根廷各进口国的首位；自中国进口的 HS64～67 项下的鞋靴、伞等轻工产品累计金额为 6.25 亿美元，占阿根廷该类产品进口总额的 30.7%，仅次于巴西，居第二位。中国轻工产品在阿根廷国内占有绝对市场份额必然导致与其国内产业竞争激烈，针对该类产品实施的包括贸易救济案件在内的各项贸易保护措施也相对较多。

此外，近年来，阿根廷对华机械产品反倾销立案较为频繁，1991～2006 年的 15 年间，阿根廷对华机电产品共启动反倾销调查 11 起；但 2007～2010 年的 3 年间，阿根廷仅对中国输阿机械产品的反倾销调查就已达到 13 起，位居同期阿根廷对华反倾销产品类别之首。阿根廷对华机械产品反倾销立案的快速增加与近年来中国机电产品对阿根廷出口增速较快密切相关。2007～2011 年，HS84～85 项下的机电产品是我国对阿根廷出口的第一大类产品，累计出口额达 175.15 亿美元，占我国对阿根廷出口贸易的 50%以上；除 2009 年受阿根廷国内贸易保护措施的影响，我国机电产品对阿出口比上年同期下降 25%以外，其余年份均实现大幅增长，并于 2010 年超过巴西成为阿根廷机电产品的最大进口国。

二、阿根廷涉华保障措施案在全球居第九位

截至 2011 年底，共有 41 个国家（地区）发起涉华保障措施调查 221 起，其中，阿根廷以 7 起与捷克并列第 9 位。阿根廷涉华保障措施案件的发起年份分别为 1997 年（1 起）、1998 年（1 起）、2000 年（1 起）、2001 年（1 起）、2004 年（1 起）、2006 年（1 起）、2009 年（1 起）。

墨 西 哥

墨西哥是中国在拉美地区最大的出口市场。据中国海关统计，2011 年，中墨双边贸易总额为 333.4 亿美元，同比增长 35.0%。其中，中国对墨西哥出口 239.8 亿美元，同比增长 34.2%；自墨西哥进口 93.6 亿美元，同比增长 37.2%；中方顺差 146.2 亿美元。同时，墨西哥也是对中国产品启动贸易救济调查较早、实施反倾销措施较为严厉的国家之一。据中国贸易救济信息网统计，截至 2011 年底，在所有对华启动贸易救济调查的国家（地区）中，墨西哥对华贸易救济案件总数位居第七。

一、反倾销是墨西哥对华贸易救济的主要形式

据中国贸易救济信息网统计，1990～2011 年，墨西哥对华共启动 70 起贸易救济调查。其中，反倾销是墨西哥对华贸易救济调查的主要形式，为 68 起，占比 97.1%；涉华保障措施案件 2 起，占比 2.9%（图 3-31）。

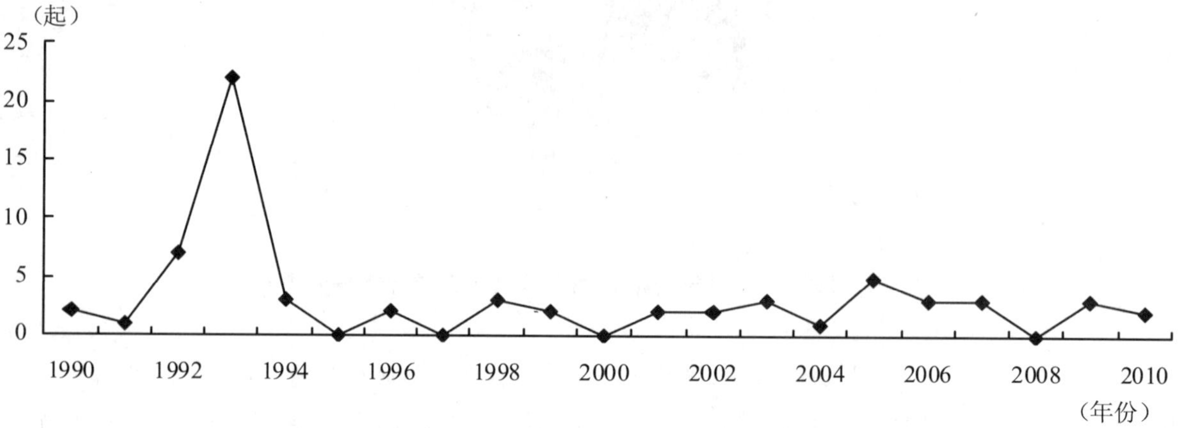

图3-31　1990～2011年墨西哥对华反倾销调查年度分布走势

1．中国入世以来，墨西哥对华反倾销调查年度立案呈平稳态势

2000 年以前，墨西哥对华反倾销立案数波动很大，特别是 1993 年，墨西哥对华发起反倾销调查 22 起，创历年来最高。中国入世以后，墨西哥每年对华启动的反倾销调查年均不超过 5 起，保持相对稳定的年立案数。

中国入世前，墨西哥对中国输墨产品采取了大量反倾销措施（共涉及 21 大类，1310 个税号的产品），但未按照 WTO 规定对每种产品进行审查。中国入世后，墨西哥承诺将逐步取消上述反倾销措施，并使现行的反倾销措施符合 WTO《反倾销措施协定》，过渡期为 6 年（至 2007 年 1 月 1 日）。在过渡期内，墨西哥取消了针对四大类产品的反倾销措施。2008 年 6 月 1 日，中国和墨西哥签署《中华人民共和国政府和墨西哥合众国政府关于贸易救济措施的协议》。根据该协议，墨西哥应终止针对上述自中国进口产品的所有反倾销措施。2008 年 10 月 14 日，墨经济部颁布《关于对进口原产于中华人民共和国的若干商品实施过渡性措施的意见》，宣布在过渡期内（2008 年 10 月 15 日～2011 年 12 月 11 日）对 204 个税号的敏感商品继续征收高额关税，但税率将逐年削减。

2．对华反倾销措施实施时间长、税率高的情况大有改善

截至 2011 年底，在墨西哥对华发起的 68 起反倾销案件中，有 65 起已经作出最终裁决，另 3 起案件尚在审理中。其中，墨西哥对 49 起案件采取了最终反倾销措施（目前尚在实施反倾销措施的案件有 14 起，终止反倾销措施的案件有 35 起），占墨西哥作出终裁的反倾销案件总数的 75.4%。

中国入世前，墨西哥对华反倾销实施的最终反倾销税率较高，1993 年 12 月 30 日，墨西哥经济部决定对原产于中国的鞋和鞋靴配件最高征收 1105%的反倾销税，这是全球反倾销措施实施以来，所征税率最高的案件。中国入世后，这种状况大有改善。2005～2011 年，墨西哥对华发起 18 起反倾销调查，在已作出终裁的 15 起案件中，有 9 起以终止调查或无倾销结案。

3．轻工产品是墨西哥对华反倾销的主要涉案产品

截至 2011 年底，墨西哥累计对中国输墨产品启动 68 起反倾销调查，共涉及轻工、机械、化工、金属制品等 9 个行业。其中，涉及轻工的反倾销案件居首位，为 16 起，占墨西哥对华反倾销案件总数的 23.5%；其次是机械产品，13 起，占比 19.1%；位居第三的是化工产品，9 起，占比 13.2%。涉及上

述 3 个行业的案件数占墨西哥对华反倾销案件总数的 55.8%（图 3-32）。

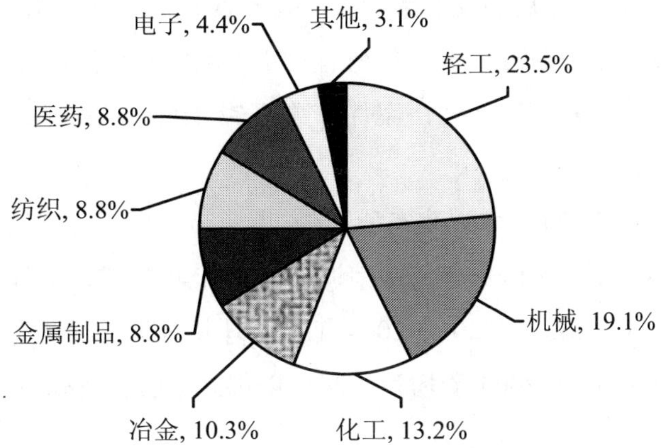

图3-32　1990～2011年墨西哥对华反倾销调查涉案行业分布情况

中国是墨西哥轻工产品进口中仅次于美国的第二大出口国，对墨出口 HS94～96 项下的家具、玩具和杂项制品以及 HS41～43 项下的箱包制品合计约占墨西哥进口总量的 35%，这也是我国轻工产品频繁遭遇墨西哥反倾销调查的主要原因。但是从立案时间上看，墨西哥对华轻工产品反倾销调查在年度分布上较为集中。在墨西哥对华轻工产品发起的 16 起反倾销调查中，1992 和 1993 年就启动了 9 起，占墨西哥对华轻工产品反倾销案件总数的 56.3%；入世以后，墨西哥对华轻工产品共发起 5 起反倾销调查，集中在 2005～2007 年。

4. 墨西哥加大对反倾销、反补贴等不公平贸易行为的调查力度

2011 年 9 月 3 日，墨西哥经济部工业和贸易副部长承诺，对来自其他国家的不公平贸易行为实行反倾销税等补偿性措施调查和实施程序将更加便捷；如果证据明确且相关调查能够在 1 年内完成，4～5 个月就可以具体落实补偿性措施。同时，对申请必须提供的材料进行了精简，并更换了相关表格。这样做的目的是加快补偿性措施的实施程序，保护本国生产企业不受非法贸易行为的冲击。对经济部国际贸易处的预算将提高 45%。

由于上述修改所带来的结案速度的加快和信任度的增加，墨西哥对不合法贸易行为的调查在 2011 年增长了 140%。其中包括对美国钢管、巴西合成橡胶以及中国阿莫西林的调查等。

二、仅有 2 起保障措施调查涉华，且措施均已终止

2002 年，墨西哥对进口胶合板板条进行保障措施调查，该案目前已经终止措施。2010 年，墨西哥对进口螺旋焊接钢管进行保障措施调查，该案已无税结案。

土 耳 其

中国是土耳其第三大进口来源国。据中国海关统计，2011 年，中土双边贸易总额为 187.5 亿美元，同比增长 52.7%。其中，中国对土耳其出口 156.2 亿美元，同比增长 30.6%；自土耳其进口 31.3 亿美元，同比下降 0.2%；中国顺差 124.9 亿美元。伴随着两国贸易交流的扩大，双边贸易摩擦也在不断加剧，土耳其频繁对中国产品使用进口限制、技术性贸易壁垒以及反倾销、保障措施、特别保障措施等贸易限制措施。

一、土耳其是对华启动反倾销调查较多的发展中国家

土耳其自 1989 年开始对中国产品启动反倾销调查，截至 2011 年，土耳其共对华启动 94 起贸易救济调查，占国外对华贸易救济案件总数的 6.3%，居所有对华发起贸易救济调查国家（地区）的第四位。其中，反倾销案件 69 起，占土耳其对华贸易救济案件总数的 73.4%；涉华保障措施 18 起，占比 19.1%；特别保障措施 7 起，占比 7.4%。

1．对华反倾销立案波动较大，2009 年以来有所下降

1989～2011 年，土耳其对华共启动 69 起反倾销调查。2001 年之前，土耳其对华反倾销立案处于较低水平，年均立案约 1 起，波动不大。2001～2004 年，土耳其对华反倾销频率加快，呈较大增幅，年均立案增至 8 起。其中，2003 年和 2004 年均为 9 起，创年立案历史高峰。2005～2011 年，土耳其对华共启动 24 起反倾销调查，年均立案约 3 起。

土耳其对华反倾销调查在 2003 年和 2004 年达到顶峰之后开始下滑。在 2005～2011 年的 7 年间，2006、2008、2009 年是土耳其对华反倾销立案在该时间段的顶峰，均为 5 起，但自 2009 年之后就开始急速下滑。2010 年，土耳其对华反倾销立案 2 起，同比下降 60.0%；2011 年则为 0 起（图 3-33）。

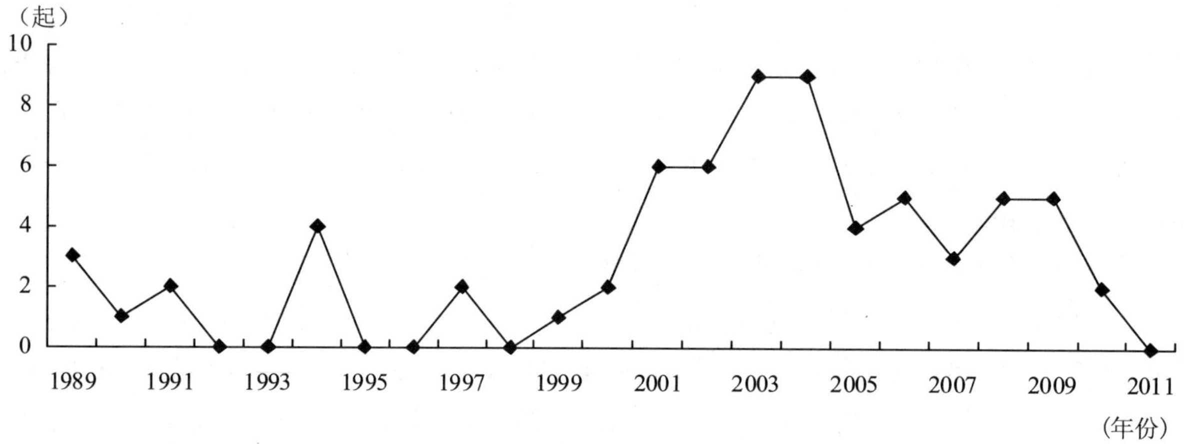

图3-33　1989～2011年土耳其对华反倾销调查年度分布走势

2．对华反倾销案中采取最终措施的比重高，涉案企业应诉率低

截至2011年底，土耳其对华发起的69起反倾销调查均已作出终裁。其中，62起案件采取最终反倾销措施，采取最终反倾销措施的比例高达89.9%，高于美国（76.5%）和欧盟（74.3%）。

目前，土耳其未承认中国的市场经济地位。截至2011底，在对华发起的69起反倾销调查中，土耳其调查机关对所有中国应诉企业均未给予市场经济待遇，并且也从未给予过1家中国应诉企业单独税率。此外，土耳其国内的贸易救济法律透明度不高，以及土耳其政府对国内产业的保护也为我国企业参与土耳其对华反倾销案件的应诉带来了一定的困难，企业应诉积极性不高。据中国贸易救济信息网统计，1989～2011年，在土耳其对华作出终裁的69起反倾销调查中，中国企业参与应诉的案件有16起，应诉率仅为23.2%，远远低于对美国、欧盟和印度等国家反倾销案的应诉率。

3．涉案行业较集中，轻工、纺织、化工是调查重点

1989～2011年，土耳其对华启动的69起反倾销调查主要涉及纺织、轻工、化工、机械、金属制品等10个行业。其中，涉及纺织品的案件居首位，共17起，占土耳其对华反倾销案件总数的24.6%；其次是轻工产品，16起，占比23.2%；位居第三的是机械产品，12起，占比17.4%。涉及上述3个行业的反倾销调查占土耳其对华反倾销案件总数的65.2%（图3-34）。

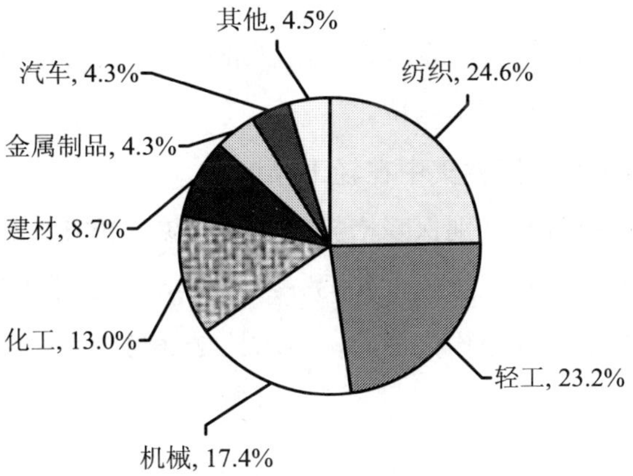

图3-34　1989～2011年土耳其对华反倾销调查涉案行业分布情况

机电、纺织、轻工等产品是中国对土耳其出口的主要产品，并且在土耳其该类产品进口中占比较大，特别是，我国轻工产品占据了土耳其进口市场一半以上的市场份额，这也是土耳其对华反倾销案件集中于这些产品的主要原因。据商务部统计，2007～2011年，土耳其自中国进口的HS84～85项下的机电产品累计金额286.41亿美元，占土耳其该类产品进口总额的17.7%，位居土耳其同类产品进口国之首；自中国进口HS50～63项下的纺织品累计金额90.7亿美元，占土耳其该类产品进口总额的18.0%，位居土耳其该类产品进口国之首。2007年，土耳其自中国进口HS94～96项下的家具、玩具、杂项制品，HS41～43项下的皮革制品和箱包，HS64～67项下的鞋靴、伞等轻工产品分别占土耳其该类产品进口额的60.1%、38.3%和67.9%，在土耳其市场占有绝对优势地位。2008年和2009年，土耳其自中国进口的上述3类产品在土耳其进口中所占比例有所下降，但仍占据主要地位。2010年以来，中土贸易逐步恢复至金融危机前的水平，连续两年实现增长态势。据商务部统计，2010年，土耳其自中国进口上述3类轻工产品分别比上年增长53.2%、23.3%和31.1%；2011年，则分别同比增长30.9%、35.9%和29.5%。其中，HS94～96项下的家具、玩具、杂项制品和HS64～67项下的鞋靴、伞等轻工产品2011年分别占土耳其该类产品进口额的54.3%和60.7%。

4．对华反倾销调查的涉案金额逐渐增加

2001年之前，土耳其对华反倾销调查的涉案产品多为附加值较低的产品，而且单起案件的涉案金额较小，一般在百万美元以下。但近年来，随着中土贸易的快速发展，土耳其对华反倾销涉案金额有所增大，个案的涉案金额动辄上千万美元。2005年，土耳其对华启动4起反倾销调查，涉案金额超过1亿美元；2006年，土耳其对华启动12起贸易救济调查，涉案金额5.3亿美元。与此同时，土耳其对华反倾销个案的涉案金额呈逐渐增加之势。2003年，土耳其对华铅笔反倾销案的涉案金额超过1000万美元，拉链反倾销调查的涉案金额超过1400万美元；2004年8月，土耳其对华彩电反倾销案的涉案金额达3500万美元；2004年12月，土耳其对华编织绒纤维和绳绒线纤维反倾销案的涉案金额达7700万美元；2008年1月，土耳其对华人造及合成短纤维纱线和缝纫线反倾销案的涉案金额1.17亿美元；2009年，土耳其对华窗帘布反倾销案的涉案金额达1.4亿美元。

二、保障措施和特别保障措施成为土耳其对华贸易救济的新手段

1．涉华保障措施和特别保障措施案件明显较多

2001年，土耳其发起第一起涉华保障措施调查——对华眼镜架和眼镜零件进行保障措施调查。截至2011年底，在国外涉华的221起保障措施调查中，土耳其启动的涉华保障措施案件仅次于印度，位居

第二，共18起，占比8.1%。

2003年，自土耳其对华首次采取特别保障措施调查以来，土耳其共对中国产品发起7起特别保障措施调查，居美国、欧盟、印度之后，列居第四位。

2．涉华保障措施和特别保障措施案件集中在轻工领域

轻工产品是土耳其涉华保障措施和特别保障措施的主要对象。2001～2011 年，在土耳其发起的 18 起涉华保障措施调查中，有 9 起涉及轻工行业。2003～2011 年，在土耳其对华启动的 7 起特别保障措施调查中，涉及轻工和建材产品的案件数均为 2 起，各占比 28.6%。

加 拿 大

据中国海关统计，2011 年，中加双边贸易总额为 474.5 亿美元，同比增长 27.8%。其中，中国对加拿大出口 252.7 亿美元，同比增长 13.7%；自加拿大进口 221.8 亿美元，同比增长 48.6%；中方顺差 30.9 亿美元。随着双边贸易的不断深入，中加两国的贸易摩擦也在不断增多。据中国贸易救济信息网统计，截至 2011 年底，在所有对华启动贸易救济调查的国家（地区）中，加拿大对华贸易救济案件总数位居第九。

一、反倾销是加拿大对华贸易救济的主要形式

自 1981 年加拿大对华启动第一起反倾销调查以来，截至 2011 年底，加拿大对华共启动 57 起贸易救济案件。其中，反倾销 39 起，占加拿大对华贸易救济案件总数的 68.4%；反补贴 12 起，占比 21.1%；涉华保障措施 4 起，占比 7.0%；特别保障措施 2 起，占比 3.5%。目前，加拿大涉华保障措施案和特别保障措施案均已终止措施。

1．对华反倾销新立案数波动较大，采取最终措施的占比较高

2000 年之前，加拿大对华反倾销立案较少；但 2000 年之后，加拿大对华反倾销立案有所增加。1981～1999 年，加拿大对华反倾销年度立案波动较大，但年均立案不足 1 起。其中，1983 年是加拿大对华反倾销立案的高峰期，为 3 起。2000 年之后，加拿大对华反倾销年均立案超过 2 起，约是上个时段的 3 倍。

1981～2011 年，在加拿大对华启动的 39 起反倾销调查中，已作出反倾销终裁的案件共 37 起。其中，采取最终反倾销措施的案件为 28 起，占比 75.7%。截至 2011 年底，在加拿大对华实施最终反倾销措施的 28 起案件中，已经有 13 起案件终止实施反倾销措施（图 3-35）。

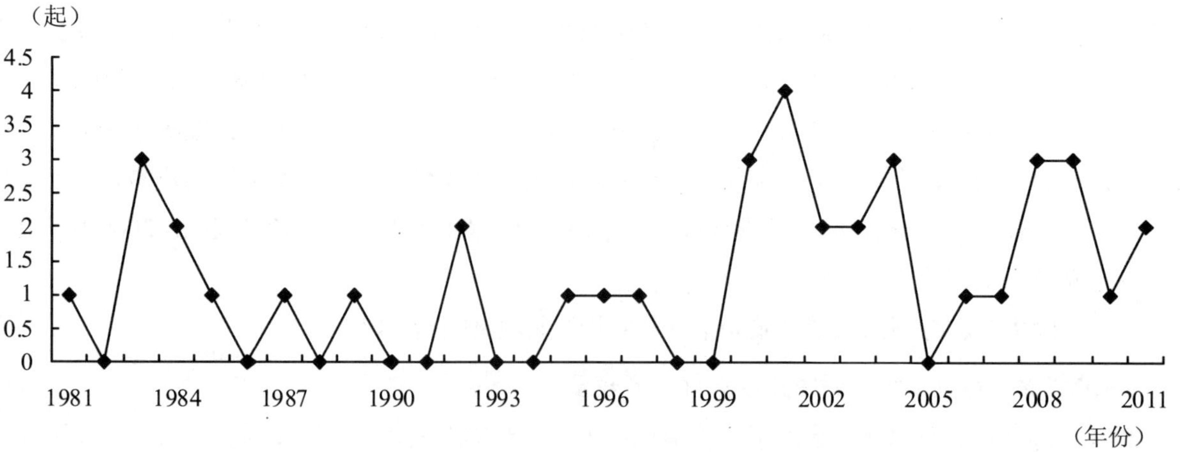

图3-35　1981～2011年加拿大对华反倾销调查年度分布走势

2．涉案行业集中，涉及冶金行业的反倾销调查增势明显

1981～2011 年，加拿大发起的 39 起对华反倾销调查涉及轻工、冶金、机械、建材等 10 个行业。其中，涉及轻工产品的案件高居首位，共 13 起，占比 33.3%；其次是冶金产品，8 起，占比 20.5%；位居第三的是机械产品，为 5 起，占比 12.8%。涉及上述 3 个行业的反倾销案件占比为 66.6%（图 3-36）。

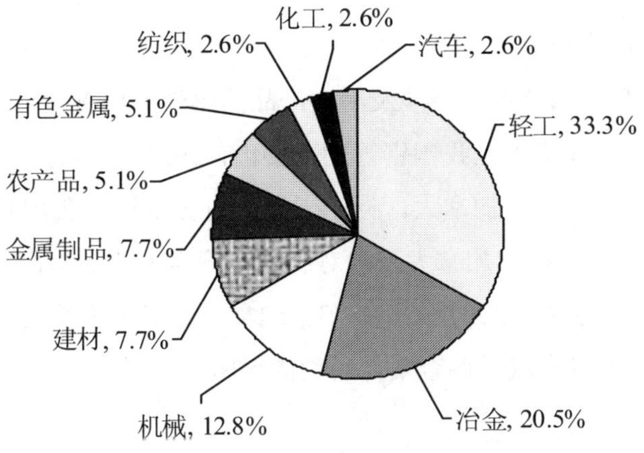

图3-36　1981～2011年加拿大对华反倾销调查涉案行业分布情况

在加拿大单类产品进口统计中，我国几大轻工类产品一直位居加拿大进口额前列，这也是我国轻工产品在加拿大遭遇贸易摩擦相对较多的原因。据商务部统计，2007～2011 年，加拿大自中国进口 HS94～96 项下的家具、玩具和杂项制品累计金额 284 亿美元，进口 HS64～67 项下的鞋靴、伞等轻工产品累计金额 76.81 亿美元。

近年来，加拿大对华冶金产品反倾销调查急剧增加。在加拿大对华冶金产品启动的 8 起反倾销调查中，有 4 起是 2006 年以后启动的，占同期加拿大对华反倾销案件总数的 50.0%。不仅如此，加拿大对华冶金产品反倾销案均裁定征收高额反倾销税。例如，在无缝钢制油气套管案中，裁定中国应诉企业的倾销幅度为 37%～91%；在焊接碳钢管案中，裁定中国应诉企业的倾销幅度高达 97%～179%。

二、加拿大首开对华反补贴调查之先河

2004 年，加拿大对华启动首起反补贴调查，这是我国首次遭进口国的反补贴调查。截至目前，加拿大已成为继美国之后对华实施反补贴调查较多的国家。

1．加拿大是对华反补贴调查的主要发起国，涉案金额较高

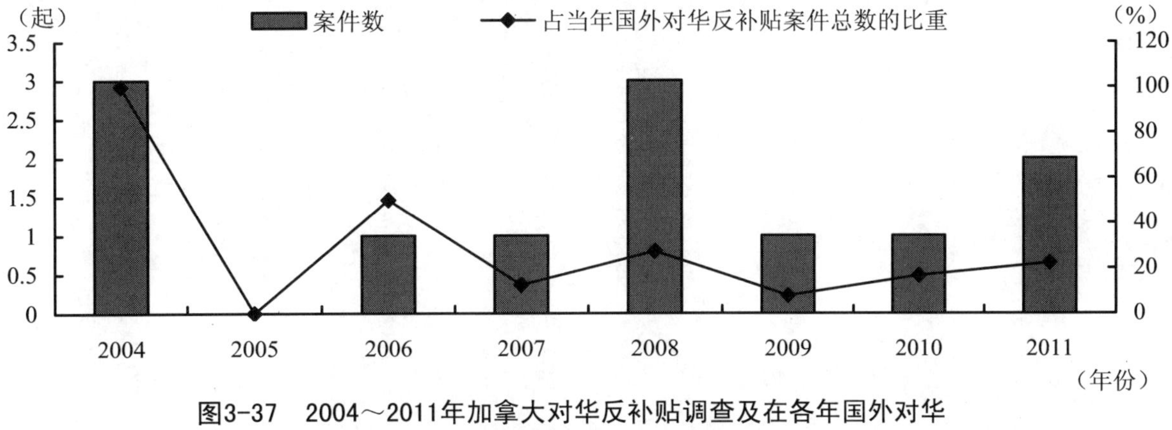

图3-37　2004～2011年加拿大对华反补贴调查及在各年国外对华反补贴案件总数中占比情况

2004～2011 年，加拿大对华启动 12 起反补贴调查，占国外对华反补贴案件总数的 23.1%，仅次于美国。加拿大对华反补贴调查个案涉案金额普遍较高，并呈逐年上升之势（图 3-37）。例如，2004 年，加拿大对华第一起反补贴案——户外烤肉架案，涉案金额超过 2000 万美元；2007 年，加拿大对华无缝钢制油气套管启动反补贴调查，涉案金额约 1 亿美元；2008 年，加拿大对华铝挤压材反补贴案涉案金额 3 亿美元；2009 年，加拿大对华石油管材反补贴案涉案金额达 3.3 亿美元。

2. 对华反补贴调查集中于冶金产品

在加拿大对华启动的 12 起反补贴调查中，涉及冶金产品的案件数居首位，共 4 起，占比 33.3%。从涉案产品看，多数为钢管产品。加拿大是我国钢管的主要出口国之一，在加拿大石油开采业大发展中，钢管需求大增，中国钢管大量出口至加拿大。据中国钢管协会统计，我国对加拿大出口石油套管年均增速约为 20%。但 2007 年以后，随着加拿大国内对石油套管需求的减少，我国出口加拿大的石油套管对加拿大国内产业的冲击开始显现。2007～2011 年，加拿大对华钢管及其制品共发起反倾销和反补贴合并调查 4 起，占同期加拿大对华双反调查案件总数的 50%。

第四章　全球知识产权保护情况㊀

第一节　全球专利申请及授权情况

一、国际知识产权组织年度 PCT 申请特点及趋势

1. 全球 PCT 申请总体呈增长态势

据世界知识产权组织（WIPO）公布的数据显示，2001～2011 年，经由 WIPO 管理的《专利合作条约》（PCT）途径提交的 PCT 申请呈总体增长态势（仅 2009 年受金融危机影响同比出现下滑）。2001 年，全球 PCT 申请量达 108229 件，同比增长 16.1%；2002～2004 年，全球 PCT 申请量以个位数微幅增长；2005 年同比增长 11.5%，达 136749 件；2006～2008 年，PCT 申请量仍然呈同比增势；2009 年，受金融危机影响，全球 PCT 申请量同比下降 4.8%，为 155400 件；2011 年再创新高，达 181900 件，比 2010 年增长 10.7%，增幅为 2005 年以来最高（见图 4-1）。

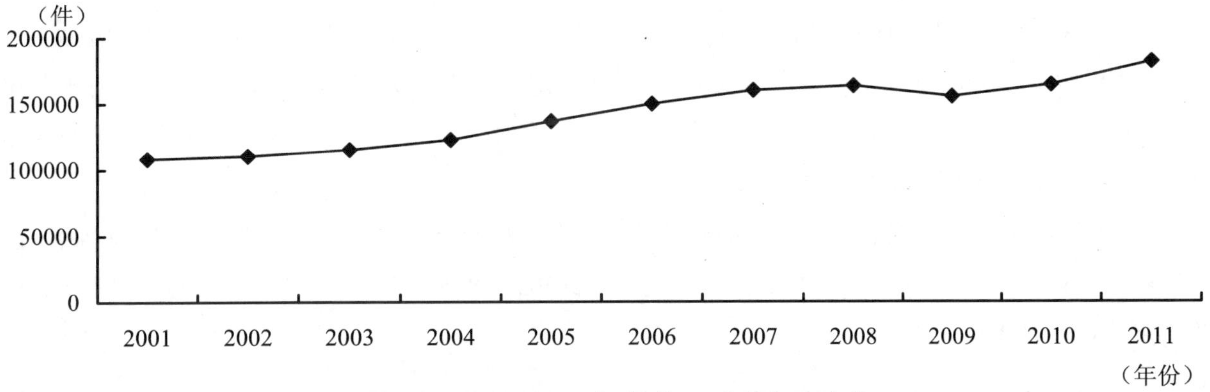

图4-1　2001～2011年全球PCT申请年度走势

2010 年全球 PCT 申请量回升，这一趋势在 2011 年得以加强，凸显创新已成为推动世界经济发展日渐重要的因素，而 PCT 体系在其中发挥着重要作用。同时，2011 年全球 PCT 申请突破 200 万件（第 200 万件申请由美国移动技术企业高通公司提交），这成为 PCT 体系迅速壮大的又一力证。

2. 美国连续多年位居 PCT 申请之首

2002～2011 年，PCT 申请量排名居前的国家分别是：加拿大、中国、法国、德国、意大利、日本、荷兰、韩国、瑞典、瑞士、英国和美国。其中，美国始终位居全球 PCT 申请量的首位，但 2008～2010 年美国 PCT 申请量连续 3 年下滑，2011 年虽然同比增长，但 48823 件的申请量仍低于 2006～2008 年年均 5 万多件的申请量。而来自中国和日本的 PCT 申请量一直呈增长态势，且增速较快。其中，2011

㊀ 本章“中国”均指“中国大陆”，不包括中国香港、中国台湾和中国澳门。

年，中国 PCT 申请量从 2002 年的 1016 件增至 16402 件，增幅达 1514.4%；日本从 2002 年的 14060 件增至 38873 件，增幅达 176.5%。

2011 年，在 PCT 申请量排名居前列的国家中，来自中国（+33.4%）、日本（+21%）、加拿大（+8.3%）、韩国（+8%）和美国（+8%）的申请量增速最快。欧洲国家的情形则不尽相同，瑞士（+7.3%）、法国（+5.8%）、德国（+5.7%）和瑞典（+4.6%）的 PCT 申请均有所增长，而荷兰（−14%）、芬兰（−2.7%）、西班牙（−2.7%）和英国（−1%）则略有下降。同时，俄罗斯（+20.8%）、巴西（+17.2%）和印度（+11.2%）等大型中等收入经济体国家均创下两位数增幅（图 4-2）。

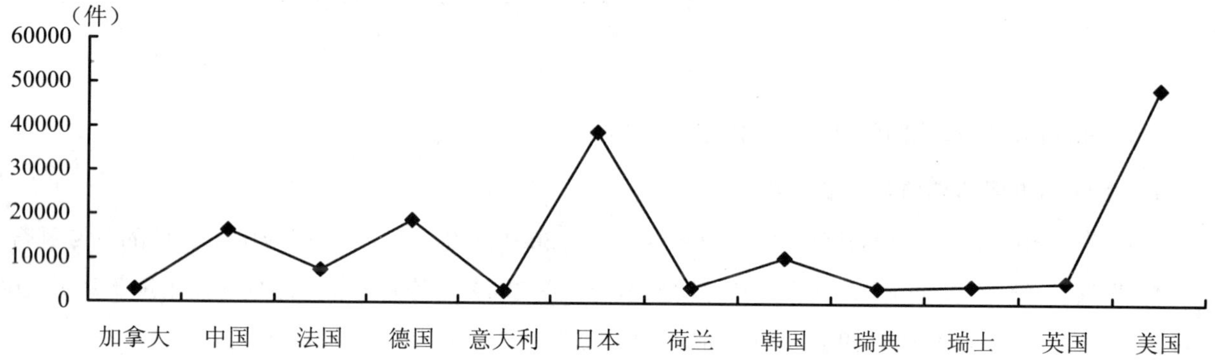

图4-2　2011年全球PCT申请量排名居前的国家

3．中兴通讯 PCT 申请量超越日本松下电器居榜首

2011 年，在企业 PCT 申请方排行榜中，中国中兴通讯股份有限公司的 PCT 申请达 2826 件，超越日本松下电器公司（2463 件），位居全球 PCT 申请方榜首。而 2009 年该公司的 PCT 申请量仅为 517 件，2010 年增至 1868 件（仅次于日本松下电器公司的 2162 件）。2011 年，中国华为技术有限公司以 1831 件 PCT 申请排名第三，其后依次是日本夏普株式会社（1755 件）和德国罗伯特博世公司（1518 件）。排名前五位企业的 PCT 申请均呈两位数增长。

2011 年，在 PCT 申请排名前十位的企业中，来自亚洲的企业占 6 家，分别为中国（2 家）、日本（3 家）和韩国（1 家）。同时，共有 5 家日本企业跻身 PCT 申请前十五名，即松下、夏普、丰田、NEC 和三菱公司（表 4-1）。

表 4-1　2009～2011 年排名 PCT 申请量前列的企业情况　　单位：件

企业申请方	所属国	2009 年申请量	2010 年申请量	2011 年申请量
中兴通讯股份有限公司	中　国	517	1868	2826
松下电器公司	日　本	1891	2162	2463
华为技术有限公司	中　国	1847	1527	1831
夏普株式会社	日　本	997	1286	1755
罗伯特博世公司	德　国	1588	1301	1518
高通公司	美　国	1280	1675	1494
丰田汽车公司	日　本	1068	1095	1417
LG 电子公司	韩　国	1090	1297	1336
皇家飞利浦电子有限公司	荷　兰	1295	1433	1148
LM 爱立信电话有限公司	瑞　典	1241	1147	1116
日本电气株式会社	日　本	1069	1106	1056
西门子股份公司	德　国	932	830	1039

4．数字通信技术、电子机械、医疗技术、计算机技术以及药品是近年 PCT 申请的主要领域

据 WIPO 公布的数据显示，2008～2011 年，数字通信技术、电子机械、医疗技术、计算机技术以及药品是全球 PCT 申请的主要技术领域。其中，数字通信技术的 PCT 申请量于 2010 年和 2011 年连续两年居首，分别达 10590 件和 11574 件（表 4-2）。

表 4-2　2008～2011 年全球 PCT 申请的主要技术领域年度分布情况

单位：件

主要领域	2008 年	2009 年	2010 年	2011 年
数字通信技术	8846	9063	10590	11574
电子机械	8943	8986	9168	11296
医疗技术	11088	10481	10484	10753
计算机技术	11725	10239	9539	10455
医疗技术	8959	8399	7833	7683

统计显示，2011 年，多数技术领域的 PCT 申请量同比增长。其中，电子机械（同比增长 23.2%）技术领域增速最快，其他技术领域的 PCT 申请亦呈两位数增长。仅有 4 个技术领域的 PCT 申请量同比略有下降，分别是基本通信程序（-5.9%）、有机精细化学（-4.1%）、制药（-1.9%）以及生物材料分析（-0.3%）。

二、我国发明专利申请及授权特点和趋势

1．发明专利申请受理量逐年增长，2011 年首次超过 50 万件

国家知识产权局公布的统计数据显示，2006～2011 年，我国发明专利申请受理量逐年增长。其中，2011 年我国国家知识产权局受理发明专利申请从 2010 年的 39.1 万件增至 52.6 万件，较 2001 年的 6.3 万件翻了 3 番多，且同比增速达 34.6%，为我国入世十年以来的最高增速水平（图 4-3）。

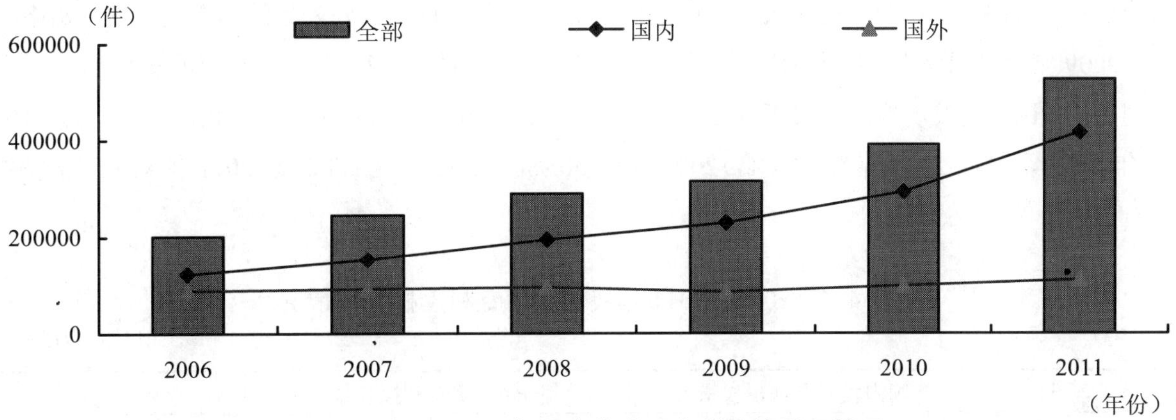

图4-3　2006～2011年国内外发明专利申请受理情况

2．发明专利申请以国内为主，国内发明专利申请增速高于国外

据统计，2006～2011 年，我国国内发明专利申请（含港澳台，下同）始终保持增长态势。尤其是 2009 年，受金融危机影响，在国外来华专利申请同比下降 10.9%的情况下，我国国内专利申请量同比增幅达 22.4%。2010 年，国外专利申请量同比增长 14.8%；国内发明专利申请量同比增长 27.9%，增速提高了 10 个百分点，占发明专利申请总量的比重升至 74.9%，约为国外来华发明专利申请量的 3 倍。2011 年，我国国内发明专利申请量更是多达 41.6 万件，占总量的 79.1%，同比增长 41.9%；国外申请 11.0 万件，占总量的 20.9%，同比增长 12.2%。

3. 职务发明逐年增长，企业的创新主体地位不断强化

2006～2011 年，国内发明专利申请受理量中职务发明逐年增长，且在国内发明专利申请中的比重年均达 73.1%。其中，2006 年 8.1 万件，占国内发明专利申请总量的 66.6%；2007 年增至 10.8 万件，占比 70.3%；2008 年和 2009 年继续增长，分别达 14.0 万件和 17.2 万件，分别占比 72.2%和 75.2%；2010 年突破 20 万件，2011 年突破 30 万件，分别达 22.4 万件和 32.4 万件，占比达 76.3%和 77.9%。

而在国内职务发明专利申请受理量中，企业发明专利申请的比重平均达到近 70%，表明企业知识产权创造主体地位不断加强（表 4-3）。尤其是 2011 年，我国国内职务发明专利申请量达 23.2 万件，占国内发明专利总量的 71.6%，比上年的 15.5 万件增长 49.7%，增速较上年提升近 20 个百分点。目前，我国企业发明专利申请已经形成基数大、增速快、带动力强的良好发展态势，并不断推动我国发明专利申请量再创新高。

表 4-3　2006～2011 年我国国内发明专利职务申请分布情况

单位：万件

年 份	职务申请	企业职务申请	大专院校职务申请	科研单位职务申请	机关团体职务申请量
2006	8.1	5.6	1.7	0.7	0.09
2007	10.8	7.4	2.3	1.0	0.1
2008	14.0	9.6	3.1	1.2	0.2
2009	17.2	11.8	3.8	1.4	0.2
2010	22.4	15.5	4.8	1.8	0.3
2011	32.4	23.2	6.3	2.5	0.4

4. 国内发明专利授权所占比重持续攀升

截至 2011 年底，我国国内发明专利累计授权量达 44.8 万件，超过国外来华发明专利累计 44.5 万件的授权量。我国国内发明专利授权量逐年增长，在 2009 年之前，国外来华发明专利授权量始终高于国内；2009 年，我国国内发明专利授权量达 6.5 万件，首超国外来华发明专利授权的 6.3 万件。

同时，我国国内发明专利授权所占比重持续攀升。2006 年，国内发明专利授权所占比重为 43.4%，2007 年占比 47.0%，2008 年为 49.7%，2009 年为 50.9%，2010 年为 59.0%；2011 年又比上年提高了 6.3 个百分点，达到 65.3%。

表 4-4　2006～2011 年我国发明专利授权分布情况

单位：万件

年 份	国内发明专利授权量	国外发明专利授权量	合　计
2006	2.5	3.3	5.8
2007	3.2	3.6	6.8
2008	4.7	4.7	9.4
2009	6.5	6.3	12.8
2010	8.0	5.5	13.5
2011	11.2	6.0	17.2

5. 江苏、广东、北京和上海是国内发明专利申请与授权的主要区域

全国 31 个省市及中国香港、中国台湾和中国澳门均向国家知识产权局提交了发明专利申请，其中，江苏、广东、北京和上海是我国国内发明专利申请与授权的主要区域。2006～2011 年，江苏发明专利

申请受理量达 21.6 万件，占比 15.3%，位居第一；其次为广东，20.1 万件，占比 14.3%；北京和上海分居第三、四位，分别为 16.9 万件和 12.5 万件，各占比 12.0%和 8.9%（表 4-5）。

同时，从发明专利授权情况看，广东、北京、上海和江苏分列前四位，发明专利授权量分别为 5.7 万件、5.1 万件、3.2 万件和 3.1 万件。

表 4-5　2006～2011 年我国国内发明专利申请及受理量位居前列的省份

单位：万件

省　份	2006 年	2007 年	2008 年	2009 年	2010 年	2011 年
江　苏	1.0	1.7	2.3	3.2	5.0	8.5
广　东	2.1	2.7	2.8	3.2	4.1	5.2
北　京	1.4	1.9	2.8	2.9	3.3	4.5
上　海	1.2	1.5	1.8	2.2	2.6	3.2
山　东	0.7	0.9	1.4	1.4	1.7	2.6
浙　江	0.8	1.0	1.2	1.6	1.8	2.5

第二节　美国知识产权调查

一、美国 337 调查情况及特点分析㊀

1．美国 337 调查总体呈上升之势

自 1972 年 4 月 4 日发起首例 337 调查开始至 2011 年底，美国共发起 337 调查 825 起，涉案国家（地区）达 65 个。1972～1985 年，美国共发起 337 调查 239 起，没有中国企业涉案；1986～1995 年，美国共发起 337 调查 143 起，其中 3 起涉及中国；1996～2005 年，美国共发起 177 起，其中 43 起涉及中国。美国 337 调查在 1983 年达到顶峰 43 起之后开始逐年回落，1994 年仅有 6 起，但从 1995 年开始美国启动 337 调查的频率又开始回升，尤其是 2006～2010 年的 5 年间，美国发起的 337 调查多达 197 起，其中，2008 年达 41 起，2010 年超过 1983 年创下新峰值 56 起，2011 年再创新高，达 69 起（图 4-4）。

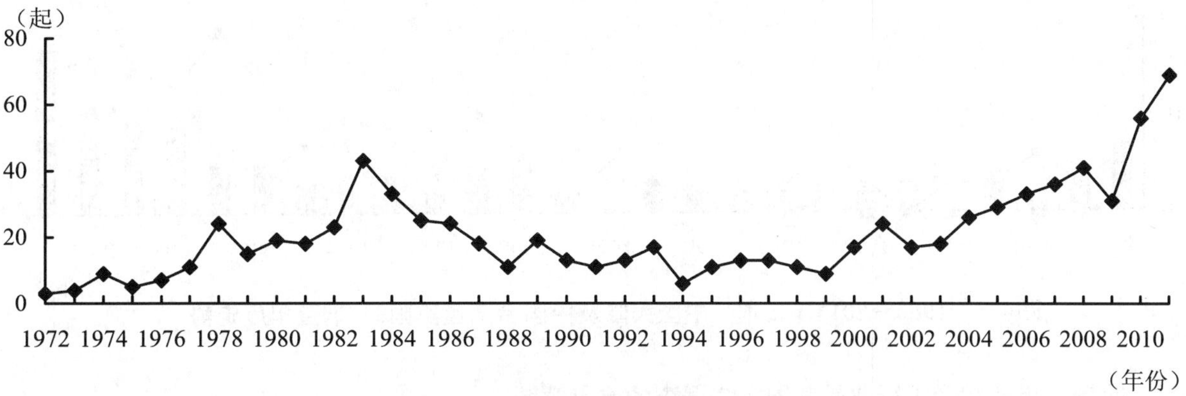

图4-4　1972～2011年美国337调查年度走势

2．中国、日本和中国台湾是美国 337 调查的主要对象

㊀ 文中数据全部来自中国贸易救济信息网。

在 1972～2011 年美国发起的 825 起[1] 337 调查中，涉及中国台湾的 201 起，占比 24.4%，居首位；其次为日本，177 起，占比 21.5%；中国位居第三，159 起，占比 19.3%。中、日两国及中国台湾合计占美国 337 调查总数的 65.1%。

美国 337 调查的历史表明，某个国家（地区）经济发展、技术进步越快并与美国贸易往来频繁的阶段，往往也是其遭受 337 调查比较频繁的阶段。20 世纪 70、80 年代的日本，90 年代的中国台湾以及近几年的中国大陆，都是在经济发展到一定水平开始大量向美国出售技术含量高的产品时，成为美国 337 调查的主要对象（图 4-5）。

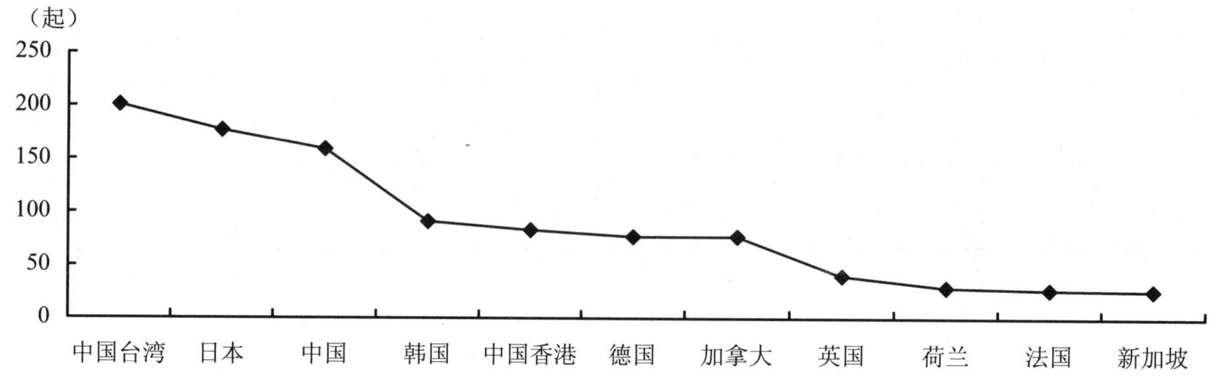

图4-5　1972～2011年位居美国337调查涉案前十位的国家（地区）情况

1972～1989 年，美国共发起 337 调查 311 起，其中，涉及日本的最多，为 78 起。1990 年之后，涉及日本的 337 调查开始减少，而涉及中国台湾的案例逐年增多。1990～1999 年，美国共发起 337 调查 117 起，其中，涉及中国台湾的最多，为 28 起。1986 年美国发起首例涉华 337 调查，但此后的 6 年间（1987～1992 年）并无涉华案件出现；而在 1995 年以后，涉华 337 调查呈逐年上升之势。2000～2010 年，美国共发起 337 调查 328 起，其中，涉及中国的最多，达 121 起；2011 年，美国发起 337 调查 69 起，其中涉华 27 起，仍居首位（图 4-6）。

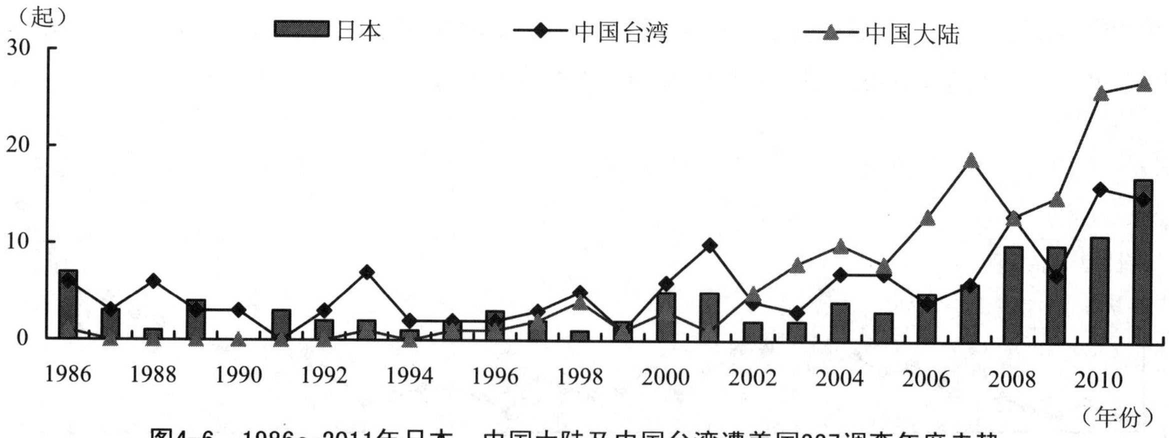

图4-6　1986～2011年日本、中国大陆及中国台湾遭美国337调查年度走势

3. 机械、电子和轻工行业是美国 337 调查的重点领域

1972～2011 年，在美国发起的 825 起 337 调查中，涉及电子行业产品的最多，为 330 起，占比 40%；机械行业位居第二，183 起，占比 22.2%；轻工行业为 180 起，占比 21.8%，位居第三（图 4-7）。

---

[1] 1 起案件可能涉及多个国家（地区），下同。

虽然从1972年美国发起首例337调查开始，机械、电子和轻工产品就一直位居美国337调查的前三位，但在整个80年代，机械和轻工产品的涉案率一直遥遥领先于电子产品。1972～1990年，美国共发起337调查324起。其中，涉及机械产品的120起，占比37.0%，涉及轻工产品的103起，占比31.8%，二者合计占比高达68.8%；电子产品虽位居第三，却仅有37起，占比11.4%，远远落后于机械和轻工产品的涉案比例。之后，随着各国出口产品技术含量的不断提高，电子产品的涉案比例开始逐年增大。1991～1995年，在美国发起的58起337调查中，涉及电子产品的18起，机械产品14起，轻工产品13起；1996～2000年，电子产品涉案多达37起，远高于机械产品的4起和轻工产品的10起；2001～2005年，涉及电子产品的337调查达57起；2006～2008年的3年间，电子产品的涉案比例更是高达51.8%；2009年，涉及电子产品的22起，占比71.0%；2010年，涉及电子产品的49起，占比高达87.5%；2011年，涉及电子产品的337调查共53起，占比已高达76.8%（图4-8）。

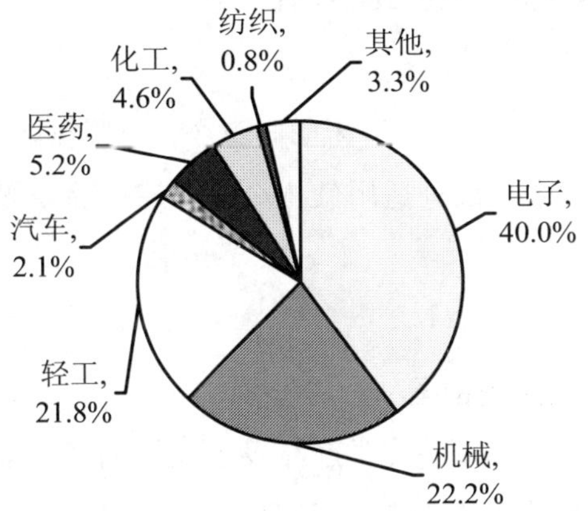

图4-7　1972～2011年美国337调查涉案产品行业分布情况

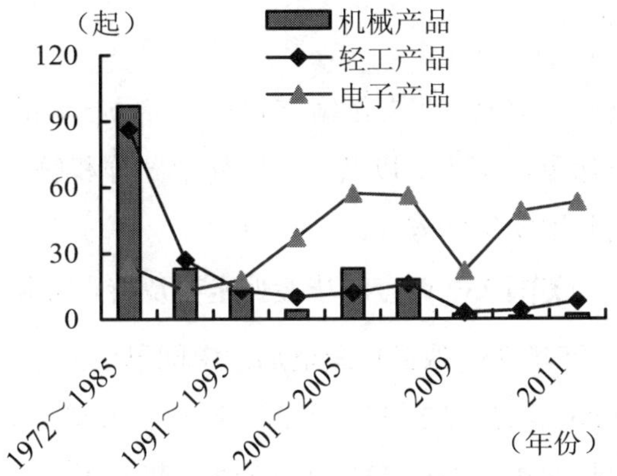

图4-8　1972～2011年美国337调查涉案产品行业年度走势

4．专利侵权为美国337调查的主要诉由

1972～2011年，在美国发起的337调查中，单独以专利侵权为由启动337调查程序的案件最多，达654起，约占美国337调查总数（825起）的79.3%，如果再加上共同以专利侵权及其他类型侵权发起的案件（58起）则多达712起，占比接近90%，专利侵权无疑是美国337调查的最主要申诉理由。此外，位居前列的申诉事由还包括：以共同侵犯商标权和违反美国《反不正当竞争法》发起的337调查达35起，占比4.2%；以共同侵犯专利权和违反美国《反不正当竞争法》发起的337调查达23起，占比2.8%；单独以商标侵权发起的21起，占比2.5%；以共同侵犯商标权、专利权以及违反美国《反不正当竞争法》发起的20起，占比2.4%；以共同侵犯专利权和商业秘密权发起的14起，占比1.7%。

此外，美国337调查案件的申诉理由与“337条款”的发展历史密切相关。1974年以前，337调查主要限于专利侵权案件；1974年以后，美国国际贸易委员会（ITC）可援引“337条款”调查反垄断问题且开始根据“337条款”进行反倾销和反补贴调查；1979年，美国对“337条款”进行了修改，规定ITC不应援引“337条款”对纯属反倾销和反补贴的案件进行调查；1988年，经修改，“337条款”不再涉及反垄断、反倾销和反补贴问题，而成为对专利、商标以及其他知识产权侵权行为进行制裁的法律依据。

5．和解是美国337调查最主要的结案方式

在美国发起的825起337调查案件中，已结案的768起[㊀]。其中，单独以和解方式结案的255起，

㊀ 结案数据更新至2011年5月31日，下文同。

占美国对全球337调查结案总数的33.2%，高居首位；其次为ITC裁决侵权不成立的132起，占比17.2%；申诉方撤诉的57起，占比7.4%，位居第三（图4-9）。

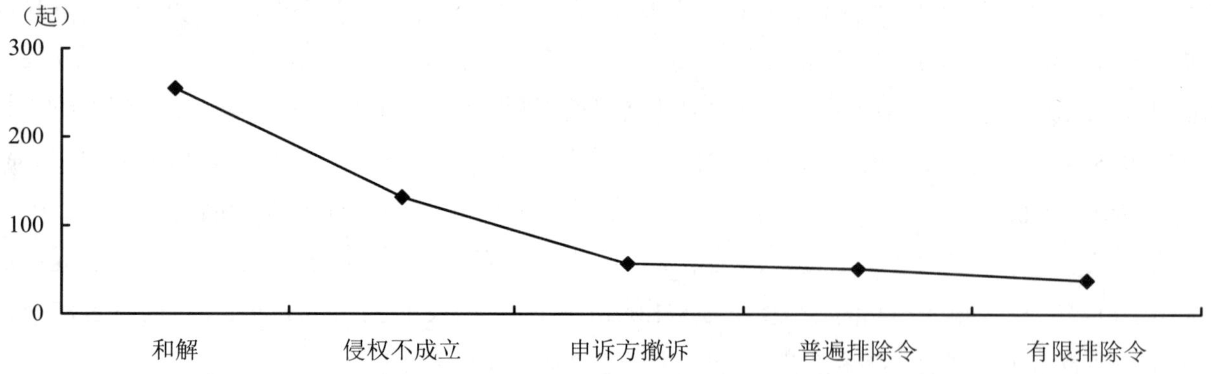

图4-9　1972～2011年美国对全球337调查结案方式前五位统计

当然，除上述主要结案方式外，在已结案的768起337调查中还适用了诸如同意令、有限排除令、普遍排除令、禁止令以及同一案件中部分和解、部分发布同意令、部分适用禁止令及普遍排除令等多种形式并用的结案方式。

二、**美国337调查涉华案件走势及特点分析**[一]

1．涉华337调查持续增加，中国已成为美国337调查的最大受害国

1986年12月29日，美国对原产于中国、韩国和希腊的皮大衣及毛皮类产品发起337调查，这是美国发起的首起涉华337调查案件。截至2011年底，美国发起的涉华337调查案件共计159起，占美国1986年之后337调查总数（586起）的27.1%。其中，1986～1995年，美国发起337调查143起，涉华案件3起，占比仅2.1%；1996～2005年，美国共发起337调查177起，其中涉华43起，占比24.3%；2006～2010年，美国发起337调查197起，其中涉华86起，占比43.7%；2011年，美国共发起337调查69起，其中涉华27起，占比39.1%（图4-10）。

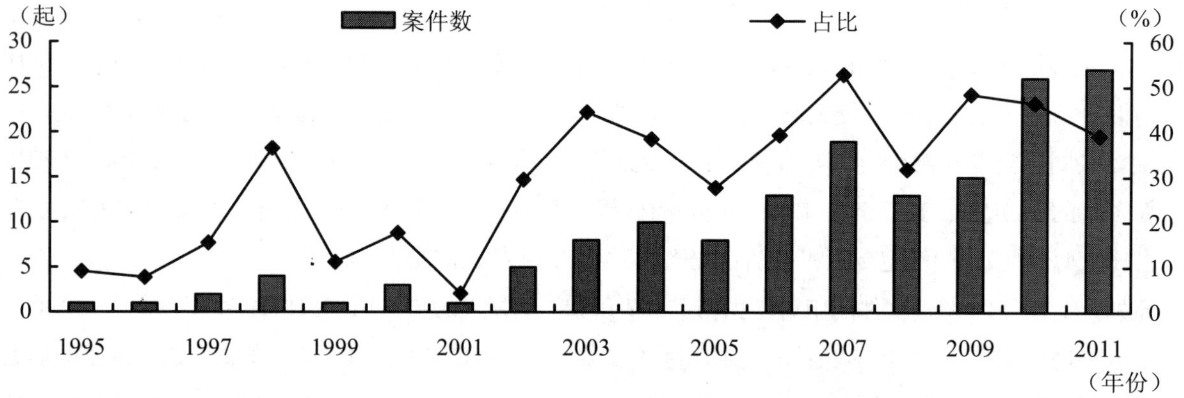

图4-10　1995～2011年美国对华337调查数及占比情况

自1995年起，美国发起的337调查历年均有案件涉及中国产品，且呈不断增长态势，尤其是在我国入世后，美国337调查涉华案件增长迅速。2002年，美国337调查立案17起，其中涉华5起，占美国337调查总数的29.4%；2003年，美国337调查立案18起，涉华8起，占比44.4%，比2002年增

[一] 文中数据全部来自中国贸易救济信息网。

长了 60%；2004～2011 年，美国 337 调查涉华案件的同比增幅分别为：25%、-20%、62.5%、46.2%、-27.8%、15.4%、73.3%和 3.8%。

2．中国企业涉案产品结构不断升级，电子产品涉案最多

1998 年以前，美国 337 调查涉及的中国产品主要是轻工产品；1998 年之后，被调查产品开始涉及电子、轻工、机械、化工、汽车、冶金、建材、医药等多个领域，且结构不断升级，计算机软件、半导体集成电路等产品成为美国涉华 337 调查的主打产品。这表明，随着我国制造业生产技术水平的不断提高和出口产品技术含量的不断增加，国外企业限制中国产品进入的手段也随之转向了高端。

1986～2011 年，在美国发起的 159 起涉华 337 调查中，涉及电子产品的案件最多，达 86 起，占同期美国涉华 337 调查总数的 54.1%；其次为轻工产品，33 起，占比 20.8%；机械产品位居第三，17 起，占比 10.7%（图 4-11）。

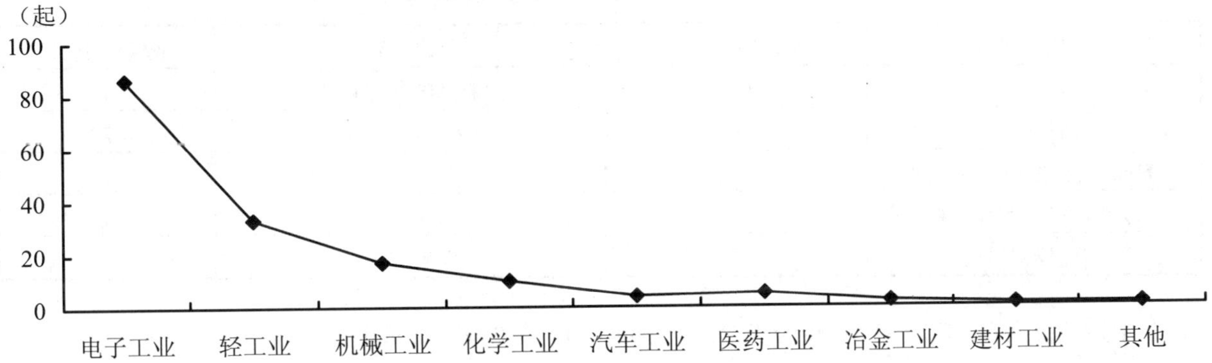

图4-11　1986～2011年美国对华337调查涉案行业统计

3．近四成涉华案件未将中国企业列为被告

1986～2011 年，在美国发起的 159 起涉华 337 调查中，有 58 起未将中国出口企业列为被告，但将中国作为原产地调查国，这意味着中国生产企业由于被动地不能参与案件的审理，更易丢失市场，损失也更大。

4．广东、浙江等省份仍是美国 337 调查涉华案件的多发地

1986～2011 年，在美国将中国出口企业列为被告的 101 起涉华案件（截至 2011 年底，美国共发起涉华 337 调查 159 起，其中 58 起未将中国出口企业列为被告）中，共涉及来自中国 17 个省份㊀的 200 多家出口企业。截至 2011 年底，涉及广东的 337 调查高达 38 起，占比 37.6%，涉案企业 70 多家；浙江位居第二，26 起，占比 25.7%，涉案企业近 40 家。此外，涉案较多的省份还包括：上海（24 起，占比 23.8%）；江苏（19 起，占比 18.8%）以及北京（12 起，占比 11.9%）（图 4-12）。

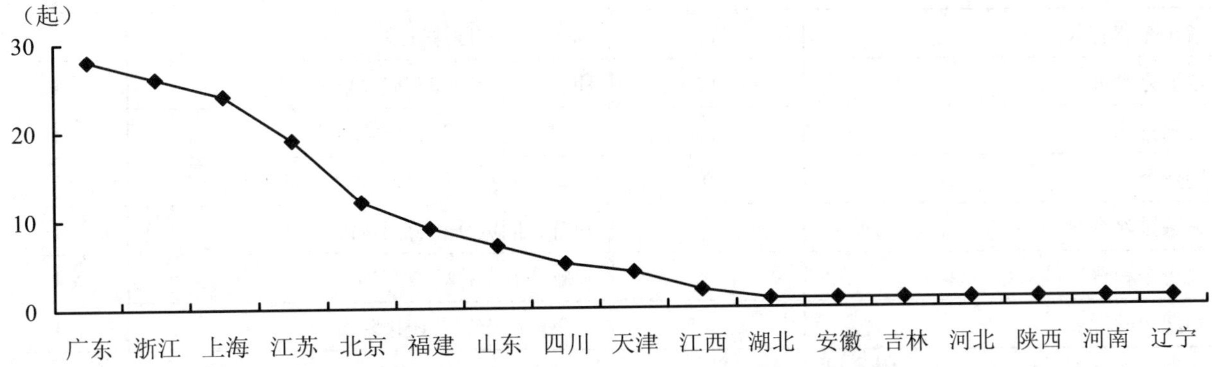

图4-12　1986～2011年我国遭遇337调查企业按省份分布情况

㊀ 1 起案件的涉案企业可能来自多个不同的省份，下同。

5. 中国企业因专利侵权被诉的案件最多

截至 2011 年底，在美国启动的 159 起涉华 337 调查案件中，均为涉及知识产权侵权问题。其中，单独以专利侵权为由启动 337 调查程序的案件多达 138 起，占同期美国 337 调查涉华案件总数的 86.8%；单独以商标侵权为由启动的 8 起，占比 5.0%；以共同侵犯商标权和其他知识产权（商品装潢、商标淡化、仿冒、虚假来源、商业外观等）为由启动的 3 起，占比 1.9%；共同侵犯专利权、商标权和著作权的以及共同侵犯专利和著作权的，均为 2 起，各占比 1.3%。此外，单独以侵犯商业秘密、商品装潢，虚假广告，共同侵犯专利权和商标权，以及共同侵犯专利权和商品装潢为由启动的 337 调查分别为 1 起（表 4-6）。

表 4-6　1986～2011 年美国 337 调查涉华案件立案理由

项　目	数量（起）	项　目	数量（起）
专利侵权	138	商品装潢侵权	1
商标侵权	8	专利+著作侵权	2
商标+其他知识产权侵权	3	专利+商品装潢侵权	1
专利+商标+著作侵权	2	专利+商标	1
商业秘密侵权	1	虚假广告	1

从上述数据来看，美国 337 调查涉华案件中涉及专利侵权的多达 144 起（包括单独以专利侵权为由发起的 138 起，以及共同以专利侵权为由发起的 6 起），占比 90.6%。

6. “和解”成为最主要的结案方式

在 1986～2011 年美国发起的 337 调查涉华案件中，已结案 138 起。其中，和解结案的最多，28 起，占比 20.3%；其次为美国国际贸易委员会裁定侵权不成立，24 起，占比 17.4%；同时适用禁止令和有限排除令的 13 起，占比 9.4%，位居第三。另外，美国对华 337 调查的结案方式还包括：申诉方撤诉，同时适用禁止令和普遍排除令，单独适用同意令，同时适用和解、同意令、禁止令和有限排除令，同时适用和解和同意令，单独适用普遍排除令等（表 4-7）。

表 4-7　1986～2011 年美国 337 调查涉华案件结案方式

结 案 方 式	数量（起）	结 案 方 式	数量（起）
和解	28	和解、申诉方撤诉和同意令	3
侵权不成立	24	和解和普遍排除令	2
禁止令和有限排除令	13	同意令和有限排除令	2
申诉方撤诉	12	和解、禁止令和有限排除令	1
有限排除令	10	和解、同意令和普遍排除令	1
同意令	9	和解、同意令、普遍排除令和禁止令	1
普遍排除令	7	和解、同意令和有限排除令	1
禁止令和普遍排除令	5	和解和有限排除令	1
和解和同意令	4	有限排除令和普遍排除令	1
和解、同意令、禁止令和有限排除令	3	同意令、禁止令、有限排除令和普遍排除令	1
和解和申诉方撤诉	3	侵权不成立和同意令	1
同意令和普遍排除令	3	禁止令、有限排除令和其他	1

表 4-8　中国企业遭遇 337 调查典型案件一览

案件号	立案时间	中国涉案企业	裁决结果
337-TA-260	1986.12	中国土产畜产进出口总公司	被判侵权并签发普遍排除令
337-TA-372	1995.3	北京三环新材料高科技公司和宁波科宁达工业有限公司	被判侵权，禁止向美国出口
337-TA-398	1997.5	中国轻工业品进出口有限公司	申诉方撤诉
337-TA-403	1997.11	杭州三和食品有限公司和杭州三和食品添加剂有限公司	认定侵权行为不成立
337-TA-478	2002.8	乐清华美利电子公司、佳美电器工程公司以及万盛电器有限公司	申诉方撤诉
337-TA-486	2003.2	北汽福田汽车股份有限公司等	被判侵权，签发有限排除令
337-TA-493	2003.6	四川长虹电子集团有限公司和福建南孚电池公司等	判定申诉方专利无效，被诉企业不构成侵权
337-TA-506	2004.4	江苏新科电子集团有限公司等	签发禁止令
337-TA-522	2004.8	宁波贝发集团有限公司等 4 家中国企业	和解
337-TA-545	2005.8	圣象集团、四川升达、菲林格尔等	被判侵权，签发禁止令和普遍排除令
337-TA-551	2005.10	码捷（苏州）科技有限公司	被判侵权，签发禁止令和有限排除令
337-TA-565	2006.3	纳思达公司和珠海格力磁电有限公司等	签发有限排除令和普遍排除令
337-TA-571	2006.5	长春大成生化工程开发有限公司、长春大成生化发展有限公司、长春大合生物技术开发有限公司	认定侵权行为不成立
337-TA-575	2006.6	温州市恒星烟具有限公司、台州荣时打火机发展有限公司、温州泰利尔烟具制造有限公司	签发普遍排除令
337-TA-604	2007.5	北京富邦信业贸易有限公司、河北苏科瑞科技有限公司、常州市牛塘化工厂有限公司、广东省食品工业研究所等	应诉企业未侵权，对未应诉企业签发有限排除令
337-TA-640	2008.3	深圳超毅光电子有限公司、广州市鸿利光电子有限公司、佳光电子有限公司、深圳凯信光电有限公司	和解
337-TA-655	2008.9	天瑞集团有限公司和天瑞集团铸造有限公司	认定侵权行为不成立
337-TA-664	2008.12	金士顿科技（上海）有限公司、创见资讯（上海）股份有限公司、北京索爱普天移动通信有限公司、联想公司等	认定侵权行为不成立
337-TA-674	2009.4	厦门三安光电科技有限责任公司	和解、申诉方撤诉以及签发同意令
337-TA-699	2009.11	青岛奥昂特工贸有限公司	和解
337-TA-722	2010.6	中国星月集团、上海星月动力机械公司、上海星月美国公司、浙江星月车业有限公司、上海天顿实业有限公司	认定侵权、签发禁止令和有限排除令
337-TA-731	2010.7	中国纳思达公司、中国纳思达科技公司、中国纳思达管理公司、珠海 Seine 科技公司	同意令
337-TA-760	2011.3	中国海尔集团公司和 TCL 集团	和解
337-TA-766	2011.3	江苏豪森药业股份有限公司	和解
337-TA-800	2011.8	中国华为科技公司和中国中兴通讯股份有限公司	正在调查中
337-TA-816	2011.11	中国丹阳镇威汽配有限公司	正在调查中

三、美国“特别 301 条款”涉华情况[㊀]

“301 条款”是美国贸易法中有关对外国立法或行政上违反协定、损害美国利益的行为采取单边行动的立法授权条款。一般所说的“301 条款”有狭义和广义之分。其中，狭义的“301 条款”仅指“一般 301 条款”，即

㊀ 本节内容参考了韩立余：《美国对外贸易中的知识产权保护》，知识产权出版社，2006 年版。

美国《1974年贸易法》的第301条；广义的“301条款”是指美国《1988年综合贸易与竞争法》第1301～1310节的内容，不仅包括“一般301条款”，还包括“特别301条款”、“超级301条款”及其他内容（表4-9）。

表 4-9 美国“301 条款”具体内容释义

条 款	内 容	释 义
一般301条款	美国《1974年贸易法》第301条	针对美国在对外贸易中的总体性贸易障碍，为美国的对外贸易制裁设定了一个总体框架
特别301条款	美国《1984年贸易法》第182条，《1988年综合贸易与竞争法》第1303条	是对知识产权重点国家的确定的规定。根据“特别301条款”的要求，在国家贸易评估年度报告向国会提交后的30日内，美国贸易代表应该确定哪些是拒绝适当、有效保护知识产权的国家，以及这些国家中哪些是重点国家
超级301条款	美国《1974年贸易法》第310条，《1988年综合贸易与竞争法》第1302条	该条款名为“贸易自由化重点的确定”。该条款要求美国政府一揽子调查解决某个外国的整个对美出口产品方面的贸易壁垒问题
电信301条款（其他）	由美国《1988年电信贸易法》和《1988年综合贸易与竞争法》予以规定	针对电信贸易中市场障碍的规定。主要涉及外国电信贸易障碍的确定，与外国签订电信贸易协议，监督外国实施有关的电信贸易协议等

“特别301条款”的正式名称是“确定那些拒绝为知识产权提供足够保护的国家”。根据“特别301条款”的规定，每年在《国别贸易评估报告》提交后的30日内，美国贸易代表必须确定在专利、著作权、商标和计算机软件等知识产权保护和知识产权市场准入方面有问题的国家。而对其中问题特别严重的国家，还可以依据具体标准，将其确定为重点外国。一旦被确定为重点外国，美国贸易代表便会对其发起调查，并且通过磋商和贸易制裁等手段，迫使其改变在知识产权保护及市场准入方面存在问题的法律、政策和做法。如果在6～9个月的调查期内双方无法达成协议，美国将采取报复行动。同样，美国贸易代表可以按该条款的规定，根据调查和磋商结果随时决定将某个国家从重点外国名单中删除或者将其增加到重点外国名单中。

自20世纪90年代以来，中美两国关于知识产权的争端和摩擦就一直没有停止过。中美两国在政府层面曾有过3次激烈交锋，分别发生在1991年、1994年和1996年。这3个回合的争端都是围绕美国依据其“特别301条款”对中国提起调查并实施贸易制裁而展开，尽管这3次交锋都非常激烈，但最后均以双方签订协议而告终（表4-10）。

表 4-10 20 世纪 90 年代中美两国政府层面 3 次激烈交锋情况

年 份	缘 由	结 果
1991	1991年4月26日，美国贸易代表办公室发布“特别301报告”，中国被列入“重点外国”名单	中美两国经过数轮磋商，于1992年1月17日签订第一个有关知识产权保护的协议，即《中华人民共和国政府与美利坚合众国政府关于保护知识产权的谅解备忘录》；随后，美国取消了对中国的“重点外国”的确认
1994	1994年，美国“特别301报告”又将中国列入“重点外国”名单	1995年2月15～26日，双方经过谈判最终达成协议，此次协议采取换文的形式，并以《有效保护及实施知识产权的行动计划》作为附件；随后，美国取消了对中国的“重点外国”的确认，但宣布将中国列入“306条款”的监督之下
1996	1996年4月29日，美国以中国未认真执行1995年《中美关于保护知识产权的协议》为由，再次将中国列入“重点外国”名单	中美双方为避免贸易战，再次进行谈判；1996年6月17日，美国宣布，基于中国在执行1995年协议关键条文方面已经采取的措施和未来将采取的措施，将不实施拟议的制裁；另外，宣布取消对中国“重点外国”的确认，但将继续监督中国执行1995年协议

表 4-11　2002～2012 年度美国“特别 301 报告”确定的重点观察、观察以及“306 条款”监督名单

年 份	重点观察名单	观 察 名 单	“306 条款”监督名单
2002	阿根廷、巴西、哥伦比亚、多米尼加、埃及、欧盟、匈牙利、印度、印度尼西亚、以色列、黎巴嫩、菲律宾、俄罗斯、中国台湾、乌拉圭	亚美尼亚、阿塞拜疆、巴哈马、白俄罗斯、玻利维亚、加拿大、智利、哥斯达黎加、希腊、危地马拉、意大利、牙买加、哈萨克斯坦、韩国、科威特、拉脱维亚、立陶宛、马来西亚、新西兰、巴基斯坦、秘鲁、波兰、卡塔尔、罗马尼亚、沙特阿拉伯、捷克、塔吉克斯坦、泰国、土耳其、土库曼斯坦、乌兹别克斯坦、委内瑞拉、越南	中国、巴拉圭
2003	阿根廷、巴哈马群岛、巴西、欧盟、印度、印度尼西亚、黎巴嫩、菲律宾、波兰、俄罗斯、中国台湾	阿塞拜疆、白俄罗斯、玻利维亚、加拿大、智利、哥伦比亚、哥斯达黎加、克罗地亚、多米尼加、厄瓜多尔、埃及、危地马拉、匈牙利、以色列、意大利、牙买加、哈萨克斯坦、韩国、科威特、拉脱维亚、立陶宛、马来西亚、墨西哥、巴基斯坦、秘鲁、罗马尼亚、沙特阿拉伯、捷克、塔吉克斯坦、泰国、土耳其、土库曼斯坦、乌拉圭、乌兹别克斯坦、委内瑞拉、越南	中国、巴拉圭
2004	阿根廷、巴哈马、巴西、埃及、欧盟、印度、印度尼西亚、韩国、科威特、黎巴嫩、巴基斯坦、菲律宾、俄罗斯、中国台湾、土耳其	阿塞拜疆、白俄罗斯、洪都拉斯、玻利维亚、保加利亚、加拿大、智利、哥伦比亚、哥斯达黎加、克罗地亚、多米尼加、厄瓜多尔、危地马拉、匈牙利、以色列、意大利、牙买加、哈萨克斯坦、拉脱维亚、立陶宛、马来西亚、墨西哥、秘鲁、波兰、罗马尼亚、沙特阿拉伯、捷克、塔吉克斯坦、泰国、土库曼斯坦、乌拉圭、乌兹别克斯坦、越南	中　国
2005	阿根廷、巴西、埃及、印度、印度尼西亚、以色列、科威特、黎巴嫩、巴基斯坦、菲律宾、土耳其、俄罗斯、委内瑞拉	阿塞拜疆、巴哈马群岛、白俄罗斯、洪都拉斯、玻利维亚、保加利亚、加拿大、智利、哥伦比亚、哥斯达黎加、多米尼加、厄瓜多尔、欧盟、危地马拉、匈牙利、意大利、牙买加、哈萨克斯坦、韩国、拉脱维亚、立陶宛、马来西亚、沙特阿拉伯、捷克、中国台湾、塔吉克斯坦、泰国、土库曼斯坦、乌拉圭、乌兹别克斯坦、越南	中　国
2006	中国、俄罗斯、阿根廷、洪都拉斯、巴西、埃及、印度、印度尼西亚、以色列、黎巴嫩、土耳其、乌克兰、委内瑞拉	巴哈马群岛、白俄罗斯、玻利维亚、保加利亚、加拿大、智利、哥伦比亚、哥斯达黎加、克罗地亚、多米尼加、厄瓜多尔、欧盟、危地马拉、匈牙利、意大利、牙买加、科威特、拉脱维亚、立陶宛、马来西亚、墨西哥、巴基斯坦、秘鲁、菲律宾、波兰、韩国、罗马尼亚、沙特阿拉伯、中国台湾、塔吉克斯坦、泰国、土库曼斯坦、乌兹别克斯坦、越南	巴拉圭
2007	中国、俄罗斯、阿根廷、智利、埃及、印度、以色列、黎巴嫩、泰国、土耳其、乌克兰、委内瑞拉	白俄罗斯、洪都拉斯、玻利维亚、巴西、加拿大、厄瓜多尔、匈牙利、印度尼西亚、意大利、牙买加、科威特、立陶宛、马来西亚、墨西哥、巴基斯坦、菲律宾、波兰、罗马尼亚、沙特阿拉伯、中国台湾、塔吉克斯坦、土库曼斯坦、乌兹别克斯坦、越南、哥伦比亚、哥斯达黎加、多米尼加、危地马拉、秘鲁、韩国	巴拉圭
2008	中国、俄罗斯、阿根廷、智利、印度、以色列、巴基斯坦、泰国、委内瑞拉	阿尔及利亚、白俄罗斯、玻利维亚、巴西、加拿大、捷克、厄瓜多尔、埃及、希腊、匈牙利、印度尼西亚、意大利、牙买加、科威特、黎巴嫩、马来西亚、墨西哥、挪威、菲律宾、波兰、罗马尼亚、沙特阿拉伯、西班牙、中国台湾、塔吉克斯坦、土耳其、土库曼斯坦、乌克兰、乌兹别克斯坦、越南、哥伦比亚、多米尼加、危地马拉、秘鲁、哥斯达黎加、韩国	巴拉圭

（续）

年 份	重点观察名单	观 察 名 单	“306 条款”监督名单
2009	中国、俄罗斯、阿根廷、阿尔及利亚、加拿大、智利、印度、印度尼西亚、以色列、巴基斯坦、泰国、委内瑞拉	白俄罗斯、玻利维亚、巴西、文莱、哥伦比亚、哥斯达黎加、捷克、多米尼加、厄瓜多尔、埃及、芬兰、希腊、危地马拉、匈牙利、意大利、牙买加、科威特、黎巴嫩、马来西亚、墨西哥、挪威、秘鲁、菲律宾、波兰、罗马尼亚、沙特阿拉伯、西班牙、塔吉克斯坦、土耳其、土库曼斯坦、乌克兰、乌兹别克斯坦、越南	巴拉圭
2010	中国、俄罗斯、阿尔及利亚、阿根廷、加拿大、智利、印度、印度尼西亚、巴基斯坦、泰国、委内瑞拉	白俄罗斯、玻利维亚、巴西、文莱、哥伦比亚、哥斯达黎加、多米尼加、厄瓜多尔、埃及、芬兰、希腊、危地马拉、意大利、牙买加、科威特、黎巴嫩、马来西亚、墨西哥、挪威、秘鲁、菲律宾、罗马尼亚、西班牙、塔吉克斯坦、土耳其、土库曼斯坦、乌克兰、乌兹别克斯坦、越南	巴拉圭
2011	中国、俄罗斯、阿尔及利亚、阿根廷、加拿大、智利、印度、印度尼西亚、以色列、巴基斯坦、泰国、委内瑞拉	白俄罗斯、玻利维亚、巴西、文莱、哥伦比亚、哥斯达黎加、多米尼加、厄瓜多尔、埃及、芬兰、希腊、危地马拉、意大利、牙买加、科威特、马来西亚、墨西哥、挪威、秘鲁、菲律宾、罗马尼亚、西班牙、塔吉克斯坦、土耳其、土库曼斯坦、乌克兰、乌兹别克斯坦、越南	巴拉圭
2012	阿尔及利亚、阿根廷、加拿大、中国、智利、印度、印度尼西亚、以色列、巴基斯坦、俄罗斯、泰国、乌克兰、委内瑞拉	白俄罗斯、玻利维亚、巴西、文莱、哥伦比亚、哥斯达黎加、多米尼加、厄瓜多尔、埃及、芬兰、希腊、危地马拉、意大利、牙买加、科威特、黎巴嫩、墨西哥、挪威、秘鲁、菲律宾、罗马尼亚、塔吉克斯坦、土耳其、土库曼斯坦、乌兹别克斯坦、越南	巴拉圭

资料来源：根据美国贸易代表办公室每年公布的“特别 301 报告”整理

第三节 主要贸易伙伴海关知识产权侵权商品扣押情况

一、美国海关知识产权侵权商品扣押情况㊀

美国海关和边境保护署（U.S. Customs and Border Protection，CBP，简称“美国海关”）隶属于美国国土安全部。除联邦海关法规之外，美国海关还协助执行 50 多个联邦机构负责的数百项法律和法规，如美国食品和药品管理局（FDA）、消费品安全委员会（CPSC）、美国联邦贸易委员会（FTC）、国际贸易委员会（ITC）、财政部外国资产控制办公室（OFAC）、商务部（DOC）、国务院和交通部（DOT）负责执行的相关法律法规。

而美国海关对知识产权的保护主要分两部分：①执行美国国际贸易委员会（ITC）根据美国《1930 年关税法》第 337 节（即“337 条款”）关于不正当竞争的规定而对进口到美国的侵权货物发布的排除令；②由美国海关根据《美国联邦法规汇编》（CFR）第 19 卷的有关规定对商标和著作权等实施的备案保护。近年来，美国海关逐步加大了保护知识产权的行政执法和处罚力度。2008 财年，美国海关扣押的侵犯知识产权类商品的国内价值（被扣押商品成本价+运费以及一定利润）及扣押案件总数均为历史之最。其中，扣押知识产权侵权商品的国内价值高达 2.73 亿美元，同比增长 38.6%；扣押案件总数 14992 起，同比增长 9.7%。

㊀ 文中数据全部根据美国海关官方统计数据整理。

2009 财年，美国海关扣押的知识产权侵权类商品的国内价值和扣押案件总数均下降；2010 财年和 2011 财年，美国海关扣押的知识产权侵权类商品的国内价值和扣押案件数一降一升。

1. 美国海关扣押侵权商品国内价值和案件数一降一升

2003～2011 财年，美国海关扣押侵权商品的国内价值总额达 15.8 亿美元。其中，2003 财年，美国海关扣押的侵犯知识产权商品的国内价值为 9401.9 万美元，2004 年同比增长 47.6%，达 1.39 亿美元；2005 年虽减至 9323.5 万美元，但 2006～2008 财年却一直呈增长态势，2008 财年甚至达到历史最高的 2.73 亿美元。但近两年，随着美国海关扣押的低价值侵权商品数量的大幅增长以及整船扣押情况的增多，其所扣押的侵权商品的国内价值呈下降之势。2009 财年，美国海关扣押侵权商品的国内价值同比下降了 4.4 个百分点；2010 财年同比降幅达 27%；2011 财年继续呈下降趋势，降幅为 5.2%（图 4-13）。

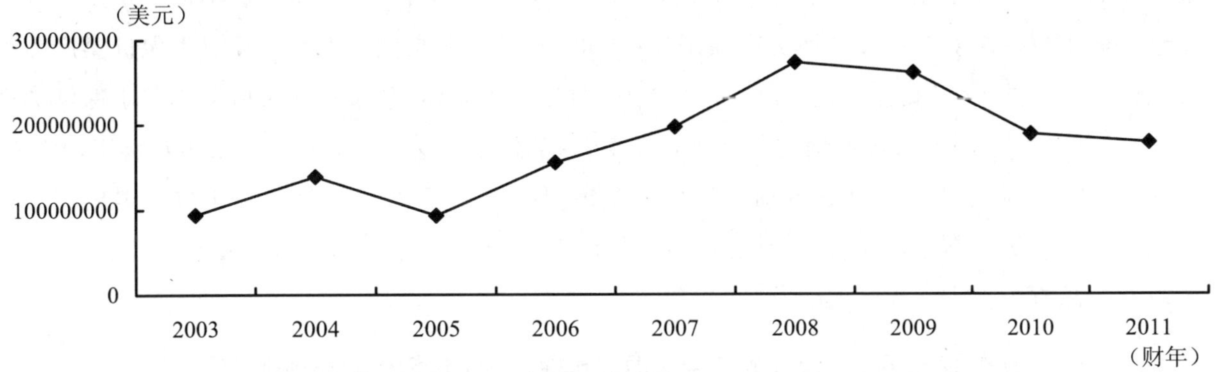

图4-13　2003～2011财年美国海关扣押知识产权侵权商品国内价值年度走势

2003～2011 财年，美国海关扣押侵权商品的案件累计达 124693 起。其中，2003 财年为 6500 起，2004 财年增至 7255 起；2006 财年首次突破万件，达 14675 起，2007 财年略微减少后，2008 财年又增至 14992 起，达历史峰值，2009 年略降 1 个百分点，为 14841 起；2010 财年同比增长 34%，达 19959 起；2011 财年同比增长 24.2%，达 24792 起（图 4-14）。

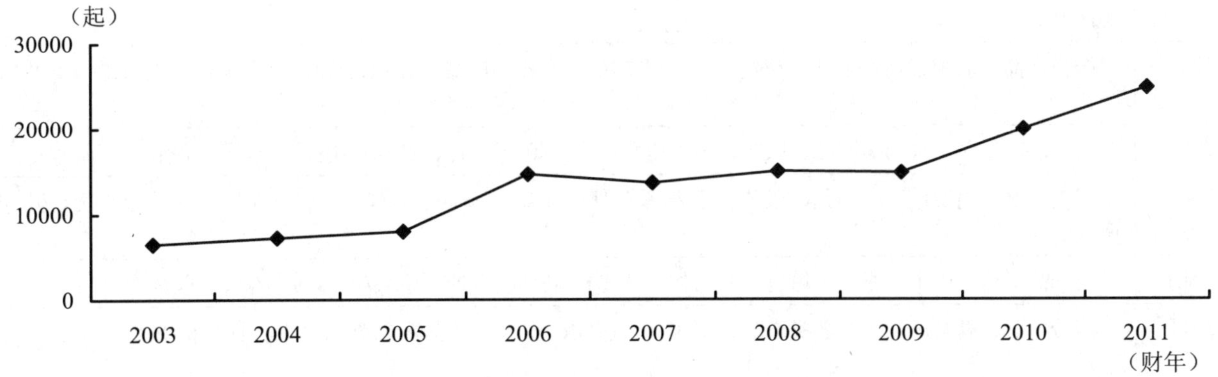

图4-14　2003～2011财年美国海关扣押知识产权侵权商品案件数年度走势

根据美国海关统计，近 10 年来，美国海关知识产权侵权商品的案件数量由 2001 财年的 3586 起增至 2010 财年的 19959 起，增幅高达 456.6%。2010 财年前 2 个月美国海关扣押的侵权商品案件已超过 2001 财年全年的扣押案件总数。

2. 消费电子产品首次位居美国海关扣押之首，鞋类产品国内总值仍为最高

2003～2011 财年，在美国海关扣押的侵权商品中，鞋类产品以总价值 4.3 亿美元居首位，占美

国海关扣押商品总价值的 27.2%，且 2006～2010 财年鞋类产品已连续五年位居美国海关扣押侵犯知识产权商品的首位。2006 财年，被扣押鞋类产品的国内价值达 6344.6 万美元；2007 财年增至 7778.1 万美元；2008 财年继续增长并首次破亿，达 1.02 亿美元；2009～2011 财年连续 3 年下降，但仍分别达 9977.9 万美元、4575.0 万美元和 2525.3 万美元，继续位居前列。

美国海关扣押较多的其他侵权商品还包括：服装类产品，2.13 亿美元，占比 13.5%；消费电子，1.72 亿美元，占比 10.9%。2011 财年，美国海关扣押的消费电子产品的国内价值达 3899.3 万美元，比 2010 年的 3358.8 万美元增长 16.1%，首次超过鞋类产品位居榜首。同时，香烟、医药类产品、计算机/硬件、多媒体以及手表/零部件等也是美国海关扣押的重点商品。

2003 财年，位居美国海关扣押侵权商品前十位的分别是：香烟、服装、箱包、多媒体、消费类电子、手表/零部件、鞋类、玩具/电子游戏、太阳镜/零部件以及头饰类；2004 财年，太阳镜/零部件和头饰类产品退出了前十位，电池及计算机/硬件列入前十位；2005 财年，香水及医药类产品进入前十位，而多媒体及电池类产品退出；2006 财年，多媒体、头饰以及卫生保健类产品代替香烟、玩具/电子游戏及香水列入前十位；2007 财年，太阳镜/零部件进入前十，卫生保健类产品退出；2008 财年，香水和香烟进入前十，手表/零部件及头饰类产品退出；2009 财年，手表/零部件、珠宝、玩具/电子游戏进入前十，而太阳镜/零部件、香水、香烟从前十位中退出；2010 财年，香烟再次进入前十，玩具/电子游戏类产品退出；2011 财年，箱包首次退出前十，玩具/电子游戏类产品进入前十（表 4-12）。

表 4-12　2003～2011 财年美国海关扣押的前十位侵权商品类别情况

财 年	前十位侵权商品（依次排列）
2003	香烟、服装、箱包、多媒体、消费电子、手表/零部件、鞋类产品、玩具/电子游戏、太阳镜/零部件、头饰
2004	服装、香烟、箱包、消费电子、多媒体、玩具/电子游戏、手表/零部件、电池、鞋类产品、计算机/硬件
2005	服装、箱包、香烟、鞋类产品、消费电子、玩具/电子游戏、计算机/硬件、手表/零部件、香水、医药类产品
2006	鞋类产品、服装、箱包、计算机/硬件、消费电子、多媒体、头饰、卫生保健类产品、手表/零部件、医药类产品
2007	鞋类产品、服装、消费电子、箱包、手表/零部件、医药类产品、计算机/硬件、多媒体、太阳镜/零部件、头饰
2008	鞋类产品、箱包、医药类产品、服装、消费电子、太阳镜/零部件、计算机/硬件、香水、香烟、多媒体
2009	鞋类产品、消费电子、箱包、服装、手表/零部件、计算机/硬件、多媒体、医药类产品、珠宝、玩具/电子游戏
2010	鞋类产品、消费电子、服装、箱包、多媒体、计算机/硬件、香烟、手表/零部件、珠宝、医药类产品
2011	消费电子、鞋类产品、医药类产品、多媒体、服装、香水、手表/零部件、香烟、计算机/硬件、玩具/电子游戏

3. 中国始终位居美国海关扣押侵权商品的首位

从美国海关每年扣押知识产权侵权商品年度情况看，位居前十位的国家（地区）的位次始终在变，但只有中国例外——始终居首位。2003～2011 财年，美国海关扣押中国侵权商品的国内价值总计达 11.6 亿美元，占美国同期扣押商品总价值的 73.4%，高居首位。其中，2003 财年，美国海关共扣押中国侵权商品 6246.8 万美元，2004 财年增至 8727.4 万美元；2005 财年略微下降后，2006 财年首次破亿，达 1.26 亿美元；2008 财年，扣押侵权商品价值同比增长 40.2%，达历史峰值 2.22

亿美元；2009 财年有所下降，为 2.05 亿美元；2010 财年和 2011 财年，分别降至 1.25 亿美元和 1.10 亿美元，但仍居首位（图 4-15）。

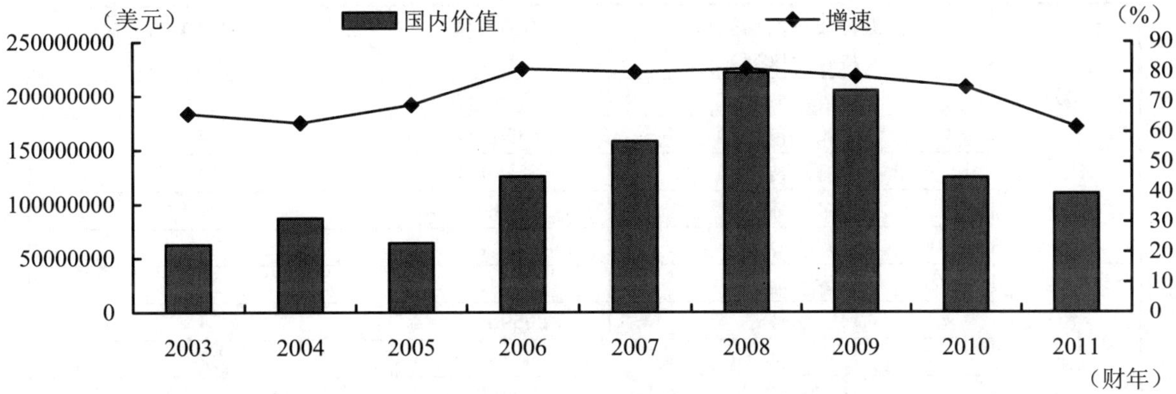

图4-15　2003～2011财年美国海关扣押中国侵权商品国内价值及增速情况

另外，中国香港、印度、中国台湾、巴基斯坦以及韩国也是美国海关扣押知识产权侵权商品的主要来源地。尤其是中国香港，2003～2011 财年被扣押的侵权商品价值总计达 1.42 亿美元，仅次于中国大陆（表 4-13）。

表 4-13　2003～2011 财年美国海关扣押侵权商品的前十位来源地情况

财　年	前十位侵权国别（地区）（依次排列）
2003	中国、中国香港、韩国、巴基斯坦、墨西哥、马来西亚、菲律宾、加拿大、瑞士、泰国
2004	中国、俄罗斯、中国香港、南非、越南、韩国、菲律宾、科威特、墨西哥、荷兰
2005	中国、中国香港、沙特阿拉伯、印度、巴基斯坦、韩国、俄罗斯、意大利、中国台湾、越南
2006	中国、中国香港、中国台湾、巴基斯坦、韩国、新加坡、马来西亚、印度尼西亚、印度、墨西哥
2007	中国、中国香港、中国台湾、巴基斯坦、英国、埃及、韩国、印度、加拿大、哥伦比亚
2008	中国、印度、中国香港、中国台湾、韩国、多米尼加、巴基斯坦、越南、沙特阿拉伯、印度尼西亚
2009	中国、中国香港、印度、中国台湾、韩国、巴拉圭、菲律宾、瑞士、巴基斯坦、越南
2010	中国、中国香港、约旦、印度、马来西亚、中国台湾、韩国、越南、加拿大、阿拉伯
2011	中国、中国香港、印度、巴基斯坦、中国台湾、瑞士、马来西亚、韩国、英国、墨西哥

4．中国鞋类产品仍是美国扣押的重点，消费电子产品 2011 财年登上榜首

中国鞋类产品一直是美国海关扣押的重点。虽然 2004 财年鞋类产品未被列入美国海关扣押中国侵权商品的前十位，但 2006～2010 财年，鞋类产品已连续 5 年位居美方扣押中国侵权商品的首位，且各年扣押侵权鞋类产品的国内价值分别高达 6100.9 万美元（占当年美方扣押中国侵权商品总价值的 49%，下同）、7639.7 万美元（占比 48%）、9826.1 万美元（占比 44%）、9796.7 万美元（占比 47.9%）和 4279.1 万美元（占比 34%）；2011 财年，美方扣押的鞋类产品的国内价值同比下降 48.4%，为 2207.5 万美元。2003～2010 财年，美国扣押中国侵权鞋类产品的国内价值总额高达 3.86 亿美元，远高于连续 8 年位居美方扣押中国侵权商品前十位的箱包（总计 1.19 亿美元）及服装（总计 1.20 亿美元）类产品（表 4-14）。

2011 财年，在美国扣押的中国侵权商品中，消费电子产品首次居首，所扣押商品的国内价值达 2346.3 万美元，同比增长 6.8%。

表 4-14　2003～2011 财年美国海关扣押中国侵权商品前五位产品类别国内价值及占比情况

财 年	前五位侵权商品类别（按顺序排列）	国内价值（美元）	在当年美方扣押中国侵权商品总值中占比（%）
2003	香　烟	33160962	53
	箱　包	8696099	14
	服　装	6545044	10
	多媒体	3078206	5
	鞋类产品	2839316	5
2004	香　烟	22054223	25
	服　装	20596743	24
	箱　包	19135618	22
	消费电子	8280914	9
	玩具/电子游戏	2942044	3
2005	箱　包	9797309	15
	香　烟	9540433	15
	鞋类产品	7936101	12
	服　装	7787241	12
	消费电子	6779947	11
2006	鞋类产品	61009037	49
	服　装	14215434	11
	箱　包	12526539	10
	计算机/硬件	10479715	8
	消费电子	5149151	4
2007	鞋类产品	76397039	48
	服　装	18332467	12
	箱　包	12228309	8
	手表/零部件	11600232	7
	医药产品	10653412	7
2008	鞋类产品	98260942	44
	箱　包	27438599	12
	服　装	20925649	9
	消费电子	12725786	6
	医药产品	10713250	5
2009	鞋类产品	97966684	48
	箱　包	19552496	10
	消费电子	18490022	9
	服　装	17855649	9
	计算机/硬件	8783669	4
2010	鞋类产品	42791023	34
	消费电子	21979054	18
	箱　包	14042799	11
	多媒体	5876688	5
	计算机/硬件	4207771	3
2011	消费电子	23462653	21
	鞋类产品	22074583	20
	服　装	10109407	9
	香　水	8364644	8
	医药产品	6917921	6

二、欧盟海关知识产权侵权商品扣押情况㊀

欧盟海关（European Commission Taxation and Customs Union）在欧盟对外贸易的知识产权保护中起着关键的作用。目前，欧盟成员国统一实施的与对外贸易有关的知识产权保护的法规主要是2003年7月22日颁布的《关于海关查处侵犯知识产权货物措施的条例》，其对原有的《关于针对进入共同体和自共同体出口及复出口的侵犯某些知识产权的货物的规定》（第3295/94号条例）进行了修订，扩大了海关在知识产权执法方面的权力和力度。根据该条例，欧盟海关保护的知识产权范围广泛，包括商标专用权、著作权、专利权、证书权、植物品种权、原产地标志和地理标志等。同时，欧盟海关知识产权保护主要以进口环节保护为主，兼顾出口环节的保护。2009年，欧盟海关接受要求扣押侵犯知识产权商品的申请同比增长15.0%；而欧盟海关2011年7月14日公布的最新数据显示，2010年，欧盟海关接受扣押侵犯知识产权商品的申请同比继续增长，涨幅达23.9%。

1．欧盟海关接受扣押申请、扣押商品以及执行案件的总体数量呈增长态势

2000～2011年，欧盟海关接受的扣押侵犯知识产权商品的申请数量增长了近20倍，总计达98217件。其中，2000年不足1000件，2001年达1287件；2004年达2888件；2005年同比增长91.3%，达5525件；2007年突破万件，达10260件；2008年再度猛增，达12866件；2009年同比增长15.0%，达14797件；2010年同比增长23.9%，达18330件；2011年同比增长12.2%，达20566件（图4-16）。

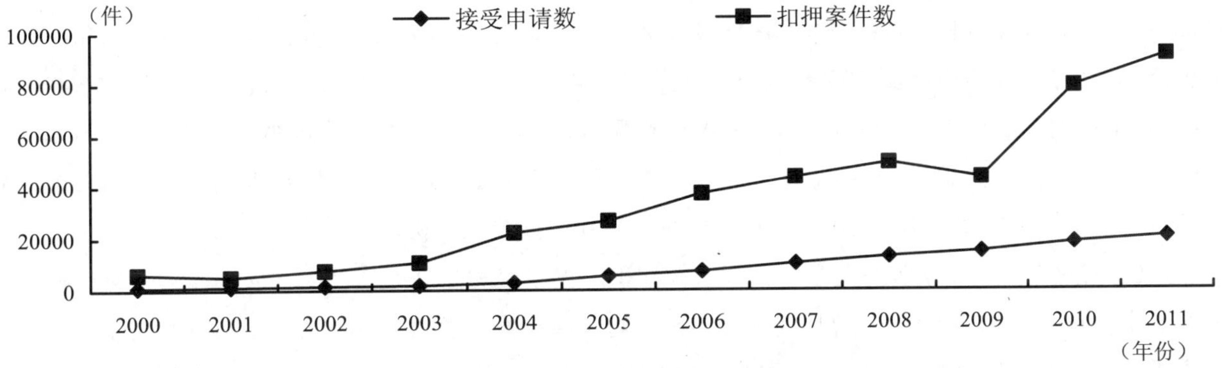

图4-16　2000～2011年欧盟海关接受的侵权商品扣押申请和案件年度走势

欧盟海关扣押知识产权侵权类商品案件数总体呈增长态势。虽然2001年比2000年有所下降，但2002年实现同比增长，且其后的数年也持续增长，2008年更是创下历史新高，达49381件，同比增长13.1%。2009年，受全球经济低迷的影响，扣押案件数同比下降11.8%，为43572件，但这暂时的下降并不影响扣押侵权案件数总体的增长态势；2010年，扣押案件数达79112件，同比大幅增长81.6%；2011年同比增长15.3%，达91254件。

就欧盟海关扣押侵犯知识产权商品的数量而言，虽然2000～2011年欧盟海关扣押的侵权商品数量增长不稳定，且分别于2002年、2005年、2007年、2009年和2010年出现不同程度的同比下降，但总体观之所扣押侵权商品数量仍持续高位徘徊。到2008年，欧盟海关扣押的侵权商品数量多达1.78亿件，同比猛增126%；2009年虽然同比下降34.1%，但仍保持在1.18亿件的高位；2010年略降12.4%，

㊀　文中数据全部根据欧盟海关统计数据整理。

至1.03亿件；2011年同比增长11.1%，达1.15亿件（图4-17）。根据欧盟海关的分析报告，2008年扣押侵权商品数量之所以出现惊人的增速，主要是由于CD、DVD、盒式磁带以及香烟类侵权商品扣押数量的迅速增长；而2009年也正是因为欧盟海关对侵权CD、DVD扣押量的急剧减少而致扣押商品的总量呈同比下降态势。

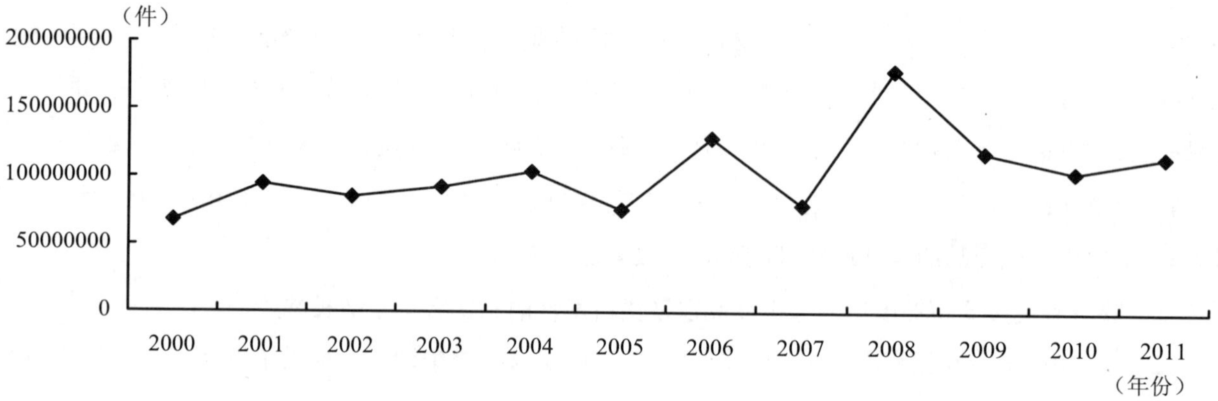

图4-17　2000～2011年欧盟海关扣押侵犯知识产权商品数量年度走势

2．鞋类产品及药品分列欧盟海关执行案件及扣押商品的首位

欧盟海关将其所扣押侵权商品主要分为：食品及饮料；化妆品及个人护理用品；服装（包括鞋类产品）；电子装置；电脑设备；CD、DVD 及盒装磁带；珠宝及手表；玩具及游戏；香烟；药品；以及其他产品。但需要说明的是，2000～2004 年药品类产品被归入其他产品，而未被单独列出；2000 年和 2001 年香烟类产品也被归入其他产品，未被单独列出。2009 年，欧盟海关对扣押商品作了重新分类，将鞋类产品单列，将电子和电脑设备归为一类，将珠宝及手表以及眼镜、钱包等包类产品归入个人配件类等等。故下文将对 2009～2011 年的扣押商品类别进行单独分析。

2000～2008 年，在欧盟海关参与执行扣押知识产权侵权类商品的案件中，涉及服装（包括鞋类产品）的案件总数达 125459 件，位居榜首，占欧盟海关执行案件总数（208972）的 60.0%；涉及珠宝及手表类产品的案件以总数 21645 件位居第二，占比 10.4%；CD、DVD 及盒装磁带类产品位列第三，共 17033 件，占比 8.2%（表 4-15）。

2009、2010 年，涉及服装及其配件类产品的案件数均居首位，分别达 13174 件和 22056 件，分别占同期欧盟海关执行案件总数的 30.2%和 27.9%。2011 年，涉及鞋类产品的案件数仍居榜首，达 30786 件，占比 33.7%，同比增长 66.0%。

2000～2008 年，虽然 2000 年和 2001 年香烟未被单独列出，但综合欧盟海关的统计显示，香烟仍位居欧盟海关扣押侵权类商品的首位，扣押的商品数合计达 2.82 亿件（其实为 2002～2008 年的总数）。另外，居前五位的还包括：CD、DVD 及盒装磁带，2.19 亿件；服装（包括鞋类产品），9122.2 万件；玩具及游戏，5386.1 万件；食品及饮料，2398.5 万件（表 4-15）。

2009 年，从欧盟海关扣押侵权商品的数量分析，香烟类产品居首，达 40985038 件，占欧盟海关当年扣押商品总数的 34.7%；2010 年，香烟类产品被欧盟海关扣押的商品数达 42820662 件，占比 41.4%，同比增长 4.5%；2011 年，药品位居欧盟海关扣押侵权商品之首，达 27460538 件，占比 23.9%，同比增长近 8 倍。

表 4-15 2000～2011 年欧盟海关扣押侵权商品前三位产品类别情况

年 份	产 品 类 别	扣押商品（件）	年 份	产 品 类 别	扣押商品（件）
2000	CD、DVD 及盒装磁带	8842075	2006	香 烟	73920446
	玩具及游戏	6819113		CD、DVD 及盒装磁带	15080161
	服装（包括鞋类产品）	4622181		服装（包括鞋类产品）	14361867
2001	CD、DVD 及盒装磁带	39737512	2007	服装（包括鞋类产品）	17783130
	服装（包括鞋类产品）	4782672		香烟	27161056
	食品及饮料	4106663		化妆品及个人护理用品	6103171
2002	香 烟	31360411	2008	CD、DVD 及盒装磁带	79170506
	CD、DVD 及盒装磁带	11975237		香 烟	41907847
	服装（包括鞋类产品）	9243074		服装（包括鞋类产品）	17742298
2003	香 烟	33244507	2009	香 烟	40985038
	CD、DVD 及盒装磁带	32616560		医疗产品	11464381
	玩具及游戏	12333868		服装及其配件	7955344
2004	香 烟	41588030	2010	香 烟	42820662
	CD、DVD 及盒装磁带	18523644		办公用文具	8705155
	玩具及游戏	18106924		服装及其配件	7778535
2005	香 烟	32641243	2011	药 品	27460538
	服装（包括鞋类产品）	10982915		包装材料	24343992
	CD、DVD 及盒装磁带	9703059		香 烟	20234352

3．商标侵权是欧盟海关扣押侵权商品的主要原因

从 2006 年开始，欧盟海关的年度扣押报告开始对某类侵权商品的具体侵权类型进行统计。当年，因侵犯商标权而被扣押的商品占全年扣押商品总数的 91.0%，为最多；2007 年这一比例升至 91.7%；2008 年虽有所下降，但因侵犯商标权而被扣押的商品占比仍为最高，达 54.9%；2009 年，欧盟海关扣押商品的 90.05%是因为商标侵权，而因侵犯专利权、著作权、设计和模型权、植物品种权以及其他知识产权的合计仅占 9.5%；2010 年商标侵权的比例仍为最高，达 87.71%；2011 年商标侵权的高达 97%。

当然，侵权类型与扣押商品的类别密不可分，如 2008 年，欧盟海关扣押侵权 CD、DVD 及盒装磁带类产品同比增长 136%，导致当年被扣押商品因专利侵权占比高达 42.5%，远高于 2007 年的 4.96%。一般而言，商标侵权存在于欧盟海关扣押的所有类别的产品中，存在专利侵权的主要产品类别为电子装置，而 CD/DVD 则是侵犯著作权的最主要的产品类别，香烟类产品更多的是因为侵犯设计及模型权而被扣押（表 4-16）。

表 4-16 2006～2011 年欧盟海关扣押侵权商品侵权类型占比情况

单位：%

侵权类型	2006 年	2007 年	2008 年	2009 年	2010 年	2011 年
商标权	91	91.7	54.9	90.05	87.71	97
专利权	1	4.96	42.5	4.99	0.44	0.73
著作权	7	1.89	1.25	3.57	1.49	1.12
设计和模型权	1	1.21	1.24	1.32	8.88	1.14
植物品种权	—	0.03	0.08	0.05	0.03	—
原产地标识	—	0.03	—	—	—	—
地理标识	—	0.03	—	—	1.45	—
其 他	—	0.14	0.01	0.02	—	—

4. 中国是欧盟扣押侵权商品的主要来源地，且位居扣押侵权商品榜首的产品类别日益增多

从欧盟海关公布的侵权商品扣押数据来看，2003 年之后，来自中国的进口商品（中国输欧，并非一定是中国制造，即不一定是“原产于”中国）一直位居欧盟海关扣押侵权商品的首位，且占比始终维持在 50%以上（图 4-18）。2011 年，中国仍是欧盟海关扣押侵权商品的最主要来源地，占比达 72.95%，远高于位居 2～4 位的中国香港（7.67%）、希腊（4.79%）和印度（3.29%）。2000～2002 年，泰国被扣侵权商品连续 3 年位居欧盟扣押侵权商品的首位，中国虽未居第一，但占比仍排在前列。2000 年，中国占比 8%，位居第四；2001 年，中国占比 18%，位居第二；2002 年，中国占比 15%，位居第二。

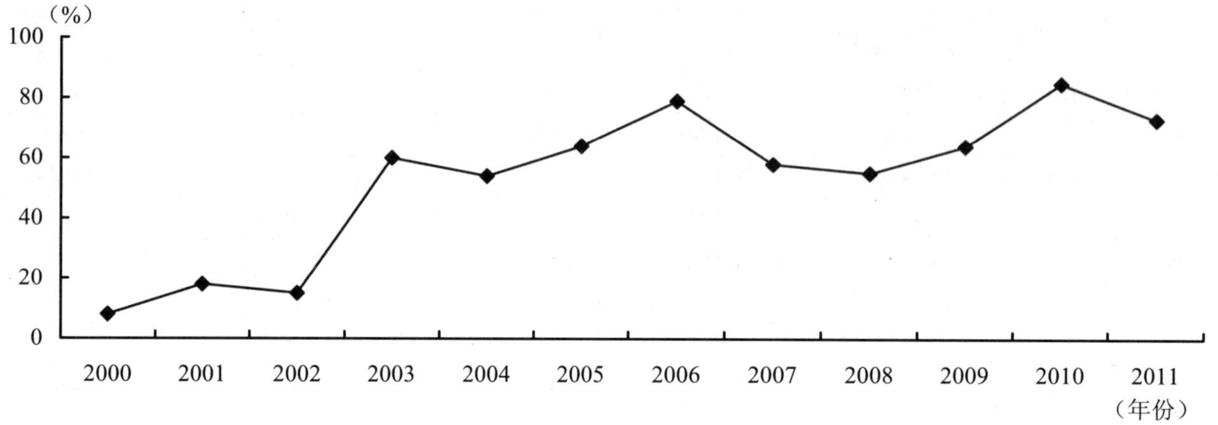

图4-18　2000～2011年欧盟海关扣押中国侵权商品年度占比情况

从历年欧盟海关扣押侵权商品具体产品类别的原产国分析，中国位居欧盟扣押侵权商品首位的产品类别日益增多。2000 年，在欧盟海关扣押的侵权商品中，中国仅是假冒玩具及游戏产品的主要来源国；2002 年，中国成为假冒玩具及游戏产品、香烟、电子装置以及其他类产品的主要来源国；2004 年，除玩具及游戏产品、香烟以及电子装置外，中国又成为假冒服装类产品的主要来源国；2005 年，在 2004 年的基础上，食品及饮料，化妆品及个人护理用品，CD、DVD 及盒装磁带，以及珠宝和手表类假冒商品的来源地也是中国；2008 年，中国更是成为假冒化妆品及个人护理用品，服装（包括鞋类产品），CD、DVD 及盒装磁带，珠宝和手表，玩具及游戏，香烟，电子装置，电脑设备以及其他类商品的主要来源地（表 4-17）。

表 4-17　2000～2008 年欧盟海关扣押中国侵权商品类别占比情况[㊀]

单位：%

类　别	2000 年	2001 年	2002 年	2003 年	2004 年	2005 年	2006 年	2007 年	2008 年
食品及饮料	10	17	20	6	—	72	1	37.35	1.72
化妆品及个人护理用品	—	—	8	—	11	27	37	15.86	54.83
服　装	7	14	9	15	59	47	63	—	—
运动服	7	15	1.1	8	51	29	43	55.62	62.65
其他服装	5	7	8	11	37	50	50	62.58	60.32
服装附属品（包、太阳镜）	12	27	24	21	68	57	81	57.16	88.34
鞋类产品	—	—	—	—	—	—	—	79.67	93.42

㊀ 因 2009 年和 2010 年欧盟海关对扣押商品的分类作了重大变更，无法与 2000～2008 年的扣押商品类别列于同一表格中，故仅在文中对此作出详细说明，表中不再列出。

（续）

类　　别	2000 年	2001 年	2002 年	2003 年	2004 年	2005 年	2006 年	2007 年	2008 年
电子装置	16	30	50	55	87	36	61	30.73	72.15
电脑设备	18	25	20	47	16	19	47	47.61	45.98
CD、DVD 及盒装磁带	—	5	6	8	32	51	88	75.07	67.99
珠宝及手表	5	10	17.4	16	54	72	72	52.21	84.19
玩具及游戏	23.5	42	65	37	97	82	85	41.59	89.61
香　烟	—	—	41	19	47	74	83	55.05	28.76
药　品	—	—	—	—	—	1%	20	3.88	0.96
其　他	19	47	36	40	59	70	82	71.14	62.78

2009 年，在欧盟海关扣押的 12 大类商品中，中国有 9 类位居扣押产品类别榜首，分别为：个人护理用品（占比 46.81%）、服装及其附件（72.48%）、鞋类产品（90.18%）、个人用品（74.38%）、移动电话（79.06%）、电子及电脑装置（81.01%）、CD/DVD/盒装磁带（34.58%）、香烟（68.30%）及其他产品（包括小器械、办公用品、打火机、纺织品、包装材料等）（92.34%）；玩具及游戏（31.77%）和医疗产品（22.60%）居第二；食品及饮料（占比 5.07%）位居第四。

2010 年，在欧盟海关扣押的侵权商品中，除食品（土耳其居首，占比 94.93%）、其他饮料（泰国居首，占比 98.05%）、存储卡（中国香港居首，占比 65.43%）以及药品（印度居首，占比 93.16%）外，其他产品类别均为中国居首。

2011 年，除食品、酒精饮料、其他饮料、手机、手机零部件及其他配件、计算机、已刻录的 CD/DVD 以及磁带等，欧盟海关扣押的中国侵权商品产品类别位居其余所有细分类别的首位，尤其是箱包类产品、未刻录的 CD/DVD 以及磁带、运动休闲类产品、器械和工具、办公用文具、打火机以及纺织品等被扣押侵权商品的占比均高达 90%以上，甚至接近 100%。

三、日本海关知识产权侵权类商品扣押情况㊀

日本在签订《与贸易有关的知识产权协定》（简称 TRIPS）后，对《海关关税法》进行了修订，使《海关关税法》的有关条款与 TRIPS 一致。修改后的条款于 1995 年 1 月 1 日起生效。修改的重点包括：建立“进口暂扣申请制度”、明确裁决程序、建立担保金制度等。其中，共规定了 6 种受海关保护的知识产权：专利权、实用新型权、设计权、商标权、著作权及与著作权有关的权利、集成电路布线权。凡是侵犯上述知识产权的货物均禁止进口。

在日本海关对于知识产权的保护措施中，各海关的通关检查员和执法检查官负责检查日常进口货物、个人携带进境物品及国际邮包是否有侵犯知识产权的行为。海关根据权利人提出的申请或提供的情报进行监管，将公开权利人的名字、权利内容及接受申请后暂扣的期限。通过公布这些内容，进口商可以了解到期进口货物是否侵犯了知识产权，从而防止侵权行为的再次发生。日本海关对暂扣货物按权利类型、货物种类及发运国分类，每 3 个月公布 1 次。日本《海关关税法》第 21 条第 2 款对侵权货物的处理作出了规定，授权地区海关关长有权没收、销毁侵权货物，或责令进口商将有关货物退运出境。

1. 日本海关扣押知识产权侵权类商品数量连续 5 年超过 2 万件

日本财务省发布的《日本海关扣押知识产权侵权商品报告》显示，2002～2011 年，日本海关共扣押知识产权侵权类商品 174073 件。其中，2002 年扣押的侵权商品仅为 6978 件，之后直线上

㊀ 文中数据全部根据日本财务省统计数据整理。

升，并于 2005 年首次突破 1 万件，达到 13467 件；进而在 2007 年突破 2 万件，增至 22661 件。2008 年，日本海关扣押的知识产权侵权类商品数量达到近 10 年的最高值，为 26415 件，2009 年有所下滑，但从 2010 年起继续缓慢增长。数据显示，2011 年，日本海关扣押的知识产权侵权类商品数量已达 23280 件，连续 5 年超过 2 万件，比 2010 年增加了 47 件，增幅为 0.2%，平均每天扣押侵权商品 60 件以上（图 4-19）。

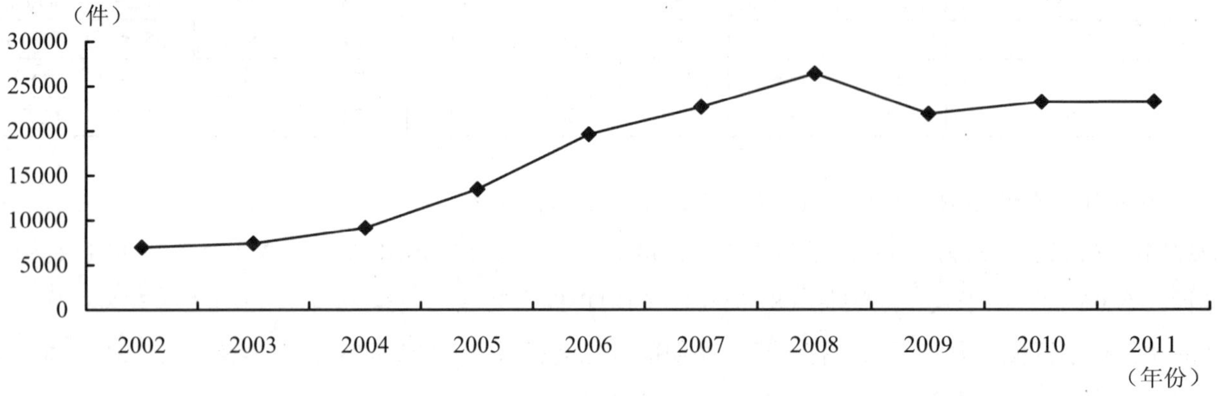

图4-19　2002～2011年日本海关扣押知识产权侵权类商品数量年度走势

从产品类别来看，2011 年，日本海关扣押侵犯商标权的服装、杂货类产品、手机及其附属品、CD 和磁带等产品的数量持续增长；从运输方式看，日本海关扣押的以国际邮件运送侵权商品的数量在扣押总量中占比达 94.0%，与 2010 年的 95.9%相比有所下滑；从扣押侵权商品的来源地来看，2011 年日本海关扣押自中国出口的知识产权侵权类商品多达 21235 件，在扣押侵权商品总量中占比再次超过九成，达到 91.2%。

2．中国一直位列日本海关扣押侵权商品的首位

2005～2011 年，在日本海关扣押的知识产权侵权类商品中，来自中国的商品数量共计 114487 件，占同期日本扣押侵权商品总量（150540 件）的 76.1%。其中，2005 年扣押的中国侵权商品仅为 6278 件，2007 年首次突破 1 万件，达到 16116 件；在 2009 年扣押数量出现首次下滑后，2010 年又继续增长，并于 2011 年增至 22135 件。

除中国外，2005～2011 年，日本海关扣押韩国侵权商品共计 25080 件，位列第二，占同期扣押侵权商品总量的比例为 16.7%；扣押中国香港侵权商品 3907 件，位列第三，占比 2.6%；菲律宾共计 2969 件，占比 2.0%，位列第四；以及泰国 2407 件，占比 1.6%，位列第五（图 4-20）。

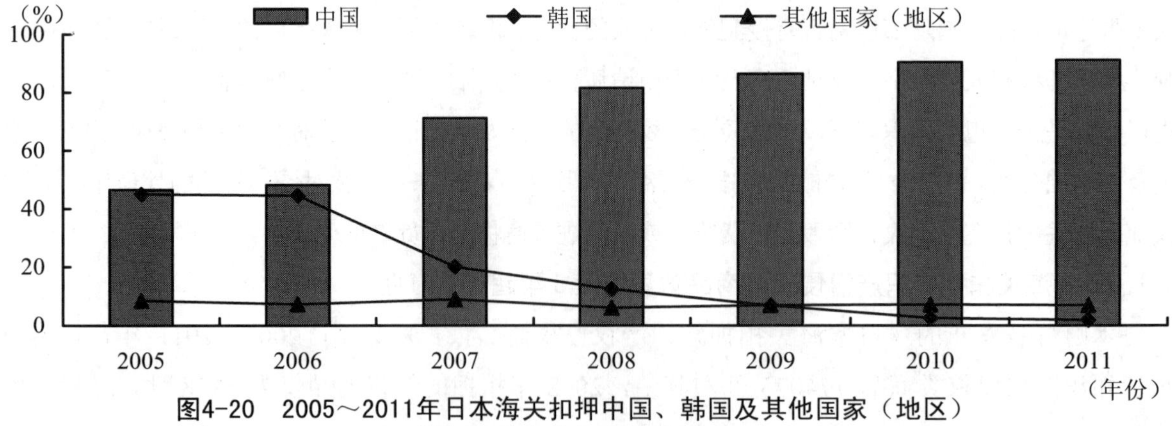

图4-20　2005～2011年日本海关扣押中国、韩国及其他国家（地区）侵权商品占比年度变化情况

从各年占比情况来看，2005 年，日本扣押中国侵权商品数量所占比例为 46.6%，列居首位；韩国占比 44.9%，仅次于中国，位列第二；仅中韩两国占比合计就达到 91.5%。然而，在 2005 年之后，日本扣押中国和韩国侵权商品的占比情况发生显著变化。一方面，日本扣押的中国侵权商品数量占比直线上升，并于 2010 年首次超过 90%，达到 90.4%，2011 年占比进而升至 91.2%。另一方面，日本海关扣押韩国侵权商品的占比直线下滑，从 2005 年的 44.9%降至 2009 年的 6.8%，首次小于 10%，2011 年更是进一步降至 1.9%（表 4-18）。

表4-18　2005～2011年日本海关扣押各国（地区）侵权商品年度情况

单位：件

国家（地区）	2005 年	2006 年	2007 年	2008 年	2009 年	2010 年	2011 年	2011 年同比（±，%）	2011 年构成比（%）
中　国	6278	9440	16116	21529	18893	20996	21235	+1.1	91.2
中国香港	369	424	735	660	458	558	703	+26.0	3.0
菲律宾	365	445	472	308	403	488	488	+0	2.1
韩　国	6045	8720	4527	3287	1480	574	447	-22.1	1.9
泰　国	272	343	572	356	392	313	159	-49.2	0.7
美　国	38	52	37	62	75	55	45	-18.2	0.2
新加坡	—	—	9	9	7	12	44	+266.7	0.2
中国台湾	21	20	28	31	35	68	40	-41.2	0.2
越　南	15	44	51	32	22	36	24	-33.3	0.1
土耳其	—	—	4	10	2	24	23	-4.2	0.1
除上述国家（地区）以外的其他国家（地区）	—	—	110	131	126	109	72	-33.9	0.3
合　计	13467	19591	22661	26415	21893	23233	23280	+0.2	100.0

注：表中所列为侵权商品的出口国（地区），而非原产国（地区）。

统计数据显示，2011 年，日本海关扣押中国知识产权侵权类商品共计 21235 件，相比 2010 年增加了 239 件，增幅为 1.1%；占比从 2010 年的 90.4%升至 91.2%，连续两年超过 90%，创下自 1996 年有该统计数据以来的新高。

2011 年，除中国外，日本扣押中国香港的知识产权侵权类商品共 703 件，数量位居第二，同比增长 26.0%，在所有国家（地区）中占比为 3.0%；菲律宾位列第三，共 488 件，占比为 2.1%，与上年同期持平。此外，日本扣押的韩国侵权商品的数量则继续呈现下滑之势，2011 年日本海关扣押韩国侵权商品仅 447 件，同比下降 22.1%，占比仅为 1.9%，在所有国家（地区）中下滑至第四位；泰国位居第五，被扣押侵权商品 159 件，同比下降 49.2%，占比 0.7%。

2007～2011 年，日本海关扣押各国（地区）侵权商品的价值总计约 962 亿日元。其中，2007 年为近 5 年的最高值，约 385 亿日元，之后呈下滑之势，到 2011 年再次转为正增长。其中，日本海关扣押中国侵权商品价值高居首位，共计约 627 亿日元，占日本海关扣押侵权商品总价值的 65.2%；韩国位列第二，被扣押侵权商品价值共约 175 亿日元，占比 18.2%；中国香港位列第三，约 82 亿日元，占比 8.5%；菲律宾位居第四，约 33 亿日元，占比 3.4%。

2011 年，日本海关扣押中国侵权商品价值约 106 亿日元，占比 73.3%，相比 2010 年增加了 25 亿日元，增幅为 30.9%；中国香港位居第二，日本海关扣押的侵权商品的总价值约为 22 亿日元，占比 15.0%；韩国位居第三，约 8 亿日元，占比 5.6%；菲律宾位列第四，被扣押侵权商品价值约为 6 亿日元，占比 3.8%；泰国位列第五，约 1 亿日元，占比 0.8%（表 4-19）。

表 4-19　2007～2011 年日本海关扣押侵权商品重点国家（地区）商品价值列表

单位：亿日元

国家（地区）	2007 年	2008 年	2009 年	2010 年	2011 年
中　国	247	111	82	81	106
韩　国	79	58	21	9	8
中国香港	25	22	5	8	22
菲律宾	11	5	7	4	6
所有国家（地区）	385	206	121	105	145

3．包袋类产品一直位列日本海关扣押侵权商品各类别之首

2005～2011 年，在日本海关扣押的侵权产品中，包袋类产品一直位列首位，共计 10.7647 万件，占比 71.5%；服装类产品共计 16719 件，占比 11.1%，位列第二；钥匙包共计 16687 件，占比 11.1%，位列第三；钟表类产品共 11778 件，占比 7.8%，居第四位；鞋类产品共 8966 件，占比 6.0%，位列第五。

2005～2011 年，在日本海关所扣押的包袋类侵权商品中，2008 年达到近 7 年的最高值 1.9793 万件，2009 年减至 15288 件，2010 年又增至 15681 件。2011 年，日本海关扣押的包袋类产品共计 14441 件，居首位，占日本海关扣押侵权商品总量的 51.0%。与 2010 年相比，日本海关扣押的该类商品减少了 1240 件，同比下降 7.9%。除包袋类产品外，2011 年日本海关扣押较多的产品还有：服装类产品，共 3125 件，占比 11.0%；鞋类产品，2403 件，占比 8.5%；钥匙包，1620 件，占比 5.7%；钟表类产品，1450 件，占比 5.1%；以及皮带，1153 件，占比 4.1%。

2011 年，日本海关扣押的 CD 以及磁带类产品从 2010 年的 84 件猛增至 276 件，增幅高达 228.6%，在所有产品类别中增幅最大；扣押的电脑产品达 339 件，同比增幅也达到 65.4%。此外，2011 年，日本海关扣押的杂货类、鞋类以及服装类侵权商品的同比增幅也都达到 20%以上（详见表 4-20）。

表4-20　2005～2011年日本海关扣押侵权商品类别年度情况

单位：件

产品类别	2005 年	2006 年	2007 年	2008 年	2009 年
包袋类产品	10158	15327	16959	19793	15288
服装类产品	1615	2160	2656	2178	2409
鞋类产品	475	928	1151	1071	1120
钥匙包	2036	3268	2476	2853	2309
钟表类产品	1108	1462	1699	2477	1858
皮　带	503	704	883	1097	1294
杂货类产品	381	393	379	337	334
手机及其附属品	472	513	289	471	454
眼镜及其附属品	—	—	148	224	352

（续）

产品类别	2005 年	2006 年	2007 年	2008 年	2009 年
医药品	—	—	102	501	669
电脑产品	—	—	25	74	96
电气制品	—	—	4	1	61
CD 和磁带类产品	—	—	58	85	255
文具类产品	351	400	320	381	262
帽子类产品	—	—	157	138	180
除以上产品外的其他产品（其中烟草以及吸烟工具）	—	—	1138	984	785
	（442）	（507）	（285）	（307）	（171）
合　计	13467	19591	22661	26415	21893
产品类别	2010 年	2011 年	2011 年同比（±，%）	2011 年构成比（%）	
包袋类产品	15681	14441	-7.9	51.0	
服装类产品	2576	3125	+21.3	11.0	
鞋类产品	1818	2403	+32.2	8.5	
钥匙包	2125	1620	-23.8	5.7	
钟表类产品	1724	1450	-15.9	5.1	
皮　带	1204	1153	-4.2	4.1	
杂货类产品	459	625	+36.2	2.2	
手机及其附属品	482	563	+16.8	2.0	
眼镜及其附属品	450	488	+8.4	1.7	
医药品	520	456	-12.3	1.6	
电脑制品	205	339	+65.4	1.2	
电气制品	438	288	-34.2	1.0	
CD 和磁带类产品	84	276	+228.6	1.0	
文具类产品	214	176	-17.8	0.6	
帽子类产品	201	158	-21.4	0.6	
除以上产品外的其他产品（其中烟草以及吸烟工具）	821	757	-7.8	2.7	
	（98）	（86）	（-12.2）	（0.3）	
合　计	23233	23280	+0.2	100.0	

注：由于上述产品分类可能会有交叉，因此各类别侵权产品相加的件数总和与“合计”数量可能不相符。

从日本海关扣押的各类侵权商品的价值来看，2011 年，包袋类产品价值约为 57 亿日元，仍然居首位，相比 2010 年增加 15 亿日元，占日本海关扣押侵权商品总价值的 39.8%；其次是钟表类产品，约 36 亿日元，占比 24.9%；服装类产品价值约为 18 亿日元，占比 12.8%；杂货类产品约 9 亿日元，占比 6.3%；以及鞋类产品，价值约 4 亿日元，占比 3.3%。

4．商标侵权成为日本海关扣押侵权产品的最主要原因

2005～2011 年，日本海关以侵犯商标权为由扣押的侵权商品共 148430 件，数量位居首位，占同期侵权商品总量的比例高达 98.6%；以侵犯著作权扣押的商品共 1992 件，占比 1.3%，位列第二；以侵犯设计权扣押的商品 462 件，占比 0.3%，位居第三；以侵犯专利权扣押的产品 166 件，占比 0.1%。

统计数据显示，2011 年，日本海关以侵犯商标权扣押的商品共 22843 件，占扣押侵权商品总量的 97.5%，相比 2010 年减少 151 件，降幅为 0.7%；其次是侵犯著作权的商品，共 484 件，同比增加 211 件，增幅达 77.3%，占侵权产品总量的 2.1%；以侵犯设计权扣押的商品共 88 件，数量位居第三，同比增加 32 件，增长 57.1%，占侵权产品总量的 0.4%。此外，2011 年，日本海关时隔 6 年再次扣押了 1 件侵犯教育权的商品（详见表 4-21）。

表4-21　2005～2011年日本海关扣押侵权商品原因年度分布情况

单位：件

扣押原因		2005 年	2006 年	2007 年	2008 年	2009 年	2010 年	2011 年	2011 年同比（±，%）	2011 年构成比（%）
专利权		66	26	15	27	15	9	8	-11.1	0.0
实用新型权		2	1	0	0	0	0	0	—	—
设计权		42	54	54	80	88	56	88	+57.1	0.4
商标权		13228	19363	22447	26140	21415	22994	22843	-0.7	97.5
著作权		174	198	214	226	423	273	484	+77.3	2.1
与著作权有关的权利		1	1	0	1	0	0	1	—	0.0
教育权		0	0	0	0	0	0	1	—	0.0
产品违反《防止不正当竞争法》	与众所周知产品相混淆	—	0	0	4	19	1	3	+200.0	0.0
	冒用著名商标	—	0	0	0	0	0	0	—	—
	形态模仿品	—	0	0	0	0	0	0	—	—
	规避技术措施	—	0	0	0	0	0	0	—	—
合　计		13467	19591	22661	26415	21893	23233	23280	+0.2	100.0

5．国际邮件成为日本海关扣押侵权产品的主要运送方式

2005～2011 年，在日本海关扣押的侵权产品中，通过国际邮件查获的共计 14.4945 万件，占同期扣押商品总量的 96.3%；一般货物类侵权商品共计 5595 件，占比 3.7%。

2011 年，日本海关扣押的国际邮件侵权商品为 2.1891 万件，占扣押商品总量的 94.0%，高居首位，比上年减少 390 件，降幅为 1.8%。此外，日本海关扣押的一般货物类侵权商品共 1389 件，同比增长 45.9%，占比 6.0%（表 4-22）。

表 4-22　2005～2011 年日本海关扣押侵权商品运送方式年度分布情况

单位：件

运送方式	2005 年	2006 年	2007 年	2008 年	2009 年	2010 年	2011 年
一般货物	503	541	702	777	731	952	1389
国际邮件	12964	19050	21959	25638	21162	22281	21891
合　计	13467	19591	22661	26415	21893	23233	23280

6. 日本财务省以及日本海关保护知识产权的最新举措

为了加大对知识产权侵权产品的打击力度，日本海关与其他国家（地区）海关积极合作，并签署《反假冒贸易协定》(ACTA)。此外，在加强国内各相关部门联合打击知识产权侵权产品的同时，日本海关也进一步了加大了海关边境的有效执法力度。

（1）《反假冒贸易协定》(ACTA）

ACTA 谈判始于 2007 年，谈判各方包括欧盟、美国、加拿大、澳大利亚、日本、韩国、新西兰、摩洛哥、墨西哥、新加坡和瑞士。2010 年 10 月，包括欧盟成员国和美国在内的近 40 个国家的代表就主要原则达成初步协议。2011 年 10 月 1 日，来自美国、加拿大、澳大利亚、韩国、日本、新西兰、摩洛哥和新加坡的八国代表在日本东京签署了《反假冒贸易协定》。

（2）与其他国家海关的合作

针对知识产权保护问题，中、日、韩三国的海关署长每年都会定期召开会议，积极促进三国间的信息沟通与战略合作。此外，有关三国针对知识产权侵权产品的海关边境执法情况，也会通过 3 种语言在各国海关的出版物上刊载（日本和韩国已刊载，中国即将刊载)。除了中日韩三国的合作外，日本海关还与世界海关组织（WCO）加强合作，共同提高发展中国家对于侵权产品的打击力度。

（3）日本国内各部门在知识产权保护方面的合作

主要包括在日本政府知识产权战略本部制定的《知识产权推进计划 2011》的基础上，加强各部门的合作；海关工作人员与专利局工作人员的交流探讨，增强知识产权保护的意识等等。

第五章　技术性贸易措施通报情况

第一节　世贸组织 TBT、SPS 通报情况分析

TBT、SPS 通报情况综述

一、技术性贸易壁垒

1. 技术性贸易壁垒概述

技术性贸易壁垒（Technical Barriers to Trade，简称“TBT”），是指一国以维护国家安全、保障人类健康和安全、保护生态环境、防止欺诈行为、保证产品质量为由，采取一些强制性或非强制性的技术性措施。

TBT 主要包括 3 个方面的内容：（1）技术法规。规定强制执行的产品特性或其相关工艺和生产方法、包括适用的管理规定在内的文件。该文件还可包括或专门关于适用于产品、工艺或生产方法的专门术语、符号、包装、标志或标签要求。（2）技术标准。经公认机构批准的、规定非强制执行的、供通用或重复使用的产品或相关工艺和生产方法的规则、指南或特性的文件。该文件还可包括或专门关于适用于产品、工艺或生产方法的专门术语、符号、包装、标志或标签要求。（3）合格评定程序。任何直接或假借用以确定是否满足技术法规或标准中的相关要求的程序，特别包括抽样、检验和检查；评估、验证和合格保证；注册、认可和批准以及各项的组合。

TBT 的主要原则为：合格目标原则、采用国际标准原则（也称为统一性原则）、各成员认证制度的相互认可原则、非歧视原则、可预见原则（透明度）以及鼓励发展和经济改革原则（对发展中成员和最不发达成员的特别优惠待遇）。

2. 1995～2011 年 WTO 成员 TBT 通报情况㊀

（1）TBT 通报量持续增长，提交建议的平均期限基本保持稳定

1995～2011 年，共有 113 个成员向 WTO 提交了 14194 项技术法规、标准和合格评定程序通报（含修正），虽然各年度提交的数量不同，尤其是在 1998 年东南亚金融危机爆发后，全球经济一度衰退，各成员提交通报的数量有所减少，但总体上呈增长趋势，尤其近 6 年（2004～2009 年），以年均 14.7% 的速度增长，2009 年的增幅更是达到了 19.1%（图 5-1）。

1995 年，WTO 技术性贸易壁垒委员会规定，对每项技术性贸易壁垒通报提交建议的期限为 60 天，而且规定鼓励任何成员延期提交建议，例如延至 90 天。2011 年，WTO 成员提交建议的期限平均为 58.2 天，但仍有 91 项通报未特殊规定提交建议的期限，并声称其通报不适用期限限制，或者期限失效（图 5-2）。

㊀ TBT 通报数据均根据 TBT 委员会历年报告统计整理。

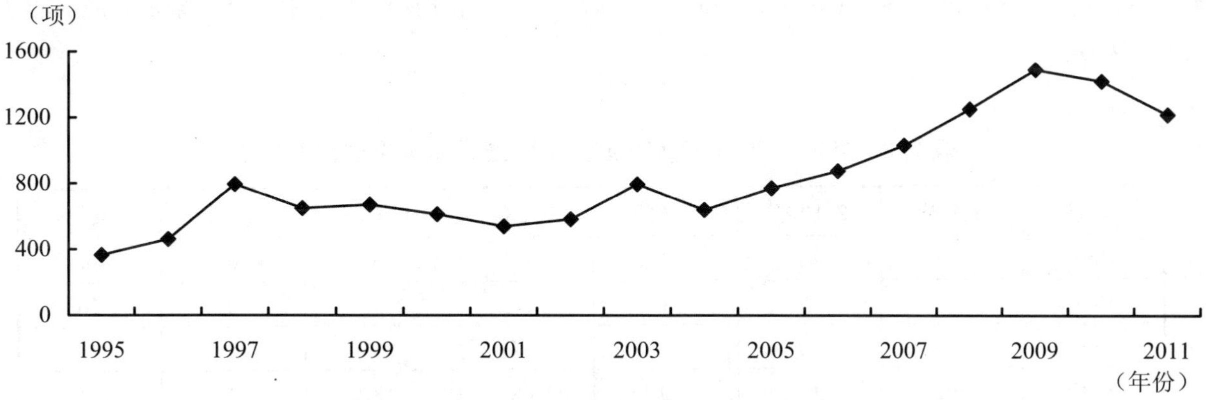

图5-1　1995～2011年WTO成员TBT通报数量

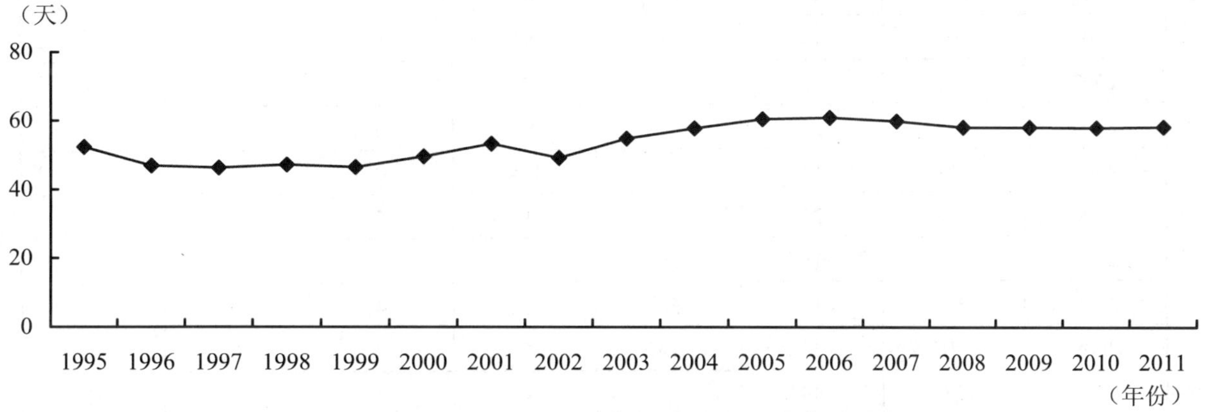

图5-2　1995～2011年WTO成员提交建议的平均期限

（2）美国提交的 TBT 通报量居首

1995～2011 年，美国共提交 TBT 通报 868 项，占通报总数的 6.12%，位居所有成员之首。其次是中国，862 项，占比 6.07%；欧盟和日本并列第三，均为 610 项，占比 4.3%；以色列位居第五，597 项，占比 4.2%；巴西居第六位，569 项，占比 4.0%。提交通报居前十位的 WTO 成员总计提交 5965 项，占通报总数的 42%。其中，发达成员 6 个，共提交 3632 项，占比 25.6%；发展中成员 4 个，提交 2333 项，占比 16.4%（表 5-1）。

表 5-1　1995～2011 年 WTO 成员提交 TBT 通报前十位的分布情况

国家（地区）	总数（项）	占比（%）	国家（地区）	总数（项）	占比（%）
美　国	868	6.11	巴　西	569	4.0
中　国	862	6.07	加拿大	503	3.54
欧　盟	610	4.3	泰　国	498	3.5
日　本	610	4.3	韩　国	444	3.1
以色列	597	4.2	墨西哥	404	2.8

注：欧盟作为单独成员提交 TBT 通报

（3）通报依据最多的条款是 TBT 协定第 2.9 条

1995～2011 年，各成员在提交 TBT 通报时，依据《技术性贸易壁垒协定》（简称 TBT 协定）第 2.9 条（2003 年后特指 2.9.2 条）的共计 12735 项，列居首位，是位居第二的依据第 5.6 条发布通报的 7 倍以上（表 5-2）。

表 5-2　1995～2011 年 WTO 成员 TBT 通报依据条款分布情况

年 份	2.9 条	2.10 条	3.2 条	5.6 条	5.7 条	7.2 条	其他
1995	332	14	2	17	6	0	7
1996	410	19	1	20	3	0	26
1997	740	30	0	24	5	0	11
1998	562	11	0	68	8	3	24
1999	592	24	0	54	16	0	19
2000	505	33	0	67	11	0	21
2001	479	11	0	44	0	0	9
2002	506	13	0	63	1	0	4
2003	669	22	1	132	5	0	6
2004	573	20	1	86	6	0	4
2005	718	14	2	169	0	0	1
2006	807	21	9	197	5	0	6
2007	930	18	30	162	4	0	7
2008	1103	17	58	151	4	0	1
2009	1402	25	14	126	5	0	3
2010	1285	49	1	143	3	0	13
2011	1122	27	0	150	4	0	11
总计	12735	368	119	1673	86	3	173

注：自 2003 年后，第 2.9、2.10、5.6 和第 7.2 条特指第 2.9.2、2.10.1、5.6.2 和第 5.7.1 条

TBT 协定第 2.9 条即“只要不存在有关国际标准或拟议的技术法规中的技术内容与有关国际标准中的技术内容不一致，且如果该技术法规可能对其他成员的贸易有重大影响，则各成员即应：

2.9.1　在早期适当阶段，以能够使其他成员中的利害关系方知晓的方式，在出版物上发布有关提起采用某一特定技术法规的通知；

2.9.2　通过秘书处通知其他成员拟议的法规所涵盖的产品，并对拟议的法规的目的和理由作出简要说明；

2.9.3　应请求，向其他成员提供拟议的技术法规的细节或副本，只要可能，即应确认与有关国际标准有实质性偏离的部分；

2.9.4　无歧视地给予其他成员合理的时间以提出书面意见，应请求讨论这些意见，并对这些书面意见和讨论的结果予以考虑。”

（4）保护人类健康和安全位居 TBT 通报适用的理由和目的之首

1995～2011 年，在各成员提交 TBT 通报的理由和目的（1 项通报可能涉及多项理由）中，位居前三位的分别是：保护人类健康和安全，共计 7664 项，占比 54%；防止欺诈行为，2554 项，占 18%；环境保护，1890 项，占比 13.3%（图 5-3）。

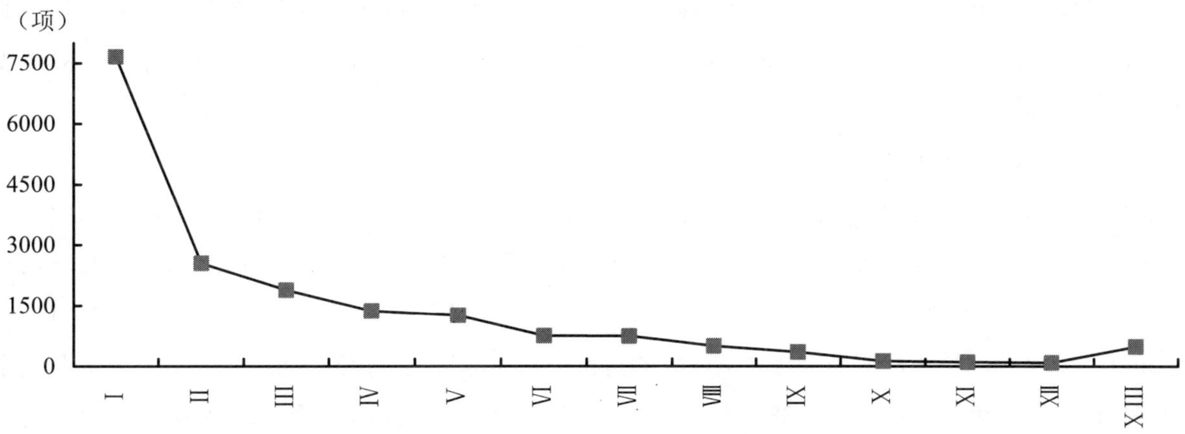

图5-3　1995～2011年WTO成员TBT通报理由和目的分布情况

Ⅰ—保护人类健康和安全；Ⅱ—防止欺诈行为；Ⅲ—保护环境；Ⅳ—质量要求；Ⅴ—适用新法律法规；Ⅵ—统一性要求；Ⅶ—消费者信息及标签标识；Ⅷ—降低或取消技术贸易壁垒或提供贸易便利；Ⅸ—保护动植物生命和健康；Ⅹ—节约成本和提高生产率；Ⅺ—贸易便利化；Ⅻ—国家安全要求；XⅢ—其他

3. 2001～2011年中国提交TBT通报情况[㊀]

（1）通报提交量总体呈增长态势

2001～2011年，中国共提交TBT通报862项，且呈逐年增长态势。在2001年中国入世之前，中国仅在1999年提交过1项TBT通报，而入世后，中国的提交量总体呈增长态势，尤其是2006～2009年，中国提交的TBT通报连续4年增长。其中，2009年共提交201项，位居各成员之首（表5-3）。

表5-3　2001～2011年中国提交TBT通报情况

单位：项

年　份	数　　量	年　份	数　　量
2001	0	2007	90
2002	12	2008	185
2003	28	2009	201
2004	23	2010	57
2005	112	2011	90
2006	64	—	—

（2）中国企业受全球技术性贸易措施影响的占比逐年上升

2011年，35.16%的中国出口企业受到全球技术性贸易措施不同程度的影响，而这个数字在2010年为31.7%，2009年为34.3%，2008年为36.1%，2007年为34.6%，2006年为31.4%，2005年为25.1%。2011年全年出口贸易直接损失582.41亿美元，同比增长6.9%，占同期出口额的3.27%，比2010年下降0.42个百分点。上述6年该项数据依次为582.41亿美元、574.32亿美元、505.42亿美元、494.59亿美元、359.2亿美元、288.13亿美元。

（3）美国和欧盟的技术性贸易措施对中国企业出口影响最大

2011年，对中国企业出口影响较大的国家（地区）排在前列的是美国、欧盟、其他（主要是中东

㊀ 本部分内容中的部分数据为根据国家质检总局历年《技术性贸易措施年度报告》整理。

国家）和加拿大，分别占直接损失总额的34.0%、31.1%、9.9%和4.0%。而2010年对中国企业出口影响较大的国家（地区）排在前四位的是欧盟、美国、日本和澳大利亚，分别占直接损失总额的37.32%、27.02%、6.10%和5.73%。

（4）机电仪器受影响最大

2011年，受全球技术性贸易措施影响较大的行业排名前五位的产品是分别是：机电仪器、化矿金属、农食产品、玩具家具和纺织鞋帽，分别占直接损失总额的34.2%、20.4%、14.7%、13.8%、8.9%。

（5）广东和山东受全球技术性贸易措施影响最大

2011年，受全球技术性贸易措施影响较大的省份排名前五位的是广东、山东、浙江、江苏和北京，分别占直接损失总额的30.4%、26.3%、19.6%、9.9%和2.6%。而2010年受全球技术性贸易措施影响较大的省份排名前五位的也是广东居首位，占直接损失总额的30.11%；山东居第二位，占直接损失总额的19.73%。

（6）认证和农兽药残留要求分列中国工业品和农产品出口受阻原因之首

2011年，主要贸易伙伴影响我国工业品出口的技术性贸易措施类型，集中在认证要求、技术标准要求、有毒有害物质限量要求、标签标识要求、包装及材料要求5个方面；影响农产品出口的技术性贸易措施类型集中在食品中农兽药残留要求、重金属等有害物质限量要求、微生物指标要求、加工厂、仓库注册要求以及食品添加剂要求5个方面。

二、卫生与植物卫生措施

1. 卫生与植物卫生措施概述

卫生与植物卫生措施（Sanitary and Phytosanitary Measures，简称“SPS”），是指用于下列目的的任何措施：（1）保护成员领土内的动物或植物的生命或健康免受虫害、病害、带病有机体或致病有机体的传入、定居或/和传播所产生的风险；（2）保护成员领土内的人类或动物的生命或健康免受食品、饮料或饲料中的添加剂、污染物、毒素或致病有机体所产生的风险；（3）保护成员领土内的人类的生命或健康免受动物、植物或动植物产品携带的病害，或虫害的传入、定居或传播所产生的风险；或（4）防止或控制成员领土内因虫害的传入、定居或传播所产生的其他损害。

卫生与植物卫生措施包括所有相关法律、法令、法令、要求和程序，特别包括：最终产品标准；工序和生产方法；检验、监察、认证和批准程序；检疫处理，包括与动物或植物运输有关的或与在运输过程中为维持动植物生存所需物质有关的要求；有关统计方法、抽样程序和风险评估方法的规定；以及与粮食安全直接有关的包装和标签要求。

2. 2002～2011年WTO成员SPS通报情况㊀

（1）SPS通报量总体呈上升趋势

2002～2011年，WTO成员共发布SPS通报10125项，总体呈上升趋势。其中，2003年和2006年通报数量增加较多，同比增幅分别为34.8%和34.7%。2006～2008年，WTO成员各年SPS通报数量虽然都超过千项，分别为1156项、1165项和1176项，但增幅不大（图5-4）。2009年，WTO成员提交SPS通报的数量同比下降17.2%，为974项；2010年，WTO成员提交SPS通报的数量再次突破千项，达到历史最高点1392项，增幅高达42.9%；2011年，WTO成员共提交SPS通报1385项，同比下降0.5%。

㊀ SPS通报数据均来源于中国技术性贸易措施网。

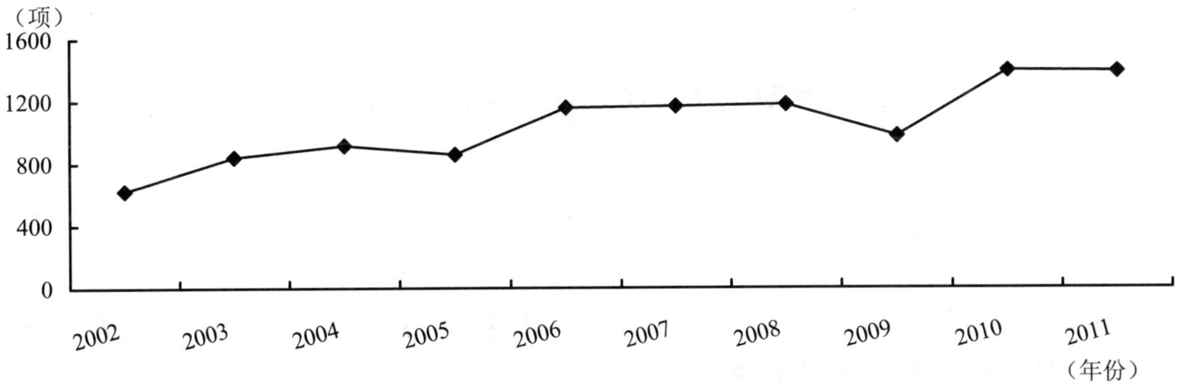

图5-4　2002～2011年WTO成员SPS通报情况

（2）美国提交 SPS 通报数量最多

2002～2011 年，美国共提交 SPS 通报 2558 项，居各成员之首，占比 25.3%；巴西位居第二，950 项，占比 9.4%；加拿大居第三位，853 项，占比 8.4%；欧盟提交 571 项，占比 5.6%，居第四位；中国提交 524 项，占比 5.2%，居第五位（图 5-5）。

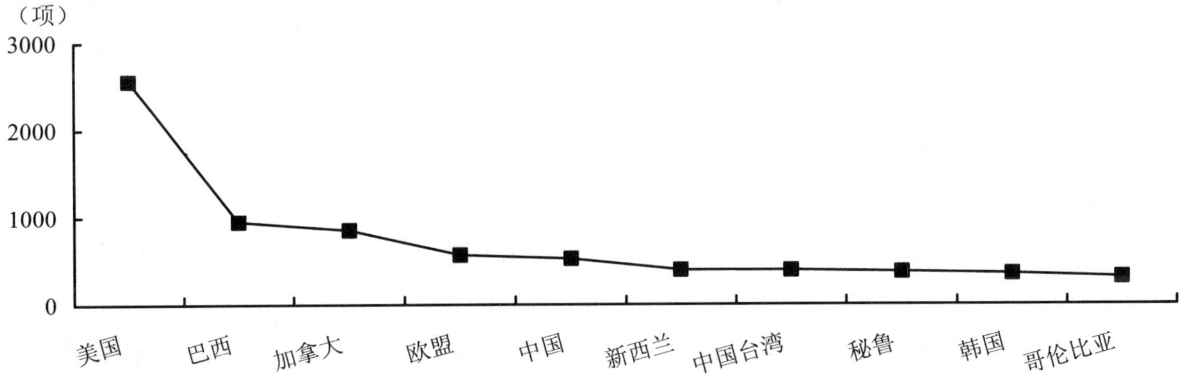

图5-5　2002～2011年WTO成员SPS通报前十位分布情况

（3）食品安全位居通报理由之首

WTO 各成员在提交 SPS 通报时都要说明提交的理由或目的。目前，成员提交 SPS 通报的理由主要有 5 条，即食品安全、植物保护、保护人类免受动/植物有害生物的危害、动物健康和保护国家免受有害生物的其他危害。其中，食品安全是各成员使用频率最高的理由，2002～2011 年，以食品安全为由或目的所提交的通报共 6274 项，占比 62.0%（图 5-6）。

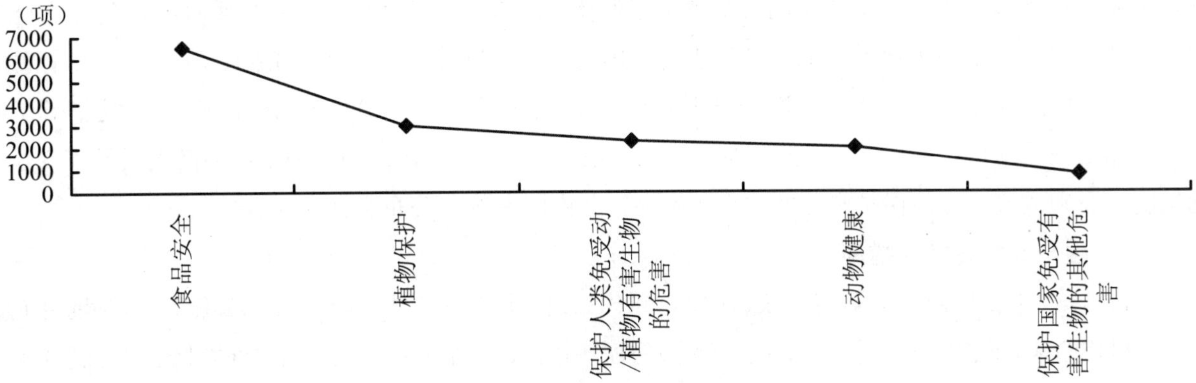

图5-6　2002～2011年WTO成员SPS通报理由分布

中国 TBT、SPS 通报情况分析㊀

入世后，为加强技术性贸易措施工作并与 WTO 规则保持一致，中国清理、废止了部门规章 178 件，废止规范性文件 336 件，制定发布了部门规章 145 件，其中涉及检验检疫工作的规章 82 件。向 WTO 通报部门规章 22 件，其中涉及 TBT 的 10 件，涉及 SPS 的 12 件，积极履行了 WTO 透明度义务。

一、中国技术性贸易措施体系概述

对技术性贸易措施，我国目前尚无统一的规定。目前的技术性贸易措施体系主要由技术法规、技术标准、合格评定程序组成。

1．技术法规

技术法规表现形式多种，有法律法规、部门规章、地方法规、行政性文件等。1988 年 12 月 29 日我国通过了《中华人民共和国标准化法》，规范产品、技术标准的制定、实施。为进一步细化该规则，1990 年 4 月 6 日发布施行《标准化法实施条例》。在环境保护、人类动植物生命健康方面，国家颁布了《环境保护法》、《环境影响评介法》、《进出境动植物检疫法》等法律法规。在具体行业领域中，如食品、机电产品等领域，我国有《进出口商品检验法》、《出入境粮食和饲料检验检疫管理办法》、《强制性认证管理规定》、《采用国际标准管理办法》等法律法规、规章。

2．技术标准

经过改革开放 30 多年的发展，我国初步构建了标准化法律法规体系。我国的标准化工作由国家标准化管理委员会（SAC）统一计划、统一审查、统一编号、统一批准发布，具体起草和审定工作分别由国务院各部门归口管理的 495 个专业性标准化技术委员会承担。依照《标准化法》第 6 条、7 条的规定，我国标准分为国家标准、行业标准、地方标准和企业标准共四级，其中前三者又可分为强制性标准和推荐性标准。2011 年，我国新发布国家标准 1993 项，其中强制性标准 243 项。新下达国家标准制修订项目 2325 项，完成 2110 项国家标准的复审，新备案行业标准 3287 项、地方标准 2448 项。截至 2011 年底，我国国家标准总数共计 28422 项，其中强制性标准 3647 项、推荐性标准 24497 项，累计备案行业标准 47430 项、地方标准 21662 项。

3．合格评定程序

自 1978 年恢复在 ISO 成员地位以来，我国积极研究合格评定制度及相应的国际规范，目前已经实施了出入境检验检疫，产品质量监督抽查，强制性、自愿性产品认证，质量、环境和职业健康安全等管理体系认证等，初步建立了我国的合格评定工作体系。国家认证认可监督管理委员会，负责统一管理产品认证工作。我国主要的产品认证标志有：电工产品长城标志认证（CCEE）、进口产品安全质量许可（CCIB）、电磁兼容（EMC）等强制性认证。国家质量监督检验总局于 2001 年 12 月发布了《强制性产品认证管理规定》，认证标志为“CCC”。明确强制性产品认证的范围是：涉及人类健康安全、动植物生命和健康、环境保护和公共安全的产品，并由国家统一公布实施产品目录。

4．卫生与动植物检疫措施

（1）1989 年 2 月 21 日，我国审议通过了《进出口商品检验法》（同年 8 月 1 日实施）。该法规定了商品检验机构的基本职责、法定检验的内容标准以及质量认证、质量许可、认可国内外检验结果等制度，并

㊀ 中国、美国、欧盟以及加拿大的 TBT、SPS 通报数据均是按照世贸组织 TBT、SPS 数据库中的数据整理统计。

规定了相应的法律责任。1992 年国家发布施行了《进出口商品检验实施条例》。为适应入世要求，全国人大常委会对《进出口商品检验法》进行了修订，修订后的法律自 2002 年 10 月 1 日起施行。

（2）在动植物检疫方面，《进出境动植物检疫法》于 1991 年发布施行，以法律的形式明确了动植物检疫的宗旨、性质、任务，为口岸动植物检疫工作提供了法律依据和保证。1996 年 12 月，颁布了《动植物检疫法实施条例》，细化了动植物检疫法中的原则规定。

（3）在国境卫生检疫方面，我国于 1986 年 12 月 2 日通过并颁布了《国境卫生检疫法》，1989 年发布了《国境卫生检疫法施行细则》，以法律法规的形式规定了卫生检疫机构的职责、检疫对象、主要工作内容、疫情通报、发生疫情应急措施以及处理程序；同时，对出入境人员、运输工具检验检疫、物品检疫查验、临时检疫、国际间传染病检测、卫生监督和法律责任也作出了相应规定。我国的出入境检验检疫法律法规还很不健全，绝大部分文件并不是以立法形式出现，而是表现为通知、办法、意见等行政文件的形式。如《进出境水产品检验检疫管理办法》、《进境动植物检疫审批管理办法》、《进境动物和动物产品风险分析管理规定》、《国务院关于贸易性动物产品出境检疫管理体制的通知》等。这些行政性文件，在透明度和法律效力上存在疑问。

二、TBT 通报情况分析

1. 总体呈增长态势，通报总数居全球第一

2002～2011 年，中国向 WTO 提交的 TBT 通报最多，达 862 项，占比 8.5%。入世后，中国向 WTO 提交的 TBT 通报逐年增多，除个别年份有所减少，基本持续走高，2009 年最多，达 201 项；2010 年大幅降至 61 项，2011 年再次增多，达到 90 项（图 5-7）。

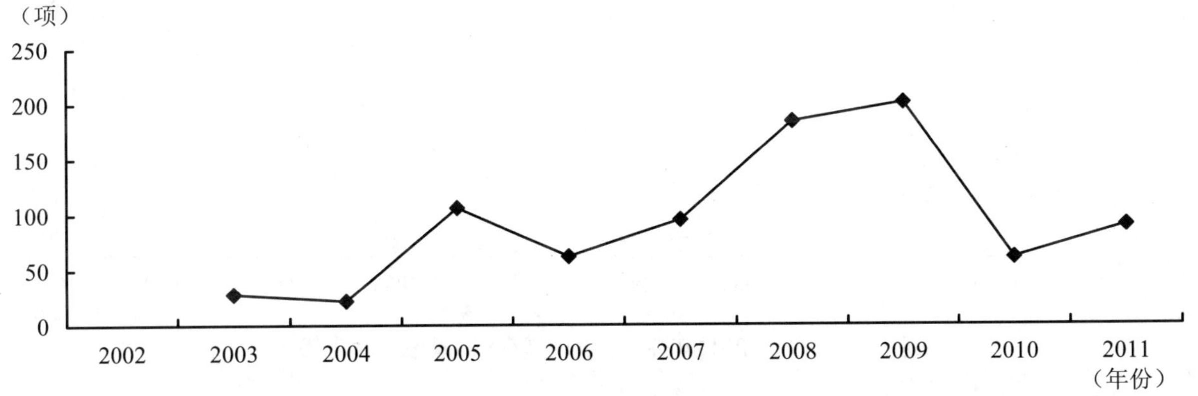

图5-7　2002～2011年中国向WTO提交TBT通报年度走势

2. 通报依据条款以 TBT 协定第 2.9.2 条为主

2002～2011 年，中国所提交的 TBT 通报，依据“TBT 协定”第 2.9.2 条的共计 826 项，居首位，占同期提交通报总量的 95.8%；提交的 TBT 通报依据的条款还有：第 5.6.2 条、第 2.10.1 条、第 5.7.1 条及其他条款。

2002～2011 年，中国对第 2.9.2 条的适用逐步增加，2005 年适用第 2.9.2 条的 TBT 通报多达 106 项，2008 年为 184 项，在 2009 年的 201 项通报中，适用第 2.9.2 条的就有 200 项，其余 1 项为适用第 5.6.2 条。

对 2.10.1 条的适用基本呈断续出现，2002 年、2003 年、2004 年分别为 1、2、6 项，2005 年、2006 年未适用，2006 年、2007 年分别适用 9 项和 1 项，2007 年以后未再适用。

对第 5.6.2 条的适用有 57 项，除 2002 年、2011 年未适用外，2005 年适用最多，为 21 项，其次为 2007 年 15 项，2006 年 6 项，2003 年和 2008 年适用 2 项，2004 年、2009 年、2010 年均适用 1 项。对第 5.7.1 条的适用只有 8 项，2003 年 2 项，2004 年和 2006 年各 3 项。

3．安全和环保位居中国 TBT 通报适用理由和目的之首

2002～2011 年，在中国提交 TBT 通报适用的目的和理由（1 项通报可能涉及多项理由和目的）中，排在前三位的分别为：安全，共计 383 项，占中国同期 TBT 通报总数的 44.4%；环境保护，234 项，占比 27.1%；保护人类健康，95 项，占比 11.0%。此外适用的理由和目的还包括：食品标准、保护动植物健康、标签要求、电信和无线电通信、消费者保护、避免犯罪行为、合格评估、包装标准、计量、电容一致性和营养要求。

随着中国技术法规的完善，通报适用的理由和目的逐步增多，涉及的范围也越来越广。

4．轻工、农业和车辆为 TBT 通报最多的行业

2002～2011 年，中国 TBT 通报所涉及产品的行业划分中，涉及轻工产品的最多，共 119 项，占通报总数的 13.8%；其次为农业，112 项，占比 13.0%；车辆及其部件位居第三，为 108 项，占比 12.5%。通报涉及较多的行业还有电气设备（81 项）、化工行业（70 项）、冶金行业（53 项）、建材行业（50 项）、电子信息行业（45 项）、橡胶和塑料制品行业（39 项）。

三、SPS 通报情况分析

2002～2011 年，中国共向 WTO 提交 SPS 通报 694 项，列第三位，占比 6.4%。其中，常规通报 632 项，占比 91.1%，紧急措施通报 27 项，补遗/修正通报 26 项，翻译可行性（Availability of translations）通报 9 项（图 5-8）。

中国在 2002～2011 年提交的 SPS 通报中，2011 年的最多，为 169 项，2002 年和 2010 年均在 150 项以上，2004 年以后逐步减少，2008 年以来大幅反弹，2009 年通报数量同比翻了 12 倍，2010 年同比增长 62.8%，2011 年增长 10.5%。

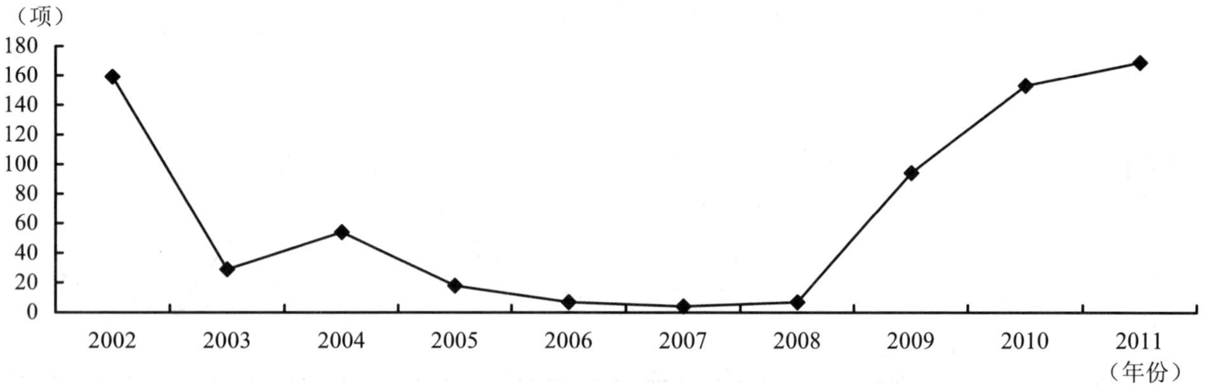

图5-8　2002～2011年中国向WTO提交SPS通报年度走势

1．食品安全为通报理由和目的㊀之首

2002～2011 年，在中国提交的 694 项紧急措施通报和常规通报中，以食品安全作为目的和理由的有 417 项，居首位，占比 60.1%；保护人类免受动植物有害生物危害的有 408 项，占比 58.8%；以动物健康为目的和理由的有 7 项，植物保护 6 项，保护国家免受有害生物危害 3 项。

2．食品添加剂的 SPS 通报高居首位

2002～2011 年，中国向 WTO 提交的 SPS 通报涉及食品添加剂、杀虫剂、污染物、有害物质最大残留限量、动物疾病（猪瘟病毒、口蹄疫、疯牛病、禽流感、纽卡素病等）、食品标签、细菌含量、辐照、植物疾病、检疫许可、重金属含量、标签和包装要求、饲料添加剂以及区域进口安排等多种标准类型。其中，涉及食品添加剂的 SPS 通报最多，有 100 项，占比 14.4%；因动物疾病和动物健康而限制相关动物产品进口的 SPS 通报为 82 项，植物疾病的有 43 项，污染物有 30 项，标签、国际木质包装材料管理指南 ISPM15 和包装总计 26 项。

㊀ 下文对 SPS 通报的理由和目的以及通报标准类型的分析均不含补遗/修正通报。

美国 TBT、SPS 通报情况分析

美国的技术性贸易措施体系主要由技术法规、技术标准、认证与合格评定、标志标签组成。美国是一个联邦制国家，其法律体系较为分散，由联邦法律和州法律组成。美国联邦政府 17 个部门和 84 个独立机构都有权制定技术法规，美国的州、市等地方政府也制定了许多相互差异的技术法规，主要涉及制造业、交通、环保、食品和药品等。据估算，目前美国各种非官方标准机构达 400 多个，官方制定的技术法规和标准有 5 万多个，各种非官方标准机构、专业学会和行业协会制定的标准也有 5 万多个。

一、美国技术性贸易措施体系概况㊀

1. 技术法规

美国不存在独立的技术法规层次，其有关产品的技术法规分散于美国的联邦法律法规体系之中，首先是《美国法典》或《美国国会法案汇编》内包括的永久性及其他法律，这些文件主要是为技术法规提供一个法律基础；其次是《联邦法规汇编》内包括的部门法规和相关管理规定，这是联邦技术法规的主体和主要表现形式；第三是各州及地方政府从本地管理需求出发制定的技术法规和规范，这些技术法规与联邦法规同样重要，而且更为分散复杂。

2. 技术标准

美国实行的是自愿标准体系，即各有关部门和机构自愿编写、自愿采用，在自愿性国家标准体系中美国国家标准学会（ANSD）充当协调者，但其本身并不制定标准，专业和非专业标准制定组织、各行业协会和专业学会在标准化活动中发挥着主导作用。

3. 认证与合格评定

美国的认证管理体制较为自由分散，没有统一的国家认证管理机构，政府部门、地方政府部门、民间组织都可开展质量认证工作，但对于美国进口的商品，美国利用安全、卫生检疫及各种包装、标签规定进行严格的检查。

4. 标志标签

美国是世界各国食品标签法规最严谨、最完善的国家。美国的食品标签法于 1992 年 12 月 12 日开始实施，从 1994 年 5 月开始，美国对除新鲜肉、家禽、鱼类和蔬菜水果以外的全部包装食品，包括进口食品都必须强制使用新的标签。而美国食品和药品管理局要求大部分的食品必须标明至少 14 种营养成分的含量，此项规定给发展中国家对美出口造成了巨大的成本压力。

美国具体法律的实施及相关技术法规的制定发布和实施总是与某类产品和某个政府部门联系在一起，与技术性贸易措施有关的美国联邦政府部门主要包括：美国消费品安全委员会（CPSC）、联邦通信委员会（FCC）、美国农业部（USDA）、食品和药品管理局（FDA）和美国国家环境保护局（EPA）。

二、美国 TBT 通报㊁情况分析

1. 总体呈增长态势，通报总数居全球第二

2002～2011 年，共有 105 个成员向 WTO 提交了 10088 项 TBT 通报。其中，中国提交的最多，达

㊀ 文中 TBT 通报数仅指各成员根据 TBT 协定第 10.6 条向 WTO 提交通报的数量；文中所有数据均根据 TBT 委员会官方数据库数据整理所得，且数据获取截至 2012 年 5 月 31 日（下文同）。

㊁ 至截稿时，WTO 公布的全球反补贴数据统计至 2011 年 6 月 30 日，因此在第一章中所有涉及 2011 年反补贴的数据均截至 2011 年 6 月 30 日。

862 项，占比 8.5%；其次为美国，652 项，占比 6.5%；以色列位居第三，542 项，占比 5.4%。此外，提交 TBT 通报较多的成员还有：巴西（424 项）、欧盟（416 项）、加拿大（344 项）、日本（343 项）、韩国（324 项）、泰国（317 项）以及肯尼亚（303 项）。

2008 年之前，美国的 TBT 通报总体呈增长态势；在 2008 年金融危机爆发、美国经济受到严重冲击后，其提交的 TBT 通报数量总体仍呈下降态势（图 5-9）。2009 年，美国共提交 TBT 通报 71 项，比 2008 年的 106 项下降 33.0%；2010 年虽同比增长 35.2%，但 2011 年同比下降 34.4%。

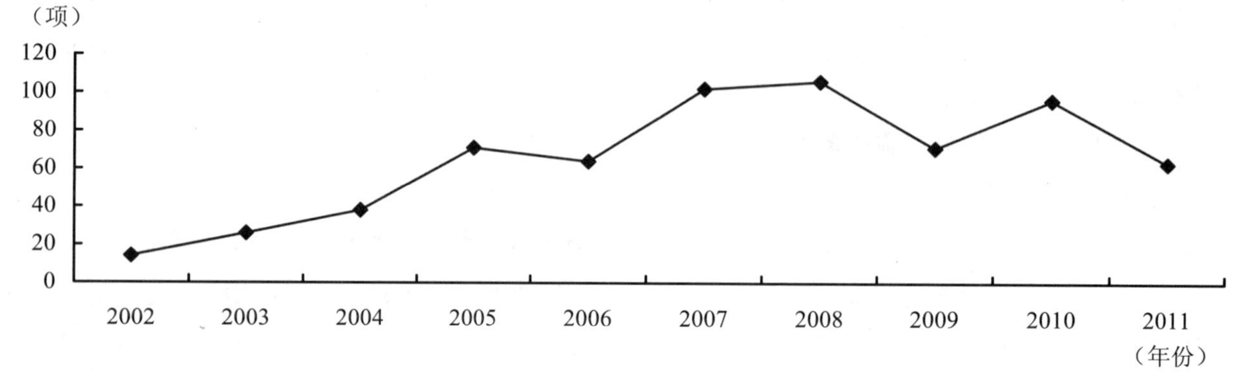

图5-9　2002～2011年美国向WTO提交TBT通报情况

2. 美国 TBT 通报依据条款以 TBT 协定第 2.9.2 条居多

2002～2011 年，美国所提交的 TBT 通报，依据《技术性贸易壁垒协定》（简称 TBT 协定）第 2.9.2 条的共计 539 项，位居首位，占美国同期提交通报总数的 82.7%；其次为依据 TBT 协定第 3.2 条的通报，101 项，占比 15.5%。此外，美国提交的 TBT 通报依据的条款还包括第 5.6.2 条、第 5.7.1 条以及其他条款。

纵观历年美国提交的 TBT 通报所依据的条款可见，2002～2011 年，美国对第 2.9.2 条的适用总体呈增长态势，且于 2010 年达历史峰值 94 项；2005 年，美国的 TBT 通报方有适用第 3.2 条的情况，且在 2008 年超过对第 2.9.2 条的适用，达 58 项；而对第 5.6.2 条和第 5.7.1 条的适用极少，除 2004 年有 2 项 TBT 通报适用第 5.6.2 条，其余各年均为零，同时对第 5.7.1 条的适用也仅有 2008 年和 2009 年各 1 项。

3.“保护人类健康和安全”为目的 TBT 通报居首

2002～2011 年，在美国提交的 TBT 通报适用的目的和理由（1 项通报可能涉及多项理由和目的）中，居前三位的分别为：保护人类健康和安全，共计 346 项，占美国同期 TBT 通报总数的 53.1%；保护环境，217 项，占比 33.3%；保护消费者，96 项，占比 14.7%。除此之外适用的理由和目的还包括：安全要求、防止欺诈行为、食品标准、保护儿童健康、标签要求、保护动物生命和健康、维护公共健康和福利、保护植物生命和健康以及防止犯罪行为等。

4. 涉及化学工业的 TBT 通报最多

通过对 2002～2011 年美国 TBT 通报所涉产品的行业进行分析，涉及化学工业及相关产品的最多，共 132 项，占美国同期 TBT 通报总数的 20.2%；其次为机械产品，116 项，占比 17.8%；车辆及其零件居第三位，105 项，占比 16.1%。此外，通报涉及较多的产品还有：食品及饮料（55 项）、家具及灯具产品（31 项）、植物产品（23 项）、玩具及防护用品（22 项）、活动物及动物产品（22 项）、医疗仪器及设备（21 项）、矿产品（16 项）、烟草及其制品（15 项）以及航空器及其零件（14 项）。

三、SPS 通报情况分析

1．通报总数居全球之首，是位居第二位的巴西的近 3 倍

2002～2011 年，共有 95 个成员向 WTO 提交了 10884 项 SPS 通报。其中，美国提交的通报达 2597 项（其中，补遗/修正通报 805 项、紧急措施通报 58 项以及常规通报 1734 项），占比 23.8%，是位居第二的巴西的近 3 倍。此外，位居全球 SPS 通报前十位的成员还有：加拿大、中国、欧盟、中国台湾、新西兰、秘鲁、韩国以及智利。

纵观美国 2002～2011 年提交的 SPS 通报，除 2005 年、2008 年和 2009 年同比下降外（尤其是 2009 年降至历史最低点，仅 116 项），其他各年度均呈同比增长态势，尤其是 2010 年同比增长 63.8%至 190 项，2011 年同比增长 21.6%，达 231 项（图 5-10）。

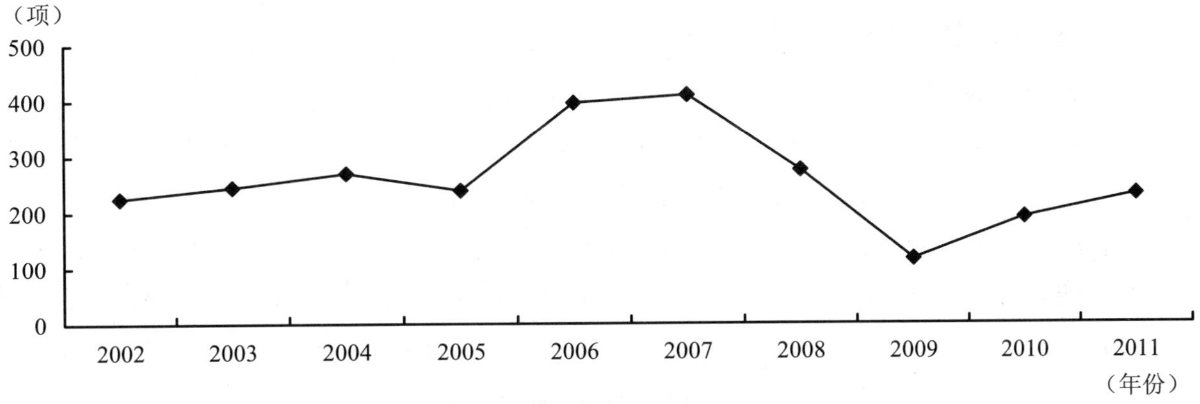

图5-10　2002～2011年美国向WTO提交的SPS通报年度走势

2．保护人类免受动植物有害生物危害位居通报理由和目的[㊀]之首

2002～2011 年，在美国提交的 1792 项紧急措施通报和常规通报中，以保护人类免受动植物有害生物危害为目的和理由的共 1567 项（注：1 项通报可涉及多个目的和理由），占比 87.4%，位居榜首；食品安全仅次之，1546 项，占比 86.3%；植物保护居第三位，809 项，占比 45.1%；动物健康和保护国家免受有害生物危害分列第四、五位，分别为 251 项和 65 项，各占比 14.0%和 3.6%。

3．有关杀虫剂许可限量的 SPS 通报高居首位

2002～2011 年，美国向 WTO 提交的 SPS 通报涉及杀虫剂许可限量、有害物质、动物疾病（猪瘟病毒 CSFV、口蹄疫、疯牛病等）、食品添加剂、食品标签、细菌含量、HACCP 有害分析与临界点控制法规、辐照、植物疾病（小麦印度腥黑穗病 KB、菊花白锈病 CWR、柑橘杂色褪绿病 CVC 等）、兽药含量、检疫许可、转基因、重金属含量、包装要求、饲料添加剂以及区域进口安排等多种标准类型。其中，有关杀虫剂许可限量的 SPS 通报最多，达 1424 项，占比 79.5%；其次为关于有害物质进口限制的，130 项，占比 7.3%；因动物疾病（猪瘟病毒 CSFV、口蹄疫、疯牛病等）而限制相关动物产品进口的 SPS 通报为 78 项，占比 4.4%，位居第三；关于食品添加剂含量以及食品标签的法规分列第四、五位，分别为 43 项和 20 项，各占比 2.4%和 1.1%。

㊀　下文对 SPS 通报的理由和目的以及通报标准类型的分析都不含补遗/修正通报。

欧盟 TBT、SPS 通报情况分析

欧盟技术性贸易措施的发展大致分为 3 个阶段：20 世纪 60～70 年代是产生阶段，各成员纷纷制定符合本国经济利益和科技发展水平的技术法规和标准，但由于各成员国制定的技术法规、标准与合格评定程序缺乏协调性和统一性，导致欧共体（欧盟前身）成员之间贸易的种种不便，阻碍了单一市场的建立。20 世纪 80～90 年代，欧盟着手解决成员国内技术法规、标准混乱的问题，并建立了以“新方法指令”为主体的较完善的技术法规体系，这是欧盟技术性贸易措施的发展时期。进入 21 世纪以来，欧盟各项技术性贸易措施不断完善，并开始引领国际标准的制定。目前，在欧盟内部已经初步形成了较为系统、成熟和协调化的、涵盖技术法规体系、标准体系与合格评定程序体系的技术性贸易措施体系。

一、欧盟[㊀]TBT 通报情况

1. 欧盟 TBT 通报数量总体较平稳

2002～2011 年，欧盟共向 WTO 提交 TBT 通报 416 项，占比 4.1%，居第五位，但欧盟每年的通报总数及其占当年通报总数的比重并非总是位居前列，其年度位次通常在第 3～13 位之间变化。

从通报数量来看，欧盟单年的通报数量呈现波浪式上升态势，并于 2008 年达到顶峰，为 66 项。而从欧盟单年通报数占当年通报总数的比重来看，欧盟的通报比重并未呈现出上升态势，而是保持相对平稳的态势（图 5-11）。其中，2011 年，欧盟依据 TBT 协定第 10.6 条向 WTO 通报 65 项，列中国（90 项）、科威特（68 项）之后，居第三位，在 2011 年同期通报总数中占比位居欧盟历年通报比重的首位，为 5.4%。

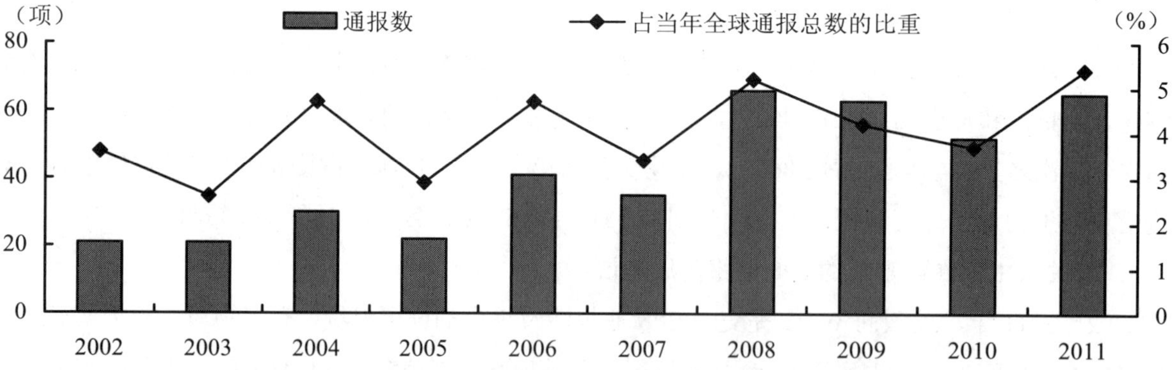

图5-11　2002～2011年欧盟TBT通报及在当年全球通报总数中占比情况

2. 欧盟 TBT 通报依据条款以 TBT 协定第 2.9.2 条为主

2002～2011 年，欧盟向 WTO 通报的技术性贸易壁垒主要依据 TBT 协定第 2.9.2 条、第 2.10.1 条和第 5.6.2 条。

在欧盟向 WTO 通报的 416 项 TBT 通报中（1 项通报可能依据多个条款），依据第 2.9.2 条向 WTO 通报的共计 396 项，依据第 2.10.1 条的共计 3 项，依据第 5.6.2 条的共计 81 项，尚有 4 项未指明依据

㊀ 在本文中，欧盟部分单独成员（例如法国、德国）依据 TBT 协议第 10.6 条向 WTO 通报的数据未计入欧盟通报数据之中。

任何条款。其中，依据第 2.9.2 条和第 5.6.2 条共同通报的 68 项。

3．化工产品和农产品是欧盟 TBT 通报的重点

在欧盟向 WTO 通报的 416 项 TBT 通报中，涉及化工产品的通报居首位，为 176 项，占通报总数的 42.3%；其次是机电产品，为 97 项，占比 23.3%；位居第三的是农产品及食品饮料，为 96 项，占比 23.1%。涉及上述 3 类产品的通报之和占欧盟通报总数的 88.7%。

在涉及化工产品的 176 项通报中，涉及农用化学品（农药、杀虫剂、化肥等）的 118 项，占化工产品通报总数的 67.0%；涉及日用化工产品（化妆品、染发剂等）的 25 项，占比 14.2%；涉及食品添加剂和饲料添加剂的 4 项，占比 2.3%。在涉及化工产品的通报中，保护环境和人类健康是通报热点，为 165 项；涉及动物福利、动物健康的共 4 项；涉及安全性的 3 项。

4．欧盟 TBT 通报的热点集中于保护环境和人类健康

在欧盟向 WTO 通报的 416 项 TBT 通报中（1 项通报涉及多个热点），以保护环境和人类健康为关键词的通报居首位，共 254 项，占比 61.1%；其次是标签，58 项，占比 13.9%；位居第三的是食品标准，30 项，占比 7.2%。

在以保护环境和人类健康为关键词的 254 项通报中，化工产品（165 项）、机电产品（63 项）居前二位。

二、欧盟⊖SPS 通报情况

1．欧盟 SPS 通报数总体呈下降态势，常规通报是重点

2002～2011 年，欧盟共向 WTO 提交 SPS 通报 575 项，占比 5.3%，居第五位。2002～2004 年，欧盟 SPS 措施通报数呈现上升态势，年均约为 71 项，并于 2004 年达到顶峰（93 项）。但 2005 年，欧盟 SPS 措施通报数大幅下降，为 41 项，与 2004 年相比降幅为 55.9%。此后，欧盟 SPS 措施的年度通报数维持在 40～60（含）项之间，未出现较大起伏（图 5-12）。

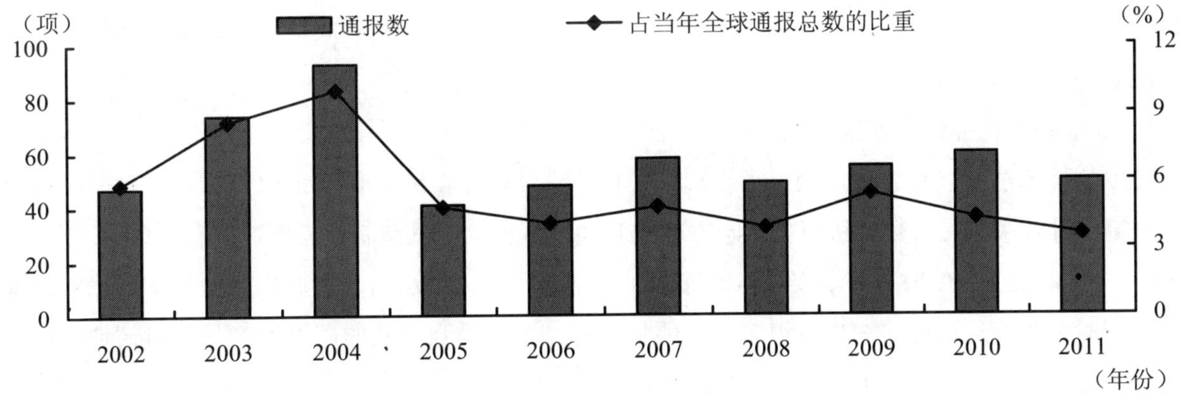

图5-12　2002～2011年欧盟SPS通报及在当年全球通报总数中占比情况

在欧盟向 WTO 通报的 575 项 SPS 措施中，常规措施通报 243 项，42.3%；紧急措施通报 26 项，4.5%；附录/勘误通报 306 项，占比 53.2%。

2．人类健康和食品安全是欧盟 SPS 常规通报的热点

在欧盟的 243 项 SPS 常规通报中（1 项通报涉及多个热点），涉及人类健康的通报 219 项，占欧盟 SPS

⊖ 在本文中，欧盟部分单独成员（例如法国、德国）依据 TBT 协议第 10.6 条向 WTO 通报的数据未计入欧盟通报数据之中。

常规通报总数的90.1%；其次是食品安全，共217项，占比89.3%；位居第三的是动物健康，为59项，占比24.3%。此外，植物健康（56项）、食品添加剂（43项）、动物饲料（24项）都是欧盟SPS通报中的热点问题。值得指出的是，在219项涉及人类健康的通报中，有217项是与食品安全这一热点相关联的。

在欧盟涉及人类健康的219项以及食品安全的217项SPS通报中，农药（70项）、最大残留限量（63项）、污染物（45项）均是上述两项通报的主要原因。

3. 食品安全和动物疾病是欧盟SPS紧急通报热点

在欧盟的26项紧急通报中，食品安全（15项）、动物疾病（7项）是通报热点。在食品安全中，食品添加剂（6项）是食品安全通报的主因，而动物禽流感（5项）则是动物疾病通报的主因。

日本TBT、SPS通报情况分析

日本的技术标准与法规名目繁多，大约有10%的日本国家标准与国际标准不一致，尤其是在农业标准方面，往往要比国际标准更为严格。当外国商品进入日本市场时，不仅要求其符合国际标准，还要求与日本的标准相吻合，这让一般发展中国家望尘莫及。为了保护国内市场，日本通过WTO向各成员发布TBT通报和SPS通报，严格限制外国产品的进口。

一、日本技术性贸易措施体系概述

日本的技术性贸易措施主要包括技术法规和技术标准、产品质量认证制度与合格评定程序、绿色技术壁垒、动植物卫生检疫措施以及近年来逐渐增多的“蓝色贸易壁垒”等。日本的技术标准与法规名目繁多，大约有10%的日本国家标准与国际标准不一致，尤其是在农业标准方面，往往要比国际标准更为严格。当外国商品进入日本市场时，不仅要求其符合国际标准，还要求与日本的标准相吻合，这让一般发展中国家望尘莫及。为了保护国内市场，日本通过WTO向各成员发布TBT通报和SPS通报，严格限制外国产品的进口。

1. 涵盖各个行业的技术法规

日本的技术法规名目繁多，涵盖了纺织、机械制造、汽车制造、化学工业、农业、食品等各个行业。在每个行业中，又有数项法规从不同方面同时加以规范。以机械制造为例，就有《日本工业规格》（JIS）、《日本认证制度》、《劳动安全与健康法》、《电气用品取缔法》、《气瓶生产检验法》、《制品安全法》等同时监管。这些法律法规对很多商品的技术标准要求是强制性的，不论产品来自何地，均要在满足各种技术指标后，才能进行生产、销售和使用。

2. 严密的质量认证和合格评定程序

除技术法规和标准外，日本还通过产品质量认证制度和合格评定程序对进口商品设置重重障碍。凡进入日本市场的商品，日本的进口部门均对其国内的生产、消费、需求领域进行定向调查，并由商品流通业界进行定性分析。而对某些产品，日本进口商还要对产品进行质量认证，或对其生产工艺和生产方法进行合格评定。

3. 监管严厉的食品安全保障体系

日本有关农产品的技术性措施体系自乌拉圭谈判之后逐步建立，涉及的范围广且要求严格。日本是农产品进口大国，因此日本逐渐成为世界上食品安全保障体系最完善、监管措施最严厉的国家之一，其负责食品安全的监管部门主要有日本食品安全委员会、厚生劳动省、农林水产省。食品安全委员会于2003年7月设立，主要职能包括实施食品安全风险评估、对风险管理部门（厚生劳动省、农林水产省等）进行政策指导与监督，以及风险信息沟通与公开。农林水产省和厚生劳动省是日本法律明确规定食品安全的管理部门，负责农产品和食品的监测、鉴定和评估，以及政府委托的市场准入和市场监督检验。

二、TBT通报统计分析

1．总体情况

2002～2011年，日本共向WTO提交TBT通报343项，占比3.4%，居第七位。日本TBT通报文件的政策目标范围十分广泛，而且覆盖的产品种类也呈现不断扩大之势。在通报的产品标准与法规方面，日本以保护国民健康安全和保护环境的名义，构筑了日本的市场准入门槛。

从日本提交TBT通报数量的年度变化情况来看，在2003年达到45项之后，2004年仅有22项，为近年来的最低点，降幅达51.1%。之后呈现稳中有升的态势，直到2008年增至近年来通报的最高点，为53项，同比增幅为20.5%（图5-13）。

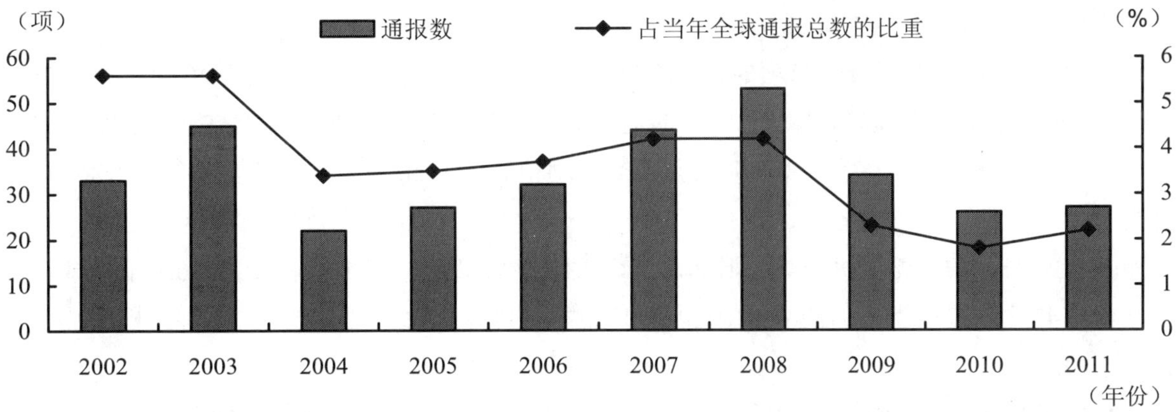

图5-13　2002～2011年日本TBT通报及在当年全球通报总数中占比情况

从WTO成员每年TBT通报数量的排名看，2002～2008年，日本一直保持在前七之内，并在2007年达到最高的第三位。从2009年开始，包括中国、巴西、巴林、以色列在内的诸多发展中国家的TBT通报数量出现激增，日本排名大幅下滑，2010年甚至降至第十八位。从每年日本TBT通报数量的占比情况来看，也与排名情况类似，2002～2008年保持在3.4%～5.6%，从2009年起逐渐低于3%，2010年占比仅为1.8%（表5-4）。

表 5-4　2002～2011 年日本提交 TBT 通报年度排名及占比情况

年　份	排　名	占比（%）	年　份	排　名	占比（%）
2002	5	5.6	2007	3	4.2
2003	4	5.6	2008	5	4.2
2004	7	3.4	2009	13	2.3
2005	6	3.5	2010	18	1.8
2006	6	3.7	2011	16	2.2

从2011年WTO成员通报的TBT数量来看，中国仍排在首位，共90项，占当年WTO成员TBT通报总数（1214项）的7.4%；欧盟位列第二，65项，占比5.4%；美国位列第三，63项，占比5.2%；以色列和沙特阿拉伯并列第四，各59项，各占比4.9%。2011年，日本向WTO提交的TBT通报为27项，在所有国家中列第16位，占比2.2%。

2．通报产品的行业分布情况

2002～2011年，在日本向WTO提交的343项TBT通报中，共有124项通报标明了所涉及产品的海关编码（HS码）。在本文中，依据HS码将日本TBT通报所涉及产品分为7个行业：

① 农产品，包括HS编码为01～24的产品，主要涉及动植物产品、食品、饮料等；

② 机械，包括HS编码为84、85中的部分产品，主要涉及机械设备、仪器仪表、机械标准件、车船航空器、机动车辆等；

③ 轻工，包括HS编码为41～49、64～70以及84、85、94中的部分产品，主要涉及皮革、鞋帽、木及木制品、纸及纸制品、陶瓷玻璃、家具、玩具、家电等；

④ 化工，包括HS码为28～40中的产品，涵盖化学原料、化学制品、橡胶及其制品，塑料及其制品、医药等；

⑤ 纺织品服装，包括HS码为50～63的产品，即纺织原料及纺织制品；

⑥ 电子信息，包括HS编码为84、85中的部分产品，主要涉及数据处理设备及其零部件、通信设备及其零部件、半导体电子元器件等。

⑦ 冶金，包括HS编码72～83的产品。

将2002～2011年日本共计343项的TBT通报所涉及的产品与HS码（1项通报可能涉及多个HS码的产品）相对应之后可以发现，涉及农产品的通报最多，共94项，占同期日本TBT通报总数的27.4%。其中，加工食品45项，占该类产品的47.9%；鲜活动植物产品28项，占该类产品的29.8%；果汁、饮料类产品有6项。

涉及化工产品的通报共90项，占比26.2%，数量位居第二。其中，在HS码30项下（即药品）的产品就有43项，占该类产品的47.8%，占同期日本TBT通报总量的12.5%；含有石棉的化工产品有13项。

涉及机械行业的产品通报共60项，占比17.5%，数量位居第三。其中，在HS码87项下（即车辆及其零件、附件，不包括铁道及电车道车辆）的产品有41项，占该类产品的68.3%，占日本TBT通报总量的12.0%。

涉及轻工产品的通报共57项，占比16.6%。其中，家电产品就有32项，占该类产品的56.1%；儿童玩具有7项，家具及其配件有5项。

此外，涉及电子信息产品的TBT通报共27项，占比7.9%；纺织品服装共有6项，占比1.7%；涉及冶金产品的通报有4项，占比1.2%（图5-14）。

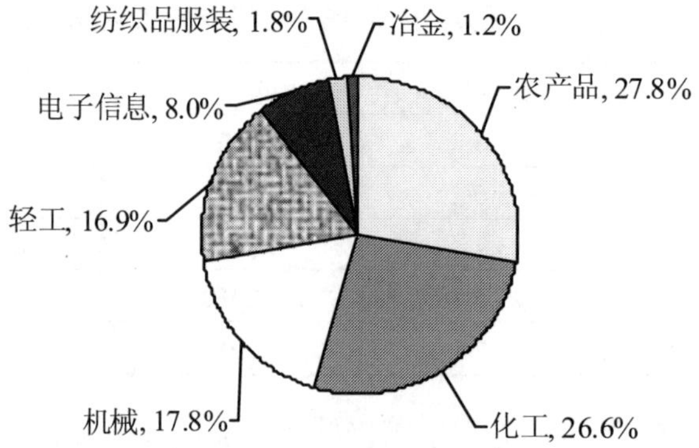

图5-14　2002～2011年日本TBT通报所涉及产品行业分布情况

3．通报的目的和理由情况

2002～2011年，在日本向WTO提交TBT通报的理由和目的（1项通报可能涉及多项理由）中，位居前三的分别是：保护人类的健康和安全，共计98项，占比28.6%；使用新法律法规或技术标准，共有67项，占比19.5%；以及向消费者提供信息以及标签标识，共41项，占比12.0%。3项合计206项，占日本TBT通报总量的60.1%（图5-15）。

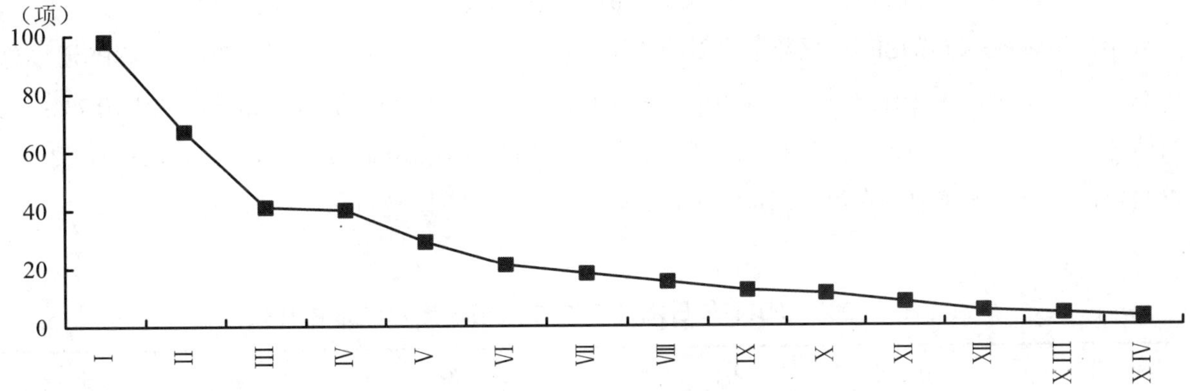

图5-15　2002～2011年日本TBT通报理由和目的分布

I—保护人类的健康或安全；II—使用新法律法规或技术标准；III—消费者信息及标签标识；IV—防止欺诈行为和保护消费者的权益；V—统一性要求；VI—保护环境；VII—防止有毒有害物质造成的损害；VIII—能源的合理化；IX—技术进步；X—保护动植物生命和健康；XI—质量要求；XII—防止气候变暖；XIII—降低或取消技术贸易壁垒或提供贸易便利；XIV—节约成本和提供生产率

4．通报所依据的条款

在日本343项TBT通报中，仅依据TBT协定第2.9.2条的共有292项，占比85.1%；依据第5.6.2条的有8项，占比2.3%；同时依据第2.9.2条和第5.6.2条的共38项，占比11.1%；依据第2.10.1条的有2项；“无依据”的有3项。

三、SPS通报统计分析

1．总体情况

2002～2011年，日本共向WTO提交SPS通报222项，占比2.0%，列第十三位。从日本提交SPS通报数量的年度变化情况来看（图5-16），一直维持在20～30项之间，在2007年达到近年来通报的最高点，共27项；2003年和2006年为近年来通报的最低值，为21项。

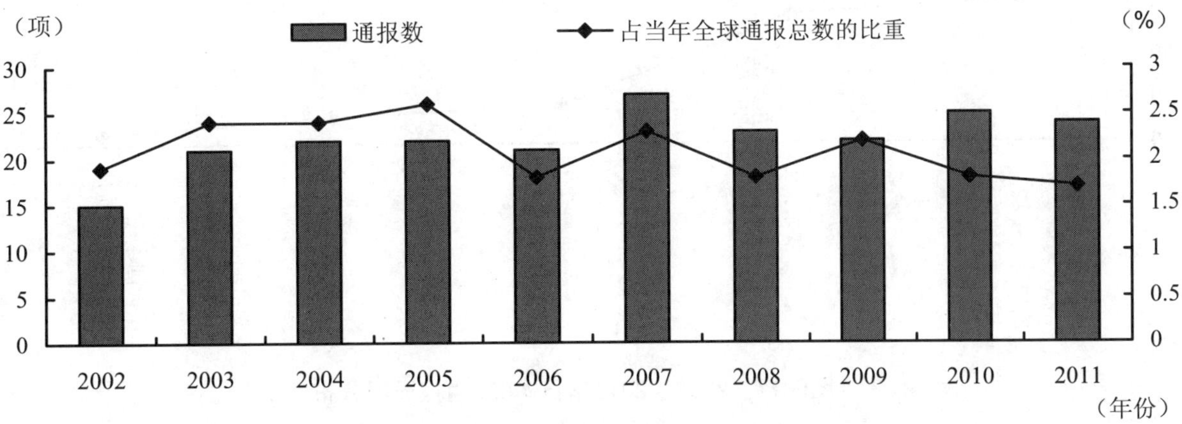

图5-16　2002～2011年日本SPS通报及在当年全球通报总数中占比情况

从 WTO 成员每年 SPS 通报数量的排名来看，2003 年日本达到第九位的最高排名，其他年份都未进入前十。除 2003 年外，2002～2007 年日本的排名一般保持在第十三位以内。从 2008 年开始，随着巴西、秘鲁等发展中国家 SPS 通报数的持续攀升，日本的排名下滑至十四位以下，并在 2010 年滑至近十年来最低的第十六位。从每年日本 SPS 通报数量的占比情况来看，一直较为稳定，保持在 1.6%～2.6% 之间。其中，2005 年所占比例最高，为 2.6%；2011 年占比最低，为 1.6%（表 5-5）。

从2011年WTO成员的SPS通报数量来看，美国位列首位，共231项，占当年WTO成员SPS通报总数（1388项）的16.6%；中国位列第二，169项，占比12.2%；加拿大位列第三，149项，占比10.7%；巴西列第四位，123项，占比8.9%；中国台湾列第五位，71项，占比5.1%。2011年，日本向WTO提交SPS通报24项，在所有国家中排在第十四位，占比1.6%。

表 5-5　2002～2011 年日本提交 SPS 通报年度排名及占比情况

年　份	排　名	占比（%）	年　份	排　名	占比（%）
2002	13	1.9	2007	10	2.3
2003	9	2.4	2008	14	1.8
2004	10	2.4	2009	15	2.2
2005	12	2.6	2010	16	1.8
2006	13	1.8	2011	14	1.6

2．通报的目的和理由情况

WTO各成员在提交SPS通报时都要说明提交的原因或目的。目前，各成员提交SPS通报的原因主要有5条，即食品安全、植物保护、保护人类免受动/植物有害生物的危害、动物健康和保护国家免受有害生物的其他危害。2002～2011年，在日本向WTO提交的222项SPS通报中，以保护人类免受动/植物有害生物的危害为由或目的所提交的通报共168项（1项通报可能涉及多种原因），数量最多，占同期日本SPS通报总量的75.7%；以食品安全为由或目的提交的SPS通报共151项，数量位列第二，占比68.0%；动物健康共45项，位列第三，占比20.3%（图5-17）。

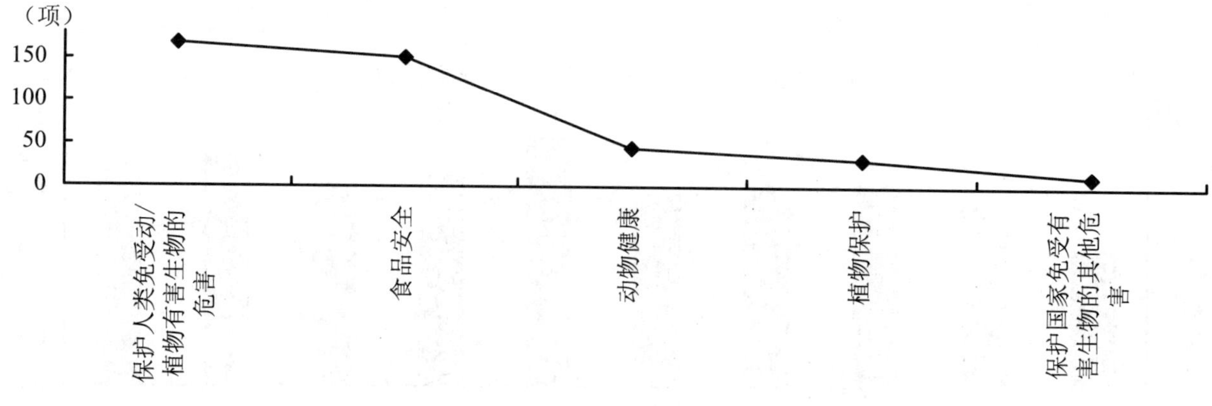

图5-17　2002～2011年日本SPS通报原因分布

加拿大 TBT、SPS 通报情况分析

加拿大在 WTO/TBT 的原则下，积极构筑本国的技术性贸易措施体系，以保障人类安全和保证产品质量安全为宗旨，以在自由贸易框架下保护本国产业发展为目的，运用符合国际惯例和顺应世界经济发展潮流的非关税壁垒——技术性贸易壁垒，在扩大出口的同时保护本国产业不受外来产品的冲击。

一、加拿大技术性贸易措施体系概述

1. 技术法规

加拿大的技术法规包括法令（Act）和法规（Regulations）两部分。一般而言，法令是从宏观上作出一些基本规定，而法规则是实现法令基本规定的具体化实施细则，少则 1 个，多达几十个，如危险产品法令的相关技术法规就有 28 个。在技术法规中，明确规定了受法规制约的产品类别、技术内容以及违反规定的行政惩罚制度。

加拿大共有法令 683 个，相关的条例有 3481 个。其中，与产品进出口贸易相关的技术法令有 30 个，相关的技术条例有 95 个。目前，加拿大用于产品安全性和效率认证的法案有 8 个，分别是：《消费者产品安全法》、《消费品包装和标签法》、《纺织品标签法》、《危险产品法》、《能源效率法》、《无线电通信法》、《电信法》和《电气规范》，而与上述 8 个法案相关的技术条例可达 40 多个。

2. 技术标准

加拿大国家标准体系（NSS）已有 25 年以上的历史，在建筑、化学品、药品、能源、食物、运输设备、测量设备、医疗设备、电信设备和环境等领域均有相关的技术标准和规则。加拿大国家标准是自愿采用的，但批准的国家标准一旦被联邦或省的条例引用，该标准就具有强制性。加拿大国家标准以基础性和通用性标准为主，一般不制订具体产品的描述性标准。现行的国家标准中，约有 50%采用 ISO、IEC 和 ITU 等国际标准。加拿大国家标准体系为保证产品和服务的安全和质量、开拓国际市场做出了重要的贡献，从而确立了加拿大在国际标准化工作中的领导者地位。

加拿大的国家标准均由加拿大标准委员会（SCC）批准发布，具体的标准制修订工作由政府指定的机构承担。目前，获得国家认可的标准制修订机构共有 4 个，分别是：加拿大标准协会（CSA）、加拿大通用标准局（CGSB）、加拿大保险商实验室（ULC）和魁北克省标准局（BNQ）。为了避免制定标准的重复性，每个标准组织负责不同领域的标准制定工作。标准制定的过程中，在相关方共同协商一致的基础上制定标准；标准制定完毕后，标准制定组织将其提交给 SCC，只有文件满足 SCC 制定标准准则的所有要求才可批准为加拿大国家标准。

3. 合格评定制度

进口产品除了要符合加拿大联邦政府制定的相关法令/法规和这些法令/法规引用的相关标准外，还要佩戴相应的认证标志后才能进入加拿大市场。加拿大实施的认证制度有强制性认证与自愿性认证两类。政府仅规定那些需要绝对确保安全的产品必须进行检验或认证。但由于认证制度深入人心，用户对标有认证标志的产品高度信赖，因此，在一定意义上使本来自愿性认证带有了强制性。

加拿大国家级的认证工作是由加拿大标准委员会（SCC）的合格评定部负责具体实施的。它由 1 个审核员培训机构、15 个质量体系认证机构、22 个产品和实验室认证机构以及 4 个国家标准制订机构

组成。加拿大国家认证工作包含在国家标准化技术活动之中，ISO9000、ISO14000 都是驱动加拿大认证工作的动力和基础。

二、TBT 通报统计分析

1. 加拿大 TBT 通报量总体较为平稳

2002～2011年，加拿大共向WTO提交TBT通报344项，占比3.4%，位居第六。加拿大每年提交的TBT通报量较为平稳，一直在35项左右浮动，从未超过40项。其中，2002～2005年，通报数量连续4年增长，平均增幅为11.8%。2006～2011年，通报数量呈波浪形增长，且分别在2006年、2008年、2010年和2011年出现下降，降幅分别为7.7%、15.4%、10.3%和8.6%（图5-18）。

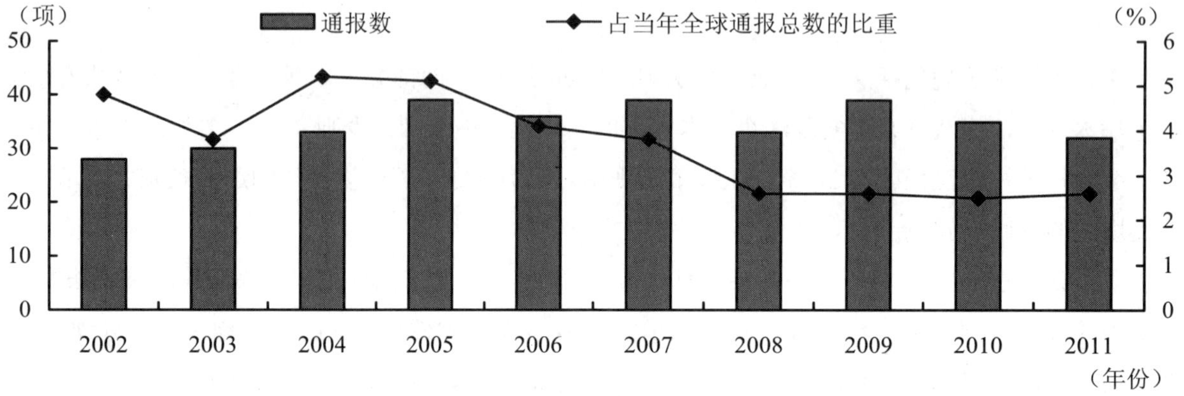

图5-18　2002～2011年加拿大TBT通报及在当年全球通报总数中占比情况

从 WTO 成员每年 TBT 通报数量的排名来看，2002～2007 年，加拿大一直保持在前六位，并在 2005 年达到第四位。2007 年之后，加拿大每年通报数量排名持续走低，特别是自 2008 年、2009 年开始，包括中国、巴林、以色列在内的诸多发展中国家 TBT 通报数量出现激增，导致加拿大的数量排名大幅下滑，2011 年已经降至第十四位。从每年加拿大 TBT 通报数量的占比情况来看，也与排名情况类似，在 2002～2007 年均保持在 3.8%～5.2%，从 2008 年起则逐渐低于 3%，维持在 2.6%左右（表 5-6）。

表 5-6　2002～2011 年加拿大提交 TBT 通报年度排名及占比情况

年　份	排　名	占比（%）	年　份	排　名	占比（%）
2002	6	4.8	2007	5	3.8
2003	6	3.8	2008	11	2.6
2004	5	5.2	2009	12	2.6
2005	4	5.1	2010	13	2.5
2006	5	4.1	2011	14	2.6

2. 制药学居加拿大 TBT 通报行业之首

2002～2011 年，在加拿大向 WTO 提交的 344 项 TBT 通报中，共有 333 项通报标明了所涉及产品的国际标准分类法（ICS 码），将加拿大 TBT 通报所涉及的产品与 ICS 码（1 项通报可能涉及多个 ICS 码的产品）相对应之后可以发现，医药卫生技术，环保、保健和安全，电信、音频和视频工程，道路车辆工程，农业，化工技术，石油技术以及家用和商用设备、文娱、体育用品等领域是其关注的重点。根据 ICS 二级分类，排在前三位的领域分别为：制药学（包括药物、医用材料和制药设备等），共计 72 项，占比 20.9%；无线通信，51 项，占比 14.8%；环境保护（包括环境管理、环境影响评定、污染控制和保护等），41 项，占比 11.9%（图 5-19）。

此外，加拿大 TBT 通报涉及较多的产品还包括：道路车辆装置（车辆照明、制动、车身等车辆部件，38 项）、兽医学（20 项）、道路车辆综合（道路车辆试验、回收、运输等，14 项）、空气质量（13 项）、儿童用品（12 项）、杀虫剂和其他农用化工产品（11 项）、燃料（10 项）等。

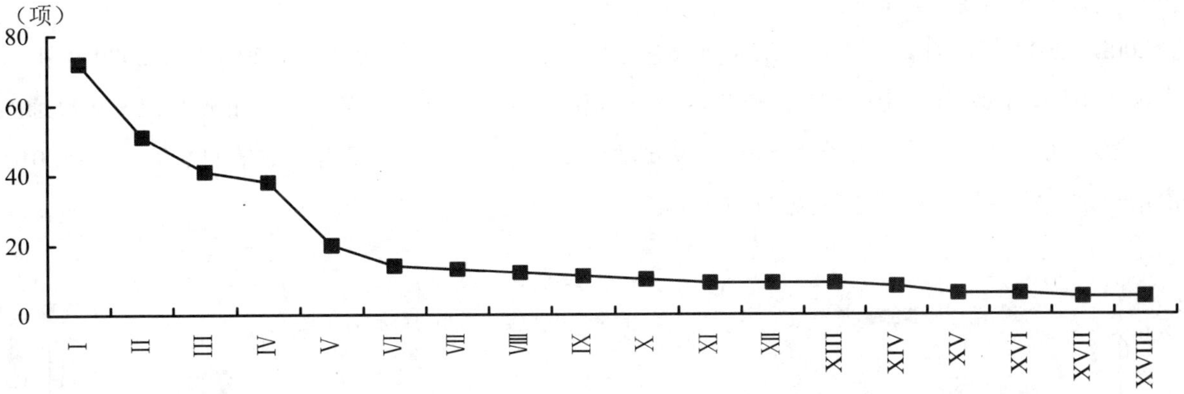

图5-19　2002～2011年加拿大TBT通报涉及领域分布

I—制药学；II—无线通信；III—环境保护；IV—道路车辆装置；V—兽医学；VI—道路车辆综合；VII—空气质量；VIII—儿童用品；IX—杀虫剂和其他农用化工产品；X—燃料；XI—危险品防护；XII—化工产品；XIII—商用车辆；XIV－电信终端设备；XV－摩托车和电动自行车；XVI－烟草、烟草制品和烟草工业设备；XVII—乘用车、篷车和轻型挂车；XVIII—家用、商用和工业用加热器具

3. 加拿大 TBT 通报的首要目的是保护人类健康

2002～2011 年，在加拿大向 WTO 通报的 344 项 TBT 通报中（1 项通报可能涉及多个目的），居前三位的分别是：保护人类健康，共计 153 项，占比 44.5%；保护环境，82 项，占比 23.8%；保护网络，60 项，占比 17.4%，3 项合计 295 项，占加拿大 TBT 通报总量的 85.8%（图 5-20）。此外，适用的理由和目的还包括：保护人类安全、保护动物生命和健康、消费者信息及标签、扩大市场准入、防止欺诈行为、维护国家安全、保护植物健康等。

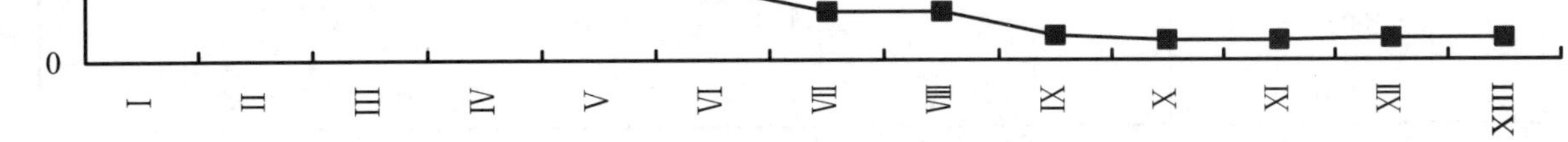

图5-20　2002～2011年加拿大TBT通报理由和目的分布

I—保护人类健康；II—保护环境；III—保护网络；IV—保护人类安全；V—保护人类健康和安全；VI—保护动物健康；VII—保障公众安全；VIII—消费者信息及标签；IX—扩大市场准入；X—防止欺诈行为；XI—国家安全；XII—保护植物健康；XIII—其他

4. 加拿大 TBT 通报主要依据 TBT 协定第 2.9.2 条

2002～2011 年，加拿大所提交的 TBT 通报，依据“TBT 协定”的第 2.9.2 条的共计 322 项（1 项

通报可能涉及多项协定）；依据第 5.6.2 条的共计 125 项；依据第 2.10.1 条的仅有 2 项。

三、SPS 通报统计分析

1. 加拿大 SPS 通报数总体呈上升态势，排名始终保持在第三位左右

2002～2011年，加拿大共向WTO提交SPS通报为868项（其中，补遗/修正通报373项、紧急措施通报19项以及常规通报476项），占通报总量的8%，位列第三。

2002～2011 年，加拿大提交的 SPS 通报总量呈增长态势，但在 2005 年、2006 年、2009 年和 2011 年出现了下降，降幅分别为 19.7%、37.7%、39.1%和 15.8%。2002～2007 年，加拿大 SPS 年度通报数较为平稳，2008 年，加拿大提交的 SPS 通报猛增至 128 项，是 2007 年提交数量的 3 倍左右；2010 年再次增至 177 项，是 2009 年提交数量的 2.3 倍。

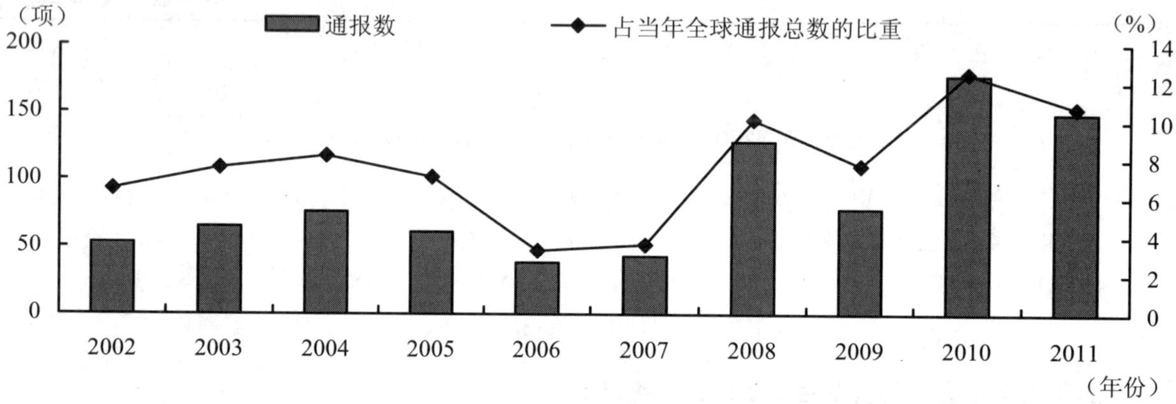

图5-21　2002～2011年加拿大SPS通报及在当年全球通报总数中占比情况

从WTO成员SPS通报的年度排名来看，2002～2011年，加拿大一直保持在第三位左右。其中，共有4年排名第三位；2005和2010年升至第二位；2006和2007年下滑至第五位；2011年，随着巴西近年来通报数量的减少，中国通报数量的增加，加拿大重返排行榜第三位。

表 5-7　2002～2011 年加拿大提交 SPS 通报年度排名情况

年　份	排　名	年　份	排　名
2002	3	2007	5
2003	4	2008	3
2004	3	2009	4
2005	2	2010	2
2006	5	2011	3

2. 食品安全是加拿大 SPS 通报的首要目标

2002～2011 年，加拿大提交 SPS 通报的理由和目的（1 项通报可能涉及多项理由）（不包括修正与补遗）中，排在首位的是食品安全，共 417 项，占比 84.2%；位居第二的是植物保护，共 71 项，占比 14.3%；保护人类免受动/植物有害生物的危害，40 项，占比 8.1%；动物健康，15 项，占比 3%；保护国家免受有害生物的其他危害，9 项，占比 1.8%（图 5-22）。

表5-8　2002～2011年WTO各成员提交TBT通报前二十位通报量及占比情况

排名	成员	通报数量（项）	占比（%）	排名	成员	通报数量（项）	占比（%）
1	中国	862	8.5	11	卡塔尔	261	2.6
2	美国	652	6.5	12	巴林	255	2.5
3	以色列	542	5.4	13	阿根廷	238	2.4
4	巴西	424	4.2	14	墨西哥	215	2.1
5	欧盟	416	4.1	15	乌干达	191	1.9
6	加拿大	344	3.4	16	智利	159	1.6
7	日本	343	3.4	17	哥伦比亚	154	1.5
8	韩国	324	3.2	18	萨尔瓦多	148	1.5
9	泰国	317	3.1	19	菲律宾	146	1.4
10	肯尼亚	303	3.0	20	南非	136	1.3

表5-9　2002～2011年WTO各成员提交SPS通报前二十位通报量及占比情况

排名	成员	通报数量（项）	占比（%）	排名	成员	通报数量（项）	占比（%）
1	美国	2597	23.9	11	哥伦比亚	315	2.9
2	巴西	968	8.9	12	菲律宾	255	2.3
3	加拿大	868	8.0	13	日本	222	2.0
4	中国	694	6.4	14	澳大利亚	203	1.9
5	欧盟	575	5.3	15	泰国	172	1.6
6	中国台湾	397	3.6	16	阿尔巴尼亚	142	1.3
7	新西兰	395	3.6	17	巴林	119	1.1
8	秘鲁	374	3.4	18	阿根廷	118	1.1
9	韩国	358	3.3	19	哥斯达黎加	114	1.0
10	智利	339	3.1	20	墨西哥	110	1.0

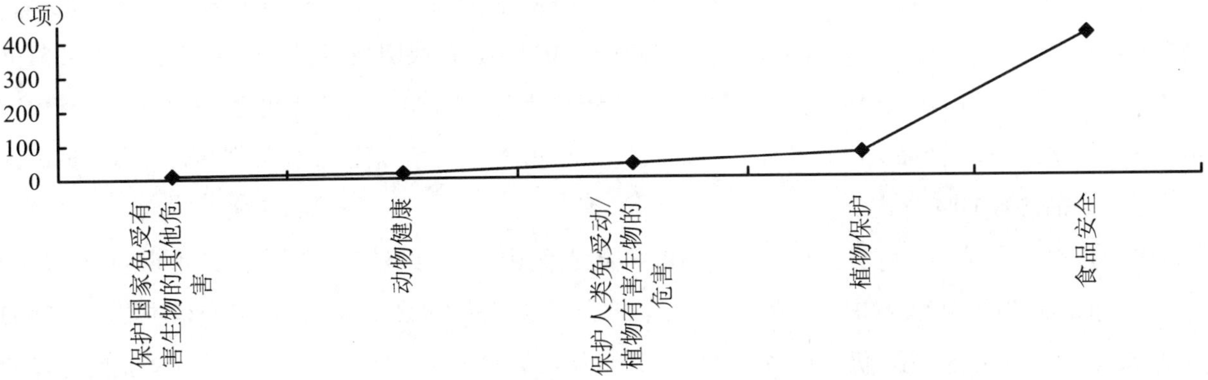

图5-22　2002～2011年加拿大SPS通报原因分布

第二节　主要国家对华产品拒绝、召回、预警和扣留情况

美国FDA拒绝进口中国产品情况综述

一、美国FDA拒绝进口中国产品总体呈增长态势

2005～2011年，美国FDA共拒绝进口产品181265批次。其中，墨西哥被拒绝进口产品最多，高达72869批次，占比40.2%；中国居第二位，达13351批次，占比7.4%；印度位居第三，12495批次，占比6.9%。墨西哥之所以超过中国位居美国FDA拒绝产品的首位，主要是由于2011年6月和8月，美国FDA拒绝进口的墨西哥商品分别高达18502批次和34050批次。

纵观美国FDA对华产品拒绝情况可见，美国拒绝中国产品进口总体却呈增长态势。2002年，在美国FDA以拒绝进口产品报告替代进口产品扣留报告的第一年，美国FDA拒绝进口中国产品949批次，占比5.2%，排名第六位；在2003年、2004年连续两年增长，2005年、2006年连续两年下降后，2007年，我国被拒绝进口的产品批次同比增长14.8%，达1963批次，首次位居美国拒绝进口产品的第一位；虽然2008年再次出现同比下降，但2009年升至历史高位1991批次，占比达12.7%，再次位居美国拒绝进口产品的首位；2010年同比略有下降，但仍位居首位；2011年，美国共拒绝进口中国商品2385批次，同比增长42.5%（表5-10）。

表5-10　2002～2011年美国FDA拒绝进口中国产品情况

年 份	2002	2003	2004	2005	2006	2007	2008	2009	2010	2011
拒绝批次	949	1463	1923	1914	1710	1963	1714	1991	1674	2385
占比（%）	5.2	8.4	9.2	9.8	10.0	12.5	10.3	12.7	11.2	42.5
排 名	第六	第三	第三	第二	第三	第一	第二	第一	第一	第二

二、食品、饮料及农产品被拒绝进口批次最多

美国FDA拒绝进口产品的类别主要包括：食品、饮料及农产品，医疗、轻工产品，药品，机电、家电产品，瓷器、餐具，化妆品以及其他产品。2005～2011年，在我国被美国FDA拒绝进口的13351批次的产品中，食品、饮料及农产品类产品最多，共计5503批次，占比41.2%；其次为医疗、轻工类产品，3796批次，占比28.4%；药品类产品共计1959批次，占比14.7%，居第三位。这3类产品合计占同期中国被拒绝进口产品总数的84.3%。

2002年以来，食品、饮料及农产品类产品就一直是美国FDA拒绝进口中国产品的重点领域。2002年，在美国拒绝进口的949批次中国产品中，食品、饮料及农产品为416批次，占比43.8%，居首位；2003年增至652批次，占比35.0%，仍为最多；2005～2011年，虽然医疗、轻工产品以及药品被拒绝进口的位次不断发生变化，但食品、饮料及农产品类产品始终位居中国被拒绝进口产品的首位，分别达733批次、689批次、947批次、696批次、893批次、638批次和907批次（图5-23）。

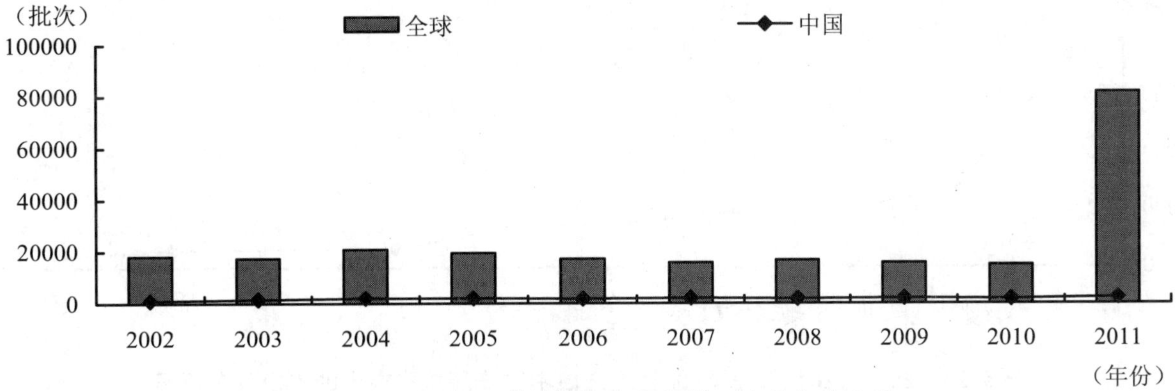

图5-23　2002～2011年美国FDA拒绝进口产品年度走势

三、未经注册批准是美国FDA拒绝进口的最主要原因

中国产品被美国FDA拒绝进口的主要原因包括：（1）未经注册批准；（2）限量超标；（3）不符合包装、标签和说明的规定；（4）不符合卫生要求；（5）不符合生产的相关标准与规定；（6）缺少证书材料；（7）不符合进口法律的规定；（8）含有有毒有害物质；以及（9）其他。

单批次产品可能因多项原因而被FDA拒绝进口。2005～2011年，在美国FDA拒绝进口的中国的13351批次产品中。其中，因未经注册批准的为4885项，占比36.6%，排在第一位；其次为不符合包装、标签和说明规定的，3504批次，占比26.2%；不符合卫生要求的，3413批次，占比25.6%；居第三位。

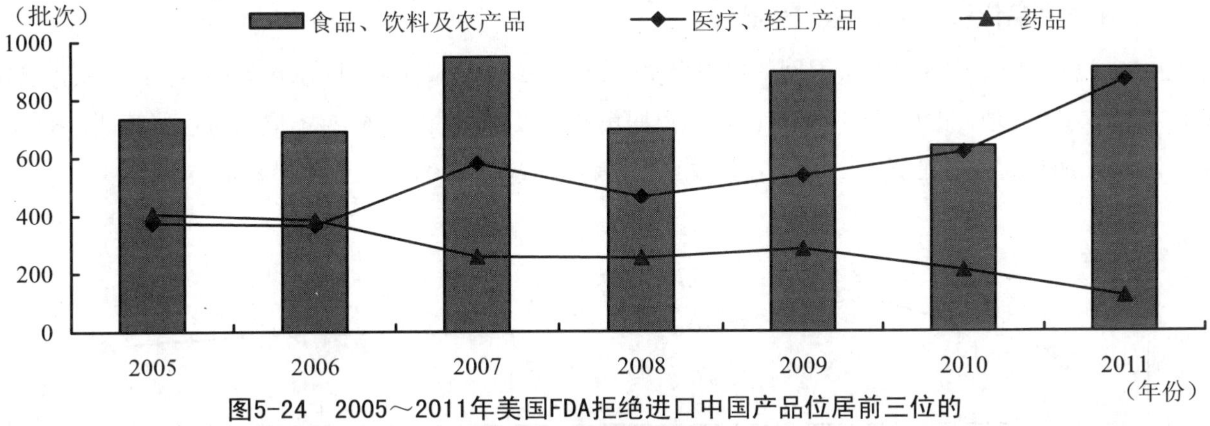

图5-24　2005～2011年美国FDA拒绝进口中国产品位居前三位的产品类别年度对比情况

四、广东是美国FDA拒绝进口中国产品的最主要来源地

2006～2011年，在美国FDA拒绝进口的11437批次中国产品中，原产地为广东的3719批次，占同期美国FDA拒绝进口中国产品总批次的32.5%，位居首位；原产地为浙江的1390批次，占比12.2%，位居第二；福建位居第三，980批次，占比8.6%。原产于上述3个省份的被拒绝进口产品共计4639批次，占同期中国被拒绝进口总批次的53.2%。

此外，被拒绝进口产品较多的省份还有：上海、山东、江苏、河北、北京、辽宁以及天津。

广东、浙江、上海及福建一直是美国FDA拒绝进口中国产品的主要来源地，而广东连续数年居美国FDA拒绝进口中国产品的首位。2002年，在中国被拒绝进口的产品中，原产地为广东的192批次，占比20.2%；2003年为439批次，占比30.0%；2005年为486批次，占比25.3%；2006年为379批次，占比22.2%；2007～2011年，分别为491批次、669批次、754批次、628批次和798批次，且均位居当年美国FDA拒绝进口中国产品来源省份之首。

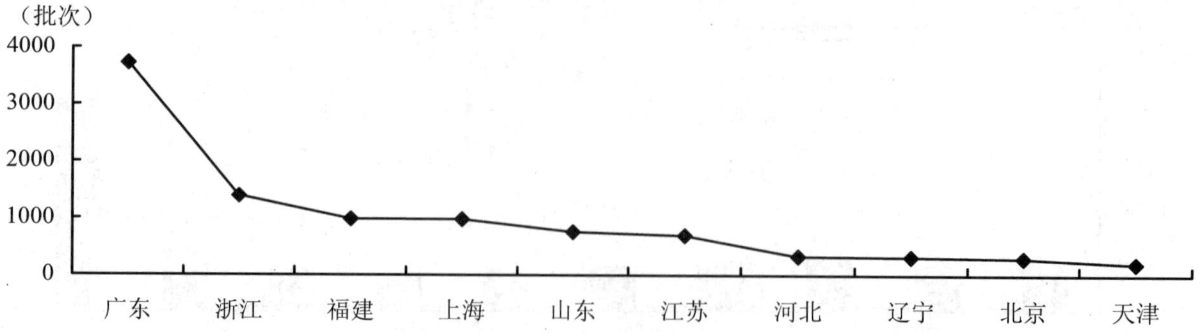

图5-25　2006～2011年美国FDA拒绝进口中国产品位居前十的省份分布情况

美国 CPSC 对华产品召回情况综述

2006～2011 年，美国消费品安全委员会（CPSC）共发布 2221 项产品安全召回通报，涉及美国、印度、加拿大、印度尼西亚、斯里兰卡、柬埔寨、韩国、英国、意大利、奥地利、巴西、法国、墨西哥、泰国、巴基斯坦、比利时、波兰、西班牙、越南、葡萄牙、德国、瑞典、马来西亚、丹麦、罗马尼亚、荷兰、哥伦比亚、菲律宾、孟加拉国、日本、中国 31 个国家以及中国香港、中国澳门和中国台湾。

一、中国产品位居美国 CPSC 召回的首位

2006～2011 年，中国产品被召回的通报最多，为 1312 项，占同期召回总数的 59.1%；其次为美国本土产品，为 428 项，占比 19.3%；中国台湾位居第三，116 项，占比 5.2%；墨西哥位居第四，62 项，占比 2.8%；加拿大位居第五，55 项，占比 2.5%。其他国家为 240 项，占比 10.8%。[一]

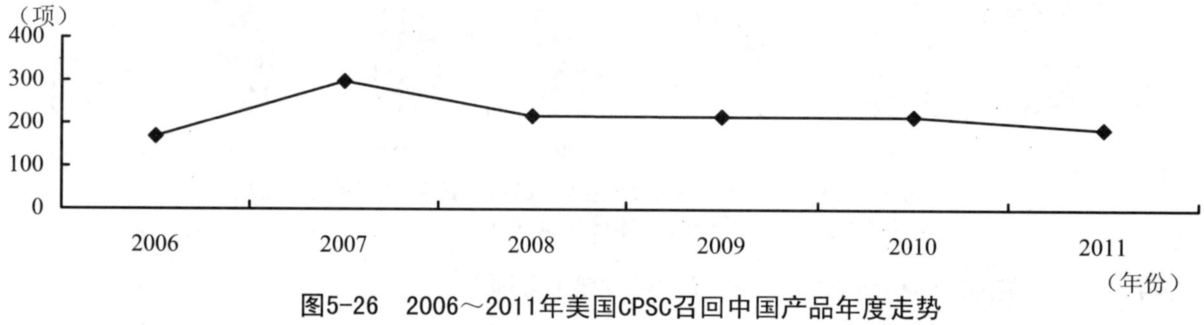

图5-26　2006～2011年美国CPSC召回中国产品年度走势

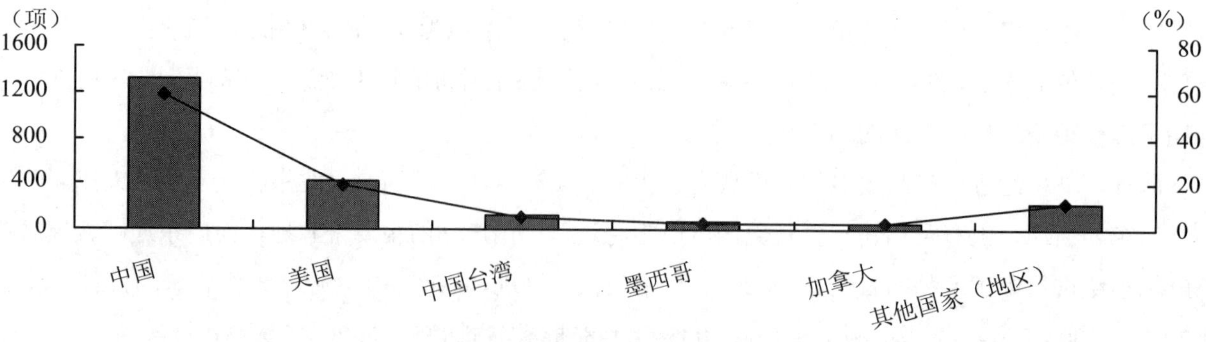

图5-27　2006～2011年CPSC召回产品涉及国家（地区）分析

[一] 1 项产品召回可能涉及多个国家（地区）

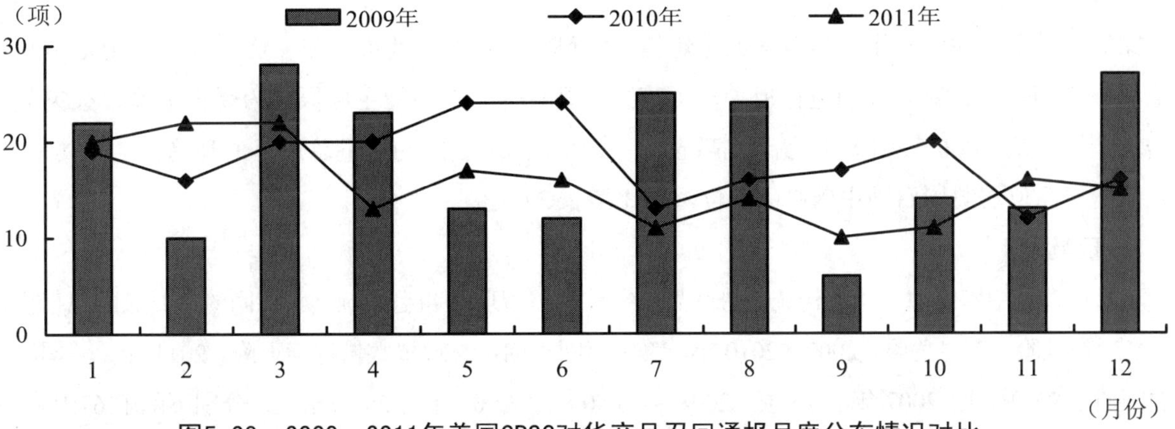

图5-28　2009～2011年美国CPSC对华产品召回通报月度分布情况对比

2006～2011年，美国对中国产品的召回经历了大幅增长、大幅下跌、维持平衡的过程。2007年，美国CPSC召回中国产品298起，同比增长17.2%，但2008年召回中国产品218起，同比下降26.8%。2008年召回产品大幅下降的原因主要有3个方面：一是金融危机不断向实体经济延伸，美国消费水平下降，这直接导致美国进口产品数量大幅缩水；二是2008年中国食品质量问题的负面影响波及到了消费品（事件虽然是发生在食品领域，但其负面影响波及到大部分中国出口产品）；三是《美国消费品安全法案》于2008年8月14日正式生效，这成为中国消费品出口到美国的"门槛"。2009年与2010年，美国CPSC对华产品召回通报数均为217起。2011年，美国CPSC对华产品召回再次呈现下降趋势，通报数为188起，同比下降13.4%。

二、儿童用品是召回的重点

2006～2011年，在涉及中国产品的1312项召回通报中，位居首位的是儿童用品，共431项，占通报总数的32.9%；家居用品位居第二，425项，占比32.4%；玩具，235项，占比17.9%，位居第三；体育和休闲产品，131项，占比10.0%；户外产品，86项，占比6.6%；特殊产品，4项，占比0.3%（图5-29）。

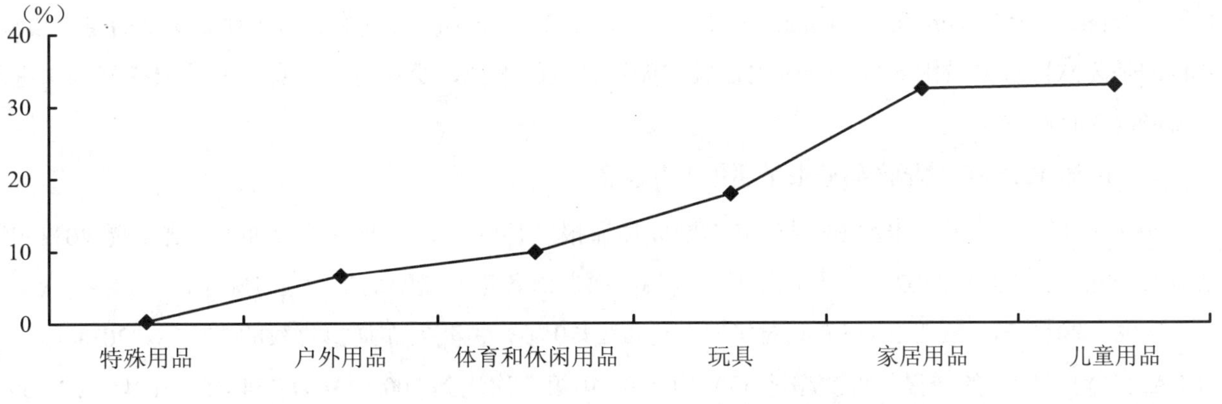

图5-29　2006～2011年美国CPSC召回中国产品类别分布及占比情况

1. 儿童用品

儿童用品是美国CPSC重点监测的产品之一，主要包括儿童饰品、儿童服装、耐用型育儿产品（如婴幼儿推车、摇篮、餐椅、牙胶等）。召回的主要原因有铅含量超标、服装束带有致儿童颈部被勒危险、受伤危险（如划伤、割伤）等。除2006、2011年外，2007～2010年美国CPSC召回的儿童用品在涉华产品召回通报总数中的占比均超过30%。

2．家居用品

家居用品主要包括家用小电器（如电烤箱、吹风机、电视、烤面包机、咖啡壶、笔记本电脑及所配电池、冰箱等）、家具（如电视柜、椅子等）、餐具等。召回的主要原因为受伤危险、火灾危险、电击危险等。从 2006～2010 年的召回情况看，家居用品被召回的数量总体呈上升趋势，尤其是 2011 年，家居用品位居美国召回中国产品首位，同比增长 38.3%。

3．玩具

玩具一直是中国出口美国的传统优势产品，主要是益智玩具和毛绒玩具。召回的主要原因包括铅含量超标、受伤危险、窒息危险。2007～2010 年，美国召回中国玩具通报数量持续下降。2011 年，美国涉华玩具召回通报 25 项，与 2007 年的 76 项、2008 年的 50 项和 2009 年的 29 项相比，分别下降了 67.1%、50% 和 13.8%，比 2010 年的 24 项增长 4.2%。主要原因有：一是全球需求回暖趋势仍不稳定，我国玩具出口缺乏持续增长的动力；二是贸易壁垒制约出口规模持续回升；三是出口生产成本进一步提高。

三、召回原因主要是意外伤害

2006～2011 年，美国 CPSC 召回中国产品的原因（1 项通报可能涉及多种原因）中，涉及最多的是因产品质量问题给消费者造成的摔伤、划伤等意外伤害危险，共 520 项，占比 39.6%；其次是引发火灾、爆炸等危险共 267 项，占比 20.4%；铅含量超标，共 265 项，占比 20.2%；可能引发儿童窒息、肠梗塞或肠梗阻危险，245 项，占比 18.7%；产品可导致儿童颈部被勒或身体被卡危险，92 项，占比 7.0%；电击危险，71 项，占比 5.4%；其他原因，52 项，占比 4.0%。

欧盟 RASFF 对华产品通报情况综述

近年来，随着全球食品安全问题频发，各国政府开始对食品安全予以高度重视。欧盟作为当今世界对食品安全要求最为严苛的地区之一，根据欧共体条例第 178/2002 号建立的食品及饲料类快速预警系统（Rapid Alert System for Food and Feed，以下简称 RASFF）已成为欧盟确保食品安全的重要措施，其目的是为欧盟各成员国的食品安全主管机构提供有效的途径，交换有关信息，并采取措施确保进入欧盟境内的食品安全。

一、欧盟 RASFF 对华产品通报呈逐年上升态势

2006～2011 年，欧盟 RASFF 共发布 18990 项通报，且以年均 5.3%的速度递增。尤其是 2011 年，欧盟 RASFF 发布通报 3702 项，同比增长 12.6%，而之前各年的增幅均未超过 5%。

2006～2011 年，欧盟 RASFF 共对华发布通报 2479 项，占其发布通报总数的 13.1%。2011 年，欧盟 RASFF 对华发布的通报数再次超过 500 项(2008 年第一次达到 500 项)，为 564 项，同比增长 25.3%。

从欧盟 RASFF 对华年度通报占当年通报总量的比重来看，自 2007 年起，欧盟对华通报占比超过 10%；在 2008 年达到高点 16.5%后，2011 年再次达到 15.2%，其余各年则均在 13%左右徘徊。

二、拒绝进口通报是主要的通报类型

欧盟 RASFF 通报共分为 3 类，即预警通报、信息通报和拒绝进口通报。预警通报针对已在欧盟市场上销售的、且发现确实存在安全问题的产品，需要采取即刻措施；信息通报针对已经进入警报国市场但尚未进入欧盟市场且发现确实存在安全问题的产品，无需其他成员国采取即刻措施；拒绝进口通报是 2008 年第 1 周开始新增加的通报类型，该通报针对尚未进入欧盟市场但发现确实存在安全问题的产品，欧盟各成员国应加强控制，并防止产品从其他口岸重新进入。

2006～2011 年，在欧盟 RASFF 对华产品发布的 2479 项通报中，拒绝进口通报共 1050 项，占欧盟 RASFF 对华产品通报总数的 42.4%；信息通报 1013 项，占比 40.9%；预警通报 416 项，占比 16.8%。

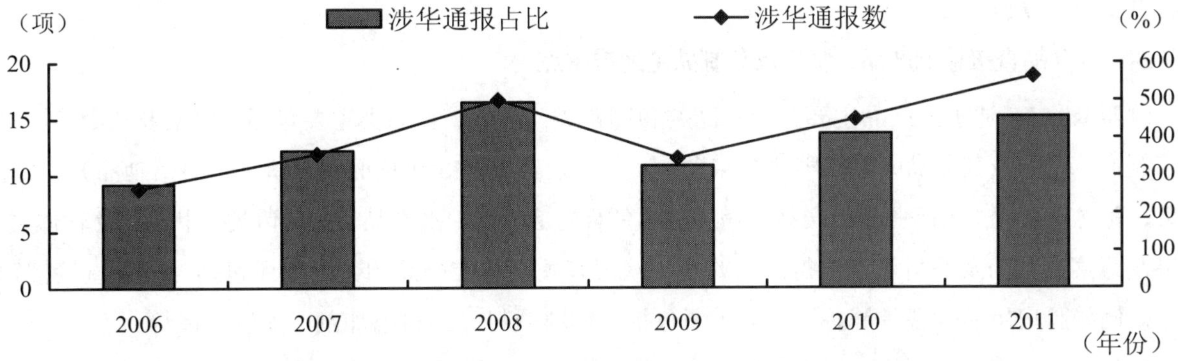

图5-30　2006～2011年欧盟RASFF涉华通报及在当年欧盟通报总数中占比情况

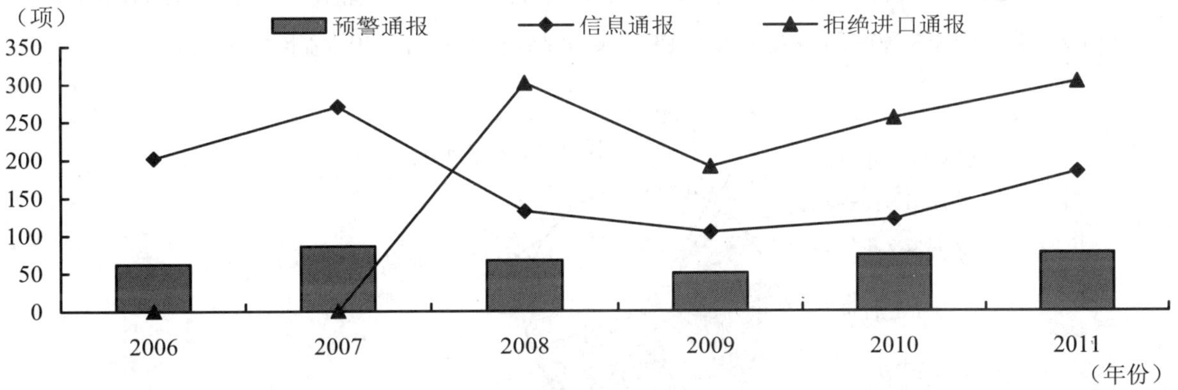

图5-31　2006～2011年欧盟RASFF对华产品通报类型走势

三、意大利是欧盟 RASFF 对华产品通报最多的国家

2006～2011 年，共有 27 个欧盟成员国以及冰岛、挪威和欧盟委员会对华发布各类食品及饲料类产品安全通报。其中，意大利发布的通报最多，共 470 项，占同期欧盟对华产品通报总数的 19.0%；德国位居第二，317 项，占比 12.8%；排名第三的是英国，共 224 项，占比 9.0%；波兰和荷兰位居第四和第五位，分别为 187 项和 164 项，占比 7.5%和 6.6%。上述五国占欧盟 RASFF 对华产品召回总量的 54.9%（图 5-32）。

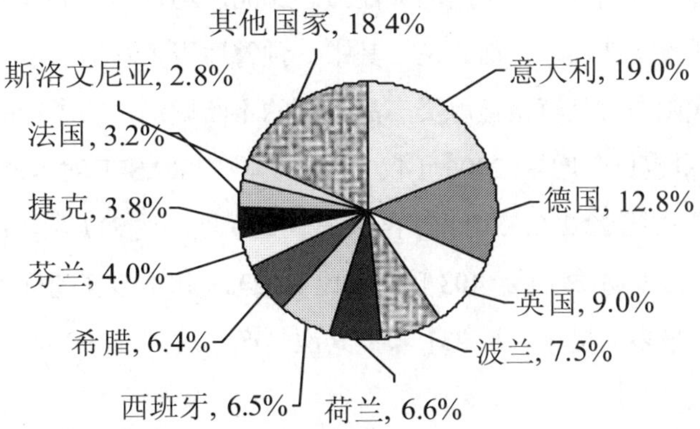

图5-32　2006～2011年欧盟RASFF对华输欧产品通报的欧盟成员国分布情况

2006～2011 年，意大利对华产品发布通报的数量较为稳定，一直是欧盟 RASFF 系统中每年对华通报最多的国家，仅 2008 年屈居第二，比荷兰少 8 项。2011 年，意大利对华召回通报超过 100，达 119 项，占当年对华产品通报总数的 21.1%。近年来，比利时、塞浦路斯、保加利亚、马耳他等欧洲经济相对落后的国家对华食品及饲料类产品发布通报的数量不断增长，说明欧盟各成员国对食品安全的重视程度正日益增强。

四、与食品直接接触产品、坚果及其制品是通报重点

欧盟 RASFF 通报的产品主要分为食品类和饲料类。其中，食品类主要包括：坚果及其制品、牛奶及其制品、肉类及其制品（包括野味及家禽）、谷物及其制品（包括面包、饼干等烘焙食品）、蜂蜜、糖果、食物补充剂（包括食疗类产品及增强体质的保健食品）、水产品（包括鱼类、甲壳类及软体类）、水果及蔬菜、草药及香料等。值得注意的是，欧盟有关食品类产品的分类中还包括与食品直接接触类产品，例如厨房用品、餐具等。饲料类主要包括：饲料原料、饲料添加剂、宠物食品等。

2006～2011 年，在欧盟 RASFF 对华产品发布的 2479 项通报中，与食品直接接触类产品被通报的最多，共 757 项，占欧盟对华通报总数的 30.5%；其次是坚果类产品，609 项，占比 24.6% ；谷物及其制品位居第三，223 项，占比 9.0%；水果和蔬菜及水产品位列第四和第五位，分别为 206 和 179 项，占比 8.3%和 7.2%。上述 5 种产品占欧盟 RASFF 对华产品召回总量的 79.6%（图 5-33）。

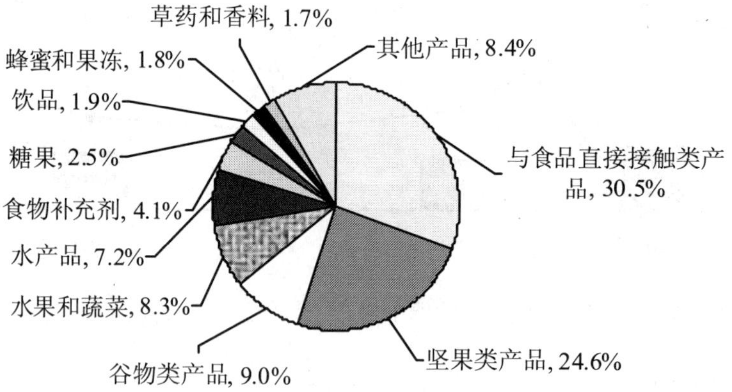

图5-33　2006～2011年欧盟RASFF对华产品通报产品类别分布情况

1．与食品直接接触类产品

研究表明，与食品接触的器皿、餐厨具和包装容器以及包装材料中的有害元素、有害物质已经成为食品污染的重要来源之一，是人们对食品安全一个新的关注点。2006～2011 年，欧盟 RASFF 共对我国输欧的与食品直接接触类产品发布通报 757 项，高居首位。其中，预警通报 150 项，信息通报 337 项，拒绝进口通报 270 项。近年来，随着我国与食品直接接触类产品出口的不断增加，该类产品因不符合欧盟的相关规定而被欧盟 RASFF 通报的数量也日渐增多。2006 年仅 73 项，占欧盟 RASFF 对华产品通报总量的 27.7%；2008 年超过 100 项，达 111 项，占比 22.2%，2011 年再次突破 200 项，达 211 项，占比 37.4%。同时，该类产品被通报的最主要原因为：有害物质迁移（403 项，占比 53.2%）和重金属超标（318 项，占比 42%）。撤出市场是欧盟对该类产品采取最多的措施，达 231 项；其次是产品遣回，199 项。

2．坚果类产品

坚果类产品（尤其是花生及其制品）也是欧盟 RASFF 对华产品通报的重点。2006～2011 年，欧盟 RASFF 对华输欧坚果类产品发布通报仅次于与食品直接接触类产品，达 609 项。其中，预警通报

11 项，信息通报 208 项，拒绝进口通报 390 项。由此可见，坚果类产品绝大多数是拒绝进口通报方式，欧盟已将此类产品列入了高风险范围。其中，花生及其制品被通报的数量最多，而黄曲霉素超标是欧盟对华该类产品通报的最主要原因，共 489 项，占欧盟 RASFF 对华产品通报总量的 80.3%。随着欧盟对黄曲霉素限值规定的日益严格，中国输欧坚果类产品因黄曲霉素超标而被通报的数量也逐渐增多。产品遣回是欧盟针对该类产品采取最多的措施，达 253 项；其次是官方扣押，73 项。

根据风险分析，欧盟于 2010 年 1 月 1 日实施了《因黄曲霉素污染风险而加强对某些第三国进口食品进行特殊控制的决议》（EC NO 1152/2009），对中国输欧花生黄曲霉素监控频率由 10%提高到 20%，是造成出口欧盟花生黄曲霉素超标率上升的主要原因。

3．谷物及其制品

2006～2011 年，欧盟 RASFF 对华输欧谷物及其制品类产品发布通报 223 项。其中，预警通报 72 项，信息通报 69 项，拒绝进口通报 82 项。我国谷物及其制品被通报的原因多样，转基因问题是最主要的原因，共 113 项，占欧盟 RASFF 对华产品通报总量的 50.7%。撤出市场是欧盟对该类产品采取最多的措施，达 51 项；其次是销毁，43 项。

4．水果及蔬菜类产品

2006～2011 年，欧盟 RASFF 共对中国输欧水果及蔬菜类产品发布通报 206 项。其中，预警通报 52 项，信息通报 90 项，拒绝进口通报 64 项。我国水果及蔬菜类产品被通报的原因有多种，包括食品添加剂（亚硫酸盐、糖精、酒石黄等）超标、有害成分超标、转基因、含有异物、重金属超标、感官不良、包装问题、非病原微生物、控制不良、非法辐照、农药残留、含有致病微生物等。欧盟 RASFF 对华水果及蔬菜类产品通报的原因多以食品添加剂（37 项）、有害成分（31 项）、重金属（29 项）和非病原微生物（27 项）含量超标为主。撤出市场是欧盟对该类产品采取的主要措施，达 55 项；其次是产品遣回，52 项。

2011 年，欧盟委员会发布法令，自 10 月 1 日起欧盟各成员国将对进口自中国的柚子和茶叶产品加大进境查验力度。一是必须经欧盟指定口岸入境；二是贸易经营者要在货物到岸前至少 1 天向口岸主管机构预申报，填写并提交共同入境文件（CED）；三是欧盟对中国输欧柚子、茶叶的抽查比例分别提高至 20%和 10%；四是被抽查到的货物须等待实验室农残检测合格后放行，期间可在官方机构监管之下由口岸运至目的地，但不得进入市场；五是因提高控制水平而产生的相关费用由贸易经营者承担。欧盟相关法规进一步明确了关注的农药残留项目：柚子 4 项、茶叶 8 项，并设定了限量标准。

五、欧盟 RASFF 对华产品通报的主要原因分析

从欧盟 RASFF 通报来看，欧盟对食品安全的关注非常全面，包括：（含有）霉枝菌素（如黄曲霉素和赭曲霉素等）、兽药残留（超标）、食品添加剂（超标或未经授权使用等）、重金属超标及有害物质迁移、（含有）微生物（例如大肠杆菌、沙门氏菌和蜡样芽孢杆菌等）、（含有）异物、（非法）转基因、（非法）辐照、标签问题、饲料添加剂问题、包装不合格、感官不良、掺杂/假、控制不良以及化学污染等，涉及食品生产加工的各个环节。

2006～2011 年，在欧盟 RASFF 对华产品发布的 2479 项通报中（注：1 项通报可能包含多种原因），因（含有）霉菌毒素被通报的产品最多，共 509 项，占欧盟对华通报总数的 20.5%；其次是因物质迁移，403 项，占比 16.3% ；重金属原因位居第三，389 项，占比 15.7%。此外涉及较多的原因还包括：有害成分超标（171 项，占比 6.9%），转基因（133 项，占比 5.4%），食品添加剂（125 项，占比 5.0%），造假（125 项，占比 5.0%），工业污染（107 项，4.3%）（图 5-34）。

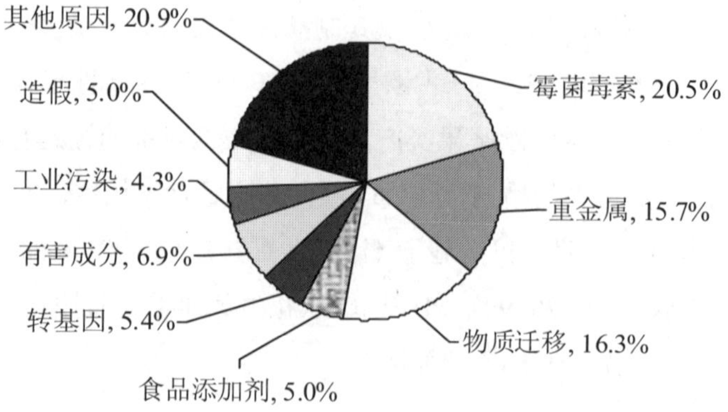

图5-34　2006～2011年欧盟RASFF对华产品通报原因分布情况

2006～2011年，（含有）霉菌毒素因素除2008年达到顶峰的170项，其余5年均在59～81项之间徘徊，较为平稳。物质迁移因素虽然总数上位居第二，但其在2009和2011年均超过（含有）霉菌毒素因素，分别为62项和114项，成为当年欧盟RASFF对华产品通报最多的原因，且今后有继续增长的趋势，这和欧盟RASFF对华输欧产品中与食品直接接触类产品通报次数逐步上升有一定的关联。重金属因素近两年来发展也较为迅速，特别是2010年与（含有）霉菌毒素因素位列当年欧盟RASFF对华产品通报原因第一位，2011年增长22.2%，达到99项，预计今后有逐步增长的趋势。转基因和有害成分超标也是近两年增长较快的因素，2010年，转基因因素增长213.3%，达到47项；2011年，有害成分超标因素增长111.4%，达到74项。

六、产品遣回是欧盟RASFF对华产品通报适用最多的措施

2006～2011年，在欧盟RASFF对华产品发布的2479项通报中，除96项通报未标注采取的措施外，适用产品遣回的措施最多，达740项，占比29.9%；其次为撤出市场措施，466项，占比18.8%；销毁措施236项，占比9.5%，居第三位。欧盟对华输欧产品采取的措施还包括：改变产品目的地、产品扣押、海关封存、禁止出售、召回、强制检测以及重贴标签等。

其中，产品遣回措施自2007年后开始呈下降趋势，虽然2010年有所上升，但仍未达到2006年的水平；撤出市场措施则呈上升趋势，且在2011年超过产品遣回措施；销毁措施则一直较为平稳，年均40项左右。

在欧盟RASFF对华产品发布的预警通报中，产品扣留和撤出市场措施适用的最多；信息通报中，产品遣回、撤出市场和召回措施适用的最多；拒绝进口通报中，产品遣回或销毁措施适用的最多。

七、欧盟近年发布的有关食品安全的主要法规

1. 与食品接触材料新规

2011年1月15日，欧盟委员会正式公布了与食品接触的塑料物料和制品条例（EU）No 10/2011，取代了80/766/EEC，81/432/EEC以及2002/72/EC三项条例。与原法规相比，（EU）No 10/2011要求更加细化，特别是检测项目有了很大的变化。它将多层复合材料中的塑料层以及带有印刷或涂层的塑料材料和制品也纳入监管范围，明确要求投放市场的与食品接触的塑料制品应符合要求并根据良好生产规范生产；通过授权物质联合清单对允许使用的单体和添加剂作出了规定和更新，对特定官能团的物质明确了限制要求。需要强调的是，新法规首次提出了塑料材料及制品中钡、钴、铜、铁、锂、锰和锌等重金属迁移量的指标要求；要求经营者提供塑料原料和产品合格的书面声明，并能提供材料或制品的成分信息；同时，新规根据欧盟近年的研究数据对迁移量测试的内容进行了更新，修改了部分

食品模拟物的浓度和种类，特别新增了针对干性食品的模拟物测试要求；对不同用途产品的具体测试条件也进行了更新。新法规的颁布将对我国食品出口企业产生较大的冲击，对食品接触塑料材料和制品的管理、原辅料的质量控制、产品的新法规的颁布将对我国食品出口企业产生较大的冲击，对食品接触塑料材料和制品的管理、原辅料的质量控制、产品的检测检验都提出了较高的要求。

鉴于中国输欧的与食品直接接触类产品屡次遭到欧盟 RASFF 通报，2011 年 3 月 22 日，欧盟委员会发布条例（EU）No 284/2011，规定进口产/源于中国和中国香港特别行政区聚酰胺和三聚氰胺塑料厨具的具体条件和详细程序。该法规将在 2011 年 7 月 1 日起生效。根据该法规，由中国和中国香港出口欧洲的聚酰胺（尼龙）和三聚氰胺厨具，除初级芳香胺（PAA）与甲醛的特殊迁移限量应分别满足欧盟塑料食品接触材料指令 2002/72/EC 要求外，欧盟进口管理部门在进口管理上还会采取特别的措施。要求进口商在每一批受该法规管控的货品进口时向口岸管理部门提交其产品的初级芳香胺与甲醛完全符合欧盟限量要求的声明，并附上相应的合格检测报告接受口岸部门的审查；同时欧盟主管部门将按 10%的比例对进口批次进行抽样检测，合格方可放行。

2. 修改农产品及有关产品的最大残留标准

2011 年 2 月 4 日，欧盟委员会发布第 G/SPS/N/EEC/393 号通报和第 G/SPS/N/EEC/395 号通报，修改欧洲议会及理事会第 396/2005 号法规附件Ⅱ和Ⅲ有关产品的最大残留标准，提高某些产品中的阿维菌素、啶虫脒，嘧菌环胺、恶醚唑、烯酰吗啉、甲氧虫酰肼、百草枯、咪鲜胺、螺螨酯、丙硫菌唑及苯酰菌胺等的最大残留标准。这些最大残留限量（MRL）符合 2010 年 7 月 CAC（食品法典委员会）批准的 Codex 最大残留限量（CXLs）。

3. 对食品添加剂的管制

2011 年 4 月 21 日，欧盟委员会发布第 G/SPS/N/EEC/402 号通报，修改欧洲议会和理事会（EC）1333/2008 法规附件Ⅲ，制定一份批准使用食品添加剂、食用酶、食用香料和营养物质的欧盟食品添加剂名单。法规（EC）1333/2008 附件Ⅲ规定建立食品添加剂及其在食品添加剂、食用酶、食用香料和营养物质、或根据法规第 4（4）条可添加的种类中的使用条件的清单。这些食品添加剂的使用目标是在食品添加剂或食用酶或食用香料或营养物质具备一种技术功能。此外，根据 1994 年 6 月 30 日食品用增甜剂第 94/35/EC 号指令、1994 年 6 月 30 日食品用染色剂第 94/36/EC 号指令及 1995 年 2 月 20 日除染色剂及增甜剂外的食品添加剂第 95/2/EC 号指令准许食品使用的食品添加剂经对其是否符合第（EC）1333/2008 号法规第 6、7、8 条规定的审核后，将纳入第（EC）1333/2008 号法规附件Ⅱ。审核不包括欧洲食品安全局（EFSA）的新风险评估。不再需要的食品添加剂及用途不应纳入该法规附 II。

2011 年 7 月 21 日，委员会制定法规草案——修改欧洲议会及理事会有关甜菊糖甙的第（EC）1333/2008 号法规附件Ⅱ。本法规涉及修改欧洲议会及理事会有关批准含甜菊糖甙的食品添加剂第（EC）1333/2008 号法规附件Ⅱ。欧洲食品安全局（EFSA）2010 年 3 月 10 日对用甜叶菊植物叶提取甜菊糖甙作为增甜剂的安全性进行了评估并发表了相关意见。考虑到 EFSA 的观点，委员会认为适合按保证消费者安全使用的适当标准来批准甜菊糖甙。

2011 年 8 月 19 日，委员会法规草案，修改欧洲议会及理事会有关喹啉黄、落日黄及 4R 胭脂红使用条件和标准的第 EU 1333/2008 号法规附件 II。本法规涉及欧洲议会和理事会第（EC）1333/2008 号法规附 II 修改案——食品添加剂喹啉黄、落日黄及 4R 胭脂红修订使用条件和标准。此外，EFSA 认为，精确暴露估计值通常要大大高于 ADI 修订值。因此，目前适宜的是降低这些物质使用条件和标准，以保证不再超过新定 ADI 值。该法规已于 2012 年 2 月生效。

欧盟 RAPEX 对华产品通报情况综述

为提升市场竞争力和保护消费者的生命健康，欧盟与中国监管机构的合作正在不断改善，在消费品合作领域，自 2006 年以来，双方创建了中欧消费品快速预警系统（RAPEX-China）、消费品市场监管等合作机制等，在产品可追溯方面取得积极成果，既维护了中国企业的利益也保护欧盟消费者不受危险产品伤害。通过双方共同努力，近年来中国输欧消费品质量安全水平不断提高。

一、中国输欧消费品位居欧盟 RAPEX 通报之首

2006～2011 年，欧盟 RAPEX 共发布 8960 项通报[㊀]。其中，原产地涉及中国（不包括中国香港、中国台湾）的 4925 项，占欧盟通报总数的 54.97%，居各国之首。

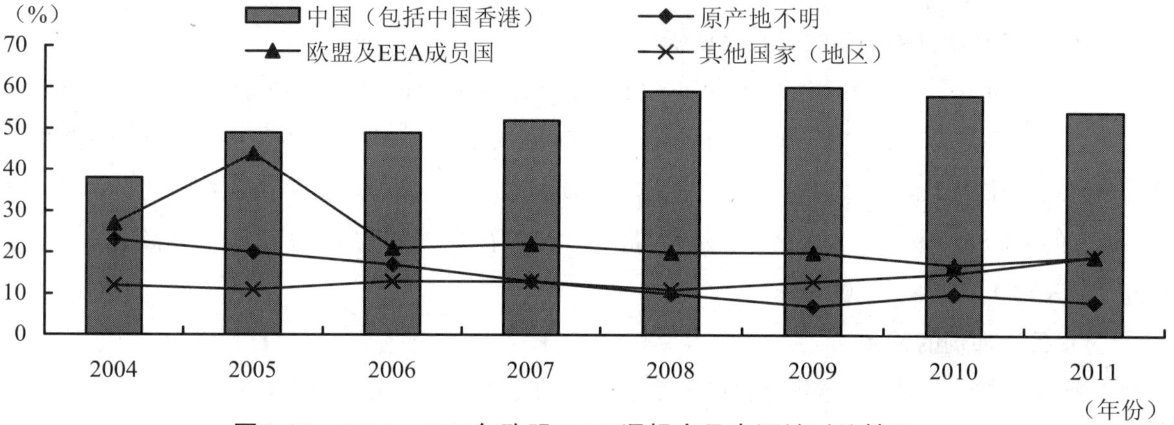

图5-35　2004～2011年欧盟RAPEX通报产品来源地对比情况

从欧盟 RAPEX 历年发布的年度报告来看，2004～2011 年，在欧盟内可能对消费者带来危害的产品中，中国（包括中国香港）输欧消费品一直位居欧盟 RAPEX 通报之首（图 5-35）。2004 与 2005 年，中国（包括中国香港）消费品与欧盟及 EEA 成员国消费品被 RAPEX 通报的数量相差不大；2006 年，二者差距逐步显现；2007 年，中国（包括中国香港）输欧消费品占比开始超过 50%；2009 年，该比例达到峰值的 60%；2010 和 2011 年，占比虽逐步下降，但仍高达 58%和 54%，而同期欧盟及 EEA 成员国消费品占比仅为 17%和 19%。中国与欧盟之间贸易加剧是中国输欧消费品占据欧盟 RAPEX 通报之首的客观原因，但仍需要正视中国对欧盟出口方面存在的问题。

二、欧盟 RAPEX 对华产品通报总量和占比在 2011 年均出现下滑

从通报总量来看，2006～2010 年，欧盟 RAPEX 通报总数及对华输欧产品通报总数一直呈上升态势，每年分别以 22.1%和 28.1%的速度递增，并在 2010 年达到峰值的 1973 项和 1140 项，分别是 2006 年的 2.2 和 2.6 倍。2011 年，欧盟 RAPEX 共发布通报 1546 项，同比下降 21.6%。其中，对华产品通报 826 项，同比下降 27.5%，与 2008 年基本持平。

从欧盟 RAPEX 对华输欧产品年度通报数占当年通报总量的比重来看，自 2007 年起，欧盟对华通报占比超过 50%；2009 年，该比例创历史新高，达到 58.2%；2010 年略有下降，为 57.8%；2011 年继续下滑至 53.2%，比 2009 年下降 5 个百分点。

㊀ 本文数据为 2012 年 3 月 20 日之前统计

三、西班牙、匈牙利等国是欧盟 RAPEX 对华通报最活跃的成员国

2006～2011 年，欧盟 27 个成员国以及挪威、冰岛和欧盟委员会均对华输欧产品发布了产品安全通报。西班牙、匈牙利、德国、英国、保加利亚和塞浦路斯是欧盟 RAPEX 对华通报最活跃的国家。其中，西班牙 623 项，高居首位，占欧盟同期对华产品通报总数的 12.6%；其次为匈牙利，506 项，占比 10.3%；德国和英国并列第三，分别为 398 项，各自占比 8.1%；保加利亚和塞浦路斯以 300 项和 299 项分列第四、五位，分别占比 6.1%和 6.1%。除此之外，斯洛伐克（290 项）、芬兰（276 项）、希腊（272 项）、法国（266 项）和波兰（261 项）也是对华产品通报较多的国家。上述十国对华输欧产品通报总量占欧盟对华产品通报总量的 78.96%（图 5-36）。

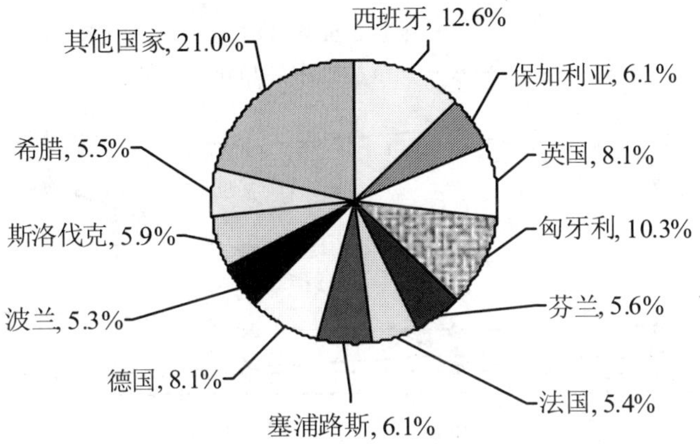

图5-36　2006～2011年欧盟RAPEX对华输欧产品通报的欧盟成员国分布情况

2006～2011 年，西班牙和匈牙利对华输欧产品通报量一直保持在较高水平；英国和德国通报量较为稳定，但德国 2011 年的通报量仅为 40 项，同比下降 54.5%；保加利亚和塞浦路斯的通报量在 2010 年迅猛增长，但在 2011 年均出现了下降，尤其塞浦路斯 2011 年通报量同比下降 66.7%，仅为 44 项。

2006～2011 年，西班牙、匈牙利、德国、英国、保加利亚和塞浦路斯对华通报较多的产品主要集中在玩具、服装、面料及时尚用品和电器等产品上。其中，玩具是西班牙、德国、英国和塞浦路斯对华通报最多的产品，分别为 271 项、149 项、134 项和 111 项，各自占对华通报数量的 43.5%、37.4%、33.7%和 37.1%；服装、面料及时尚用品是匈牙利和保加利亚通报最多的产品，分别为 125 项和 179 项，分别占比 24.7%和 59.7%（图 5-37）。

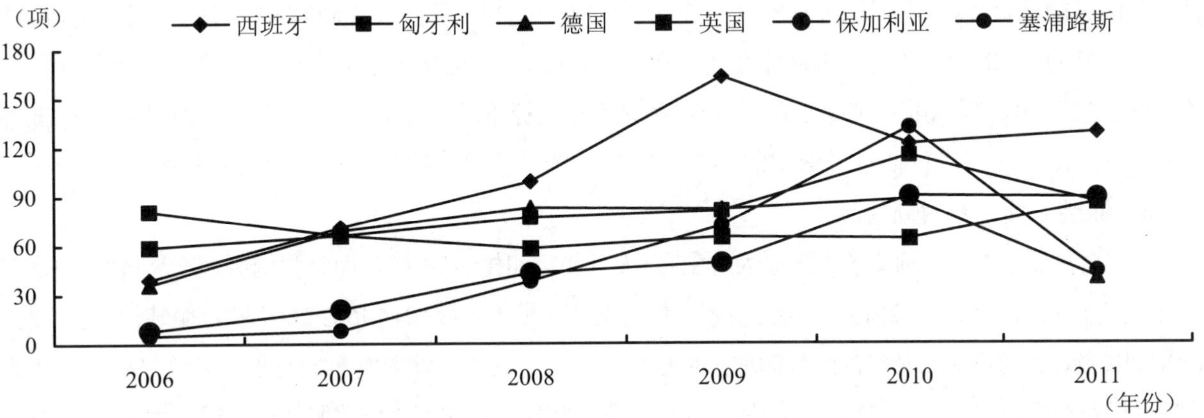

图5-37　2006～2011年欧盟RAPEX对华输欧产品通报前五位成员国对比情况

四、玩具、电器、服装类产品及照明装置是欧盟 RAPEX 对华产品通报的重点

2006～2011 年，欧盟 RAPEX 对华输欧产品发布的 4925 项通报中，共涉及 27 个产品类别。其中，玩具、服装、面料及时尚用品、电器、照明装置以及儿童护理产品和儿童用具位列前五位，分别被通报 1955 项、835 项、630 项、267 项和 155 项，占比分别为 39.7%、17.0%、12.8%、5.4%和 3.1%。

2006～2011 年，玩具一直是欧盟 RAPEX 通报的重点，可见欧盟对其的重视程度，但 2011 年通报数量下降幅度较大，为 277 项，同比下降 31.8%；对电器、照明装置以及儿童护理产品和儿童用具的通报一直较为稳定；对服装、面料及时尚用品的通报自 2009 年增长 4.3 倍至 218 项，成为当年仅次于玩具的重点通报产品，但 2011 年通报数量有所下降，为 201 项，同比下降 38.5%（图 5-38）。

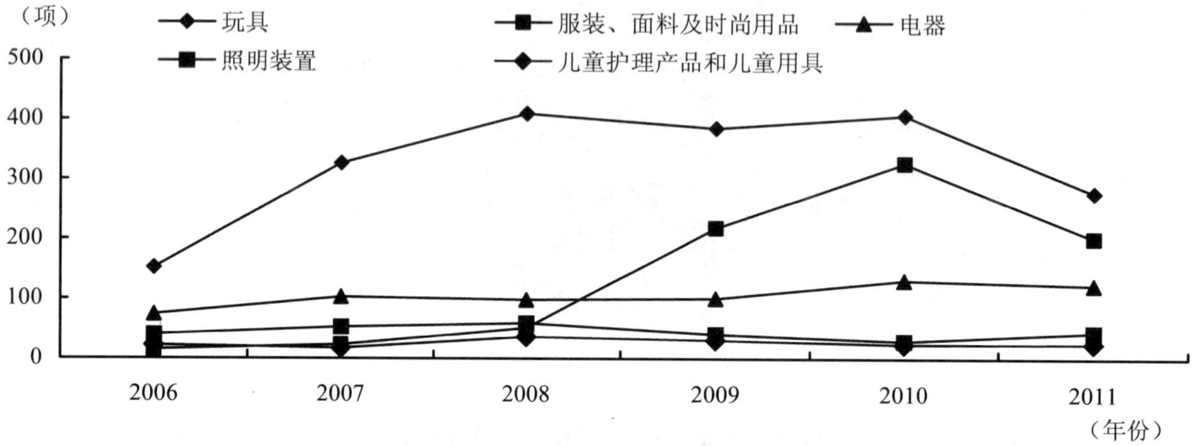

图5-38　2006～2011年欧盟RAPEX对华输欧产品通报前五位产品年度走势

五、窒息和受伤危险是欧盟 RAPEX 对华产品通报的主要原因

2006～2011 年，从欧盟 RAPEX 对华输欧产品通报的原因（注：1 项产品通报可能涉及多项原因）分析来看，窒息危险（包括憋闷和勒杀危险）是欧盟 RAPEX 对华产品通报的最主要原因，共计 1527 项，占比 31%；受伤危险（包括烧伤、割伤等）和化学危险分列二、三位，分别为 1271 项和 1157 项，分别占比 25.8%和 23.5%。此外，中国输欧产品被通报的主要原因还包括：触电危险（983 项，占比 19.96%）、火灾危险（512 项，占比 10.4%）、听力受损（145 项，占比 2.9%）以及视力受损（130 项，占比 2.6%）。

1．玩具

欧盟对华玩具类产品通报的主要原因有憋闷及窒息危险、化学危险、人身伤害以及听力和视力受损等，依据的法规/标准主要是玩具安全指令（88/378/EEC）（目前被 2009/48/EC 所替代）及其协调标准，最常见的是 EN71-1（机械和物理性能）和 EN 62115（电玩具安全）来评定玩具的安全性能，窒息以及伤害危险的评判标准多来源于此；化学危险的评判标准除了来自玩具安全指令及其协调标准外，还来自 REACH 法规，包括有毒增塑剂、有毒染料、苯以及铅、铬等重金属含量超标等。

2．服装、面料及时尚用品

欧盟对华服装类产品通报的主要原因有窒息、人身伤害和化学危险等，而且我国服装产品被欧盟RAPEX 通报的大部分为儿童服装。2010 年，由于 11 个欧盟成员国相继实行 EN 14682:2007 儿童服装抽绳安全标准，导致输欧服装、纺织品以及时尚配件的通报数量大幅增加。此外，欧盟发布的对于富马酸二甲酯（DMF）的禁令以及纺织消费品中的防霉处理的使用容易导致皮肤损伤，这都是导致服装产品通报增加的主要原因。

3．电器

欧盟对华电器类产品通报的主要原因是存在导致使用者触电、引发火灾和致伤的危险，近期主要

参考标准是欧盟低压电器指令和标准 EN60335，电器类产品导致用户触电的原因包括绝缘不良；插头或插座不符合标准，使用中有源部分暴露在外；爬电间隙和空气间隙过小；电线横截面积低于标准要求；内部缺少接地端等。电器产品存在火灾隐患的原因是加热部件存在过热危险，可能灼伤使用者，甚至引发火灾；插头或插座不符合标准，造成线路短路，从而引发火灾；部分材料的阻燃性能不良等。

六、强制措施是欧盟 RAPEX 对华产品通报惯用的措施类型

欧盟 RAPEX 对华产品通报一般采取三类针对性措施：一是由欧盟成员国主管机关采取强制性措施，实施销售禁令、强制撤出市场、召回、扣留、销毁以及海关直接拒绝进口；二是由相关企业自愿采取撤出市场、召回、销毁、停售或其他补救措施；三是由主管机关实施强制性措施，企业进一步采取自愿性纠正措施，如主管机关要求撤出市场、禁止销售，企业自愿召回等。

2006～2011 年，在欧盟 RAPEX 对华输欧产品发布的通报中（注：1 项通报可能适用多种措施），各成员国主管机关采取强制措施的最多，共 3240 项，占比 65.8%；其次为企业自愿采取措施，1736 项，占比 35.2%；在主管机关采取强制措施基础上企业进而自愿采取措施的仅 29 项。由此可见，强制措施是欧盟对华产品通报适用的最主要的措施类型。

七、欧盟发布的有关非食品类消费品的主要法规

1. 新玩具指令

2011 年 7 月 20 日，经过修正的《欧盟玩具安全指令》2009/48/EC 正式实施，相对于原有的 88/378/EEC 指令有了非常大的变化。在安全方面，修订了化学安全、机械物理、电性能、卫生安全、标识要求等。尤其在化学安全方面，新指令进行了前所未有的修订，明确禁止限制有毒有害化学物质从 8 种增加到 85 种；首次禁用致癌、致基因突变、影响生育（CMR）物质（常见的有 300 多种物质）。此外，新指令明确玩具产品应满足包括 REACH 法规在内的欧盟通用化学品法规要求，这意味着所有在欧盟市场新上市销售的玩具产品必须符合新的指令及适用标准的要求。

2. 纺织品纤维名称和标签新条例（EU）1007/2011

2011 年 10 月 18 日，欧盟委员会在其官方公报（L272）上发布欧洲议会和理事会有关纺织品纤维名称、标签以及纺织品纤维成分的标识条例（EU）1007/2011，旨在规范欧盟市场纺织服装产品的纤维说明以及纺织品标签制度。新条例取代了 3 项欧盟现有指令，即 73/44/EEC、96/73/EC 及 2008/121/EC，并于官方公报发布之日起生效。该条例适用于纺织纤维或纺织部分的重量百分比达 80%的相关产品。条例明确规定：当生产商和进口商将纺织品投放欧盟市场时，有责任确保产品所附标签或标记上的资料准确无误；产品所用的各种纤维名称，必须按重量百分比由大至小列于标签或标记上；占纺织品总重量不足 5%的单一纤维，或合计占纺织品总重量不足 15%的多种纤维，可以列为“其他纤维”。条例还将强制要求供应商在标签上注明源自动物的非纺织部分，例如毛皮和皮革部分等。

3. 新 RoHS 指令

2011 年 7 月 1 日，欧盟委员会在其官方公报上发布了 RoHS 指令（2002/95/EC）的改写指令 2011/65/EU《欧洲议会和理事会限制电子电气产品中某些物质使用的指令》。新指令于 2011 年 7 月 21 日生效。2013 年 1 月 2 日新指令正式实施后，现行 RoHS 指令 2002/95/EC 将同时废除。此次更新将指令范围扩大到所有电子电气产品，新增第 8 类医疗器械、第 9 类监视和控制仪器（包括工业监控仪器）、第 11 类其他电子电器产品；要求产品加贴 CE 标识等，但还是维持了原有的 6 种物质的原限量要求，但是提出了在今后的审查过程中，要对包括 HBCDD、DEHP、BBP、DBP 4 种物质优先进行考察，为指令今后扩大管控物质的范围铺路。同时考虑与 REACH 的兼容。

4. 关于耗能产品生态设计的指令

2005 年 7 月 22 日，欧盟委员会正式颁布了耗能产品生态设计指令 2005/32/EC，简称 EuP 指令。2009 年 10 月 21 日，欧盟又颁布了能源相关产品生态设计指令 2009/125/EC，简称 ErP 指令。ErP 指令将 EuP 指令的产品范围由耗能产品扩展到了所有使用中会影响能源消耗的能源相关产品。从 2008 年 12 月开始，欧盟陆续推出了针对具体耗能产品/能源相关产品生态设计要求的实施措施。截至 2011 年 9 月，欧盟已正式公布了家用和办公用电子电气设备待机和关机、简单型机顶盒、非定向家用灯、荧光灯、高强度气体放电灯（HID）及其镇流器、外部电源、电动机、循环器、电视机、家用制冷器具、家用洗衣机、家用洗碗机、非住宅用通风机共 12 项实施措施，其中 2011 年公布的仅有通风机 1 项，通报实施措施草案的有空调、滚筒干衣机和水泵 3 项。

日本检疫机构发布进口食品扣留通报情况综述

对于进口食品的依赖使得食品安全成为日本政府高度关注的问题之一。因此，日本政府建立了机构相对单一、独立的食品公共安全规制机构，并建立了日趋完善的法律规制体系和食品安全检测标准、程序。

一、日本对进口食品扣留通报情况分析

2006～2011 年，日本共发布食品扣留通报 7690 批次，共涉及包括中国、越南、美国、厄瓜多尔、韩国、菲律宾在内的 65 个国家（地区）。其中，除中国台湾以及中国香港、中国澳门外，日方扣留的中国食品共计 2182 批次，占扣留进口产品总量的 28.4%，高居首位；扣留美国食品 854 批次，占比 11.1%，位居第二；扣留越南食品 693 批次，占比 9.0%，位居第三；泰国 597 批次，占比 7.8%，位居第四；以及加纳 366 批次，位列第五，占比 4.8%。位居日本食品扣留进口通报前十位的国家被扣留的食品共计 5809 批次，占日本扣留食品总量的 75.5%（图 5-39）。

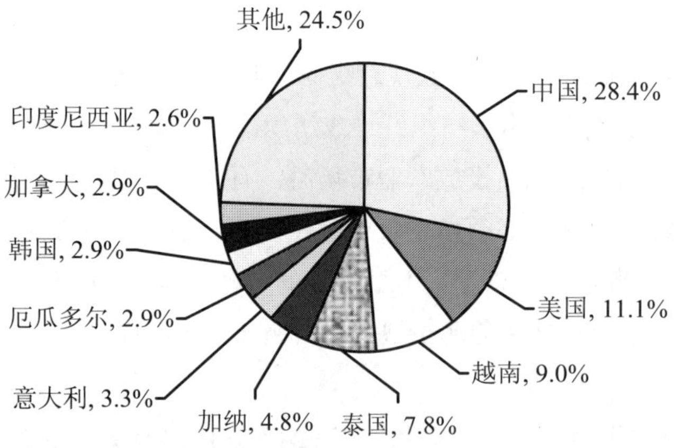

图5-39 2006～2011年日本扣留主要国家食品占比情况

二、日本扣留中国输日食品情况分析

1. 山东位列中国对日出口省份日方扣留进口食品通报之首

2006～2011 年，在日本对华输日视频扣留的 2182 批次中，共涉及除西藏、新疆以外的山东、福建、浙江、辽宁、广东、江苏、上海、四川、河北等 30 个省份。其中，日方扣留的山东产食品共计 686 批次，

位于通报首位，占日本2006～2011年通报扣留食品总数的31.4%；其次是福建，扣留277批次，占比12.7%；广东位居第三，235批次，占比10.8%。其他还有浙江，扣留233批次，占比10.7%，位居第四；以及辽宁，扣留147批次，占比6.7%，位居第五。日本扣留中国食品所涉及的省份超过30批次以上的还有江苏（114批次）、上海（88批次）、河北（52批次）、天津（43批次），以及北京（39批次）。排在日方扣留通报前十位的省份（共计1914批次）占日本扣留中国输日食品总数的87.7%（图5-40）。

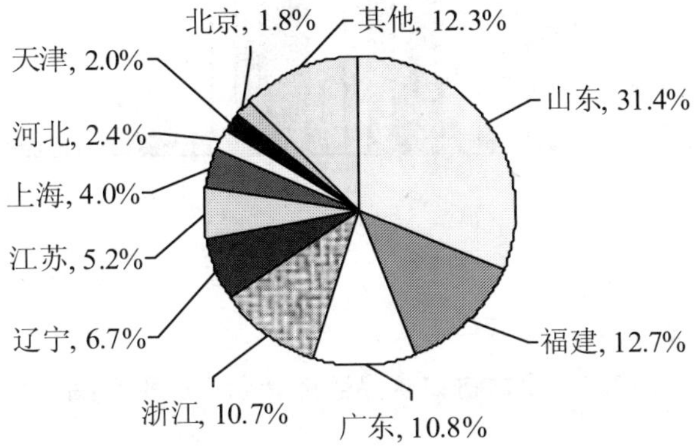

图5-40　2006～2011年日本扣留中国输日食品主要省份分布情况

2．日本对华输日食品扣留多集中于夏季

从2008～2011年日本扣留中国输日食品的月度分析情况来看，每年的1～2月、6～10月是扣留通报较为集中的时期。一方面由于春节因素的影响，输日食品数量的减少，因此3、4月份的扣留通报相对较少；另一方面，受天气因素的影响，食品的存放、运输相较于冬季更易于出现问题，如变质、添加剂的使用等等。因此夏季的食品扣留通报相对更加集中。

3．农产加工食品、水产加工食品以及农产食品是日本扣留中国产品的重点

（1）日本对进口食品的分类

日本厚生劳动省将进口食品分为九大类：

① 畜产食品：牛肉、猪肉、鸡肉、马肉、其他食用鸡肉等；

② 畜产加工食品：奶油、肉类加工品、冰淇淋、冷冻食品（肉类）；

③ 鲜活水产食品：贝类、鱼类、甲壳类（蟹、虾等）；

④ 水产加工食品：鱼类加工品（切片、干燥、碎肉）、冷冻食品（水产动物类、鱼类）、鱼贝类卵加工品；

⑤ 农产食品：蔬菜、果实、麦类、玉米、豆类、花生、坚果、种子类；

⑥ 农产加工食品：冷冻食品（冷冻蔬菜）、蔬菜加工品、果实加工品、香辛料、方便面类；

⑦ 其他食品：保健食品、汤类、调味品、点心类、食用油、冷冻食品等；

⑧ 饮料：矿泉水、清凉饮料、酒精类饮料；

⑨ 添加剂、餐具、厨房用具以及容器包装、玩具类产品等。

（2）日本对于各类食品的监控计划

从日本厚生劳动省2009～2012年度对于进口食品的监控计划来看，随着进口食品的增多，以及近年屡次发生的食品安全问题，日本对于进口食品实行相关检查的总件数呈现递增趋势。统计显示，日本2012年度的监控计划中所列出的检查总件数（9万件）与2008年度（7.98万件）相比增加了1.02万件，增长了12.8%。

从监控计划列出的各种类食品的检查件数来看，农产食品、农产加工食品以及水产加工食品每年都是检查的重点。从年度变化情况来看，水产加工食品的检查件数呈现出了明显的递增趋势，日本对于其中冷冻类食品的重点关注和检查成为其增加的主要原因（图 5-41）。

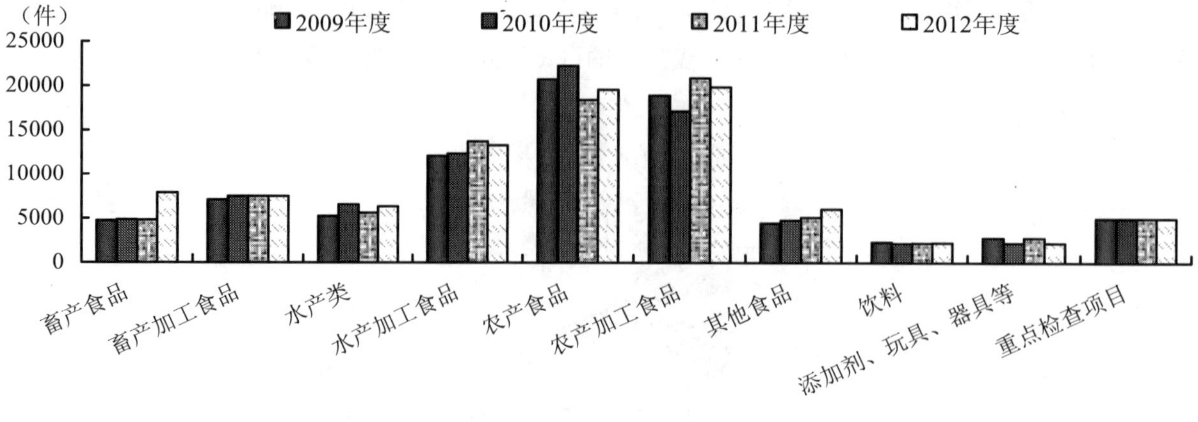

图5-41　2009～2012年度日本进口食品监控计划各类别食品检查件数年度对比

2011 年，日本厚生劳动省对中国生产的养殖鲍鱼及其加工品中的呋喃唑酮含量、鳗鱼及其加工品中的呋喃唑酮含量实施了最为严厉的命令检查；对中国生产的生食海胆、鲍鱼及其加工品、蛤蜊及其加工品、牛蒡及其加工品、洋葱及其加工品、鸡肉及其加工品、未熟扁豆及其加工品，松茸及其加工品、荔枝及其加工品、萝卜及其加工品，以及黑芝麻等产品中相关农药及兽药加强了监视检查。另一方面，解除了中国产大葱中的嘧霉胺、油菜中的恶醚唑、黄蜂巢中的土霉素、青豆中的甲氰菊酯、菜花中的哒螨灵、银耳中的辛硫磷、养殖虾中恩诺沙星、胡萝卜中的甲胺磷、芦笋中的莠去津以及甲草胺等项目的监视检查。

另外，2011 年，日本厚生劳动省设定了包括抗倒酯、啶虫丙醚、嘧草醚、苯氧菌胺、灭锈胺、醚菊酯、草胺磷以及氰霜唑等农药以及兽药在食品中的残留标准；并且根据食品卫生法第 11 条第 1 款的规定，删除了方便面类成分规格中规定的酸值以及过氧化值的测定法。

（3）2006～2011 年日本扣留中国输日食品种类情况分析（图 5-42）

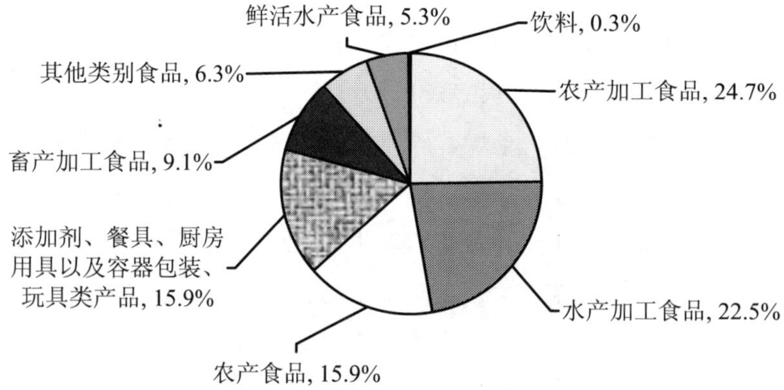

图5-42　2006～2011年日本扣留中国输日食品类别分布情况

2006～2011 年，在日本扣留的中国食品中，农产加工食品所涉及的批次最多，达到 540 批次，占同期日本扣留中国食品总量的 24.7%；水产加工食品 491 批次，居于日方扣留进口食品种类的第二位，占比 22.5%；农产食品以及添加剂、餐具、厨房用具以及容器包装、玩具类产品各有 348 批次，并列位居第三，各占比 15.9%。这与日本厚生劳动省的进口食品年度监控计划基本相符，这 4 类进口食品是其重点监控和检查的对象。

在扣留批次最多的农产加工食品（540 批次）中，蔬菜加工品成为被扣批次最多的食品。2006～2011 年，日本共扣留的我国蔬菜加工品 423 批次，占农产加工食品的 78.3%，占全部扣留食品的 19.4%。其中，冷冻蔬菜是日方扣留的主要农产加工食品，共计 219 批次，占所有农产加工食品的 40.6%。重点是冷冻豌豆（33 批次）、冷冻辣椒及青椒（27 批次）、冷冻葱（21 批次）、冷冻豆制品（19 批次）、冷冻芦笋（19 批次）、冷冻马铃薯（13 批次）、冷冻大蒜（12 批次）等；经干燥的蔬菜制品共计 102 批次，主要是干银耳和干木耳（45 批次）、干香菇（20 批次）等；腌制、罐装类蔬菜加工制品 58 批次，重点包括腌制或容器包装竹笋（12 批次）、醋腌生姜（11 批次）、腌大蒜（8 批次）以及容器包装灭菌豆类食品（12 批次）等。其他农产加工食品还包括炒花生（44 批次）、干米粉和糯米粉（36 批次）以及水果加工品（37 批次）等。

在日本扣留的中国生产的水产加工食品（491 批次）中，冷冻水产食品成为扣留重点。2006～2011 年，日本共扣留中国的冷冻水产品 433 批次，占该类食品的 88.2%，占扣留食品总量的 19.8%。冷冻类水产品主要包括冷冻后的虾类制品（76 批次）、冷冻后的烤鳗鱼（51 批次）、各种冷冻鱼片（49 批次）、冷冻章鱼制品（45 批次）、冷冻鱿鱼制品（38 批次）、冷冻蟹类制品（34 批次）、冷冻牡蛎（27 批次）以及其他冷冻混合海鲜（29 批次）等。其他主要的水产加工食品还包括调味以及容器包装灭菌类食品（58 批次）等。

在位列第三位的日本扣留中国的农产食品（348 批次）中，未经加工的新鲜蔬菜居首，共计 184 批次，占该类食品的 52.9%，占日本扣留我国食品总量的 8.4%。主要包括生姜（49 批次）、新鲜葱类（46 批次）、新鲜豌豆（18 批次）、新鲜胡萝卜（17 批次）、新鲜蒜苔（11 批次）、新鲜紫苏（8 批次）等。除蔬菜外，花生是日本扣留我国农产食品中的又一重点，2006～2011 年，日本扣留中国未经加工的花生（包括大粒花生和小粒花生）共计 80 批次。此外，扣留的主要农产食品还有薏苡（29 批次），坚果、玉米、豆类等（38 批次）以及新鲜水果（21 批次）等。

2006～2011 年，日本扣留中国生产的添加剂、餐具、厨房用具以及容器包装、玩具类产品数量共 348 批次，占比 15.9%。其中重点是厨房用具，共 164 批次，占该类产品的 47.1%；其他还包括玩具（80 批次）、餐具（79 批次）以及添加剂（25 批次）。所涉及的主要产品包括聚丙烯以及聚氯乙烯材质的产品（68 批次）以及陶瓷制品（21 批次）等。

2006～2011 年，日本扣留中国生产的畜产加工食品共有 198 批次，占扣留食品总量的 9.1%。其中，冷冻肉类加工品共有 185 批次，占该类食品种类的 93.4%，主要包括冷冻鸡肉类制品（91 批次）、冷冻猪肉类产品（78 批次）以及牛肉类制品（10 批次）。其他畜产加工食品还有容器包装灭菌食品（7 批次）以及干燥类制品（6 批次）等。

日本扣留中国生产的其他类别食品共有 136 批次，占比 6.3%，扣留的重点包括乌龙茶（40 批次）、保健食品（41 批次）、点心类食品（36 批次）、绿茶及其他茶产品（13 批次）、调味品（6 批次）等。

日本扣留的中国产新鲜水产品共 115 批次，占比 5.3%，主要包括养殖活鳗鱼（48 批次）、活贝类（22 批次）、活虾（10 批次）、活蟹（9 批次）、活泥鳅（8 批次）、活鳢鱼（6 批次）及其他的鲜活水产品（12 批次）等。

此外，2006～2011 年，日本共扣留中国输日饮料 6 批次，占扣留总量的 0.3%。

4．成分规格不合格成为日本扣留的中国食品所违反的主要内容

（1）日本对通报食品所违反内容的设定

日本对进口食品实施相关检查时，就扣留食品所违反的主要内容进行了以下几种设定：

① 成分规格不合格：主要是对进口食品所含的某些项目（细菌数、大肠杆菌群、肠炎弧菌属等）、病源微生物（肠道出血性大肠杆菌 O157、李斯特菌等）、贝毒（腹泻性贝毒、麻痹性贝毒）、杀菌剂、杀虫剂等的检测超标，以及为转基因食品等；

② 违反日本《食品卫生法》第 11 条第 3 项中所规定的不对人体健康造成影响的应有量，残留超标。简言之就是农药残留量超标，包括有机磷系、有机盐酸系、有机氯化系等；

③ 使用了指定外添加物，包括角黄素、甜蜜素、TBHQ 等；

④ 霉素类，包括黄曲霉素、脱氧瓜蒌镰菌醇、青霉菌等；

⑤ 使用标准不合格，主要是加工过程中使用了过量的添加剂，包括二氧化硫、山梨酸、糖精等；

⑥ 制造、加工标准不合格，主要是指在食品加工过程中的杀菌条件不合格，或是经过了放射线的辐射，以及使用指定外的着色剂等；

⑦ 材质、原材料规格不合格，主要是饮食、厨房器具以及玩具类产品所使用的原材料中铅含量、邻苯二甲酸、双酯超标，以及蒸发后的残留物，包括醋酸、高锰酸、水等超标；

⑧ 其他违反内容，包括水产及肉类制品的内脏去除不干净、鱼类有毒，以及检出氰化物（HCN）等。

（2）日本扣留中国输日食品所违反的主要内容分析（图 5-43）

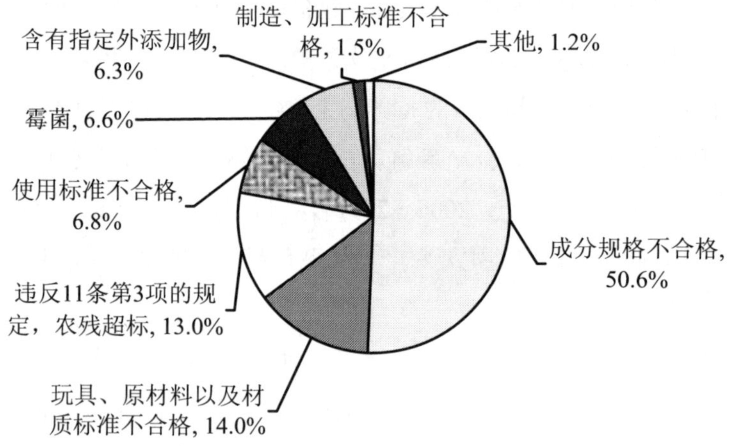

图5-43　2006～2011年日本扣留中国输日食品违反内容分布情况

2006～2011 年，在日本扣留的食品中，以上 8 项违反内容均有所涉及。但因“成分规格不合格”而被扣留的批次最多，成为中国食品最主要的违反内容。

2006～2011 年，日本因“成分规格不合格”而扣留的我国食品共计 1105 批次，占扣留中国输日食品总量的 50.6%。在这一内容中，从违反的具体项目来看，检出大肠杆菌群呈阳性的食品有 332 批次，成为最多的项目，占该类内容的 30.0%。被检出大肠杆菌群呈阳性的食品以水产加工食品（146 批次）以及冷冻类畜产加工食品（112 批次）为主，尤其冷冻类食品所占比例最多；检出细菌数超标的食品 155 批次，数量位居此类内容的第二位，占比 14.0%，且所有细菌超标的食品均为冷冻食品（包括冷冻肉食产品、冷冻水产品、冷冻蔬菜及其他冷冻食品等）；检出含有呋喃唑酮及其代谢物的产品有 53 批次，数量位居第三，占比 4.8%，以养殖活鳗鱼、畜产加工冷冻食品为主。其他主要的违反项目。

近两年来，日本因成分规格不合格而扣留的我国食品中，检出本不该含有的瘦肉精的食品数量快速上升，单是 2009 年因该原因扣留的中国输日食品就有 30 批次，且均为冷冻猪肉类制品。2011 年，我国爆发了“瘦肉精”事件，甚至牵涉了知名的食品加工企业。日本厚生劳动省也根据这一情况，对中国企业输日的冷冻猪肉产品加强了命令检查的力度，并不断提高检测级别。

在“成分规格不合格”这一违反原因下，日本还检查出中国输日食品以下主要项目含量超标：毒死蜱（23 批次）、氯霉素（22 批次）、硫丹（16 批次）、土霉素（15 批次）、四环素（13 批次）、恩诺沙星（13 批次）、联苯菊酯（12 批次）、氨基脲（10 批次）、磺胺甲基异恶唑（9 批次）、三氯杀螨醇（7 批次）、辛硫磷（5 批次）、抑霉唑（4 批次）等。

2006～2011 年，日本因“玩具、原材料以及材质标准不合格”扣留的我国产品共 306 批次，数量位居第二，占日本扣留我国产品总量的 14.0%。其中，因蒸发残留物超标扣留的中国产品有 130 批次，占该类违反内容的 42.5%，其中，检出含有 4%醋酸的产品共有 61 批次，占该类违反内容的 19.9%。此外，还有检出含高锰酸钾的产品（29 批次）；检出两种或两种以上物质超标（包括水、醋酸、高锰酸钾等）的产品 42 批次；检出含铅等重金属超标的产品 73 批次，均为饮食器具；检出含有双邻苯二甲酸的产品 36 批次；以及双酯超标的产品 23 批次，多为儿童玩具。

2006～2011 年，日本因“违反日本《食品卫生法》第 11 条第 3 款中所规定的不对人体健康造成影响的应有量，及农药及兽药残留超标”而扣留的中国输日食品共计 284 批次，在违反内容中位列第三，占日本扣留中国食品总量的 13.0%。日本从 2006 年实施《肯定列表制度》以来，对于食品中的农药及兽药残留标准日渐严苛，因此违反这一内容的中国食品也呈现出增长的趋势。从检测出的我国食品中农药及兽药残留超标的情况来看，数量最多的是六六六（BHC）超标，近 6 年共有 69 批次，占该类违反内容的 24.3%，其中冷冻以及新鲜生姜（53 批次）成为该项目超标最多的食品；检出乙草胺超标的食品 32 批次，占该类违反内容的 11.3%，其中大粒花生是超标最多的食品（25 批次）；检出嘧霉胺含量超标的食品 27 批次，主要涉及的产品种类包括新鲜蒜苔和其他冷冻蔬菜等。

2006～2011 年，日本因“使用标准不合格”共扣留中国输日食品 148 批次，占扣留总量的 6.8%。其中，检测出二氧化硫超标的食品 107 批次，占该类违反内容的 72.3%，以蔬菜加工食品（73 批次）以及冷冻水产品（26 批次）为主；检出山梨酸（一种防腐剂）超标的食品 21 批次，均为农产加工食品；检出含有安息香酸的食品 6 批次。

检测出霉素类是日本扣留的中国输日食品所违反的又一主要内容，2006～2011 年，日本因该内容扣留的中国食品共计 145 批次，占扣留总量的 6.6%。其中检测出含有黄曲霉素的食品 135 批次，占该类违反内容的 93.1%，尤其以花生及其加工食品（88 批次）和薏苡（26 批次）为最多；除检出黄曲霉素外，在日本扣留的中国食品中还检测出发霉、变质的食品 10 批次。

2006～2011 年，日本因“检出含有指定外添加物”而扣留的中国输日食品共计 138 批次，占总量的 6.3%。在该类违反内容中，检出甜蜜素超标的食品批次最多，有 68 批次，占该类违反内容的 49.3%，食品种类以农产加工（43 批次）和畜产加工食品（21 批次）为主；检测出 TBHQ（一种抗氧化剂）含量超标的食品 23 批次，占该类违反内容的 16.7%，主要是糕点、保健类食品；检出含有三聚氰胺的食品 16 批次，占该类违反内容的 11.6%，以冷冻水产食品（14 批次）为主；检出含有偶氮玉红的食品 6 批次，均为果冻。

此外，因“制造、加工标准不合格”而扣留的中国输日食品共 33 批次，占扣留食品总量的 1.5%。主要是检出使用合成着色剂的食品 20 批次，包括容器包装食品（12 批次）以及玩具类产品（8 批次）；检出经过放射线辐射的食品 13 批次，全部为干燥蔬菜制品。从 2007 年开始，日本先后对进口香辣调味料、干燥蔬菜、茶叶等开始实施辐照检查，2009 年 4 月又追加了水产品作为检查对象。

在“其他违反内容”中，日本共扣留中国输日食品 23 批次，占扣留总量的 1.2%，包括检出有毒鱼和缺少相关卫生证明的食品 18 批次，内脏清除不净类食品 3 批次，以及含有氰化物的食品 2 批次。

5．检查方式、处置措施与检疫机构

日本对于进口食品的检查依严格程度分为自主检查、监视检查和命令检查 3 个级别。自主检查是进口商的自律行为，由进口商自选样本送到厚生劳动省指定的检疫机构进行检验，对检出的问题必须依法报告。监视检查是厚生劳动省按照不同的食品类别、以往的不合格率、进口数量（重量）、潜在风险的危害程度等确定监视检查计划对一般进口食品进行的一种日常抽检。如果在监视检查中发现一次违规，则提高抽检率进入强化监视检查阶段，在强化监视检查期间发现再次违规则启动命令检查，即强制性批批检查。但是，若进口食品中出现与公共健康有关的突发事件或会引发公共卫生危机的风险，一例违规即可启动命令检查。只有在出口国查明原因并强化了新的监督、检查体系，确定了防止再次发生的对策等，确认不会再出现不合格出口食品时，才能解除命令检查。

2006～2011 年，日本对所扣留的中国输日食品采取的检查方式中，采取自主检查的共计 1033 批次，占日本扣留中国食品总量的 47.3%；采取命令检查的 699 批次，占比 32.0%；采取监视检查的 420 批次，占比 19.2%；采取行政检查的有 22 批次，占比 1.0%。

2006～2011 年，日本对所的中国输日食品采取“全部封存”措施的共计 1999 批次，占扣留中国输日食品总量的 91.6%；正在“调查中”的食品共 83 批次，占比 3.8%；采取“全部废弃”的共计 42 批次，占比 1.9%：采取“全部退货”的食品 36 批次；“部分封存或部分废弃”的食品 10 批次。此外，还有“全部消费”的食品 8 批次以及“已经流通”的食品 1 批次。

2006～2011 年，日本扣留中国输日食品所涉及的检疫机构共计 28 个，其中检验批次排名前十位的检疫所如表 5-11 所示。

表5-11　2006～2011年日本主要检疫机构扣留中国输日食品数量统计

序　号	检 疫 机 构	检验批次	占比（%）
1	东京检疫所	455	20.9
2	大阪检疫所	347	15.9
3	横滨检疫所	253	11.6
4	福冈检疫所	164	7.5
5	神户检疫所	140	6.4
6	名古屋检疫所	132	6.0
7	神户二课	113	5.2
8	川崎检疫所	104	4.8
9	东京二课	85	3.9
10	成田机场检疫所	71	3.3
合　　计		1864	85.4

三、日本厚生劳动省发布 2011 年度对进口食品监视结果的中期报告（2011 年 4～9 月）

2011 年 12 月 7 日，日本厚生劳动省医药食品局食品安全部监视安全课发布了日本 2011 年度（2011 年 4 月～2012 年 3 月）进口食品监视指导计划下的监视结果中期报告。

报告显示，2011 年度上半年（4～9 月），日本进口食品申报的件数为 103.9214 万件（上年同期为 101.1512 万件），申报重量为 1317.5 万吨（上年同期为 1201.3 万吨。在 103.9214 万件申报食品中，实施检查的共计11.9075万件（其中命令检查5.2811万件，监控检查2.8103万件，自主检查3.7743万件），占进口食品的比例为11.5%（上年同期为12.7%）。其中，对619件（上年同期为736件）违反食品卫生法的食品采取了原货运回或废弃等措施，占进口食品总量的0.06%（上年同期为0.07%）。

报告指出，从食品的不合格情况来看，违反《食品卫生法》第11条规定的食品中微生物含量不合格、残留农药标准不合格以及添加物使用标准不合格，是接受检查食品中出现最多的问题，共386件（上年同期为394件），占比60.6%；其次是含有毒有害物质的食品共165件（上年同期为229件），占比25.9%；容器包装以及餐具规格不合格有39件（上年同期为62件），占比6.1%；添加剂使用不当的食品有33件，占比5.2%；玩具规格不合格产品有11件（上年同期为9件），占比1.7%；以及食品卫生证明不合格的食品有3件，占比0.5%。

四、日本厚生劳动省公布2012年度进口食品监视指导计划

2012年3月29日，日本厚生劳动省公布了日本2012年度（2012年4月1日～2013年3月31日）关于进口食品的监视指导计划。

该计划书中指出，进口到日本的食品、添加剂、器具、容器包装以及玩具等产品（以下简称“食品等”）的年均进口申报件数约200万件，进口重量约3180万吨。根据日本农林水产省发布的食品供求表显示，日本的食品自给率（供给热量综合食品自给率）约为40%。

计划书中称，日本厚生劳动省根据《食品卫生法》（1947年第233号法律）第28条的规定，对于进口食品的卫生状况进行监督，进而制定了2012年度关于进口食品的监视指导计划。

2010年5月，中日食品安全协议的第一次部长级会议召开，日本厚生劳动省大臣长妻昭以及中国国家质量监督检验检疫总局局长王勇出席会议。会上，双方根据中日食品安全协议形成了2010年度（2010年4月1日～2011年3月31日）的“行动计划”。2011年11月，中日食品安全协议的第二次部长级会议召开，双方达成了2011年度的“行动计划”，并表示今后将依据此行动计划，在加强中日两国的食品进出口安全方面积极努力。

加拿大卫生部发布进口产品召回通报情况综述

加拿大卫生部（Health Canada）是加拿大的联邦政府部门，其在尊重个人选择的情况下负责帮助加拿大国民保持和改善他们的健康状况。其管辖的产品非常广泛，包括消费品、药品、保健产品、食品等，其中消费品的安全风险管理是加拿大卫生部的重要职责之一，通过调查、评估和合作保护加拿大公众，尤其是儿童（含婴幼儿）的健康和生命不受危害。下文就加拿大卫生部对进口的问题产品的召回情况进行概述。

一、产品召回数量逐年增长

2005～2011年，加拿大卫生部共发布产品召回通报1252项，且呈逐年增长态势（图5-44）。2005～2007年，加拿大卫生部发布的召回通报虽逐年增长，但历年召回总数均未过百，分别仅为28项、32项和90项；但2008年加拿大卫生部发布的召回通报总数增至245项，增幅高达172.2%；2009～2011年，连续3年持续下降，2009年为306项，同比增长24.9%；2010年为294项，同比下降3.9%；2011年为257项，同比下降12.6%。

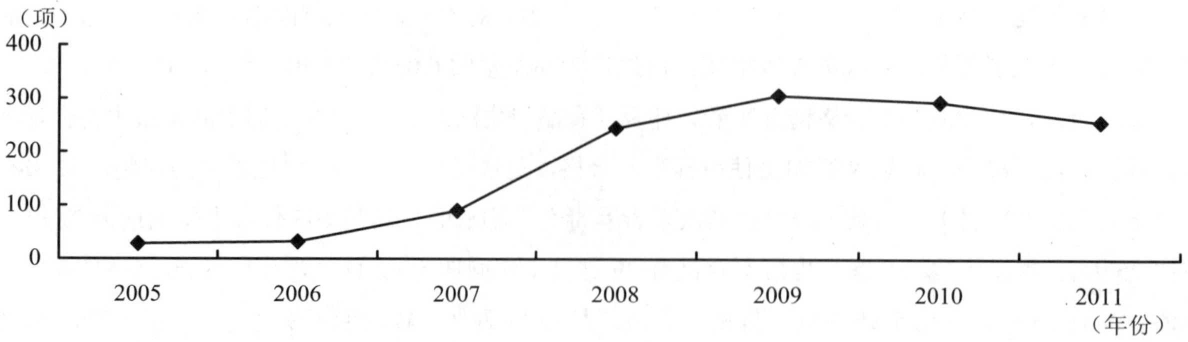

图5-44　2005～2011年加拿大卫生部发布的产品召回通报年度走势

二、儿童用品、玩具和家居用品是召回重点

加拿大卫生部将消费品细化为六大类，分别为儿童用品（含婴幼儿用品，不含玩具和儿童服装）、玩具、家居用品、服装及其配件、洗化用品、体育和休闲用品。其中，儿童用品、玩具和家居用品是加拿大召回的重点领域（图 5-45）。

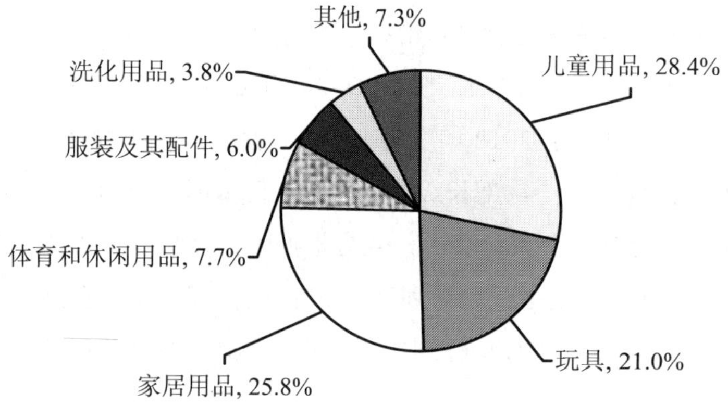

图5-45　2005～2010年加拿大卫生部召回产品类别分布情况

1. 儿童用品

儿童用品是加拿大卫生部的重点监测产品，从近几年加拿大卫生部的召回情况看，主要集中于儿童饰品和耐用型育儿产品（如婴儿床、婴幼儿餐椅、婴儿牙胶、婴幼儿推车等）。2005～2011 年，加拿大卫生部共对儿童用品发布召回通报 352 项，占召回通报总数的 28.1%。该类产品被召回的主要原因为：铅含量超标、小部件脱落易引发窒息、因边缘锋利划伤儿童、产品质量不合格、不符合加拿大标签规定、无警示标签等。2008～2011 年，加拿大卫生部对儿童用品共发布召回通报 270 项。其中，涉及中国产儿童用品的召回通报数分别为 34 项、44 项、52 项和 38 项，合计占近 4 年总数量的 62.2%。

2. 家居用品

2005～2011 年，加拿大卫生部共对家居用品发布召回通报 376 项，占比 30.0%。召回的家居用品主要包括：家用小电器（如电烤箱、风扇、咖啡壶、笔记本电脑及充电电池、台灯、吸尘器等）、餐具、家具（电视柜、桌子、椅子等）、窗帘等。召回的主要原因为：受伤危险（如划伤、砸伤）、电击危险、火灾危险（含爆炸、熔化）、儿童颈部被勒危险等。2008～2011 年，加拿大卫生部共针对家居用品发布召回通报 372 项。其中，涉及中国产家居用品的共计 197 项，合计占近 4 年总数量的 53.0%。

3. 玩具

玩具是中国对加拿大出口的重点产品之一，也是加拿大卫生部产品召回比较密集的产品。2005～2011 年，加拿大卫生部共对玩具产品发布召回通报 239 项，占比 19.1%。该类产品主要因铅含量超标、细菌超标导致儿童身体免疫系统受损而引发腹泻、呕吐等疾病、小部件易脱落引发窒息、钡含量超标、镉含量超标等而被召回。2008～2011 年，加拿大卫生部发布的玩具召回通报共 184 项。其中，各年涉及中国产玩具的分别为 30 项、50 项、24 项和 19 项，合计占近 4 年总数量的 66.8%。

三、伤害危险为召回主要原因

2005～2011 年，在加拿大卫生部召回产品的主要原因（1 项召回可能涉及多种原因）中，排在首位的仍是伤害危险，共 331 项，占召回总数的 26.4%；位居二、三位的分别为窒息危险和铅含量超标（图 5-46）。

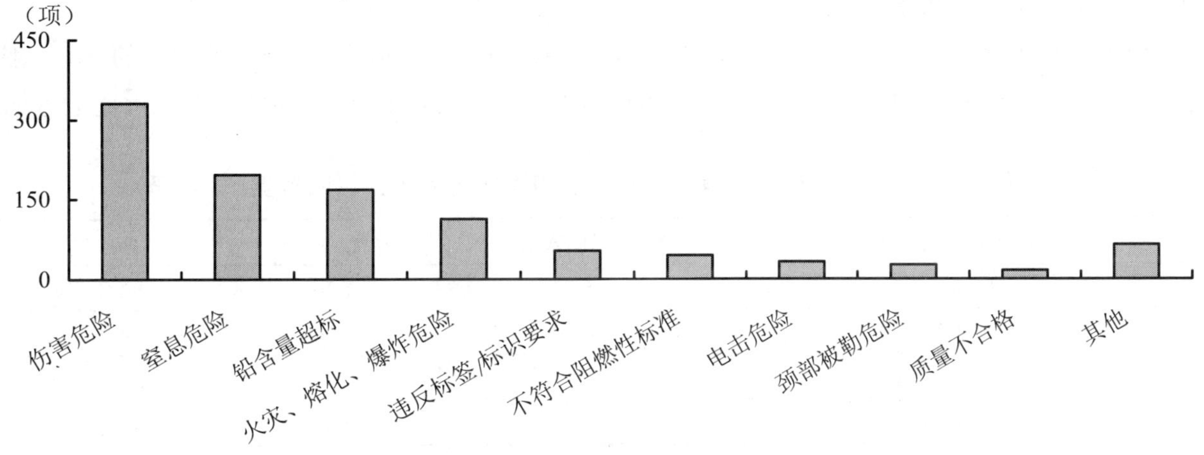

图5-46　2005～2011年加拿大卫生部召回产品原因分析

1. 伤害危险

在加拿大卫生部发布的消费品召回通报的原因中，伤害危险高居首位。伤害危险主要包括砸伤、划伤、跌伤、溺亡、消费品细菌超标导致免疫系统受损等。伤害危险发生在几乎所有消费品种类中，其中家居用品、儿童用品、体育和休闲产品、化妆品比较集中。

2. 窒息危险

2005～2011 年，加拿大卫生部发布的与窒息有关的产品召回通报 196 项，占召回通报总数的 15.7%。窒息危险主要是指消费品的小部件易脱落，若被儿童误食，有致其窒息的危险。窒息危险多发生在儿童用品及玩具上。

3. 铅含量超标

2005～2011 年，加拿大卫生部发布的与铅含量超标有关的消费品召回通报 168 项，占召回通报总数的 13.4%。铅含量是加拿大卫生部检测进口儿童用品、玩具的重要指标之一，加拿大对铅含量的要求主要有两点：一是要求某些表面涂层材料的总铅含量限值由 600mg/kg 降为 90mg/kg；二是要求降低用于儿童家具和其他用品、玩具、设备及其他儿童学习用产品、铅笔和画笔的表面涂层材料的总铅含量限值。加拿大政府表示，表面涂层材料 90mg/kg 的铅含量限值可充分防范铅暴露危害，并且可以确保加拿大儿童得到与美国儿童同等的保护。目前，铅含量超标主要发生在玩具和儿童用品上。

除上述 3 类主要危险类型外，电击危险、火灾危险（含爆炸、熔化）、儿童颈部被勒危险等也是加拿大卫生部实施消费品召回措施的重要原因，而因缺乏儿童安全装置、镉/钡含量超标、未经安全检测并且不粘贴安全标识或粘贴伪标识等原因被召回的消费品也日渐增多。

澳大利亚竞争和消费者委员会发布进口产品召回通报情况综述

一、澳大利亚消费品召回情况分析

澳大利亚竞争和消费者委员会（ACCC）是独立的联邦法定机构，于1995年由原贸易实践委员会（TPC）和价格监督局（PSA）合并成立，负责执行《贸易实践法》（1974年，2011年1月修订并改名为《2010年竞争和消费者法》）、《价格监管条例》（1983年）和其他相关法律法规。其主要职责是促进竞争和公平贸易，负责消费者保护和国家有关基础设施的管理，确保个人和企业遵守联邦竞争、公平交易和消费者保护法律。

ACCC召回产品分为12个大类（表5-12），1986～2011年，召回通报发布次数最多的为车、船、自行车类，占比43.25%；其次为儿童用品类，占比为13.16%；食品和杂货类位列第三，占比11.57%。

表5-12　1986～2011年澳大利亚竞争和消费者委员会召回各类产品情况

产　品　分　类	召回次数	占　比（%）	备　注
农业和兽医化学品	78	1.30	1988年开始
美容健康产品	393	6.56	1998年开始
车、船、自行车	2590	43.25	1986年开始
电气产品	175	2.92	1998年开始
时装及服饰	71	1.18	1998年开始
食品和杂货	693	11.57	1998年开始
燃气用品	22	0.37	1990年开始
嗜好、运动、休闲产品	200	3.33	1998年开始
家居与园艺用品	549	9.17	1991年开始
资讯科技、手机、多媒体产品	102	1.70	1998年开始
工业、商业用品	327	5.46	1987年开始
儿童用品	788	13.16	1986年开始
总　　计	5988	—	—

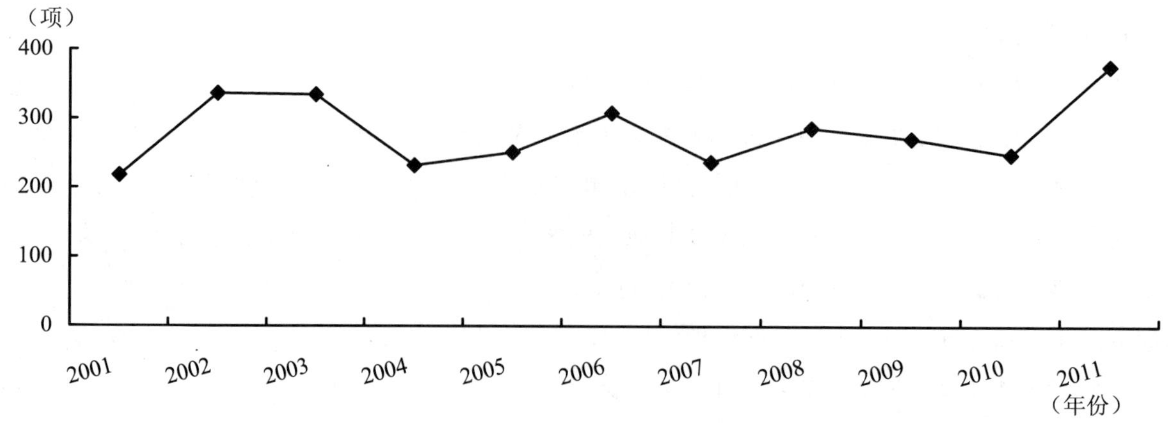

图5-47　2001～2011年ACCC召回产品通报年度分布情况

二、澳大利亚食品召回情况分析

澳大利亚食品召回由澳新食品标准局（简称 FSANZ）主导进行，国家、州和地方立法共同管理。在澳新食品标准局设有专门的食品召回协调员，各州和地方也设有州和地方的召回协调员。澳大利亚食品召回体系的主体由生产者、销售商和消费者三方构成。当需要召回食品时，生产者、销售者都有责任在有关机构的监管下，依据食品召回的法律法规将问题食品从消费者手中召回。澳大利亚依据产品的销售渠道和销售范围来确定食品召回的级别，目前其分级只有贸易召回和消费者召回两个水平。贸易召回指的是将产品从产品分配中心和批发商处收回。消费者召回是涉及产品生产和分配所有环节的召回，涉及范围广，包括消费者拥有的任何受影响的产品。在法律依据上，澳大利亚的食品召回主要依据《澳新食品标准法典》、《贸易行为法案》和《澳新食品工业召回规范》的相关规定。

2002～2011 年，FSANZ 共发布食品召回通报 663 项。各年通报数量相对稳定，保持在 55～70 项之间。2003 年，由于新标签标准的实施，强制要求进行过敏原标注，当年的通报数量显著增长达 105 项（图 5-48）。

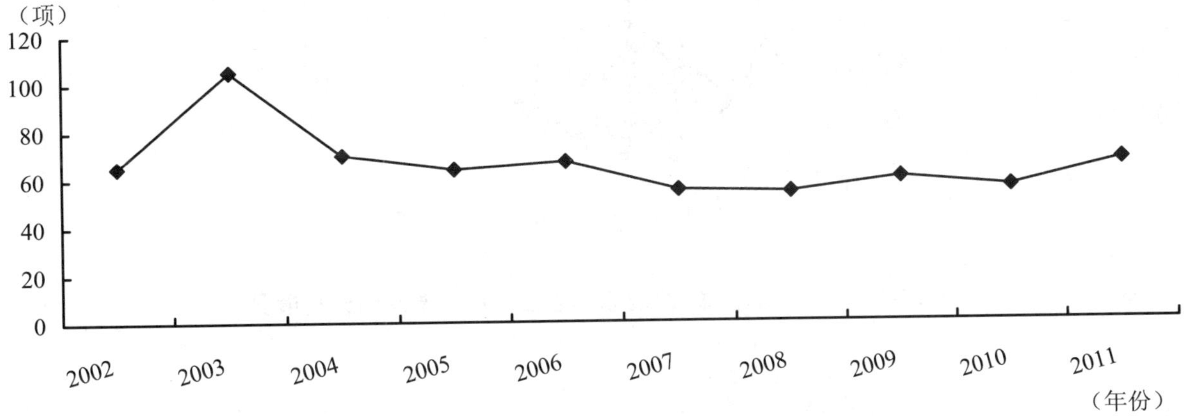

图5-48　2002～2011年FSANZ召回产品通报年度分布情况

FSANZ 发布食品召回通报的主要原因包括：微生物污染、标签问题、杂质异物、化学/污染物、其他、生物毒素和转基因。2002～2011 年，微生物污染居 FSANZ 发布食品召回通报的原因之首，共 229 次，占比 35%；标签问题位列第二，为 218 次，占比 33%。但 2003、2004 和 2011 年，因未标注过敏原而通报的产品数量超过微生物污染，成为当年位列第一的通报原因；2005 和 2006 年，因微生物污染和未标注过敏原通报的产品数量相当。而生物毒素、转基因和其他因素占比一直较小（图 5-49）。

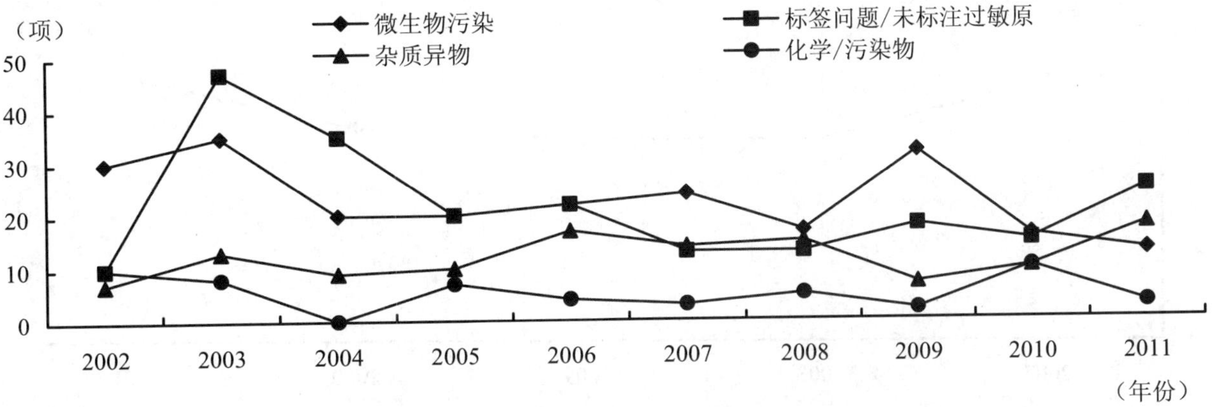

图5-49　2002～2011年FSANZ发布食品召回通报主要原因年度分布情况

2002～2011 年，FSANZ 因微生物污染通报的产品召回达 229 项，其中，两次峰值出现在 2003 和 2009 年，分别为 35 项和 32 项。229 起通报原因为微生物污染的召回中，列前三位的通报原因分别为李斯特菌污染、沙门氏菌污染和大肠杆菌污染，通报次数及占比分别为：108 项（47.2%）、47 项（20.5%）和 27 项（11.8%）。李斯特菌污染在微生物污染召回通报中的占比居首，反映了行业为满足《澳新食品标准法典》1.6.1 食品微生物限定标准要求进行的大量检测，标准要求软奶酪、熏鱼、熟肉、熏/腌肉、肉酱等高危食品不得检测含有李斯特菌。2002～2011 年，标签问题列食品召回通报主要原因的第二位，占比达 33%。其中占比最大的问题是未标注坚果、牛奶、鸡蛋、大豆、小麦等过敏原，在标签问题中的占比总计达 91%（198 项）。

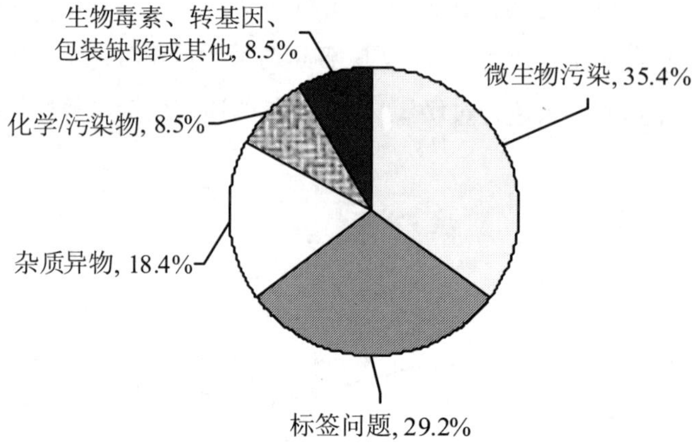

图5-50　2000～2011年FSANZ食品召回通报主要原因分布情况

新西兰消费者协会发布进口食品召回通报情况综述

一、新西兰消费品召回情况分析

新西兰消费者协会（Consumer New Zealand）成立于 1959 年，是独立的非赢利机构，以为新西兰消费者提供公平消费为宗旨。2007～2011 年，Consumer NZ 共发布消费品召回通报 300 项，涉及家电、汽车、食品、健康美容产品、家居休闲用品及儿童家庭用品等产品类型。

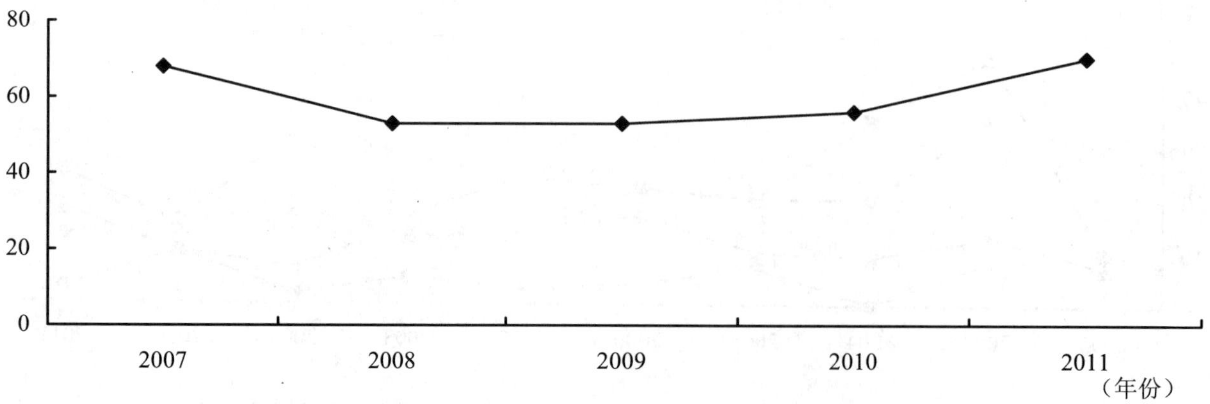

图5-51　2007～2011年新西兰消费品召回通报年度走势

二、新西兰食品召回情况分析

新西兰农林部食品安全局负责协调、监督新西兰境内的食品召回。2001～2011 年，新西兰食品召回通报的主要原因为过敏原，占比 35.3%；其次为异物，占比 30.6%；微生物位列第三，占比 22.9%。各年的通报数量和通报原因相对稳定，2003～2005 年，由于食品过敏原强制标注标准的实施，因过敏原问题通报召回的产品数量增长显著。

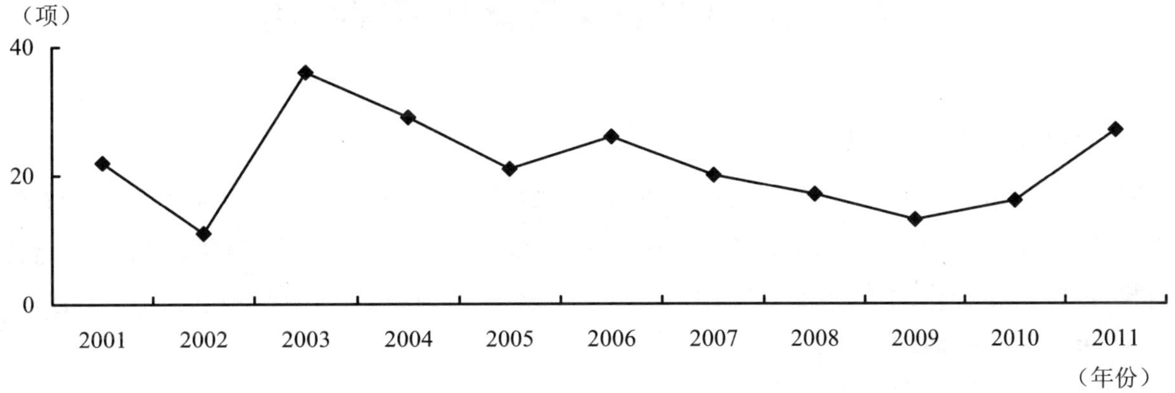

图5-52　2001～2011年新西兰食品召回通报年度分布情况

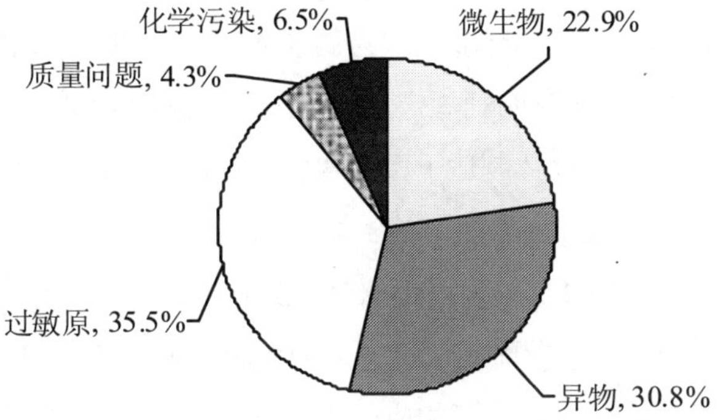

图5-53　2001～2011年新西兰召回食品通报原因分布情况

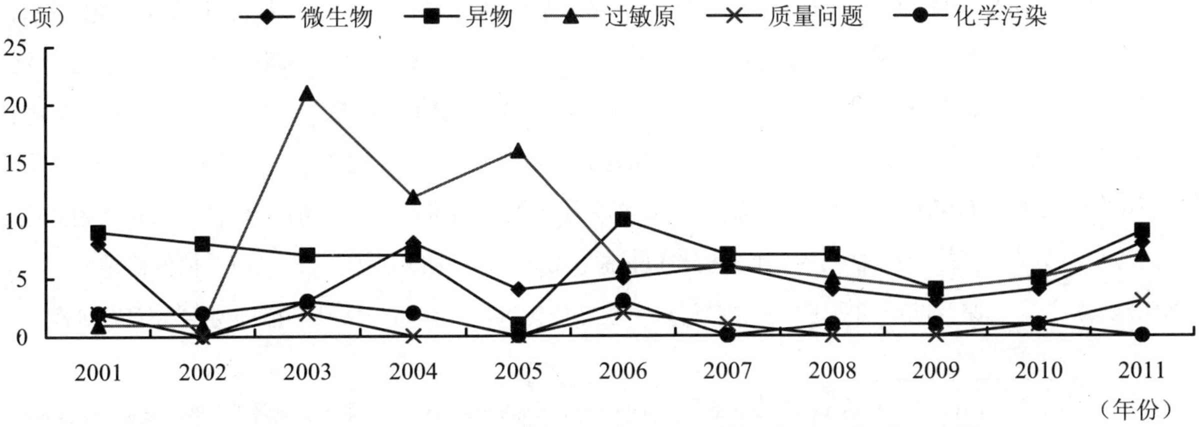

图5-54　2001～2011年新西兰食品召回主要通报原因年度分布情况

第六章　WTO 争端解决[1]

第一节　WTO 争端案件情况综述

一、WTO 争端解决机制

WTO 争端解决机制是包括争端解决机构（DSB）、规则、方法等在内的一整套法律体系，其中既有政治性的，也有法律性的内容，前者包括磋商、斡旋、调解、调停、专家组/上诉机构及争端解决机构的建议、对建议和裁决执行情况的监督等，而法律性的内容则包括专家组程序、专家组和上诉机构的裁决、仲裁等。[2]

1. 争端解决法律框架

从法律渊源上看，WTO 争端解决机制的法律依据可以追溯至《1947 年关税与贸易总协定》（以下简称 GATT1947）的相关规定及其多年的实践。其中，《1947 年关税与贸易总协定》第 22 条和第 23 条就磋商以及利益的丧失或减损作出了规定，主要涉及缔约方的磋商权利以及缔约方提出磋商的条件等。例如，第 22.1 条规定“每一缔约方应对另一缔约方就影响本协定运用的任何事项可能提出的交涉给予积极考虑，并应提供充分的磋商机会”。此后的乌拉圭回合多边贸易谈判通过了《关于争端解决规则与程序的谅解》（DSU，以下简称《谅解》），其中第 3.2 条明确规定，“WTO 争端解决体制在为多边贸易体制提供可靠性和可预测性方面是一个重要因素”，“该体制适于保护各成员在适用协定项下的权利和义务，及依照解释国际公法的惯例澄清这些协定的现有规定。”而“在一成员认为其根据适用协定直接或间接获得的利益正在因另一成员采取的措施而减损的情况下”，可以根据 WTO 争端解决的相关规则和程序提出诉讼请求，以“保持各成员权利和义务的适当平衡”。[3]而从《谅解》的条款架构上也可以看出，其就管理争端的原则、相关的规则和程序作出了系统规定，并设立了相应的管理机构——争端解决机构。这种系统性的设置也使得争端解决机制成为 WTO 甚至是国际司法体制中自成一格的、且较为成功的范式。

就争端可适用的协定范围而言，《谅解》附录 1 亦进行了说明，包括《建立世界贸易组织协定》、多边贸易协定（附件 1A：多边货物贸易协定；附件 1B：《服务贸易总协定》（GATS）；附件 1C：《与贸易有关的知识产权协定》（TRIPs）；附件 2：《关于争端解决规则与程序的谅解》）以及诸边贸易协定（附件 4：《民用航空器贸易协定》、《政府采购协定》、《国际奶制品协定》、《国际牛肉协定》）。其中，多边货物贸易协定具体包括：《1994 年关税与贸易总协定》（以下简称 GATT1994）、《农业协定》、《实施卫生与植物卫生措施协定》（SPS）、《纺织品与服装协定》、《技术性贸易壁垒协定》（TBT）、《与贸易有关的投资措施协定》（TRIMs）、《关于实施〈1994 年关税与贸易总协定〉第 6 条的协定》（即《反倾销措施协定》（ADA））、《关于实施〈1994 年关税与贸易总协定〉第 7 条的协定》（即《海关估价协定》）、《装运前检验协定》、《原产地规则协定》、《进口许可程序协定》、《补贴与反补贴措施协定》（SCM）、《保

---

[1] 本章数据来源于 WTO 官方网站（www.wto.org）、www.worldtradelaw.net 及中国贸易救济信息网（www.cacs.gov.cn）

[2] E.U. Petersmann，The GATT/WTO Dispute Settlement System（Kluwer Law International, London: 1997）

[3] 《关于争端解决规则与程序的谅解》第 3.3 条

障措施协定》。此外，《谅解》附录 2 还就适用协定所含特殊或附加规则与程序进行了罗列。例如，《技术性贸易壁垒协定》中涉及的规则与程序部分为第 14.2～14.4 条以及附件 2；《补贴与反补贴措施协定》中涉及的规则与程序部分为第 4.2～4.12 条、第 6.6 条、第 7.2～7.10 条、第 8.5 条、脚注 35、24.4、27.7 和附件 5。

而从具体适用上看，在很多情况下都需要将不同协定的相关条款相互结合加以考量。例如，美国 1916 年反倾销法（DS136）案上诉机构报告第 114 段就明确指出，“GATT1994 第 6 条必须与《反倾销措施协定》结合起来”㊀；美国对加拿大软木的最终反补贴税裁决案（DS257）上诉机构报告第 138 段也指出，“GATT1994 第 6 条在一项具体措施中的运用也就意味着 ADA 在该项措施中的运用，反之亦然。”㊁由此可见，WTO 的规则体系呈现出典型的框架结构的特质，需要由面及点、由点及面的多维度把握。

2. 争端解决基本程序

乌拉圭回合达成的《关于争端解决规则与程序的谅解》就诉至 WTO 的争端案件的解决作出了一系列逻辑严谨的程序设置，各阶段程序与《谅解》相关条款的对应关系具体如表 6-1 所示。

表 6-1　WTO 争端解决程序及其与《谅解》相关条款的对应

基本程序	对应的《谅解》条款	时限规定
强制性的双边磋商	第 4 条	60 日
选择性的斡旋、调解和调停	第 5 条	
（磋商未果）专家组的设立	第 6 条	45 日
专家组的组成	第 8 条	
专家组程序	第 12 条	6 个月
专家组向争端各方提交报告	第 15 条	
专家组向所有 WTO 成员散发最终报告	第 15 条	3 周
（未提起上诉）专家组报告的通过	第 16 条	60 日
提出上诉申请	第 17 条	专家组报告通过前的任何时间
上诉方书面陈述		
提出其他上诉申请		5 日*；2 日**
其他上诉方书面陈述		5 日*；2 日**
被诉方书面陈述 第三方书面陈述 第三方通知		18 日*；9 日** 21 日*；10 日** 21 日*；10 日**
口头听证		30～45 日*；15～23 日**
上诉机构报告散发		60～90 日*；30～60 日**
争端解决机构通过上诉机构报告		90～120 日*；50～80 日**
可选择的仲裁	第 21.3（c）条、第 22.6 条、第 25 条	90 日（第 21.3（c）条）； 60 日（第 22.6 条）
执行建议和裁决的监督	第 21 条	45 日内作出双方同意的期限

* 一般问题上诉；** 涉及禁止性补贴的上诉。

（1）强制性的双边磋商以及选择性的斡旋、调解和调停程序

WTO 争端解决机制的宗旨是解决争端，而非处罚，其“目的在于保证使争端得到积极解决。争端各方均可接受且与适用协定相一致的解决办法无疑是首选办法”，㊂“如不能达成双方同意的解决办法”，则其“首要目标通常是保证撤销被认为与任何适用协定的规定不一致的有关措施。”㊃WTO“每

㊀ 美国 1916 年反倾销法（DS136、DS162），上诉机构报告（WT/DS136, 162/ABR/R），第 114 段

㊁ 美国对加拿大软木的最终反补贴税裁决（DS257），上诉机构报告（WT/DS257/AB/R），第 138 段

㊂《关于争端解决规则与程序的谅解》第 3.7 条第 3 句话

㊃《关于争端解决规则与程序的谅解》第 3.7 条第 4 句话

一成员承诺对另一成员提出的有关在前者领土内采取的、影响任何适用协定运用的措施的交涉给予积极考虑，并提供充分的磋商机会。”㊀由此可见，WTO 争端解决机制通过《关于争端解决规则与程序的谅解》相关条款的强制性规定，鼓励各争端方通过外交途径的友好磋商解决争议，且即使是在适用司法手段解决争端时，也应保证是在政治和外交的框架内进行。此外，“争端任何一方可随时请求进行斡旋、调解或调停”㊁，但与磋商程序的强制性不同的是，“斡旋、调解和调停是在争端各方同意下自愿采取的程序”。㊂根据规定，磋商及斡旋、调解和调停程序最多为 60 日。

据中国贸易救济信息网统计，1995～2011 年，在 WTO 争端解决机制受理的 427 起争端案件中，案件状态尚处于磋商阶段的共 133 起，占比 31.1%。㊃

（2）专家组工作程序

“如在收到磋商请求之日起 60 天内，磋商未能解决争端”，或“磋商各方共同认为磋商已不能解决争端”，则起诉方可以书面形式提出设立专家组的申请。㊄该申请在首次作为一项议题列入争端解决机构议程之后的争端解决机构会议上作出是否需要成立专家组的决定。在争端解决机构的下一次会议时，应确定专家组的人员组成、工作范围等，并将相关情况迅速通知各成员。通常情况下，专家组由 3 名成员组成，但在争端各方同意下，也可由 5 名成员组成。㊅

专家组工作程序具体包括：①第一次听证前：当事双方以书面形式向专家组提交案件情况；②第一次听证：起诉方、被诉方及利害关系方陈述案情；③辩论：在第二次听证会上，有关各方提交书面抗辩意见，并进行口头辩论；④专家：若一方提出涉及科学或其他技术性问题，专家组可以咨询专家或指定一个专家审查组准备咨询报告；⑤第一份报告草案：专家组将报告中描述性部分的内容提交当事各方，不包括调查结果和结论；⑥中期报告：专家组向当事方提交一份中期报告，包括调查结果和结论；⑦审议：不得超过 2 周，专家组可再次与当事双方举行会议；⑧最终报告：向当事方散发最终报告，并在 3 周后向所有 WTO 成员散发该最终报告；⑨最终报告成为一项裁决：若无异议，该最终报告将在 60 日内成为争端解决机构的建议或裁决。

据中国贸易救济信息网统计，1995～2011 年，争端解决机构专家组共发布 178 个裁决报告，其中包括 28 个执行程序的 DSU 第 21.5 条专家组报告。㊆

㊀《关于争端解决规则与程序的谅解》第 4.2 条

㊁《关于争端解决规则与程序的谅解》第 5.3 条第 1 句话

㊂《关于争端解决规则与程序的谅解》第 5.1 条

㊃ 文章数据除特别说明外，均按 WTO 的 DS 号统计，即一个 DS 号为 1 起案件

㊄《关于争端解决规则与程序的谅解》第 4.7 条

㊅《关于争端解决规则与程序的谅解》第 8.5 条

㊆ 此处统计中，日本关于酒精饮料的征税措施案（DS8、DS10、DS11）、欧盟有关扇贝的商品说明案（DS12、DS14）、欧盟/英国/爱尔兰对某些计算机设备的海关分类案（DS62、DS67、DS68）、印度尼西亚影响汽车产业的相关措施案（DS54、DS55、DS59、DS64）、韩国的酒类税（DS75、DS84）、加拿大影响牛奶进口和奶制品出口的措施案（DS103、DS113）、智利的酒类税案（DS87、DS110）、加拿大影响汽车产业的相关措施（DS139、DS142）、韩国影响冷冻鲜牛肉进口的措施案（DS161、DS169）、美国对新西兰/澳大利亚冷鲜羔羊肉的保障措施案（DS177、DS178）、印度影响汽车产业的相关措施/印度影响汽车产业的贸易和投资措施案（DS146、DS175）、美国 2000 年的《持续倾销及补贴补偿法》（即伯德修正案）（DS217、DS234）、美国对钢铁产品的最终保障措施案（DS248、DS249、DS251、DS252、DS253、DS254、DS258、DS259）、欧盟影响转基因产品批准和销售的措施案（DS291、DS292、DS293）、中国影响汽车零部件进口的措施案（DS339、DS340、DS342）、欧盟及其成员国对部分信息技术产品的关税待遇案（DS375、DS376、DS377）、美国关于原产国标签的规定案（DS384、DS386）、中国对原材料出口的限制措施案（DS394、DS395、DS398）、菲律宾对蒸馏酒的关税措施案（DS396、DS403）分别以 1 个专家组报告计入统计；欧盟对香蕉的进口、销售和经销体制案（DS27）分别以厄瓜多尔、危地马拉/洪都拉斯、墨西哥、美国等 8 个专家组报告计入统计

（3）上诉程序

上诉程序启动的法律依据是《关于争端解决规则与程序的谅解》以及《上诉审议工作程序》（以下简称“工作程序”）。根据《谅解》，争端各方，而非第三方，均可在专家组报告散发各成员之日起60日内就其中涉及的法律问题和专家组所做的法律解释提出上诉请求，但上诉不应涉及案件的事实部分。[㊀]据中国贸易救济信息网统计，1995～2011年，在争端解决机构发布的178个专家组报告中，共118个专家组报告被提起上诉，上诉率为66.3%。

在WTO争端解决机制框架下，上诉主要涉及以下几个具体程序：①上诉请求的提出；②应诉：需要应诉一方应根据工作程序规则第22条在提出上诉申请的18日内提交书面陈述意见；③多方上诉：主要是工作程序规则第23条的规定，除原始上诉方之外的另一方也可以基于同样的理由或其他可能存在的错误提交书面的上诉申请，该另一方也被称为“其他上诉方”；④第三方：工作程序规则第24条规定，在专家组工作程序中的第三方也可以在上诉通知的21日内提交书面申请，或在21日内通知上诉机构秘书处参加口头听证；⑤口头听证：上诉方、其他上诉方、被诉方和第三方可以在听证会上进行口头抗辩；⑥意见交换：工作程序规则第4（3）条规定，在口头听证之后、上诉机构最终报告散发之前，上诉法庭（Appellate Body Division）要与其他4名常设上诉机构成员交流意见；⑦上诉机构报告的散发：上诉机构报告应在上诉申请提交之日起的90日内以3种WTO官方语言（英语、法语和西班牙语）散发；⑧上诉机构报告的通过：自上诉机构报告散发之日起的30日内，争端解决机构将在例会上通过该报告及经维持、修改或推翻的专家组报告。

据中国贸易救济信息网统计，1995～2011年，WTO上诉机构共发布103个裁决报告，其中包括18个DSU第21.5条上诉机构报告。在这103个上诉机构报告中，涉及“交叉上诉”情形的有58个，占比56.3%。[㊁]

（4）执行程序

在争端解决机构通过专家组或上诉机构报告之后，当事各方必须无条件履行报告中所作出的建议和裁决，其法律依据主要是《关于争端解决规则与程序的谅解》第21条（对执行建议和裁决的监督）、第22条（补偿和中止减让）、第25条（仲裁），以及《补贴与反补贴措施协定》第4条（禁止性补贴的补救）、第7条（可诉性补贴的补救）。其涉及的程序内容具体包括：执行的合理期限、执行异议程序、补偿和中止减让、执行监督及对发展中成员的特殊考虑等。[㊂]

① 关于执行的合理期限问题

根据WTO争端解决机制的宗旨，需要认识到的是，“为所有成员的利益而有效解决争端，迅速

㊀ 《关于争端解决规则与程序的谅解》第17.4条和第17.6条

㊁ 此处统计中，日本关于酒精饮料的征税措施案（DS8、DS10、DS11）、欧盟影响肉和肉类产品（激素）的措施案（DS26、DS48）、欧盟/英国/爱尔兰对某些计算机设备的海关分类案（DS62、DS67、DS68）、韩国的酒类税案（DS75、DS84）、加拿大影响牛奶进口和奶制品出口的措施案（DS103、DS113）、智利的酒类税案（DS87、DS110）、加拿大影响汽车产业的相关措施案（DS139、DS142）、美国1916年反倾销法（DS136、DS162）、韩国影响冷冻鲜牛肉进口的措施案（DS161、DS169）、美国对新西兰/澳大利亚冷鲜羔羊肉的保障措施案（DS177、DS178）、印度影响汽车产业的相关措施/印度影响汽车产业的贸易和投资措施案（DS146、DS175）、美国2000年的《持续倾销及补贴补偿法》（即伯德修正案）（DS217、DS234）、美国对钢铁产品的最终保障措施案（DS248、DS249、DS251、DS252、DS253、DS254、DS258、DS259）、欧盟对糖的出口补贴案（DS265、DS266、DS283）、欧盟对冷冻无骨鸡块的海关分类案（DS269、DS286）、中国影响汽车零部件进口的措施案（DS339、DS340、DS342）、美国对泰国暖水虾的反倾销措施/美国涉及反倾销税及反补贴税货物的海关担保案（DS343、DS345）、菲律宾对蒸馏酒的关税措施案（DS396、DS403）分别以1个上诉机构报告计入统计；欧盟对香蕉的进口、销售和经销体制（DS27）分别以上诉方为欧盟、厄瓜多尔、危地马拉、洪都拉斯、墨西哥、美国，以及上诉方为欧盟和厄瓜多尔的2个上诉机构报告计入统计

㊂ 论WTO争端解决机制的执行程序，郑小敏，中国人民大学法学院

符合 DSB 的建议或裁决是必要的”，但若“立即遵守建议和裁决不可行，有关成员应有一合理的执行期限”。[一]该合理的执行期限在当事各方无法达成一致的情况下，可以通过仲裁确定，但不得超过 15 个月。[二]这也就是我们通常所说的 DSU 第 21.3（c）条的仲裁。例如，美国 2000 年的《持续倾销及补贴补偿法》（即伯德修正案）（DS217、DS234），争端解决机构于 2003 年 1 月 16 日发布上诉机构报告。当事各方在无法就合理的执行期限达成一致的情况下，诉诸仲裁解决。2003 年 6 月 13 日，仲裁人的仲裁结果为：合理的执行期为争端解决机构采纳上诉机构报告和专家组报告之日起的 11 个月，即截至 2003 年 12 月 27 日。据中国贸易救济信息网统计，1995～2011 年，WTO 共发布 29 个 DSU 第 21.3（c）条仲裁裁决，其中确定的最短期限为 6 个月（加拿大药品的专利保护案，DS114）。[三]

② 关于执行异议程序

《关于争端解决规则与程序的谅解》第 21.5 条规定，“如在是否存在为遵守建议和裁决所采取的措施或此类措施是否与适用协定相一致的问题上存在分歧，则此争端也应通过援用这些争端解决程序加以决定，包括只要可能即求助于原专家组。”如无迟延的情况下，专家组应在该事项提交后 90 日内散发报告。从 WTO 争端解决的各程序来看，执行程序也是其中非常重要的一环，因为 WTO 争端解决机制的目标就是要促进争端的有效解决。而对于大部分争端案件而言，执行程序可以说是确保争端得以解决的最后一重保障。其中，执行异议程序在整个执行程序中处于核心地位。需要指出的是，与案件审理程序相同，在基于 DSU 第 21.5 条提出的执行异议程序中，当事各方也应首先进行磋商，磋商未果的诉诸专家组（只要可能即求助于原专家组），以及上诉程序。对于执行异议程序的运用，最典型的就是欧盟对香蕉的进口、销售和经销体制案（DS27），该案当事各方提出的书面诉求文件就达 8 个，共发布了 4 个 DSU 第 21.5 条专家组报告、1 个 DSU 第 21.5 条上诉机构报告。该案自 1998 年 8 月提出首个 DSU 第 21.5 条诉求起，至 2008 年 12 月 DSB 通过欧盟针对美国诉求提出的上诉请求裁决报告止，历时长达 10 年多。

从提出 DSU 第 21.5 条诉求的总体情况来看，据中国贸易救济信息网统计，1995～2011 年，共在 31 起案件中提出了 42 个 DSU 第 21.5 条诉求（包括提出 DSU 第 21.5 条磋商申请，但随后未诉诸专家组程序的），[四]占所有 427 起争端案件的 7.3%。其中，美国、欧盟、加拿大运用该程序的频率较高，分别提出了 9 个（在 7 起案件中）、7 个（在 6 起案件中）和 6 个（在 5 起案件中）要求启动执行异议程序的诉求，合计占这 42 件 DSU 第 21.5 条诉求的 52.4%。

③ 关于补偿和中止减让

㈠ 《关于争端解决规则与程序的谅解》第 21.1 条和第 21.3 条

㈡ 《关于争端解决规则与程序的谅解》第 21.3（c）条

㈢ 此处统计中，日本关于酒精饮料的征税措施（DS8、DS10、DS11）、欧盟影响肉和肉类产品（激素）的措施（DS26、DS48）、印度尼西亚影响汽车产业的相关措施（DS54、DS55、DS59、DS64）、韩国的酒类税（DS75、DS84）、智利的酒类税（DS87、DS110）、加拿大影响汽车产业的相关措施（DS139、DS142）、美国 1916 年反倾销法（DS136、DS162）、美国 2000 年的《持续倾销及补贴补偿法》（即伯德修正案）（DS217、DS234）、欧盟对糖的出口补贴（DS265、DS266、DS283）分别以 1 个仲裁裁决报告计入统计

㈣ 此处统计中，巴西飞机出口融资项目（DS46）分别以加拿大（1999 年 11 月 23 日）和加拿大（2001 年 1 月 19 日）的 2 个诉求计入统计。加拿大影响牛奶进口和奶制品出口的措施（DS103、DS113）、美国给其海外销售公司的税收待遇（DS108）中的起诉方美国（DS103）、新西兰（DS113）和欧盟（DS108）均 2 次提出 DSU 第 21.5 条诉求，分别计入统计。欧盟对香蕉的进口、销售和经销体制（DS27）分别以起诉方为厄瓜多尔、危地马拉、洪都拉斯、墨西哥、美国（1998 年 8 月 18 日）；欧盟（1998 年 12 月 14 日）；厄瓜多尔（1998 年 12 月 18 日）；巴拿马（2005 年 11 月 30 日）；尼加拉瓜（2005 年 11 月 30 日）；洪都拉斯（2005 年 11 月 30 日）；厄瓜多尔（2006 年 11 月 16 日）；美国（2007 年 6 月 29 日）的 8 个诉求计入统计

这实质上是对未在合理期限内履行建议和裁决设置的报复制度，“如在合理期限结束期满之日起 20 日内未能议定令人满意的补偿，则援引争端解决程序的任何一方可向 DSB 请求授权中止对有关成员实施适用协定项下的减让或其他义务。”㊀而在涉及补贴的情况下，WTO《补贴与反补贴措施协定》第 4.10 条和第 7.9 条也作出了类似规定，如第 4.10 条规定：“如在专家组指定的时限内 DSB 的建议未得到遵守，该时限自专家组报告或上诉机构报告获得通过之日起开始，则 DSB 应给予起诉方采取适当反措施的授权，除非 DSB 经协商一致决定拒绝该请求”；第 7.9 条进一步规定：“如在 DSB 通过专家组报告或上诉机构报告之日起 6 个月内，该成员未采取适当步骤以消除补贴的不利影响或撤销该补贴，且未达成补偿协议，则 DSB 应授权起诉成员采取与被确定存在的不利影响的程度和性质相当的反措施，除非 DSB 经协商一致决定拒绝该请求。”需要注意的是，这也是 WTO 争端解决机制中为实施多边贸易协议所能够采取的最后的救济手段。在中止减让或其他义务出现异议时，应提交仲裁，即 DSU 第 22.2 条/SCM 第 4.10 条/SCM 第 7.9 条仲裁，以及 DSU 第 22.6 条/SCM 第 4.11 条/SCM 第 7.10 条仲裁。据中国贸易救济信息网统计，1995～2011 年，WTO 成员共提出 34 个 DSU 第 22.2 条仲裁请求，其中 2 个请求同时涉及 SCM 第 7.9 条，4 个请求同时涉及 SCM 第 4.10 条；㊁WTO 共作出 19 个 DSU 第 22.6 条仲裁裁决，其中 1 个裁决同时涉及 SCM 第 4.11 条，1 个裁决同时涉及 SCM 第 7.10 条。㊂

WTO 争端解决机制的报复制度中，最具特色的是规定了“交叉报复”（cross-retaliation）的情形，即“……（b）如该方认为对相同部门中止减让或其他义务不可行或无效，则可寻求中止对同一协定项下其他部门的减让或其他义务；（c）如该方认为对同一协定项下的其他部门中止减让或其他义务不可行或无效，且情况足够严重，则可寻求中止另一适用协定项下的减让或其他义务……”。㊃也就是说，起诉方可以选择请求批准的 3 种报复方式——同部门报复、跨部门报复（cross-sector retaliation）、跨协议报复（cross-agreement retaliation），直至报告水平与遭受压制或损害的水平相当。尽管交叉报复能够作出较有效的制裁，但“减让或其他义务的中止应是临时性的，且只应维持至被认定与适用协定不一致的措施已取消，或必须执行建议或裁决的成员对利益丧失或减损已提供解决办法，或已达成双方满意的解决办法。”㊄这也再一次证明了 WTO 争端解决机制不以制裁为目的的宗旨。截至目前，WTO 成员实施了报复或交叉报复的情形较少。

④ 关于执行监督及对发展中成员的特殊考虑

《关于争端解决规则与程序的谅解》第 21.6 条明确规定，“DSB 应监督已通过的建议或裁决的执行。”

㊀ 《关于争端解决规则与程序的谅解》第 22.2 条最后一句话

㊁ 此处统计中，欧盟对香蕉的进口、销售和经销体制案（DS27）分别以美国和厄瓜多尔 2 个请求计入统计；美国 2000 年的《持续倾销及补贴补偿法》（即伯德修正案）案（DS217）分别以欧盟、韩国、印度、智利、巴西、日本 6 个请求计入统计；美国《2000 年持续倾销与补贴补偿法》（即伯德修正案）案（DS234）分别以墨西哥和加拿大 2 个请求计入统计；美国对陆地棉的补贴措施（DS267）分别以巴西（DSU 第 22.2 条/SCM 第 4.10 条）和巴西（DSU 第 22.2 条/SCM 第 7.9 条）2 个请求计入统计；美国关于“归零做法”及日落复审的相关措施（DS322），日本提出 2 次请求，分别计入统计

㊂ 此处统计中，欧盟对香蕉的进口、销售和经销体制（DS27）案分别以美国和厄瓜多尔 2 个报复请求计入统计；美国 2000 年的《持续倾销及补贴补偿法》（即伯德修正案）案（DS217）分别以巴西、韩国、日本、印度、欧盟、智利 6 个报复请求计入统计；美国《2000 年持续倾销与补贴补偿法》案（即伯德修正案）（DS234）分别以墨西哥和加拿大 2 个报复请求计入统计；美国对陆地棉的补贴措施（DS267）分别以巴西（DSU 第 22.6 条/SCM 第 7.10 条）和巴西（DSU 第 22.6 条/SCM 第 4.11 条）2 个报复请求分别计入统计

㊃ 《关于争端解决规则与程序的谅解》第 22.3 条

㊄ 《关于争端解决规则与程序的谅解》第 22.8 条第一句话

其涉及的主要程序包括："执行建议或裁决的问题……应列入DSB会议的议程，……。在DSB每一次会议召开前至少10天，有关成员应向DSB提交一份关于执行建议或裁决进展的书面情况报告"（第21.6条）。以中国影响汽车零部件进口的措施案（DS339、DS340、DS342）为例，在2009年1月12日争端解决机构通过上诉机构和专家组报告后同年2月11日的争端解决机构会议上，中国向争端解决机构表达了执行DSB建议和裁决的意愿，但表示需要确定一个合理的执行期限。2009年2月27日，中国和欧盟、中国和美国以及中国和加拿大通知争端解决机构，称其已就合理的执行期限问题达成一致，为7个月零20天，即截至2009年9月1日。2009年8月31日，中国通知争端解决机构，称2009年8月15日，工业和信息化部、国家发展和改革委员会联合发布了终止实施《汽车产业发展政策》中关于汽车零部件进口的相关规定的法令。2009年8月28日，海关总署及相关机构发布了一项联合法令废除第125号法令。这些新法令已于2009年9月1日起生效，据此，中国宣布其已完全执行了争端解决机构的建议和裁决。

此外，在WTO争端解决机制执行程序的规定中，也注重对发展中成员利益的考虑，如《关于争端解决规则与程序的谅解》第21.2条、第21.7条和第21.8条。

3. 争端解决机构（DSB）

《关于争端解决规则与程序的谅解》第2.1条明确规定，"特此设立争端解决机构，负责管理这些规则和程序及适用协定的磋商和争端解决规定，除非适用协定另有规定"，"DSB有权设立专家组、通过专家组和上诉机构报告、监督裁决和建议的执行以及授权中止适用协定项下的减让和其他义务。……"由此可见，在具体个案中，WTO争端解决机构的职能主要体现在：①成立专家组；②通过专家组及上诉机构报告；③监督建议和裁决的执行；④授权中止减让和其他义务。

（1）关于专家组的组成

根据WTO《关于争端解决规则与程序的谅解》第8.1条的规定，"专家组应由资深政府和/或非政府个人组成，包括曾在专家组任职或曾向专家组陈述案件的人员、曾任一成员代表或一GATT1947缔约方代表或任何适用协定或其先前协定的理事会或委员会的代表的人员、秘书处人员、曾讲授或出版国际贸易法或政策著作的人员，以及曾任一成员高级贸易政策官员的人员。"第8.4条进一步规定，"为协助选择专家组成员，秘书处应保存一份具备第1款所述资格的政府和非政府个人的指示性名单，可从中酌情选出专家组成员。……"目前，WTO争端解决专家组指示性名单中的中国籍专家共19人。其中，2004年3月，专家组成员中首次出现了中国人的面孔，即张玉卿（商务部原条法司司长）、曾令良（武汉大学法学院院长）、朱榄叶（华东政法学院教授）；其后陆续被列入指示性名单㊀的中国籍专家还包括：董世忠、张月姣（后被任命为WTO常设上诉机构成员）、李仲周、韩立余、杨国华、鄂德峰、张丽萍、李詠箴、陈雨松、龚柏华、洪晓东、黄东黎、史晓丽、索必成、张乃根、张向晨。但是，在专家组工作程序阶段，截至目前，仅张玉卿参与了欧盟对香蕉的进口、销售和经销体制案（DS27）DSU第21.5条执行专家组程序的审理。

结合WTO其他成员的情况来看，已参与案件审理的共有来自37个WTO成员以及欧盟16个成员

㊀ 根据《关于争端解决规则与程序的谅解》第8.4条，"为协助选择专家组成员，秘书处应保存一份具备第1款（编者注，即第8.1条）所述资格的政府和非政府个人的指示性名单，可从中酌情选出专家组成员。该名单应包括1984年11月30日制定的非政府专家组成员名册（BISD 31册9页），及在任何适用协定项下制定的名册和指示性名单，并保留这些名册和指示性名单中在《WTO协定》生效之时的人员的姓名。成员可定期提出可供列入指示性名单的政府和非政府个人的姓名，并提供他们在国际贸易和适用协定的部门或主题方面知识的有关信息，待DSB批准后，这些姓名应增加至该名单。对于名单中的每一个人，名单应注明其在适用协定的部门或主题方面的具体阅历或专门知识。"

国的 222 名专家（表 6-2）。其中，来自 28 个发展中成员的专家共 101 人（占比 45.5%），来自 10 个发达成员的专家共 121 人（占比 54.5%）。㊀

表 6-2 已参与案件审理的 WTO 争端解决机构专家组成员情况

类 型	名 称	专家组成员人数	类 型	名 称	专家组成员人数
发达成员	澳大利亚	14	发展中成员	阿根廷	6
	冰 岛	2		孟加拉国	1
	加拿大	18		巴 西	9
	美 国	9		智 利	12
	挪 威	3		中 国	1
	日 本	6		哥伦比亚	2
	瑞 士	14		哥斯达黎加	2
	新西兰	18		厄瓜多尔	1
	以色列	4		埃 及	2
	欧盟—瑞典	3		中国香港	5
	欧盟—比利时	3		印 度	7
	欧盟—芬兰	2		牙买加	2
	欧盟—德国	6		马来西亚	1
	欧盟—匈牙利	2		毛里求斯	1
	欧盟—保加利亚	1		墨西哥	7
	欧盟—斯洛文尼亚	1		摩洛哥	1
	欧盟—意大利	1		巴基斯坦	3
	欧盟—法国	1		巴拿马	1
	欧盟—捷克	2		秘 鲁	1
	欧盟—波兰	3		菲律宾	4
	欧盟—葡萄牙	1		新加坡	4
	欧盟—爱尔兰	1		南 非	9
	欧盟—英国	4		韩 国	3
	欧盟—奥地利	1		中国台湾	1
	欧盟—荷兰	1		泰 国	3
	—	—		乌拉圭	6
	—	—		委内瑞拉	5
	—	—		印度尼西亚	1
总 计	10 个成员	121 人	总 计	28 个成员	101 人

（2）关于常设上诉机构

根据《关于争端解决规则与程序的谅解》第 17.1 条，“DSB 应设立一常设上诉机构”审理专家组案件的上诉，上诉机构“应由 7 人组成，任何一个案件应由其中 3 人任职”。《谅解》第 17.3

㊀ 此处涉及的欧盟 16 个成员国按 WTO 成员统计，均作为欧盟一个成员纳入统计，具体涉及瑞典、比利时、芬兰、德国、匈牙利、保加利亚、斯洛文尼亚、意大利、法国、捷克、波兰、葡萄牙、爱尔兰、英国、奥地利、荷兰

条进一步规定，“上诉机构应由具有公认权威并在法律、国际贸易和各适用协定所涉主题方面具有公认专门知识的人员组成。他们不得附属于任何政府。上诉机构的成员资格应广泛代表 WTO 的成员资格。”自 WTO 成立以来，共 24 位专家担任了 WTO 争端解决机构上诉机构大法官（表 6-3）。2011 年 11 月 18 日，WTO 争端解决机构任命了 2 位新的常设上诉机构成员，以接任任职于 2011 年 12 月 10 日到期的保蒂斯塔（菲律宾）和希尔曼（美国）。

表 6-3　WTO 争端解决机构常设上诉机构法官及其参与审理的案件情况

专家名单	所属国籍	任职期限	参与审理的上诉案件
保蒂斯塔（Lilia R. Bautista）	菲律宾	2007 年 12 月 11 日～2011 年 12 月 10 日	DS294（DSU21.5）、DS316、DS320、DS321、DS322（DSU21.5）、DS344、DS339/DS340/DS342、DS353*、DS379
希尔曼（Jennifer Hillman）	美国	2007 年 12 月 11 日～2011 年 12 月 10 日	DS267（DSU21.5）、DS294（DSU21.5）、DS339/DS340/DS342、DS360、DS363、DS367、DS397、DS399、DS396/DS403、DS394/DS395/DS398*
大岛正太郎（Shotaro Oshima）	日本	2008 年 6 月 1 日～2012 年 5 月 31 日	DS27（DSU21.5I-ECU/USA）、DS294（DSU21.5）、DS363、DS367、DS394/DS395/DS398*、DS397、DS399、DS406*
埃尔南德斯（Ricardo Ramírez Hernández）	墨西哥	2009 年 7 月 1 日～2013 年 6 月 30 日	DS363、DS371、DS379、DS384/DS386*、DS396/DS403、DS394/DS395/DS398*、DS406*
大卫·乌特霍特（David Unterhalter）	南非	2006 年 7 月 31 日～2009 年 12 月 11 日；2009 年 12 月 12 日～2013 年 12 月 11 日	DS27（DSU21.5I-ECU/USA）、DS267（DSU21.5）、DS268（DSU21.5）、DS316、DS320、DS321、DS336、DS350、DS353*、DS397
凡登鲍雪（Peter Van den Bossche）	比利时	2009 年 12 月 12 日～2013 年 12 月 11 日	DS316、DS371、DS379、DS399、DS384/DS386*、DS396/DS403、DS406*
张月姣（Yuejiao Zhang）	中国	2008 年 6 月 1 日～2012 年 5 月 31 日	DS322（DSU21.5）、DS350、DS360、DS367、DS371、DS353*、DS381*
巴蒂亚（Ujal Singh Bhatia）	印度	2011 年 12 月 8 日～2015 年 12 月 7 日	DS381*、DS384/DS386*
托马斯·格雷姆（Thomas Graham）	美国	2011 年 12 月 8 日～2015 年 12 月 7 日	DS381*

* DS353 的上诉机构报告已于 2012 年 3 月 12 日发布；DS381 的上诉机构报告已于 2012 年 5 月 16 日发布；DS384/DS386 的上诉机构报告已于 2012 年 6 月 29 日发布；DS394/DS395/DS398 的上诉机构报告已于 2012 年 1 月 30 日发布；DS406 的上诉机构报告已于 2012 年 4 月 4 日发布

根据工作程序规则第 5（1）条，中国籍专家张月姣于 2007 年 11 月被任命为常设上诉机构成员，任期为 2008 年 6 月 1 日～2012 年 5 月 31 日。2008 年 6 月 1 日～2011 年底，张月姣共参与审理了 5 起上诉案件，具体如表 6-4 所示。

表 6-4　2008 年 6 月 1 日～2011 年底张月姣参与审理的上诉案件情况

案件名称	收到磋商请求的时间	上诉机构报告发布时间	上诉机构报告通过时间	涉案协定	参与审理的上诉机构成员
印度对来自美国的进口产品的附加税和额外附加税	2007-3-6	2008-10-30	2008-11-17	DSU、GATT	希尔曼、萨斯托蒂（Sacerdoti）、张月姣
美国“归零”做法的继续存在和适用	2006-10-2	2009-2-4	2009-2-19	AD、DSU、GATT	张月姣、巴普蒂斯塔（Baptista）、乌特霍特
美国关于“归零做法”及日落复审的相关措施（DSU 第 21.5 条上诉机构报告）	2004-11-24	2009-8-18	2009-8-31	AD、DSU、GATT	萨斯托蒂（Sacerdoti）、保蒂斯塔、张月姣
澳大利亚影响新西兰苹果进口的有关措施	2007-8-31	2010-11-29	2010-12-17	DSU、SPS	张月姣、希尔曼、大岛正太郎
泰国对自菲律宾进口香烟的关税和财政措施	2008-2-7	2011-6-17	2011-7-15	《海关估价协定》、DSU、GATT	凡登鲍雪、埃尔南德斯、张月姣

（3）关于仲裁人

在 WTO 争端解决程序中，在涉及“给予中止减让或其他义务的授权”中，“如有关成员反对提议的中止程度，或声称在一起诉方提出请求根据第 3 款（b）项或（c）项授权中止减让或其他义务时”，“应提交仲裁”（DSU 第 22.6 条）。此外，争端各方如对执行争端解决机构建议和裁决的期限存在异议，亦可提交仲裁确定（DSU 第 21.3（c）条）。在 WTO《关于争端解决规则与程序的谅解》项下，总干事任命或争端各方自行选择的仲裁人应理解为“一个人或一小组”（DSU 脚注 13、15、16）。目前，已完整参与“给予中止减让或其他义务的授权”程序的共有来自 13 个 WTO 成员（分别为埃及、澳大利亚、瑞士、韩国、美国、毛里求斯、新西兰、智利、中国香港、加拿大、墨西哥、泰国和日本）和 5 个欧盟成员国（分别为瑞典、斯洛文尼亚、爱尔兰、捷克、波兰）的 26 位专家，共发布了 19 个 DSU 第 22.6 条仲裁裁决。

二、WTO 争端案件情况分析

1. 2011 年提起的争端案件数量降至历史最低点

1995～2011 年，WTO 争端解决机构受理的争端案件按 WTO 的 DS 号统计共计 427 起；按 WTO 划分的争议事项[㊀]（subject/matter）统计共计 315 起。其中，根据《关于争端解决规则与程序的谅解》第 21.5 条提出执行异议程序的争端案件按 WTO 的 DS 号统计共计 42 起，按争议事项统计共计 35 起。2011 年，各成员诉诸 WTO 争端解决机制的案件数按 DS 号统计仅 8 起（按争议事项统计为 7 起），尚不到 2010 年争端案件数（17 起）的一半，为 WTO 自 1995 年成立以来各成员诉至争端解决机构案件数量最少的一年。从 WTO 的历史上看，各成员起诉最多的是 1997 年，按 DS 号统计达到 50 起；按争议事项统计，各成员起诉最多的是 1998 年，共涉及 34 个事项的争议（图 6-1）。WTO 成立后的前 10 年（即 1995～2004 年），各成员提出的投诉案件数量按 DS 号统计达 324 起，占 427 起争端案件总数的 75.9%。2008 年金融危机至 2011 年底，诉诸 WTO 争端解决机制的争端案件数量按 DS 号统计共 58 起，占 427 起争端案件总数的 13.6%。从整体上看，各成员在 WTO 成立后的前 10 年向争端解决机构起诉的案件数量年均约 32.4 起，大大高于

㊀ 此处的争议事项为《关于争端解决规则与程序的谅解》第 7.1 条项下的“事项”，即“按照（争端各方引用的适用协定名称）的有关规定，审查（争端各方名称）在……文件中提交 DSB 的事项，并提出调查结果以协助 DSB 提出建议或作出该协定规定的裁决。”

2005～2011 年的年均 14.7 起，同时也高于 WTO 自 1995 年成立之日～2011 年的年均 25.1 起，是 2008 年金融危机至 2011 年底年均 14.5 起的 2 倍多。

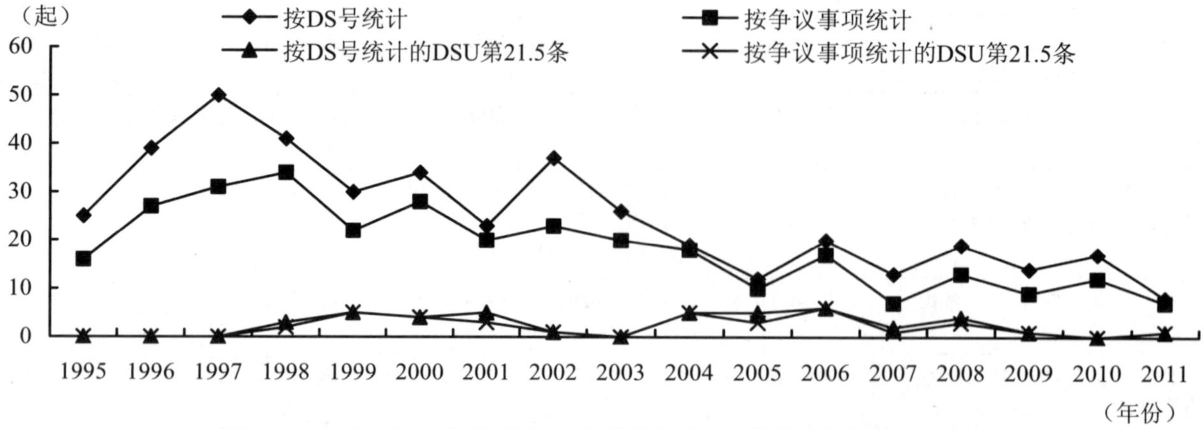

图6-1　1995～2011年世贸组织争端解决机构所受理争端案件年度走势

2. 在磋商申请中提出的争议协定条款中，以涉及《1994 年关税与贸易总协定》以及《反倾销措施协定》和《补贴与反补贴措施协定》的居多

1995～2011 年，在诉诸 WTO 争端解决机制的 427 起案件中，涉及《1994 年关税与贸易总协定》的案件数最多，共计 338 起，占比 79.2%；其次为涉及《反倾销措施协定》和《补贴与反补贴措施协定》的案件，均为 89 起，各占比 20.8%；涉及《农业协定》的位居第三，共 67 起，占比 15.7%；其余还包括涉及《技术性贸易壁垒协定》的共 41 起，涉及《保障措施协定》的 38 起，涉及《实施卫生与植物卫生措施协定》的 37 起，涉及《与贸易有关的知识产权协定》的 29 起，涉及《与贸易有关的投资措施协定》的 28 起，涉及《服务贸易总协定》的 22 起，涉及《加入议定书》的 20 起。其余还包括涉及《海关估价协定》的 15 起，涉及《原产地规则协定》的 7 起，涉及《政府采购协定》的 4 起，等等。㊀

具体来看，1995～2011 年，GATT1994 在争端案件磋商申请中的援引频率年均达到 83.4%，有 4 年甚至达到 100%，即 2005、2006、2009 和 2011 年诉诸 WTO 争端解决机制的所有案件均涉及 GATT1994 相关条款；其次是《反倾销措施协定》，援引频率年均达到 24.7%，其中 2011 年最高，在 8 起争端案件中的援引频率达到 62.5%；《补贴与反补贴措施协定》位居第三，年均援引频率为 21.5%，其中 2006 年最高，在 20 起争端案件中的援引频率达到 45%，1995 年没有涉及《补贴与反补贴措施协定》的争端案件。在 WTO 争端案件的磋商申请中，年均援引频率较高的协定还包括：《农业协定》，14.4%；《技术性贸易壁垒协定》，9.1%；《保障措施协定》，8.5%；《实施卫生与植物卫生措施协定》，8.1%；《加入议定书》，7.3%（图 6-2）。值得一提的是，《加入议定书》的援引主要集中在 2006～2010 年，而中国入世过渡期恰好于 2006 年结束。从涉及《加入议定书》的具体案件情况也可以说明这一点：在这 20 起争端案件中，中国被诉的共 15 起，占比 75%；中国起诉的共 4 起，占比 20%；还有 1 起为越南诉美国的案件（DS404），越南于 2007 年 1 月 11 日正式成为 WTO 成员。

从各年度走势来看，涉及 GATT1994 的争端案件占比在 2009～2011 年处于绝对高位；涉及《反倾销措施协定》的争端案件在 1995～1997 年处于低位，1998～2006 年达到一个总体的高位，2007 年略有下降，但自 2008 年起又开始出现增长，至 2011 年达到历史峰值（62.5%）；涉及《补贴与反补贴措施协定》的案件自 1996 年开始一直处于一个较平稳的状态，2006 年达到峰值，1999 年和 2009 年占比较低，分别为

㊀ 1 起争端的磋商请求中一般会涉及多个协定。

10%和7.1%；涉及《技术性贸易壁垒协定》的案件，在1995年达到峰值（32%），2003、2008和2009年也处于较高水平（分别占当年受理争端案件数的15.4%、15.8%和21.4%）；涉及《实施卫生与植物卫生措施协定》的案件在2003和2009年处于一个较高水平，占比分别达到23.1%和21.4%；涉及《加入议定书》的争端案件在2009年达到峰值（42.9%）；涉及《与贸易有关的知识产权协定》的案件在1996、1999和2010年的占比较高，分别为15.4%、16.7%和11.8%；涉及《服务贸易总协定》的案件在2008年达到峰值（15.8%）；涉及《保障措施协定》案件的峰值主要出现在2001年，占当年争端案件的30.4%；涉及《农业协定》的争端案件一直处于较为平稳的状态，但2010～2011年没有出现涉及该协定条款的情形。

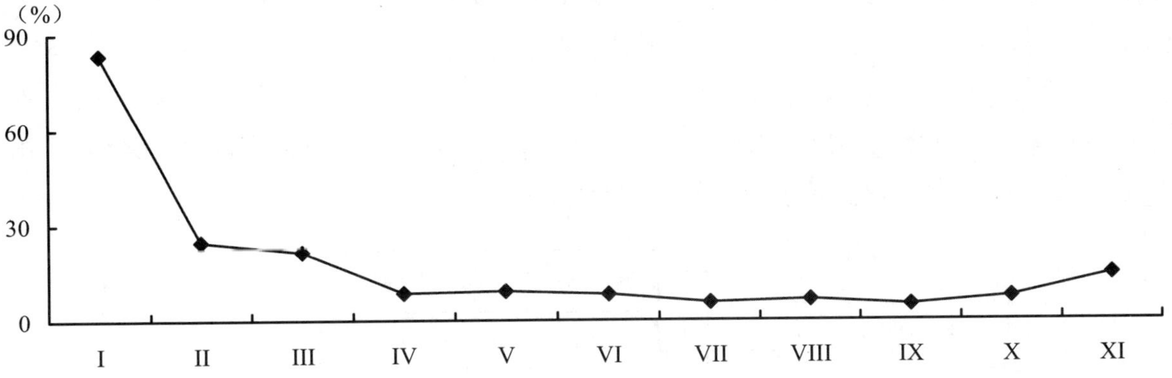

图6-2　1995～2011年WTO案件磋商申请中主要协定的年均援引频率对比

I—GATT1994；II—《反倾销措施协定》；III—《补贴与反补贴措施协定》；IV—《保障措施协定》；
V—《技术性贸易壁垒协定》；VI—《实施卫生与植物卫生措施协定》；VII—《与贸易有关的知识产权协定》；
VIII—《与贸易有关的投资措施协定》；IX—《服务贸易总协定》；X—《加入议定书》；XI—《农业协定》

我们选取WTO争端案件磋商申请中涉及《反倾销措施协定》、《补贴与反补贴措施协定》、《技术性贸易壁垒协定》、《实施卫生与植物卫生措施协定》、《与贸易有关的知识产权协定》以及《加入议定书》这6个近年来较为“热门”的领域进行年度对比（图6-3），可以看出WTO争端案件在各年度涉及重点领域的大体情况。

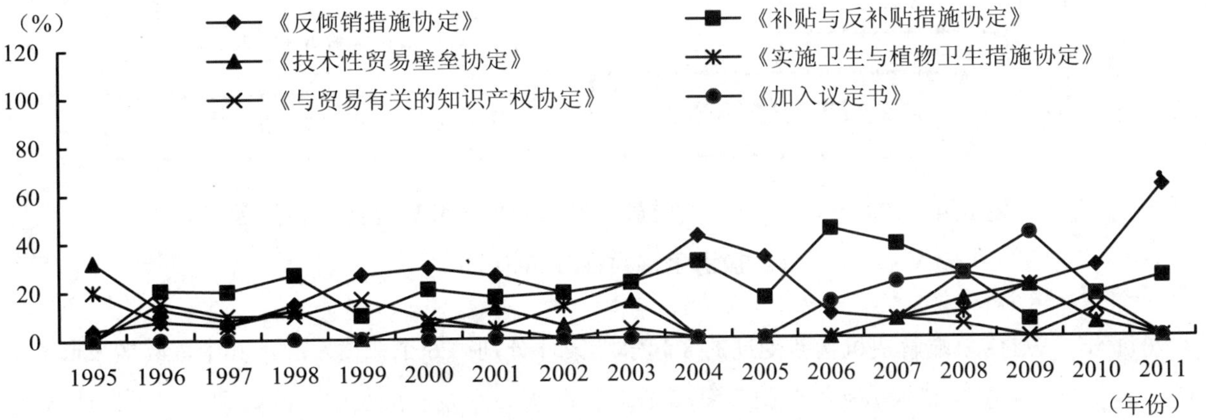

图6-3　1995～2011年WTO主要协定援引频率年度情况

2011年，在诉诸WTO争端解决机制的8起争端案件中，GATT1994在各成员磋商申请的援引频率达到100%，其余还涉及《反倾销措施协定》，62.5%；《补贴与反补贴措施协定》，25%；以及《与贸易有关的投资措施协定》，12.5%。

3. 美国和欧盟[1]是利用争端解决机制最为活跃的发达成员，中国是最为活跃的发展中成员

根据联合国贸易发展组织发布的《2011 Handbook of Statistics》中对发达经济体、发展中经济体和转型经济体的划分，在1995～2011年诉诸WTO争端解决机制的427起案件中，由发达成员发起的共248起，其中，144起案件的被诉方为发达成员，103起案件的被诉方为发展中成员，1起案件的被诉方为转型经济体（克罗地亚）；由发展中成员提起的争端案件共170起，其中，101起案件的被诉方为发达成员，69起案件的被诉方为发展中成员；由转型经济体提起的争端案件3起，被诉方也均为转型经济体（亚美尼亚、摩尔多瓦、乌克兰）。此外，发达成员和发展中成员共同提起的争端案件（WTO按一个DS号统计的）共6起，被诉方均为发达成员（图6-4）。从起诉方来看，美国提起的争端案件共计98起，居首位，占争端案件总数的23.0%；其次是欧盟，85起，占比19.9%；位居第三的是加拿大，共33起，占比7.7%。从被诉方来看，美国被诉的争端案件最多，共计113起，占427起争端案件总数的26.5%；其次是欧盟，共70起，占比16.4%；中国位居第三，共23起，占比5.4%；印度居第四位，共20起。

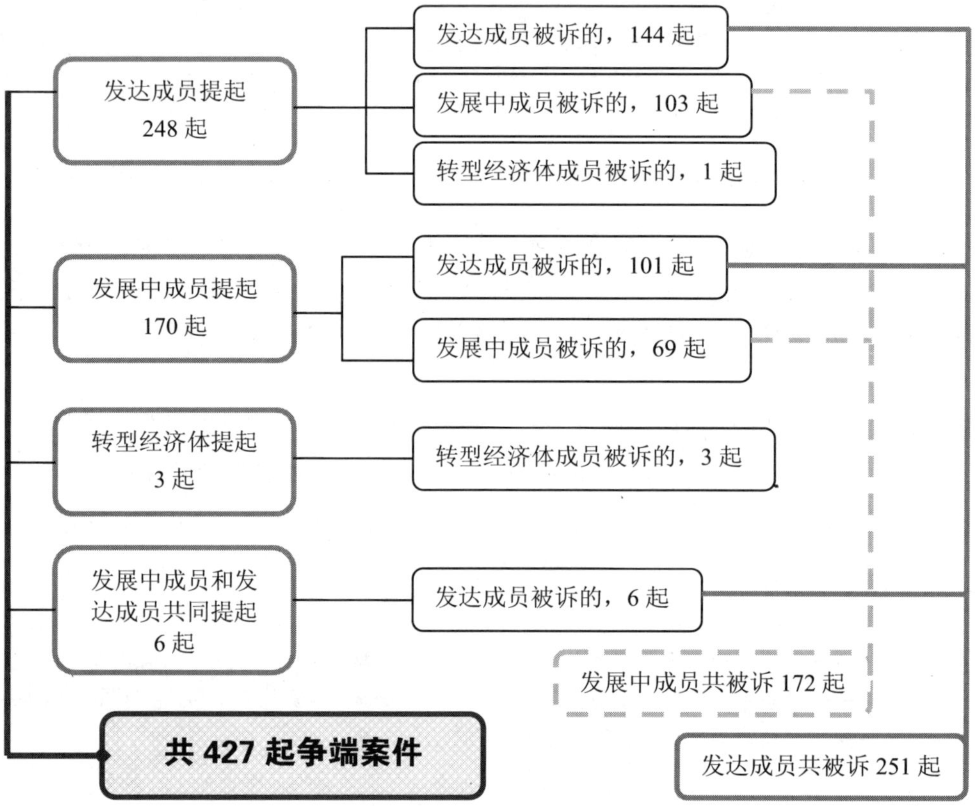

图6-4　1995～2011年发达成员、发展中成员和转型经济体提起和被诉争端案件分布情况

2011年，WTO争端解决机构新受理的8起争端案件分别由6个成员发起。其中，欧盟发起3起，韩国、乌克兰、中国、摩尔多瓦、美国各发起1起。在这6个发起成员中，欧盟和美国为发达成员，韩国和中国为发展中成员，乌克兰和摩尔多瓦为转型经济体。从发起争端案件的成员数量来看，发达

[1] WTO在一项声明中表示，自2009年12月1日开始，WTO正式开始使用“欧洲联盟（即欧盟，EU）”这一名称。此前由于法律方面的原因，WTO一直使用“欧洲共同体（即欧共体，EC）”。在WTO的一些早期文件中，“欧共体”这一名称将继续存在。本文在表述中，统一使用“欧盟”这一名称。

成员、发展中成员和转型经济体之间首次实现了 1:1:1 的对等；从这三类成员发起争端案件的数量来看，发达成员、发展中成员和转型经济体之间的比例为 2:1:1。也就是说，发达成员中，美国和欧盟平均发案 2 起；发展中成员中，韩国和中国平均发案 1 起；转型经济体中，乌克兰和摩尔多瓦平均发案 1 起，发达成员的平均发案率仍高于发展中成员和转型经济体。从被诉方情况来看，新受理的 8 起争端案件的被诉方主要涉及 5 个成员，其中美国被诉最多，共 3 起；其次是中国，2 起；摩尔多瓦、乌克兰和加拿大各 1 起。这 5 个成员中，美国和加拿大为发达成员，摩尔多瓦和乌克兰为转型经济体，仅中国一个发展中成员被诉。由此可见，2011 年，发达成员平均被诉 2 起，发展中成员平均被诉 2 起，转型经济体平均被诉 1 起，这三类成员的平均被诉情况呈现 2:2:1 的格局。由于发展中成员仅中国一方被诉，该格局也可被理解为中国的被诉率与发达成员相当。

结合起诉和被诉的总体情况来看，2011 年，美国发起和被诉 WTO 争端案件的频率较高，共涉及 4 起争端案件；其次是中国和欧盟，分别涉及 3 起争端案件；乌克兰和摩尔多瓦位居第三，分别涉及 2 起争端；韩国和加拿大分别涉及 1 起争端。这与 WTO 争端解决机制中涉及起诉和被诉成员的分布情况大体相符，1995~~2011 年，美国提起和被诉的争端案件共计 211 起，占该时期 427 起争端案件总数的将近一半（49.4%）；欧盟提起和被诉的案件共计 155 起，占比 36.3%。发展中成员中，印度和巴西提起和被诉的案件均为 39 起，各占比 9.1%；墨西哥 35 起，阿根廷 32 起；中国起诉和被诉的案件共 31 起，占比 7.3%。但比较中国入世后的数据可以进一步看出，美国提起和被诉的争端案件共计 86 起，占同期 185 起争端案件总数的 46.5%，依然是接近一半的程度；欧盟 66 起，占比 35.7%，也与 1995～2011 年时间段的占比情况基本持平。发展中成员中，印度、阿根廷、巴西提起和被诉的案件分别为 13 起、13 起和 10 起，占比分别降至 7.0%、7.0% 和 5.4%；而中国的 31 起案件在这 185 起争端中的占比则增至 16.8%。也就是说，在中国入世后至 2011 年底的这段时间内，中国是参与 WTO 争端案件频率最高的发展中成员（图 6-5）。

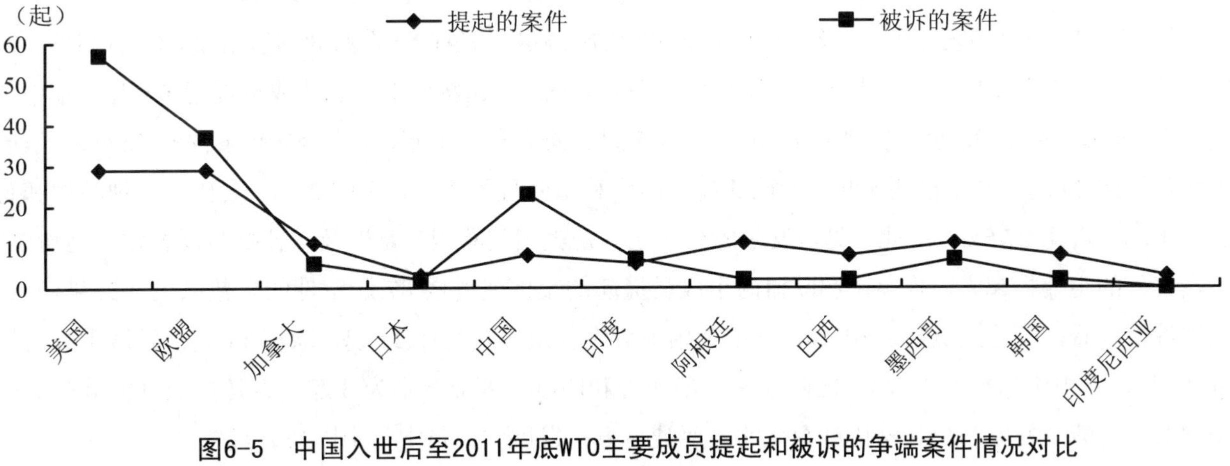

图6-5　中国入世后至2011年底WTO主要成员提起和被诉的争端案件情况对比

4. 高收入成员与中低收入成员博弈

依据世界银行 2011 年划分的收入情况进行的统计显示：2011 年，高收入成员向 WTO 争端解决机构共提起 5 起争端案件，被诉 4 起；中高收入成员未提起争端案件，无被诉案件；中低收入成员共提起 3 起争端案件，被诉 4 起㊀；低收入成员未提起争端案件，亦无被诉案件。由此看来，2011 年的 WTO

㊀ 2011 年 7 月，世界银行已将中国列入中高收入国家，为便于全年统计，本文统一将中国按中低收入 WTO 成员列入统计。

争端解决机制，主要表现为高收入成员和中低收入成员之间的博弈。而从总体上看，1995～2011年[㊀]，高收入WTO成员（如美国、欧盟及其成员国）提起的争端案件共263起，被诉251起；中高收入成员（如巴西、秘鲁、阿根廷）提起的争端案件共95起，被诉85起；中低收入成员（如中国、乌克兰）共提起58起争端案件，被诉67起；低收入成员（如孟加拉国）提起27起争端案件，被诉24起。值得注意的是，除中低收入成员外，高收入成员、中高收入成员和低收入成员在WTO发起的争端案件均超过被诉的争端案件。我们用这四类成员提起的争端案件数除以被诉的争端案件数，可以得出一个更为直观的比值：高收入成员为1.0，中高收入成员为1.1，中低收入成员为0.9，低收入成员为1.1。也就是说，中低收入成员总体的被诉频率高于其提起争端案件的频率。

5. 发展中成员是涉及《反倾销措施协定》、《保障措施协定》案件的主要起诉方，发达成员则是除此之外的其他领域案件的主要起诉方

在传统的贸易救济领域，即涉及《反倾销措施协定》、《补贴与反补贴措施协定》和《保障措施协定》的争端案件中，发展中成员是涉及反倾销措施和保障措施案件的主要提起方，发达成员是涉及补贴与反补贴措施案件的主要提起方；从被诉情况来看，发达成员是涉及反倾销、反补贴和保障措施案件的主要被诉方。具体情形为：

① 在截至2011年底诉诸WTO争端解决机制的427起争端案件中，涉及《反倾销措施协定》的争端案件共89起，除2起案件（DS217、DS234）由发达成员和发展中成员共同发起外，在其余的87起案件中，发达成员提起31起（欧盟13起、美国6起、加拿大5起、日本4起、挪威1起、波兰1起、瑞士1起），发展中成员提起56起（主要包括墨西哥10起、印度8起、巴西6起、韩国6起、中国5起、阿根廷5起等），分别占这87起争端案件的35.6%和64.4%。发展中成员是涉及《反倾销措施协定》争端案件的主要发起方。从被诉情况看，发达成员被诉53起，其中美国被诉案件最多，共计43起，欧盟8起；发展中成员被诉36起，其中墨西哥最多，共5起，阿根廷和中国分别为4起，印度和南非分别3起。发达成员（尤其是美国）是涉及反倾销措施案件的主要被诉方。

② 在427起争端案件中，涉及《补贴与反补贴措施协定》的争端案件共89起，除2起案件（DS217、DS234）由发达成员和发展中成员共同发起外，在其余的87起案件中，发达成员提起63起，其中美国提起26起、欧盟20起、加拿大11起、日本5起、澳大利亚1起，占这87起案件的72.4%；发展中成员提起24起，其中巴西8起、韩国5起、印度和墨西哥各3起、中国2起、泰国、危地马拉和智利各1起，占比27.6%。由此可见，发达成员（尤其是美国和欧盟）是涉及《补贴与反补贴措施协定》争端案件的主要提起方，仅美国和欧盟两个成员提起的案件就占这87起案件的半数以上（52.9%）。从被诉情况看，发达成员被诉61起，其中美国被诉案件最多，共计28起，欧盟11起；发展中成员被诉28起，其中中国被诉11起，巴西5起，墨西哥和印度尼西亚分别为3起。发达成员（尤其是美国和欧盟）是涉及补贴与反补贴措施案件的主要被诉方；发展中成员中，中国被诉最多。

③ 在涉及《保障措施协定》的38起争端案件中，由发达成员提起的共16起，其中欧盟5起，美国3起；由发展中成员提起的共22起，其中阿根廷最多，为5起，智利和哥斯达黎加各3起，韩国2起，中国1起。发展中成员是涉及《保障措施协定》争端案件的主要提起方。从被诉情况看，针对发达成员的保障措施案件共计20起，其中美国15起、欧盟4起；针对发展中成员的共计18起，其中智利8起、阿根廷和多米尼加各4起。由此可见，在涉及保障措施案件的被诉方中，发达成员与发展中

㊀ 其间，部分成员的收入划分状况可能发生改变，该成员当年提起或被诉的争端案件按世界银行当年的收入划分计入统计。

成员基本持平，发达成员被诉情形略超过发展中成员。

在技术性贸易措施领域，发达成员是涉及《技术性贸易壁垒协定》和《实施卫生与植物卫生措施协定》争端案件的主要发起方，亦是主要的被诉方。具体而言，（1）在涉及《技术性贸易壁垒协定》的41起争端案件中，由发达成员提起的共计27起，其中加拿大10起、美国9起、欧盟5起；由发展中成员提起的共14起，其中阿根廷、印度、墨西哥和秘鲁各2起。从被诉情况看，针对发达成员的涉及《技术性贸易壁垒协定》的争端案件共计31起，大大超过针对发展中成员的10起。其中，针对欧盟提起的案件最多，共19起；针对美国的位居第二，共11起；发展中成员被诉最多的是韩国，4起，其次是阿根廷3起。（2）在涉及《实施卫生与植物卫生措施协定》的37起争端案件中，由发达成员提起的共计27起，其中主要是美国（10起）和加拿大（9起）；由发展中成员提起的共计10起，其中菲律宾以2起案件位居首位，中国提起1起。从被诉情况看，针对发达成员的涉及《实施卫生与植物卫生措施协定》的案件共计23起，针对发展中成员的共计13起，另外1起针对转型经济体（克罗地亚）发起。其中，针对欧盟的案件最多，共计9起；澳大利亚和美国位居第二，6起；韩国是发展中成员中被诉最多的，共5起。

在知识产权领域，发达成员利用争端解决机制的频率则更为明显，89.7%的知识产权争端由发达成员提起，69.0%案件的被诉方也为发达成员。具体而言，美国是提起知识产权争端案件的主要成员，共计17起；其次是欧盟，共7起；发展中成员中，仅巴西和印度提起过知识产权争端，分别为2起和1起。从被诉情况看，针对发达成员的知识产权争端共计20起，欧盟是主要被诉方，共7起；美国被诉4起。针对发展中成员的共计9起，其中阿根廷、中国、印度各被诉2起。从涉及的成员数量来看，知识产权争端的发起成员主要集中于美国、欧盟这两个发达成员，其余还包括澳大利亚（1起）、加拿大（1起）、巴西和印度；但被诉方却涉及15个成员，其中发达成员9个、发展中成员6个。由此可见，在知识产权争端领域，发达成员处于绝对的主导性地位。

在服务贸易领域，除2起案件由发达成员和发展中成员共同提起外，在其余的20起争端中，涉及《服务贸易总协定》案件的主要提起方为发达成员，共计13起，主要被诉方为发展中成员，共计12起。其中，美国提起的涉及《服务贸易总协定》的争端案件最多，共计7起；其次是欧盟，4起。被诉的成员中，中国最多，6起；其次为加拿大和欧盟，各3起。值得一提的是，自2004年以来至2010年底，诉诸WTO的6起服务贸易争端均是针对中国发起的，2011年没有涉及该领域的争端案件。

在涉及《加入议定书》的20起争端案件中，超过半数的案件（11起）是由发达成员提起的，主要是美国（7起）、欧盟（2起）和加拿大（2起）；9起由发展中成员提起，主要是中国（4起）、墨西哥（3起）、危地马拉和越南（各1起）。从被诉情况看，发展中成员被诉的涉及《加入议定书》的争端案件占比达到75%，共15起，且均是针对中国发起的；发达成员被诉的共计5起，其中美国3起，欧盟2起。

基于以上统计数据，我们选取美国、欧盟、印度、巴西和中国作为主要的比较对象，对比这5个WTO成员自1995年起至2011年底提起和被诉争端案件在几个重点领域的具体情况，可以看出，美国的应诉重点在反倾销领域，补贴与反补贴措施及保障措施领域并重；欧盟在技术性贸易措施（包括涉及《技术性贸易壁垒协定》和《实施卫生与植物卫生措施协定》的争端案件）领域，补贴与反补贴措施领域并重；印度在反倾销和技术性贸易措施（包括涉及《技术性贸易壁垒协定》和《实施卫生与植物卫生措施协定》的争端案件）领域，知识产权领域并重；巴西在补贴与反补贴措施领域，反倾销领域并重；中国在涉及《加入议定书》的入世承诺领域和补贴与反补贴措施领域，服务贸易措施与反倾销领域并重。从提起争端案件的情况来看，美国的发案重点在补贴与反补贴措施领域、知识产权领域、技术性贸易措施（包括涉及《技术性贸易壁垒协定》和《实施卫生与植物卫生措施协定》的争端案件）领域；欧盟的发案重点在补贴与反补贴措施及反倾销措施领域；印度的发案重点在反倾销领域；巴西的发案重点在补贴与反补贴措施及反倾销领域；中国的发案重点在反倾销领域（表 6-5）。㊀

表 6-5　1995～2011 年 WTO 主要成员起诉和被诉争端案件涉及的重点领域分布情况*

单位：起

起诉的重点领域							
WTO 成员	反倾销	补贴与反补贴	保障措施	技术性贸易措施**	知识产权	服务贸易	入世承诺
美　国	6	26	3	19	17	7	7
欧　盟	13	20	5	9	7	4	2
印　度	8	3	0	3	1	1	0
巴　西	6	8	1	1	2	0	0
中　国	5	2	1	1	0	0	4
被诉的重点领域							
WTO 成员	反倾销	补贴与反补贴	保障措施	技术性贸易措施**	知识产权	服务贸易	入世承诺
美　国	43	28	15	17	4	2	3
欧　盟	8	11	4	28	7	3	2
印　度	3	1	0	3	2	0	0
巴　西	2	5	0	0	1	0	0
中　国	4	11	0	0	2	6	15

*　该表涉及发案情形的统计中均未涵盖发达成员和发展中成员共同发案的情形

**　技术性贸易措施领域为涉及《技术性贸易壁垒协定》和《实施卫生与植物卫生措施协定》的争端案件情况

第二节　中国参加 WTO 争端解决机制情况分析

截至 2011 年底，中国成为世贸组织成员已 10 年。10 年来，中国的经济总量先后超过英、法、德、日，成为世界第二，外贸进出口总额从 2001 年入世之时的 5096 亿美元发展成为世界第一出口大国，10 年翻了五倍。

一、　提起的争端案件与发展中成员基本持平，被诉的频率却已经达到美国和欧盟的水平

入世以来至 2011 年底，中国共提起 8 起争端，其中 2009 年提起的案件数最多，共 3 起；其余的

㊀　该处涉及发案情形的统计中均未涵盖发达成员和发展中成员共同发案的情形，即欧盟香蕉进口和销售体制案（DS16），起诉方为危地马拉、洪都拉斯、墨西哥、美国；欧盟对香蕉的进口、销售和经销体制案（DS27），起诉方为厄瓜多尔、危地马拉、洪都拉斯、墨西哥、美国；美国 2000 年的《持续倾销及补贴补偿法》（即伯德修正案）（DS217），起诉方为澳大利亚、巴西、智利、欧盟、印度、印度尼西亚、日本、韩国、泰国；美国《2000 年持续倾销与补贴补偿法》（即伯德修正案）（DS234），起诉方为加拿大、墨西哥。

2002 年、2007 年、2008 年、2009 年、2010 年和 2011 年均提起 1 起，中国在 WTO 争端解决机制下年均发案 0.8 起。同期，其他 WTO 成员共针对中国提起了 23 起争端案件，其中 2008 年被诉最多，共 5 起；2007 年、2009 年和 2010 年均为 4 起；2006 年被诉 3 起；2011 年被诉 2 起；2004 年被诉 1 起。中国在 WTO 争端解决机制下年均被诉 2.3 起。从中国以第三方参加的 WTO 争端案件情况来看，在专家组工作程序中，中国共计 68 次以第三方身份参加 65 起争端案件，其中 12 次涉及执行程序的 DSU 第 21.5 条；在上诉程序中，中国共计 38 次以第三方身份参加 36 起争端案件，其中 8 次涉及执行程序的 DSU 第 21.5 条。

尽管中国在入世后的第一年就与其他成员联合发起 1 起针对美国钢铁保障措施的争端案件，但真正独立地在 WTO 争端解决机制项下起诉是从 2007 年开始的，2003～2006 年，中国未针对任何 WTO 成员发起任何争端案件。2007～2011 年，中国向 WTO 争端解决机构提起的争端案件共计 7 起，年均 1.4 起，分别占当年诉诸 WTO 争端解决机制案件总数（13 起、19 起、14 起、17 起、8 起）的 7.7%、5.3%、21.4%、5.9%和 12.5%。与中国提起争端案件数的平稳态势相比，中国被诉的争端案件则在以极快的速度增长：自 2004 年首次被诉以来，除 2005 年没有被诉案件外，在 2006～2011 年的 6 年间，中国共被诉 22 起，年均 3.7 起，略低于 2010 年时的年均 4 起，分别占当年诉诸 WTO 争端解决机制案件总数（20 起、13 起、19 起、14 起、17 起、8 起）的 15%、30.8%、26.3%、28.6%、23.5%和 25%（图 6-6）。

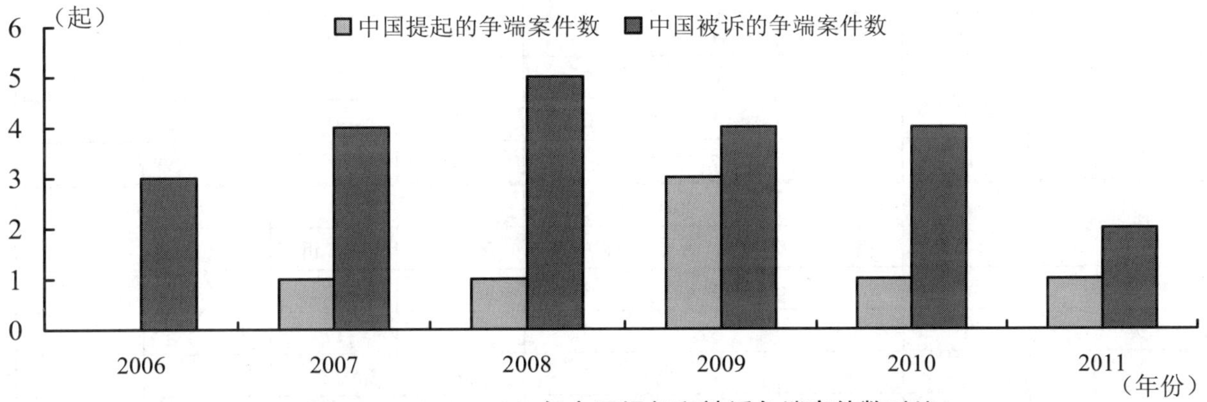

图6-6　2006～2011年中国提起和被诉争端案件数对比

与美国、欧盟、印度、巴西、阿根廷和墨西哥等 WTO 的主要发达成员和发展中成员在 2006～2011 年提起和被诉争端案件的情况进行对比，可以发现：印度自 2009 年以来未在 WTO 遭遇被诉案件；巴西和墨西哥自 2007 年以来未遭遇被诉案件；阿根廷仅在 2010 年遭遇了 1 起被诉案件；而中国在该时期内遭遇的被诉争端案件数与美国持平（均为 22 起），比欧盟还多 5 起（欧盟为 17 起）。与此同时，美国在该时期内提起的争端案件多达 17 起，欧盟也多达 14 起，中国却仅为 7 起；发展中成员中，墨西哥和阿根廷均提起 6 起争端案件，印度和巴西分别提起 3 起（表 6-6）。基于以上数据，我们用提起的案件数除以被诉的案件数，可以得出：美国在 WTO 争端解决机制项下的起诉和被诉案件之比为 0.77，即每发起 1 起争端案件，遭遇的被诉案件为 1.3 起，基本持平；欧盟为 0.82，即每发起 1 起争端案件，遭遇的被诉案件为 1.2 起，基本持平；印度为 1，意味着起诉和被诉案件持平；巴西为 3，意味着起诉案件是被诉案件的 3 倍；阿根廷和墨西哥均为 6，意味着起诉案件是被诉案件的 6 倍；中国最低，为 0.32，即每发起 1 起争端案件，相应地要遭遇约 3 起的被诉案件（图 6-7）。

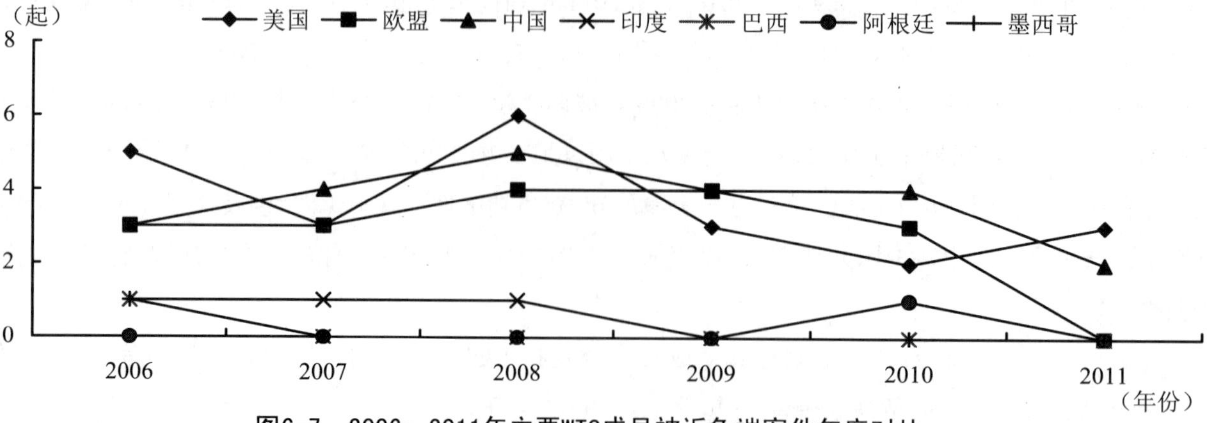

图6-7　2006～2011年主要WTO成员被诉争端案件年度对比

表 6-6　2006～2011 年主要 WTO 成员提起和被诉的争端案件年度分布情况

单位：起

成　员	2006 年		2007 年		2008 年		2009 年	
	起　诉	被　诉	起　诉	被　诉	起　诉	被　诉	起　诉	被　诉
美　国	3	5	4	3	3	6	2	3
欧　盟	5	3	0	3	3	4	2	4
中　国	0	3	1	4	1	5	3	4
印　度	1	1	0	1	1	1	0	0
巴　西	0	1	1	0	1	0	0	0
阿根廷	5	0	0	0	0	0	1	0
墨西哥	1	1	1	0	3	0	1	0
合　计	15	14	7	11	12	16	9	11

成　员	2010 年		2011 年		合　计			
	起　诉	被　诉	起　诉	被　诉	起　诉	被　诉		
美　国	4	2	1	3	17	22		
欧　盟	1	3	3	0	14	17		
中　国	1	4	1	2	7	22		
印　度	1	0	0	0	3	3		
巴　西	1	0	0	0	3	1		
阿根廷	0	1	0	0	6	1		
墨西哥	0	0	0	0	6	1		
合　计	8	10	5	5	56	67		

数据来源：www.wto.org，中国贸易救济信息网

二、中国起诉的争端案件胜诉率较高，被诉的案件胜诉率较低

从中国提起的争端案件来看，2002 年，即中国入世后的第一年，中国与欧盟、日本、巴西、韩国、新西兰等 WTO 的发达成员和发展中成员联合发起了针对美国钢铁产品保障措施的争端，并最终胜诉；2007 年 9 月 14 日，中国就美国对中国铜版纸的反倾销和反补贴初步裁决（DS368）向 WTO 提出磋商申请，但在 WTO 官方网站上除中国当时提交的磋商申请文件外，已无其他文件可循。2008 年 9 月，中国就美国对中国环状焊接碳素钢管、新充气工程机械轮胎、薄壁矩形钢管、复合编织袋的最终反倾销和反补贴措施打包诉至 WTO（DS379），中方的大部分主张获得支持，

最终胜诉。2009 年，中国分别就美国影响中国禽肉产品进口的措施、欧盟对中国钢铁紧固件的最终反倾销措施、美国对进口中国客车和轻卡轮胎的相关措施向 WTO 提起诉讼（DS392、DS397、DS399），除美国对进口中国客车和轻卡轮胎的相关措施案外，中国在其余 2 起争端中提出的大部分主张均得到 WTO 争端解决机构的支持。2010 年，中国就欧盟对原产于中国部分鞋类产品的反倾销措施向 WTO 提起诉讼（DS405），除专家组基于司法经济原则驳回了中方提出的 6 项主张外，其余大部分主张均得到了专家组的支持。2011 年，中国就美国对中国部分冷冻暖水虾和金刚石锯片的反倾销措施向 WTO 提起诉讼（DS422），并最终胜诉（表 6-7）。

表 6-7　入世后至 2011 年底中国发起的 WTO 争端案件情况

DS 号	案 件 名 称	被诉方	收到磋商请求的时间	案件结果/案件状态
DS252	美国对钢铁产品的最终保障措施	美　国	2002-03-26	中方胜诉，已通过上诉机构和专家组报告
DS368	美国对中国铜版纸的反倾销和反补贴初步裁决	美　国	2007-09-14	尚未成立专家组或解决争端
DS379	美国对中国部分产品的最终反倾销和反补贴措施	美　国	2008-09-19	支持中方的大部分主张，已通过上诉机构和专家组报告
DS392	美国影响中国禽肉产品进口的措施	美　国	2009-04-17	支持中方的大部分主张，已通过专家组报告
DS397	欧盟对中国钢铁紧固件的最终反倾销措施	欧　盟	2009-07-31	支持中方的大部分主张，已通过上诉机构和专家组报告
DS399	美国对进口中国客车和轻卡轮胎的相关措施	美　国	2009-09-14	未支持中方的主张，已通过上诉机构和专家组报告
DS405	欧盟对原产于中国部分鞋类产品的反倾销措施	欧　盟	2010-02-04	除专家组基于司法经济原则驳回中方提出的 6 项主张外，其余大部分主张均得到了专家组的支持；已通过专家组报告
DS422	美国对中国部分冷冻暖水虾和金刚石锯片的反倾销措施	美　国	2011-02-28	中方胜诉，已通过专家组报告

从中国被诉的争端案件来看，2004 年，美国就中国集成电路的增值税向 WTO 提起诉讼，该案最终通过协商解决。因此，中国在 WTO 争端解决机制项下真正意义上的应诉之路始于 2006 年欧盟、美国和加拿大对中国影响汽车零部件进口措施案（DS339、DS340、DS342），专家组和上诉机构支持了欧盟、美国和加拿大提出的绝大部分主张。2007 年，美国和墨西哥就中国对关税及其他支付款项的退款或减免措施（DS358、DS359）、美国就中国影响知识产权保护与执行的相关措施（DS362）以及中国影响出版物和音像制品的贸易权和分销服务的相关措施（DS363）向 WTO 提起诉讼，除 DS358 和 DS359 通过协商解决外，专家组和上诉机构支持了 DS362 和 DS363 中美国提出的大部分主张，但仍有多项主张未予以支持。2008 年，欧盟、美国和加拿大再次联手，对中国影响金融信息服务和外国金融信息提供商的相关措施提起诉讼（DS372、DS373、DS378）；美国、墨西哥、危地马拉（2009 年提起）则就中国的补贴、贷款及其他鼓励措施提起诉讼（DS387、DS388、DS390），除 DS372、DS373 和 DS378 通过协商解决外，WTO 官方网站目前尚未公布 DS387、DS388 和 DS390 的案件进展信息。2009 年，除危地马拉跟随美国和墨西哥就中国的补贴、贷款及其他鼓励措施提起诉讼外，美国、欧盟和墨西哥分别就中国对原材料出口的限制措施提起诉讼（DS394、DS395、DS398），专家组和上诉机构支持了美国、欧盟和墨西哥提出的绝大部分主张。2010 年，欧盟就中国对原产于欧盟的钢铁紧固件的临时反倾销措施（DS407）、美国对中国影响电子支付服务的部分措施（DS413）、中国对美国取向电工钢征收反倾销税和反补贴税（DS414）以及中国关于风

力发电设备的相关措施（DS419）提起诉讼，截至目前，DS407 尚处于磋商阶段，DS413 和 DS414 已成立专家组[㊀]，DS419 也以中方取消补贴而告终[㊁]。2011 年，欧盟就中国对欧盟 X 射线安全检查设备的最终反倾销税、美国就中国对美国白羽肉鸡产品的反倾销和反补贴措施提起诉讼（DS425、DS427），目前 DS427 已成立专家组，DS425 尚处于磋商阶段（表 6-8）。

表 6-8　入世后至 2011 年底中国被诉的 WTO 争端案件情况

DS 号	案 件 名 称	起诉方	收到磋商请求的时间	案件结果/案件状态
DS309	中国集成电路的增值税	美　国	2004-03-18	双方协商一致解决
DS339	中国影响汽车零部件进口的措施	欧　盟	2006-03-20	支持欧盟提出的绝大部分主张，已通过上诉机构和专家组报告
DS340	中国影响汽车零部件进口的措施	美　国	2006-03-20	支持美国提出的绝大部分主张，已通过上诉机构和专家组报告
DS342	中国影响汽车零部件进口的措施	加拿大	2006-04-13	支持加拿大提出的绝大部分主张，已通过上诉机构和专家组报告
DS358	中国对关税及其他支付款项的退款或减免措施	美　国	2007-02-02	双方协商一致解决
DS359	中国对关税及其他支付款项的退款或减免措施	墨西哥	2007-02-26	双方协商一致解决
DS362	中国影响知识产权保护与执行的相关措施	美　国	2007-04-10	支持美国提出的绝大部分主张，已通过专家组报告
DS363	中国影响出版物和音像制品的贸易权和分销服务的相关措施	美　国	2007-04-10	支持美国提出的绝大部分主张，已通过上诉机构和专家组报告
DS372	中国影响金融信息服务和外国金融信息提供商的相关措施	欧　盟	2008-03-03	通过其他方式协商解决
DS373	中国影响金融信息服务和外国金融信息提供商的相关措施	美　国	2008-03-03	通过其他方式协商解决
DS378	中国影响金融信息服务和外国金融信息提供商的相关措施	加拿大	2008-06-20	通过其他方式协商解决
DS387	中国的补贴、贷款及其他鼓励措施	美　国	2008-12-19	尚未成立专家组或解决争端
DS388	中国的补贴、贷款及其他鼓励措施	墨西哥	2008-12-19	尚未成立专家组或解决争端
DS390	中国的补贴、贷款及其他鼓励措施	危地马拉	2009-01-19	尚未成立专家组或解决争端
DS394	中国对原材料出口的限制措施	美　国	2009-06-23	支持美国提出的绝大部分主张，已通过上诉机构和专家组报告
DS398	中国对原材料出口的限制措施	墨西哥	2009-08-21	支持墨西哥提出的绝大部分主张，已通过上诉机构和专家组报告
DS407	中国对原产于欧盟的钢铁紧固件的临时反倾销措施	欧　盟	2010-05-07	正处于磋商阶段
DS413	中国影响电子支付服务的部分措施	美　国	2010-09-15	已成立专家组*
DS414	中国对美国取向电工钢征收反倾销税和反补贴税	美　国	2010-09-15	已成立专家组**
DS419	中国关于风力发电设备的相关措施	美　国	2010-12-22	双方经过磋商达成共识
DS425	中国对欧盟 X 射线安全检查设备的最终反倾销税	欧　盟	2011-07-25	正处于磋商阶段
DS427	中国对美国白羽肉鸡产品的反倾销和反补贴措施	美　国	2011-09-20	已成立专家组，尚未发布裁决报告

*　2012 年 7 月 16 日，WTO 已就该案发布专家组报告，支持美国提出的大部分主张；

** 2012 年 6 月 15 日，WTO 已就该案发布专家组报告，支持美国提出的大部分主张。

㊀ 2012 年 7 月 16 日，WTO 已就 DS413 发布专家组报告，支持了美国提出的大部分主张；2012 年 6 月 15 日，WTO 已就 DS414 发布专家组报告，支持了美国提出的大部分主张。

㊁ 2011 年 6 月，美国贸易代表柯克证实，中国已停止向其风电设备企业提供补贴，美方宣告胜诉。

三、中国在WTO争端解决机制项下的起诉和被诉对象主要是美国和欧盟

中国入世以来至2011年底所发起的8起争端案件中，针对美国的有6起，针对欧盟的2起。从被诉情形来看，中国被诉争端案件的起诉方主要是美国、欧盟、加拿大、墨西哥和危地马拉。其中，半数以上的对华争端案件由美国发起，共计12起，占23起中国被诉案件的52.2%；欧盟5起，占比21.7%；加拿大2起，占比8.7%；墨西哥3起，占比13.0%；危地马拉1起，占比4.3%（图6-8）。由此可见，截至目前，针对中国的WTO争端案件大部分是由发达成员发起，美国、欧盟和加拿大共发起19起，占比高达82.6%；发展中成员中，仅墨西哥和危地马拉共发起4起，占比17.4%。2011年，中国被诉的2起争端案件分别由欧盟和美国发起，即中国对欧盟X射线安全检查设备的最终反倾销税案（DS425）及中国对美国白羽肉鸡产品的反倾销和反补贴措施案（DS427）。

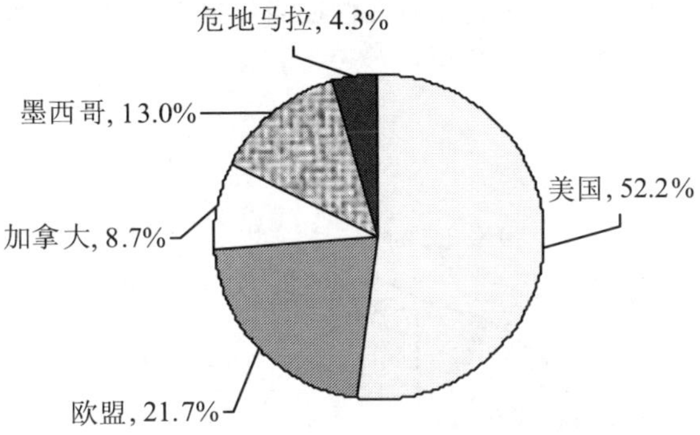

图6-8　入世以来至2011年底中国被诉WTO争端案件的起诉方分布情况

从总体上看，入世后（尤其是2006年以来）至2011年底，中国与美国和欧盟之间在利用争端解决机制方面的互涉性不断加强。据中国贸易救济信息网统计，2006～2011年，中国针对美国或欧盟提起的争端案件数及美国或欧盟针对中国提起的争端案件共计23起，占同期91起争端案件的25.3%，比2010年24.1%的占比略有提高。而且，中美欧互涉的争端案件数在当年争端案件总数的占比也整体呈现增长之势：2006年，中美欧互涉的争端案件共2起，占当年20起争端案件的10%；2007年，中美欧互涉的争端案件共4起，占当年13起争端案件的30.8%；2008年，中美欧互涉的争端案件4起，占当年19起争端案件的21.1%；2009年，中美欧互涉的争端案件共5起，占当年14起争端案件的35.7%；2010年，中美欧互涉的争端案件共5起，占当年17起争端案件的29.4%；2011年，中美欧互涉的争端案件共3起，占当年8起争端案件总数的37.5%（图6-9）。而在其余的68起争端案件中，美国和欧盟与其他发展中成员互涉的共27起，涉及的发展中成员共12个，包括巴西、印度、印度尼西亚、越南、菲律宾、韩国、墨西哥、泰国、中国台湾、巴拿马、哥伦比亚和阿根廷。其中，印度、巴西和阿根廷与美国、欧盟互涉的案件共8起，在这8起案件中，美国和欧盟分别被诉3起，印度被诉2起，阿根廷没有被诉。此外，还包括美国和欧盟互涉的争端案件，共5起；美国、欧盟与其他发达成员互涉的案件，共10起；除中国外的发展中成员之间互涉的案件，13起；除美国和欧盟外的发达成员之间互涉的案件，2起；其他发达成员与除中国外的发展中成员互涉的案件，2起；转型经济体之间互涉的案件，3起；除美国和欧盟外的其他发达成员与中国之间互涉的，2起；其他发展中成员与中国之间互涉的，4起（图6-10）。2011年新增1起韩国和美国互涉的案件，新增1起美国和欧盟互涉的案件，新增1起欧盟和加拿大互涉的案件，新增2起转型经济体互涉的案件（乌克兰和摩尔多瓦），新增3

起中国和美国、欧盟互涉的案件。

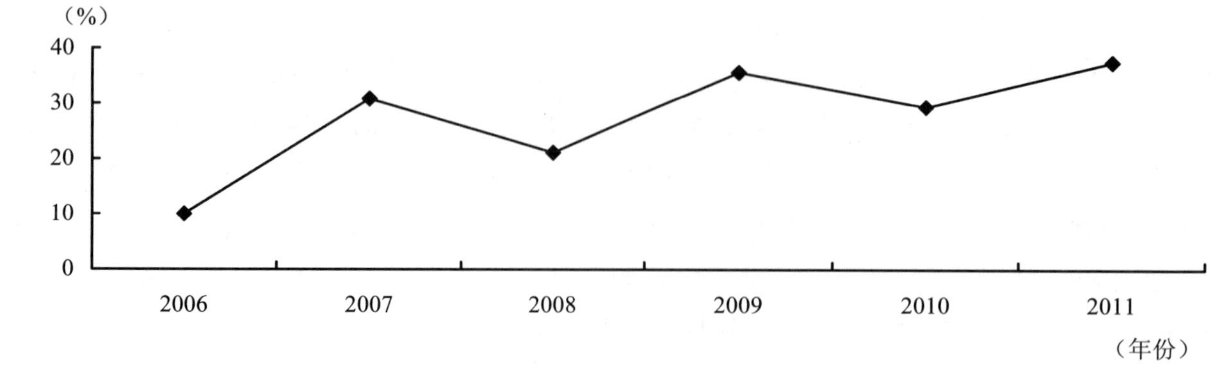

图6-9 2006～2011年中美欧互涉案件在当年争端案件中占比的年度走势

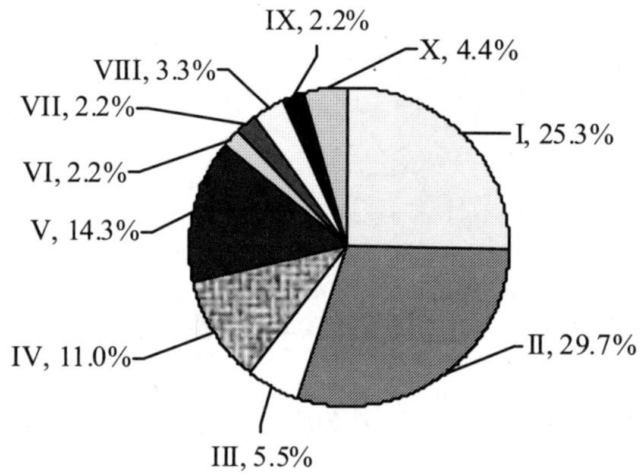

图6-10 2006～2011年WTO成员互涉争端案件的分布情况

I—中美欧互涉的；II—美欧与其他发展中成员互涉的；III—美欧互涉的；IV—美欧与其他发达成员互涉的；V—除中国外的发展中成员之间互涉的；VI—其他发达成员之间互涉的；VII—其他发达成员与其他发展中成员互涉的；VIII—转型经济体之间互涉的；IX—其他发达成员与中国互涉的；X—其他发展中成员与中国互涉的

在2006～2011年诉诸WTO争端解决机制的91起争端案件中，超半数的案件为美国、欧盟与发展中成员之间互涉的，共50起，占比54.9%；各类型成员与中国互涉的争端案件也为数不少，共29起，占比31.9%；而涉及美国和欧盟的争端案件的占比更是达到了71.4%，共计65起。

四、中国提起和被诉的争端案件涉及争议协定条款的法律点较为集中

从中国提起和被诉的31起争端案件来看，涉及《加入议定书》的最多，共计19起；其次为涉及《补贴与反补贴措施协定》的，共计13起；涉及《反倾销措施协定》的案件数位居第三，共9起；其余还有6起案件涉及《服务贸易总协定》，5起涉及《与贸易有关的投资措施协定》，3起涉及《农业协定》等。

其中，（1）在涉及《加入议定书》的19起案件中，磋商申请中援引频率较高的条款包括：关于非关税措施相关规定的第7.2和7.3条；关于贸易权问题的第5.1和5.2条；关于进出口许可程序相关规定的第 8.2 条；关于补贴事项的第 10.3 条；关于对进出口产品征收税费问题的第 11.3 条，等等。（2）在涉及《补贴与反补贴措施协定》的 13 起案件中，援引频率较高的条款包括：关于禁止性补贴相关规定的第 3 条，包括第 3.1（b）条和第 3.2 条；关于补贴定义的第 1 条；关于补贴专向性的第 2 条；关于证据相关规定的第 12 条，包括第 12.3 条、第 12.4 条、第 12.7 条和第 12.8 条；关于以接受者所获利益计算补贴的金额问题，第 14 条；关于损害的确定的第 15 条，包括第 15.1、15.2、15.4、15.5 条；关于公告和裁定的说明，第 22 条，尤其是第 22.2、22.3、22.4、22.5 条，等等。（3）在涉及《反倾销措施协定》的 9 起争端案件中，援引频率较高的条款包括：关于损害确定相关规定的第 3 条，尤其是第 3.1、3.2、3.4 和 3.5 条；关于证据相关规定的第 6 条，尤其是第 6.2、6.4、6.5、6.9 和 6.10 条；关于倾销确定相关规定的第 2 条，尤其是第 2.1、2.2、2.4 和 2.6 条；关于征收反倾销税相关规定的第 9 条，尤其是第 9.2、9.3、9.4 条；第 12 条，关于公告和裁定的说明，尤其是第 12.2 条，等等。（4）在涉及《服务贸易总协定》的 6 起案件中，援引频率较高的条款包括：关于市场准入具体承诺的第 16 条，尤其是第 16.1、16.2（a）和 16.2（e）条；关于国民待遇具体承诺的第 17 条；以及关于附加承诺的第 18 条。（5）在涉及《与贸易有关的投资措施协定》的 5 起案件中，援引频率较高的条款包括：关于国民待遇和数量限制相关规定的第 2 条，包括第 2.1 条和第 2.2 条；以及附件 1 关于例示清单的相关内容(图 6-11)。

与截至 2011 年底诉诸 WTO 争端解决机制的所有案件情况相比，中国提起和被诉争端案件涉及争议协定条款的法律点相对集中。以《补贴与反补贴措施协定》为例，在磋商申请中援引了该协定的 89 起争端案件中，涉及频率较高的条款包括第 1 条（补贴的定义）、第 2 条（专向性）、第 3 条（禁止）、第 5 条（不利影响）、第 6 条（严重侵害）、第 11 条（发起和随后进行调查）、第 12 条（证据）、第 15 条（损害的确定）等，涉及的范围更广、法律点更多。

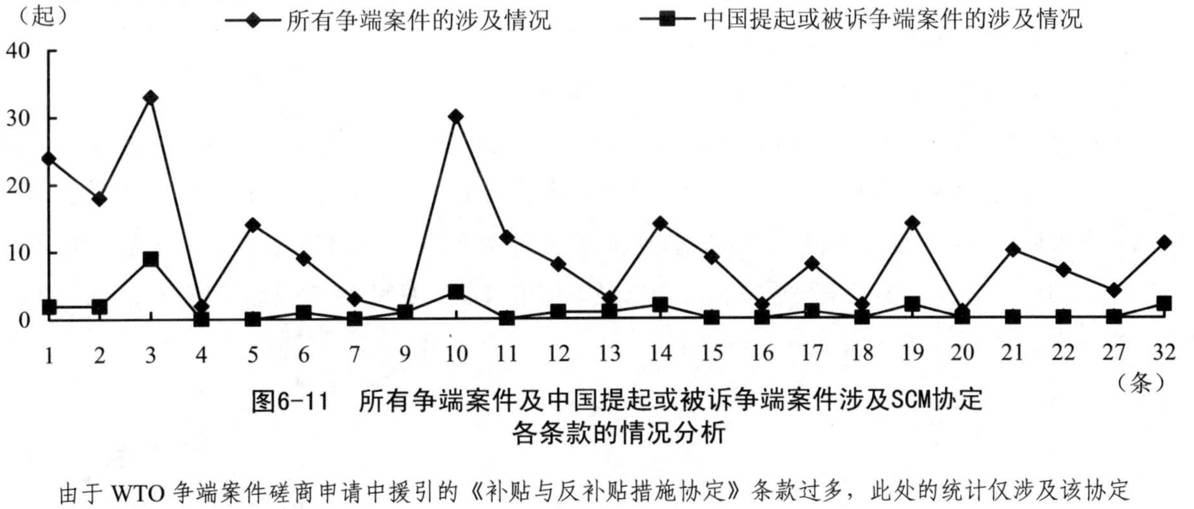

图6-11　所有争端案件及中国提起或被诉争端案件涉及SCM协定各条款的情况分析

由于 WTO 争端案件磋商申请中援引的《补贴与反补贴措施协定》条款过多，此处的统计仅涉及该协定项下“条”的层级，而不涉及更细的“款”和“项”的层级；本图数据由中国贸易救济信息网统计

第七章　我国重点行业面临的贸易摩擦形势分析

机　电

本文所指机电产品包括机械类和电子类产品。其中，机械类包括工程机械、机床工具、汽车、内燃机、机械基础件、农业机械、仪器仪表、文化办公设备、石化通用、重型矿山、电工电器和食品包装行业；电子类包括通信设备、广播电视设备、计算机、家电等消费电子、电子测量仪器、电子工业专用设备、电子元件、电子器件、医疗电子等电子应用产品以及电子专用材料。

一、贸易救济调查

1. 反倾销是全球对华机电产品实施贸易救济措施的主要手段

据中国贸易救济信息网统计，截至 2011 年底，全球对华共发起贸易救济调查 1488 起，涉及机电产品的共 185 起，占全球对华贸易救济案件总数的 12.4%，居所有涉案行业第四位。在全球对我国机电产品启动的 185 起贸易救济调查中，反倾销 158 起，占全球对华机电产品贸易救济案件总数的 85.4%；反补贴 8 起，占比 4.3%；保障措施 16 起，占比 8.7%；特别保障措施 3 起，占比 1.6%。反倾销是全球对华机电产品实施贸易救济的主要手段。

（1）全球对华机电产品反倾销立案数呈上升态势

在全球对华机电产品发起的 158 起反倾销调查中，各时期变化幅度较大。1979～1990 年，全球对华机电产品共发起 10 起反倾销调查，年均立案 1 起，最多的年份 1990 年也只有 2 起；1991～2001 年，反倾销立案大幅增加，全球对华机电产品启动 49 起反倾销调查，年均立案近 5 起，峰值为 1993 年的 9 起；2002～2011 年，反倾销立案快速增长，全球对华机电产品共发起 99 起反倾销调查，年均 10 起，其中，2008 年达 17 起，创历年最多（图 7-1）。

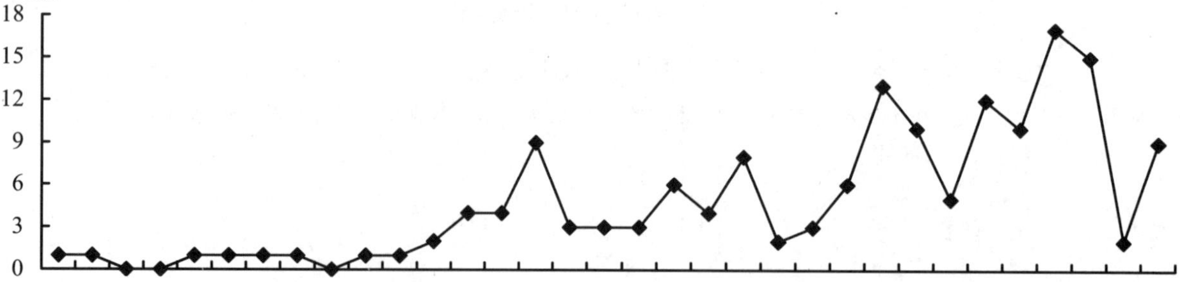

图7-1　1979～2011年国外对华机械和电子产品反倾销年度立案走势

在这 158 起反倾销调查中，涉及机械产品的有 137 起，占比 86.7%；涉及电子产品的有 21 起，占比 13.3%。其中，涉及机械产品的反倾销调查自 1991 年增至 3 起，2003 年增至 12 起，2008 年增至 17 起，2010 年回落至 1 起，2011 年又再次增至 9 起（图 7-2）；涉及电子产品的反倾销调查从 1988 年开始出现，年均不足 1 起，2005 年增至 2 起，1993、2006 和 2007 年均为 3 起（图 7-3）。

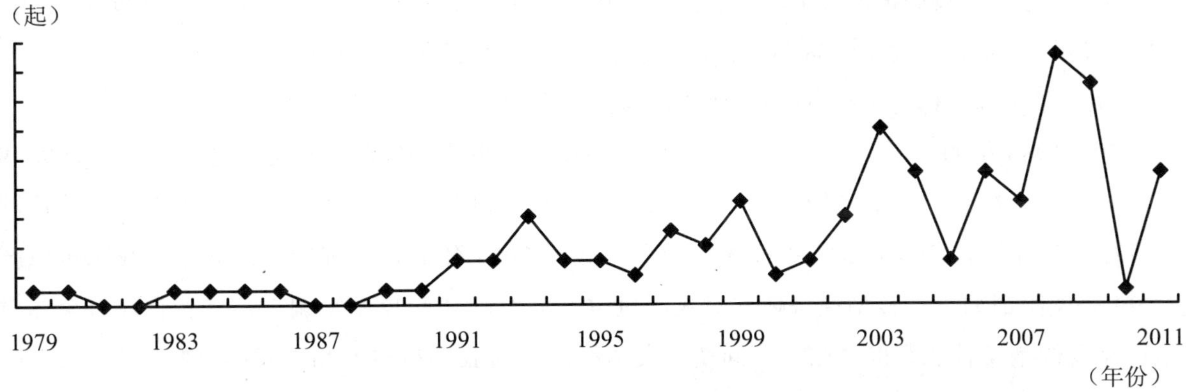

图7-2　1979～2011年国外对华机械产品反倾销年度立案走势

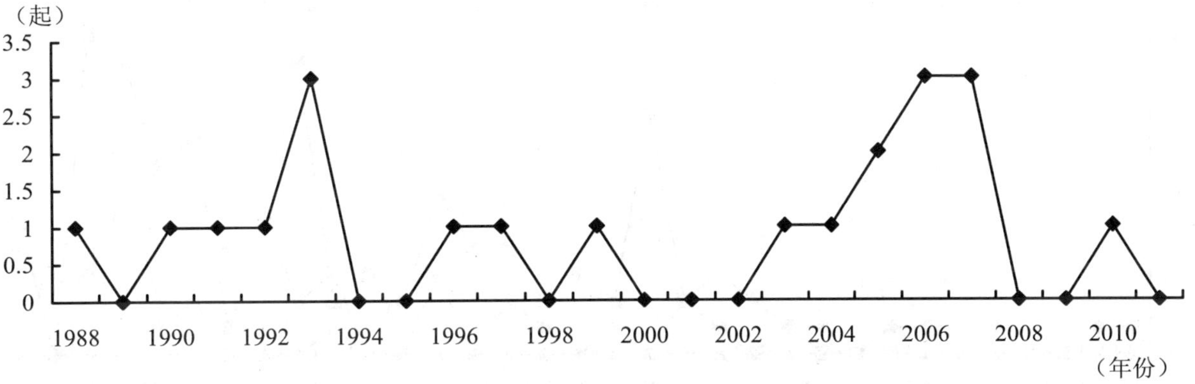

图7-3　1988～2011年国外对华电子产品反倾销年度立案走势

（2）阿根廷、欧盟、美国是对华机电产品反倾销的主要发起者

1979～2011 年，共有 20 个国家（地区）对华机电产品发起反倾销调查，其中，阿根廷居首位，为 24 起，占全球对华机电产品反倾销案件总数的 15.2%；其次是欧盟，为 21 起，占比 13.3%；美国位居第三，为 20 起，占比 12.7%；墨西哥 16 起，印度 15 起，土耳其 13 起，巴西 11 起。上述 7 国（地区）占全球对华机电产品反倾销调查总数的 75.9%（图 7-4）。

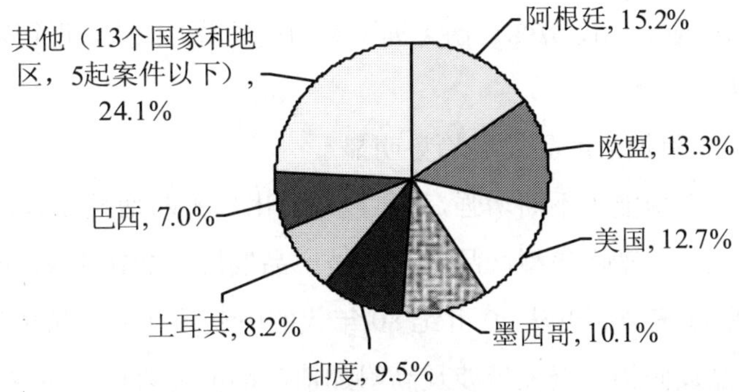

图7-4　1979～2011年全球对华机械和电子产品反倾销发起国（地区）分布情况

在对华机械产品反倾销调查中，阿根廷发起的调查仍为最多，为23起；其次是美国，19起；墨西哥13起；土耳其12起；欧盟和印度均为11起，巴西10起，上述6国（地区）发起的案件占机械产品反倾销调查的64.2%。

在对华电子产品反倾销调查中，欧盟发起的最多，为10起，占比47.6%；其次是印度4起，占比19.0%；墨西哥3起，占比14.3%；阿根廷、美国、土耳其和巴西各1起。

（3）发展中经济体对华机电产品反倾销立案迅速增加

1979～1988年的10年间，全球对华机电产品反倾销调查的发起方均为发达经济体。而从1989年土耳其对华电焊条进行反倾销调查以来，发展中经济体和转型经济体针对中国机电产品的反倾销调查开始逐渐频繁，新发起案件占比大幅上升。截至2011年底，发展中经济体共对我国机电产品发起99起反倾销调查，转型经济体共对我国机电产品发起4起反倾销调查，二者合计占全球对华机电产品反倾销案件总数的65.2%；同期，发达经济体对我国机电产品共发起反倾销调查55起，占比34.8%（图7-5）。

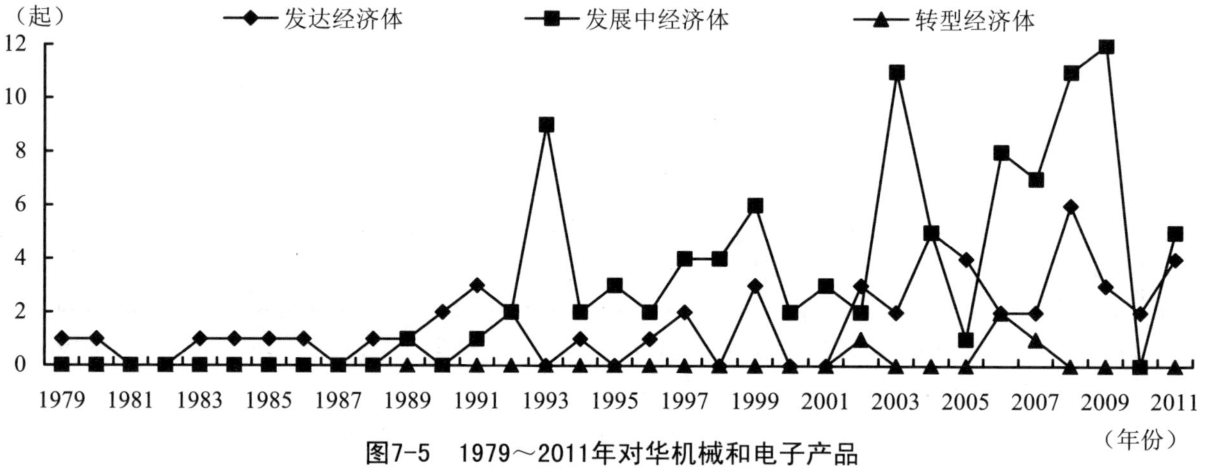

图7-5　1979～2011年对华机械和电子产品反倾销立案按国家类型对比

（4）涉案企业积极应诉发达经济体的反倾销调查，对发展中经济体和转型经济体应诉率较低

在发达经济体对华机电产品发起的55起反倾销调查中，有中国企业应诉的案件共41起，应诉率达74.5%，其中，对欧盟的应诉率达90.5%，对美国和加拿大的应诉率均为80%。在发展中经济体和转型经济体对华机电产品发起的103起反倾销调查中，有中国企业应诉的案件数仅为25起，应诉率为24.3%。其中，对印度的应诉率较高，为60%。在阿根廷、巴西和哥伦比亚等南美洲国家对华机电产品发起的38起反倾销调查中，仅有2家企业应诉，应诉率仅5.3%。南美洲国家的市场潜力巨大，近年来对我国的经济发展和出口贸易产生的影响越来越大。

（5）涉案机电类产品向高附加值产品发展趋势明显

随着近年来我国企业自主创新能力不断增强，高科技产品出口不断增长，2011年累计出口超过5000亿美元，出口产品贸易摩擦也从劳动密集型产品向高科技产品发展，2010年我国出口欧盟的数据卡遭到了反倾销调查，机械产品的涉案产品也从20世纪80年代的电锯等低端产品转为2011年的晶体硅光伏电池，全球对华机电类产品反倾销调查逐步涉及高附加值产品的趋势日益显现。

2. 我国电子产品开始遭遇反补贴调查

自2004年我国机械产品遭遇进口国第一起反补贴调查以来，截至2011年底，国外共对华机电产品发起 8 起反补贴调查，案件数列冶金（18 起）行业之后，与金属制品并列第二。这 8 起案件均为反倾销和反补贴合并调查。

2010 年，我国电子产品首遭欧盟反补贴调查，涉案产品为数据卡。其余 7 起反补贴调查均涉及机械产品，除加拿大发起 2 起外，其余 5 起均为美国发起；在这 7 起反补贴案件中，2 起涉及紧固件，其余涉及未加工橡胶磁、半导体冷热箱、草地维护设备及部件、高压钢瓶和晶体硅光伏电池。

3. 全球涉华保障措施和特别保障措施开始涉及高科技电子产品

1979～2011 年，全球机电产品涉华保障措施 16 起，位列化工、轻工、冶金、建材、纺织之后。其中，涉及机械产品 9 起，电子产品 7 起；特别保障措施 3 起，均涉及机械产品。相比反倾销案件而言，全球机电产品涉华保障措施和特别保障措施仍维持较低水平。在这 19 起涉华保障措施和特别保障措施调查中，2010 年之前所涉及产品包括光盘、紧固件、电表、压缩机等，大多为附加值较低的产品；2010 年，我国高科技电子产品首次涉及保障措施调查是欧盟对华数据卡保障措施案。

二、知识产权调查

目前，我国机电产品遭遇的知识产权贸易摩擦主要以美国 337 调查为主。欧盟成员国 2002 年曾以侵犯知识产权对我国出口的 DVD 实施大规模扣押，最终以中方企业支付专利费结束。

1. 机电产品逐渐成为美国对华 337 调查的主要产品

1986～2011 年，在美国对华发起的 159 起 337 调查中，涉及电子产品的案件最多，为 86 起，占同期美国涉华 337 调查总数的 54.1%；其次为轻工，33 起，占比 20.8%；机械产品位居第三，有 17 起，占比 10.7%。1998 年以前，美国对华 337 调查主要涉及轻工产品；此后，受调查的产品多涉及电子、机械等行业，计算机软件、半导体集成电路等产品成为美国涉华 337 调查的主要产品。1986～2011 年，美国对华机电产品 337 调查案件总计 103 起，占美国涉华 337 调查总数的 64.8%（图 7-6）。

在 2010 年美国涉华 337 调查的 26 起案件中，涉及机电产品的 23 起，占当年案件总数的 88.5%；2011 年，涉及机电产品的 337 调查占案件总数的 59.3%。

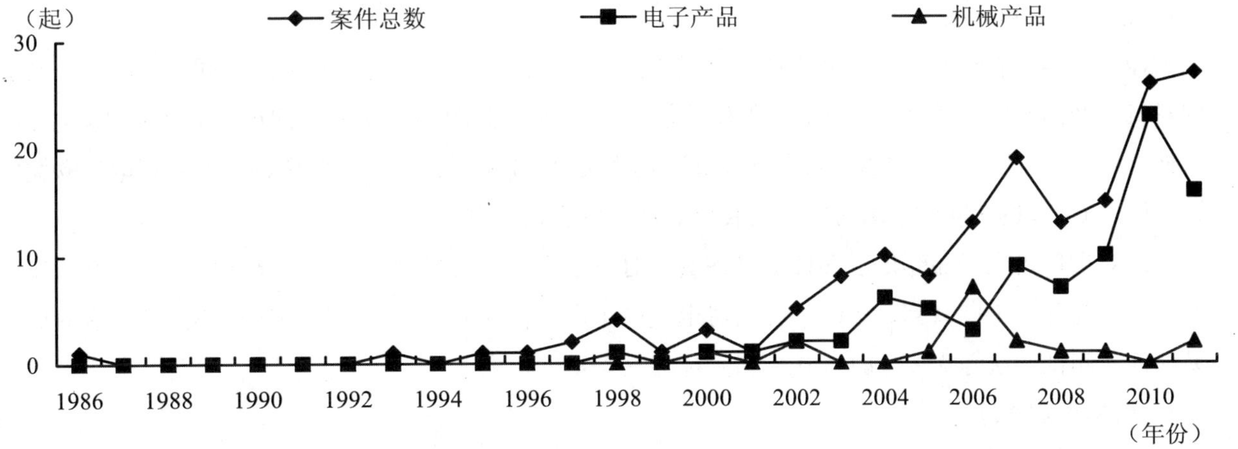

图7-6　1986～2011年美国涉华337调查及机械和电子产品涉案情况

2. 诉由以专利侵权为主

在美国涉华机电产品的 95 起 337 调查中，单独以专利侵权为由启动 337 调查程序的案件有 88 起，占机电产品 337 调查总数的 92.6%，以注册商标侵权为由启动的 1 起，以商业秘密侵权为由启动的 1 起，以专利侵权和其他知识产权（商标、著作权侵权和商品装潢侵权）联合为由启动的 5 起。

3. 30%以上案件认定侵权

截至2011年底，涉及机电产品的95起337调查全部结案。其中，认定侵权的最多，30起；双方达成和解16起；申诉方撤诉8起；未侵权7起；中方胜诉1起。其他结案方式还包括：单独适用同意令6起，单独适用普遍排除令1起，单独适用有限排除令3起；和解、申诉方撤诉的4起，和解、认定侵权的7起，和解、同意令3起，适用禁止令和有效排除令的4起，同意令和有限排除令1起，有限排除令和普遍排除令1起。

三、技术性贸易措施

机电产品一直为各国TBT通报的重点产品之一。2011年，在WTO成员根据《TBT 协定》第10.6条发布的1214份通报中，涉及机电仪器[㊀]的通报占TBT通报总数的10.5%。

根据WTO发布的数据，1995～2011年，涉及机电仪器的TBT通报总计1695项，占同期通报总数的11.9%。在成员提交的TBT通报中，中国（包括大陆和中国香港）通报数居首位，为292项；美国位列第二，为279项；以色列位列第三，为259项；随后依次是泰国（151项）、日本（149项）、南非（90项）、巴西（85项）、欧盟（83项）、肯尼亚（47项）、中国台湾（45项），上述10个成员对机电仪器的TBT通报占总数的87.3%。

1995～2003年，涉及机电仪器的TBT通报年均51项，自2004年以后大幅增加，从105项增至2009年的241项，2010年有所下降，2011继续降至147项。

在涉及机电仪器的TBT通报中，以美国、以色列、日本和欧盟为主的发达成员提交的通报占总数的41.8%，尽管发展中成员的TBT通报总数多于发达成员，但单个发达成员的TBT通报频率比发展中成员高。TBT措施大多由发达成员率先提出，发展中成员陆续跟进，但发达成员的技术标准通常严于发展中成员，在通报评议中，发展中成员比较被动，提出延长过渡期、给予技术援助的情况多。

自从1995年机电产品出口成为我国第一大类出口产品后，就遇到了来自发达国家先进的产品法规、产品质量保证体系、安全标准、电磁辐射标准等方面壁垒。目前，我国机电产品面临的技术性贸易措施主要存在5种形式：技术法规和标准、合格评定程序、绿色贸易壁垒、社会责任标准、包装和标签要求。

1. 技术法规和标准

欧盟是最早设置针对机电产品的技术性贸易措施的地区。在一体化不断加深的同时，欧盟及其成员国对机电产品制定了各种具有针对性的法律法规及严格的技术标准。进入欧洲市场的产品必须达到3个条件之一：符合欧盟标准EN，取得欧洲标准化委员会CEN认证；人身安全相关产品要取得欧盟安全认证标志CE；进入欧盟市场的厂商应取得ISO9000合格证书。

美国对进口机电产品制定了各种法律条例，对电子产品进口限制规定主要是《控制放射性的健康与安全》。此外，美国联邦、地区、各州对电气电子产品往往采用不同的技术法规和标准，这些标准在易燃性、测试方法等众多方面与IEC国际标准具有重大差异。

2. 合格评定程序

（1）欧盟

欧盟对机电产品主要实行CE认证制度，只有带有CE标志的机电产品才能进入欧盟市场，属强制

㊀ 机电仪器此处指海关编码包括16类：机器、机械器具、电气设备及其零件；录音机及扬声器、电视图像、声音的录制和重放设备及其零件、附件（第84、85章）；17类：车辆、航空器、船舶及有关运输设备（第86～89章）；18类：光学、照相、电影、计量、检验、医疗或外科用仪器及设备、精密仪器及设备、钟表、乐器、上述物品的零件、附件（第90～92章）；19类：武器、弹药及其零件、附件（第93章）（来源：技术壁垒资源网）。

性认证标志。CE 标准对产品的技术细节、安全性、卫生和环保等方面作出要求，涉及到的机电产品包括电动工具、低压电器、家用电器、音像设备、电信设备、移动无线设备、汽车等。

对于欧盟各成员国市场上流通的大多数机电产品，还必须符合欧盟法规规定的低电压指令（LVD）和电磁兼容指令（EMC）、欧盟《能源相关产品生态设计框架性指令》（ERP 指令）、《报废电子电气设备指令》（WEEE）和《在电子电气设备中禁止使用某些有害物质指令》（RoHS）的要求。另外，欧盟内部许多国家对某些产品还要求单独认证，如在德国，机电类产品的认证还有 TuV 认证、GS 认证、VDE 认证等。

（2）美国

美国合格评定程序采用第三方认定，由独立实验室和评测机构测试后提供有关产品是否符合标准的正式评定结果。目前有 55 种认证体系，如产品安全认证体系 UL、军用 LVIIL、电池兼容性 FCC 等具有较大影响的认证体系。美国保险商实验室（UL）认证涉及防火设备、电器用具、电气工程材料、船用设备、自动和防盗机械设备等，有“UL”标志的上述产品才能进口。

（3）日本

日本对机电产品的技术性贸易措施主要采用认证的方式。

JIS 认证。JIS 认证是日本标准化组织（JIS）对经指定部门检验合格的电器产品、纺织品办法的产品标志。日本通产省发布 JIS 认证的产品目录，为列入目录产品不进行 JIS 认证，目前，实行 JIS 标志认证的产品有 17 个大类 1200 项，

PSE 认证。PSE 认证是日本强制性安全认证，用以证明电机电子产品已通过日本电气和原料安全法或国际 IEC 标准的安全标准测试。日本电气产品安全法规定，498 种产品进入日本市场必须通过安全认证。所有指定产品皆有 METI 所授权的复合型评估机构（CAB）进行产品及工厂测试设备的检验。

JATE 标志认证。日本电信通讯商业法规定，日本电信设备必须进行强制认证，JATE 为唯一的合格代理机构实施技术环境的合格认可，对公共网络电信设备实施强制认证，被认可设备科与公共网络连接，不需要受电信供应商检查。

VCCI 标志认证。VCCI 是日本的电磁兼容认证标志，在日本销售的信息技术产品一般会被要求进行 VCCI 认证，制造商首先申请成为 VCCI 的成员，才可以适用 VCCI 认证。

3. 绿色技术壁垒

发达国家还对发展中国家设置了各种绿色技术壁垒，限制低质廉价机电产品打进世界市场。机电产品进入发达国家市场必须首先达到这些国家对机电产品的电磁污染、噪声污染以及节能等方面的环境要求。涉及机电产品性能的条款还有排污量限制、可回收率、节能性等多方面。绿色壁垒已经涵盖机电产品的研发、生产、加工、包装、运输、销售和消费全过程，成为了机电产品出口的一大障碍。

4. 社会责任标准

发达国家把机电产品贸易同劳工标准、社会福利等非贸易壁垒相挂钩，针对发展中国家机电产品出口设置新的障碍。如社会责任管理体系（Social Accountability 8000，简称 SA8000）以加强社会责任管理为名，通过管理体系认证，把人权问题与贸易结合起来，以实施贸易保护之实。

5. 包装和标签要求

欧盟、美国和日本对机电产品的包装和标签有苛刻繁琐的规定，进口机电产品必须符合这些规定，否则不准进口或禁止在市场销售。

化　工㊀

化学工业是以煤炭、石油、天然气等为主要原料，经过多次化学加工生产各种化学品及合成材料的工业。按照国民经济行业划分涉及：（1）第二十六类化学原料及化学制品制造；（2）第二十七类医药制造业中的化学原料药和化学药品制剂子行业；（3）第二十九类橡胶制品业中的轮胎制造业。

其子行业包括基础化学原料制造业、化学肥料制造业、化学农药制造业、化工合成材料制造业和专用化学产品制造业以及医药制造业等。近年来，我国化工业产值快速增长，进出口贸易活跃，与此同时，国外针对我国化工产品出口的限制措施越来越频繁，我国化工产品出口遭遇的各类贸易摩擦形势严峻。

一、贸易救济调查

1. 化工产品是我国遭遇国外贸易救济调查的重灾区

1979～2011 年，在国外对华发起的 1488 起贸易救济调查中涉及化工产品的案件最多，共 361 起，占国外对华贸易救济案件总数的 24.3%。其中，反倾销 301 起，反补贴 6 起，涉华保障措施 47 起，特别保障措施 7 起。同期，国外对华化工产品发起的反倾销调查也居各行业之首，占比为 26.7%。2011 年，国外共对华发起 73 起贸易救济调查案件，涉及化工产品的案件 16 起，占比 21.9%，案件数量居首位。其中，反倾销案件 9 起；涉华保障措施案件 5 起；反补贴和特别保障措施案件各 1 起。

从 1979～2011 年国外对华化工产品贸易救济调查的年度立案情况看（图 7-7），一直以来，化工行业都是受到国外贸易救济措施打击较为严重的行业。自 1979 年国外对华发起首起贸易救济调查后的 10 年间（1979～1988 年），尽管化工产品的年均立案数不足 3 起，但是在所有对华贸易救济调查中的占比却很高，平均占比超过 40%，最高年份（1981 年）的占比为 75%。1989 年以后，涉及化工产品的贸易救济案件仍呈上升趋势，年均立案超过 14 起。随着我国其他行业贸易救济案件的增多，涉及化工产品的案件在我国贸易救济案件总数中所占比例开始下降，并趋于平缓，平均占比为 23.5%，但多数年份化工产品仍居我国所遭遇的贸易救济调查案件涉案行业之首。2008 年全球金融危机后，我国化工产品遭遇的贸易救济调查在全部案件中所占比例继续下降，2008～2011 年平均占比为 19.6%。当前，国外对华化工产品发起的贸易救济案件数量处于入世以来的低位，2010 年仅 13 起，为 10 年来最低，占比 17.6%；2011 年为 16 起，是 10 年来的次低水平。

化工产品频繁遭遇国外贸易救济措施的打击，一方面是因为化工产业是我国的支柱产业，近年来整体规模发展迅速。2010 年，我国化工行业产值超越美国，经济总量跃居世界第一；2011 年，我国化

㊀ 参考文献：[1] 王力舟．国外技术性贸易措施呈现五大特点．人民网 http://www.022net.com/2011/5-16/515475262670802. html；[2] 李晞，陈会明，张静，刘君峰，王红松．欧盟 CLP 法规对我国输欧化学品贸易影响[J]．现代化工，2011（4）；[3] 国别贸易投资环境报告 2012．商务部；[4] 秦力．江圣奥完胜美国富莱克斯公司．法制网；[5] 我国近年对外发明专利申请分析．国家知识产权局网；[6] 中国跃居全球化学专利发布数量第一．人民网，http://ip.people.com.cn/GB/10453345.html；[7]　2010 年 PCT 国际专利申请数量回升．中国保护知识产权网。

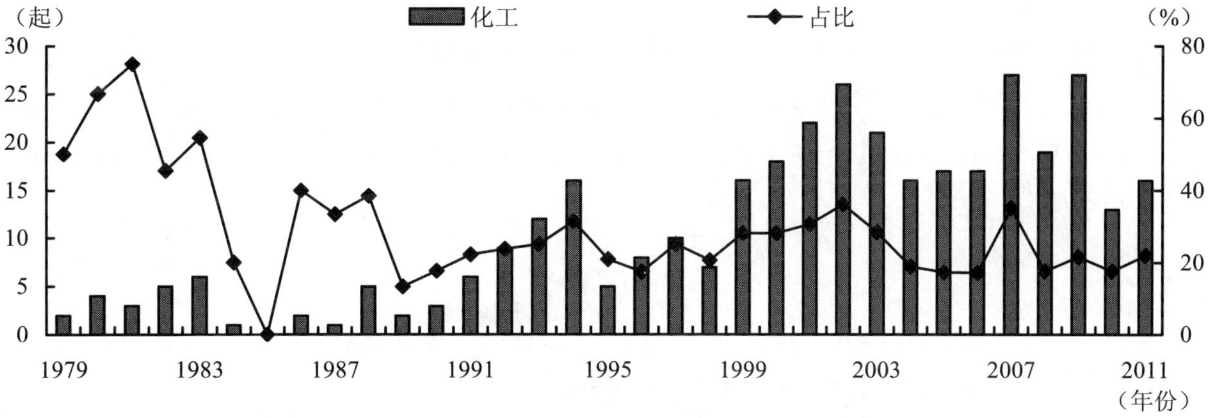

图7-7　1979～2011年国外对华化工产品贸易救济调查年度走势及占比情况

工行业产值继续增长，达到66172亿元，同比增长33.9%，比上年增速上升1.3个百分点。另一方面，化工产业上下游关联范围广泛，决定了化工产品产业链具有连锁立案的特征。化工产业的上游包括石油炼制及进一步裂解生成乙烯等基本化工原料；中游包括以基本化工原料生产多种有机化工原料及三大合成材料，下游则包括精细化工领域，将有机化工原料继续深加工得到的化工产品。此外，化工产业的子行业发展参差不齐，贸易结构不平衡也是导致化工产品频繁遭遇贸易摩擦的主要因素。从化工行业的供需情况看，国产有机化工原料、三大合成材料以及专用化学品生产不能满足市场需求，特别是高端产品大量依靠进口；无机化学品是我国石化行业传统的出口产品，但附加值较低。随着我国化工行业出口结构不断调整，2011年，橡胶制品、无机化学品等资源型产品在出口贸易中的比重呈缩小趋势，而专用化学品等技术含量较高的产品出口比重则不断扩大。

2. 反倾销是国外对华化工产品实施贸易救济最主要的形式

1979～2011年，国外对华化工产品共启动361起贸易救济调查，其中，反倾销301起，占比83.3%，年均立案9起。

（1）国外对华化工产品反倾销年度立案大幅上升

1979年以来，国外对华化工产品反倾销年度立案数呈大幅上升之趋势（图7-8），大致分为3个阶段：1979～1990年，国外对华化工产品反倾销案件相对较少，年均立案不足3起；1991～2000年，年均立案超过9起；入世以后的2001～2011年，年均立案为16起。

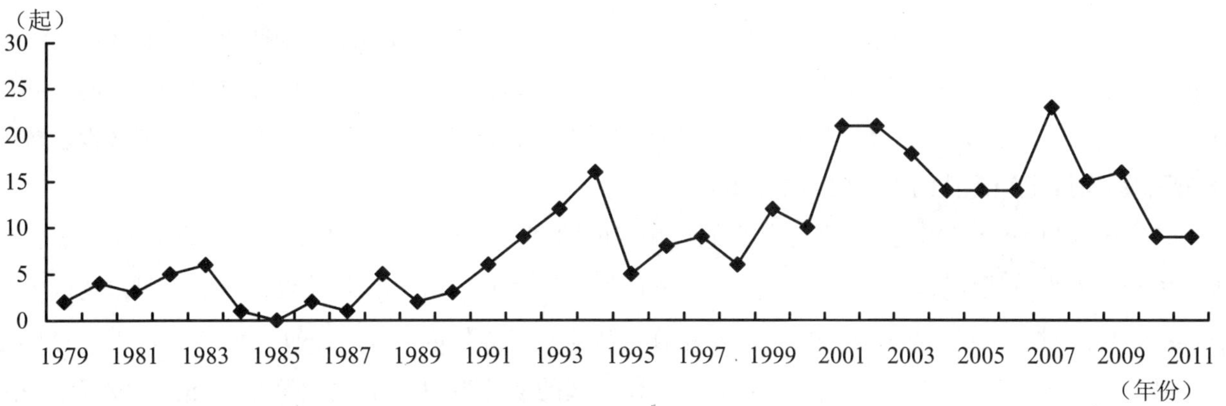

图7-8　1979～2011年国外对华化工产品反倾销立案年度走势

（2）印度是对华化工产品反倾销立案最多的国家

截至 2011 年底，在国外对华化工产品发起的 301 起反倾销调查中，印度居首位，为 88 起，占国外对华化工产品反倾销案件总数的 29.2%；其次是欧盟，为 46 起，占比 15.3%；居第三位的是美国，为 42 起，占比 14.0%。上述 3 个国家（地区）占国外对华化工产品反倾销调查总数的 58.5%（图 7-9）。

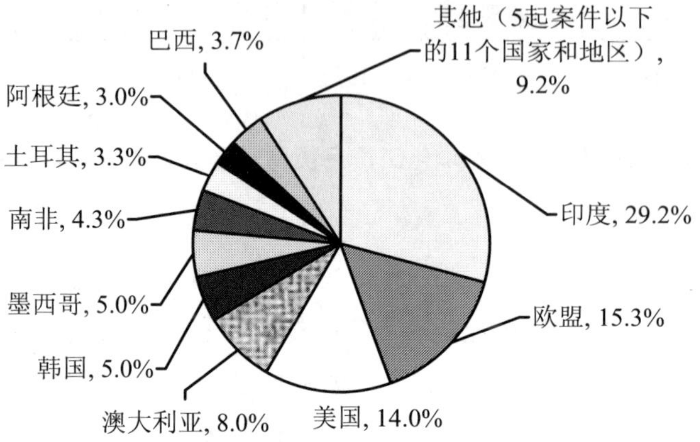

图7-9　1979～2011年国外对华化工产品反倾销立案国别（地区）分布情况

事实上，在 1994 年之前，印度并没有对华产品发起过反倾销调查。1994 年，印度首次对华启动反倾销调查程序，即印度对华异丁基苯反倾销案。1994～2011 年，印度对华化工产品反倾销案件占同期国外对华化工产品反倾销总数的 36.7%。与此同时，化工产品也是印度对华反倾销的主要涉案产品，在印度对华发起的 152 起反倾销案件中，涉及化工产品的案件占比约为 57.9%。中国与印度的化工产品贸易来往频繁。据商务部统计，2011 年，中国是印度的第二大贸易伙伴和第一大进口来源地，其中，化工产品是印度自中国进口的第四大类产品，但印度对中国化工产品一直处于贸易逆差。事实上，我国出口印度的化工产品多为低端传统化学品，与印度的本土产业具有极大的同质性和竞争性，因此，印度产业对我国化工产品的打击力度较大。

（3）发展中经济体成为对华化工产品反倾销的主要发起者

在对我国化工产品启动反倾销调查的国家（地区）里，发展中经济体的数量和案件数逐年增多。1979～1993 年，仅有 8 个国家（地区）对华化工产品启动反倾销调查程序，包括澳大利亚（17 起）、欧盟（17 起）、美国（14 起）、墨西哥（5 起）、南非（3 起）、韩国（3 起）、土耳其（1 起）和巴西（1 起）。其中，发达经济体对华化工产品发起的反倾销占同期国外对华化工产品反倾销案件总数的 78.7%，而发展中经济体的占比仅为 21.3%。

1994～2011 年，对华化工产品进行反倾销调查的国家（地区）增至 21 个，新增的 13 个国家，除加拿大和日本为发达经济体、乌克兰为转型经济体外，其余 10 个均为发展中经济体。可见，发展中经济体已经成为对华化工产品反倾销的主要发起者。从新立案的数量上看，1994～2011 年，国外对华化工产品反倾销案件数为 240 起，其中，发达经济体发起的案件为 66 起，占比降至 27.5%；发展中经济体发起的案件为 171 起（印度 88 起，其他发展中经济体 83 起），占比高达 71.3%；转型经济体为 3 起，占比 1.3%（图 7-10）。

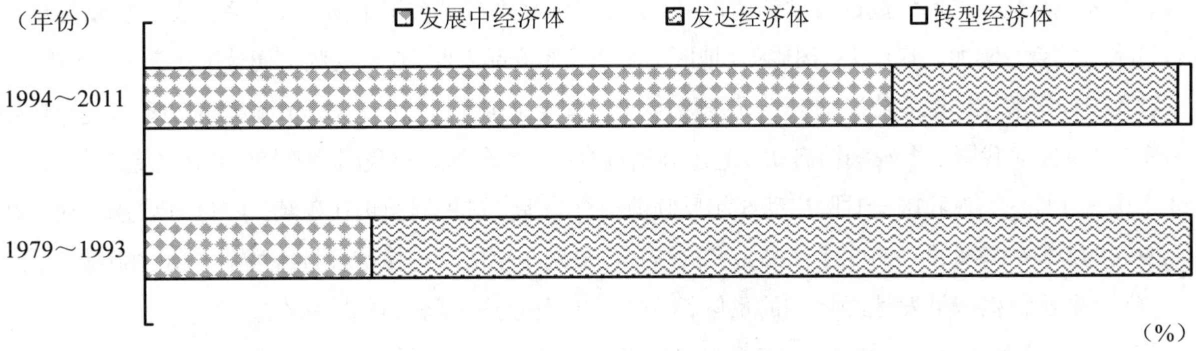

图7-10　1979～1993年与1994～2011年发达经济体、转型经济体及发展中经济体对华化工产品反倾销案件占比情况对比

发展中经济体迅速成为对华化工产品反倾销的主力，与全球化工产业结构调整密不可分。发展中经济体的化工产业发展结构基本趋同，产品同质性强，在国际贸易中具有较强的竞争性。而中国作为国际巨头产业转移的首选目的地，不论是在劳动力还是在宏观政策上都较其他发展中经济体具有明显的竞争优势，对其他发展中经济体构成直接的竞争压力。随着我国国内化工产能的日益扩张，出口市场的范围也从原来的发达经济体向发展中经济体扩大。

（4）涉案的化工产品多为附加值较低的产品

据中国贸易救济信息网统计，1979～2011 年，在国外对华化工产品启动的 301 起反倾销调查中，涉及基础化学原料的案件 182 起，占国外对华化工产品反倾销案件总数的 60.5%；涉及化工合成材料的案件 54 起，占比 17.9%；涉及医药产品的案件 41 起，占比 13.6%（图 7-11）。

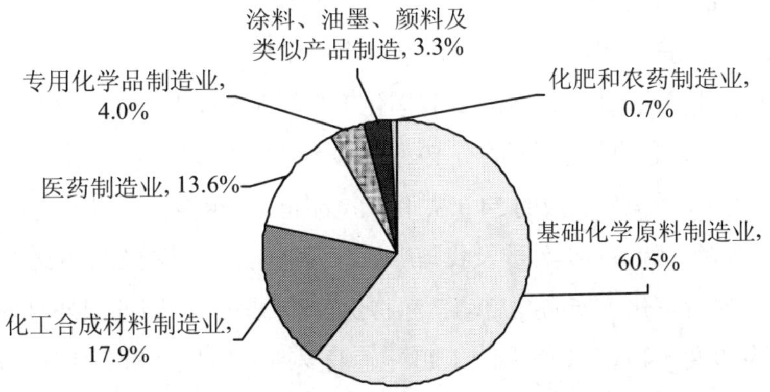

图7-11　国外对华化工产品反倾销子行业分布情况

基础化工原料一直在化工行业生产中占据龙头地位。2011 年，我国基础化学原料总产值 1.69 万亿元，比上年增长 34.9%，在化工业经济规模中占比 25.48%；2011 年，我国基础化学原料制造业实现销售产值 1.66 万亿元，比上年同期增长 35.7%；全年完成投资额 2837.66 亿元，同比增长 24.4%。在对外贸易中，基础化学原料产品属于贸易顺差产品，2011 年出口交货值为 771 亿元，同比增长 25.81%，占化学原料产品出口总值的 22%。基础化学原料产品出口逐年增加使其成为国外对华化工产品反倾销和贸易摩擦的主要对象。值得注意的是，基础化学原料产品多为我国的资源密集型产品，加工程度低，产品价格低，大量出口导致国内资源严重外流，不利于我国产业结构升级和资源保护。

（5）反倾销调查中涉案的同类产品常在多国连续发案

在国外对华化工产品发起的反倾销调查中，有许多涉案产品是被多个国家（地区）或一个国家（地区）进行过多次调查。例如，共有13个国家（地区）对华轮胎产品发起20起反倾销调查；共有10个国家（地区）对我国柠檬酸及柠檬酸盐启动11起反倾销调查；有4个国家（地区）对我国碳酸钡启动6起反倾销调查；有5个国家对我国三聚磷酸钠启动5起反倾销调查；有5个国家对我国聚乙烯醇启动5起反倾销调查；有4个国家（地区）对我国草甘膦启动5起反倾销调查等等，这种局面仍在延续。2011年，国外对华化工产品发起的反倾销案件中，有3个产品为多次涉案，分别是草酸、柠檬酸及柠檬酸盐、氯化胆碱。

（6）企业积极应诉发达经济体的反倾销调查，对发展中经济体应诉率较低

据中国贸易救济信息网统计，1979～2011年，我国化工产品反倾销案的总体应诉率约为54.5%。在发达经济体发起的114起反倾销案件中，有中国企业应诉的案件数为81起，应诉率为71.1%，其中对美国的应诉率为88.1%，对欧盟的应诉率为80.4%。发达国家（地区）仍然是我国化工产品主要的出口市场，出口金额大，而且这些国家的贸易救济法律制度健全，透明度相对较高，国内企业对于这些国家的贸易救济法律接触较多，应诉也较为积极。

与发达经济体相比，我国化工企业对发展中经济体反倾销案件的应诉率仅为45.1%，其中，对印度和韩国的应诉率稍高，分别为61.4%和60%。印度和韩国作为我国化工产品的主要出口市场，国内企业比较重视，因此表现出较高的应诉积极性。而其他部分发展中经济体属于我国化工企业新开拓的出口市场，出口规模小，并且一些国家的贸易救济法律制度不透明，给企业的应诉工作构成了障碍，也增加了应诉成本。

此外，对于转型经济体对华化工产品发起的3起反倾销案件，我国企业均未参与应诉。目前，发展中经济体和转型经济体已经逐渐成为我国化工产品反倾销的主要发起者，且立案越来越多，随着我国化工产品出口规模的进一步扩大和出口市场的多元化发展，如果企业不积极应诉，可能会导致更多的出口市场对我国化工产品关闭。

3. 入世后国外涉华化工产品保障措施、特保措施案件增多

自1997年底印度对乙炔黑启动保障措施调查我国化工产品涉案以来，截至2011年底，国外涉华化工产品保障措施调查共47起，发起国（地区）共有19个，多为发展中经济体，印度是主要发起国（16起），占我国化工产品遭遇的保障措施案件总数的34.0%；化工产品也是印度实施涉华保障措施的主要涉案产品，同期，印度发起的23起保障措施调查案件涉及我国产品，其中化工产品的案件占比69.6%。

截至2011年底，国外对华化工产品共启动7起特保措施调查，占同期国外对华特保措施案件总数的8.1%，发起国分别为印度（4起）、美国（1起）、俄罗斯（1起）和土耳其（1起）。

4. 我国化工行业遭遇的反补贴调查不容忽视

2007年，国外开始对华化工产品进行反补贴调查，截至2011年底，国外共对华化工产品启动6起反补贴调查，占我国反补贴调查案件总数的11.5%。

在化工产品遭遇的6起反补贴调查中，美国发起4起，占同期美国对华反补贴案件总数的13.3%；印度于2009年发起1起，墨西哥于2011年发起1起。从我国反补贴案件的发案趋势看，美国对华反补贴的执行程序对其他国家对华发起反补贴调查起到了示范效应，2007年，美国对华亚硝酸钠进行反补贴调查，并于2008年8月起对涉案产品征收反补贴税。美国发布征税令后，印度业界于2008年10月对自中国进口的亚硝酸钠提起反补贴调查申请，2009年印度对华亚硝酸钠正式启动反补贴调查程序，2010年1月，该案的印度申诉企业撤诉。2011年，墨西哥首次对华产品（三水阿莫西林）启动反倾销和反补贴调查。墨西哥是继加拿大、美国、欧盟、印度、澳大利亚、南非之后第7个对华产品发起双反调查的国家，墨西哥也是继美国、印度之后，第3个对华石化产品进行双反调查的国家。

二、技术性贸易措施

1. 全球针对化工产品实施技术性贸易措施的特点

2008年以来，全球日均出台8项新的技术性贸易措施，针对化学品的技术性贸易措施呈现出以下5大特点。

（1）规模庞大，跨界性强

如欧盟REACH法规，取代了以往40余部与化学品安全管理有关的指令，长达1000余页，50余万字，不仅涉及化工行业，而且涉及所有与化学品生产、使用、处置有关的上下游行业。

（2）涉及具体产品的实施措施陆续出台，系统性越来越强

近年来，已经有十多项涉及具体产品的实施措施陆续出台，逐步形成系统性的技术法规体系。2010年，欧盟对REACH法规进行了多次修订，并规定了拟列入授权物质清单的首批化学物质，包括二甲苯麝香、丙二醛、环十二烷（HBCDD）、邻苯二甲酸二（2-乙基己基）酯（DEHP）、邻苯二甲酸丁苄酯（BBP）和邻苯二甲酸二丁酯（DBP），自2010年12月起，含有上述化学物质的产品非经授权不得进入欧盟市场。2010年8月13日，德国皮革六价铬禁令正式生效实施。德国由此成为欧盟成员中第一个实施此禁令的国家。

（3）技术标准法规化

主要发达国家（地区）制定的技术性贸易措施不仅要求越来越高，更加复杂、苛刻，而且还不断把详细的标准要求纳入技术法规，赋予标准法律上的强制性。

（4）扩散效应越来越强

欧盟 REACH 法规为欧盟市场上的化学品监管创立了一个全新的体制，取代了以往关于化学品管理的40余项法律法规，对世界各国对欧盟的化学品及其下游产品的贸易产生巨大影响。而且，从长远来看，借鉴欧盟 REACH 法规的做法，建立危险化学品的注册报告制度是各国化学品管理法规改革的趋势。目前，已有六七个国家正在以欧盟的 REACH 法规为蓝本，制订或修订自己的化学品安全管理措施，形成壁垒群。

（5）安全环保、节能减排降耗成为 WTO 各成员制定技术性贸易措施的着力点，越来越成为影响国际贸易发展的重要因素

安全方面，包括食品安全（包括容器、标签、接触材料等）、玩具安全、电气安全、化学品安全等。环保方面，包括能效法规或标准、废弃物回收法规或标准、控制资源消耗的法规或标准、减少有毒有害物质排放；农兽药残留限量、食品生产商的卫生注册等要求。

2. 我国化工产品遭遇技术性贸易措施情况

目前，各国（地区）出台的涉及化工行业的技术性贸易措施基本分为两大类。一类是，以联合国全球化学品统一分类和标识制度（GHS）为基础，各国的实施进展情况；另一类是，自行制定的有关化学品生产和贸易的标准。在诸多涉及化学品的技术性贸易措施中，以欧、日等发达国家的制度标准最为严格和完善。

（1）2011年欧盟针对化学品颁布的技术性贸易措施最多

欧盟公布了6项有关REACH法规的条例。2011年，欧盟公布了6项有关《化学品的注册、评估、授权和限制》（简称REACH）法规的条例，主要是对REACH法规的附件进行修订，它们为：附件I：（EU）No.252/2011、附件XIII：（EU）No.253/2011、附件XIV：（EU）No.143/2011、附件XVII：（EU）No.207/2011、（EU）No.366/2011、（EU）No.494/2011。其中，（EU）No.143/2011公布了首批6种需授权（许可）物质，（EU）No.252/2011对化学品安全评估和安全报告的规定进行了修订，（EU）No.366/2011 增加了对丙烯酰胺的限制条款。授权的物质不考虑吨位段的大小，只要涉及这些

用途都要申请授权，申请范围更大。

欧盟化学品管理署出台新审查措施。为加强对 REACH 法规及 CLP 法规（《欧盟物质和混合物的分类、标签和包装法规》）执行情况的监管，欧盟化学品管理署于 2011 年 6 月 28 日推出全新的在线监管通道（简称 RIPE）。这是欧盟化学品管理署继之前的注册审查、符合性审查等一系列监管动作之后的又一审查措施。在线审查监管的主要内容包括：卷宗是否提交、提交者是否为 REACH 法规的应对方、吨位信息、生产和使用场所、用途描述、分类标签信息、安全使用指南、数据是否有效、CLP 通报等。对审查不符合 REACH 和 CLP 等相关法规要求的企业，可能将受到欧盟主管机构高额罚款或追究刑事责任。

（2）在国外召回系统中，涉及中国化工产品相对较少

中国产品受到技术性贸易措施的影响较大，特别是在美国消费品安全委员会（CPSC）产品召回、美国食品药品监督管理局（FDA）产品召回、日本肯定性列表的食品扣留及欧盟食品和饲料类快速预警系统（RASFF）、欧盟非食品快速预警系统（RAPEX）通报中，中国产品已经成为了被通报的主要对象。据中国贸易救济信息网统计，目前，仅有欧盟 RAPEX 对华通报中涉及了化工产品。2009～2011 年，欧盟 RAPEX 对华通报累计达到 2948 项，其中，针对化学品的通报为 32 项，相对较少，但产品类别比较集中，绝大多数为胶水产品。

（3）各种技术标准、认证要求，以及有毒有害物质最低限量要求是我国化工产品最常遭遇的技术性贸易措施

据国家质检总局统计，在国外对华化工产品实施的技术性贸易措施中，包装及材料要求、各种技术标准要求、认证要求、有毒有害物质最低限量要求和环保要求是企业最常遭遇的限制措施。欧盟 RAPEX 对华通报的原因分析可以看出，多数被召回的产品主要因为化学危险，即所含的化学品物质不符合要求或者化学物质超标等。

（4）儿童用品中的化学品含量要求趋严

近年来，国外对消费品特别是儿童用品的安全问题越来越重视，儿童用品中的化学品含量问题成为各国关注的重点。

2011 年 8 月 23 日，《日本玩具安全标准（ST2002 第十版）》（ST 标准）对玩具塑化材料中的邻苯二甲酸盐含量作了新的修订。日本此次公布的 ST 标准虽为自愿性标准，但是目前日本市场上几乎所有为 14 岁及以下儿童设计的玩具都具有 ST 标识。近期，美国、加拿大、日本、印度等世界各国纷纷采取行动，密集推出限制儿童用品、玩具中邻苯二甲酸盐的措施。2011 年，美国消费者安全委员会收紧了儿童用品中铅含量的限量要求。此外，美国对于锑、钡、铬等重金属的限量要求也正在积极研究中。伴随着全球禁用双酚 A 的浪潮，美国自 2009 年起各州逐步颁布条例，对含有双酚 A 的产品采取行动。

（5）REACH 法规影响较大

2011 年 6 月 1 日起，凡被欧盟 REACH 法规列为 38 种高度关注物质（SVHC）及其含量达到一定浓度、总量的产品，必须按照规定程序进行申请，否则将无法进入欧盟市场。

申请注册费用大，削弱了中小化工企业产品市场竞争力。据估算，每种化学品的基本检测费用约需 8.5 万欧元，每种新化学品的检测费用约 57.5 万欧元，而注册费用最高需 3.1 万欧元。一旦这些物质被列入高度关注物质名单，企业还须为进口这些物质而向欧盟申请许可，对于一般企业而言，一个物质的一种用途申请许可就要 100 万元人民币以上的费用，对于申请物质数量较多或每种物质用途较多的企业而言，费用巨大。中国化学品生产企业多数为中小企业，REACH 法规实施以来，很多中小企业无力应对繁杂的 REACH 注册，又承担不起高昂的注册费用，特别是对于出口物质多但是数量少，利

润无法支撑昂贵注册费用的企业，可能无奈之下只能选择退出。REACH 法规的实施，严重削弱了中国中小化工企业产品市场竞争力，制约了中小企业产品的生产和对欧出口。

REACH 法规使非欧盟制造商处于不利地位。根据规定，非欧盟制造商向欧盟出口相关产品必须通过欧盟境内进口商或者委托欧盟境内的唯一代表人进行注册。该款规定给中国企业造成很大不便，不仅增加了中国企业注册的难度和成本，而且造成中国企业必须依赖欧盟进口商和唯一代理人才能将产品出口欧盟，使得企业销售渠道受制于人，令中国企业在商业谈判中极其被动，缺少选择余地。此外，由于申请过程涉及大量有关产品的重要信息，这样可能导致中国制造商的商业信息泄密的可能性大增。目前，REACH 法规已经开始实施，但是各成员国执行情况不统一，尺度也有所不同，对于违反的处罚亦有所不同，这对第三国对欧出口造成很多困扰。

三、知识产权

1. 全球石化行业知识产权发展现状

（1）全球石化产业技术研发不断进步，但近两年专利申请有所减少

据世界知识产权组织统计，2008 年，化工行业各技术领域的专利合作条约（PCT）登记的国际专利申请达到历年最高，2009 年和 2010 年连续两年小幅减少（表 7-1）。2010 年，除食品化学领域的专利申请量保持不变外，其他化工技术领域的专利申请均出现不同程度的减少，其中，高分子聚合物和医药制造领域的 PCT 国际专利申请量减少明显，降幅分别为 8.8%和 7.4%（表 7-1）。

表 7-1　2006～2010 年化学工业各技术领域 PCT 国际申请量

单位：件

技术领域	2006 年	2007 年	2008 年	2009 年	2010 年	2010/2009 年
有机精细化学	5976	6057	6107	5677	5511	−2.9%
生物技术	4875	5120	5287	5285	5206	−1.5%
医药品	8680	8797	8968	8473	7843	−7.4%
高分子化学聚合物	2994	3064	3135	3085	2812	−8.8%
食品化学	1582	1575	1685	1525	1525	0.0%
基本材料化学	3897	4400	4711	4676	4567	−2.3%
表面技术和涂料	2595	2594	2668	2466	2436	−1.2%
微结构和纳米技术	196	246	305	350	342	−2.3%
化学工程	3349	3464	3790	3625	3564	−1.7%
环境技术	1700	1972	2232	2216	2131	−3.8%

数据来源：世界知识产权组织网站

（2）跨国石化企业工艺技术授权活动活跃

当前，全球技术领先的石化企业越来越多地考虑通过工艺技术授权和从其他公司获得技术授权提高自身创新能力，有些公司则开始重新调整研发项目，通过授权来加强知识产权保护。荷兰帝斯曼公司已经其工艺授权业务进行重新调整，目的是加强知识产权管理增加销售收入。目前的主要授权工艺涉及：己内酰胺、乙丙二烯橡胶、三聚氰氨、苯酚及尿素，此外，还将在生命科学领域不断开发和授权新技术。拥有双酚 A、精对苯二甲酸等工艺技术的陶氏化学在知识产权管理方面收益增长很快，公司已经计划将技术授权作为公司盈利的新的战略点。

2. 我国石化行业知识产权保护现状

我国化学工业在引进、消化、吸收国外先进技术的基础上，不断加大科技投入，新技术的开发和

应用速度加快，在知识产权申请和保护上都取得了突破性的进展。

（1）化学工业专利发布数量已跃居世界首位

美国化学文摘社统计显示，十多年来，中国紧随日本专利局、世界知识产权组织和美国专利商标局的发展步伐，发布的专利已于 2005 年和 2006 年，分别超越美国专利商标局和世界知识产权组织；2008 年，中国化学专利发布量月度环比增速首次超过日本；2009 年，中国成为全球第一的化学专利发布者。美国化学文摘社预计，中国化学工业专利发布仍将在一定时期内保持领先地位。从专利申请的技术类别看，目前，我国化工行业的专利申请主要集中在有机化学、有机高分子化合物及其组合物、分离与混合等一般方法或装置、染料涂料和黏合剂 4 个技术大类。这 4 个技术大类的专利申请量占化工行业专利申请量的 65%。近年来，分离与混合等一般方法或装置技术领域的专利申请所占比例不断减少，而有机化学技术领域所占比例则有所增加。

（2）跨国石化企业加速进军中国市场

1985～2007 年，在中国国家知识产权局受理的 17.9 万件石化领域专利申请中，国外申请为 10.0 万件，占比 55.9%。其中，国外申请主要来自欧洲、美国和日本。由于看好中国这个全球最大增速最快的化工市场，多数全球化工巨头正加大在华的投资力度。跨国化工巨头英力士公司已经在中国开展技术专利许可业务，英力士与中国石化 40 万吨/年苯酚和苯酮合资项目已经进入详细计划阶段，2011 年 1 月 27 日，两家公司签署谅解备忘录，目标是 2013 年底建成该项目。BP 在中国珠海的合资公司已经运营两套 PTA 装置，合计产能为 150 万吨/年，BP 已经证实将大幅扩大在华的 PTA 产能。

3. 我国化工产品出口遭遇知识产权保护情况

入世以来，我国石化行业由于侵犯知识产权而受到影响的事件不少，如，在欧洲最大的农用化学品展览会英国格拉斯哥农作物科学与技术展览会上，包括华星化工、威远生化等国内上市公司在内的几十家参展的中国化工企业被巴斯夫、拜耳等国外几大化工业巨头以产品侵权为由逐出展会等。但是石化行业遭遇的来自国外的知识产权诉讼案件并不多，以美国的 337 调查居多。

（1）入世后美国对华化工产品发起 337 调查增多

自 1986 年以来，美国对华产品发起 158 起 337 调查案件，其中，涉及化工产品的案件仅 15 起，占比 9.5%。从案件发起的时间看，入世后，美国对华化工产品发起 337 调查案件 13 起，而且，近期案件有增加的趋势。2011 年，美国对华化工产品发起 3 起 337 调查案件，为历年最多。

（2）圣奥与美国富莱克斯知识产权案的胜利及案件启示

2005 年 1 月 28 日，美国富莱克斯在美国俄亥俄州地方法院提起诉讼，指称圣奥的产品侵犯其专利，要求禁止圣奥将产品出口到美国境内，并提出至少 2000 万美元的赔偿金。同年 2 月，富莱克斯公司又向美国国际贸易委员会提请对圣奥等公司展开橡胶防老剂 337 调查。当时，圣奥在橡胶防老剂生产技术上已经取得突破，在国际市场上崭露头角。实际上，富莱克斯已经在韩国将圣奥最大的出口客户锦湖告上法庭；圣奥的其他国外客户相继收到富莱克斯的警告信，称圣奥侵犯其专利，告诫客户谨慎采购以避免被诉风险。最终，圣奥选择了应诉。2007 年 12 月 21 日，美国联邦巡回上诉法院的法官以 2：1 的表决作出判决，认定圣奥并无侵权。2008 年 6 月 3 日，美国国际贸易委员会撤销对圣奥签发的有限排除令。富莱克斯随即提起了第二次 337 调查申请，但也被挫败。2009 年 2 月 2 日，美国国际贸易委员会认定，圣奥没有违反 337 条款，决定终止案件调查。富莱克斯不甘失败，又于 2009 年重启在俄亥俄州地方法院的诉讼。经历一年多的审理，2010 年 7 月，圣奥再次迎来胜利。

圣奥在与富莱克斯的知识产权诉讼战中，树立起了品牌知名度，市场占有率也比以前有大幅增加。目前，圣奥已成为橡胶防老剂领域的全球三大巨头之一，每年的海外销售额超过1亿美元。事实上，欧美企业都有一套知识产权体系，对于发展壮大走出国门的中国企业诉讼专利侵权，也是其竞争手段之一。中国企业必须勇敢地应对国外企业发起的知识产权案件，并制定系统的知识产权战略，才能赢得主动。圣奥公司的胜利，为国内化工同行应对国际贸易壁垒，进行海外知识产权维护树立了典范作用。

四、其他限制进口措施

1．越南将限制含两种以上活性物质的农药

为整顿农药市场秩序，越南农业与农村发展部植保局将停止注册含两种以上活性物质的农药。近年来，越南农药进口量逐年增加，市场缺乏监管，伪劣产品泛滥，许多农药含有过量的活性物质，对农业生产和环境造成不良影响。报道称，中国是越南主要农药进口来源地，约占90%的市场份额。此次措施将对我国农药出口企业产生一定影响。

2．阿根廷加强限制轮胎和聚酯制品进口

阿根廷联邦税务局已宣布大幅提高进口轮胎和聚酯制品的参考价格，强化限制这两类产品的进口。根据公告，阿根廷将提高汽车、客车、卡车和农用机械车的轮胎进口参考价格。这项措施涉及392项轮胎进口产品，提价幅度在30%至38%之间。上述两项措施主要针对中国、韩国、菲律宾、印度、印度尼西亚、马来西亚、泰国、新加坡和越南等亚洲轮胎和聚酯制品出口国。

冶　　金

冶金工业是指对金属矿物的勘探、开采、精选、冶炼以及轧制成材的工业部门。其狭义概念特指黑色冶金工业，即黑色金属冶炼及制品生产工业；广义还包括有色冶金工业，即有色金属冶炼及制品生产工业。本文涉及的冶金产品主要包括：各类钢铁产品、各类有色金属箔、各类有色金属合金以及镁系列、锰系列、铬系列、硅系列和钨系列产品等。

2011年，全球64个产钢国粗钢产量14.9亿吨，同比增长6.4%；中国粗钢产量为6.8亿吨，同比增长8.9%，占全球粗钢产量的46%，为全球第一大产钢国。截至2011年底，我国钢铁企业超过6000家，粗钢产量突破6.8亿吨，产量居前十位的钢铁企业粗钢产量之和占当年全国粗钢产量的比重仅为49.4%，行业整体技术水平较世界发达国家存在较大差距。2011年，我国共计出口钢材4888万吨，同比增长14.9%，出口量自3月达到顶峰后，呈逐月递减的趋势。2011年，我国共计进口钢材1558万吨，同比下降5.2%，上半年钢材进口处于高位，下半年受到钢材需求大幅下滑的拖累，钢材进口出现萎缩。

一、冶金行业是国外对华贸易救济调查的主要对象

1．冶金行业贸易救济案件占比近几年有增多趋势

截至2011年，我国冶金行业共遭遇国外贸易救济调查197起，案件数次于化工和轻工，居第三位，占比为13.2%。2002～2003年，我国冶金行业贸易救济案件占比均为15.3%，随后该比例不断下降，连续4年低于10%，且在2006年跌至谷底的5.1%，2008年该比例大幅提升，达到21.3%，虽然2009年也有较大回落，但随后两年持续攀升至高位，2011年达到创纪录的24.7%（图7-12）。整体来看，近4年来，在国外对华贸易救济调查中，涉及冶金行业的案件占有相当大的比重，尤其与2008年之前相比有较大提升。

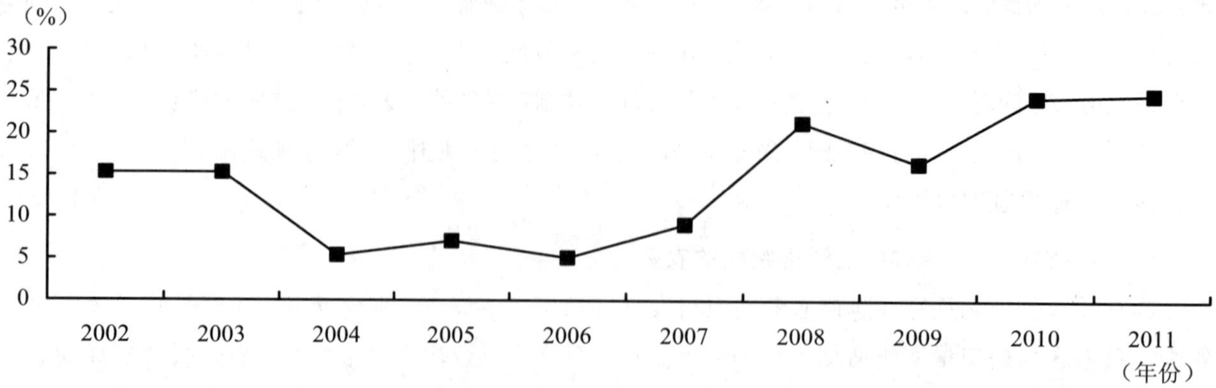

图7-12　2002～2011年国外对华冶金贸易救济案件在当年涉华案件中占比走势

2．冶金行业贸易救济案件数间歇性攀升

1982 年，欧盟对华轻烧镁反倾销立案是我国冶金产品遭到的第一起国外贸易救济调查，此后涉华冶金产品的国外贸易救济调查逐年增多，至 1992 年达到第一个小高峰，当年立案达 7 起；1993 年立案数有所回落，此后案件数又呈现逐年增加态势，2001 年和 2002 年的案件数同为 11 起，达到第二个小高峰；2003 年的案件数回落至 4 起，随后数年案件数表现出强劲的增长势头，2008 年达到创纪录的 23 起；2009～2011 年连续下降，但案件数总体高于此前各年平均水平（图 7-13）。

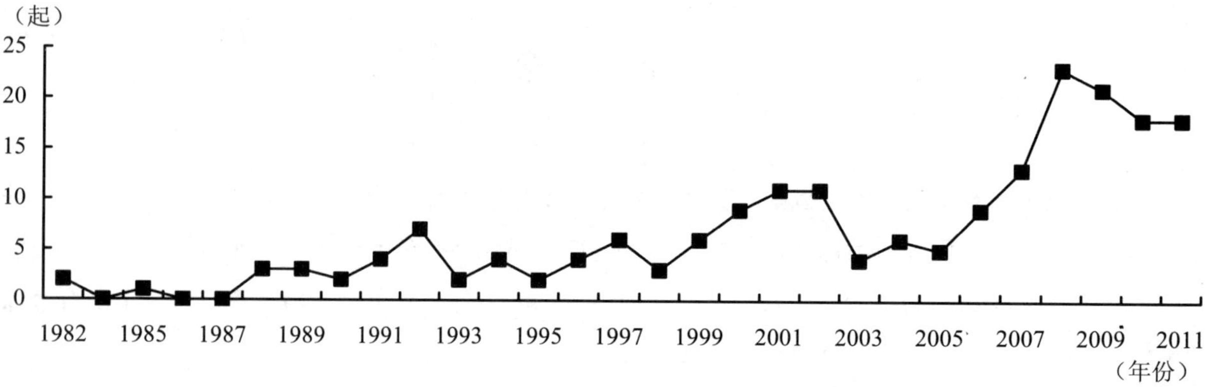

图7-13　1982～2011年国外对华冶金产品贸易救济案件立案年度走势

3．案件类型呈多样化、复杂化

截至 1998 年底，我国冶金行业共遭到国外贸易救济调查 48 起，而且全部为反倾销调查；1999 年 1 月的美国对华钢盘条案是涉及我国冶金行业的第一起保障措施案，此后连续 3 年均有涉华冶金行业的保障措施案；2005 年 8 月的美国对华非合金环形焊缝钢管案是涉华冶金行业的第一起特别保障措施案；2006 年 6 月的加拿大对华铜管件案是冶金行业的第一起反补贴调查，同时也是第一起双反调查，2007 年以来，涉华冶金行业的双反案件迅速增多，尤其是美国的涉华冶金案件基本上均以双反调查的形式出现，情况更为复杂。

二、反倾销是国外对华冶金行业实施贸易救济的主要手段

在国外对华冶金行业发起的 197 起贸易救济调查中，反倾销调查 150 起，占比 76.1%；反补贴调查 18 起，占比 9.1%；保障措施调查 26 起，占比为 13.2%；特别保障措施调查 3 起，占比 1.5%。从涉案类型来看，反倾销案件多于其他形式的贸易救济案件总和。

1．全球对华冶金产品反倾销立案数呈阶段性增长

我国冶金行业遭到的第一起国外反倾销调查是1982年欧盟的轻烧镁案，此后行业年均遭国外反倾销调查接近3起，涉案数整体呈增长态势，至1992年达到第一个小高峰，当年立案7起。1993年案件数回落至2起，随后又逐年递增，2001年达到第二个小高峰，当年立案9起。1993～2001年的案件数明显多于上一阶段，年均立案近5起。此后2002年的案件数回落至4起，随后再次攀升，2002～2011年是国外对华冶金产品启动反倾销调查的高峰期，年均立案接近9起，尤其是2008年立案数高达16起，为历年之最。尽管2009年以后案件数又出现减少趋势，但总体水平仍处于高位（图7-14）。在我国所有遭到国外反倾销调查的行业中，冶金行业涉案数位居第四，排在化工、轻工、机电之后，占全球对华反倾销调查案件总数的13.3%。

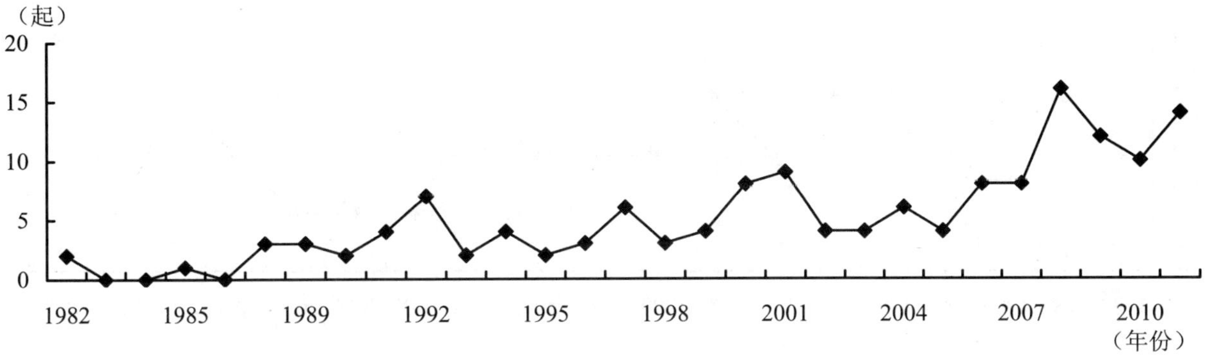

图7-14　1982～2011年国外对华冶金产品反倾销立案年度走势

2．美国、欧盟、印度、加拿大为主要发起方

截至2011年底，共有20个国家（地区）对华冶金行业发起150起反倾销调查，其中，美国和欧盟各发起34起调查，分别占案件总数的22.7%，并列居首位；印度发起13起，位居第三，占比8.7%；加拿大发起10起，占比6.7%。上述四国（地区）对华冶金行业反倾销合计占比为60.8%。

3．钢铁产品涉案最为集中，高端产品渐成主要目标

1982～1991年，国外对华冶金行业反倾销主要针对有色金属产品，涉及轻烧镁、重烧镁、氧化镁、硅铁和金属钨粉等，而且案件数量较少；1992～2001年案件数量较多，涉及有色金属的案件减少而涉及钢铁产品的案件数量开始增多，基本呈1:1的局面，2002～2011年为案件数量集中爆发阶段，且更多案件是针对钢铁产品。

自1985年美国对华小口径焊缝钢管进行反倾销调查以来，我国钢铁产品（包括钢铁产品的再加工品）共遭到17个国家（地区）的85起反倾销调查。其中：美国立案最多，为21起，占比24.7%；其次为欧盟10起，占比11.8%；位居第三的是加拿大8起，占比9.4%；印度尼西亚和泰国并列第四，各立案7起，分别占比8.2%。钢铁作为基础性原材料，涉及上下游产业众多，是国民经济发展的重要支撑。金融危机后，为扭转金融与实体经济的本末倒置现象，美国提出了“再工业化”变革，而钢铁作为基础性原材料和涉及上下游行业众多，因曾经的辉煌而成为美国贸易保护的首选产业。

在国外对华钢铁产品反倾销调查中，涉案产品也呈现出由低端逐步向高端产品变化的过程。1991年之前，涉案钢铁产品仅是钢丝绳类的低端产品，此后的涉案产品则经历了由各类管件等低附加值产品为主，到冷轧板材、镀锌板材及无缝钢管等高附加值产品的变化。2009年，在全球对华冶金行业发起的9起反倾销调查中，有6起涉及无缝钢管；2010～2011年，国外对华钢铁产品发起的17起反倾销调查均涉及高端产品。

在我国遭国外反倾销调查的钢铁产品中，管材涉案最多，为 38 起，占案件总数的 44.7%，自 2006 年起，涉案产品主要以石油管材等无缝钢管为主；其次为扁平材 31 起，以热轧钢板为主，占比为 36.5%；涉及长材的案件相对较少。

4．目前有色金属已不是国外对华冶金产品反倾销的主要目标

我国有色金属行业共遭到国外反倾销调查 42 起，占我国所有冶金类产品涉案数的 28.0%，比重不大。从各年立案情况看，最多不超过 4 起。1982～2004 年的立案数明显要高于其后年份，可见有色金属目前不是国外对华冶金产品反倾销的主要目标（图 7-15）。

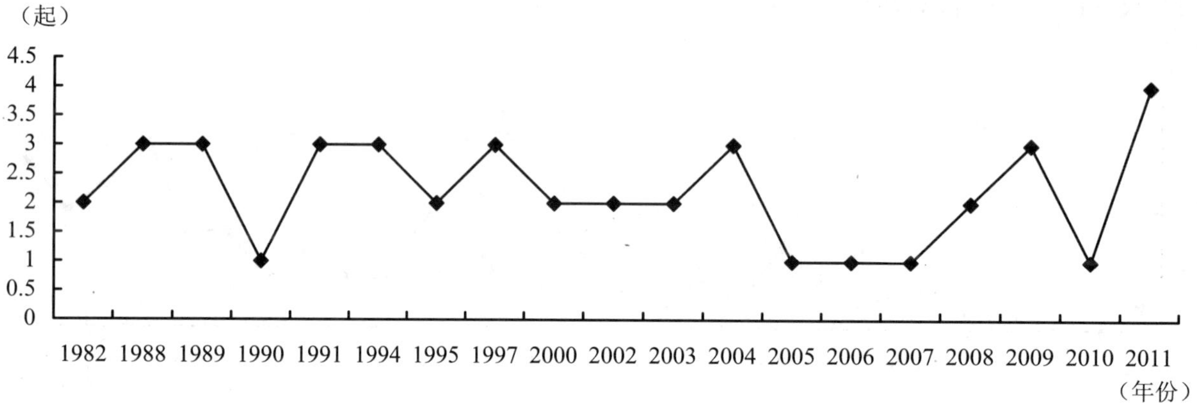

图7-15　1982～2011年国外对华有色金属反倾销立案年度走势

在国外对华有色金属反倾销案中，涉及镁及其制品的案件有 15 起，占案件总数的 35.7%；涉及铝及其制品的案件有 10 起，占案件总数的 23.8%。镁是所有金属材料中最轻的，其最主要的优点是重量强度比明显高于其他的金属。澳大利亚克拉克和马伦公司的数据显示，中国是全球主要的镁供应国，但中国镁行业存在长期过剩问题，当前预计为 100 万吨，未来两年有望继续增加。据中国有色金属工业协会数据统计，2011 年，中国共生产原镁 66.06 万吨，同比增长 1.04%。山西、陕西、宁夏产量分别为 29.35 万吨、25.05 万吨和 8.95 万吨。

5．应对欧美调查的积极性较高，印度和美国是主要替代国

在国外对华冶金行业发起的 150 起反倾销调查中，88 起案件有企业参与应诉，应诉率为 58.7%。其中：对美国的应诉率最高，为 85.3%；对欧盟的应诉率为 82.4%；对加拿大的应诉率为 80%；对印度、印度尼西亚、泰国、墨西哥和澳大利亚的应诉率分别为 46.2%、37.5%、28.6%、14.3%和 50%；对阿根廷、巴西、土耳其、新西兰和秘鲁的应诉率则为零。

截至 2011 年，共有 78 起国外对华冶金行业反倾销调查选择了替代国，占案件总数的 52%。其中：选择印度作为替代国的案件数为 28 起，居首位；其次是美国，为 12 起；位居第三的是巴西、土耳其，各 6 起。

三、冶金行业是全球对华反补贴的第一大涉案产业

截至 2011 年底，全球对华冶金行业共发起反补贴调查 18 起，占全球对华反补贴案件总数的 34.6%，居各涉案行业之首。

1．美国、加拿大和澳大利亚是全部调查的起诉方

自 2006 年我国铜管件遭加拿大反补贴调查以来，全球 18 起对华冶金行业反补贴调查均涉及双反调查（反倾销和反补贴合并调查），而且上述调查只有 3 个发起方。其中，美国居首位，为 9 起，占比 50%；加拿大位居第二，为 6 起，占比 33.3%；澳大利亚 3 起，占比 16.7%。2008～2009 年是案件的高发期，此后 2010～2011 年的案件数量有所减少且相对稳定（图 7-16）。

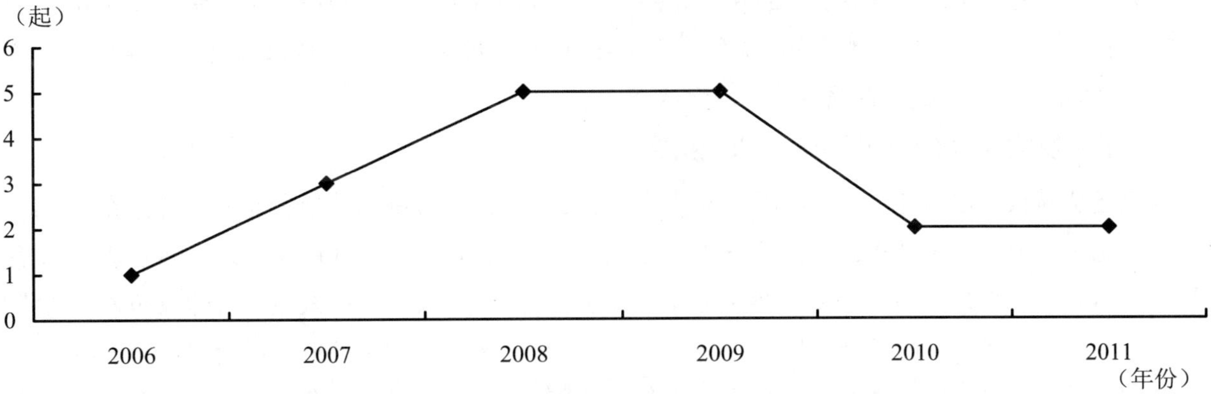

图7-16　2006～2011年国外对华冶金行业反补贴立案年度走势

2．钢铁产品成国外主要反补贴对象

在我国冶金行业遭到的国外反补贴调查中，除4起调查涉及有色金属外，其余14起均涉及钢铁产品，尤其以管材为主。其中：美国调查涉及薄壁矩形钢管、不锈钢焊接压力管、环形碳素管线管、环状焊接碳素钢管、石油管材、钻管产品以及无缝碳钢和合金钢标准管、管线管和压力管；加拿大调查涉及碳钢焊接钢管、无缝钢制油气套管和石油管材；澳大利亚调查涉及焊缝管。

无缝钢管主要应用行业石油化工、电力和机械行业。2011年，我国无缝钢管产量达2648.8万吨，同比增长9.3%，全年出口486.9万吨，同比增长27.9%。山东、江苏、天津、浙江四个省份是我国无缝钢管的主要产区，但无缝管产能、产量集中度低。2011年，国内无缝钢管生产企业产量在全国产量占比中，除天津钢管集团达到11%外，其余大型厂家占比仅在1%～4%之间。据统计，2009～2011年，我国新增无缝钢管产能约为1000万吨左右。钢管产能持续不断扩张，远超过市场需求的增长，加剧了市场竞争。随着国际贸易摩擦的加剧，国产钢管出口频繁受阻，前景不容乐观。

四、冶金行业涉华保障措施数量不多

截至2011年底，涉及我国冶金行业的国外保障措施共计26起，在所有涉案行业中，居轻工和化工之后，排名第三。

在26起涉华冶金行业保障措施中，有25起涉及钢铁产品，1起涉及有色金属，可见钢铁行业是国外实施保障措施的重点保护对象。此外，从我国冶金行业受国外保障措施影响的时间段来看，集中爆发于中国入世初期，仅2002年一年就有7起案件，主要是因为美国2002年启动钢铁保障措施后，各国采取相应报复措施引发的全球钢铁贸易争端。此外，2010年有6起案件，也属于涉案较多的年份（图7-17）。

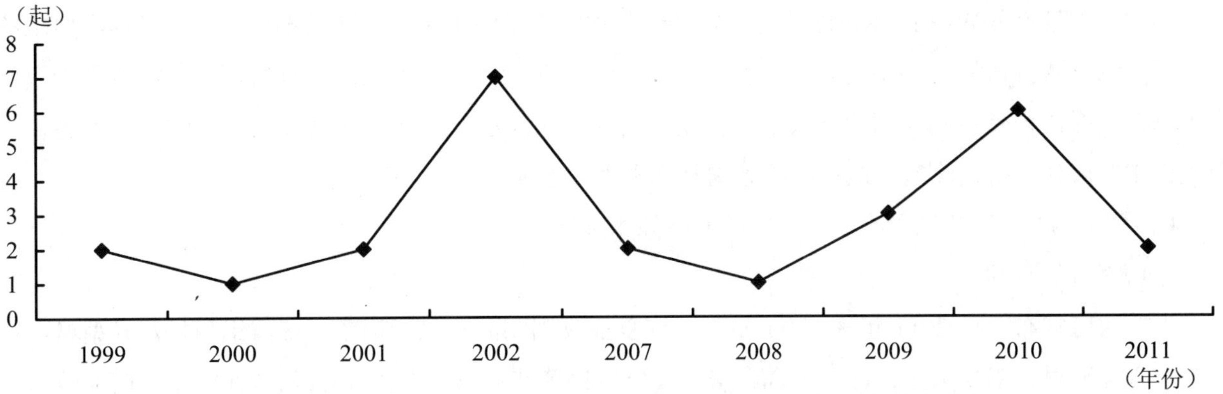

图7-17　1999～2011年国外涉华冶金保障措施调查年度走势

此外，在国外对华冶金行业发起的3起特别保障措施调查中，涉及钢铁产品的有2起，分别为美国2005年对非合金环形焊缝钢管特保调查，俄罗斯2008年对大口径钢管特保调查；涉及有色金属1起，为2009年印度对铝板及铝箔发起的特保调查。

五、其他影响我国冶金产品出口的限制措施

除上述贸易救济措施外，目前我国冶金产品出口还受到国外传统的关税和非关税措施的影响。在非关税措施中，很多国家都实施了技术法规、技术标准和合格评定程序（产品认证、体系认证）等技术性贸易措施（表7-2）。由于各国（地区）间经济技术发展不平衡，一些发达经济体最初为了规范企业生产工艺、方法及产品的准则和指南，通过法律、法令、条例、规定等形式逐渐固定下来后，在对外贸易中也成为了对进口产品的技术要求。目前，技术性贸易措施已经逐渐成为发达经济体保护国内市场、维护本国利益的一项重要措施。

表7-2　2011年涉及冶金行业的世贸组织TBT通报

通报成员	通　报　标　题	通报日期
特立尼达和多巴哥	TTS 625-2：20XX硬化钢钉	3月15日
以色列	钢筋混凝土用钢：带肋钢筋	4月6日
以色列	钢筋混凝土用钢材：光圆钢筋	4月6日
印度尼西亚	强制执行印度尼西亚冷轧钢板和带钢国家标准	4月8日
越　南	关于钢筋混凝土用钢材的国家技术法规	6月1日
哥斯达黎加	技术法规No. 452：2011：混凝土配筋用钢筋和钢丝	7月27日
印度尼西亚	强制执行印度尼西亚型钢国家标准	7月27日
印度尼西亚	强制执行印度尼西亚钢丝绳和石油天然气用钢丝绳国家标准	7月29日
印度尼西亚	强制执行印度尼西亚混凝土建筑用预应力混凝土钢筋国家标准	7月29日
日　本	“钢管脚手架的材料和扣件建筑标准”修正案	8月11日
以色列	SI 1458第1.1部分：结构空心型材：冷弯型材——交货条件要求；SI 1458第1.2部分：结构钢管：冷弯型材——公差、尺寸和部分特性要求；SI 1458第2.1部分：结构钢管：热轧钢管——交货条件要求；SI 1458第2.2部分：结构钢管：热轧钢管——公差、尺寸和部分特性要求	8月11日
特立尼达和多巴哥	TTS 598:20XX，建筑用冷成型钢框架结构规范	8月18日
特立尼达和多巴哥	TTS 69:20XX，用于屋面和一般用途的异型材规范	8月18日
巴拉圭	决议No. 173“创建钢材出口商和进口商注册并建立钢材出口前许可证制度的法规法令No. 897”	10月25日
多米尼加共和国	技术法规No. 458：钢筋混凝土用的螺纹钢筋和普通钢筋规范	11月22日
多　哥	管理钢筋生产和进口的部际命令No. 12/09/MIAT/MEF/MTPT/MDPRCPSP	12月7日

例如，欧盟颁布WEEE、RoHS指令，要求进入欧盟市场的电子电气产品不得含有超过标准要求的铅、汞、镉、六价铬等6种有害物质，国内一些钢铁企业就面临很大的产品升级压力。如冷轧无取向电工钢，当时国内使用的表面涂层大部分都是含铬的绝缘涂层，企业就必须投入资金购买新设备，采用无铬工艺或使用替代涂料，最直接的影响是成本大幅增加。

以下为2011年涉及我国冶金行业出口的国外相关措施。

（1）关税管理制度

南非政府宣布，自2011年3月11日起，恢复征收铝制品，包括铝条、杆，铝型材及异型材，铝合金空心异型材，铝合金条、杆及铝合金型材及异型材等产品5%的进口关税。2008年，南非政府曾决定将当时实行的5%的进口关税全部取消。

越南财政部通知，自 2011 年 8 月 25 日起，将含硼合金钢进口税由 0%上调至 10%。此前，越南含硼合金钢进口税为零，由于享受优惠税率，此类进口合金钢价格较越南国内同类钢价便宜 30 万越盾/吨。

（2）进口管理措施

2011 年 9 月 11 日，土耳其经济部发布公告，决定对部分钢铁制品实施价格监管，监管价格为 6.5 美元/千克。被监管产品需经土耳其经济部进口司发放进口许可证后方可进入土耳其。

欧盟自 2002 年颁布第（EC）76/2002 号欧委会规则起，建立并开始实施对来自第三国某些钢铁产品的进口监控机制，之后，欧盟又连续以中国钢铁进口持续减少、出口持续增加并对欧盟钢铁市场造成冲击为由，将监控期分两次连续延长至 2012 年 12 月 31 日，而且还扩大了受控产品的范围，将平板不锈钢和大型焊接管材纳入监控名单。欧盟一再针对中国等少数国家的钢铁产品设置此类特殊措施，对正常贸易造成了负面影响。

（3）技术法规

2011 年 6 月 24 日，印度钢铁部发布《钢及钢制品（质量控制）法令》第 2 版。该法令规定所列的钢及钢制品必须符合指定的印度标准，在通过强制性认证、加贴标准标志并获得许可证后才可制造、存储、销售和分配。

（4）未来“碳关税”的挑战

碳关税，是指对高耗能的产品进口征收特别的二氧化碳排放关税。20 世纪 90 年代初，芬兰、瑞典、丹麦、荷兰、德国、英国、法国等欧洲国家相继开征碳税。而美国成为世界上第一个对“碳关税”进行立法的国家。同时，美国和欧盟还酝酿在相关国际组织提出将“碳关税”纳入国际贸易规则。据荷兰环境评估局发布的数据，中国在 2007 年已经超过美国成为全球最大的温室气体排放国。对于高耗能、高载能的冶金行业而言，碳关税无疑是一种挑战。

轻　工

金融危机后，我国轻工行业所面临的国际贸易环境十分复杂。全球贸易摩擦处于高发期，主要体现在发生贸易摩擦的国别增加、贸易保护手段多样化、涉及国家产业政策层面问题的反补贴案件增多，以及全球技术性贸易壁垒的层出不穷。照此趋势，今后一段时期贸易摩擦将会成为轻工产品出口所面临的竞争常态。本文所指轻工业是指主要提供生活消费品和制作手工工具的工业，包括食品、造纸、皮革制品、家电、玩具等行业。

一、贸易救济调查

1. 轻工业是国外对华实施贸易救济的主要行业

1979～2011 年，国外对华共发起贸易救济调查 1488 起。其中，涉及轻工行业的案件 323 起，占国外对华贸易救济案件总数的 21.7%，仅次于化工，居所有涉案行业第二位。其中，反倾销 243 起，占国外对华反倾销案件总数的 21.5%；保障措施 68 起，占国外对华保障措施案件总数的 30.8%，居各行业之首；反补贴和特别保障措施均为 6 起，分别占国外对华反补贴和特别保障措施案件总数的 11.5%和 7%。

从 2002～2011 年这十年间来看，我国轻工产品年度遭受贸易救济立案数量及轻工产品案件在全部案件中的比例均起伏较大。2002～2011 年，国外对华轻工产品共发起贸易救济调查 152 起。其中，2002～2006 年，国外对华轻工产品贸易救济新立案数量呈上升的趋势，并在 2006 年达到十年间的峰值 28 起。2007 年，国外对华轻工产品新立案数量大幅下降 57.1%，至 12 起，2008 年继续下滑至 10 起。2009 年，国外对华轻工产品新立案数量再创高峰，大幅上升140%，达到24起。此后新立案数再次大幅下降，特别是2011年，国外对华轻工产品新立案数量仅为5起，同比下降58.3%，为十年最低。我国轻工产品案件在全部案件中的比例走势基本与新立案数量走势一致，从2006年峰值的28.3%降至2011年的6.8%（图7-18）。

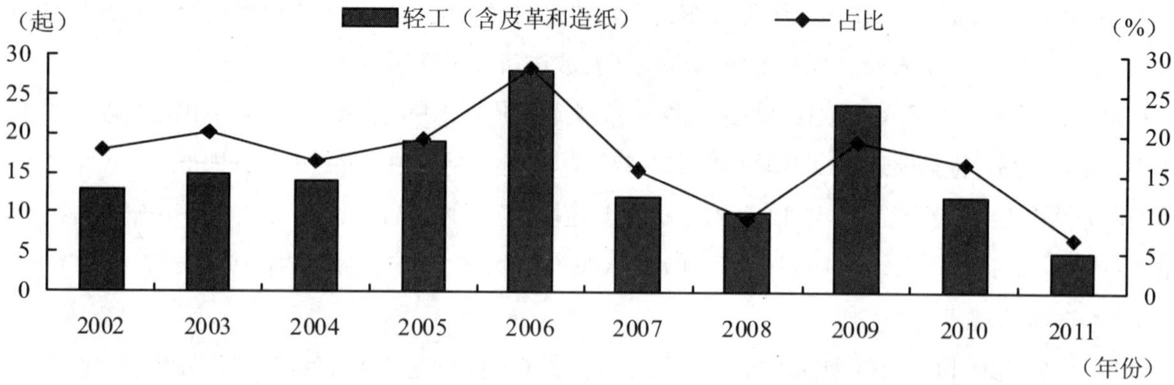

图7-18　2002～2011年国外对华轻工产品贸易救济调查立案年度走势及占比

我国轻工产品频繁遭遇国外贸易救济措施的打击，一方面是因为轻工产品是我国工业产品出口的大户，是我国创汇和实现顺差的行业之一。2011年，轻工行业累计完成出口交货值101945.7亿元，占销售产值的比重为14.2%，同比增长16.6%，增幅比2010年下降8.8个百分点。另一方面，我国轻工行业通过规模化形成价格优势，通过价格优势占据大量市场份额，最终再以大份额市场来支持企业的规模化发展。这种发展模式使我国轻工行业在短期内迅速成长为全球轻工产品（玩具、家电、家具等）的制造基地，但产品技术创新能力严重缺乏。

2. 反倾销是国外对华轻工产品实施贸易救济的主要手段

2002～2011年，国外对华轻工产品共启动152起贸易救济调查，其中，反倾销案件100起，占比65.8%，比1979～2011年的占比（75.2%）下降近10个百分点。这说明反倾销是国外对华轻工产品实施贸易救济的主要手段，但近十年来使用频率有所下降。

（1）国外对华轻工产品反倾销立案数2011年降至最低

2002～2011年，国外对华轻工产品反倾销案件的走势在2006年达到顶峰的18起后，案件数量连续2年下降，2009年再次攀升至13起，2010和2011年继续下滑。尤其是2011年，国外对华轻工产品反倾销案件数量仅有5起，为10年最低（图7-19）。

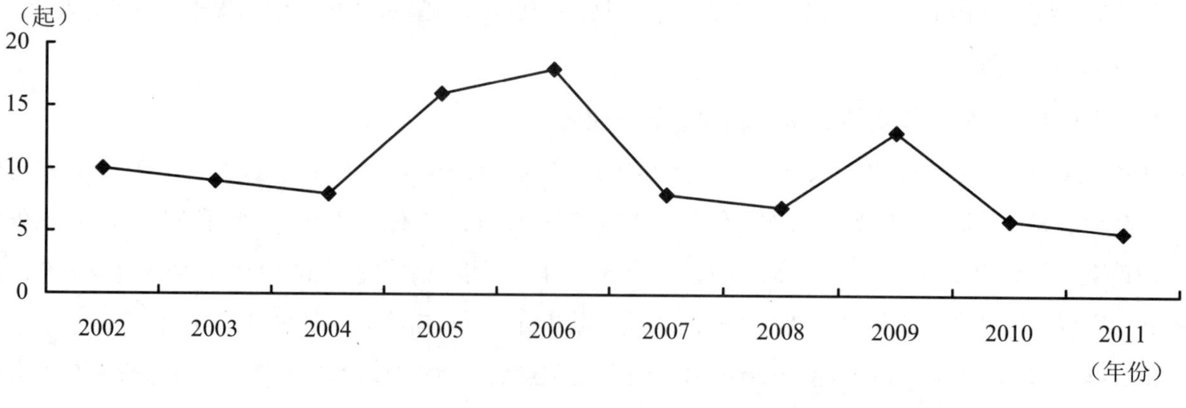

图7-19　2002～2011年国外对华轻工产品反倾销立案年度走势

（2）发展中经济体是反倾销调查的主体

2002～2011年，共有23个国家（地区）对华轻工产品发起反倾销调查。其中，发达经济体6个，共发起反倾销调查30起，占国外对华轻工产品发起反倾销调查总数的30%；发展中经济体17个，共发起反倾销调查68起，占比68%；转型经济体2个，发起反倾销调查2起。由此可见，近十年间，发达经济体对华轻工产品反倾销力度逐渐减弱，而发展中经济体自1997年以后对华轻工产品反倾销调查显著增长，年度立案数明显超过发达经济体（图7-20）。

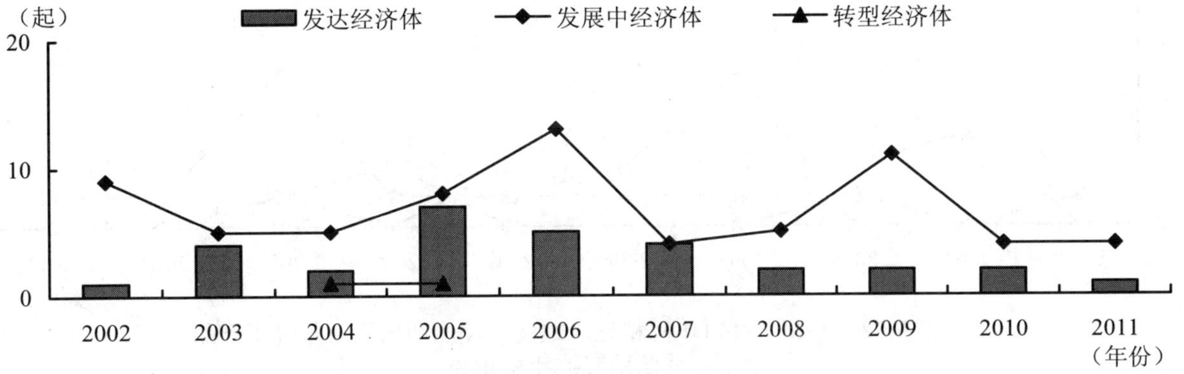

图7-20　2002～2011年发达经济体、发展中经济体和转型经济体对华轻工产品反倾销年度立案对比

我国轻工产品的主要出口市场为美国和欧盟，这两大市场合起来占我国轻工产品出口总额的40%～50%。但随着全球贸易的发展以及近年来金融危机对欧美市场的冲击，我国轻工产品开始不断开拓新兴市场。近年来，我国轻工行业对东盟、印度、巴西、俄罗斯和南非等新兴市场出口额同比增速在39%～85%之间，对欧美日等传统市场的依赖性降低。这也导致新兴市场加对我国轻工产品的贸易摩擦增加。

（3）阿根廷是对华轻工产品反倾销立案最多的国家

2002～2011年，阿根廷对华轻工产品发起的反倾销调查最多，为13起，占国外对华轻工产品反倾销案件总数的13%；欧盟居第二位，12起，占比12%；美国和巴西并列居第三位，均为10起，分别占比10%。除此之外，对我国轻工产品发起反倾销案件较多的国家（地区）还包括，土耳其（9起）、哥伦比亚（6起）、墨西哥（6起）、印度等（6起）（图7-21）。

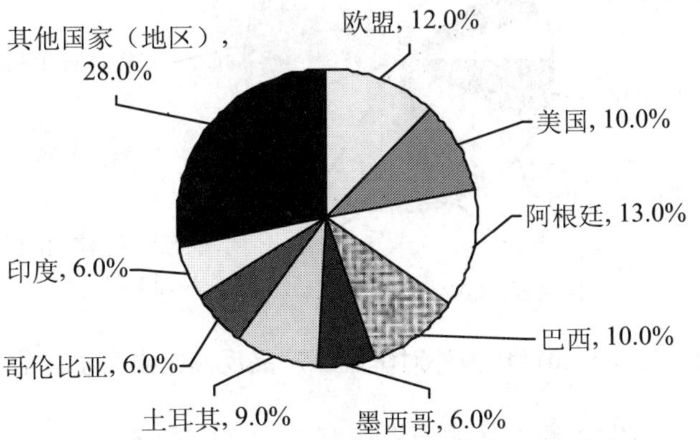

图7-21　2002～2011年国外对华轻工产品反倾销立案按发起国（地区）分布

阿根廷对华轻工产品的反倾销案件主要在2009年集中爆发，共发起5起，而其他8年（2003年未发起）中平均每年仅1起。涉案的轻工产品主要为保温瓶、电熨斗、电风扇、眼镜等生活类产品。欧盟对华轻工产品的反倾销案件主要在2005年集中爆发，共发起5起，2003、2004和2009年均未对我国轻工产品发起反倾销调查。涉案的轻工产品较为广泛，也多为生活用品。美国每年对华轻工产品的反倾销案件较为平均，但在2002年、2008年、2010年和2011年均未对发起新的调查。涉案产品多集中于铜版纸、皱纹纸等纸类产品（6起）。巴西对华轻工产品的反倾销案件主要集中在2006年，共6起，近2年也未发起新的调查。涉案产品多为生活用品（图7-22）。

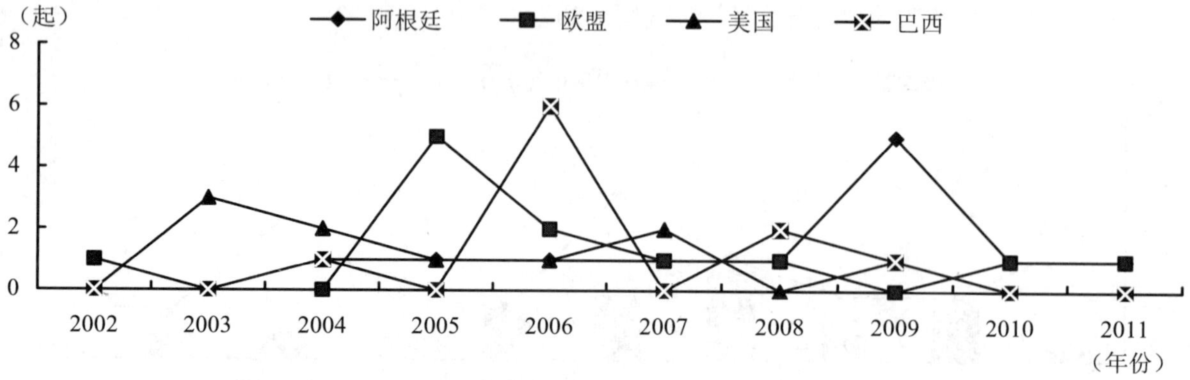

图7-22　2002～2011年阿根廷、欧盟、美国和巴西对华轻工产品反倾销立案年度走势

（4）纸制品、文教体育用品和家用电器为主要涉案产品

2002～2011年，国外对华轻工产品反倾销调查共涉及日用机械、家电、文教体育用品、鞋类产品、日用杂品、日用陶瓷/搪瓷/玻璃制品、食品加工产品、纸制品等15类产品。其中，涉及纸制品的案件最多，共17起，占同期国外对华轻工产品反倾销案件总数的17%；其次是文教体育用品，为13起，占比13%；家用电器和日用陶瓷/搪瓷/玻璃制品并列居第三位，均为11起，分别占比11%（图7-23）。2011年，国外对华轻工产品反倾销涉案产品分别为豆蛋白、太阳镜、陶瓷餐具、眼镜镜框和矫正视力眼镜以及铜版纸和纸板、涂布和未涂布书写/印刷纸（不含浸渍纸）。

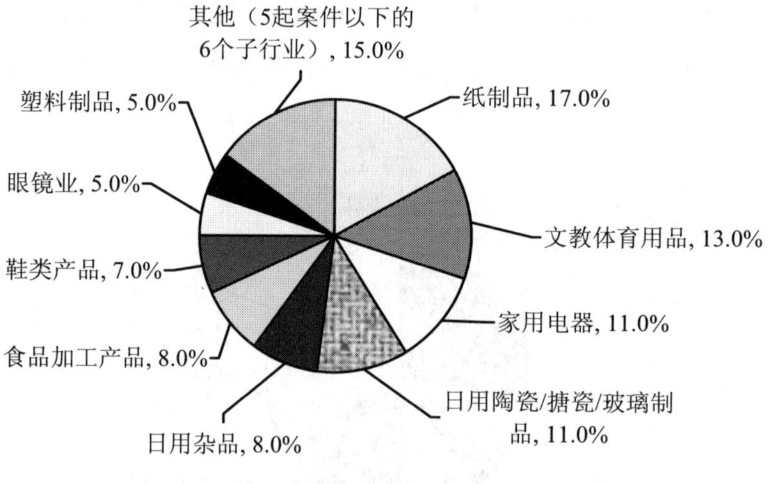

图7-23　2002～2011年国外对华轻工产品反倾销立案子行业分布

（5）整体应诉率不高，对发达经济体的应诉率高于发展中经济体

2002～2011年，在国外对华轻工产品发起的100起反倾销调查中，有企业应诉的案件仅34起，占比34%，整体应诉率不高。

我国轻工企业对发达经济体的应诉情况普遍好于对发展中经济体。2002～2011年，在发达经济体对华轻工产品发起的34起反倾销调查中，有企业参与应诉的案件数为24起，应诉率为70.6%；而对发展中经济体和转型经济体发起的反倾销调查应诉率仅为15.2%。以对华轻工业产品反倾销立案数居前 4 位的国家（地区）为例，我国对阿根廷的应诉率为 0，对欧盟的应诉率为 83.3%，对美国的应诉率为 100%，对巴西的应诉率为 10%。造成这一现象的主要原因是发展中经济体尚未成为中国企业的主要出口市场，企业对这些市场的出口规模不大，且对规避风险尚未引起高度重视，此外，某些发展中国家调查程序不透明，导致涉案企业的应诉成本高和胜诉率低。

3. 国外涉华轻工产品保障措施案件数居各行业之首

1987～2011 年，国外涉华轻工产品的保障措施案件数为 68 起，占国外涉华保障措施案件总数的 30.8%，居各行业之首（图 7-24）。2002～2011 年，国外涉华轻工产品的保障措施案件数为 40 起，占国外涉华保障措施案件总数的 25.5%。

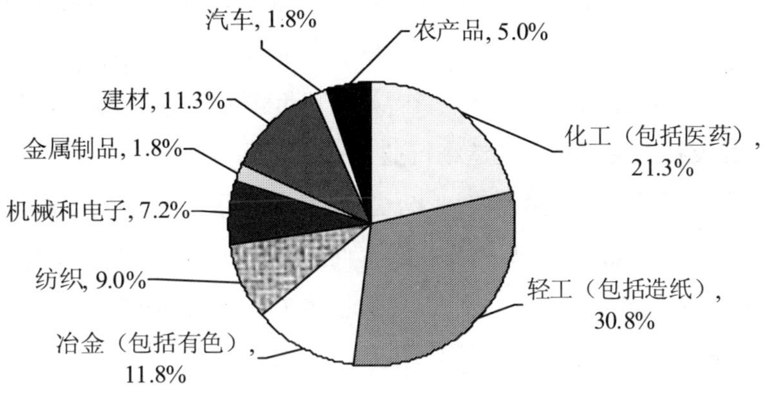

图7-24　1987～2011年国外对华保障措施案件行业分布情况

（1）国外涉华轻工产品保障措施案件缓和下降

从年度立案情况看，国外涉华轻工产品保障措施调查呈下降趋势。2002～2011 年，国外对华轻工产品保障措施调查总体较为平稳，年均立案 4 起左右。其中，在 2006 和 2009 年分别达到 2 个高峰，分别为 9 起和 10 起，占当年国外对华保障措施案件总数的 52.9%和 38.5%。2002～2006 年，国外对华轻工产品保障措施调查占案件总数的比例较高，平均为 33.8%；2007～2011 年，占比大幅下降，为 17.5%，相差近 1 倍左右。这说明近年来国外对华保障措施案件开始关注除轻工以外的其他行业，尤其是 2011 年，国外对华保障措施调查共 14 起，但并无轻工产品涉案（图 7-25）。

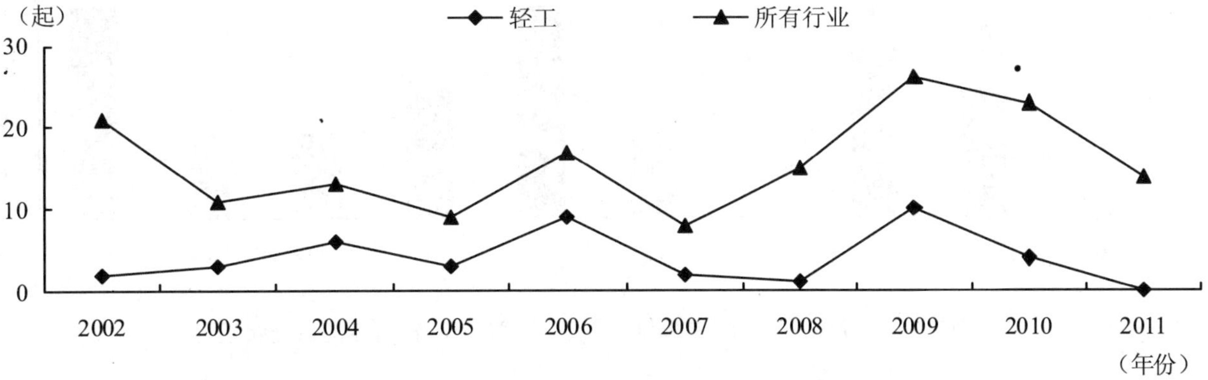

图7-25　2002～2011年国外对华轻工产品保障措施调查立案年度走势

（2）土耳其涉华轻工产品保障措施案最多，发展中经济体是主要发起者

2002～2011 年，共有 18 个国家（地区）以及海湾合作委员会对华轻工产品发起保障措施调查。其中，土耳其发起的案件数最多，为 9 起，占国外涉华轻工产品保障措施案件总数的 22.5%；其次是多米尼加，4

起，占比 10%。在国外涉华轻工产品的 40 起保障措施案中，发达经济体发起的案件数仅为 4 起，占比 10%；发展中经济体发起 30 起，占比 75%；转型经济体共发起 5 起，占比 12.5%；海湾合作委员会 1 起，占比 2.5%。

（3）食品、纸制品为涉华保障措施案的主要产品

涉华轻工业产品的保障措施案共涉及食品（包括采盐、农副食品加工和食品制造业）、小家电、纸类产品、日用陶瓷/搪瓷/玻璃制品、鞋类产品等 11 类产品。其中，涉及食品和纸制品的案件数居首位，均为 8 起，分别占国外涉华轻工产品保障措施案件总数的 20%；其次是日用陶瓷/搪瓷/玻璃制品和日用机械及小家电，均为 6 起，分别占比 15%；居第三位的是鞋类产品，4 起，占比 10%。

（4）特别保障措施调查主要由发展中家经济体发起

2002～2011 年，国外对华轻工产品仅在 2002 年、2003 年、2008 年和 2010 年进行过特别保障措施调查，共 6 起。其中，仅 2003 年就发生了 3 起调查。国外对华轻工产品特保措施调查主要集中于土耳其、厄瓜多尔和多米尼加等发展中国家，共 4 起，占比 66.7%；产品涉及日用硅酸盐、食品加工、眼镜等多个行业。

4. 国外对华轻工产品反补贴主要集中在造纸行业

自 2006 年美国对华铜版纸进行反补贴调查以来，我国轻工产品共遭遇 6 起国外反补贴调查案件，其中 5 起案件涉及造纸产品，占我国轻工产品反补贴案件的 83.3%，且立案国均为发达国家。其中，美国对华轻工产品发起的反补贴案件最多，共 4 起，占比 66.7%；欧盟和澳大利亚各 1 起。

我国遭受的铜版纸反补贴调查共 3 起，分别为 2006 年和 2009 年美国发起的调查以及 2010 年欧盟发起的调查。中国造纸行业近年来的快速发展，与全球造纸产业的相对平稳形成鲜明对比，这也是中国造纸产业最近遭遇欧美国家反倾销、反补贴的深层次原因所在。

二、美国 337 调查

1. 美国涉华轻工产品 337 调查案件呈曲线上升状态

除 2002 年和 2005 年美国并未对我国轻工产品发起 337 调查案件外，2002～2011 年，美国对华轻工产品 337 调查案件总体呈曲折上升趋势，年均涉案 26 起。2011 年，美国对华轻工产品 337 调查案件为 5 起，同比下降 25%，与 2007 年持平（图 7-26）。

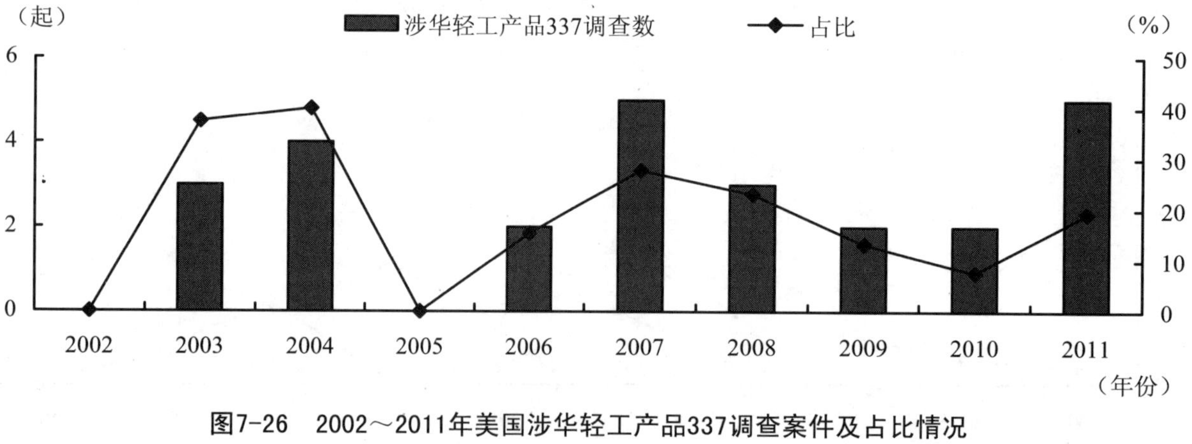

图7-26　2002～2011年美国涉华轻工产品337调查案件及占比情况

1998 年以前，美国 337 调查涉及的中国产品主要是轻工产品；1998 年之后，调查开始涉及电子、轻工、机械、化工、汽车、冶金、建材、医药等多个领域。因此，我国轻工产品在美国 337 调查中的比重也逐步下降。2004 年，涉华轻工产品占同期美国涉华 337 调查总数的 40%，达到十年间峰值。此后，我国轻工产品占比在 20%附近徘徊，并于 2010 年达到最低的 7.7%（2002 年和 2005 年未涉及轻工产品）。

2. 广东是美国涉华轻工产品337调查涉及的主要省份

2002～2011年，在美国将中国轻工出口企业列为被告的18起涉华案件（2002～2011年，美国共发起涉华轻工产品337调查26起，其中8起未将中国出口企业列为被告）中，共涉及来自中国7个省市的多家出口企业（一起案件的涉案企业可能来自多个不同的省市）。其中，浙江成为美国涉华轻工产品337调查的最主要目标，共涉及案件7起，占比38.9%；广东位居第二，6起，占比33.3%。此外，涉及的省市还包括：上海（2起，占比11.1%）、江苏（3起，占比16.7%）、北京、天津和山东（各1起，分别占比5.6%）。

3. 因专利侵权被起诉的337调查案件最多

2002～2011年，在美国启动的26起涉华轻工产品337调查中，均为涉及知识产权侵权问题。其中，单独以专利侵权为由启动337调查程序的案件多达18起，占同期美国337调查涉华轻工产品案件总数的69.2%；单独以商标侵权为由启动的5起，占比19.2%。另外，以共同侵犯专利权、商业外观权，共同侵犯商标权、商业外观权，以及共同侵犯著作权、商业秘密和不公平竞争为由启动的337调查分别为1起。

三、技术性贸易措施

我国轻工行业大部分为西方发达国家产业转移过程中转移的高能耗、高污染、低附加值的产业，且大部分属于劳动密集型产业，技术水平普遍落后，生产条件差，往往由于在设计上考虑不够周全，或在制造阶段使用了对人体有害的化学物质或不恰当的材料等，使得产品存在潜在的危险，致使受到来自其主要出口市场：美国、欧盟、日本等国家（地区）技术性贸易措施的冲击。

1. 轻工产品的召回总量稳步上升，占比在2011年出现回升

近年来，我国轻工产品㊀是美国CPSC、欧盟RAPEX和加拿大卫生部对华产品召回的重点，所占比例几乎均在75%以上。其中，2007～2011年，美国CPSC共召回我国轻工产品908项，占美国召回我国产品总数的79.9%；2006～2011年，欧盟RAPEX共通报我国轻工产品3767项，占比76.5%；2009～2011年，加拿大卫生部共召回我国轻工产品337项，占比75.7%。

2010年之前，我国轻工产品在美国、欧盟和加拿大召回/通报我国产品中的比例呈逐年下降趋势，但2011年该比例出现回升。2011年美国CPSC召回我国轻工产品的数量占美国召回我国产品总数的85.1%，同比增长11.8个百分点；欧盟RAPEX通报我国轻工产品占比69.3%，同比增长2.1个百分点；加拿大卫生部召回我国轻工产品占比76.0%，同比增长5.3个百分点。

2. 美国和加拿大侧重儿童用品，欧盟则侧重玩具产品

2007～2011年，在美国CPSC涉及我国轻工产品的召回中，居首位的是儿童用品（轻工产品涉及的儿童用品，下同），共286项，占同期美国CPSC召回我国轻工产品的31.5%；2009～2011年，加拿大卫生部共召回我国儿童用品112项，占比33.2%；2006～2011年，欧盟RAPEX共通报我国玩具产品1955项，占同期欧盟RAPEX通报我国轻工产品的51.9%。相对而言，美国和加拿大对玩具的召回却呈逐年递减趋势。

3. 人身伤害、窒息是召回/通报的主要原因，铅含量超标问题逐步下降，新型原因开始涌现

2007～2011年，美国CPSC召回我国轻工产品的原因中，涉及最多的是因产品质量问题给消费者造成的人身伤害，共434项，占同期美国召回我国轻工产品的47.8%；2009～2011年，加拿大卫生部因上述原因召回我国轻工产品135项，占比40.1%；2006～2011年，欧盟RAPEX因窒息危险通报我国轻工产品1067项，占比28.3%。近期，美国和加拿大因铅、镉等金属含量超标原因而召回的轻工产品数量逐步减少；欧

㊀ 此处统计的我国被召回/通报的轻工产品不包括纺织服装产品、电子类产品、机械类产品、机动车辆和船只等。

盟因微生物原因通报我国玩具产品的事件开始浮现，同时因不符合 REACH 法规所产生化学危险而被通报的轻工产品数量有所增加。

4. 2011 年面临的主要技术性贸易措施

据国家质检总局最新公布的数据，2010 年，我国有 31.74%的出口企业受到国外技术性贸易措施不同程度的影响；全年出口贸易直接损失达 582.41 亿美元，占同期出口额的 3.69%；企业新增成本 243.91 亿美元。受国外技术性贸易措施影响较大的前五大行业分别是机电仪器、化矿金属、玩具家具、纺织鞋帽和橡塑皮革，分别占直接损失总额的 29.67%、18.55%、18.45%、12.08%和 7.97%。

2011 年以来，我国轻工行业不断面临着在玩具、家具、儿童用品、餐具、化妆品、家电等轻工产品上制定的关于有害物质、标签、环保、设计等方面的各种严厉标准，使我国轻工产品的出口门槛越来越高。美国和欧盟是我国轻工产品出口的主要目标市场，其相关政策和标准也主导着世界各国政策的制定。

（1）玩具

2011 年 7 月 20 日，被称为目前世界上最严的玩具安全技术法规——《欧盟玩具安全新指令》正式实施。该法规不仅提高了国内玩具的机械、物理性能要求，对化学性能要求的严格程度更是前所未有，同时也规定了更加严格的玩具合格评定程序；同年，美国对 2008 年的《消费品安全改进法》进行了修改和细化，确定了有关玩具等产品的一系列规定。其中，美国市场上制造销售的儿童用品铅含量从 2009 年的 300×10^{-6} 升至 100×10^{-6} 的限量规定，并于 2011 年 8 月 14 日对儿童用品制造商、进口商、零售商和分销商正式生效。除此之外，日本、阿根廷和印度等国家也于 2011 年分别发布有关玩具的标准，对玩具中邻苯二甲酸盐含量作出新的修订。

欧盟、美国等国家（地区）对玩具安全要求的提高，特别是化学安全性能的提高，对我国玩具出口欧盟构筑了更高的技术壁垒，将影响到我国 70%以上的玩具出口企业。新指令的实施将会对我国玩具产业链造成巨大影响，不但增加玩具制造商生产、检测和贸易成本，还将对中欧、中美玩具贸易起到限制作用。

（2）儿童用品——塑料奶瓶中双酚 A 的使用

2011 年 1 月 29 日，欧盟在官方公报（L26）上颁布了限制婴儿塑料奶瓶使用双酚 A 的 2011/8/EU 指令：从 2011 年 3 月 1 日起，在供 12 个月以下婴幼儿喂食用的聚碳酸酯瓶生产中，禁止使用双酚 A；从 2011 年 6 月 1 日起，在市场上销售或进口的给 12 个月以下婴幼儿喂食用的聚碳酸酯瓶中不得含有双酚 A；对于其他与食品接触的材料和物品，双酚 A 的迁移限值为 0.6mg/kg；继美国康涅狄格州、马里兰州、明尼苏达州、纽约州、佛蒙特州、华盛顿州、威斯康星州及芝加哥市后，密西西比州禁止在奶瓶内使用双酚 A。密西西比州禁止生产、分销及销售专为 3 岁或以下儿童而设的含双酚 A 的可再用食品及饮料容器（如奶瓶及防溢水杯）。禁令适用于 2011 年 4 月 1 日或之后生产，以及 2011 年 7 月 1 日或之后在零售店出售的容器；同年，巴西、南非等国家也开始禁止生产、进口以及销售含有双酚 A 的婴儿奶瓶。

（3）家电

2011 年 7 月 6 日，欧盟在官方公报上正式公布了空调新能源标识实施条例（EU）No 626/2011。该条例是自 2010 年 6 月欧盟公布新能源标识框架指令 2010/30/EU 以来，继电冰箱、电视机、家用洗衣机、家用洗碗机之后的第五项实施条例。该条例规定了空调的能效等级、能源标识及实施进程、供应商和经销商的职责、测量和计算、市场监管中的验证程序等内容。该条例将于 2013 年 1 月 1 日取代原空调能源标识指令 2002/31/EC，2013 年 1 月 1 日后投入欧盟市场的空调应符合新条例要求，将非单管和双管空调能效等级中的 A+++级的 SEER 指标也由 7.00 提高到 8.50。2010 年，我国对欧出口空调 404.5 万台，占该年我国空调出口总量的 10.9%。近两年来，空调出口欧洲占比显著降低，由 2008 年以前的 20%～30%降到 2009 年和 2010 年的 10%左右。上述法规及目前仍为实施条例草案的 G/TBT/N/EEC/362（空调生态设计（最低能效）要求）将对我国空调出口欧盟有极大的影响。

2011 年 2 月 16 日，美国环保署发布了灯具的能源之星规范 1.0 版。该规范于 2011 年 10 月 1 日生效，将于 2012 年 4 月 1 日替代 4.2 版的住宅照明设备和 1.3 版的固态照明设备产品的能源之星规范；2011 年 4 月 25 日环保署更新了家用洗碗机的能源之星规定，在 2012 年 1 月 20 日生效后，符合能源之星的标准尺寸和小型家用洗碗机的能效将比常规型号高出 10%～30%，比符合之前能源之星的洗碗机高出约 8%。

2009 年 11 月，俄罗斯批准生效的《俄罗斯联邦关于节约能源和提高能源利用效率法》规定，每一种家电在其技术说明书、商标、货签上都应标识能效等级的信息。自 2011 年 1 月 1 日起，俄罗斯生产、进口的家用电器需要有能源效益标签，这一规定已涉及家用冰箱、冷冻箱、洗衣机、洗碗机、空调、家用电炉、电煎锅、微波炉、电视机、电热器、饮水机、灯泡共 12 类产品。

四、其他关税和进口限制措施

在欧债危机、美国经济困难和发展中国家通货膨胀的国际经济形势下，国际贸易环境或更趋恶化，为了保护本国产业，提高其行业竞争力，各国纷纷采取贸易保护主义措施，针对中国产品的进口限制日益增加。由于我国轻工产品占国际市场份额高的领域众多，自然成为全球贸易保护主义的众矢之的。在贸易保护措施的应用上，发达国家多运用技术性贸易措施等隐性的贸易保护措施，发展中国家则多使用反倾销、提高关税和进口限制等传统贸易保护手段。2011 年，巴西、阿根廷、印度等国家（地区）对我国鞋类制品、玩具、空调、自行车和陶瓷制品等轻工产品实施了提高关税、进口限制等措施。

2011 年 1 月，巴西外贸委员会将洋娃娃、拼图、童车、电动火车等 14 种中国玩具的关税提升 15%，由原先的 20%升至 35%，有效期至 2011 年底；9 月，巴西外贸委员会再次宣布提高 7 种制成品的进口关税。其中，有 5 种进口自中国，包括瓷砖（从 15%提高至 35%）、自行车（从 20%升至 35%）、分体式空调（从 18%提至 35%）等。

2007 年以来，阿根廷政府制定了一套全面的非自动进口许可证系统，大范围对进口产品使用非自动许可证，其涵盖一系列产品，包括的轻工产品有：行李箱、手袋、鞋靴、家居用品、纸品、自行车、玩具、电动自行车以及若干杂项制品等，并不时修订有关产品清单。2011 年 2 月 17 日，阿根廷工业部宣布，将对原产于中国的空调采取限制进口措施，分别对分体式空调、一体式空调、蒸发器和冷凝器等根据不同制冷量设立相应的进口参考价格。同时，根据工业部第 45 号法令，规定将针对自行车及配件等轻工进口产品实施非自动许可证管理措施。

2010 年 12 月中下旬，南方共同市场委员会发布一项决定，授权成员国（阿根廷、巴西、巴拉圭以及乌拉圭）将玩具制成品的最惠国（MFN）进口关税由 20%提高至 35%。

自 2008 年起，印度政府决定禁止从中国进口牛奶和奶产品。2011 年 12 月 26 日，印度决定再次禁止进口中国牛奶及奶制品，自 2011 年 12 月 24 日起生效，期限为 6 个月。印度外贸总局（DGFT）在一份通知中表示，禁止从中国进口牛奶及奶制品（包括巧克力及巧克力制品、糖果、糕点、含牛奶成分的食品配料等）的禁令将延期到 2012 年 6 月 24 日。

自 2008 年 7 月 1 日起，土耳其对中国陶瓷实行为期 5 年的进口数量限制。从 2010 年至 2012 年每年在上一年度总量的基础上递增 5%。2013 年 1 月 1 日至 6 月 30 日，在 2012 年的基础上增加 5%，再除以 2 为半年的进口额度。

2011 年 8 月起至 2012 年 3 月，印度尼西亚贸易部禁止含碘盐进口。

纺　织

近年来，纺织品面临的贸易摩擦越来越多样化，从最初的配额限制、反倾销、特别保障措施，到目前的反补贴、技术壁垒、企业社会责任等。特别是金融危机爆发以来，各国失业率攀升，居民消费减少，使得市场需求进一步萎缩，全球纺织品贸易保护形式呈现更加多样化发展的态势。本文所指的纺织业包括化纤产品、棉纺织品、毛纺织品、丝绸制品、麻纺织制品、印染制品、色织产品、针织产品、服装、家用纺织品、产业用纺织品等。

一、贸易救济措施

1．纺织业是我国遭遇贸易救济调查的主要产业

截至2011年底，全球对华纺织业共发起贸易救济调查177起，占全球对华贸易救济案件总数的11.9%，仅次于冶金、化工、机械、建材和金属制品行业，居第六位。其中，反倾销案件99起，占全球对华纺织业贸易救济调查总数的55.9%；特别保障措施57起，占比32.2%；反补贴1起，保障措施20起。

从案件走势看，保障措施案件呈上升之势。2011年，国外对华纺织业反倾销案件为0起，保障措施案件为4起。从1999年开始，保障措施案件数量徘徊在2起左右，2009年案件数2起，2011年为4起；特别保障措施自2001年出现以来变动较大，除2002年无立案外，随后持续走高，2005年多达34起，随后大幅下降，2007、2008年无案件，2009年再次增至2起，2010年和2011年无案件。从目前案件发展情况看，特别保障措施案件数已大幅下降，远低于反倾销和保障措施（图7-27）。2011年，保障措施案件多于反倾销案件，除了反倾销，预计保障措施可能将是未来各国针对纺织业贸易救济调查的重要手段。

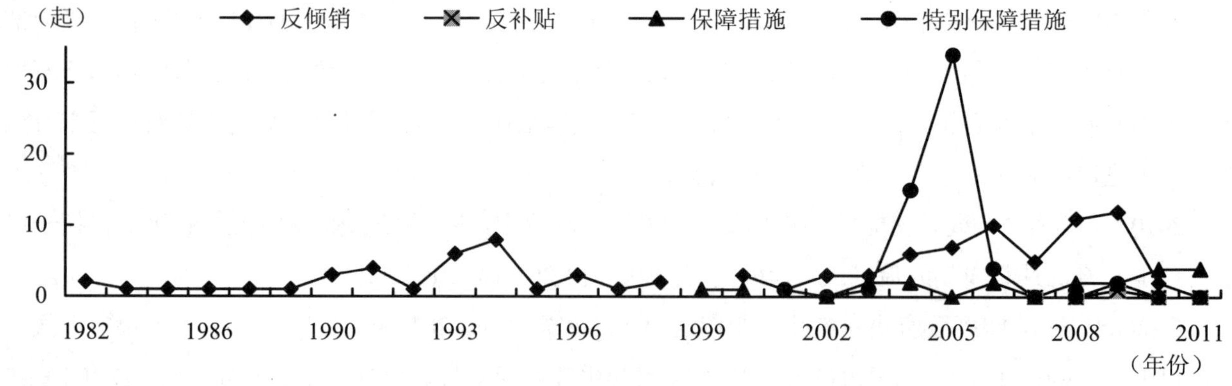

图7-27　1982年以来全球对华纺织业4种贸易救济案件年度立案走势

2．贸易扩大伴随案件增多

（1）入世后案件数大幅增长

1982～2011年，全球对华纺织业共发起177起贸易救济案件，年均立案6起。其中，1982～1994年，针对中国纺织业的贸易救济案件为29起，且均为反倾销，年均2起。

从1995年WTO成立到2001中国加入WTO的7年间，全球对华纺织业的贸易救济案件为14起，

年均 2 起。其中，反倾销 11 起，涉华保障措施 2 起，特别保障措施 1 起。

2002～2011 年，全球对华纺织业贸易救济调查大幅增长，累计达 134 起，年均 13 起。其中，反倾销 59 起，涉华保障措施 18 起，特别保障措施 56 起，2009 年新增反补贴 1 起。2003 年，美国根据《中国加入 WTO 工作组报告书》第 242 段对 3 类产品实施特保措施，随后 6 年，我国纺织业遭受的贸易救济调查大幅攀升。2011 年，共有 3 个国家对华纺织品启动 4 起贸易救济调查，同比减少 2 起，降幅达 50%。这 4 起案件均为保障措施调查，发起国为土耳其、印度尼西亚和埃及。

（2）纺织业曾是特别保障措施调查第一大涉案产业

尽管《特别保障措施》条款自 2001 年 12 月 11 日中国入世后生效，但在 2001 年 4 月 16 日，日本就率先启动了对华毛巾产品的首例特别保障措施调查，直至 242 条款失效前，我国纺织业一直是特别保障措施的重灾区。在全球对华发起的 86 起特别保障措施调查中，涉及纺织业的案件达 57 起，占特保案件总数的 66.3%，在涉案行业中居首位。

为避免 2005 年 1 月 1 日全球纺织品服装配额取消后中国纺织品服装出口额大幅增长以及在美国市场占据份额的突增，2004 年和 2005 年全球集中对华纺织业发起特保调查。在与中国政府就此问题进行多轮磋商后，美国发起的 21 起特保案件和欧盟发起的 9 起特保案件分别通过中美、中欧达成的最终协议而终止。根据协议，欧盟、美国对中国部分类别的出口纺织品服装实施配额限制。2008 年以后，WTO 成员对中国纺织品服装实施的特保措施逐渐减少，2010 年和 2011 年连续两年全球针对中国纺织品服装未启动特保调查（图 7-28）。

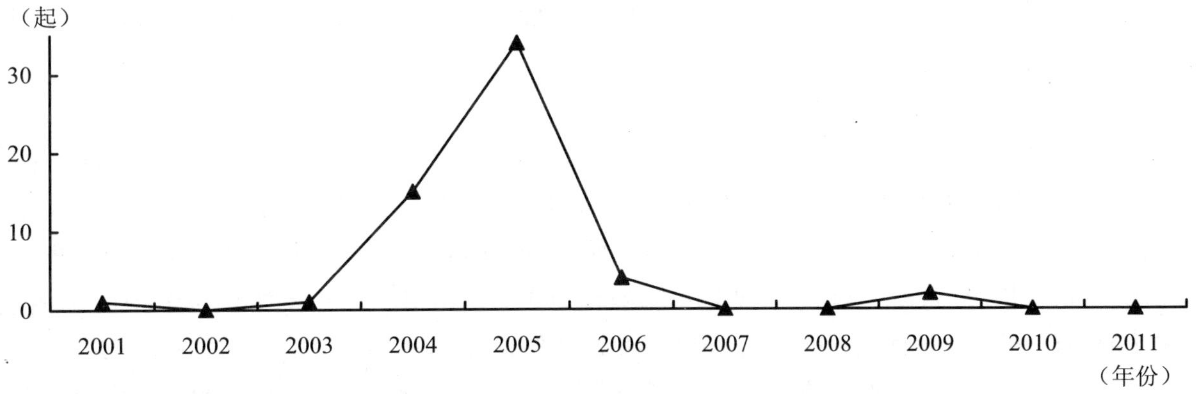

图7-28　2001～2011年全球对华纺织业特保调查年度走势

3. 发展中成员是贸易救济措施的主要发起国

在国外对华纺织业发起的 177 起贸易救济案件中，发达成员发起 65 起，占案件总数的 36.7%；发展中成员发起 106 起，占案件总数的 59.9%；转型经济体发起 6 起，占比 3.4%；其中，美国发起的案件最多，为 43 起，占比达 24.3%；土耳其 21 起，位居第二，占比 11.9%；欧盟 16 起，位居第三，占比 9.0%。美国和欧盟是中国纺织品服装的主要出口市场，约占中国纺织品服装出口总额的 25%，而由美国和欧盟发起的贸易救济调查占全部案件总数的 33%。

（1）发展中成员是反倾销调查的主要发起者

在全球对华纺织业发起的 99 起反倾销案中，发达成员发起 18 起，占反倾销案件总数的 18.2%；其余 81 起反倾销案件均由发展中成员发起，占案件总数的 81.8%。其中，土耳其发起的案件最多，为 17 起；其次为印度 10 起，南非 9 起，哥伦比亚 8 起（图 7-29）。

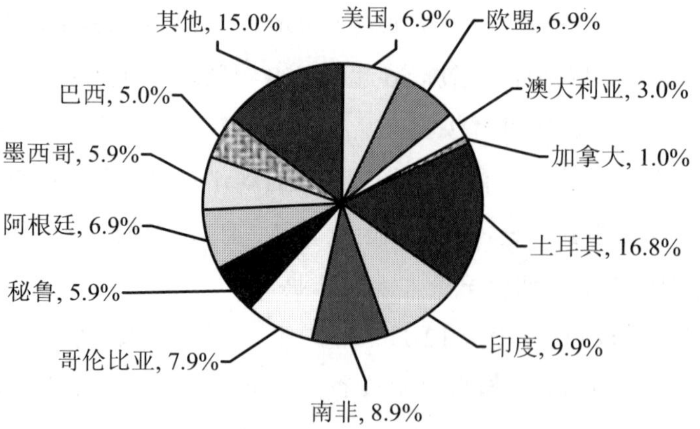

图7-29　全球对华纺织业反倾销案件按发起国（地区）情况

（2）乌克兰和印度尼西亚保障措施调查的主要发起者

在全球对华纺织业发起的20起保障措施调查中，乌克兰发起4起，印度尼西亚4起，埃及3起，秘鲁2起，土耳其2起，哥伦比亚、白俄罗斯、土耳其、印度和智利各1起。

2011年，土耳其是对华纺织品业贸易救济调查的主要发起者，在国外对华纺织品发起的4起贸易救济调查中，土耳其2起，居首位，且均为保障措施调查。印度尼西亚与埃及各发起1起保障措施调查。

印度尼西亚是东盟最大的经济体。2009年中国—东盟自贸区实施以来，中国与印度尼西亚纺织品服装贸易发展较快，尽管中国对东盟纺织品服装出口呈现良好势头，但随着东盟地区及其他东南亚国家的成本竞争优势凸显，中国纺织业出口与这些新兴贸易伙伴之间也存在竞争关系。近几年来，以越南、印度尼西亚和孟加拉国为代表的东南亚国家服装出口势头表现良好。

（3）美欧成为特别保障措施调查的主要发起者

自中国入世后，美国、欧盟、韩国、日本、加拿大、印度、土耳其、秘鲁、哥伦比亚以及中国台湾先后完成了针对中国纺织品服装实施特别保障措施的立法程序。由于特保调查申诉门槛低，仅凭“市场扰乱”或“市场扰乱威胁”即可获得1～3年的保护，以美国为首的发达成员在全球纺织品服装配额取消前后对中国纺织品服装发起了大规模特保调查。2001～2009年，在全球对中国纺织业的57起特别保障措施调查中，美国启动35起，占特别保障措施案件总数的61.4%；欧盟9起，占比15.8%。

美国发起的特保调查不仅多，而且部分产品多次立案。2003年立案的3类产品在2004年度再次立案，而2005年立案的21类产品中的8类已经于2004年发起过特保调查。第349类产品（胸衣）则连续3年立案。

2011年，各国（地区）未针对我国纺织品服装发起特别保障措施案件。

4. 涉案产品以纺织品为主

在全球对华纺织业发起的177起贸易救济调查中，121起案件涉及纺织品，占案件总数的68.4%；56起案件涉及服装，占案件总数的31.6%。

反倾销和涉华保障措施主要针对纺织品。在全球对华纺织业启动的99起反倾销调查中，85起案件涉及纺织品，占案件总数的85.9%；在全球对华纺织业启动的20起保障措施调查中，17起案件涉及纺织品。

2011年，4起纺织业涉华保障措施调查均为纺织品。

特别保障措施主要针对服装类产品。在全球对华纺织业启动的57起特别保障措施调查中，38起案件涉及服装，占比66.7%，其余19起涉及纺织品。

二、技术性贸易措施

1. 我国纺织品服装出口频遭国外产品安全召回

近年来，欧盟欧盟非食品类快速预警系统（RAPEX）对华服装、面料及时尚用品的通报数量呈迅速增长态势。2006 年仅 16 项；2007 年同比增长 43.8%，达 23 项；2008 年继续增至 52 项；2009 年大幅增长 3 倍以上，达 222 项；2010 年同比增长 47.3%，达 327 项；2011 年同比下降 38.5%，为 201 项.。此外，加拿大卫生部对华纺织品服装召回数量也很多。2011 年，加拿大卫生部针对中国产品发布召回通报 167 项，同比增长 1.8%。其中，针对中国服装产品召回，13 项，占比 7.8%。

从召回中国纺织品服装的原因看，一般均为不符合纺织品阻燃性标准而被召回。

2. 涉及纺织业的技术性贸易措施及对我国的影响

（1）生态纺织品技术标准

目前，纺织品面临的全球性技术性贸易措施主要有：生态纺织品标准（包括国际生态纺织品标准——Oeko-TexStandard100）、绿色标志以及绿色技术法规等。

由于生态纺织品代表了全球消费和生产的新潮流，Oeko-TexStandard 100 已成为全世界生态纺织品生产和流通的绿色通行证。Oeko-TexStandard l00 由国际纺织生态学研究测试协会负责制订和修订。该标准自 1992 年问世以来，每年修订，已成为全球影响最大和最为权威的有关生态纺织品技术标准。

Oeko-TexStandard l00 以限制纺织品最终产品的有害化学物质为目的，强调产品本身的生态安全性。标准涉及到的有害物质限量或项目考核主要是：pH 值、甲醛、致敏染料、致癌染料、重金属、杀虫剂、邻苯二甲酸酯、色牢度、挥发性、气味测试等。纺织品如经测试，符合标准中所规定的条件，厂家可获得授权在产品上悬挂 Oeko-TexStandard 100 注册标签。证书的有效期为一年，期满后可以申请续期。Oeko-TexStandard l00 的优点主要体现在它实行公开自愿的申请原则，这符合 WTO 的非歧视性、透明性、公开性贸易原则。

Oeko-TexStandard l00 的实施有利于促进各国提高技术水平和产品质量，促进国际贸易的有序和可持续发展，有益于人类的健康和环境的安全；但也极易成为发展中国家的贸易障碍，导致其纺织品成本提高，市场竞争力下降。

（2）美国纺织品易燃标准

美国消费品安全委员会（CPSC）修订了纺织品易燃标准，该法规从 2009 年 9 月 22 日起生效。受该项标准规管的产品是服装以及用于制衣的面料。该标准适用于所有服装及其面料，无论是成人服装还是童装，无论是日常服或是睡衣。CPSC 还有其他有关儿童睡衣易燃性的规定，这类规定比一般服装适用的纺织品易燃标准更为严格。

包括美国在内的许多发达国家都对部分纺织品服装的阻燃性能提出了强制性的要求。我国在这方面与发达国家相比还比较落后，需进一步健全和完善纺织品服装的阻燃性能技术法规和标准。

（3）欧盟 REACH 法规

欧盟 REACH 法规（全称为《化学品注册、评估、许可和限制法规》）。该法规于 2006 年 12 月经欧盟议会和欧盟理事会正式表决通过，并将于 2007 年 6 月 1 日正式生效。其主要内容是通过建立一个全面的化学品生产、进口监管系统，对欧盟境内生产、使用中和在市场上销售的化学品进行监控管理，目的在于保护人类健康和自然环境不受到化学品的负面影响。

纺织工业属于化工行业的下游产业。纺织纱线、面料的染整过程中会使用到各种含有化学成分的染料、助剂、整理剂等。这些纱线、面料和由其制成的纺织制品和服装中不可避免地含有一些化学物质。这些化学物质就是 REACH 法规所监管“物品中的化学物质”。REACH 法规加大了纺织出口企业的生产成本，降低了我国出口纺织业下游制品在欧盟市场的竞争力。完成注册、许可程序需要提供大量的材料，其中包括一些必须通过复杂的技术检测和评估才能取得的报告。企业需要为此支付高额费用（包括检测、评估、注册、许可费用等）。

第八章 我国高新技术产品贸易壁垒分析

第一节 我国高新技术产品贸易情况

2011年，我国高新技术产品[一]进口和出口分别在总进口和总出口中占比26.56%和28.90%。进口主要来自东盟、韩国、中国台湾、日本、欧盟27国和美国，而出口主要集中于欧盟27国、中国香港、美国、东盟、韩国、日本和中国台湾。我国高新技术产品进出口处于顺差，顺差主要来自出口最多的计算机与通信技术产品。

一、我国高新技术产品进出口稳定增长，但增速低于2010年

据中国海关统计，2011年，我国高新技术产品进口4629.92亿美元，同比增长12.2%，进口增速比2010年的33.2%的明显放缓，在我国总进口中占比26.56%。

2011年，我国高新技术产品出口5487.88亿美元，同比增长11.5%，出口增速比2010年的30.7%明显放缓，在我国总出口中占比28.90%（图8-1）。

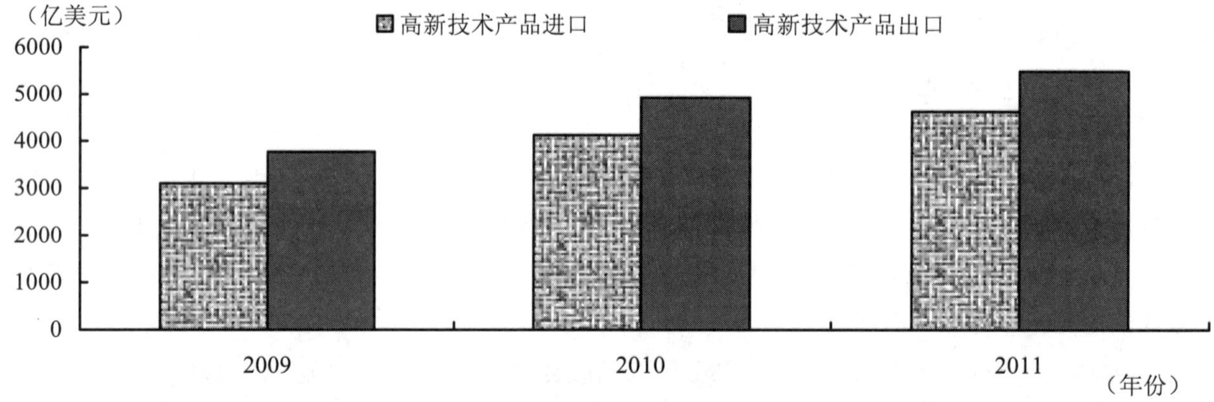

图8-1 2009～2011年我国高新技术产品进出口年度走势

数据来源：中国海关

二、高新技术产品进口以电子技术产品为主，出口额最大的是计算机与通信技术产品

在2011年高新技术产品进口中，进口最多的是电子技术产品，在高新技术产品进口中占比高达46.2%，进口额为2139.72亿美元，同比增长9%，2010年增速为32.1%；列第二位的是计算机与通信技术产品，占比为22.8%，进口额为1056.58亿美元，同比增长12.8%，2010年增速为27.4%；第三位是光电技术产品，占比为11.7%，进口额为542.32亿美元，同比增长3.7%，2010年增速为35.8%；排第四位的是计算机集成制造技术产品，占比10.1%，进口额为469.22亿美元，同比增长34.4%，2010年增速为78%。航空航天技

[一] 高新技术产品是指以新原理、新技术、新工艺、新材料生产出来的，具有较高科技含量和较高附加价值的产品。可分为计算机与通信技术、生命科学技术、电子技术、计算机集成制造技术、航空航天技术、光电技术、生物技术、材料技术和其他技术九大领域。

术、生命科学技术、材料技术、生物技术和其他技术进口额占比均低于 5%（图 8-2）。

在 2011 年高新技术产品出口中，出口最多的是计算机与通信技术产品，占比高达 71.6%，出口额为 3929.51 亿美元，同比增长 10.4%，2010 年增速为 26.1%；位居第二的是电子技术产品，占比 15.8%，出口额为 865.70 亿美元，同比增长 11.8%，2010 年增速为 51.7%；列第三位的是光电技术产品，占比 5.8%，出口额为 321.03 亿美元，同比增长 12.1%，2010 年增速为 36.8%。生命科学技术、计算机集成制造技术、航空航天技术、生物技术和其他技术出口占比均不高于 3.5%（图 8-3）。

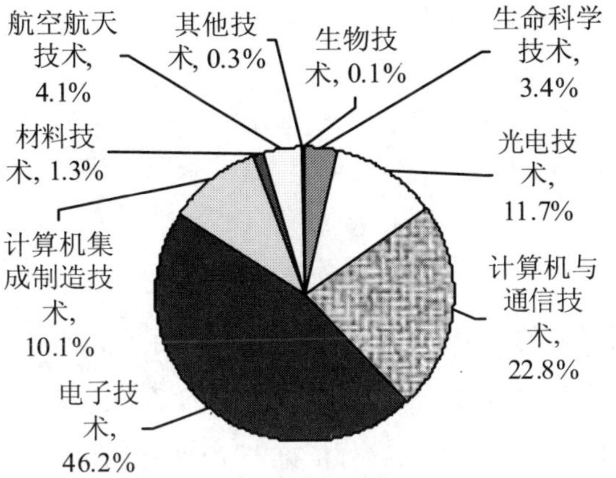

图8-2 2011年我国高新技术产品进口结构

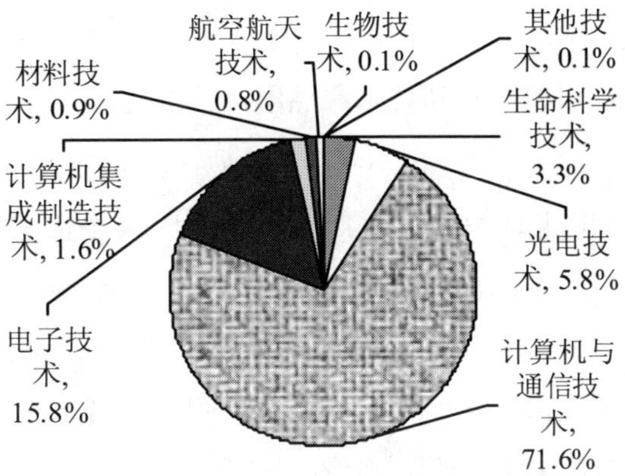

图8-3 2011年我国高新技术产品出口结构

数据来源：中国海关数据整理

三、我国高新技术产品贸易顺差来自计算机与通信技术和生命科学技术产品

2011 年，我国高新技术产品进出口贸易顺差为 857.96 亿美元，同比增长 7.6%。其中，在 9 类高新技术产品中，仅计算机与通信技术产品和生命科学技术产品的进出口为贸易顺差，其余 7 类高新技术产品的进出口均为贸易逆差。

2011 年，计算机与通信技术产品贸易顺差 2872.93 亿美元，生命科学技术产品的贸易顺差为 20.37 亿美元。

2011 年贸易逆差的 7 类高新技术产品分别为：电子技术产品（贸易逆差 1274.02 亿美元）、计算机集成制造技术产品（贸易逆差 380.05 亿美元）、光电技术产品（贸易逆差 221.29 亿美元）、航空航天技术产品（贸易逆差 141.68 亿美元）、材料技术产品（贸易逆差 11.84 亿美元）、其他技术（贸易逆差 6.11 亿美元）以及生物技术（贸易逆差 0.35 亿美元）（图 8-4）。

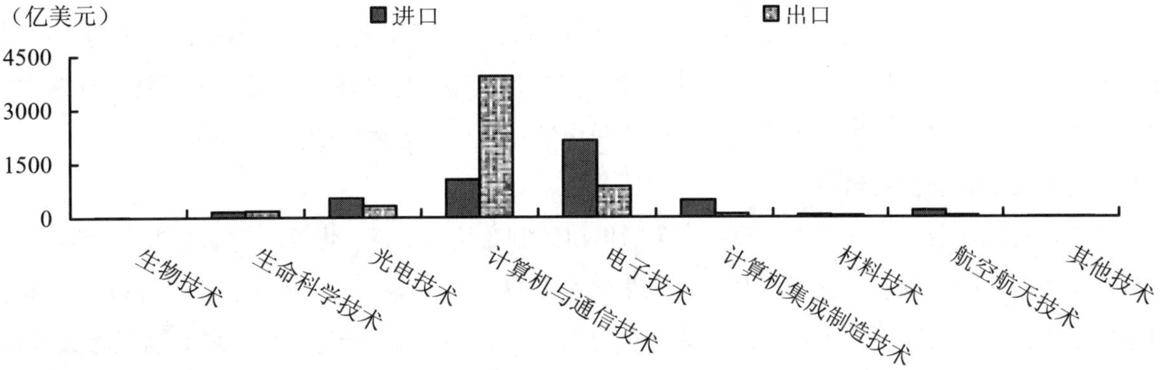

图8-4 2011年我国高新技术各领域进出口情况

数据来源：中国海关

第二节　主要国家限制高新技术产品出口的情况

美国、欧盟和日本的高新技术产业发展迅速，而这 3 个国家和地区并未在我国高新技术产品进口来源地中位居前列，原因主要在于美国、欧盟和日本均对其高新技术产品的出口有严格的管制体系和政策，尤其是对我国的出口更为严格。

一、美国高新技术产品出口管制政策

长期以来，美国在高技术领域一直实行严格的对华出口管制政策。《美国出口管理条例》和《美国出口管制商品清单》是其进行出口管制的两个重要政策文件。

1.《美国出口管理条例》

《美国出口管理条例》是依据美国 1979 年《出口管理法》的规定而专门制定的，在执行期间曾多次进行过修改和补充。1990 年 9 月 30 日，《出口管理法》10 年有效期满，但时任美国总统的老布什发布总统行政令第 12730 号，规定在《国际紧急状态经济权力法》授权范围内继续实行依据 1979 年《出口管理法》制定的《美国出口管理条例》，继任总统克林顿也使用同样的方式两次延长了该法的有效期。1994 年，《出口管理法》最终失效，但依据前任美国总统小布什所颁布的行政命令（总统行政令第 13222 号），现行的《美国出口管理条例》在《国际紧急状态经济权力法》授权的范围内仍继续执行。

《美国出口管理条例》是执行美国出口管理法和办理出口许可证手续的一个综合指南，凡是有关美国出口管制的办法、规定都汇集在其中。主要是对包括核材料、化学制品、计算机和航空电子等十大类军民两用品和技术的出口实施管制，并附有详细的军民两用品出口管制清单。此外，还对管制具体执行的步骤、适用范围、《美国出口管制商品清单》、国家图表、许可例外、控制政策、禁运及其他特殊控制，以及关于最终用户和最终用途的管制政策等，都作出了详细的规定。

“视同出口”管制是美国出口管制体系的重要环节，目标是限制向外国人转让敏感技术，以确保美国的产业安全和军事领先优势。所谓“视同出口”，是指如果中国学者和研究人员接触敏感知识和技术，也视为美方科技出口，必须申请许可证。视同出口的范围既包括了在美的中国公民，也包括了外国公司将技术携带到中国，进行路演、展示或者交流。中国是美国视同出口管制的重点。

美国对华高技术出口的控制十分严格。《美国出口管理条例》包含了多达 13 项禁止技术出口的控制理由。其中，美国对华高技术出口的控制理由就有 11 项之多，主要包括：因国家安全受控的物项，因导弹技术受控的物项，因核不扩散受控的物项，因生化武器受控的物项，以及因属紧缺物资、加密物项、重要物项、计算机、控制犯罪、地区稳定和化学武器公约等理由受控的物项。

2.《美国出口管制商品清单》

由美国商务部产业安全局负责管理的《美国出口管制商品清单》，将管制商品分为十大类，包括：核材料、设备及其他；材料、化学制品、“微生物”和毒素；材料加工；电子设备；计算机；电信与“信息安全”；传感器和“激光器”；导航与航空电子设备；船舶；推进系统、航天器及相关设备。

从各类具体限制内容看，其中的每一类都有对我国实行出口限制的物项。不仅在产品层面实施对华出口限制，所有与产品相关的技术、软件、材料，甚至测试产品等，也都在其限制出口范畴之内。

《美国出口管制商品清单》不但对每项出口限制技术的参数描述都尽量详细，而且包含与该限制

技术有关的用途、相关的最终产品、相关的实现方法等，甚至包含设备的工作温度、抗辐射能力、形状、尺寸等具体的限制参数。例如：在“系统、设备与构件”控制方面，对“光纤通信光缆、光纤与附件”的控制描述为：长度超过 500 米，用于厂家所规定的能经受 2×109 牛/平方米的验证试验抗压应力的光纤等；在“材料”控制方面，对“磁制伸缩合金”的控制描述为：饱和磁制伸缩率大于 5×10-4，或磁力学耦合系数（K）大于 0.8 等；在“软件”控制方面，对“专门设计实时处理设备的‘程序’验证和确认‘软件’”的控制描述为：采用数学和分析技术、为具有 500000 项以上“源码”指令专门设计的“程序”验证和证实“软件”；在“技术”控制方面，对“螺旋桨桨叶或螺旋风扇”的控制描述为：飞行速度超过 0.55 马赫时能吸收 2000 千瓦以上功率的“复合材料”螺旋桨桨叶或螺旋风扇等。

3. 美国颁布对华出口管制新规定

2007 年 6 月 15 日，美国商务部正式公布了《对中华人民共和国出口和再出口管制政策的修改和阐释；新的经验证最终用户制度；进口证明与中国最终用户说明要求的修改》（以下称《新规定》）。这是在《美国出口管制商品清单》基础上专门针对中国的新规定。该规定扩大了对华军事用途出口许可证商品范围，新增了 31 类对华军事用途出口时需申请许可证的物项，这些物项属于航空发动机、水底照相机、激光器、贫铀、机床、高性能计算机等 20 种产品。

《新规定》还扩大了要求中国商务部出具最终用户说明的范围。凡是总价值超过 5 万美元、需申请许可证的对华出口物项，不论何种管制原因（此前仅限于美国国家安全原因），均需获取中国商务部出具的《最终用户和最终用途说明》（高性能计算机和高端红外热像仪除外）。此外，《新规定》还新设立了“经验证最终用户”（VEU）的授权制度。经验证最终用户（WEU）授权制度允许美出口商直接向获得 VEU 授权的外国最终用户出口特定军民两用物项，无需申领出口许可证。

二、欧盟高新技术产品出口管制政策

在 50 多年的一体化进程中，欧盟逐步建立和完善了一系列共同政策。欧盟基于国家安全、国际条约义务、国家政策需要以及促进贸易 4 个方面的考虑实施出口管制。基于欧盟构成的特殊性，欧盟军民两用物项出口管制制度的范围、效力等特点也有别于任何一个“国家”概念下的出口管制制度。本制度的具体状况也客观地反映了各成员国与欧盟之间的既竞争又合作、既重利益又不失平衡的复杂关系。

1. 法律框架

伴随着欧洲共同体的形成和演变，欧盟出口管制法律体系的形成经历了一个发展过程。目前欧盟军民两用物项出口管制的具体法律依据是《第 428/2009 号欧盟理事会规章》（以下简称为《规章 428/2009》），该规章旨在促进合法贸易，使得管制机构可以集中对军民两用物项的出口、转运、中间商及过境进行管制，以及打击欺诈行为等。

在欧盟的出口管制机制下，受到管制的物项在没有出口许可的情况下不能离开欧盟关税区。同时，该机制对和军民两用物项相关的中间商及中间商服务的条款以及通过欧盟进行的军民两用物项的过境也有额外的限制规定。

2. 许可制度

欧盟目前有 4 类出口许可，具体如下：

第一类，欧盟通用出口许可（EU General Export Authorizations，EU GEAs）。根据欧盟理事会于 2011 年 11 月对《规章 428/2009》进行的修订，目前有 6 种“欧盟通用出口许可”根据不同的物项分别发向不同的国家。

第二类，国家通用出口许可（National General Export Authorizations，NGAs）。这类许可可以由各

成员国在符合《规章 428/2009》的条件下独立颁发。此许可使得出口商不必受数量和价值方面的限制向某些国家出口某些军民两用物项，但必须与现行的欧共体通用出口许可（CGEA）的规定相一致。国家通用出口许可（NGAs）应公开发表在许可发放国的官方公报上。目前，以下七国拥有该许可的发放权：法国、德国、希腊、意大利、瑞典、荷兰和英国。

第三类，全球出口许可（Global Authorizations）。这类许可是由欧盟成员国独立发放给某一出口商的，涵盖出口到一个或多个国家/最终用户的一种或多种军民两用物项的许可。

第四类，单项出口许可证（Individual Licenses）。这类许可一般是指由欧盟成员国独立发放给某一出口商的，涉及一个最终用户的许可。

3. 执法体系

在欧盟，出口管制的执法和处罚属于成员国的司法管辖范围。《规章 428/2009》规定各成员国应该采取适当措施以保证《规章 428/2009》中所有条款得以妥善实施，并制定有效、适度并具有劝阻作用的处罚措施。

但是，由于各成员国具有对违反出口管制的情况进行执法和处罚的自由，欧盟各国的执法机制和处罚结果存在着差异。欧盟中大多采用行政执法，主要的处罚形式有警告、罚款、没收和吊销出口许可证等，并根据违规情况进行刑事或民事指控。

欧盟外交署（European External Action Service, EEAS）是负责欧盟所有制裁实施的权威机构。欧盟利用贸易制裁来进一步惩罚不断违反出口管制的出口商或者贸易伙伴。制裁可以施加于个人、公司或者国家。

4. 管制清单

根据《规章 428/2009》的主要原则，清单所列的被管制物项在没有出口许可的情况下不能离开欧盟关税区。该管制清单共分 10 类：

0 类：核材料、设施与设备；1 类：特殊材料与相关设备；2 类：材料加工程序；3 类：电子产品；4 类：电脑；5 类：电信与“信息安全”；6 类：传感器与激光；7 类：导航与航空电子设备；8 类：海事；9 类：航空航天与推进系统。

每类物项下又分为 5 项：A：系统、设备与部件；B：测试、检验与生产设备；C：材料；D：软件；E：技术。

5. 欧盟成员国对附加物项的管制

根据《规章 428/2009》，各成员国有权管制附加的/或未列入清单的军民两用物项的出口。另外，若某一个清单外物项出口到某一最终用户可能产生风险，成员国可以通知出口商提供该物项的出口许可；因存在某项出口具有转移至大规模杀伤性武器计划或者违反禁运的风险，出口商须在产品出口前向国家主管部门查询是否需要办理许可；在潜在地具有促进大规模杀伤性武器计划或者向禁运国家运送武器的可能性的情况下，相关的技术支持也受到管制。

三、日本高新技术产品出口管制政策

1. 管制政策体系

从日本政府对华出口管制政策与多边出口管制体系的关系看，日本政府参加了如“巴黎统筹委员会”和“瓦森纳协定”等多边出口管制体系，同时也加入了绝大部分国际出口管制体系，包括核供应国集团、澳大利亚集团、导弹技术控制制度，对相关国际条约所规定的货物实施审查、许可等出口管制措施。该出口管制政策的实施国内法依据是《外汇及外国贸易法（第 48 条）》、《关税法》、《进出口贸易法》和《出口贸易管理令》，这些法律法规规定了出口限制、技术提供限制、出口的事前审批、事后审查等制度。

这一体制的实施机构主要有经济产业省、海关、财务省、日本银行及日本授权外汇银行，其中经济产业省是日本管理出口贸易的主管部门。在管理方式上，经济产业省制定了日本企业自主管理和“全管制”等制度。为了增强出口管制政策的有效性，2006 年 4 月，经济产业省在其产业结构委员会所属安全出口管制委员会下成立了一个由出口管制和防扩散专家组成的工作组。该工作组的目的是加强和修订外汇和外贸法，以协助日本当局防止敏感技术非法转让。

2. “全管制”的安全保障出口管制制度

2002 年以来，日本政府在执行《瓦森纳协定》有关约定的基础上，进一步实施了管制对象和管制范围更为广泛的出口管制政策。这一政策就是自 2002 年 4 月起日本经济产业省开始实施的以所有的货物和技术为对象的名为“全管制”的安全保障出口管制制度。

从其实施对象看，它的实施对象除了恐怖组织，就是朝鲜和中国等被日本政府认为“有潜在威胁”的国家。根据这一制度，经济产业省会定期公布有可能涉足大规模杀伤性武器研发的最终需求者的“外国用户清单”。从 2002 年起，经济产业省收集信息，制定并公布了《全面控制出口管制外国最终用户名单》（以下简称“名单”），每年 4 月修订 1 次。自“全管制”政策实施以来，日本政府每年将多家中国公司、科研机构和大学列入日本实施的《全面控制出口管制外国最终用户名单》。自 2002 年以来，中国一直是日本出口管制的重要管制对象国，企业管制数量仅次于朝鲜、伊朗、印度和巴基斯坦。

从其管制领域来看，范围极为广泛，除了食品和木材等之外，几乎所有的货物和技术都被列入了管制对象。在经济产业省公布的“全管制”管制的对象目录表中，日本出口货物按 HS 分类的 97 类出口产品中，有 49 类处于管制范围。虽然表面上看起来管制类别仅占了 50.5% ，但其囊括了日本对外贸易的所有具备一定技术水平的产品，而剩余的 49.5%的出口产品基本上是资源密集型和劳动力密集型产品，并且其出口比重非常低，对这一部分产品几乎没有任何管制的必要。

从其管理方法看，这一制度以事先申报、企业自查、事后严惩为主。经济产业省还开列了琳琅满目的有关敏感“货物”的清单，如果出口企业的商品在这个清单之列，必须向经济产业省进行申报，获取经济产业大臣的同意。日本出口企业在向列入名单的外国企业出口有关敏感货物和技术时，必须向经济产业省进行“事前咨询”（实质上是审批），否则不得出口。

第三节　我国高新技术产品出口面临的贸易壁垒

随着我国高新技术产品出口的增多，以及高新技术企业实力的增强，我国高新技术产品出口所遭遇的贸易壁垒也逐渐增多。其中，我国高新技术产品出口中占比最大的计算机与通信技术产品是遭遇国外贸易壁垒的“重灾区”，以“华为”和“中兴”通讯两企业为代表。而贸易壁垒的主要形式还是与知识产权有关，例如知识产权诉讼以及美国的 337 调查，此外，尤其是欧美和澳大利亚以“安全”为由阻碍我国高新技术企业在海外拓展业务的现象也增多。与此同时，虽然我国高新技术产品在出口中遭遇的贸易救济调查总体数量不多，但近年来也呈现上升趋势。

一、遭遇贸易救济调查数量不多，但案件数上升

2006～2008 年，我国高新技术产品受到国外贸易救济调查的案件为零；2009～2011 年，每年均有高新技术产品遭受贸易救济调查，每年立案 2～3 起，申诉国为欧盟、印度和美国。

1. 2009 年我国高新技术产品出口遭遇 2 起反倾销调查

2009 年 3 月 18 日，欧盟委员会对原产于中国的货物扫描系统进行反倾销立案调查。涉案产品在欧盟合并编码 ex90221900、ex90222900、ex90278017、ex90301000 下。欧盟委员会初步选定美国作为计算中国涉案产品正常价值的替代国。2010 年 6 月 16 日，欧盟委员会对原产于中国的货物扫描系统作出反倾销终裁，对涉案的中国企业征收 34%的反倾销税。应诉企业有中国威视股份有限公司。

2009 年 4 月 21 日，印度商工部对原产于中国和以色列的 SDH 光传输设备进行反倾销立案调查。涉案产品海关编码为 851762。2010 年 10 月 19 日，印度对原产于中国和以色列的 SDH 光传输设备作出反倾销终裁，对涉案的中国企业征收 7%～266%的最终反倾销税。应诉企业分别是：中兴通讯股份有限公司、华为技术有限公司、深圳华为技术有限公司、深圳市海思半导体有限公司、烽火通信科技股份有限公司、武汉烽火国际技术有限责任公司、杭州依赛通信有限公司、依赛通信有限公司、上海贝尔股份有限公司。

2. 2010 年我国高新技术产品出口遭遇 3 起贸易救济调查——欧盟针对我国出口的无线数据卡发起反倾销、反补贴和保障措施 3 种调查

2010 年 6 月 30 日，欧盟委员会对中国产无线数据卡（又称无线宽域网络调制解调器，英文名：Wireless Wide Area Networking Modems）发起反倾销和保障措施调查。2010 年 9 月 16 日，欧委会又对该产品发起反补贴调查。该案是欧盟首次对中国出口的同一产品同时进行反倾销、反补贴和保障措施 3 种调查，涉及中国企业出口额约 41 亿美元。这是迄今中国遭遇的涉案金额最大的贸易救济调查。2010 年 10 月底，该案申诉方与中国企业达成合作和解协议后提出撤诉。

3. 2011 年我国高新技术产品遭遇 2 起贸易救济调查——美国针对我国出口的晶体硅光伏电池发起反倾销和反补贴合并调查

2011 年 11 月 8 日，应美国太阳能工业公司（Solar World Industries America Inc. （OR））的申请，美国商务部对原产于中国的晶体硅光伏电池（无论是否组装入模块）进行反倾销和反补贴立案调查。据美方统计，2011 年，中国涉案产品对美出口金额约为 31 亿美元，此次案件裁决将影响到 59 家中国太阳能产品生产企业。

截至 2012 年 11 月底，欧盟已分别于 2012 年的 9 月和 11 月对原产于中国的晶体硅光伏组件及关键零部件发起进行反倾销和反补贴立案调查；而 2012 年 11 月，印度又对原产于中国的太阳能电池发起反倾销调查。

纵观我国光伏产业的现状，业界形容其是两头在外（指高纯度多晶硅需要从国外进口，光伏组件和电池 90%以上出口海外市场，其中欧洲市场占据了出口量 70%，对美国出口约占到总出口的 10%）。欧盟和美国对我国光伏产品的贸易救济调查对产业的影响较大（表 8-1）。

表 8-1　2009～2012 年 11 月底我国高新技术产品遭遇国外贸易救济调查简表

立案年份	案件类型	申诉国	涉案产品
2009 年	反倾销	欧盟	货物扫描系统
	反倾销	印度	SDH 光传输设备
2010 年	反倾销、反补贴、保障措施	欧盟	无线数据卡数据卡
2011 年	反倾销、反补贴	美国	晶体硅光伏电池
2012 年 1～11 月	反倾销、反补贴	欧盟	晶体硅光伏组件及关键零部件
	反倾销	印度	太阳能电池

数据来源：中国贸易救济信息网整理

二、遭遇美国 337 调查数量较多，且呈上升趋势

2006 年以来，我国高新技术产品遭遇美国 337 调查数量较多，且呈上升趋势。以电子产品为例，2008～2011 年，电子产品在各年涉华的 337 调查中占比均在 50%以上。2006 年，涉华 337 调查中电子产品案件数为 3 起，在 337 调查涉华案件中占比 23.08%；2007 年升至 9 起，占比 47.37%；2008 年为 7 起，占比 53.85%；2009 年为 10 起，占比 66.67%；2010 年达 23 起，占比 88.46%；2011 年为 16 起，占比 59.26%（图 8-5）。

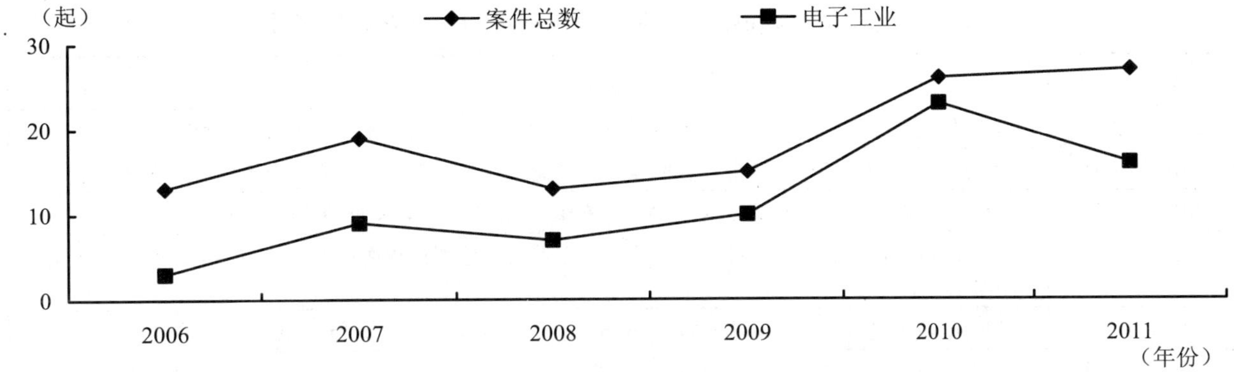

图8-5　2006-2011年涉华337调查及电子产品337调查立案走势

数据来源：中国贸易救济信息网整理

三、知识产权诉讼频繁

1. 爱立信在英国、德国诉中兴通讯侵权

据了解，中兴通讯于 2011 年 4 月 7 日发布了《诉讼公告》，公告了爱立信起诉中兴通讯全资子公司 ZTE（UK）LIMITED（以下简称“英国中兴”）数款手机产品侵犯其技术专利，要求英国中兴停止侵权并赔偿损失，但爱立信并未在诉状中提出具体求偿金额。英国中兴已于 2011 年 6 月 20 日提交了答辩状，2011 年 7 月 27 日，英国当地法院下发了诉讼程序时间表，确定本案最早将于 2012 年 6 月开庭审理。

2011 年 4 月 14 日及 2011 年 5 月 23 日，爱立信分别在德国杜塞尔多夫地区法院和曼海姆地区法院提起对本公司全资子公司 ZTE Deutshland GmbH（以下简称“德国中兴”）侵犯其技术专利的起诉，要求德国中兴停止侵权并赔偿损失，当地法院预估本案的争议标的额分别为 1080 万欧元和 227.5 万欧元。

2. InterDigital 在美国诉华为、中兴侵权

2011 年 7 月 27 日，据外媒报道，无线通信技术专利公司 InterDigital 向美国国际贸易委员会（ITC）提交诉状，指控诺基亚、华为和中兴侵犯了该公司 7 项技术专利。

3. 摩托罗拉与华为在美国互诉侵权

2010 年 7 月，摩托罗拉公司起诉华为“窃取商业机密”。摩托罗拉在起诉书中称，过去 10 年来，华为与十多名摩托罗拉员工“合谋窃取”了其手机网络设备方面的详细机密信息。华为很快对此予以反驳，称摩托罗拉的起诉“毫无道理”。2011 年 1 月 24 日，华为也将摩托罗拉告上美国法院，称“旨在阻止摩托罗拉非法向诺西转移华为自主研发的知识产权”。双方 2011 年 4 月 13 日发表联合声明称，“已就所有未决诉讼达成和解”，“同意摩托罗拉向华为支付转让费”。

4. 美国超导在中国诉华锐风电侵权

2011 年 9 月，美国超导对华锐风电发起知识产权诉讼，指其在未获授权的情况下使用其专有的风力发电机软件代码，并违反供应合同等。美国超导分别在北京市高级人民法院、北京市第一中级人民

法院和海南省第一中级人民法院，对华锐风电提起了 3 项有关知识产权的诉讼。

四、以“安全”为由的贸易壁垒限制较大

华为和中兴两家企业近年来快速发展，目前已分居全球通信设备商排行榜的第二和第五位，两公司海外市场销售均高于其在国内市场销售。华为 2011 年海外市场实现销售收入人民币 1383.64 亿元，在销售收入中占比约 68%；中兴通讯 2011 年欧美及大洋洲销售收入 204.47 亿元，同比增长 42.17%，在销售收入中占比 24%（表 8-2）。

表 8-2　华为、中兴在欧美及大洋洲以安全为由遭遇的贸易壁垒

时　间	事　　件
2008 年 2 月	美国外国投资委员会阻挠了华为和贝恩资本对电子器件生产商 3Com 的联合收购
2010 年 7 月	华为高价竞购美国私有宽带互联网软件提供商 2Wire 失败，华为被拒绝的理由是安全考虑
2010 年 7 月	华为参与竞购摩托罗拉的无线业务资产，在出价高的情况下，意外地败给诺西
2011 年	华为准备在伦敦奥运会免费安装总值 8 千万美元的地铁移动通讯项目，被英国政府以国家安全为由拒绝
2011 年初	美国第四大电信运营商斯普林特（Sprint）拒绝了中兴帮助建设新的 4G 电信网络的投标
2011 年 2 月	华为公司迫于美方压力，主动撤销了向美国外国投资委员会提交的收购三叶公司（3Leaf）技术资产的申请
2012 年 3 月	华为被隔绝于澳大利亚国家宽带竞标案之外
2012 年 10 月	2012 年 10 月 8 日，美国众议院情报委员会发布报告称，中国华为和中兴通讯公司，有可能对美国国家安全构成威胁，并建议美国禁止该两家公司在美开展业务
2012 年 11 月	据印度当地媒体报道，印度政府将于近期举行高层会议，以决定是否对华为和中兴通讯在印度的业务展开调查

数据来源：公开资料整理

近年来，以安全为由的贸易壁垒，尤其是这两家通信设备制造商在进入欧洲、美国和大洋洲市场时，阻力重重，使企业遭受了一定的经济损失。

第九章　全球对华贸易救济调查典型案例

案例1　美国对华环状焊接碳素钢管双反调查案

一、案件基本情况

2007年6月28日，美国商务部发布通知，应美国联合钢管和管道公司（Allied Tube & Conduit Corp.）、伊普斯科钢管公司（IPSCO Inc.）、西北管道公司（Northwest Pipe Company）沙龙管道有限公司（Sharon Tube Co.）、西部钢管和管道公司（Western Tube & Conduit Corp.）韦特兰德钢管公司（Wheatland Tube Company）和美国钢铁工人联合会的申请，决定对原产于中国的环状焊接碳素钢管启动反倾销和反补贴调查。涉案产品海关编码为73063010.00、73063050.25、73063050.32、73063050.40、73063050.55、73063050.85和73063050.90。

据美国国际贸易委员会统计，2007年，美国共有21家环状焊接碳素钢管生产企业，雇员2450人。美国国内环状焊接碳素钢管的表观消费量达到260万短吨，表观消费额为22亿美元。其中，美国国内产业年销售环状焊接碳素钢管（不包括出口）140万短吨，销售额为14亿美元。美国国内进口环状焊接碳素钢管74.8181万短吨，进口额达4.71亿美元，其中，来自中国的环状焊接碳素钢管的进口量在美国的市场份额为29.0%，进口额占美国市场份额的21.5%。

2008年1月4日，美国商务部发布通知，对原产于中国的环状焊接碳素钢管作出反倾销初裁。通知指出，由于天津双街集团撤出本次反倾销调查应诉，不再适用单独税率，因此，对该涉案企业适用普遍税率。

2008年5月30日，美国商务部发布通知，对原产于中国的环状焊接碳素钢管作出反倾销和反补贴终裁。2008年6月20日，美国国际贸易委员会发布通知，认定原产于中国的环状焊接碳素钢管的倾销和补贴行为给美国国内产业造成了实质性损害。根据美国国际贸易委员会的肯定性损害终裁结果，美国商务部将对原产于中国的环状焊接碳素钢管发布反倾销和反补贴措施令。

二、关于产业损害的认定

美国国际贸易委员会从涉案产品的进口量、涉案产品对价格的影响、涉案产品对国内产业的影响等方面详细分析了原产于中国的涉案产品所造成的实质性损害和实质性损害威胁。

1. 涉案产品对价格的影响

在评估涉案产品对价格的影响时，美国《1930年关税法》第771（7）（C）（ii）节规定，委员会应该考虑：

（1）与美国国内同类产品价格相比，进口产品是否存在明显的低价销售行为；

（2）此商品的进口是否在很大程度上压低了价格，或很大程度上抑制了本应发生的价格增加。

进口自中国的涉案产品及美国国内的管线管产品之间存在较高的可替代性，而国内同类产品及涉案产品绝大部分在现货市场出售给了经销商。价格，以及满足产业标准的质量是两个最重要的购买因素。

委员会搜集了 4 英寸、6 英寸、8 英寸以及 12 英寸 API 5L 标准 B/X-42 环形碳素管线管的季度价格数据。8 家美国生产商、8 家中国管线管进口商以及 15 家来自其他国家的管线管进口商就上述 4 类产品分别报出了不同的价格。

上述 4 类产品的进口产品价格在所有季度中均低于美国国内同类管线管产品。在 56 个季度价格对比中，涉案产品低于美国国内同类产品销售价格的平均幅度达 30.4%。鉴于低价幅度的大小和关联度以及国内同类产品和进口产品的可替代性，美国国际贸易委员会裁定，涉案产品的低价销售是显著的。

尽管与 2005 年相比，2006、2007 年美国的表观消费（量）出现了大幅增长，且（销售）成本上升，但美国国内生产的管线管价格稳定，仅在 2005 年～2008 年一季度出现波动。上述 4 类产品的价格呈现较为相似的发展趋势。

美国国际贸易委员会裁定，涉案产品很大程度上抑制了本应发生的国内价格上涨。2006～2007 年，国内产业的销售成本（COGS）呈增长态势，这主要是因为单位原材料成本价格的增长。产业提高了其净销售的单价，但这并不足以抵消成本的上升。2005～2007 年，国内产业的销售成本占净销售的比例逐步增大。

尽管 2005～2007 年需求出现了实质性增长，但国内产业不可能通过抬高价格来抵消成本的上升。

2008 年，涉案产品的进口量由于立案申请（的提出）而下降，美国国内产业可以提高其产品价格来抵消成本的上涨，同时提高其收益率。

基于上述情况，美国国际贸易委员会对 2008 年中期的数据考虑较少。

美国国际贸易委员会认为，涉案产品很大程度上抑制了国内产业通过提高产品价格来抵消成本的上涨。因此，美国国际贸易委员会裁定，受补贴的涉案产品的进口量的增长很大程度上抑制了本应发生的价格上涨。

2．涉案产品对国内产业的影响

在审查涉案产品的影响时，美国《1930 年关税法》第 771（7）（C）（iii）节规定，委员会“应该评估一切与产业有关的经济因素。”这些因素包括产量、销售、库存、筹措资金的能力、研发以及影响国内价格的因素。没有一个单一的因素是决定性的，应考虑“对受影响的产业而言是特定的商业周期以及竞争状况”，并在此背景下审查所有的相关因素。

2005～2007 年，当管线管的需求上升时，美国国内产业的产量、产能利用率、出货量以及净销量得以提高。在此期间，美国国内管线管产量提高了 35.0%，美国国内生产商的出货量增长了 39.1%，尽管美国国内生产商的库存量与出货量的比例也提高了。

美国国内产业也可能提高其净销售额，以及调查期的产能利用率，尽管其产能已经提高。

除了产量和出货量的增长，调查期内，绝大部分美国国内产业的就业指标也得到了改善。产品数量以及工人、总共时、工资总额和小时工资都呈增长态势。生产力略有下滑，但国内产业提高了其资本支出。

即使在需求强劲的时候，国内产业的产量迅速增长，但国内产业的盈利和市场份额仍遭受了重创。虽然需求增长可以使国内产业保持盈利，但 2005～2007 年国内产业的营业收入下降了 25.9%，且 2006～2007 年下降了 49.5%。同时，虽然国内产业提高了其产能和产量，但其市场占有率下降了 7 个百分点。美国国际贸易委员会认为，盈利的下降是因为原产于中国的受补贴涉案产品的出现以及其价格抑制效应，而这种价格抑制在 2007 年最为明显。只有那些集中向大型项目的终端用户销售管线管的国内生产商未受到来自涉案产品的任何程度的影响，因为涉案产品在该商业领域不存在竞争。

美国国际贸易委员会也考虑了非涉案产品在调查期内在美国市场的份额。非涉案产品在美国市场上大量存在。许多买家表示，来自主要的非涉案供应国的焊接管线管是可以与国内产品互换的。另一方面，非涉案产品的定价一直高于涉案产品，这表明，非涉案产品并未进行激烈地竞争，且并未像涉案产品那样抢占美国国内产业的市场份额。相对于涉案产品而言，在调查期，非涉案国的生产商与美国国内生产商均丧失了大量的市场份额。美国国际贸易委员会认为，上文所述的国内产业遭受的实质性损害不能归因于任何程度的非涉案产品的进口。

当2008年中期立案申请的提出致使涉案产品进口量下降时，美国国内产业可能会提高其产品价格和盈利。与在上文讨论涉案产品进口量和价格影响中描述的原因相同，美国国际贸易委员会对2008年中期数据的考虑较少。

焊接管线管产业的商业周期是这样的，即国内生产商必须在需求强劲期使其利润最大化，以支撑需求不景气时由于油气产业的自然周期所导致的管线管订单减少。而考虑到市场份额及对国内生产商产品价格的抑制，在2007年需求强劲时，涉案产品限制了国内产业的利润。

美国国际贸易委员会裁定，在调查期，涉案产品已对美国国内产业的竞争环境形成了显著的负面影响。基于上述讨论，涉案产品从美国国内产业那里抢占了大量的市场份额，而相对美国国内产业而言其存在明显的低价销售行为，且其很大程度上抑制了国内同类产品的国内价格。国内产业在成本提升的情况下，无法通过提高价格来抵消上升的成本。在调查期，涉案产品进口量的增长及其对美国国内同类产品价格的负面效应实质性地影响了美国国内产业的盈利和市场份额。

3．主席 Shara L. Aranoff、副主席 Daniel R. Pearson 及委员 Deanna Tanner Okun 有关实质性损害的观点

美国《1930年关税法》第771（7）（F）节规定，委员会应该通过分析是否“更进一步的倾销或补贴即将到来，以及是否如果不发布命令或中止协定，进口产品所造成的实质性损害将要发生”，以裁定涉案产品是否给美国国内产业造成了实质性损害威胁。委员会不可能“仅依据指控、推测或极小的可能性”作出如此裁定，而委员会在就是否“更进一步的倾销或补贴即将到来以及是否如果不发布命令进口产品所造成的实质性损害将要发生”作出裁定时，将威胁因素“作为一个整体”考虑。在作出裁定时，美国国际贸易委员会考虑了与该项调查有关的所有法定的威胁因素。

基于调查记录，美国国际贸易委员会裁定，进口自中国的涉案产品给美国国内产业造成了实质性损害威胁。

进口自中国的涉案产品造成的实质性损害威胁

（1）涉案产品可能的进口量

基于上述讨论，在调查期，涉案产品进口量及其市场渗透率显著增长，这表明了进口产品大量增长的可能性。涉案产品的进口量从2005年的15549短吨增至2006年的169625短吨，2007年的236358短吨。涉案产品从国内产业那里夺取了大量的市场份额，同时，非涉案产品的市场份额也逐步下降。国内产业市场份额的整体损失部分是由于涉案产品的快速增长而造成的。

涉案产品进口的增长不仅出现在2005～2006年美国市场需求增长时，还出现在2006～2007年美国市场需求稳定时。涉案产品进口量在这两个时期的增长表明，这种增长并非简单地由美国市场对管线管产品的强劲需求引发的。仅仅在反倾销和反补贴立案调查之后，涉案产品的进口量开始下降，且基于上述讨论，美国国际贸易委员会将涉案产品进口量的这种随后的下降归因于立案调查的不确定性。美国国际贸易委员会认为，在调查期，涉案产品进口量的增长表明，这种增长可能是因为缺乏进口救济措施。

关于中国的管线管产能，中国已成为全球最大的焊接管线管产品生产国。世界钢铁协会指出，目前，中国是全球最大的焊接管线管产品生产国，而其焊接管线管产量估计达2210万短吨。美国国内的利害关系方确定了在中国的管线管生产商。

但中国涉案企业仅有昆山铭珠（Kunshan Pearl）一家对委员会的通知予以了回应。目前，估计中国的环形碳素管线管产能总计达 850 万短吨。

预计中国焊接管线管的产能将进一步增长，因为有数台新的焊接管线管生产设备将于2009年上线。同时，也有新闻报道了几个正在进行中的扩建项目，而这些项目将使中国的管线管产能扩大 273 万吨。中国政府预计，中国焊接管线管的整体产能将快速增长。

由于中国生产商已逐步成为出口导向型企业，其新增加的大部分产品将投入出口市场。由于中国石油和天然气生产商较少，而截至 2008 年 10 月中国仅有 10 台陆地钻探设备，所以中国的管线管产品在国内市场受到限制。而且，其大量的出口很可能是针对美国市场。中国管线管生产商越来越依赖美国市场，2005～2007 年，其对美国市场的管线管出口比例逐步增长。美国国际贸易委员会认为，这些即将来临的产能增长以及集中对美国市场的出口增长表明了在缺乏进口救济的情况下，涉案产品进口增长的可能性。

鉴于缺乏来自中国产业的答复，中国的闲置产能很难量化。有限的在册证据表明，2007 年，中国生产商正在使用的产能利用率达 94.4%。而基于中国 850 万短吨的产能，2007 年中国生产商的闲置产能达 47.6 万短吨，这相当于 2007 年美国表观消费量的约 34.6%，美国国际贸易委员会认为是显著的。近期，全球范围内环形碳素管线管及其他管线管产品需求下滑，这表明当前的闲置产能很可能会更高。

目前，中国正用于生产其他管线管产品的生产设备也可以转而生产涉案的管线管产品。

在近期有关标准管的调查中作出回应的 5 家环形碳素管线管生产商指出，他们用相同的设备生产环形碳素管线管及其他产品。2005～2007 年，这些生产商提高了其环形碳素管线管的产量，以应对该产品全球需求的强劲增长。

目前，中国生产商有意从生产标准管及其他管线管产品转而生产环形碳素管线管。在美国、加拿大、欧盟和澳大利亚，中国的标准管面临进口限制或主动调查（active investigations）。而且，中国管线管生产企业已经转移了一些石油管材（OCTG）的生产，以避免欧盟和美国的反倾销措施。

中国政府通过对热轧带钢及其他焊接管线管产品征收 15%的出口税，而对出口的环形碳素管线管给予 13%的增值税出口退税，来鼓励环形碳素管线管产品的出口。2008 年 1 月，中国政府将环形碳素管线管从适用于包括标准管在内的各种钢铁产品的出口税中予以排除。这些给予环形碳素管线管相对于其他钢铁产品的优惠待遇，鼓励中国企业转移生产，从而提高环形碳素管线管的出口。

鉴于中国生产商近期所能享受的优惠政策，美国国际贸易委员会认为，他们可能继续转而生产环形碳素管线管产品，除非对其征收反补贴税。

（2）涉案产品的低价销售及价格影响

美国国际贸易委员会根据美国市场主要的竞争情况，评估可能的低价销售和价格的影响。涉案产品与国内产品存在高度可替代性，且价格是决定购买的重要因素。基于上述讨论，美国国际贸易委员会裁定，在本案调查期，涉案产品一般以明显低于国内产品价格的价格销售。

低价销售行为不仅发生在 2005～2006 年需求增长 60%以上时，而且在 2006～2007 年需求稳定时这种行为仍在继续。鉴于低价销售是连续性的且其在美国市场需求变化时依然存在，低价销售行为未来也很可能继续存在。同时，在本案调查期，涉案产品抑制了本应发生的国内产品价格的增长。只是在 2008 年 4 月立案调查之后，国内产业才可以通过提高产品价格来抵消成本的上涨。鉴于涉案产品的进口量可能继续大幅增长，美国国际贸易委员会认为，未来，涉案产品可能对美国国内产品的价格产生显著的抑制作用，且很可能增加进口需求。

（3）可能带来的影响

由于急剧上升的市场需求，在本案调查期，美国国内产业经历了一些积极的变化。2005～2007 年，美国国内产业的产能增长了 9.4%，产量增长了 35.0%，且其产能利用率增长了 14.1 个百分点；同时，其出货量增长了 39.1%，净销售额增长了 35.8%。

但是，由于 2005～2007 年涉案产品进口量的增长，单位销售成本的（COGS）上升，以及国内产业不可能通过充分提高其产品价格来平衡上升的生产成本，这些导致国内产业的销售成本与净销售额的比例上升了 6.7 个百分点，营业利润（operating income）下降了 25.9%，营业利润率（operating income margin）从 18.3%降至 8.9%。

基于上述讨论，美国国际贸易委员会将国内产业 2007 年财政业绩的下降归因于受补贴的涉案产品的竞争。鉴于调查期需求的急剧增长以及非涉案产品进口的下降，国内产业的盈利即使没有改善也应该可以维持。但是，由于涉案产品占据了美国表观消费量增长的绝大部分，抢占了美国国内产业的市场份额，始终以低于其国内产品价格的价格销售，以及阻止国内产业通过提升产品价格来抵消由于原材料价格上涨所导致的生产成本上升，美国国内产业盈利下滑。

然而，国内产业尚未受到涉案产品所引发的实质性损害，尽管国内产业经历了盈利下滑，但允许国内产业避免遭受实质性损害的条件之一已经改变。

需求强劲期发生在调查期的绝大部分时间，这减轻了涉案产品进口量增长的影响。近期需求下滑的持续时间是不确定的，但很明显，2006 年和 2007 年所经历的未来不会再发生。基于上述详细分析，由于石油和天然气价格下滑以及房地产业的不景气，近期对环形碳素管线管的需求已经急剧下滑。

据悉，大型管道项目被取消，导致针对终端用户的销量下降。这是显著的，因为针对终端用户的直接销售是美国国内生产商不会与涉案产品发生竞争的市场的一部分。另外，因为国内产业有利可图，尤其是在 2005 年和 2006 年，可能缓解涉案产品进口增长所产生的影响。但是，由于有利的需求条件支撑低价涉案产品的进口持续增长，2006～2007 年国内产业的盈利下滑。基于美国国际贸易委员会对包括近期市场发展在内的情况的考虑，美国国际贸易委员会认为，国内产业极易受到涉案产品进口量迅速增长所造成的实质性损害。

在缺乏进口救济措施的情况下，美国国内产业不可能屏蔽涉案产品进口量显著增长及其持续以低于国内同类产品价格销售的行为所产生的影响。国内产业可能经历产量、出货量及市场份额的显著下降，以及产品价格被显著抑制，从而致使就业和盈利下降。

同时，美国国际贸易委员会认为，涉案产品将对美国国内产业发展产生消极影响。2005～2006 年，需求的急剧增长减轻了涉案产品的影响，而国内产业即使在市场份额丧失的情况下利润仍出现了增长。但是，这种趋势在随后的几年未能继续，因为需求趋稳，而涉案产品继续增长，国内产业经历了财务业绩的下滑。由于涉案产品未来将继续增长，国内产业将失去的不仅仅是市场份额，而且包括销量。由于日益激烈的竞争继续阻止国内产业通过提高产品价格来抵消生产成本的上升，国内产业将经历营业利润率的下滑，以及雇工、资产收益、生产设备维护和升级能力的下降。

在调查涉案产品是否对国内产业造成了实质性损害威胁时，美国国际贸易委员会也考虑了其他可能导致损害的因素以确保美国国际贸易委员会不会将其他因素所导致的损害归因于涉案产品。基于上述讨论，美国国际贸易委员会认为，管线管产品需求的下滑似乎使国内产业更容易受到进口产品的影响。即便如此，美国国际贸易委员会认为，上述国内产业可能遭受的实质性损害不可能归因于需求疲软及非涉案产品的任何程度的影响。首先，2008 年中期，涉案产品进口量下降，虽然需求疲软但国内产业的实际境遇得到了改善。其次，在本案调查期，非涉案产品的定价通常高于涉案产品，这表明非涉案产品竞争力不强，且其不可能像涉案产品那样抢占国内产业的市场份额。因此，美国国际贸易委员会认为，在对国内产业造成的实质性损害中，这些其他因素不可能充当主要角色。

鉴于法定的威胁因素和整个记录，美国国际贸易委员会认为，更多的来自中国的、受补贴的环形碳素管线管的进口即将来临，且如果不发布命令涉案产品所导致的实质性损害将要发生。据此，美国国际贸易委员会裁定，进口自中国的环形碳素管线管给美国生产该类产品的国内产业造成了实质性损害威胁。

结论：基于上述原因，美国国际贸易委员会裁定，已被美国商务部裁定受到中国政府补贴的、进口自中国的环形碳素管线管给美国国内产业造成了实质性损害，或实质性损害威胁。

三、美国商务部可获得不利信息使用情况

1．“可获得不利信息”的适用

美国《1930年关税法》第776（a）（1）和（2）节规定，如果某些必要信息未被记录或者某个利害关系方或者任何其他人：（1）就要求提供的某些信息作出了保留；（2）未能在商务部确定的期限之内，或未以商务部所要求的方式提供有关信息；（3）严重妨碍了相关调查程序；或（4）所提供的信息未能根据《1930年关税法》第782（i）节的规定予以核实。

如果商务部确定就某个提供信息的要求所作出的回复不符合该要求，《1930年关税法》第782（d）节规定商务部将通知作出回复的相关方，并在可行的范围内为该相关方提供就上述任何信息的缺乏作出弥补或解释的机会。如果该相关方未能在合理期限内弥补上述信息的缺乏，根据《1930年关税法》第782（e）节之规定，商务部将认定任何最初回复及之后所作出回复的全部或部分不具有适当性。《1930年关税法》第782（e）节规定，商务部“不应该拒绝考虑由利害关系方提供的、对于裁决具有必要性，但是未能完全满足主管部门所确定的所有适当要求的相关信息”，如果该信息是及时的、可以被核实的，并且未达到不能被采用的不完全程度，以及利害关系方在提供该信息时已经尽了最大努力。如果上述所有条件都被满足，法律规定商务部在不存在不适当困难的情况下应该采用上述信息。

《1930年关税法》第776（b）节规定，在相关方未能尽其最大努力以提供符合要求的信息之时，商务部可能会在适用“可获得事实规则”时进行不利推理。同时，《1930年关税法》第776（b）节也授权商务部可以使用来自于申诉书、最终裁决、此前的行政复审，或者置于案卷记录中的其他信息的“可获得不利信息”。

《1930年关税法》第776（c）节规定，在商务部采信二手信息而非在调查或审查过程中所获得信息的时候，商务部应该在可行的范围内，根据其可以合理支配的独立信息来源，对该信息加以核实。“核实”一词意味着商务部自己确信，将予使用的二手信息具有证明力。为了核实二手信息，商务部将在可行的范围内对被采用的信息的可信性和相关性进行审查。但《行政行动声明》（SAA）强调商务部无需证明其所选的可获得事实都是最佳的替代信息。

商务部认定，根据可获得事实对天津双街钢管集团有限公司（“双街集团”）作出最终裁决的做法是适当的。双街集团未能对2007年10月24日要求其提供与紧急情况的主张有关的运输数据的要求作出回复，也未能对商务部2007年10月25日的补充问卷作出回复，而在2007年10月31日，又从相关记录中最终撤回了所有有关其资产的信息。

因此，《1930年关税法》第776（a）（2）（A）节使得可获得事实的采用具有了正当性。

在众多可获得事实中进行选择的时候，根据《1930年关税法》第776（b）节之规定，商务部确定了有进行不利推理的正当理由，因为除了未能对所有要求其提供信息的要求作出充分的回复外，双街集团还中途退出调查，并且没有为商务部提供核实其所提交信息的机会。因此，双街集团没有尽其最大努力，也没有配合调查。因此，美国国际贸易委员会完全根据所有的“可获得不利信息”作出了最终裁决。

同时，美国国际贸易委员会也认定，针对中国政府未能提供的某些信息，或者某些无法被核实的信息适用可获得事实是适当的。具体而言，虽然商务部要求中国政府提交有关钢铁产业的地方政府规划，中国政府宣称不存在此类规划。可是，在核查过程中，商务部发现了《山东钢铁产业规划》。此外，商务部无法核实有关中国 HRS 产业的国有化水平的信息，因为中国政府没有如实披露相关数据来源。在上述情形下，中国政府未能尽其最大努力，因此，“可获得不利信息”的适用就具有正当性。

2. “可获得不利信息”的选择

在决定哪些事实可以被作为“可获得不利信息”（AFA）之时，《1930 年关税法》第 776（b）节和 19 CFR 351.308（c）（1）授权商务部可以根据来自于以下文件的信息（1）申请书；（2）调查中的最终裁决；（3）任何此前的复审或裁决；（4）任何有记录的信息。商务部的通常做法是选取相关程序中计算出的最高比率作为“可获得不利信息”。

在从众多信息来源中选择一个不利比率之时，商务部的通常做法是确保选取的幅度达到足够不利的程度从而“可以实现可获得事实规则的目的，以引导应诉方及时向商务部提供完整和准确的信息”。商务部的通常做法同时确保了“相关方不会通过不配合调查而获得比完全配合调查更为有利的结果”。在激励应诉方准确作出应诉和施加一个与应诉方此前的商业活动具有合理关联的比率之间实现适当平衡之时，选择此前最高比率的做法“体现了一种通常意义上的推理，该推理认为最高的比率是当前幅度的最为有力的证据，因为如果不是如此，了解这一规则的进口商将会主动提供有关信息以证明当前的幅度是较低的”。

因此，对于有关未提供充分对价而取得货物事项的任何项目，商务部对于未提供充分对价而取得热轧钢事项适用了金洲集团的比率。对于增值税（VAT）项目，美国国际贸易委员会无法使用来自于本程序的各企业具体的比率，因为应诉方均未从这些补贴项目获得可抵消补贴。因此，对于增值税项目，美国国际贸易委员会也对所有列示的项目适用了最高的补贴率，具体在当前场合就是金洲集团未提供充分对价而取得热轧钢的比率。

对于补贴项目，美国国际贸易委员会并没有依据计算出来的最高的最终比率，因为该比率明显是微量的。作为替代，美国国际贸易委员会适用了计算出来的最高的最终补贴率，也就是金洲集团在未提供充分对价而取得热轧钢的比率。

最终，对于与降低所得税或免除所得税有关的 6 个所谓的所得税项目，美国国际贸易委员会已经进行了一项不利推理，该推理认为双街集团在调查期未支付所得税。中国企业所得税的标准税率为 30%，加上省区 3%的所得税率。因此，这 6 个所得税税率项目所可能获得的最大益处是 33%。因此，美国国际贸易委员会合并适用了 33%的“可获得不利信息”（AFA）税率。这 33%的“可获得不利信息”（AFA）税率并不适用于所得税减免或信贷项目。对于所得税减免或信贷项目，美国国际贸易委员会对所列示的所有项目适用了最高补贴率，具体在当前场合下就是金洲集团未提供充分对价而取得热轧钢的比率。

在针对最初裁决所进行的变更中，美国国际贸易委员会没有为其所宣称的省级补贴项目指定比率，因为有证据显示天津双街集团并不位于这些省区。

根据《1930 年关税法》第 776（c）节之规定，美国国际贸易委员会不需要核实这些比率，因为这些比率不被认为是二手信息，他们根据的是调查过程中所获取的信息。

关于对中国政府适用“可获得不利信息”的情形，在中国政府未就企业的所有权状况提供相关信息的情况下，美国国际贸易委员会将这些企业视为国有企业。同时，在省区钢铁产业发展规划没有被提供的情况下，美国国际贸易委员会发现了某些省区存在相关政策。

案例2　美国对华可锻铸铁管附件反倾销案

美国对华可锻铸铁管附件反倾销案是美国国际贸易委员会作出存在实质性损害威胁的案例之一。截至目前，我国贸易救济调查案件中还没有裁定实质性损害威胁的案例。本文对该案的整体情况、裁决过程中利害关系方争论的焦点以及美国国际贸易委员会关于实质损害威胁的裁决过程等方面进行了详细的归纳和整理。

一、案件基本情况

可锻铸铁管附件可被用来连接两个或两个以上的管道，或将一个管道连接到许多其他设备上，或改变管道液体的流向，或被用于封闭一个管道，主要应用于住宅或非住宅类建筑的天然气和给水系统以及炼油业管道系统。

2002年11月19日，应Anvil International, Inc.、Portsmouth、NH和 Ward Manufacturing, Inc., Blossburg, PA四家国内公司的申请，美国国际贸易委员会对原产于中国的可锻铸铁管附件进行反倾销产业损害立案调查；2002年11月25日，美国商务部对原产于中国的可锻铸铁管附件进行反倾销立案调查；2002年12月11日，美国国际贸易委员会对此案作出肯定性产业损害初裁；2003年6月6日，美国商务部对此案作出初裁：北京赛林克五金制品有限公司144.43%、济南玫德铸造有限公司13.8%、廊坊泛达管件有限公司4.96%、承德可锻铸铁总厂52.5%、SCE有限公司52.5%；普遍税率：146.41%；2003年10月21日，美国商务部对此案作出终裁，税率如下：北京赛林克五金制品有限公司：14.32%、济南玫德铸造有限公司：11.35%、廊坊泛达管件有限公司：7.35%、承德可锻铸铁总厂：10.96% 、SCE有限公司：10.96%；普遍税率：111.36%；2003年12月3日，美国国际贸易委员会对此案作出肯定性产业损害终裁。

截至目前，美国商务部对此案共进行了4次行政复审，其立案时间分别为2005年1月31日、2006年2月1日、2007年2月2日和2008年1月28日。其中，于2006年2月1日、2007年2月2日和2008年1月28日立案的行政复审均由于申诉方撤诉而终止调查；而于2005年1月31日立案的行政复审在2006年6月29日作出终裁，具体税率如下：北京赛林克五金制品有限公司：14.69%、廊坊泛达管件有限公司：6.95%、SCE有限公司：53.64%、承德可锻铸铁总厂：81.64%；普遍税率：111.36%。

二、争论焦点

1. 可获得信息原则是否适用于原料价值的认定

申诉方的观点：

申诉方提出，应诉方未能按照要求提供其在生产中所投入的可锻铸铁原料的相关数据，这使得可获得信息原则有理由被得以继续运用。申诉方指出，实际上每名应诉方所报告的原料耗用量比申诉方所报告的数量更少。申诉方指出，即使更为高效的生产工艺也无法合理解释在原料耗用上所存在的上述差异，因为中方生产者在使用更为陈旧的工艺的前提下不可能比申诉方具有更高的生产率。因此，申诉方主张，商务部应该在终裁中适用可获得信息原则，以对应诉方在生产记录保持和报告方面所欠缺的资料作出合理解释。申诉方宣称，应诉方漏报其在生产中投入的金属原料的事实可以被如下事实验证：没有应诉方在调查期向调查机关提供其在调查期生产被调查产品时所回收的和使用的原料数量及其来源的相关记录。

根据初裁，申诉方指出，调查主管部门已经要求应诉各方就其在生产过程中所投入的全部原料作出报告，但自初裁迄今，应诉方尚未提供有关原料耗用量的信息报告。申诉方主张，在这种情况下，可获得信息原则的适用性就得到了保障，因为应诉方没有按照调查机关依法提出的要求就其生产中的原料耗用量提供相关报告。申诉方认为，对于生产中所耗用原料的最佳可获得信息就是根据调查申请以及申诉方 2003 年 5 月 15 日的信函综合判断得出的，该上述信息也正是商务部在作出初裁时所依据的信息。

申诉方进一步主张，应诉方就其在生产中回收利用的可锻铸铁的理论价值的计算与那些从铸模车间外回收利用至生产中的可锻铸铁的数量并不一致。因此认为，应诉方缺乏相关的生产记录信息支持其以下主张：从河床里回收的可锻铸铁几乎被全部投入到生产过程中。申诉方主张，根据浇铸车间里生产的半成品的重量所得出的理论上的河水比率（river ratios）不应该被采信，因为其已被证明不是测算原料实际耗用量的可靠依据。申诉方进一步主张，即使河水比率准确反映了回收利用的产出，应诉方仍未提供可以说明其从生产车间外回收利用至生产过程中的原料数量的相关数据。申诉方指出，在调查申请中所报告的原料耗用量和应诉方自己所报告的原料耗用量之间存在差异。申诉方指出，济南玫德铸造有限公司（下称 JMC）最有可能在生产中存在没有记录的原料耗用，因为 JMC 可能将从其他车间回收的可锻铸铁用于生产过程中，该其他车间在生产美国标准的管件时依据了不同的国际标准。申诉方指出，JMC 阻止了对导致该不一致的原因作出的进一步调查，因为 JMC 并未就这些车间的生产要素数据（FOP）发布报告，而上述数据“似乎应该在本案调查范围之内”。

申诉方同时主张，由应诉方提供的近期采样数据不应在调查中被采信，因为这些数据是在调查期之后收集的，并且这些数据也证明了应诉方在调查期所提供的生产要素数据是不可信的。申诉方认为，应诉方在 2003 年 6 月和 7 月收集的数据不宜推算出生产要素数据，因为这些数据反映了调查期之后的采样期间。申诉方主张，采样数据表明，应诉方的“闭环”论点不可信，因为在铸件废铁耗用量和从河水中回收的废铁数量之间存在不一致之处。申诉方认为，上述差异是在以下不同的比率中被发现的：近期数据中金属原料耗用量和最终产出的比率与调查期最初的生产要素数据之间存在差异。申诉方主张，上述差异，以及应诉方未能提供铸件回收和回收利用的数据，共同为可获得信息原则在终裁中的运用提供了证据，且对于商务部而言，有关金属原料耗用量的最佳可获得事实也正是可以在调查申请中所发现的相关事实。

应诉方的观点：

应诉方指出，由于调查机关在调查期内核实了廊坊泛达管件有限公司（下称 Pannext）所保留的生产记录及其生产过程和再销售活动，Pannext 最初的数据资料准确报告了其生产中的全部原料耗用量。Pannext 引用了美国《1930 年关税法》第 773（c）（1）节的规定，主张法律规定调查期“应根据生产被调查产品所使用生产要素的价值来确定被调查产品的正常价值”。Pannext 同时认为，调查期的《核查报告》（verification report）认定，Pannext 已经准确报告了其生产要素信息。Pannext 进一步认为，尽管调查期在初裁中关于回收废铁的认定中部分运用可获得信息原则的做法是根据如下事实作出的：Pannext 并未就那些未报告的生产要素耗用提出替代性的说明报告，Pannext 实际上以另一种方式就其生产中所投入的全部生产要素进行了报告，包括回收利用的废铁，因此，商务部驳回了以下主张：Pannext 提供的替代方法的事实无法为其适用可获得信息原则提供足够的证据。

Pannext 指出，其针对生产中所使用的原料进行为期 6 周的调查所获得的信息表明了其回收利用的废铁的数量。这些信息数据在形成 2003 年 8 月 29 日提交给商务部的有关生产要素的修订文件以及提交初裁的有关生产要素数据的准备工作中被充分运用。Pannext 主张，商务部在终裁中应该采用其于 2003 年 3 月 3 日提交的有关生产要素的最新数据资料，但商务部却未予采信。商务部应该使用最新提交的相关生产要素数据。Pannext 指出，这些有关生产要素的最新信息是按照商务部的相关要求提交的，并且是根据此前提交并被商务部认定的有关信息作出的，该上述信息完全符合美国《1930 年关税法》第 782（e）节的规定。

应诉方 JMC 主张，商务部应该运用由其所提供的数据来评估铸件废铁回收耗用量的价值而不是诉诸可获得信息原则，因为商务部在初裁中适用可获得信息原则的证据是 JMC 未能提交任何替代性方法，而该事实在当前已不复存在。JMC 指出，其已向商务部提供了 2 种可以获得废铁价值的有效方法：（1）FOP06 数据库，该数据库是根据 JMC 估计的河水中原料的回收利用率建立起来的；以及（2）FOP07 数据库，该数据库是在根据商务部2003年6月3日的要求进行了为期6周的调查所收集数据的基础上建立起来的。JMC 指出，当“必需的信息无法在既有记录中获得”的时候，商务部可以诉诸可获得信息原则，并主张既然商务部在初裁中诉诸可获得信息原则的唯一理由是，JMC 未能就其回收利用的废铁数量的计算提供可以替代的方法，那么商务部在终裁中就不应再适用可获得信息原则。JMC 表示，其已经在 FOP06 和 FOP07 中提供了可以计算出回收利用的废铁数量以及产出的价值的 2 种有效方法。JMC 进而指出，由于上述 2 个数据库均对其在生产中使用和生产的可回收废铁作出了报告，并且金属原料耗用的总重量已经超出了总产出，商务部不应再像初裁那样为了某种特定标码的产品而对废铁的总耗用量作出调整。

JMC 主张，其在 FOP06 数据库中所使用的原料从河水中回收利用率的估值是对日常经营中所维持的可回收废铁的产出进行评估的唯一方法。JMC 解释道，其维持了对每一个模具的原料河水回收率的记录，该河水回收率正是河水与建立在测试期的评估基础之上的总重量之间的比率，且该比率正是就可回收废铁的耗用和产出作出报告的最为具体的方式。JMC 宣称，其利用这些比率计算出了每千克可锻铸铁可以回收的废铁数量，并于调查期内进行了报告。

JMC 进一步指出，为期 6 周的调查所得出的相似性的结果也表明，FOP06 数据库在河水比率、废铁耗用和回收以及产出上的可信性。JMC 指出，每一种控制码下的河水比率在估计值和实际值之间都存在差异，但加权平均后的差异非常小，这表明，运用河水比率计算可回收废铁数量的方法是有效的。此外，JMC 认为，调查也同时表明，运用废铁回收数量推算废铁耗用量的方法是有效的，因为该调查也确认了高百分比的废铁回收率。JMC 同时指出，FOP06 数据库和为期 6 周的调查所获数据的比较与铸件成品率和可锻铸废铁之于全部原料耗用量的比率具有很高的相似性。

JMC 指出，调查期已经核实了浇铸车间的数据、熔炉操作、JMC 的生产和账目记录以及为期 6 周的调查信息，通过与工人的交谈确认了其可靠性。JMC 进一步指出，其并未就申诉方曾要求其提供的可回收废铁的耗用和产出的数据维持日常的记录，尽管 JMC 已经在为期 6 周的调查中提供了上述数据，但申诉方目前主张该数据不应被采用，因为这些数据不是来自调查期的。JMC 指出，商务部在决定何为最佳可获得信息时拥有广泛的自由裁量权，且尽管商务部更倾向于在调查期获取相关调查结果，但当在调查期无法获取某些“必要数据”时，商务部也完全可以使用从其他时间段获取的数据。JMC 进一步指出，既然商务部已经就上述信息提出要求，并在初裁后认可了这些“必要数据”，商务部就不能轻易拒绝接受对 JMC 为期 6 周的调查所获得的调查结果。

应诉方北京赛林克五金制品有限公司（下称 SLK）主张，商务部在可回收废铁问题上不应适用可获得信息原则，因为这些废铁是在一个封闭的循环生产过程中产生并被回收利用的，并且应该根据总耗用量来判断可收回废铁的实际价值。SLK 主张，在核实过程中，商务部已经认定了生产过程中产生的废铁被回收利用重新投入熔炉，并且在一个时间段内，废铁的产出量将等于废铁的耗用量。正因为如此，SLK 主张，商务部不应在其计算中将可回收废铁作为原料因素对待，而应使用实际报告的数据去评估这些废铁的价值。SLK 指出，自初裁作出后，SLK 的供应商已经在生产中就重新投入至生产过程中的可回收废铁的数量作出了报告，且为期 8 周的生产期间报告也显示了 2 个供应商的原料耗用量和原料的回收利用情况。SLK 主张，由于调查结果纳入了可回收废铁的耗用量，商务部应该使用实际数据评估可回收废铁的价值，而不应适用可获得信息原则。SLK 指出，在不同模具之间的河水废铁数量上存在的差异对于每种管件的生产要素没有任何影响。

SLK 进一步主张，商务部应将生产过程中回收利用的废铁数量在可锻铸废铁的耗用量中予以抵消，因为商务部已经认定，生产者是在一个封闭的过程中消耗废铁的，因此，除非抵消上述消耗的废铁数量，否则废铁的耗用总量将被夸大。

申诉方反驳的观点：

申诉方指出，法律规定，正常价值应基于生产要素获得，且由于应诉方宣称，其并未就回收利用的可锻铸废铁的耗用量维持日常的生产记录，商务部应该适用可获得信息原则对那些未予报告的耗用量作出评估。尽管所有应诉方均认为，商务部在初裁中不应使用申诉方提供的信息，因为其已向商务部提交了最佳可获得信息。申诉方仍然认为，商务部应依据可获得信息原则作出裁决，因为应诉方并未就可回收废铁的耗用量维持日常的生产记录，并且这种情形自初裁以来并未发生任何改变。申诉方主张，由于法律要求商务部根据生产要素计算正常价值，商务部应在终裁中适用可获得信息原则计算可锻铸铁的耗用量，并指出，本案和有关不可锻铸铁管件的案件是应诉方宣称其并未就生产过程中耗用的原料的类型和数量维持日常记录的唯一案件。申诉方宣称，由应诉方提供的 2 种可锻铸铁来源的说法均无法弥补调查期所欠缺的数据。

申诉方主张，由应诉方提供的有关生产原料耗用信息的 2 种来源——河水比率计算法和为期 6 周的调查结果——均存在缺陷且不可接受。申诉方指出，河水比率法是建立在封闭生产过程的假设之上的。申诉方就应诉方所称的“河水比率有效评估了废铁耗用量和回收量”的主张予以了反驳，认为应诉方自身并不相信这是有效的方法，且该方法是建立在整个生产过程均为封闭状态的设想之上的。申诉方指出，SLK 宣称其生产过程是封闭的，其间所回收的废铁均被重新运用至生产中，但并没有任何记录在案的数据可以为其上述说法提供支持，因为验证该理论所需要的数据——生产中投入的可锻铸铁数量和来源以及从生产中回收利用的数量和来源——正是应诉方宣称其所没有掌握的数据。申诉方指出，如果没有这些数据信息，那么在生产美国标准管件的车间之外生产出的可锻铸铁管件就可以在不被运用至正常价值计算中的前提下进入生产过程，这最终导致应诉方能够向商务部报告与申诉方不同的原料耗用量。申诉方认为，由于申诉方就上述信息予以了记录，其所提供的数据就成为迄今为止记录在案的最为可信、也最为准确的数据。

应诉方的反驳观点：

Pannext 指出，申诉方的主张是与已经被认可的相关记录信息相矛盾的。Pannext 指出，申诉方宣称，应诉方并未报告其金属原料耗用量的说法是单纯建立在与申诉方的推定成本对比的基础之上的，且并未发现可以支持其说法的任何相关记录。Pannext 主张，商务部的《核查报告》已经认可了 Pannext 在调查期所作报告的准确性，以及 Pannext 并未就可回收废铁维持相关的日常记录，因为商务部的《核查报告》认定了 Pannext 在调查期只生产了被调查产品。Pannext 主张，申诉方所提出的“回收的废铁可能用于其他产品生产”的主张是没有任何事实依据的。

JMC 重申了商务部在初裁中适用可获得信息原则仅仅是出于应诉方未能就其生产中的原料耗用量和回收废铁的数量提供一种可行的替代计算方案，该种情形在目前情况下已经不复存在，因为 JMC 已经提供了 2 种评估废铁价值的有效并且可信的方法和附带的数据库（FOP06 和 FOP07）。此外，JMC 主张，申诉方拒绝接受 JMC 的河水回收比率的观点是以 Pannext 的有关论述为依据的，并且 JMC 认为，为期 6 周的调查证实了使用 JMC 自己的数据具有适当性，因为这些数据已经经过 JMC 的实际生产经验的检验。因此，JMC 主张，商务部应当将 JMC 的河水比率作为计算铸件废铁回收量的可靠方式。JMC 进一步主张，申诉方并未提供任何证据驳回 JMC 的河水比率，且毫无价值地将在 6 周调查期内获得的加权平均产量和 FOP07 数据库中所报告的简单平均值相比较。通过指出在其案件摘要中所使用的方法，JMC 认为，商务部不应裁定 JMC 在其生产美国标准的管件产品时使用了来自其他生产车间的可锻铸废铁。

SLK 主张，商务部应当驳回申诉方所提出的商务部应在其终裁中适用可获得信息原则评估原料耗用量的观点，因为自初裁以来所作的记录包含了耗费和回收的所有废铁的实际数据。SLK 主张，在其初裁后提交的补充调查问卷中，SLK 的供应商对在生产中耗费和回收的废铁的数量予以了报告，并报告了在为期 6 周的调查期内所耗费和回收的原料的数量。SLK 进一步指出，其已经遵守了尽其最大努力的要求，且商务部也对“SLK 维持了一个封闭的生产过程”的信息进行了核实，所有原料耗用均得到了合理解释，并不存在来自生产车间外的任何原料。

SLK 进一步主张，申诉方所提出的由于申诉方在生产中使用了不同的原料数量而认定应诉方漏报了原料耗用量的观点是毫无事实根据的。SLK 指出，商务部已经认定了该相关数据是完整的和准确的，并且商务部特别观察了倾倒进熔炉的原料的实际重量，申诉方所提出的数据是未经核实的，且欠缺客观来源的基础。

美国商务部的观点：

商务部赞成申诉方提出的继续适用可获得信息原则评估应诉方的金属原料耗用量的做法是恰当的观点。对此，商务部指出，美国《1930 年关税法》第 776（a）节要求商务部在“通过相关记录无法获得某些必要信息”或“一个利害关系方……无法在规定的期限内提供上述信息……或无法以要求的方式、方法提供上述信息”的情况下，可以适用“可获得信息原则”作出裁决。此外，美国《1930 年关税法》第 773（c）节要求商务部对全部原料耗用量作出评估。早在初裁前，商务部就反复重申，应诉方应当就其全部金属原料耗用量和产出量作出报告，尤其是从生产过程中回收的废铁，这些回收的废铁在可锻铸铁管件的生产中在全部金属原料耗用量中占了很大比例。应诉方未能提供上述信息，也未能就计算该金属原料耗用量提供合理的替代性计算方案。

对于初裁，商务部适用了中立的可获得信息原则以说明未予报告的金属原料耗用量以及漏报的废铁量。在初裁之后，商务部为所有应诉方提供了一个解决有关应诉方漏报以废铁和锻铁废料形式存在的金属原料的机会。为确定应诉方的金属原料耗用量，商务部在初裁中运用了中立的可获得信息原则。在商务部 2003 年 6 月 3 日发给应诉方的信函中，商务部要求应诉方“在具体标码的基础上对于每一次熔炉进料时所投入的每一种原料成分进行称重并保留准确的书面记录……提供每次熔炉所投入原料的来源，如购买或重新利用的原料……[和]对于每一种标码，记录下（1）全部原料的重量；（2）生产出来的被调查产品的全部重量；以及（3）产生的废铁的全部重量”，以作为商务部向应诉方提供的缓解商务部在原料耗用量上的最新关切的又一次机会。尽管应诉方提交了该额外的生产数据，应诉方在初裁之后向商务部提交的信息并未最终解决商务部关心的以下问题：应诉方未能在调查期内就足以说明其总产量的原料耗用量予以报告。

对于 Pannext，由于其漏报了购买的废铁原料耗用量，因此，商务部运用了可获得信息原则，当其生产 1 千克的产出而报告少于 1 千克的金属原料耗用量（包括废铁和生铁）时，商务部就将 Pannext 所购买的废铁数量予以增加到调查期 Pannext 在其答复中所报告的废铁原料的平均耗用量。对于 JMC，由于其在初裁中所采用的调查期平均数据纳入了从被调查产品中回收的废铁原料，正如上文所述，商务部在终裁中将运用不同的生产要素数据。作为可获得信息原则在终裁中的运用，对于那些标码下的产品，商务部将予以报告的回收的和从非调查产品中回收的废铁耗用量的数量予以了增加，当每生产 1 千克的产出所使用的上述原料耗用量的总和少于 1 千克时，被用来增加这些标码的生产要素是这些标码的平均值；当原料耗用量的总和大约或等于 1 千克时，对于 SLK，商务部也将原料耗用量予以了增加。

此外，对于那些未以“所要求的方式或方法”报告回收的废铁原料的可获得信息，商务部主要根据申诉方在计算那些未报告的原料耗用量时所提供的信息得出相应结论。在申诉方 2003 年 5 月 15 日提交商务部的报告中，申诉方提供了建立在申诉方和应诉方的报告之上的工作表，运用申诉方、JMC 和 Pannext 的数据说明有关金属原料耗用量的那些未予报告的生产要素。申诉方根据自己计算的包括购买的废铁原料和回收的废铁原料在内的全部原料数量，计算出了有关未予报告的金属原料耗用量调整后的要素数据，调整了应诉方所报告的产出损失以及附带调整了不同类型被调查产品的平均值。商务部没有足够的信息可以在具体标码的基础上对这些有关未予报告的金属原料耗用量的调整后的数据重新进行计算，但已经将上述信息验证到可行的程度。在终裁中，商务部对 JMC 和 Pannext 适用了一个调整后的比率，正如申诉方在其 2003 年 5 月 15 日提交的报告中所计算的那样，商务部最终按照该平均水平，将 JMC、Pannext 和 SLK 所报告的金属原料耗用量的价值提高了 56.83%。

2. 可获得信息原则是否适用燃料价值的认定

申诉方的观点：

申诉方主张，应诉方所报告的其所使用的燃料价值应该近似于申诉方所报告的价值，因为双方使用了相同的技术，并且申诉方主张在双方所报告的燃料耗用上存在的差异也证明了运用可获得信息原则以确定燃料耗用量的必要性。申诉方主张应诉方所报告的燃料耗用量是不可信的，并且中国生产者在很大程度上少报了其燃料耗用量，因为与美国生产商相比，中国生产商在生产技术或效率上并不具任何优势。申诉方指出，在燃料耗用量上存在的上述差异也无法通过双方使用了不同燃料的说法得到解释，虽然双方均承认不同的燃料每单位所产生的能量是不一样的。通过援引美国能源部和加利福尼亚州能源委员会的相关标准，申诉方指出，每短吨焦煤产生2480万BTUs的热量，每短吨生煤产生2193万BTUs的热量，每短吨木柴产生1720万～1940万BTUs的热量，每立方尺天然气产生1027 BTUs的热量，而每千瓦时电力产生3412BTUs的热量。申诉方主张除非双方使用了不同的技术，无论是申诉方还是应诉方在将废铁和回收的可锻铸铁管件熔炼成铁、退火管件、螺纹管件以及为镀锌而熔炼锌的过程中所耗费的BTUs总量应该是相似的。申诉方主张，申诉方所使用的数据是来自Ward公司的，该公司拥有一个与中国应诉方相似的熔炉，虽然其在生产力和能源消耗上更为高效。申诉方主张，因为Ward公司在其生产过程中主要使用天然气获得所需热量，无论应诉方使用何种燃料，其在生产过程中都需要获取相似数量的热量。可是，申诉方指出，应诉方报告的那些数量的燃料所产生的热量要低于申诉方的数据，从而导致了应诉方比申诉方在能源耗用上存在差额。申诉方主张，信赖这一“显然不准确的数据”将最终歪曲倾销幅度的计算。

申诉方进一步主张，虽然申诉方持续加热其熔炉，而应诉方以8小时为一时段间歇加热其熔炉，双方在生产方法或技术上存在的不同均无法合理解释双方在燃料耗用量上所存在的差异，因为在不考虑生产方式的前提下，熔炼一定数量原料所耗用的热量是相同的。申诉方主张，因为应诉方所报告的燃料耗用量与美国生产商的燃料耗用量不具有对等性，并且应诉方也并未提供证据证明其拥有任何可以提高生产率的技术，因此，在燃料耗用量上商务部应该采信来自Ward公司的数据，而不是依据应诉方提供的数据。

应诉企业的观点：

作为反驳，Pannext认为，商务部已经认定Pannext在调查期准确报告了其燃料耗用量，因此，申诉方所提出的其报告的数据不具有可信性的说法是没有根据的。Pannext主张，申诉方有关燃料耗用量的分析是单纯建立在推测之上的，因此，商务部应该在终裁中使用已经被核实的信息。

作为反驳，JMC主张，商务部应该驳回申诉方所提出的有必要运用可获得信息原则以计算燃料耗用量的观点，因为申诉方和应诉方在燃料耗用量上存在的差异已经获得了认可并被证明是生产实践中的合理差异。JMC主张，申诉方和JMC在燃料耗用量上存在的差异反映了在生产企业中存在的已获证实的合理差异。JMC主张，申诉方提出的方法并未考虑在气压、温度、设备、规章要求以及运行条件上存在的诸多差异。因此，JMC主张的申诉方依据的有限的公共数据尚不足以替代JMC已获核实的实际生产数据。

JMC进一步主张，由于商务部已经核实了JMC的燃料耗用信息并且没有发现任何不一致之处，相关记录并不支持可获得信息原则的适用。此外，JMC 主张的商务部发现JMC在其答复中报告了一个比实地核查时发现的耗电量更高的耗电量，对此，JMC解释这是由于其更多地使用了人力的原因所致。JMC指出，申诉方在其申诉中运用了JMC的劳动力耗用量，该数据被用于计算申诉中所提出的倾销幅度。JMC指出，造成上述情形的原因是JMC仅仅在关键的生产环节使用机器设备，不同于美国国内厂商的现代化生产工艺。JMC因此主张，商务部应该使用JMC所提交的燃料耗用量的相关数据。

SLK主张将其在热量消耗上与申诉方的数据进行对比是不适当的，因为没有任何证据表明申诉方的设备与应诉方相似。通过指出商务部已经核实了其供应商的设备是非自动化的且主要依赖于人工，SLK主张，其生产设施比一个自动化工厂需要耗费的能源要少。此外，申诉方宣称的Ward公司的生产设备近似于中国厂商的生产设备并且具有更高的生产率的观点缺乏相关证据证实，并且SLK主张这证明了申请书中的相关数据不具有可信性，正如申请书中就应诉方的生产要素数据所作的有关叙述。因此，SLK主张，商务部应该在本案中驳回可获得信息原则的适用。

美国商务部的观点：

商务部赞成申诉方提出的应该在本案中适用可获得信息原则的主张。美国《1930年关税法》第776（a）节规定，如果“必要的信息无法通过调查获得”，商务部应该运用可获得信息原则作出其裁决。一般而言，应诉方在报告其燃料耗用量时依据了计算金属原料耗用量时所使用过的同一产出损失率。同时，商务部对应诉方提交的数据进行了分析，并发现在用于生产被调查产品的金属原料耗用量和生产中耗费的燃料数量之间存在非常明显的联系。具体而言，应诉方的自有数据库显示，随着每千克产出所需耗费的金属原料增加，每千克产出所需要耗费的燃料数量也应相应增加，体现了在生产中所耗费的金属原料数量和燃料数量之间存在的直接联系。商务部发现，应诉方的数据显示，生产中所需要的金属原料数量越多，生产被调查产品就需要耗费更多的以木柴、焦炭、生煤和电等形式的燃料数量。商务部发现存在上述联系是适当的，因为熔炼更多数量的金属原料必然要比熔炼相对少数量的金属原料耗费更多的燃料。正如在评论一中所指出的，商务部发现应诉方少报了其在生产中耗费的金属原料，因此相应增加了应诉方在生产中耗费的原料数量，以对其提交给商务部的不全面、不准确的数据信息作出弥补。应诉方已经报告了足以熔炼其少报的金属原料的燃料数量。应诉方自己指出，商务部已经核实了其所报告的这一燃料耗用量因素。可是，JMC所报告的燃料耗用数据是依据其所报告的金属原料耗用量作出的，而商务部已经认定JMC所报告的金属原料耗用量过低，不具有可信性。因为在生产被调查产品中所耗费的金属原料数量和燃料数量之间存在某种必然的联系，商务部必须对应诉方报告的燃料数量进行调整，以对在金属原料和熔炼这些原料所需要耗费的燃料数量之间存在的联系作出恰当的反映。

为了在终裁中就正常价值作出认定，根据美国《1930年关税法》第773（c）（1）节的规定，商务部必须适用可获得信息原则以确定应诉方在生产中所耗费的燃料数量。作为这些少报的燃料数量的可获得事实，商务部将运用应诉方所报告的燃料耗用数据，以发现一个有关这些少报的燃料耗用量的恰当的可获得事实。首先，商务部针对每一标码下的产品计算出了每千克金属原料的数量以及相应的燃料耗用量。紧接着，商务部根据在评论一中所讨论过的可获得事实，计算出了所有标码产品的金属原料耗用量。然后，商务部计算出了这些不同标码产品的金属原料耗用量的平均值。商务部接着计算出了该平均值所对应的燃料耗用量，并将这一燃料耗用数据适用到生产所有标码产品时所需要耗费的木柴、焦炭、生煤和电上。

3. 某些生产投入是否可以作为管理费用

应诉方的观点：

JMC 主张，商务部应该将其在沙子、煤粉和膨润土上的投入作为管理费用。商务部在初裁中使用不可重复利用的树脂裹贴砂的替代价格，来评估 JMC 的模具用沙的价值是错误的做法，因为实地核查已经核实了 JMC 回收利用了掺杂着煤粉和膨润土的相同的石英砂以生产砂模和砂芯。JMC 主张，商务部在调查中国的铸造厂时一向是将湿砂制型材料作为管理费用，并指出印度有案可查的相关做法也是将制型材料作为“消耗的库存和节余”项下的管理费用对待。JMC 引用了《关于对来自中国的刹车鼓和刹车碟片以低于正常价值销售的终裁公告》（62 FR 9160，9164（1997 年 2 月 28 日））以及随后的评论，上述公告和评论均将这些项目作为间接原料对待，因而构成工厂管理费用的一部分。JMC 主张，将这些制型材料作为直接投入对待，会导致该笔费用的重复计算。

Pannext 主张，其自己拥有水井，并且该水源不仅用于生产，也用于管理和雇员生活。Pannext 主张，《核查报告》已经明确表明了该水费应该作为管理费用，而不是作为直接原料。同时，Pannext 主张，将其锅炉用煤费用作为管理费用更为恰当，因为该锅炉用煤不仅在生产中用于退火和镀锌，并且用于生活区取暖。

SLK 主张，商务部应该将测试用油、钢珠、木柴和水的支出作为管理费用，并且商务部一贯的做法也是将少量的非直接原料作为管理费用的一部分。SLK 提出如下解释，测试用油只用于测试管件的过程，并非用于最终成品的养护；钢珠在抛光过程中用于机器设备上，而不是作为管件组成部分被消耗掉；木柴用于点燃熔炉，以及用于烘干砖块，并不是生产被调查产品所消耗的主要能源的来源；最后，水是用来冷却和清洗管件的，SLK 的供应商们并不认为该项用水构成生产原料。SLK 引用了《关于对来自中国的癸二酸征收反倾销税的行政复审相关事项和决定的备忘录评论三》作为将水费当成工厂管理费用对待的权威例证。同时，SLK 主张，商务部已经核实了一家在调查期（POI）向 SLK 供应管件产品的生产商从自有水井中取水，并且因为抽取该部分水源的用电已经包括在能源耗费中，所有与该项用水有关的耗费已经被计算在内。SLK 引用了《对来自中国的磺胺酸征收反倾销税的行政复审的最后结果》（61 FR 53711，53716（1996 年 10 月 15 日））作为将从水井抽取的水源作为工厂管理费用对待的先例。

申诉方的观点：

申诉方根据国际贸易法院（CIT）在 Pacific Giant，Inc. v. United States（223 F. Supp 2d 1336，1345（CIT 2002）（Pacific Giant））案中维持了商务部将用水作为一项独立生产要素对待的做法，对应诉方的以上主张提出了反驳。

申诉方指出，商务部在调查中要求应诉方就其用水单独提出报告，表明商务部绝不仅仅是将用水作为一项偶然发生的生产要素。申诉方主张，SLK 没有提出任何证据证明，在财务比率将被使用的印度企业中该项用水没有被包括进生产消耗的原料或燃料之中，并且也没有证明把将该项用水作为独立的生产要素将导致对该笔投入的重复计算。此外，申诉方指出，在Pacific Giant一案中，国际贸易法院（CIT）否定了“生产商是否为从其自有水源中汲水承担了相关费用”具有相关性，因为“法律只是明确关注生产中所耗费的生产要素的数量，而不是与该项耗费有关的任何费用”。对于任何其他的生产耗费，申诉方主张，商务部应该遵从其一贯的做法，首先认定该项生产耗费是否并非仅在偶然的意义上发生，然后将该项并非仅在偶然意义上发生的生产耗费作为独立的生产要素对待，除非应诉方能够证明在其财务报告被用来计算财务比率的公司中，该项生产耗费是被作为管理费用对待的。

美国商务部的观点：

我们赞同JMC的观点，部分赞同SLK的观点，但是不赞同Pannext的观点。我们赞同JMC的以下说法：商务部在一次工厂参观中核实了JMC回收利用制模用砂，因此，石英砂、煤粉和膨润土应该作为管理费用项下的间接原料对待。

在Brake Rotors案中，商务部认为，我们已经将“生产要素”部分所列明的制模材料继续作为间接原料对待，因为虽然这些耗费是用来生产被调查产品的，但是这些耗费并没有融合到最终的成品中，并且根据印度的记录标准，该生产耗费也归类为“消耗的库存和节余”。根据声明和标准纲要，一项生产耗费如果作为工厂的管理费用，则该生产耗费必须“在产品生产制造过程中发挥辅助作用，但是……不会在物理层面成为最终产品的成分”（62 FR 9160，9170）。

因此，商务部已经在有关中国产品的几起反倾销案中承认了这些生产耗费并没有在物理层面融入最终产品，以及印度的相关记录也是将制模材料（沙子、制模粘土、膨润土和煤粉）作为管理费用对待，我们赞同应诉方所提出的不应将这些项目作为直接的原料耗费。

我们赞同SLK提出的抛光过程中使用的钢珠应该视为可变动间接生产成本的观点，因为这些钢珠并没有在物理意义上融入被调查产品中，而是可以重复使用的，并且在印度的财务报告中，该钢珠也被包括在“消耗的库存和节余”项目下的管理费用中。我们赞同SLK所提出的测试用油应该视为可变动间接生产成本的观点，该测试用油与水混合在一起，在对成品的压力测试过程中用于防止管件生锈。防锈油与此相反，在包装管件之前涂抹在成品管件的表面，是被用作包装材料的。而测试用油没有最终融合到成品管件产品中。

我们不赞同Pannext所提出的仅仅因为锅炉用煤被同时用来生活取暖就认为该项耗费应视为管理费用的观点。正如在Pannext的《核查报告》（Verification Report）第28页所表明的那样，用于退火和镀锌的煤炭从库存中取出，相应数量被记录在原料使用卡片上，并且与用于生活取暖的用煤分开记录在Pannext的仓库记录中。因此，Pannext可以计算出生产中直接耗用的燃料数量，而之前Pannext对调查期煤炭耗用总量的报告是错误的，对此，商务部将在终裁中予以更正。

同时，我们不赞同SLK所提出的木柴不构成生产过程的组成部分的观点。木柴通常是在生产过程的第一阶段用于引燃熔炉以熔炼生铁和废铁块的，因此并不属于偶然发生的燃料耗用。参见刹车转子案，62 FR 9160，9169。因此，在终裁中，我们将继续把木柴作为生产要素中的燃料对待。

最后，我们赞同申诉方所提出的，生产商是否支付了水费与是否认定该耗费为直接原料耗费之间不具有相关性的观点。SLK主张，用水“通常”被作为管理费用，并引用了癸二酸案支持其所提出的，商务部不应将水费作为直接生产耗费的观点。因此，在终裁中，我们将继续把水费作为一项直接生产耗费对待。

4. 计算应诉方非市场经济内陆运费所采用的距离是否正确

申诉方的观点：

申诉方主张，运输生产原料所需要支付的非市场经济的内陆运输，应该根据应诉方工厂与港口和非市场经济的原料生产商二者之间较近的距离计算。在初裁中，申诉方指出，商务部表明了根据美国联邦巡回上诉法院（CAFC）在 Sigma Corp. v. United States（Sigma）案（117 F. 3d 1401，1407～1408（Fed. Cir. 1997））中的裁决，其是使用国内原料生产商和最近港口二者中与工厂（应诉方生产被调查产品的工厂）最近的距离，计算运输相关生产原料所支付的内陆运费替代价格的。

申诉方主张，在商务部的初裁中使用的计算生产原料内陆运输费的距离，不是非市场经济的原料生产商和工厂之间的距离。相反，申诉方指出，商务部在初裁中用以计算生产原料的内陆运输费替代价格的距离是 JMC 的工厂和 JMC 所宣称的潜在上游供应渠道之间的距离，而不是 JMC 的工厂和实际的原料生产商之间的距离。申诉方引用了 JMC 2003 年 4 月 2 日的答复（第 20～21 页），在该答复中 JMC 指出其“无法确定其实际供应商的上游供应商。JMC 的实际供应商并非隶属于 JMC；他们没有向客户披露其上游供应商的约定或法定的义务”。因为 JMC 没有向直接原料生产商购买生产原料，并且无法确定其所购买的原料的实际生产商，商务部必须在终裁中使用 JMC 的工厂和港口之间的距离计算这些生产原料的内陆运费。

申诉方指出，本案如同 Sigma 案一样，某些原料价格是根据印度进口统计数据测算出来的，并且该价格包括了海运费用和入境港口的装卸费用，申诉方引用了《印度外贸统计月刊》，申诉方认为，将从港口到应诉方工厂的运费加入进口价格，就囊括了将原料运输到应诉方工厂的全部运输成本。

申诉方主张，CAFC 在 Sigma 案中的裁决仅适用于 Sigma 案的具体事实，在该案中，应诉方是从非市场经济的原料生产商处购买生产原料的，而不是从销售原料的分销商处购买生产原料的。申诉方主张，对于那些应诉方未能确定其实际生产商的原材料，商务部应该在终裁中，根据应诉方工厂和港口之间的距离确定非市场经济内陆运费的距离。

应诉方的观点：

JMC 主张，商务部应该在终裁中根据 JMC 的工厂与其实际供应商的距离，而不是潜在的上游生产商的距离来计算运费。JMC 指出，商务部向来是使用国内供应商和最近的港口二者与生产被调查产品的工厂之间的最近距离来计算运输生产原料的运输费的，为此，JMC 引用了来自中国的某些滚球轴承及相关部件一案，67 FR 63609，63614（2002 年 10 月 15 日）。同时，为了支持其观点，JMC 引用了来自中国的成品及未成品的锥形滚柱轴承及其相关部件一案，67 FR 45451，45454（2002 年 7 月 9 日）；来自中国的钒铁一案，67 FR 45088，45092（2002 年 7 月 8 日）以及来自中国的磺胺酸一案，67 FR 31770，31772（2002 年 5 月 10 日）。

JMC 主张，申诉方并未提供任何的商务部裁定或司法判决，该裁定或判决把 Sigma 一案作为将生产被调查产品的工厂与生产原料的国内供应商之间的距离解释为生产被调查产品的工厂与生产原料的最初生产厂家之间的距离的依据。JMC 指出，商务部从未在作为分销商的国内原料供应商和作为生产商的国内原料供应商之间作出区分。

同时，JMC 主张，替代价格已经包括了将生产原料从生产厂家运往中间分销商所支付的运费。JMC 指出，来自印度进口统计数据的替代价格已经包括了国外的内陆运费、（到印度的）海运费、海运和内陆运输的保险费以及其他费用。JMC 指出，国际运费已经包括在替代价格之内，并且该项国际运费已经超过了将原料从地区上游生产商运往 JMC 的实际供应商所需要支付的运费，并主张商务部不应该将原料从终端生产商运往实际供应商的运费再加进来。

JMC 在其辩驳意见中主张，其已经准备了相关手册和价格表，证明了其 2003 年 6 月 16 日补充答复的 Exhibit S3 CD-9 所确认的上游生产商制造了相关生产原料，并且商务部核实了 JMC 分别与实际供应商和上游供应商之间的距离。因此，JMC 主张，因为其已经将特定原料的地区生产商认定为可能性最大的上游生产商，JMC 确立了与其实际的国内原料生产商之间的距离，该生产商可以向 JMC 的实际供应商提供相关原料产品。JMC 指出，无法确定其原料的实际生产商，是因为无法获取其原料供应商的账册资料。

Pannext 主张，商务部在初裁中使用与其实际供应商之间的距离恰当地计算了运费。Pannext 主张，商务部的一贯做法是使用应诉方与最近的港口或应诉方的实际供应商之间最近的距离计算原料的内陆运费。Pannext 指出，其已经报告了与实际供应商之间的距离，并且这些距离已经获得核实，商务部应该在终裁中予以采纳。

美国商务部的观点：

我们赞同申诉方的观点，部分赞同应诉方 JMC 的观点，但是我们不赞同应诉方 Pannext 的观点。在本案调查中，商务部正在使用相同生产要素的消费者在印度为进口原料所支付的不同价格，该不同价格是由印度进口港的成本价格加入保险费和运费（CIF）得出的。在一个市场经济国家，生产者采购某种原料的成本将同时包括将该原料运送到生产被调查产品的地点所支付的费用；因此为了对所支出的运费作出合理安排，内陆运输的相关费用被加入原料价格之中。

在 Sigma 一案中，CAFC 认为，当 CIF 价格被用作在一个非市场经济国家采购生产原料所支付价格的替代价格时，这一价格已经包括了运费支出，因此，将根据非市场经济的国内原料产出地和被调查产品的生产地之间的距离计算出的替代运费自动添加到上述价格中，无疑会导致内陆运费的过量计算。因此，CAFC 要求商务部设计一套计算内陆运费的方法，该计算方法应该体现如下假设：生产商都希望“通过购买进口生铁来实现原料采购和运输成本的最小化，如果从港口到其锻造厂的运费比从国内生铁产地到其锻造厂的运费低”。作为回应，商务部设计了一套被称为“Sigma 规则”的计算方法，并获得了国际贸易法院（CIT）的支持，该规则被用来确定计算国内采购的生产原料运费的替代价格时所使用的距离，该运费是作为运用 CIF 这一替代价格计算出的上述原料价格的组成部分。

在“Sigma 规则”下，商务部使用了以下距离中较近的距离作为计算内陆运费时所使用的距离：(1）最近的中国港口到被调查产品产地的距离；（2）中国的国内原料供应商到被调查产品产地的距离。这一计算公式体现了法院所提出的如下假设，虽然 CIF 价格实际上被作为原料的非市场经济的国内产地的价格，该 CIF 价格同时也可以作为进口原料的 CIF 价格的替代价格，该进口原料是可以为生产商在非市场经济国家的一个相应港口获得的，并且在市场经济背景下，生产商将很有可能从非市场经济国内港口和国内原料供应商二者中距离较近的一方采购原料。

我们不赞同申诉方所提出的对于 JMC 采购自转销商/分销商而不能明确识别原料实际生产商的生产原料，应该使用与港口之间的距离计算相关运费的建议。我们注意到，JMC 已经作出了识别上述原料的实际生产商的努力，但是因为上述原料购自转销商，其仅能识别上述原料的潜在生产商，因为这些信息（上述原料的实际生产商）属于转销商的自有商业信息。此外，在实地核查时，我们能够获得明显表明了实际生产商的相关信息。据此，针对 JMC，我们将使用其与潜在的上游生产商之间的距离，而不是其与港口之间的距离。

对于应诉方所购买的废铁原料，我们赞同 JMC 的观点。因此，我们将在终裁中使用废铁原料供应商与应诉方工厂之间的距离。

5. 按件计算生产成本的争论

应诉方的观点：

SLK 主张，商务部应该按每件而不是按每千克确定美元价格和正常价值，因为被调查产品是按件而不是按重量生产和销售的。此外，SLK 主张，使用重量而不是件数毫无必要地加大了进口商，比如 LDR 的数据复杂程度。LDR 从多家工厂进口被调查产品，因为每一种管件的单位重量因生产商和模具的不同而不同。SLK 将管件产品区别于钢产品，提出商务部在许多类似案件，比如轴承案中，都是在统一基础上通过比较以件为标准的正常价值来计算倾销幅度的。SLK 主张，以件为基础的计算方法不会影响正常价值的计算，因为所有的生产要素信息都是按照每件所耗用的原料千克数进行报告的。SLK 进一步主张，他们最初的倾销幅度被粗略地夸大，因为在美国销售数据库和生产要素数据库中所报告的产品重量是不一致的，如果以件为基础进行计算，上述错误就可以避免。

JMC 支持 SLK 的上述观点，主张所有的应诉方都是以件为基础报告其生产要素数据和销售数据的，以件为基础计算倾销幅度可以最大限度减少计算上的数学错误和扭曲的计算结果的出现。

申诉方对以上评论没有回应。

美国商务部的观点：

我们不赞同 SLK 和 JMC 的观点。我们一贯的做法，特别是在钢铁类案件中，都是在重量的基础上计算成本和价格，这样做的目的就是确保大小、厚度和重量不同的产品都可以被恰当地予以比较，从而确保在统一的基础上计算倾销税。在其他涉及按件销售产品的反倾销程序中，比如来自德国、意大利、马来西亚和菲律宾的不锈钢焊接管配件案、来自中国的折叠桌椅案、来自中国的不可锻铸铁管件案，商务部都是在每千克而不是每件的基础上计算倾销幅度的。

在本案实地核查中，商务部发现应诉方都是在千克或者吨的基础上进行其采购、生产和库存记录的。为了以件为基础报告其生产要素耗用量，他们必须以耗用总重量除以产出总重量，然后根据产品各自的重量为每种生产要素分配以千克为单位的耗用量。在非市场经济的案件中，例如本案，生产要素以及替代价格都是以重量为标准计算的。一些原料价格是在半成品重量的基础上计算的，而其他的是在成品重量的基础上计算的。不存在以件为基础计算正常价值的简单而又统一的方法。

SLK 主张，我们的方法过量地计算了他们最初的倾销幅度，这种结果不是商务部的计算方法造成的，而是由 SLK 未能披露以下事项造成的：早在初裁之前，SLK 就已经在其提交给商务部的销售数据中增加了一个重量。在上述数据中，如同销售一样，产品的重量是以磅为单位报告的，然而在 SLK 的生产数据中，所有的重量都是以千克为单位的。在此之后，SLK 已经就其所报告的信息进行了修改，并被商务部接受作为终裁之用。应诉方尚未提供任何可以表明商务部的上述计算方法歪曲了倾销幅度计算结果的其他证据。商务部也没有发现其计算方法歪曲了倾销幅度的计算结果。因此，由于没有任何当事方提交足以表明商务部的计算方法可能导致倾销幅度计算结果歪曲的证据，商务部将在终裁中继续以千克为单位计算正常价值。

JMC 通过代理的销售应被作为独立非进口商的交易

申诉方宣称，JMC 出售给一些非附属的美国买方的销售，并不是直接通过 JMC 在中国的销售部门进行的，而是通过一个位于美国的非附属的代销商进行的，该代销商代表 JMC 进行销售。因此，申诉方主张，这些销售都是属于《1930 年关税法》第 772（b）节所规定的“为了生产商或出口商利益”的情形。申诉方指出，JMC 提出了其通过非附属的美国代销商所进行的销售不能被作为推定出口价格（CEP）的交易的观点，因为是由 JMC 在中国的销售部门负责上述交易条款的谈判事宜的。可是，申诉方引用了 AK Steel Corporation et al. v. United States 一案，指出在该案中 CAFC 驳回了以下观点：根据是哪一方设定的销售条款，CEP 所进行的销售是区别于出口价格（EP）的销售的。

相反，申诉方主张，依据在代理协议中所拟定的特定行为，附属于生产商的主体以及生产商或进口商的代理商在美国从事销售活动，这些销售活动被恰当归为 CEP 的销售活动。

申诉方引用了 NSK v. United States 一案，指出在该案中 CAFC 裁定销售行为是“一个合约，根据该合约绝对或一般意义上的财产所有权以一定价格，或金钱，或任何其他原因，被从一个人转移到另一个人”。因此，申诉方主张，销售由多种活动构成，比如广告、联系潜在买家、进口以及就合同条款展开谈判，并且由于那些非附属于 JMC 的美国销售代理所进行的销售活动，这些销售应该被归类在 CEP 的销售之中。

同时，申诉方引用了《1930 年关税法》第 1677a（d）（1）（A）节，指出 SAA 中所描述的扣减项目也是法律规定本身的组成部分，并明确指出 JMC 支付给其美国销售代理的佣金在 SAA 和法规规定中被识别为从 CEP 扣减的项目。

因此，申诉方主张在终裁中，JMC 通过其美国代销商所进行的销售应该被认定为 CEP 的交易，并且对于这些具体的销售活动，在计算其 CEP 时，应该从价格中扣除相应的佣金。

JMC 提出反驳意见，认为其向特定美国客户所进行的销售活动属于 EP 的销售，并引用了《1930 年关税法》第 1677a（a）节，指出上述销售均发生在“处于美国之外的被调查产品的生产商或出口商向美国的非附属买方或者为向美国出口而采购的买方进行出口行为之前”。JMC 主张，面向这些特定客户的销售活动与面向所有其他客户的销售活动都是相同的。JMC 指出，对于这些特定客户，他们接收来自这些客户的订单，直接与这些客户就销售条款进行谈判，直接向这些客户开具发票并将产品运往这些客户。

JMC 指出，其与美国的代销商不存在隶属关系，包括直接或间接拥有美国代销商的所有权以及直接或间接控制其美国代销商。JMC 主张，其代理协议只不过是作为鼓励特定客户向 JMC 采购被调查产品的一项激励措施，并且该项代理协议并没有赋予代理商为了 JMC 的利益而进行任何商业代理、发出销售要约、接受购买承诺的真实或外观可见的权利。JMC 主张，该项代理协议并不能作为将 JMC 和其代理商视为《1930 年关税法》第 1677（4）（B）节下的关联主体的依据。

JMC 主张，其美国代销商并没有向这些客户出售 JMC 的产品，是 JMC 直接与这些客户签订合同，开具发票，将产品运送至这些客户并将所有权转移至这些客户，而不是其美国代销商。

JMC 指出，CAFC 在 AK Steel 案中之所以将相关销售认定为 CEP 销售，是因为这些销售活动是由其美国附属买方所为的。JMC 指出，在 AK Steel 案中，法院认为是生产商的美国附属与非附属的美国买方签订销售合同，并将产品由美国附属转移到非附属的美国买方的，因此，生产商的这些美国附属企业被认定为卖方。JMC 指出，相比之下，在本案中其美国代销商并没有获得相关产品的所有权，而是由 JMC 直接与客户签订合同，开具发票，运输产品并转移产品所有权给客户的。

JMC 援引了商务部的反倾销手册第 7 章（第 6 页），该章详细规定了一项在美国完成的面向美国附属的销售活动可以被视为一项 EP 交易必须满足的 4 项标准。JMC 宣称，与其并不存在附属关系的美国代销商完全满足这 4 项标准，并在其辩驳摘要中就每一个标准分别予以了论述。

JMC 反驳了申诉方提出的以下观点：JMC 的美国代销商的活动将 JMC 的销售置于《1930 年关税法》第 1677a（b）节所规定的“为了生产商或出口商的利益”语义涵盖之下。JMC 指出，该条款仅是针对代销。JMC 主张，《1930 年关税法》第 1677a（b）节的规定仅仅将 CEP 适用于由存在关联的美国贸易公司在美国进行的销售活动，以及适用于为了外国生产者或出口商的利益而在美国进行的代销活动。

美国商务部的观点：

商务部也没有发现 JMC 向代销商出售被调查产品的任何证据，在该类交易中代销商将取得被调查产品的所有权，然后再销售给美国客户。因此，根据以上事实，代销商不可能构成 JMC 所生产的被调查产品的卖方，因为代销商并不拥有所有者的权益（比如，已经购买或获取被调查产品）。

此外，在实地核查中，商务部并没有发现任何由代销商开给美国客户的发票，也没有任何证据可以证明代销商代表 JMC 的利益就销售条款与客户进行谈判。

我们赞同 JMC 所提出的以下观点：《1930 年关税法》第 772（b）节所规定的“为了生产商或出口商的利益”仅仅意指代销这种形式，而根据本案交易事实，这些买卖不属于代销。

因此，在终裁中，我们没有将 JMC 由其代销商进行的销售归类为 CEP 销售，同时，商务部也没有将 JMC 为这些销售活动向代销商支付的佣金予以扣除。

我们进一步指出，在商务部判定一项销售是 EP 还是 CEP 的时候，JMC 所援引的商务部反倾销手册中的 4 项标准将不会再被运用，因为 CAFC 在 AK Steel 案中已经认定了上述标准不符合法律规定。

案例 3　欧盟对华不锈钢无缝钢管反倾销案

一、案件基本情况

2010 年 9 月 30 日，应欧盟不锈钢无缝钢管工业保护委员会的申请，欧盟委员会对原产于中国的不锈钢无缝钢管进行反倾销立案调查。涉案产品海关编码为 73041100、73042200、73042400、73044100、73044910、73044993、73044995、73044999、73049000。这是欧盟 2010 年发起的第 7 起对华反倾销调查。本案的倾销调查期为 2009 年 7 月 1 日～2010 年 6 月 30 日，欧盟委员会初步选定美国作为计算中国涉案产品正常价值的替代国。

2011 年 6 月 29 日，欧盟对原产于中国的不锈钢无缝钢管作出反倾销初裁，裁定对中国涉案产品征收 48.0%～71.5%的临时反倾销税。在本案中，没有中国企业获得市场经济待遇。

2011 年 12 月 20 日，欧盟对原产于中国的不锈钢无缝钢管作出反倾销终裁，裁定对中国涉案产品征收 48.3%～71.9%的反倾销税。

二、对于本案相关调查结果的认定

1．对于损害的认定

（1）欧盟产业

在初裁结果公布后，委员会没有收到任何对欧盟产业的定义和抽样欧盟生产商的代表性持有异议的主张，因此，初裁中的相关结论已经确认。

（2）欧盟的消费

委员会没有收到任何有关欧盟消费方面的主张，因此，初裁中的相关结论已经确认。

（3）从涉案国家的进口

各利害关系方均未对初裁中有关产品数量、市场份额和倾销进口产品的价格变化的裁定提出异议，因此，初裁中的相关结论已经确认。

（4）价格削减

关于自中国进口产品价格削减的计算问题，中国出口/生产商以及欧盟产业均要求委员会进一步提供已应用在计算中的某些影响结果变量的信息（例如进口后成本、贸易水平和市场对质量的看法）。委员会披露了这些信息是如何确定的，从而满足了上述两方的要求，同时，确保遵守保密规定。

某中国生产商提出评论意见后，委员会就价格削减的计算作出了微调。调整后的结果与初裁的结果相比，价格削减的差额和损害消除程度有不到 1 个百分点的变化。除了以上提及的变化外，委员会没有收到任何评论意见。因此，初裁中的相关结论已经确认。

（5）欧盟产业的经济状况

初裁结果公布后，一些中国出口/生产商主张，委员会对损害的分析应排除某些指标。他们特别指出，欧盟产量和产能利用率下降的速度与欧盟消费下降的速度同步，因此，这些指标不应作为实质性损害分析中应当考虑的因素。

关于此点，首先应该指出，《基本条例》第 3（5）条规定，损害分析应审查“对产业状况有影响的所有经济因素和指标”。除倾销进口之外的有可能造成欧盟产业损害的任何其他因素的影响会在“倾销进口与产业损害之间的因果关系”中予以阐述。

（6）关于损害的结论

由于没有任何其他评论意见，因此，初裁中的相关结论已经确认。

2．倾销进口与产业损害之间的因果关系

（1）倾销进口的影响以及经济衰退的影响

一些利害关系方重申了他们在初裁阶段提交的主张，即欧盟产业遭受的实质性损害中有很大一部分应归咎于倾销进口以外的因素。

一些中国出口/生产商特别指出，欧盟产业销量下降和市场份额降低的重要原因之一是由于需求下降造成的，需求下降是由于经济危机导致的，而不是由中国倾销进口产品造成的。上述中国出口生产商进一步指出，在案件调查期，欧盟自中国进口产品的价格下降 9%，而欧盟产业的产品价格下降了 8%，价格降幅类似也表明，欧盟产业的产品价格下降完全是由于市场需求下降造成的，而非倾销进口产品的影响。

对于上述主张，首先应该指出的是，初裁认可了由于经济衰退及由此引发的需求下滑对欧盟产业状况所产生的负面影响，这些负面影响可令欧盟产业遭受损害。但这丝毫没有降低由中国倾销进口产品对欧盟产业造成的损害影响。在案件调查期，中国倾销进口产品在欧盟市场的份额大幅提升。实际上，倾销进口产品对欧盟产业的负面影响在欧盟市场需求下降期间比在经济快速增长期间更为有害。在整个调查期，来自中国的进口产品持续地以低于欧盟产业产品的价格在销售。此外，在调查期，来自中国的进口产品的价格削减达 21%～32%，中国进口产品的市场份额增长了 7.9 个百分点，占整个欧盟市场份额的 18%以上。因此，一方面，来自中国的进口产品对欧盟产品产生了价格抑制；另一方面，进口产品数量的不断增加和市场份额的不断提高也使欧盟产业扩大生产、提高产能利用率和增加销售量的目标成为泡影。

其次，仅仅依据销售量和市场占有率，或仅仅依据销售价格等损害指标推断出结论将会扭曲对案件的分析。例如，销售量的减少和市场份额的下降，再加上盈利能力的严重恶化，这三点在很大程度上是由倾销进口产品的价格抑制造成的。尤其是市场份额，在调查期，欧盟产业的市场份额比中国进口产品低 3.6 个百分点。鉴于上述情况，委员会确认了关于倾销进口产品和实质性损害之间的因果关系的裁决。由于没有任何其他的评论意见，因此，初裁中的相关结论已经确认。

（2）其他因素的影响

关于从其他第三国进口到欧盟的影响问题，一些中国出口/生产商声称，欧盟产业市场份额损失的 3.6 个百分点中的 1.0 个百分点应归因于从日本和印度的进口。然而，事实上，来自中国的进口产品在欧盟市场上的份额增长是以损害其他国家进口市场份额和欧盟产业市场份额为代价的。中国进口产品所增加的 7.9 个百分点的市场份额可分为欧盟产业失掉的 3.6 个百分点以及自其他国家进口失掉的 4.3 个百分点。

上述中国出口/生产商还宣称，其他一些经过挑选的第三国，特别是乌克兰、印度和美国，其进口平均价格也出现大幅下降，有可能对欧盟产业造成损害。关于这点，应该指出，在调查期，除了来自中国的进口产品之外，来自其他所有国家的进口产品的平均价格实际上上涨了34%。其中，从美国进口的平均价格大大高于欧盟市场上的价格。此外，在来自美国和印度的进口产品所占市场份额基本保持不变的同时，来自乌克兰的进口产品的市场份额则有所下降。

关于经济衰退的影响，由于所提交的评论意见没有对此提出反对意见，因此，初裁中的相关结论已经确认。

一些中国出口/生产商声称，欧盟产业盈利水平不佳的重要原因是单位生产成本同比增长了18%，而不是倾销进口，并要求委员会对单位生产成本上升造成的影响作出更为详细的分析。委员会审查了单位生产成本上升的问题并裁定，单位生产成本的上升可归结为：由于原材料价格上涨导致的较高制造成本，以及诸如直接劳动成本、折旧、制造费用、销售、管理和行政费用等固定成本，再有就是产量的急剧下降。

考虑到原材料成本波动在很大程度上被欧盟产业的定价机制所覆盖，因此，原材料对欧盟产业的盈利能力影响不大。然而，与产量和销量不足相关的其他因素直接影响了盈利水平。如果没有倾销进口，欧盟产业的产量和销量本来会比实际的产量和销量高很多，因此，不能认为导致欧盟产业遭受损害的主要因素是欧盟产业单位生产成本的上升，而不是倾销进口，因为欧盟产业单位生产成本的上升与不断增加的倾销进口量有着千丝万缕的联系。

一些中国出口/生产商还提出，尽管欧盟消费下降，但欧盟产业的重组失败也是其受到损害的一个重要因素。应该指出的是，欧盟产业不仅受到消费下降的影响，还受到消费下降时期倾销进口的影响。尽管如此，调查却显示，欧盟产业（1）由于来自中国的进口产品日益增加，且倾销价格非常低，因此在预期的暂时性危机和即将到来的复苏中欧盟产业无法继续保持产能；（2）继续开发其产品组合，重点是价值较高的专业产品（高端定制产品），中国产品在这个领域的竞争力还不太强；以及（3）在调查期就业人数减少了8%，并且每名雇员的平均劳动成本削减了2%。所有这些均表明，欧盟产业在积极采取措施努力应对损害带来的负面影响。然而，在需求疲软的时期，上述努力不足以弥补倾销进口产品所造成的损害。

（3）因果关系的结论

鉴于上述可以得出结论，基于《基本条例》第3（6）条的规定，来自中国的倾销进口产品对欧盟产业造成了实质性损害。因此，初裁中的相关结论已经确认。

3．欧盟的整体利益

（1）欧盟产业的利益

委员会没有收到关于欧盟产业利益进一步的评论意见或信息，因此，初裁中的相关结论已经确认。

（2）与出口商无关联交易的欧盟进口商的利益

在这一点上没有任何评论意见，初裁中的相关结论已经确认。

（3）买方用户的利益

在征收临时反倾销税之后，一家未合作的用户公司提交了关于欧盟产业利益的评论意见。值得注意的是，该公司声称，反倾销税的实施对该公司产生了重大影响。它指出，不锈钢管是几种下游产品的关键性部件，包括该公司生产的产品（如热交换器）。它还指出，鉴于该公司已经遇到过几次欧盟生产商延迟交货，因此，它还担忧无缝钢管供货的安全性。委员会认为，由于该用户所使用的无缝钢管中只有5%是从中国购买的，因此无论从成本上还是从供货安全性方面考虑，征收临时反倾销税对该公司产生的影响都相当有限。

在初裁阶段，委员会也考虑到征收临时反倾销税对那些大量使用从中国进口的不锈钢无缝钢管的下游企业可能会产生较大的负面影响，但在初裁结果发布后由于没有用事实支持的主张或新的信息，因此，初裁中的相关结论已经确认。

（4）欧盟产业利益的结论

基于以上分析，可以明确得出结论，对来自中国的进口不锈钢无缝钢管征收反倾销税是有充分理由的。因此，初裁中的相关结论已经确认。

案例4　欧盟对华瓷砖反倾销案

一、案件基本情况

2010年6月19日，应欧洲瓷砖生产商联合会的申请，欧盟委员会对原产于中国的瓷砖进行反倾销立案调查。涉案产品海关编码为69071000、69079010、69079091、69079093、69079099、69081010、69081090、69089011、69089021、69089029、69089031、69089051、69089091、69089093、69089099。本案的倾销调查期为2009年4月1日～2010年3月31日。欧盟委员会初步选定美国作为计算中国涉案产品正常价值的替代国。这也是继印度、巴基斯坦、韩国和泰国以后，中国瓷砖10年内遭遇的第六次反倾销调查。目前，欧盟是中国瓷砖的第三大出口国，此次反倾销调查涉及有釉和无釉的墙地砖、马赛克等产品，涉案金额超过3亿元，涉案企业几乎涵盖了所有国内知名陶瓷企业，其中大部分企业来自佛山。此次反倾销被称为中国陶瓷史上遭遇的最大的一起反倾销调查。

2011年3月17日，欧盟对原产于中国的瓷砖作出反倾销初裁，裁定对涉案中国产品征收32.3%～73.0%的临时反倾销税。

2011年9月15日，欧盟对原产于中国的瓷砖作出反倾销终裁，裁定对涉案中国产品征收26.3%～69.7%的反倾销税。

二、本案的裁决要点

1．对于损害的认定

（1）欧盟的瓷砖产量、产业以及消费

由于对欧盟瓷砖产量、产业以及消费没有任何评论意见或新的调查结果，因此，初裁中的相关结论已经确认。

（2）关于来自中国的进口产品

某利害关系方质疑对来自中国的进口产品所作出的分析，认为无论是申诉还是初裁均缺乏进口量的数据。该利害关系方声称，“平方米”这一计量单位是面积单位而不是体积单位。

另一利害关系方辩称，从中国进口产品的价格和数量的变化情况仅仅是显示了正常贸易的波动，因此，并不能说明中国生产/出口商的倾销行为。

在最终事实披露后，一利害关系方就欧盟统计局的统计数据的可靠性提出质疑，声称来自中国产品的实际进口价格比欧洲统计局统计的数据要高，因此，来自中国的进口产品价格与从其他第三方国进口的价格不分上下。此外，该利害关系方认为，这一结果将对已裁决的倾销幅度产生影响。

另一利害关系方辩称，他们对欧盟统计局有关市场份额和进口价格进行的数据分析与初裁时所作出的分析略有不同，并认为应对初裁分析结果作出相应的修改。

另一利害关系方则认为，欧盟委员会的公共服务机构没有将 2010 年案件调查期后自中国的进口产品价格上升的因素考虑进去。

关于用来确定进口量的计量单位的主张，《基本条例》第 3（2）条中的“量”一词是指“数量”而不是“立方体积”。对于每个产品来说，应使用最有代表性的计量单位。就本案的涉案产品而言，全球市场上的经营者一直使用平方米（m^2）。因此，平方米这一计量单位最适合本调查，据此驳回关于计量单位的主张。

关于来自中国进口产品的价格和数量问题，毋庸置疑的是，从绝对价值计算的角度考虑，其变动的程度是有限的。在案件调查期，中国进口量下降了 3%。然而，对于中国进口量所造成的影响的结论必须在欧盟市场消费整体下滑的背景下作出。事实是，在案件调查期，来自中国的涉案产品的进口量只有 3% 的下降，而欧盟市场整体消费下滑了 29%，这一事实清楚地表明了中国产品给欧盟市场所带来的影响。在案件调查期，中国进口产品保持稳定，从而获得市场份额，而其他经营者却失去了市场份额。

关于中国进口产品的价格变动问题，初裁显示的平均进口价格是依据欧盟统计局的统计数据得出的。有关于进口到某些成员国的平均进口价格准确性的质疑，但已证实官方统计数据没有变化。欧盟统计局的数据仅用于确定总体趋势，即使中国进口产品的价格有所上涨，但由于其造成的价格削减和以比竞争对手低得多的价格销售产品，因此将欧盟作为一个整体来看，其受到的损害依旧。在这样的背景下，无论是衡量损害还是倾销幅度，欧盟委员会使用的数据并不是从欧盟统计局采集的，而是来自被调查的企业并经过核实的数据，以确定倾销幅度。因此，即使发现初裁中有与统计数据的不同之处，也不会对倾销幅度的计算有任何影响。

关于欧盟委员会服务机构未考虑欧盟统计局 2010 年的统计数据的观点，由于案件调查期的数据包括了 2010 年一季度的数据，因此，不能支持上述观点。至于 2010 年二～四季度的数据，应该指出，这个期间的数据属于案件调查期后的数据，不在本案考虑之列。此外，即使将 2010 年二至四季度的数据考虑进去，进口统计数据也显示从第三国的进口价格在上升，这表明，这是总体趋势，并不是特别针对中国进口。

（3）价格削减

一利害关系方辩称，事实披露中向各利害关系方所披露的出口价格的计算结果与初裁的解释不一致。经核实，现确认初裁中有一个文字上的错误。确实，在初裁阶段，对欧盟生产商向欧盟市场上无关联交易的买方以出厂价格销售的贸易数量作了调整，但在计算平均出口价格方面并没有调整进口后的成本。在终裁阶段，基于与委员会合作且无利害关系的进口商提供的信息，对相关国家出口商的欧盟边境到岸价进行了调整，以便于计算现行关税和进口后成本（进口商在转售前所产生的为进口在欧盟港口产生的费用、运输费和仓库保管费）。

另一利害关系方认为，如果考虑分销/营销的成本，向下调整后的价格将与中国出口的价格相近似。委员会认为，事实是，初裁的计算已经包含了这些调整，因此，该主张无事实根据，予以驳回。

本案的调查结果显示，来自中国的进口产品的价格削减幅度为 43.2%～55.7%，这个结果与初裁结果有一些不同。两者之间差异产生的原因在于在终裁计算削价幅度时，增加了对出口生产商新的到岸价的价值计算以及增加了单独对出口生产商 Kito 集团公司出口到岸价的计算。

（4）从中国以外的第三国的进口

由于对从中国以外的第三国的进口没有任何评论意见或发现新的调查结果，因此，初裁中的相关结论已经确认。

（5）欧盟行业现状

① 宏观经济指标

由于对产量、产能和产能利用率、销售量和市场份额、就业和生产率等均没有任何评论意见或新的调查结果，因此，初裁中的相关结论已经确认。

本裁定确认的倾销幅度大大高于可忽略不计的最低倾销幅度。有鉴于进口倾销产品的数量之大和价格之低，现确认，实际倾销幅度造成的影响不可忽略不计。

② 微观经济指标

库存

某利害关系方质疑初裁中关于库存数据的准确性。该利害关系方声称，在本案调查期，库存价值占比大大低于该案初裁中列出的价值占比。委员会对上述被提及的计算结果进行审查后发现，只有2009年和案件调查期库存占比数据有计算错误，而且，在这两个期间，库存比例确实略高于此前所标明的比例。

上述一利害关系方还声称，如果欧盟产业被迫将其库存水平增加至如初裁中所述的6个月的产量水平，那么，这个数量相当于初裁中所列出的整个产量的50%，而不是59%。关于该点，应该强调的是，初裁时所作的分析只是一种相互补充，是从不同的角度进行分析的。第一个分析显示的是以平方米为计量单位时，抽样公司库存占抽样公司产量的比例（在案件调查期该比例为61%）。第二个分析也是对抽样公司的数据进行分析，但该分析显示的是一年按照12个月产量计算，案件调查期的库存月数（案件调查期为50%）。

2007年，抽样生产商保持约5个月的产量库存（相当于年产量的43%），但在案件调查期，倾销进口产品的压力迫使欧盟生产商提高库存期限超过7个月的生产量（相当于年产量的61%）（表9-1）。因此，特确认下列结论：库存变化趋势显示倾销进口产品对欧盟产业造成了损害。

表9-1　欧盟产业的库存水平

	2007年	2008年	2009年	案件调查期
库存（千平方米）	48 554	50 871	39 689	41 887
指数（2007 = 100）	100	105	82	86
库存相对于年产量的比例（%）	43	49	56	61
指数（2007 = 100）	100	113	130	142
依据年度产量计算的库存月数	5.2	5.9	6.7	7.4
指数（2007 = 100）	100	113	130	142
依据每年12个月计算库存月的比例（%）	43	49	56	61

销售价格

某利害关系方质疑初裁中关于欧盟产业销售价格的调查结果，并声称委员会在裁决中并没有包括波兰和捷克生产商的单价，调查结果与实际公布的数据不相符。对此，委员会做了一个模拟测试，测试中的数据包括了波兰备案的销售价格，该国产量约占欧盟总产量的10%。由于捷克的产量占欧盟总产量的不足3%，因此，没有对该国的销售价格作模拟测试。模拟测试结果表明，即使将波兰的销售价格考虑在内，最终的结果也不会有任何改变。最后，委员会用同样的方法，在进行相应的调整以获取销售给第一个没有关联交易的买方的价格，从而计算出欧盟产业的销售价格，以确保与进口的中国产品销售价格的可比性。

一利害关系方认为，初裁中解释的欧盟产业被迫以多品种、小批量销售的推理是错误的，因为如果真是这种状况的话，欧盟产业所丧失的市场份额就不仅仅是2%了。需要指出的是，集中精力于较小批量的销售模式并不必然就会丧失较大的市场份额。首先，尽管低价的中国进口产品给欧盟产业带来较大影响，但对于较大批量、统一批次的产品来说，欧盟产业并没有被完全排挤出市场；其次，欧盟产业有能力通过削减其销售价格和生产更昂贵的产品组合的策略维持其在整个市场中的份额。当然，上述措施的代价是欧盟产业的盈利下降。因此，尽管有来自中国产品低价格的压力，但欧盟产业通过策略选择继续确保其市场份额。

利润率、现金流、投资回报率和工资

一利害关系方认为，大企业盈利能力和小企业盈利能力之间有较大的差异，因此提出下列主张：由于样本数据只包含一个大企业的数据，因此，平均利润应被视为不具代表性。

另一利害关系方声称，欧盟较大生产商财务状况良好。该利害关系方还主张，从初裁中所列出的事实和数据表明，即使将盈利水平低的小企业的盈利状况纳入欧盟产业的平均利润率中，其财务指标也没有损失。这就证明欧盟产业整体上没有遭受损害。

应该指出，一方面，为了确保抽样的代表性与调查结果的一致性，在整个欧盟产量中，按照产业细分市场的份额，加权所有损害指标（包括利润）；另一方面，也确认较大细分市场中大公司的代表性。其结果是，对抽样企业所作分析得出的整体指标是代表了整个欧盟产业的状况。由此，驳回上述利害关系方的主张。

关于大企业没有受到损害的主张，应该指出，依据《基本条例》第4（1）条，分析欧盟产业是否受到损害应是基于欧盟整体产业，而不是基于某些集团或某几类公司，在案件调查期财务指标没有损失并不意味着欧盟产业本身没有受到损害。

生产成本

一利害关系方对于"由于库存增加和产品结构的变化，欧盟产业的生产成本上升了14%"的结论提出质疑，认为该结论不成立，理由是库存水平和产品结构这两者均与生产成本无直接关系。上述主张已被委员会驳回，理由是高库存水平表明财务成本相当可观，而生产成本分析中包含了财务成本。此外，不断调整产品结构就要求生产者要经常修改生产程序，这就需要增加额外的生产成本：由于这样做会导致时间的浪费和机械设备利用率的空置，这种操作代价太高。

（6）关于损害的结论

一利害关系方质疑初裁中关于消费减少对欧盟产业产生负面影响的结论。该利害关系方认为，由于欧盟整体市场份额保持不变，因此消费减少不可能对欧盟产业造成任何损害。

对于尽管欧盟消费减少，但欧盟产业生产商市场份额稳定的评论，委员会认为，市场份额不是认定产业损害的唯一相关指标，欧盟生产商是在牺牲利润率的前提下，经过努力才设法成功地保持了其在欧盟市场的份额。在案件调查期，欧盟生产商的利润下滑。因此，不能得出下列结论：欧盟生产商保持住稳定的市场份额就可以排除损害的存在。基于上述考虑，初裁中的相关结论已经确认。

2. 倾销和损害之间的关系

欧盟委员会收到对初裁中倾销与损害之间因果关系的评论意见，这些意见仅仅是重复初裁中已经详细论述的关于自身造成损害的评论。各方没有提交进一步的证据以改变初裁结论，因此，初裁中的相关结论已经确认。

（1）中国进口产品所造成的影响

依据《基本条例》第 3（6）条和第 3（7）条的规定，在初裁阶段，要审查原产于中国的倾销进口产品是否对欧盟产业造成了实质性损害。

一些利害关系方认为，欧盟产量和销售量下降是由于消费减少造成的。此外，中国进口产品所产生的影响一定是很有限的，因为中国进口产品的市场份额仅增长了 1.6%，而且在这 1.6%的份额中，不超过 1%的份额可能与欧盟产业的市场份额有关。

上文已经提及，案件调查揭示了中国进口产品市场份额的上升与欧盟产业利润率的下降以及库存水平增加之间在时间上的巧合。此外，不仅是中国进口产品市场份额的增加对欧盟产业造成压力，而且，更让欧盟产业喘不过气的是中国出口生产商的定价行为和较大的削价幅度。

如上文所述，调查揭示了中国进口产品大幅削减价格的做法。在很大程度上，欧盟产业生产商和进口商正向相同的客户销售产品，这意味着，为了订单，欧盟产业与倾销进口产品直接进行竞争。

综上所述，这显示出，不仅仅是进口的数量，而且还有价格压力，这两者造成欧盟产业盈利的下降和多项指标受到损害并趋向恶化。

（2）关于欧盟产瓷砖和来自中国的倾销进口瓷砖之间缺少竞争的问题

一些利害关系方辩称，由于欧盟产瓷砖和来自中国的进口瓷砖没有可比性，因此，来自中国的进口瓷砖本来就不可能对欧盟产业造成损害。对此问题提出的支持论据是，来自中国的进口瓷砖以同质化的产品满足市场需求，而欧盟产业依据订单生产，是小批量生产。论据还有，中国经营中、低端领域的瓷砖，而欧盟产业经营中、高端领域的瓷砖。因此，中国进口瓷砖与欧盟产瓷砖之间没有竞争。为支持上述观点，一些利害关系方还拿出了欧盟市场份额有限减少的数据作为证据。

值得一提的是，欧盟委员会就此问题确实做了非常细致的比对，以区分数百个不同种类的瓷砖。经比对得出了如下结论：欧盟产瓷砖与中国进口瓷砖之间存在极大的匹配性。这就清楚地表明，就瓷砖产品种类而言，欧盟产业与中国进口产品正在进行激烈的竞争。如上文所述，由于欧盟产业与中国出口商将瓷砖销售给欧盟市场上相同的买方，因此，两者直接进行竞争。

至于中国进口的瓷砖以同质化的产品满足市场需求，而欧盟产业按照订单小批量生产的主张，委员会认为，欧盟产业的上述经营方式完全是迫于中国进口的压力。就瓷砖花色和规格来说，欧盟被迫转向小批量、多品种的经营方式。尽管如此，欧盟产业仍然在所有细分市场存在。

鉴于以上事实和分析，委员会无法支持以下观点：由于中国产品并未与欧盟产品竞争，所以来自中国的进口瓷砖并未对欧盟产业造成损害。

（3）其他因素的影响

① 从第三国进口的影响

一些利害关系方坚持认为，来自土耳其的进口瓷砖应被视为对欧盟产业产生了重大影响。一利害关系方质疑下列结论：土耳其瓷砖单价提高 19%是重大提价。

委员会认为，现在没有新的证据可以证明初裁阶段作出的结论是错误的。关于此点，现确认土耳其进口瓷砖价格提高 19%应被视为大幅提高价格。此外，没有证据表明土耳其倾销进口的瓷砖对欧盟产业造成了损害。因此，不能支持上述利害关系方的主张。

② 消费下降造成的影响

一利害关系方声称，瓷砖消费量减少主要影响的是西班牙和意大利。据称，这两个国家遭受的损害最为严重。但是，事实正相反，中国瓷砖出口的主要目的地是欧盟北部的成员国，在那些国家，瓷砖消费量并没有减少，那些国家的欧盟生产商也表示没有受到多少损害。该利害关系方还认为，西班牙瓷砖产业在2010年复苏，这表明，中国进口瓷砖与欧盟瓷砖产业在生产和销售数量之间没有任何联系。

一利害关系方声称，欧盟产业库存增加是由于欧盟消费下降引起的，不应归咎于来自中国的进口产品。

欧盟北部成员国没有受到瓷砖消费下降的影响以及中国进口产品本来就是针对北欧的几个成员国的主张没有任何确凿证据的支持。事实与此正相反，中国出口生产商的抽样数据显示，来自中国的进口瓷砖在整个欧盟地区均有销售。此外，中国瓷砖在西班牙和意大利两国的销售量占其总销售量的28%，仅略低于对德国32%的销售量。据此，委员会驳回上述主张。

关于欧盟产业库存增加应归咎于欧盟消费下降的主张，委员会认为，中国进口瓷砖的大量销售对欧盟产业造成巨大压力，这对欧盟生产商库存有明显的影响。在案件调查期，库存率的增长不能仅仅用产品销售的难度来解释，还要用库存中保有各种规格的产品以及这些产品随时可供销售的因素来解释。因此，中国进口瓷砖对欧盟瓷砖产业库存的增加造成影响。

③ 经济危机的影响

一些利害关系方认为，经济危机才是欧盟产业遭遇困难的真正原因。下列证据可以证实上述观点：欧盟瓷砖产业状况恶化发生在2008年和2009年之间，也就是经济危机发生时期，而在其后的阶段，产业状况恶化趋势有所改善。这些利害关系方还指出，案件调查期的跨度包括了瓷砖销售周期的高峰期和低谷期。在高峰期，是以建筑业蓬勃发展为特征，在低谷期则是以金融危机以及出口减少为特征。出口减少是指欧盟在第三世界国家设立新的生产基地。

在终裁前的事实披露发布后，一利害关系方主张，一系列损害指标的恶化是由于经济危机而不是由于倾销进口产品造成的。根据该利害关系方的观点，经济不景气的影响将会增加对大批量、低价格产品的需求。因此，欧盟产业不得不更致力于大批量订单的生产，其结果是增加库存水平。而中国生产/经销商已经在这一细分领域成功地运作。此外，经济衰退造成欧盟通胀，其通胀水平高于中国的通胀，从而造成欧盟生产商的生产成本上升，从而使欧盟产业以低于生产成本的价格销售瓷砖。

另一利害关系方声称，欧盟产业的利润率在案件调查期的最后一个季度已大幅上升，这表明欧盟产业在经济危机后已经复苏。该利害关系方要求调查机关公布案件调查期欧盟产业每个季度的利润，这样做有可能表明在案件调查期接近尾声时欧盟产业的利润明显高于经济危机时期的利润。

事实上，经济不景气确实对欧盟产业的经营造成了影响，在决定实施临时反倾销税的初裁中已经认可这一事实。如上文所述，要确定倾销和损害之间的因果关系成立，依据法律规定，需确定倾销进口产品要对欧盟产业造成了实质性损害。然而，并没有规定需确定倾销进口产品是造成损害的唯一原因。此外，调查显示，尽管经济危机仍在持续，但中国的出口增势仍可能持续。在经济形势十分困难的背景下，中国的确是唯一在欧盟市场上能够保持其市场份额的国家。

关于欧盟要按照市场发展要求作出结构调整的主张，利害关系方并没有提出证据支持其主张。调查显示，欧盟产业不得不改变其产品组合，在种类、花色和规格方面提供更加多样的瓷砖，以及增加库存，以便在很短的时间内满足有特殊要求的订单。据此，委员会驳回上述主张。

关于生产成本上涨的影响，在案件调查期，欧盟平均通胀率并不比中国的平均通胀率高，因此，认为欧盟生产商能够以稳定的价格销售瓷砖是不恰当的。考虑到削价的幅度，也不能得出结论说，是欧盟产业对中国进口瓷砖价格的下调构成压力。因此，委员会驳回上述利害关系方的主张。

另一方面，关于欧盟产业所处的环境，在案件调查期，中国出口商咄咄逼人的定价行为影响了欧盟产业的盈利能力。其实，中国出口商的定价行为早在全球经济衰退前就已经影响了欧盟产业的盈利能力。这表明，即使没有经济危机，来自中国的低价进口产品本身就足以对欧盟产业造成重大损害。因此，委员会认为，来自中国的进口瓷砖和欧盟产业所受损害之间的因果关系不会因发生经济衰退就发生改变。

关于公布调查期内欧盟季度利润的要求，委员会认为，在本调查中这是不恰当的，因为按照季度计算，即使出现了利润显著改善的状况，那也要与3.9%的目标利润加以比较。

④ 欧盟产业重组失败造成的影响

一利害关系方主张，欧盟生产商所受到的损害应归咎于其重组的失败，因为欧盟仅仅削减了7%的产能和减少了16%的就业岗位，而与此同时，市场容量则缩减了29%。

在瓷砖行业，放弃产能是一个艰难的过程，因为，在一个市场最终复苏时，恢复产能的代价对生产商而言是极其昂贵的。在案件调查期，随着市场需求的减少，减少就业同样是一个艰苦的过程，因为不是所有的工作均直接与实际生产挂钩，就业趋势没有必要完全反映产量的趋势。因此，瓷砖产业放弃产能和减少就业的程度没有完全与市场收缩的程度相匹配的事实并不表明重组没有成功。事实与上述主张正相反，考虑到瓷砖产业的结构，产能削减7%和就业岗位减少16%一定会被视为大幅削减。

⑤ 欧盟产业在出口市场的业绩产生的影响

一利害关系方声称，欧盟产业出口的下降是由于欧盟产品的高价格，而非中国出口的影响。针对这一主张，委员会认为，在经济危机后，欧盟瓷砖产业的出口已经恢复，因此，认为欧盟出口业绩会给欧盟产业造成重大不利影响的观点是没有根据的。

（4）关于倾销进口和产业损害二者之间的因果关系的结论

由各利害关系方提交的所有论据中没有任何论据可以证明是由于中国倾销进口产品以外的其他因素影响了倾销进口产品和损害之间的因果关系。因此，初裁中有关两者因果关系的肯定性结论已经得到确认。

案例5　印度对华PVC胶膜反倾销案

一、案件基本情况

2010年2月1日，应Pioneer Polyleathers Pvt. Ltd.的申请，印度商工部对原产于中国的PVC胶膜进行反倾销立案调查。涉案产品海关编码为39201019、39201012、39204900、39219026、39219029、39269099、39199090、39181090、39189090、39269080。本案的倾销调查期为2008年4月1日～2009年9月30日；损害调查期为2008年4月～2009年9月。申诉方要求印度商工部以韩国作为计算中国涉案产品正常价值的替代国。

2010年6月22日，印度商工部对原产于中国的PVC胶膜作出反倾销初裁，对涉案的中国产品征收0.012～0.545美元/千克的临时反倾销税。

2011年8月25日，印度海关发布公告，对中国产PVC胶膜正式征收反倾销税，征税时间为自2010年7月30日起，为期5年。具体税率为：对张家港海德思产业用纺织品有限公司征收0.034美元/千克，对浙江宇立塑胶有限公司征收0.441美元/千克，其他中国企业为0.583美元/千克。

二、本案的裁决要点

1．损害的确定

关于损害和因果关系，印度国内产业提交了下列意见：

就绝对数量而言，从中国的进口在增加，即使当申诉方开始投入新的生产设备生产涉案产品时，中国产品的进口量仍然保持较高的水平。

规则清楚地认可了 3 种形式的损害——实质性损害、实质性损害威胁和对国内产业造成的实质性阻碍。申诉方刚刚开始商业化生产的事实证实本案不可能审查实质性损害，除非是在调查期内进行调查。因此，就本案而言，各利害关系方或者必须同意对在调查期内进行损害调查，或者必须同意本案不能审查或考虑实质性损害。在前一情况下，企业经营状况清楚地表明，国内产业已遭受到实质性损害。由于申诉方过去没有遭受到实质性损害的历史，在本案中调查机关不能审查实质性损害威胁。因此，本案唯一适用的损害形式是对国内产业造成的实质性阻碍。

尽管印度市场对涉案产品的需求显著增加，申诉方也投入生产，但印度国内产业的销售量还是有所下降，原因是倾销进口产品在市场上的存在。

进口产品的完税价远远低于国内产业的生产成本，此外，国内产业的销售价格大大低于其生产成本；涉案国出口商以大大低于其他国家出口到印度的产品价格出口涉案产品；涉案产品被征收临时性关税后的平均进口额仍大大低于国内产业的净销售额，从而导致可观的价格削减。

由于不断增加的倾销进口产品的不良影响，国内产业的产能利用率下降，随之而来的是产量、销售量和市场份额的下降。国内产业的生产率也显示出类似的趋势。

工厂开始投产的一段时间内，其盈利能力、现金流和资本收益等指标是良好的，但由于从涉案国倾销进口产品的增加，上述指标在调查期就转为负数了。

一方面，在国内市场对产品需求不断增长的背景下，国内产业丧失了发展机会；另一方面，国内产业的库存已达到相当高的水平。

关于项目报告的可信度，有主张说，该公司的项目报告获得主管部门的批准后才确定下来。调查机关可审查项目报告，审查了到目前为止的实际工作情况，本着在没有倾销进口产品影响的背景下，国内产业所期望的合理的经营业绩水平而推断出自认为合理的基准。

对于一些利害关系方提出的关于倾销调查期和损害调查期不可能吻合的主张，WTO 规则要求调查机关考虑采用较长的损害调查期。事实上，上述利害关系方在听证期间已承认，调查机关考虑以不超过 12 个月作为倾销调查期是合情合理的。

考虑到在某个阶段有可能过度进口的事实，依据季度统计进口并不能恰当地反映进口量。在本案中，消费量是依据国内销售量和进口量来确定的，但这并不意味着统计季度的实际消费。然而，由于实际消费量很难确定，调查机关倾向于考虑将进口量加上国内销售量作为消费量。即使进口可被视为消费，也要考虑一个季度与其他季度相比较的情况，这种模式可能会导致某个季度消费量高一些或低一些。

此外，印度反倾销局并未受限于将 6 个月作为调查期。事实上，就本案而言，将 6 个月作为调查期会更合适。考虑到该调查包括了 6 个月的最低调查期，国内产业在调查期的第 5 个季度和第 6 个季度的经营业绩的恶化足以说明国内产业遭受到了实质性损害。

国内产业的经营业绩显示，该公司从 2008 年 4 月 22 日开始商业化生产，从那时起一直到调查期的第 4 个季度，公司产量稳步上升。与审理过去的案件一样，反倾销局仔细考虑国内产业的业绩，考虑国内产业的产量和销售量受到的影响是否达到了遭受到实质性阻碍的程度。

关于数据收集期的问题，依据委员会关于反倾销实践指导方针，反倾销局必须考虑对尽可能长的时期进行损害评估，如果国内产业存在的时间短于最低存在的期限，则要考虑国内产业实际存在的期限。国内产业仅仅存在几个月并不意味着实质性阻碍的状况就不存在。

申诉方声称，当申诉方实现了 1.08%的生产水平时，从投产到调查期的第 1 个季度，国内产业的次佳业绩可视为启动经营的一部分。然而，一旦申诉方实现了 22.27%的生产水平，仅仅因投产因素而导致产量下降是没有道理的。在此之后的国内产量下降完全是由于倾销进口产品在市场上的存在，而且国内产业没有能力生产和销售该类产品。

WTO 没有设定 10%的产能利用率门槛。印度反倾销局的立场是，如果目前国内产业不能完全满足市场的需求，那么，新加入的产能就（不）应被解释为造成国内产业的实质性阻碍。显然，WTO 成员从未就 10%的产能利用率门槛达成过协议，因此这一指标也不合理。

一些利害关系方声称，申诉方的产能每年只有 12500 吨，该产能被完全利用了，这种主张没有任何事实依据。申诉方所具有的产能远远超过了上述争议数字，申诉方的产能可以满足整个印度市场的需求，就此而言，印度完全没有必要进口该产品。然而，由于涉案产品的大量进口，国内产能中的很大部分处于闲置。

人们看到，国内产业自产品投产一直到第 4 个季度，其市场份额一直在提高，但国内产业所获得的市场份额还是大大低于该企业目前的产能和市场需求本应达到的水平。此外，第 4 个季度后，国内产业市场份额的下降显然是倾销进口增加的结果。国内产业销售额下降之大已与需求下降不成比例。

一些利害关系方主张，在调查期，尽管中国进口产品的价格有所提高，但国内产业的销售价格却下降了，因此，无法确定倾销进口和国内产业遭受损害之间的因果关系。申诉方声称，企业在投产时确定了产品的首销价，问题是国内产业为产品确定的价格明显高于进口产品的价格，以至于出现明显的价格削减。在此之后，申诉方销售产品愈发困难，而消费者不断寻求进口产品，申诉方这才开始通过打折逐步降低其产品价格，以便吸引客户，最终形成价格削减。

至于某利害关系方提出的申诉方没有能力每个季度生产2661吨以上的产品的主张是没有任何事实依据的。反倾销局可核实申诉方实际的产量。

即使进口产品所占市场份额保持不变，国内产业的市场份额也在波动中。此外，没有任何证据表明国内产业因丧失市场份额而遭受到损害。

如果一个产业处于建立期，则需满足以下条件：确实有大量资源投入用来生产进口成员国领土内从未生产过的同类产品，但同时这种生产又尚未形成商业规模。

反倾销局可考虑可行性研究和投资计划来审查实质性阻碍的情况。

关于产能，申诉方辩称，其向反倾销局提交的信息已清楚地证实申诉方生产的涉案产品的数量大大超过被诉方声称的数量。

反倾销局已经注意到申诉方遭受到实质性阻碍，依据国内产业在调查期的业绩表现，企业正遭受实质性损害。倾销进口产品对国内产业的实质性阻碍导致对国内产业的实质性损害。

有关未公布商业生产日期的说法是毫无根据的，因为第一次口头听证会后上述信息就以书面意见的形式对外公布了。

国内产业以较大规模生产涉案产品以及在第 3 个半年期产量下降的事实证明，国内产业所遇到的损害与产品生产的技术限制没有关系。

鉴于申诉方对国内未生产过的进口替代产品已经投产，在一个公平的市场环境下，接下来就应该是进口产品的数量下降。事实上，这清楚地体现了反倾销税征收后的状况。一旦征收反倾销税，涉案产品的进口数量就会大幅回落，国内产业的市场份额就会大幅上升。

涉案的利害关系方辩称，季度分析数据显示损害状况被扭曲了。然而，申诉方提供的半年度损害信息也显示出与季度分析相同的结果。

事实披露后，国内产业提出，仅仅通过理论上的产量就来确定无损害价格是不正确的。在任何情况下，这个理论上的产量是不可能分担原材料和公用事业以外的费用的，这是因为费用支出水平直接取决于业务经营水平。

反对申诉方的各利害关系方提交了关于损害的意见，总结如下：

有关实质性阻碍的调查已没有必要，因为反倾销调查通知本身并没有援引实质性阻碍的条款。从逻辑上说，企业一方面承认其投产超过 18 个月，另一方面又主张其遭受实质性阻碍，这是相互矛盾的。

本案的事实并不支持实质性阻碍的裁决，因此，调查应该立即终止。由于国内产业是以实质性阻碍为出发点，依据实质性阻碍的因素获取损害的结果，因此，国内产业不应被视为尚处于“发展中”，甚至是“幼稚”产业。

实质性损害和实质性阻碍是相互排斥的，不能同时存在。当国内产业声称遭受到实质性阻碍时，调查不能依据“实质性损害”而启动。

由于申诉方已经建立起国内产业，其所依靠的实质性阻碍的检测不适用于申诉方。

实质性阻碍和实质性损害之间有区别。调查启动通知声称，国内产业正遭受实质性损害。因为证据所证实的是实质性损害而不是实质性阻碍，因此调查本不该发起。即使在初裁过程中，反倾销局也没有意识到两者之间的差异。实质性阻碍有可能导致实质性损害，反之则不成立。

由于没有按照季度作出价格损害的数据，从而导致比较结果不准确。

国内产业提供了不切合实际的预测数字。就国内产业所拥有的工厂、机器设备和基础设施的现状，国内产业实际上不可能达到其所提交的产量、产能或销售量。

在申诉方对韩国提起申诉一案中，尽管从韩国的进口量巨大，但还是没能成功地发起反倾销调查，这就显示出申诉方在案件中存在不足。

由于国内市场对涉案产品的需求不断增加，随着国内产业的投产，进口数量本应下降，这种主张毫无逻辑。确切地说，进口是不可避免的，政府征收反倾销税只会给最终用户增加负担。

进口产品在数量和价格上没有对国内同类产品造成不利影响。涉案产品以高于其正常价值的价格出口到印度。

在调查期，来自中国的进口产品所占市场份额比上一年缩减了 20%，同时，国内产业的市场份额则比上年增长了 10 倍以上。

即使进口产品的市场份额保持不变，国内产业的市场份额仍处于波动中,也没有任何证据证明国内产业丧失了市场份额。

即使申诉方满负荷生产，最多也只能满足目前 15%～20%的市场需求。

进口产品的价格较高，因此不存在价格抑制、价格压低、低价销售或价格削减。

在市场份额和需求数据的计算上，申诉方未能说明所依据的信息来源。

申诉方未能提供月度价格信息，最终会导致调查结果不准确。

就产量、销售量、产能利用率、市场份额等而言，国内产业的业绩状况一直在改善，不存在申诉方所声称的遭受实质性损害或实质性阻碍。

倾销进口和国内产业遭受损害之间的因果关系不成立。如有损害的话，对国内产业造成的损害也不应归咎于进口。

反倾销局未能开展非归因分析。

3M 印度有限公司在调查期没有进口涉案产品，因此，也就没有提交进口商的问卷回复。

不存在国内产业所证实的倾销进口和产业损害之间的因果关系，从大多数的损害因素可以看出，印度的国内产业获得了健康发展。

考虑到国内产业的实际产能，国内产业并没有遭受到任何不利影响。申诉方的产能利用率已达到100%，仅仅因为在第 6 个季度产能利用率较低，就认为自身遭受实质性损害是无法成立的。

来自海利德公司的进口产品并没有对国内产业造成实质性损害。

进口产品的价格较高，因此不存在价格抑制、价格压低、低价销售和价格削减，进口数量已出现大幅下降。

在调查期的第 6 个季度，印度国内的销售量较小，主要是由于国内需求下降所导致。

在产能保持稳定、就业人数增加的情况下，每名雇员的生产率自然会有所降低。

在调查期的第 5 个季度和第 6 个季度，印度国内对涉案产品的需求有所下降。

国内产业在投产初期，所占市场份额的 95%由中国进口产品来填补，之后，进口产品的市场份额降至 71.59%，这清楚地表明，如果国内产业有更多产能来满足印度市场对 PVC 胶膜日益增长的需求，那么进口产品所占市场份额有可能会进一步下降。此外，国内产业（从投产开始）的销售额一直呈现增长态势（即国内生产的产品已销售一空）。因此，从中国进口的涉案产品并没有对国内产业造成损害或对印度市场存在倾销行为。

分析的方式应该是就某年的某个季度与任何一年的同期进行比较，而不是将经过选择的各个季度进行比较，例如申诉方选择（2009/10 年度）的第 2 个季度与（2008/09 年度）的第 4 个季度进行比较，这是不恰当的。按照规范的分析方法可以得出，从中国进口的产品在大幅下降，而国内产业所占市场份额在提升，从其他国家的进口也在持续增加。

国内产业可能是由于刚刚投产的缘故，导致其经营业绩不佳。

国内产业是由于自身的原因，如缺乏先进技术，使用过时的制造技术、管理不善、高价进口/采购原材料等才使得其经营业绩面临亏损。

印度反倾销局的审查意见：

反倾销局已经注意到各利害关系方提交的国内产业关于损害的各项主张，并在一定范围内进行了审查。此外，还分别审查了为确定损害和因果关系的各项必审查制约性因素。反倾销局认真考虑了事实披露后国内产业和其他利害关系方提出的关于确定未受损害的价格（NIP）的评论/意见，并认真考虑了《反倾销规则》附件 3 所规定的原则。

鉴于上述情况，反倾销局考虑将初裁报告中确定的 80%的产能利用率作为最佳产能利用率。此外，反倾销局还注意到，企业为了达到 80%的产能利用率而产生的薪资水平、制造费用和行政费用可能与调查期实际支付的各项支出不尽相同，因此，反倾销局审查了经审计的账目和初裁报告中上述费用的变动程度，并确定了诸如工资、制造费用和行政费用等费用的变动性。在确定国内产业的未受损害价格时也考虑了上述变动水平。

（1）从涉案国进口产品的数量和市场份额

关于倾销进口产品的数量问题，反倾销局需要依据印度国内产业的产量或/和消费量，来确定倾销进口产品在绝对数量上或相对数量上是否有显著增加（表 9-2、表 9-3、表 9-4）。

表 9-2　来自涉案国及其他国家的涉案产品的进口量（年度）

序 号	国 家	单 位	2005/06 年度	2006/07 年度	2007/08 年度	案件调查期	调查期（年度）
1	中 国	吨	7928	12628	23630	48680	32453
	趋 势	指数	100	159	298	614	409
2	其他国家	吨	514	640	553	3400	2267
	趋 势	指数	100	124	108	661	441
3	总 数	吨	8443	13268	24183	52081	34720
	趋 势	指数	100	157	286	617	411
4	涉案国份额	%	93.91	95.18	97.71	93.47	93.47
	趋 势	指数	100	101	104	100	100

表 9-3　调查期内来自涉案国及其他国家的涉案产品的进口量（季度）

序 号	国 家	单 位	Q1	Q2	Q3	Q4	Q5	Q6
1	中 国	吨	7030	9436	7334	7860	9886	7135
	趋 势	指数	100	134	104	112	141	101
2	其他国家	吨	425	397	243	599	905	832
	趋 势	指数	100	93	57	141	213	196
3	总 数	吨	7455	9833	7577	8459	10791	7967
	趋 势	指数	100	132	102	113	145	107
4	涉案国进口份额	%	94.30	95.96	96.80	92.92	91.62	89.55
	趋 势	指数	100	102	103	99	97	95

表 9-4　调查期内来自涉案国及其他国家的涉案产品的进口量（半年度）

序 号	国 家	单 位	2008/09 年度		2009/10 年度
			H1	H2	H1
1	中 国	吨	16465	15194	17021
	趋 势	指数	100	92	103
2	其他国家	吨	822	842	1737
	趋 势	指数	100	102	211
3	总 量	吨	17287	16035	18758
	趋 势	指数	100	93	109
4	涉案国进口份额	%	95.25	94.75	90.74
	趋 势	指数	100	99	95

按照年度计算，来自涉案国的涉案产品在对印度国内产业造成损害期间，其进口量出现持续且显著增长，特别是在调查期，涉案产品的进口量与上年相比增长了 1 倍，与基期数量相比则增长了 6 倍。在调查期，尽管来自其他国家的进口量也比上年有所增加，但与涉案国进口量相比是微不足道的。尽管来自涉案

国的涉案产品进口量在2008/09下半年度略有下降，但在接下来的2009/10上半年度又有所增长。

上述数据表明，从涉案国进口的涉案产品在损害调查期的第2个季度和第5个季度均大幅增加，而在其他季度基本保持在同一水平。然而，从过去4年的情况来看，包括调查期和调查期之前的3年，其进口量增长了6倍。

如果以4年为期限考虑进口情况，涉案产品的进口量显著增长。如果进口情况不以4年为期限，而只以国内产业开始投产（2008年4月22日）来考虑，涉案产品的进口量本应下降，但事实正相反，在调查期，涉案产品的进口量一直保持相当高的水平。

（2）市场份额（表9-5、表9-6、表9-7）

表9-5 涉案产品所占市场份额（年度）

序号	市场份额	单位	2005/06年度	2006/07年度	2007/08年度	案件调查期
1	涉案国	%	93.91	95.18	97.71	79.22
		指数	100	101	104	84
2	其他国家	%	6.09	4.82	2.29	5.53
		指数	100	79	38	91
3	国内产业	%	—	—	—	15.25
		指数	—	—	—	—

表9-6 涉案产品所占市场份额（季度）

序号	需求份额	单位	Q1	Q2	Q3	Q4	Q5	Q6
1	涉案国	%	92.87	87.50	76.94	68.66	77.02	76.88
		指数	100	94	83	74	83	83
2	其他国家	%	5.61	3.68	2.55	5.23	7.05	8.97
		指数	100	66	45	93	126	160
3	国内产业	%	1.52	8.82	20.52	26.11	15.93	14.16
		指数	100	579	1346	1713	1045	929

表9-7 涉案产品所占市场份额（半年度）

序号	需求份额	单位	2008/09年度		2009/10年度
			H1	H2	H1
1	中国	%	89.71	72.42	76.96
	趋势		100	81	86
2	其他国家	%	4.48	4.01	7.85
	趋势		100	90	175
3	国内产业	%	5.81	23.57	15.18
	趋势		100	406	261

按年度分析，来自涉案国的进口产品所占市场份额从基准年到调查期开始持续增加，在调查期内，由于国内产业开始投产，其市场份额有所下降。

按季度分析，来自涉案国的进口产品所占市场份额从调查期开始到第4个季度一直呈现下降趋势，在第 5 个季度有所增加，第 6 个季度又小幅下降。相反，国内产品所占市场份额从调查期开始到第 4 个季度一直稳步上升，之后再次出现大幅下降。

按半年度分析，来自涉案国的进口产品所占市场份额在 2008/09 下半年度有所下降，但在 2009/10 上半年度又有所上升。与此相反，国内产品所占市场份额在 2008/09 下半年度大幅上升，在 2009/10 上半年度出现显著下降。

（3）对产量和产能利用率的实际和潜在的影响（表 9-8、表 9-9）

表 9-8　印度产业的产量、产能及产能利用率（季度）

序 号	细　目	单 位	Q1*	Q2	Q3	Q4	Q5	Q6	案件调查期
1	装机	吨	6112	7973	7973	7973	7973	7973	45975
	指数		100	100	100	100	100	100	
2	产量	吨	148	1143	1868	3049	2440	1305	9952
	指数		100	773	1264	2063	1651	883	
3	产能利用率	%	2.42	14.33	23.42	38.25	30.60	16.37	21.65
	指数		100	592	968	1581	1264	676	
4	国内销售	吨	115	951	1956	2989	2044	1314	9369
	指数		100	824	1,695	2,591	1,772	1,139	
5	其他生产商	吨	—	—	—	—	—	—	—
6	进口	吨	7455	9833	7577	8459	10791	7967	52081
	指数		100	132	102	113	145	107	
7	总需求	吨	7570	10783	9532	11447	12835	9,281	61449
	指数		100	142	126	151	170	123	

* 国内产业从 2008 年 4 月 22 日开始投产

表 9-9　印度产业的产量、产能及产能利用率（半年度）

序 号	细　目	单　位	2008/09 年度		2009/10 年度
			H1*	H2	H1
1	装机量	吨	14085	15945	15945
	指数		100	100	100
2	产量	吨	1291	4917	3745
	指　数		100	381	290
3	产能利用率	%	9.16	30.83	23.49
	指数		100	337	256
4	国内销售	吨	1066	4945	3358
	指数		100	464	315
5	其他生产商	吨	—	—	—
6	进口	吨	17288	16036	18758
	指数		100	93	109
7	总需求	吨	18353	20980	22116
	指数		100	114	121

* 国内产业从 2008 年 4 月 22 日开始投产

反倾销局已从国内产业的总产量、产能利用率和销售量等方面对国内产量和倾销进口产品对国内产业的影响进行了审查。按季度分析，从调查期开始直到第 4 个季度，国内产业的产量、销售量和产能利用率一直在上升，此后开始下降。按半年度分析，国内产业的产量、销售量和产能利用率从调查期开始至 2008/09 下半年度一直在上升，但在 2009/10 上半年度有所下降。

（4）关于市场份额的实际和潜在的影响（表 9-10、表 9-11）

倾销进口产品对国内产业销售量和市场份额的影响如下：

表 9-10　涉案产品的市场份额及影响情况（年度与季度）

序 号	需求份额	单 位	2005/06 年度	2006/07 年度	2007/08 年度	案件调查期	Q1
1	涉案国	%	93.91	95.18	97.71	79.22	92.87
		指数	100	101	104	84	99
2	其他国家	%	6.09	4.82	2.29	5.53	5.61
		指数	100	79	38	91	92
3	国内产业	%	—	—	—	15.25	1.52
		指数	—	—	—	—	100
序 号	需求份额	单 位	Q2	Q3	Q4	Q5	Q6
1	涉案国	%	87.50	76.94	68.66	77.02	76.88
		指数	93	82	73	82	82
2	其他国家	%	3.68	2.55	5.23	7.05	8.97
		指数	60	42	86	116	147
3	国内产业	%	8.82	20.52	26.11	15.93	14.16
		指数	579	1346	1713	1045	929

表 9-11　涉案产品的市场份额及影响情况（年度、半年度）

序 号	需求份额	单 位	2005/06 年度	2006/07 年度	2007/08 年度	2008/09 年度		2009/10 年度
						H1	H2	H1
1	涉案国	%	93.91	95.18	97.71	89.71	72.42	76.96
		指数	100	101	104	96	77	82
2	其他国家	%	6.09	4.82	2.29	4.48	4.01	7.85
		指数	100	79	38	74	66	129
3	国内产业	%	—	—	—	5.81	23.57	15.18
		指数	—	—	—	100	406	261

从 2005/06 年度至 2007/08 年度，来自涉案国的涉案产品所占市场份额一直保持高位并持续增长。但随着国内产业开始投产，来自涉案国的涉案产品所占市场份额有所下降。

按季度分析，来自涉案国的涉案产品所占市场份额从调查期开始到第 4 个季度一直呈下降趋势，在此之后，其市场份额又有所上升。与之相反的是，国内产业所占市场份额从调查期至第 4 个季度呈上升趋势，而后则开始下降。

2．倾销进口产品的价格影响

关于倾销进口产品的价格影响，反倾销局需要考虑的是，与印度国内同类产品的价格相比，倾销进口产品是否出现大幅价格削减，或倾销进口是否会大幅压低国内同类产品的价格，或阻碍了国内产品的大幅提价（若没有倾销进口产品，国内产品是否本应该大幅提价）。

（1）价格削减和低价销售的影响

通过比较在整个调查期从涉案国倾销进口产品的加权平均完税价与国内产业加权平均净销售实现

额来确定价格削减。为此，对 IBIS 数据报告的涉案国进口产品价值加上 1%的手续费，再加上适用的基本关税以及关税附加计算出完税价。从表 9-12 可以看出，来自涉案国的进口产品以大幅低于国内同类产品的价格进行销售。

表 9-12 倾销进口产品的价格分析

序 号	细 目	单 位	案件调查期
1	进口数量	吨	48680
2	进口价值	千万卢比	29497
3	CIF 进口价	卢比/吨	60593
4	卸货费（手续费）	卢比/吨	606
5	计税基价	卢比/吨	61199
6	基本关税率	%	10
7	关 税	卢比/吨	6120
8	关税附加	卢比/吨	184
9	完税价	卢比/吨	67503
10	无损害价格	卢比/吨	***
11	低价销售	卢比/吨	***
12	低价销售率	%	***
13	低价销售幅度	%	20～30

反倾销局指出，低价销售是评估是否遭受实质性损害的一个重要指标。计算出未受损害价格后，以未受损害价格与涉案产品的完税价格相比较，可以得出低价销售的幅度。分析显示，涉案产品的完税价格大大低于产品的未受损害价格。

（2）价格抑制和价格压低

价格压低是指产品价格水平低于前期价格水平。由于成本增加，销售价格就应上涨，当倾销产品阻碍了本该上涨的价格时，就发生了价格抑制。

表 9-13 倾销进口产品的价格抑制和价格压低情况（季度）

序号	细 目	单 位	Q1*	Q2	Q3	Q4	Q5	Q6	案件调查期
1	国内销售成本	卢比/千克	***	***	***	***	***	***	***
		指数		100	99	92	87	95	
2	国内销售价格	卢比/千克.	***	***	***	***	***	***	***
		指数		100	102	96	92	85	
3	税前损/益	卢比/千克	***	***	***	***	***	***	***
		指数		（100 ）	（81）	（65）	（46 ）	（177 ）	
4	利 息	千万卢比	***	***	***	***	***	***	***
		指数		100	104	82	101	122	
5	国内销售所用资本	千万卢比	***	***	***	***	***	***	***
		指数		100	100	102	106	113	
6	所用资本收益	%		***	***	***	***	***	***
		幅度		（0～5）	（5～8）	（6～11）	（0～3）	（6～11）	（3～8）

* 由于该季度是投产的第一个季度，销售成本较高，因此，在分析中未将该季度数据计算在内。

从表 9-13 和表 9-14 可以看出，国内产业在损害调查期遭受大幅价格压低的事实是显而易见的。

表 9-14　倾销进口产品的价格抑制和价格压低情况（半年度）

序号	细目	单位	2008/09 年度		2009/10 年度
			H1	H2	H1
1	国内销售成本	卢比/千克	***	***	***
		指数	100	85	81
2	国内销售额	卢比/千克	***	***	***
		指数	100	98	89
3	税前损/益	卢比/千克	***	***	***
		指数	(100)	(36)	(50)
4	利息	千万卢比	***	***	***
		指数	100	120	144
5	所用资本	千万卢比	***	***	***
		指数	100	102	113
6	所用资本收益	%	***	***	***
		幅度	(3～5)	(4～9)	(2～7)

上述分析表明，就进口产品的绝对数量和相对数量而言，倾销进口产品的增加对国内产业的产量和价格造成了不利影响。倾销进口产品对国内产业的不利影响还表现在一方面蚕食国内产业的市场份额，另一方面压低了国内产品的价格。

3. 对其他损害因素的审查

反倾销局调查了倾销进口产品对国内产业的产量和价格的影响，以下是对其他损害因素的调查。

（1）国内产业利润率和资本收益率（表 9-15、表 9-16）

表 9-15　国内产业的利润率和资本收益率（季度）

序号	细目	单位	Q1*	Q2	Q3	Q4	Q5	Q6	案件调查期
1	国内销售成本	卢比/千克	***	***	***	***	***	***	***
		指数		100	99	92	87	95	
2	国内销售额	卢比/千克	***	***	***	***	***	***	***
		指数		100	102	96	92	85	
3	税前损/益	卢比/千克	***	***	***	***	***	***	***
		指数		(100)	(81)	(65)	(46)	(177)	
4	利息	千万卢比	***	***	***	***	***	***	***
		指数		100	104	82	101	122	
5	国内销售使用的资本	千万卢比	***	***	***	***	***	***	***
		指数		100	100	102	106	113	
6	使用资金收益	%	***	***	***	***	***	***	***
		幅度		(0～5)	(5～8)	(6～11)	(0～3)	(6～11)	(3～8)

* 由于该季度是投产的第一个季度，销售成本较高，因此，在分析中未将该季度数据计算在内。

表 9-16 国内产业的利润率和资本收益率（半年度）

序号	细目	单位	2008/09 年度		2009/10 年度
			H1	H2	H1
1	国内销售成本	卢比/千克	***	***	***
		指数	100	85	81
2	国内销售额	卢比/千克	***	***	***
		指数	100	98	89
3	税前损/益	卢比/千克	***	***	***
		指数	（100）	（36）	（50）
4	利息	千万卢比	***	***	***
		指数	100	120	144
5	使用的资本	千万卢比	***	***	***
		指数	100	102	113
6	使用资金收益	%	***	***	***
		幅度	（3～5）	（4～9）	（2～7）

反倾销局指出，在季度的及半年度的分析中，国内产业销售收入并未由于生产成本的上升而增加。国内产业的盈利水平有所下降，并导致在调查期，国内产业出现净亏损。而且，国内产业用于国内销售的资本收益一直是负收益。

（2）现金利润

表 9-17 国内产业的现金利润（季度）

序号	细目	单位	Q1	Q2	Q3	Q4	Q5	Q6	案件调查期
1	税前利润	千万卢比	***	***	***	***	***	***	***
		指数	（100）	（84）	（139）	（170）	（83）	（204）	
2	销售减值	千万卢比	***	***	***	***	***	***	***
		指数	100	84	84	87	101	102	
3	国内销售现金利润	千万卢比	***	***	***	***	***	***	***
		指数	（100）	（83）	（175）	（211）	（72）	（264）	

表 9-18 国内产业的现金利润（半年度）

序号	细目	单位	2008/09 年度		2009/10 年度
			H1	H2	H1
1	税前利润	千万卢比	***	***	***
		指数	（100）	（168）	（156）
2	国内销售减值	千万卢比	***	***	***
		指数	100	93	111
3	国内销售现金利润	千万卢比	***	***	***
		指数	（100）	（213）	（183）

从表 9-17 和表 9-18 可以看出，在案件调查期，国内产业的现金利润已大大恶化，并导致了较大的现金损失。

（3）就业和工资

通过表 9-19 和表 9-20 中的数据，反倾销局指出，在季度分析表中从调查期开始到第 5 个季度，在半年度分析表中从调查期开始至第 2 个半年度，国内产业的就业水平一直是上升的，而且工资水平也在不断提升。

表 9-19　国内产业的就业与工资情况（季度）

序号	细　目	单位	Q1	Q2	Q3	Q4	Q5	Q6	案件调查期
1	就　业	人数	***	***	***	***	***	***	***
		指数	100	255	349	365	377	360	
2	薪　资	千万卢比	***	***	***	***	***	***	***
		指数	100	338	518	692	927	965	

表 9-20　国内产业的就业与工资情况（半年度）

序号	细　目	单　位	2008/09 年度		2009/10 年度
			上半年	下半年	上半年
1	就　业	数量	***	***	***
		指数	100	143	141
2	薪　资	千万卢比	***	***	***
		指数	100	276	431

（4）库存

反倾销局指出，表 9-21、表 9-22 显示国内产业的库存水平在调查期有所上升。

表 9-21　国内产业的库存水平（季度）

序号	细　目	单位	Q1	Q2	Q3	Q4	Q5	Q6	案件调查期
1	初期存货	吨	—	32	224	109	166	562	—
2	末期存货	吨	32	224	109	166	562	502	502
3	平均存货	吨	16	128	167	138	364	532	251
	趋　势	指数	100	792	1029	848	2243	3281	—

表 9-22　国内产业的库存水平（半年度）

序号	细　目	单　位	2008/09 年度		2009/10 年度
			上半年	下半年	上半年
1	初期存货	吨	—	224	166
2	末期存货	吨	224	166	502
3	平均存货	吨	112	195	334
	趋　势	指数	100	174	298

（5）生产率

表 9-23　国内产业的生产率情况（季度）

序 号	细　目	单 位	Q1	Q2	Q3	Q4	Q5	Q6
1	总产量	吨	148	1143	1868	3049	2440	1305
		指数	100	773	1,264	2,063	1,651	883
2	日产量（年 360 天计算）	吨/天	2	13	21	34	27	15
3	雇员人数	数量	***	***	***	***	***	***
		指数	100	255	349	365	377	360
4	雇员生产率	吨/人数	***	***	***	***	***	***
		指数	100	304	362	565	438	246

表 9-24　国内产业的生产率情况（半年度）

序 号	细　目	单　位	2008/09 年度		2009/10 年度
			H1	H2	H1
1	总产量	吨	1291	4917	3745
		指数	100	381	290
2	日产量	吨/天	7	27	21
3	雇员人数	人	***	***	***
		指数	100	143	141
4	雇员生产率	吨/人	***	***	***
		指数	100	266	206

表 9-23 和表 9-24 显示，在季度分析中从调查期开始到第 4 个季度，在半年度分析中从调查期到 2008/09 下半年度，国内产业的生产率一直在提高，但在其后的阶段中，生产率显著恶化。

（6）增长

从季度分析看，国内产业的产量和产能利用率从调查期开始到第 4 个季度不断提高；从半年度分析看，从调查期开始到 2008/09 下半年度也是如此。然而，调查期的第 5、6 个季度以及 2009/10 上半年度，国内产业的产量和产能利用率均显著恶化。在调查期，尽管市场对涉案产品的需求有所增加，但国内产业的产量和销售量却呈现出负增长的态势；国内产业的盈利能力大幅下降，就投资收益和现金利润率而言，国内产业的业绩也出现恶化。此外，来自涉案国的进口产品以大大低于印度国内同类产品的价格在印度市场销售，涉案进口产品的低价销售相当可观。

（7）融资能力

反倾销局指出，印度国内市场对涉案产品的需求呈现稳步增长态势，但由于从涉案国大量进口倾销产品，国内产业遭受到重大损失，致使国内产业无力投入新的资金以扩大生产。

4．倾销幅度

作为倾销进口对国内产业造成损害的重要指标，反倾销局计算出的案件调查期内涉案产品的倾销幅度是相当可观的。

5．影响价格的因素

如上文所述，倾销进口产品以低于国内同类产品的价格在印度市场上销售。通过比较国内产业的生产成本和销售价格就可以看出，进口产品压低了国内同类产品的价格。而且，在调查期内，倾销进口产品的每公吨完税价不但低于涉案产品的净销售价格，也低于其未受损害价格，从而在印度市场上形成价格削减和低价销售。由于进口产品的价格和国内同类产品的价格之间存在价格差异，因此在印度市场上对涉案产品需求的增长部分中，进口产品占有主要份额。

6．关于损害的结论

对于上述损害因素的调查显示，尽管市场对涉案产品的需求有所增加，但与国内产业投产前所作的规划相比，在调查期，国内产业的产量和销售量是下降的。反倾销局指出，由于来自涉案国的涉案产品的进口，国内产业无法从市场对涉案产品需求的增加中获得利益。

对涉案产品进口的审查以及对国内产业的业绩审查清楚地表明，就进口的绝对数量以及就印度国内产业的产量和消费量而言，涉案产品的进口量大幅增长。进口产品在印度市场上的大幅削价与国内产业争抢份额，倾销进口压低了国内同类产品的价格。国内同类产品的销售价格的降幅超过了销售成本的降幅。此外，与印度同类产品的价格相比，倾销进口产品出现大幅价格削减，从而阻碍了产品价格的上涨（该产品的价格本应大幅上涨）。倾销进口产品对国内产业造成的后续影响主要是国内产业的业绩——销售量、产量、产能利用率、市场份额、利润、现金利润率和投资收益等——从第 4 个季度开始急剧恶化。

还应指出的是，随着市场对产品需求的增加，国内产业的产量、销售量、利润率和资本收益率本应比项目报告中所规划的要高，但与此正相反，国内产业的上述指标均出现明显下降，市场对产品需求的增加并没有给新生的国内产业带来发展机遇，因此，倾销进口产品对印度国内产业造成了实质性阻碍。

依据上述分析，反倾销局得出以下结论：就产量、销售量、产能利用率、市场份额、价格、利润率、投资收益率、现金利润率而言，国内产业的经营状况有所恶化。因此，综合并累计各项指标表明，印度国内产业遭受到倾销进口产品的实质性损害，并形成对新生产业的实质性阻碍。

7．倾销进口和国内产业遭受损害之间的因果关系以及其他因素

就价格削减、低价销售、价格抑制和价格压低的影响而言，反倾销局在调查了实质性损害的存在，以及倾销进口产品的数量和价格对国内产业价格造成的影响后，还调查了印度《反倾销规则》和《反倾销措施协定》中所列出的其他经济因素和指标，以确定是否是由于倾销进口产品以外的任何其他因素造成了对印度国内产业的损害。这些因素包括：未以倾销价格销售的进口产品的数量和价格、需求下滑或消费模式的改变、贸易限制、外国生产者和国内生产者间的竞争，技术开发和出口实绩，以及国内产业的生产率等。

（1）未以倾销价格销售的进口产品的数量和价格

从进口数据可以看出，在调查期，约 93%的涉案产品来自涉案国，其余的来自于其他国家。与来自涉案国的进口产品相比，从其他国家的进口仅有 7%，因此，从其他国家进口的产品不会影响印度国内同类产品的价格。事实上，从其他国家的进口，主要是指从韩国进口，其进口价格要高得多，这样的价格不会对印度国内产业产生不利影响。

（2）需求下滑和/或消费模式的改变

在整个调查期内，对涉案产品的需求显示出市场的健康成长，因此，国内产业遭受的损害与印度市场的需求不足毫无关系。消费和需求的数据并没有显示出对产品消费模式的任何改变，因此，消费模式并非是国内产业遭受损害的因素。

（3）贸易限制、外国生产者和国内生产者之间的竞争

就反倾销局所知，竞争环境或贸易限制状况并没有发生改变。反倾销局指出，对涉案产品来说，只有一个单一市场，在这个市场中，从涉案国进口的倾销产品与国内产业生产的产品直接竞争。反倾

销局还指出，进口的涉案产品和国内生产的产品属同类产品，进口产品与国内生产的产品均用于出售以满足同样的实际应用/最终用户。

（4）技术开发

依据对申诉方履历的调查，反倾销局认为，技术开发并非是国内产业遭受损害的因素。

（5）出口实绩

反倾销局指出，在调查期，国内产业有部分产品用于出口，但出口量微不足道。涉及各项经济指标的经营业绩的好坏是由国内的销售情况来确定，因此，反倾销局认为，国内产业遭受的实质性损害并非由国内产业的出口造成。

（6）国内产业的生产率

从季度和半年度分析来看，与前期相比较，就每名员工的产量而言，印度国内产业的生产率在下降，理由是在同期整个产业的产量出现下降。

反倾销局认为没有发现其他因素可能对国内产业造成损害。

8．损害程度

反倾销局在充分考虑国内产业的生产成本后确定了涉案产品的未受损害价格。通过国内产业的未受损害价格与进口涉案产品的完税价相比较，确定了损害程度。反倾销局确定的损害程度如表 9-25 所示。

表 9-25　涉案产品的损害程度

	单　位	张家港海德思产业用纺织品有限公司	浙江宇立塑胶有限公司	其他出口商
无损害价格	美元/千克	***	***	***
进口完税价	美元/千克	***	***	***
损害程度	美元/千克	***	***	***
损害程度占完税价百分比	%	***	***	***
损害程度的范围	%	0～10	25～35	35～45

9．对实质性阻碍相关问题的调查

关于实质性阻碍，反倾销局在案件调查通知中评述如下：

“申诉方已经设立了一家新工厂以生产涉案产品并在调查期内开始投产。申诉方声称，进口倾销产品对国内产业的发展造成重大阻碍。申诉方已提交了在国内产业投产期内有关损害的各种信息。此外，申诉方还提供了在工厂建立前制定的有可能实现的业绩规划的详细信息。通过比较规划业绩与截至调查期申诉方的实际业绩，证实了其实际业绩远远低于规划业绩水平。申诉方还声称，在投产初期其经营业绩良好，但投产一段时间后，其产量、产能利用率、销售量、市场份额、利润、投资收益以及现金利润率等经营状况指标均有所恶化。进口产品以低于国内同类产品的价格在市场上销售，国内产业被迫以大幅低于公平价格的价格销售其产品，而这个公平价格是国内产业在开始投产前已有所设想。因此，申诉方声称，国内产业从投产开始就无法在市场上真正立足。就印度国内产业的产量和消费量而言，进口产品在绝对数量和相对数量上均显著增加、导致国内产业出现大幅价格削减，产能利用率、市场份额不断下滑，投资收益率、现金流、库存等均不断恶化，最终证实了申诉方遭受到了实质性损害。因此，反倾销局认为，已有足够的证据证明，来自中国的倾销进口产品对印度国内产业造成了实质性损害。”

反倾销局认真考虑了利害关系方提交的关于国内产业遭受实质性阻碍和实质性损害的主张，并在初裁中认定：

（1）来自涉案国的涉案产品以低于正常价值出口到印度市场；

（2）印度国内产业确实遭受到了实质性损害；

（3）损害是由涉案的进口产品所造成；

（4）由于从涉案国进口的产品数量的增加，印度国内产业遭受到了实质性阻碍。

此外，在调查中，反倾销局已对《反倾销规则》中强制规定的所有损害指标进行了认定，还审查了与国内产业发展相关的项目报告，并计算出调查期的产能、产能利用率和未受损害价格。经调查，尽管印度国内市场对涉案产品有可观的需求，但国内产业一直未能实现规划中的产能和经营业绩，这就证明，国内产业的发展遭受到倾销进口产品的实质性阻碍。此外，国内产业的负盈利状况也是由于倾销进口产品所造成的。反倾销局认为，由于国内产业的生产水平、销售水平、市场占有率、利润率、投资收益率等指标均未能达到本应实现或在没有倾销进口产品的环境下应该实现的程度，因此，倾销进口产品既对国内产业造成了实质性损害，也形成了实质性阻碍。

10．结论

反倾销局在审查了各利害关系方的主张及提交的意见书并依据可获得的事实，作出如下结论：

（1）涉案国以低于其国内市场的正常价值的价格将涉案产品出口到印度；

（2）来自涉案国的进口涉案产品的倾销幅度可观且倾销幅度高于可忽略不计的水平；

（3）印度国内产业遭受到了实质性损害，原产于或出口自涉案国的涉案产品在数量上和价格上均对国内产业造成实质性损害；

（4）由于涉案国进口产品的倾销，印度国内产业遭受到了实质性阻碍。

案例6　巴基斯坦对华过氧化氢反倾销案

一、案件基本情况

2009 年 8 月 31 日，应 Sitara Peroxide Limited, Faisalabad 和 Descon Oxychem Limited, Lahore 的申请，巴基斯坦对原产于中国、比利时、印度尼西亚、韩国、中国台湾、泰国和土耳其的进口过氧化氢进行反倾销立案调查。涉案产品海关编码为 28470000。这是 2009 年以来巴基斯坦针对中国产品发起的第 3 起反倾销调查。本案的倾销调查期为 2008 年 4 月 1 日～2009 年 3 月 31 日，损害调查期为 2006 年 4 月 1 日～2009 年 3 月 31 日。

2010 年 9 月 27 日，巴基斯坦对原产于中国、比利时、印度尼西亚、韩国、中国台湾、泰国和土耳其的进口过氧化氢作出反倾销初裁，对涉案的中国产品征收 71.93%的临时反倾销税。该措施自 2010 年 9 月 27 日起正式实施，为期 4 个月。

2011 年 7 月 6 日，巴基斯坦对原产于比利时、中国、印度尼西亚、韩国、中国台湾、泰国和土耳其的进口过氧化氢作出反倾销终裁，对涉案的中国产品征收 71.93%的反倾销税。该措施自 2010 年 9 月 27 日起实施，为期 5 年。

二、本案的裁决要点

1．国内产业遭受的实质性损害

（1）实质性（重大）损害

申诉方提出了 3 个损害标准：①对国内产业的实质性损害；②对国内产业构成实质性损害威胁；③对国内产业的建立形成实质性阻碍。委员会面临的第一个问题是巴基斯坦国内过氧化氢产业是否已经建立起来，第二个问题是如果国内产业尚未建立，那么未建立起来的产业的经营状况是否受到倾销进口产品的实质性阻碍。

如果调查机关认定国内过氧化氢产业已经建立起来，那么，实质性阻碍的标准就无法适用，委员会就应集中精力调查有关实质性损害的标准和/或实质性损害威胁的标准。

由于《2000 年巴基斯坦反倾销税条例》（以下简称《条例》）和《反倾销措施协定》中没有明确规定如何适用实质性阻碍的标准，委员会需要从反倾销措施的传统使用方（即美国、欧盟和印度）的实践中寻求指导。

巴基斯坦国内过氧化氢产业尚未建立：

由于国内产业从 2008 年 1 月开始生产过氧化氢，因此，委员会必须确定国内过氧化氢产业是否已经稳定运转，是一个已发展起来的产业，或者仅是一个幼稚产业。为了做好这项评估工作，委员会需从那些惯于使用反倾销措施的 WTO 成员的实践中获得指导并分析下列因素，以确定在调查期内巴基斯坦国内的过氧化氢产业是否已真正建立。这些因素包括：

①国内产业开始投产的时间；②国内过氧化氢的生产是平稳的、还是启动后又停产；③与国内消费市场规模相比较，国内的生产规模如何；④国内产业是否已达到“盈亏平衡点”；以及⑤经营活动是涉及建立一个新的产业，或仅是一个现有企业的新产品线。

委员会调查了组成国内产业的两家企业，即 Sitara 过氧化氢有限公司和 Descon Oxychem 有限公司的投产时间问题。值得一提的是，Sitara 过氧化氢有限公司是从 2008 年 1 月开始投产的，而 Oxychem Descon 有限公司 2009 年 3 月才开始投产。申诉企业的投产日期显示，一家企业的投产期为调查期的后 15 个月，而另 1 家企业的投产期仅为调查期的最后 1 个月。委员会的意见是：1 家企业仅运行一个月不能视为一家成熟企业，至于另外一家企业，仅凭投产日期来确定国内产业是否已经建立起来的理由是不充分的。如果通过对其他因素的分析最终证实，在调查期内，Sitara 过氧化氢有限公司是一家成熟运作的企业，那么，就能视国内产业为已经建立起来。

为了确定在调查期内巴基斯坦的国内产业是处于稳定发展阶段还是处于启动—停产阶段，委员会审查了 Sitara 过氧化氢有限公司的季度生产数据（表 9-26）。

表 9-26　Sitara 过氧化氢有限公司的各季度生产数据

时　间	数　量					
	Sitara 有限公司		Descon 有限公司		总　量	
	实　际	计　划	实　际	计　划	实　际	计　划
2008 年 1～3 月	69.36（24.56）*	100.00	—	—	69.36（24.56）*	100.00
2008 年 4～6 月	54.65	100.00	—	—	54.65	100.00
2008 年 7～9 月	59.20	100.00	—	—	59.20	100.00
2008 年 10～12 月	58.12	100.00	（3.23）*	—	58.12（3.23）*	100.00
2009 年 1～3 月	79.15	100.00	30.19（34.43）*	33.33	109.34（34.43）*	133.33

信息来源：申诉方

注：将 2008 年 1~3 月的全部计划产量作为 100，对实际数据作了相应的调整

* 包括试生产

2008 年 1 月～2009 年 3 月，Sitara 过氧化氢有限公司的生产较为稳定，且没有停产记录。但是，国内产业无法呈现稳定销售的趋势。没有稳定的销售趋势，生产就不能视为“稳定”，因为这将导致产品库存增加。

委员会还审查了在调查期内国内过氧化氢的生产规模与国内的消费市场规模是否相匹配的问题。需要指出的是，在国内产业的产品进入巴基斯坦市场之前，该国市场对于过氧化氢的需求全部通过进口来满足。Sitara 过氧化氢有限公司的现有产能能够满足国内市场 58%的需求，而实际上仅仅获得了 28.08%的市场份额。还要补充一点，随着 Descon Oxychem 有限公司进入量产，国内产业在一个合理的期间有能力满足国内市场对于过氧化氢 100%的需求。自从巴基斯坦国内产业 2008 年 1 月开始生产过氧化氢以来，其市场份额并未显著扩大，国内产业的市场份额仅占国内整体市场份额的 28.08%，而倾销进口产品则占据了市场份额的绝大部分，达 71.73%。因此，委员会认定，国内产业尚未建立起来，理由是在调查期，国内过氧化氢的整体产业规模远低于国内消费市场的规模。

委员会分析了国内产业的固定成本和可变成本以及销售价格，以此计算边际收益（毛利），即单位销售价格减去单位可变成本。在本终裁中，委员会用整个固定成本除以单位边际收益（毛利）计算出国内产业的盈亏平衡点。依据边际收益（毛利），国内产业的可行性研究报告中规划的盈亏平衡点为 58%的产能利用率。然而，由于边际收益较低，按照调查期主流的过氧化氢的市场价格，国内产业的盈亏平衡点为 98%的产能利用率。国内产业从投产开始一直未达到盈亏平衡点，而且，按照目前的销售价格和成本也不可能实现规划中的盈亏平衡点。委员会最终得出结论：在调查期内，国内产业的经营未达到盈亏平衡点，因此，国内产业尚未建立起来。

委员会还审查了该产业是一个新兴产业还是一个已成型产业推出的一个新产品系列。例如，一个成型的产业推出一个新的产品系列时，可通过已有的分销渠道和市场营销网络以及产业联系点促进新产品的销售，从而使新产品尽快立足于市场。委员会分别分析了归属于 Sitara 产业集团的一家企业和归属于 Descon 产业集团的一家企业。分析结果是 Sitara 过氧化氢有限公司和 Descon Oxychem 有限公司并没有从所属集团中获益，理由是这两个公司均是独立实体，他们均有自己独立的工厂和销售网络，这两家声称从事高科技化工产品的新企业还没有从所属集团中获益。因此，委员会认定，由于该产业没有得到其他现有的和已成型的产品经营部门的支持，巴基斯坦的过氧化氢产业完全是一个新兴产业。

综上所述，委员会认定，国内产业从 2008 年 1 月开始生产过氧化氢。委员会还认定，虽然国内产业实现了稳定的生产，但却无法实现稳定的销售。没有稳定的销售趋势，生产就不能被视为“稳定”，因为这将会导致库存增加。此外，委员会还认定，国内过氧化氢产业至今还未达到盈亏平衡点，产业的整体生产规模远小于消费市场规模；国内产业并未获得显著的市场份额，而倾销进口产品则占据了国内市场的主要份额。此外，在调查过程中收集的信息表明，巴基斯坦国内的过氧化氢产业并未得到所属集团的业务资助。鉴于以上原因，委员会认定，巴基斯坦国内的过氧化氢产业尚未建立起来，是一个新兴产业。因此，在本调查中，只适用实质性阻碍标准，委员会将不使用其他的实质性损害和实质性损害威胁的标准。

（2）国内产业是否遭受到实质性阻碍

由于已经认定在调查期内巴基斯坦国内的过氧化氢产业尚未建立起来，且是一个幼稚产业，因此，委员会将调查这个幼稚产业在建立过程中是否因为涉案国的倾销进口产品而遭受到了实质性阻碍。

委员会使用《条例》第 15 条和第 17 条关于认定实质性损害的原则来确定实质性阻碍，因为《条例》或《反倾销措施协定》并未规定在认定实质性阻碍时需要考虑的因素。

（3）倾销进口产品的累积

《条例》第 16 条规定：当按照本条例同时调查从多个国家进口的同类产品时，委员会可累积评估此类进口产品对国内产业的影响。

如上文所述，在调查期，从涉案国进口的过氧化氢的数量大于可忽略不计的数量（可忽略不计的标准是指低于过氧化氢总进口量的 3%），从涉案国进口的过氧化氢已确定的倾销幅度高于可忽略不计的数额（可忽略不计的标准是指低于出口价格的 2%）。在调查期，从涉案国进口的过氧化氢的加权平均出口价格来看，各国进口的过氧化氢之间价格竞争是显而易见的。倾销进口的过氧化氢与国内同类产品之间的竞争环境会在下文详细讨论。

（4）对国内产业的认定

依据《条例》第 2（d）条的规定，国内产业是指国内同类产品的生产者全体或指总产量构成同类产品国内总产量主要部分的国内生产者。

正如上文所述，申诉书是由巴基斯坦国内产业提交的，其生产的同类产品占国内总产量的 100%。因此，申诉方被视为国内产业，对于实质性阻碍的分析基于申诉方提交的信息/数据。

（5）倾销进口产品的数量

关于倾销进口产品的数量，依据《条例》第 15（2）条的规定，要考虑国内产业生产的同类产品的消费量或产量，无论是绝对数量还是相对数量，是否有显著增加。

表 9-27 调查期内被调查产品的进口情况以及国内幼稚产业同类产品的产量

年 度*	进 口 国 家			国 内 产 量
	涉案国	其他国家	总进口量	
2006/07	99.20	0.80	100.00	—
2007/08	90.90	0.40	91.30	8.67
2008/09	68.60	0.20	68.70	35.15
2008/09 年度季度数据				
2008 年 4～6 月	99.66	0.33	100.00	58.66
2008 年 7～9 月	222.29	—	222.29	63.55
2008 年 10～12 月	133.14	0.67	133.81	62.38
2009 年 1～3 月	134.13	0.47	134.60	117.38

* 年度是指从当年的 4 月 1 日至次年的 3 月 31 日

信息来源：申诉方和 PRAL

注：国内产量

注：将 2006/07 年度和 2008 年 4～6 月的全部进口作为 100，对实际数据作了相应调整

表 9-27 显示，国内两家新建企业生产的过氧化氢替代进口产品时，倾销进口产品的数量有所下降。此外，倾销进口量从 2007/08 年度的***吨降至 2008/09 年度的***吨，后一年度较前一年度进口减少了***吨。然而，在 2008/09 年度以季度为基础分析倾销进口的数据则显示，2008 年 7～9 月与前一个季度相比，倾销进口产品从***吨增至***吨，在其后的季度中也高于 2008 年 4～6 月的进口量。因此，在 2008/09 年度中，与第 1 个季度相比，其他 3 个季度的倾销进口量均呈现不断增长之势。

根据申诉方提供的信息，倾销进口量从 2008/09 年度的减少是由于国内产业在 2008 年 10 月～2009 年 3 月大幅降低出厂销售价（尽管生产成本增加）的结果（表 9-28）。

表 9-28　国内产业产品出厂销售价格季度变化情况

季 度 数 据	出厂销售价格	生产和销售成本
2008 年 4～6 月	100.00	141.78
2008 年 7～9 月	148.16	145.56
2008 年 10～12 月	132.37	182.73
2009 年 1～3 月	84.47	131.70

表 9-28 显示，在 2008/09 年度中，国内产业有 3 个季度以低于生产和销售成本的价格销售其产品。倾销进口量的下降是由于国内产业实施的以低于成本价格销售的营销策略的结果。如果国内产业在 2008/09 年度的 3 个季度中不实施低价营销策略的话，倾销进口量肯定会有所增加。为了获得市场份额，国内产业在调查期的 4 个季度中的 3 个（即 2008 年 4～6 月，2008 年 10～12 月以及 2009 年 1～3 月）不得不承受损失。尽管如此，在调查期内，国内产业还是无法实现稳定的销售趋势。因此，由于倾销进口产品的数量巨大，国内产业遭受到了实质性阻碍。

需要补充的是，巴基斯坦国内产业在制定产业发展规划时，试图在合理的时间能够 100%地满足国内市场对过氧化氢产品的需求。由于在 2006/07 年度中，国内没有过氧化氢的生产商，因此国内产业的市场份额在 2007/08 年度上升了 11.09%。在 2008/09 年度，国内产业的市场份额进一步升至 32.31%，但并没有达到申诉方在产业规划中预期的市场份额目标（即在 2008/09 年度产量达到***吨或占国内市场 66%的份额）。

依据上述分析，委员会得出结论，从绝对数量看，在调查期内，倾销进口的过氧化氢数量有所下降。倾销进口量的下降是由于两家国内生产商开始生产过氧化氢以及申诉方降低销售价格。然而，在 2008/09 年度，在倾销进口产品不断增加的背景下，国内产业不能按照产业规划中所预计的价格销售。因此，可以得出结论，由于倾销进口产品数量的增加，国内产业遭受到了实质性阻碍。

（6）价格影响

申诉方所提供的数据显示，在 2007/08 年度，倾销进口产品对国内产业形成重大的价格削减；在 2008/09 年度则形成价格抑制。

① 价格削减

表 9-29 显示，在 2007/08 年度，倾销进口产品以低于国内同类产品的价格出售。国内产业于 2008 年 1 月开始投产过氧化氢。2008/09 年度倾销进口产品的平均到岸成本价高于国内产业的平均销售价。然而，2008/09 年度的季度价格分析显示，2008 年 7～9 月，倾销进口产品以低于国内同类产品 8.03%的价格进行销售。

表 9-29　倾销进口产品对国内产业造成的价格削减情况

年　　度*	国内同类产品平均出厂价	倾销进口产品平均到岸成本价	价格削减（%）
2006/07	—	83.10	—
2007/08	100.00	96.40	（3.64）
2008/09	130.82	149.80	—
2008/09 年度季度数据			
2008 年 4～6 月	100.00	114.33	—
2008 年 7～9 月	154.10	142.65	（8.03）
2008 年 10～12 月	137.68	162.17	—
2009 年 1～3 月	88.90	101.68	—

* 年度指从当年 4 月 1 日至次年 3 月 31 日

信息来源：申诉方，PRAL

注：分别将 2007/08 年度国内同类产品平均出厂价和 2008 年 4～6 月的价格作为 100，其余年度和季度的数据作了相应调整

依据上述事实和分析，委员会得出结论：国内产业在2007/08年度和2008年7～9月期间面临着倾销进口的价格削减的威胁。

② 价格抑制

表9-30显示，在国内产业投产的第一年（即2007/08年度），国内同类产品的平均出厂价低于其生产和销售成本，而在2008/09年度，每吨的成本增加了***卢比，每吨的价格提高了***卢比。在2008/09年度，国内产业无法通过提高销售价格弥补日益增加的生产和销售成本。

表9-30 倾销进口产品对国内产业造成的价格抑制情况

年　度*	国内同类产品平均制造和销售成本	国内同类产品平均出厂价格	价格抑制	
			制造和销售成本增减	价格提高/降低
2006/07	—	—	—	—
2007/08	100.00	89.75	—	—
2008/09	152.53	117.40	52.53	27.6
2008/09年度季度数据				
2008年4～6月	100.00	69.82		
2008年7～9月	105.72	107.60	5.72	37.78
2008年10～12月	132.71	96.14	26.99	（11.46）
2009年1～3月	95.65	62.08	（37.06）	（34.06）

* 年度是指当年4月1日至次年3月31日

信息来源：申诉方

注：分别将2007/08年度国内同类产品平均出厂价和2008年4～6月的价格作为100，其余年度和季度的数据做了相应调整

表9-30还显示了国内同类产品平均生产和销售成本以及平均出厂价格的季度信息。上述信息显示，2008年7～9月，国内产业的生产和销售成本比2008年4～6月每吨增加***卢比，与此同时，国内同类产品的平均销售价格每吨仅提高了***卢比。2008年10～12月，国内产业的平均制造和销售成本每吨增加***卢比，而国内同类产品的平均销售价格每吨却下降了***卢比。价格下降的原因是为了获得市场份额。

依据上述事实和分析，委员会得出结论：在2008/09年度，国内产业经历了价格抑制的阶段。

③ 价格压低

表9-31显示，国内产业在2008/09年度将出厂价格提高了30.79%。然而，通过对季度信息的分析则发现，2008年10～12月以及2009年1～3月，国内同类产品的加权平均价格每吨分别下降了***卢比和***卢比。

表9-31 倾销进口产品对国内产业造成的价格压低情况

年　度*	国内产业产品加权平均出厂价	价格压低
2006/07	—	—
2007/08	100.00	—
2008/09	130.82	—
2008/09年度季度数据		
2008年4～6月	100.00	—
2008年7～9月	154.10	—
2008年10～12月	137.68	（16.42）
2009年1～3月	88.90	（48.78）

* 年度是指当年4月1日至次年3月31日

信息来源：申诉方

注：分别将2007/08年度国内同类产品平均出厂价和2008年4～6月的价格作为100，其余年度和季度的数据作了相应调整

对上述事实的分析表明，2008 年 10 月～2009 年 3 月，国内产业面临着价格压低的压力。

（7）市场份额

巴基斯坦国内产业从 2008 年 1 月开始生产过氧化氢，2007/08 年度以后国内市场对该产品的需求通过国内生产和进口来满足。为了确定巴基斯坦过氧化氢的市场规模，委员会汇集了国内产业销售同类产品的数量、从涉案国进口的过氧化氢数量以及从其他国家进口过氧化氢的数量。

表 9-32 显示，2007/08 年度和 2008/09 年度国内产业的市场份额分别下降了 0.33%和 4.08%。建立国内产业的目的是为了 100%满足国内市场对过氧化氢的需求，随着 Sitara 过氧化氢有限公司和 Oxychem Descon 有限公司的投产，在合理的期限内，两家企业有能力完全满足国内市场对于过氧化氢的需求。自从国内产业 2008 年 1 月投产以来，两家企业在 2007/08 年度实现了 11.09%的市场份额。国内产业的市场份额并没有显著增加，因为其仅占总市场份额的 28.08%，而倾销进口产品则占据了主要的市场份额，即 71.73%。倾销进口产品份额下降的原因是 2006/07 年度巴基斯坦还没有过氧化氢产业，而在 2008/09 年度，国内产业已在市场占有一定的份额。然而，国内产业在整个市场份额中占比的扩大是以国内产业降低产品销售价格为代价的（销售价格低于总成本）。从 2008/09 年度的季度市场份额分析中可以看出，在国内同类产品价格下降后，国内产业在 2008/09 年度最后两个季度所占市场份额有所扩大。

表 9-32　国内产业以及进口过氧化氢在国内市场所占市场份额

年　　度*	国内产业销售份额**	进口来源国		国内市场份额
		从涉案国进口	从其他国家进口	
2006/07	—	99.18	0.82	100.00
2007/08	8.35	91.21	0.44	100.00
2008/09	28.02	71.75	0.18	100.00
2008/09 年度季度数据				
2008 年 4～6 月	40.00	59.79	.021	100.00
2008 年 7～9 月	22.00	78.00	—	100.00
2008 年 10～12 月	25.00	74.00	1.00	100.00
2009 年 1～3 月	32.25	67.08	0.25	100.00

* 年度指从当年 4 月 1 日至次年 3 月 31 日

信息来源：申诉方和 PRAL

注：将国内市场作为 100，其余年度和季度的实际数据作了相应调整

依据上述事实和分析，委员会得出下列结论：国内产业在市场中所占份额有所增加，但增幅远远不够，而且远低于申诉方在产业规划报告中预期的比例。此外，国内产业市场份额的增加是以降低产品销售价格为代价的。因此，委员会认定，就市场份额而论，国内产业遭受到了实质性阻碍。

（8）产量和产能利用率

从表 9-33 可以看出，2008/09 年度，国内产业的产量和产能利用率是上升的。此外，国内产业在发展规划中所预期的 2008/09 年度的产能利用率为 85.50%，但实际上仅实现了 44.84%，主要是受到倾销进口产品的影响。2008/09 年度的季度分析数据显示，2008 年 4～6 月和 2008 年 10～12 月，国内产业的产能利用率从 51.31%降至 39.12%。然而，为了增加产量和销售量，申诉方在 2008 年 10 月～2009 年 3 月大幅降低了出厂价格，这一措施最终使其在 2009 年 1～3 月实现了 46.47%的产能利用率。

表 9-33 国内产业的产能利用率

年 度*	产能利用率
2006/07	—
2007/08	35.38
2008/09	44.84
2008/09 年度季度数据	
2008 年 4～6 月	51.31
2008 年 7～9 月	50.32
2008 年 10～12 月	39.12
2009 年 1～3 月	46.47

* 年度计算是从当年的 4 月 1 日至次年的 3 月 31 日

资料来源：申诉方

基于上述事实和分析，委员会得出结论：2008/09 年度，就产量和产能利用率而言，国内产业遭受到了实质性阻碍。

（9）利润和亏损

从表 9-34 可以看出，2007/08 年度 2008/09 年度，国内产业出现亏损。按照申诉方的说法，2008/09 年度与上年度相比净亏损增加的主要原因是倾销进口产品所产生的价格抑制。2008/09 年度的季度利润 /（亏损）数据分析显示，国内产业在该年度的 4 个季度中有 3 个季度均出现亏损。

表 9-34 国内产业盈利状况分析

年 度*	净利润/（损失）		
	Sitara 有限公司	Descon 有限公司	总 量
2006/07	—	—	—
2007/08	（100.00）	—	（100.00）
2008/09	（2547.02）	（4.78.13）	（3025.14）
2008/09 年度季度数据			
2008 年 4～6 月	（100.00）	—	（100.00）
2008 年 7～9 月	1.57	—	1.57
2008 年 10～12 月	（32.40）	—	（32.40）
2009 年 1～3 月	（36.99）	（31.50）	（68.50）

* 年度指从当年 4 月 1 日至次年 3 月 31 日

信息来源：申诉方

注：将 2007/08 年度和 2008 年 4～6 月的国内产业的全部净利润作为 100，其余年度和季度的实际数据相应作了调整

在上述事实和分析的基础上，委员会得出结论：在调查期，由于倾销进口量的增加，国内产业遭受了损失。

（10）库存

表 9-35 显示，国内产业的产品库存从 2007/08 年度的***吨增至 2008/09 年度的***吨。由于库存的增加，国内产业遭受到了实质性阻碍。该表还显示，在 2008/09 年度的后 2 个季度（即 2008 年 10 月～2009 年 3 月），国内产业的库存急剧上升。

表 9-35 国内产业的库存情况

年　　度*	初始库存	期末库存
2006/07	—	—
2007/08	—	100.00
2008/09	100.00	2522.16
2008/09 年度季度数据		
2008 年 4～6 月	475.68	100.00
2008 年 7～9 月	100.00	124.32
2008 年 10～12 月	124.32	3443.24
2009 年 1～3 月	3443.24	11997.29

* 年度指从当年 4 月 1 日至次年 3 月 31 日

信息来源：申诉方

注：将 2007/08 年度和 2008 年 4～6 月期间的国内产业的期末库存作为 100，其余年度和季度的实际数据作了相应调整

基于上述事实和分析，委员会得出结论：由于库存增加，国内产业遭受到了实质性阻碍。

（11）劳动生产力和工资

表 9-36 显示，在调查期，一方面，国内产业的就业人数增加，由于产量的增加，每个工人的劳动生产力提高；另一方面，企业在 2008 年支付的工资总额从***百万卢比增至***百万卢比，这对申诉方的经营业绩产生负面影响，这在每吨增加的薪资中有所体现。

表 9-36 国内产业的就业以及员工薪资情况

年　度*	就业人数	总薪水和工资	国内产量（商业的）	人均劳动生产力	薪资水平（卢比/吨）
2006/07	—	—	—	—	—
2007/08	100.00	100.00	100.00	100.00	100.00
2008/09	130.00	614.50	405.56	316.60	151.60

* 年度指从当年 4 月 1 日至次年 3 月 31 日

信息来源：申诉方

注：以 2007/08 年度的数据为基数，其余年度的实际数据作了相应调整

基于上述事实和分析，委员会得出结论：在 2008/09 年度，国内产业每吨的薪资有所增加。

（12）投资收益率

表 9-37 显示，虽然，与 2007/08 年度相比，国内产业在 2008/09 年度的投资收益有所提高，但仍低于 2%。根据申诉方的说法，这样低的投资收益率是由于被调查产品的倾销进口造成的。由于投资收益率低，未来申诉方极有可能不会进行新的投资。

表 9-37 国内产业的投资收益率情况

年　度*	投资收益率
2006/07	—
2007/08	0.51%
2008/09	1.41%

* 年度指从当年 4 月 1 日至次年 3 月 31 日

信息来源：申诉方

基于上述事实和分析，委员会得出结论：就投资收益率而言，国内产业遭受到了实质性阻碍。

（13）现金流

依据申诉方提交的信息，由于被调查产品的倾销进口，其现金流状况也受到了影响。

表 9-38 显示，就现金流状况而言，国内产业遭受到了损害，理由是 2007/08 年度现金净流出***百万卢比，而 2008/09 年度的现金净流出增至***百万卢比。

表 9-38 国内产业的现金流情况

年 度*	业务运营的净现金流
2006/07	—
2007/08	（100.00）
2008/09	（183.10）

* 年度指从当年 4 月 1 日至次年 3 月 31 日

信息来源：申诉方

注：将 2007/08 年度的业务运营净现金流作为 100，其余年度的实际数据作了相应调整

基于上述事实和分析，委员会得出结论：就现金流而言，在调查期，倾销进口产品令国内产业遭受到了实质性阻碍。

（14）增长和投资

根据目前掌握的数据，国内产业的总装机产能已经高于国内需求。在这种情况下，该产业将不会再投入资金。然而，作为申诉方之一的 Sitara 过氧化氢有限公司在其年度报告中宣称，在未来两年将增加 6 万吨的装机容量。该企业称，“考虑到市场对过氧化氢需求的快速增长，公司管理层计划在未来 2～3 年中将产能翻一番。此外，研发工作仍在推进，以便挖掘其他的业务领域/产品，依据新的领域/产品，公司努力实现多元化经营。”

基于上述事实和分析，委员会得出结论：就增长和投资而言，国内产业未遭到实质性阻碍。

（15）集资能力

申诉方的观点是，筹集资金的能力取决于公司的财务业绩。在业绩亏损和现金流减小的情况下，通过资本市场筹集资金将非常困难。只有企业的销售额和利润有所增加，投资者才愿意注入更多的资金。然而，由于倾销进口产品的增加，国内产业的集资能力被严重削弱。

（16）对实质性阻碍的总结

基于上述信息/数据和分析，委员会认定，巴基斯坦国内的过氧化氢产业尚未建立起来：虽然国内过氧化氢实现了稳定的生产，但却无法实现稳定的销售趋势；与国内过氧化氢的整体销售规模相比，国内生产规模相当低，无法达到“盈亏平衡点”。由于倾销产品的进口量和价格抑制有不断增加的趋势，在调查期内国内的过氧化氢产业遭受到了实质性阻碍。

（17）其他因素

根据《条例》第 18（2）条的规定，委员会还审查了被调查产品倾销进口之外的、同时对国内产业的建立造成实质性阻碍的因素，以确保是否存在其他因素而不能归因于倾销进口产品造成损害的可能性。

委员会的调查显示，在调查期，由于从涉案国以外的国家进口的过氧化氢的数量可以忽略不计，

因此国内产业并未因这些进口产品而遭受实质性阻碍。

委员会对《条例》第 18（3）条提及的因素进行了分析，结果发现：

在贸易限制措施和竞争方面，除了出口国的生产者和国内生产者发生变化之外，其他国外生产商和国内生产商之间均未发生变化；而且技术方面也没有出现重大变化。

（18）倾销进口产品和实质性阻碍之间的因果关系

委员会在本终裁中裁定：在调查期，出口国以倾销价格向巴基斯坦出口被调查产品。由于两家新建企业生产的过氧化氢取代了进口同类产品，从 2007/08 年度到 2008/09 年度，倾销进口产品的数量从 4.6388 万吨减至 3.4994 万吨，减少了 1.1394 万吨。然而，2008/09 年度倾销进口产品的季度性数据表明，与 2008 年 4～6 月相比，2008 年 7～9 月倾销进口产品从 5919 吨增至 1.3202 万吨。因此，与 2008/09 年度的第 1 个季度相比，倾销进口量呈现增长趋势。在调查期，即 2006/07 年度至 2008/09 年度，就总进口量所占比例而言，倾销进口产品从 98.83%升至 99.75%。如果在 2008/09 年度的 4 个季度中的 3 个季度中，国内产业没有以低于出厂成本的价格销售产品的话，倾销产品的进口量将会比实际的进口量高得多。

由于倾销进口产品的数量有不断增加的趋势，并对国内同类产品的价格产生不利影响，国内产业为了获得更多的市场份额，不得不在调查期 4 个季度中的 3 个季度（即 2008 年 4～6 月、2008 年 10～12 月、2009 年 1～3 月）承受损失。虽然国内产业实现了稳定的生产趋势，但由于调查期内倾销进口产品的增加，无法实现稳定的销售趋势，从而最终导致库存的增加。此外，自 2008 年 1 月巴基斯坦国内产业开始投产以来，其市场份额并没有显著上升，国内产业仅实现市场总份额的 28.08%，而倾销进口产品占据了市场的主要份额，即 71.73%。委员会还认定，国内产业尚未达到盈亏平衡点。

对国内产业的建立构成实质性阻碍的主要原因是，在调查期内倾销进口产品的日益增加、对国内产业形成的价格抑制以及国内产业的亏损状况。

2．结论

在审查了所有因素后，委员会得出结论如下：

（1）国内产业提交了申诉书，申诉方代表国内产业 100%的产量；

（2）被调查产品与国内产业生产的产品属同类产品；

（3）在调查期，涉案国的出口商/生产商以低于正常价值的价格向巴基斯坦出口涉案产品；

（4）涉案国的出口商/生产商出口至巴基斯坦的涉案产品的数量和倾销幅度分别高于可忽略不计的水平和在最低限额之上，只有 Hansol、OCI 和 OCIC 除外；

（5）将出口价格调整为出厂价，以加权平均百分比表示的涉案国的出口商/生产商的倾销幅度为 1.07%～124.58%；

（6）依据《条例》第 15 条和第 17 条的规定，在调查期内，就下列各因素和指标而言，国内产业遭受到了实质性阻碍：倾销进口产品的数量增加，国内产业市场份额的丧失，国内产品遭受价格抑制，国内产业的亏损情况，国内产业的产量下降，产能利用率下降，对企业现金流的负面影响，对国内产业的就业、薪资水平的负面影响，对投资收益率的负面影响以及对筹集资金能力产生的不利影响；

（7）被调查产品的倾销进口和国内产业遭受的实质性阻碍之间存在因果关系。

附　录

附表 1　世贸组织产品分类标准表

类　别	产　品　描　述
第 1 类	动物及动物产品
第 2 类	蔬菜
第 3 类	动植物油和脂肪及其分解物，精制的食用油脂，动、植物蜡
第 4 类	食品、饮料、酒类及醋、烟草及烟草替代品
第 5 类	矿产品
第 6 类	化工产品及有关工业产品
第 7 类	橡胶及其制品，塑料及其制品
第 8 类	生皮、皮革、毛皮及其制品；鞍具及挽具；旅行用品、手提包及类似容器、动物肠线（蚕胶线除外）制品
第 9 类	木及木制品；木炭；软木及软木制品；稻草、秸秆、针茅或其他编结材料制品；篮筐及柳条编结品
第 10 类	木浆及其他纤维状纤维素浆；回收（废碎）纸或纸板；纸、纸板及其制品
第 11 类	纺织原料及纺织制品
第 12 类	鞋、帽、伞（雨伞和阳伞）、手杖、鞭子、马鞭及其零件；已加工的羽毛及其制品；人造花；假发制品
第 13 类	石料、石膏、水泥、石棉、云母及类似材料的制品；陶瓷产品；玻璃及其制品
第 14 类	天然或养殖珍珠、宝石或次宝石、贵金属、包贵金属及其制品；硬币，仿珠宝
第 15 类	贱金属及其制品
第 16 类	机器、机械装置、电气设备及零件；录音机及扬声器、电视图像、声音的录制和重放设备及其零件、附件
第 17 类	车辆、航空器、船舶及有关运输设备
第 18 类	光学、照相、电影、计量、检验、医疗或外科用仪器及设备、精密仪器及设备；钟表；乐器；上述物品的零件、附件
第 19 类	武器、弹药及其零件、附件
第 20 类	杂项制品
第 21 类	艺术品、收藏品及古物

资料来源：世贸组织，http://www.wto.org。

附表 2　发展中经济体（地区）、发达经济体（地区）和转型经济体的划分标准

1. 发展中经济体（地区）		
	美　洲	
加勒比岛国		
大加勒比岛国	小加勒比岛国	
古巴	安圭拉岛	格林纳达
多米尼加	安提瓜和巴布达	蒙特塞拉特
海地	阿鲁巴岛	荷属安的列斯
牙买加	巴哈马群岛	圣基茨和尼维斯
	巴巴多斯岛	圣卢西亚
	英属维尔京群岛	圣文森特和格林纳丁斯
	开曼群岛	特立尼达和多巴哥
	多米尼亚	特克斯和凯科斯群岛
中美洲		
伯利兹	危地马拉	尼加拉瓜
哥斯达黎加	洪都拉斯	巴拿马
萨尔瓦多	墨西哥	
南美洲		
阿根廷	厄瓜多尔	苏里南
玻利维亚	福克兰群岛（马尔维纳斯）	乌拉圭
巴西	圭亚那	委内瑞拉
智利	巴拉圭	秘鲁
哥伦比亚		
	非　洲	
东非		
布隆迪	马拉维	乌干达
科摩罗	毛里求斯	坦桑尼亚
吉布提	马约特岛	赞比亚
厄立特里亚	莫桑比克	津巴布韦
埃塞俄比亚	卢旺达	肯尼亚
塞舌尔	马达加斯加	索马里
中非		
安哥拉	刚果	圣多美和普林西比
喀麦隆	刚果共和国	
中非共和国	赤道几内亚	
乍得	加蓬	
北非		
阿尔及利亚	摩洛哥	西撒哈拉
埃及	苏丹	
利比亚	突尼斯	

（续）

南非		
博茨瓦纳	纳米比亚	斯威士兰
莱索托	南非	
西非		
贝宁	几内亚	尼日利亚
布基纳法索	几内亚比绍	圣赫勒拿
佛得角	利比里亚	塞内加尔
科特迪瓦	马里	塞拉利昂
冈比亚	毛里塔尼亚	多哥
加纳	尼日尔	
	亚　洲	
东亚		
中国	中国澳门	朝鲜
蒙古	中国香港	韩国
中国台湾		
南亚		
阿富汗	印度	尼泊尔
孟加拉国	伊朗	巴基斯坦
不丹	马尔代夫	斯里兰卡
东南亚		
文莱	马来西亚	泰国
柬埔寨	缅甸	东帝汶
印度尼西亚	菲律宾	越南
老挝	新加坡	
西亚		
巴林	巴勒斯坦	土耳其
伊拉克	阿曼	阿拉伯联合酋长国
约旦	卡塔尔	也门
科威特	沙特阿拉伯	
黎巴嫩	叙利亚	
	大 洋 洲	
萨摩亚	密克罗尼西亚	萨摩亚群岛
库克群岛	瑙鲁	所罗门群岛
斐济	新喀里多尼亚	托克劳
法属波利尼西亚	纽埃岛	汤加
关岛	北马里亚纳群岛	图瓦卢
基里巴斯	帕劳	瓦努阿图
马绍尔群岛	巴布亚新几内亚	瓦利斯和富图纳群岛
2. 转型经济体		
阿尔巴尼亚	吉尔吉斯斯坦	土库曼斯坦
亚美尼亚	黑山共和国	乌克兰
阿塞拜疆	摩尔多瓦	乌兹别克斯坦
白俄罗斯	俄罗斯	波黑
塞尔维亚	克罗地亚	塔吉克斯坦
格鲁吉亚	前南斯拉夫马其顿共和国	哈萨克斯坦

（续）

3. 发达经济体（地区）		
欧洲		
安道尔	直布罗陀	波兰
奥地利	希腊	葡萄牙
比利时	梵蒂冈	罗马尼亚
保加利亚	匈牙利	圣马力诺
塞浦路斯	冰岛	斯洛伐克
捷克共和国	爱尔兰	斯洛文尼亚
丹麦	意大利	西班牙
爱沙尼亚	拉脱维亚	瑞典
法罗群岛	立陶宛	瑞士包括列支敦士登
芬兰，包括奥兰群岛	卢森堡	大不列颠及北爱尔兰联合王国包括和英吉利海峡诸岛和曼恩岛
法国，包括法属圭那亚、瓜德罗普、马提尼克、摩纳哥和留尼汪	马耳他	荷兰
德国	挪威包括斯瓦尔巴群岛和扬马延岛	
	美洲	
百慕大群岛	美国（包括波多黎各和维尔京群岛）	加拿大
格陵兰岛	圣皮埃尔和密克隆群岛	
	亚洲	
以色列	日本	
	大洋洲	
澳大利亚	新西兰	

资料来源：联合国贸易和发展组织，《UNCTAD handbook of statistics 2010》。

附表3 中国在贸易救济、知识产权领域及世贸组织的“第一案”

序 号	案 情 简 介
1	国外对华反倾销第一案
1979年1月，澳大利亚对华一水葡萄糖（dextrose monohydrate）启动反倾销调查。1979年9月24日，澳大利亚对此案作出裁决。	
2	国外对华反补贴第一案
2004年4月13日，加拿大对华烤肉架（Outdoor Barbeques）启动反补贴调查。2004年11月9日，加拿大终止对此案的调查。	
3	国外涉华保障措施第一案
1987年6月，欧盟对糖水梨（pears in syrup）启动保障措施调查。1987年11月26日，欧盟对此案作出裁决。	
4	特别保障措施第一案
2002年8月13日，印度对华缝纫机针（Industrial Sewing Machine Needles）启动特别保障措施调查。2003年8月13日，印度对此案作出裁决。	
5	国外涉华贸易救济案中涉案金额最大的案件
2010年6月30日，欧盟对华数据卡（wireless wide area networking（WWAN）modems）启动反倾销、反补贴和保障措施调查。2011年3月3日，因申诉方撤诉，欧盟终止上述调查。	
6	美国涉华337调查第一案
1986年12月29日，美国国际贸易委员会（ITC）对带羽毛的皮大衣及毛皮，及其加工方法启动337调查。美国国际贸易委员会确定的中国强制应诉企业为中国土产畜产进出口总公司。 1987年11月10日，美国国际贸易委员会发布终裁，不再复议初裁决定，以和解、认定侵权、普遍排除令的方式结案。	
7	中国企业完胜美国涉华337调查第一案
2003年5月28日，美国国际贸易委员会（ITC）对无汞碱电池启动337调查。2004年6月2日，美国国际贸易委员会主审法官作出初裁，认为原告专利有效，中方企业侵权成立。2004年10月2日，美国国际贸易委员会作出终裁，裁定原告专利因不具备确定性而无效。 此后5年，该案历经联邦巡回上诉法院和联邦最高法院，最终全面胜诉，成为我国企业第一起经历了从调查发起到司法程序用尽全过程、并以我国企业大获全胜而告终的案件。	
8	中国作为起诉方提起的第一起世贸组织争端案件
美国对钢铁产品的最终保障措施案（DS252） 2002年3月26日，中国就美国对钢铁产品的最终保障措施诉至WTO争端解决机构。2003年7月11日，发布专家组报告。2003年11月10日，发布上诉机构报告。该案为中国与其他成员联合起诉的案件，最后胜诉。	
9	中国作为被诉方的第一起世贸组织争端案件
中国集成电路的增值税（DS309） 2004年3月18日，美国就中国关于集成电路增值税的问题诉至WTO争端解决机构。2005年10月6日，双方通过磋商达成共识。	
10	中国在专家组程序中以第三方身份参与的第一起案件
美国给其海外销售公司的税收待遇（DS108） 1997年11月18日，欧盟就美国对其海外销售公司的税收待遇问题诉至WTO争端解决机构。1999年10月8日，发布专家组报告。2000年2月24日，发布上诉机构报告。专家组认为，美国违反了其在《补贴与反补贴措施协定》第3.1（a）条和《农业协定》第3.3条项下的义务。	
11	中国在上诉程序中以第三方身份参与的第一起案件
美国给其海外销售公司的税收待遇（DS108） 1997年11月18日，欧盟就美国对其海外销售公司的税收待遇问题诉至WTO争端解决机构。1999年10月8日，发布专家组报告。2000年2月24日，发布上诉机构报告，认定美国违反了其在《农业协定》第10.1条和第8条项下的义务。美国败诉。	

附表4 缩略语

缩略语	中 文 全 称	缩略语	中 文 全 称
AD	《反倾销措施协定》	SCM	《补贴与反补贴措施协定》
DSB	争端解决机构	SPS	《卫生与植物卫生措施协定》
DSU	《关于争端解决规则与程序的谅解》	TBT	《技术性贸易壁垒协定》
GATS	《服务贸易总协定》	TRIPs	《与贸易有关的知识产权协定》
GATT	《关税与贸易总协定》	TRIMs	《与贸易有关的投资措施协定》

附表5　1995～2011年WTO成员启动的反倾销调查涉案产品分类列表

年　份	1995	1996	1997	1998	1999	2000	2001	2002	2003	2004	2005	2006	2007	2008	2009	2010	2011	总　计
第1类	1	2	2	6	8	3	2	11	2	10	0	0	1	1	3	0	2	54
第2类	0	5	2	4	1	7	9	3	1	6	4	5	1	5	1	1	1	56
第3类	0	0	0	0	0	0	4	2	2	1	2	3	0	0	0	0	0	14
第4类	13	6	4	8	2	3	1	3	0	1	1	5	0	0	2	1	5	55
第5类	1	4	3	4	9	9	16	8	5	1		2	2	2	1	4	2	73
第6类	31	42	21	24	76	62	67	96	73	49	37	37	56	34	47	44	29	825
第7类	20	26	36	33	40	24	56	42	24	44	37	27	16	21	31	23	13	513
第8类	0	3	0	0	0	0	0	0	0	0	2	0	0	0	0	0	0	5
第9类	1	4	11	3	0	5	4	1	11	11	3	2	1	9	7	5	13	91
第10类	3	14	36	7	18	5	7	7	20	8	6	17	19	2	8	20	11	208
第11类	1	23	8	28	34	17	27	7	14	21	27	17	11	39	20	7	2	303
第12类	6	1	0	4	2	3	2	3	0	0	4	3	0	1	3	0	0	32
第13类	3	11	11	12	8	6	6	11	11	8	10	12	3	4	11	12	14	153
第14类	0	0	0	0	0	0	1	0	0	0	0	0	0	0	0	0	0	1
第15类	43	39	64	111	111	110	138	96	54	38	37	32	24	65	45	43	53	1103
第16类	24	33	34	10	30	30	24	9	12	16	17	29	28	16	21	9	7	349
第17类	3	3	1	2	4	7	0	2	1	2	4	2	1	3	3	1	2	41
第18类	1	5	9	5	2	0	3	3	2	1	1	5	0	6	3	1	1	48
第20类	6	5	4	5	13	7	5	11	2	3	9	6	2	5	3	0	0	86
总　计	157	226	246	266	358	298	372	315	234	220	201	204	165	213	209	171	155	4010

数据来源：2012年5月WTO公布的《2011年全球反倾销情况》

附表 6　1995～2011 年 WTO 成员启动的反补贴调查涉案产品分类列表

年　份	1995	1996	1997	1998	1999	2000	2001	2002	2003	2004	2005	2006	2007	2008	2009	2010	2011	合 计
第 1 类	1	1	1	1	4	1	0	0	1	1	0	0	1	0	1	0	0	13
第 2 类	0	1	0	0	0	2	1	2	0	0	1	1	0	0	0	1	0	9
第 3 类	0	0	1	0	0	0	0	1	5	0	0	0	0	0	1	0	0	8
第 4 类	8	4	2	5	2	0	0	1	1	0	0	1	0	0	0	0	0	24
第 5 类	0	0	0	0	0	0	4	0	0	0	0	0	0	1	0	1	0	6
第 6 类	1	0	2	0	1	0	2	0	4	0	0	1	1	3	4	0	1	20
第 7 类	0	0	0	4	7	2	2	0	0	2	2	0	2	1	4	0	2	28
第 9 类	0	1	0	0	0	0	1	0	0	1	0	0	0	0	0	1	0	4
第 10 类	0	0	0	0	0	0	0	0	0	0	2	3	1	1	2	1	0	10
第 11 类	0	0	0	2	5	1	2	1	0	0	0	0	2		1	0	0	14
第 12 类	0	0	0	0	0	1	0	0	0	0	0	0	0	0	0	0	0	1
第 13 类	0	0	1	0	1	0	0	0	0	0	0	0	0	0	1	0	0	3
第 15 类	0	0	7	12	20	11	14	1	3	3	0	2	3	7	11	4	3	101
第 16 类	0	0	1	1	1	0	1	3	1	1	1	0	1	3	2	1	1	18
第 17 类	0	0	1	0	0	0	0	0	0	0	0	0	0	0	1	0	1	3
合　计	10	7	16	25	41	18	27	9	15	8	6	8	11	16	28	9	8	262

数据来源：2012 年 5 月 WTO 公布的《2011 年全球反补贴情况》

注：反补贴 2011 年的统计数据截至 2011 年 6 月。

附表 7　1995～2011 年 WTO 成员启动的保障措施调查涉案产品分类列表

年　份	1995	1996	1997	1998	1999	2000	2001	2002	2003	2004	2005	2006	2007	2008	2009	2010	2011	合 计
第 1 类	0	1	0	3	2	3	0	1	1	1	0	1	1	0	2	1	0	17
第 2 类	1	1	1	0	2	3	2	1	0	2	1	0	0	0	1	0	0	15
第 3 类	1	0	0	0	0	1	0	1	0	0	0	0	0	0	0	0	0	3
第 4 类	0	0	0	0	1	4	3	3	3	0	1	0	0	1	1	0	0	17
第 5 类	0	0	0	0	0	0	1	0	1	0	0	1	0	1	0	1	1	6
第 6 类	0	0	1	3	4	5	0	8	2	2	1	1	1	2	6	2	1	39
第 7 类	0	0	0	2	1	3	0	0	1	0	0	1	1	0	1	0	3	13
第 8 类	0	0	0	0	0	0	0	0	0	0	0	0	1	0	0	0	0	1
第 9 类	0	0	0	1	0	0	0	2	0	0	0	0	0	0	1	0	0	4
第 10 类	0	0	0	0	0	1	0	0	1	0	0	0	0	0	4	1	0	7
第 11 类	0	0	0	0	0	1	0	0	0	1	0	0	0	2	3	4	2	13
第 12 类	0	0	1	0	1	1	0	1	0	0	1	2	0	0	0	0	0	7
第 13 类	0	0	0	0	0	0	1	2	5	3	1	2	1	1	3	2	1	22
第 15 类	0	0	0	0	2	2	4	12	1	0	0	0	1	2	3	7	2	36
第 16 类	0	0	0	0	1	0	0	3	0	3	0	4	1	1	0	1	0	14
第 17 类	0	1	0	0	1	1	0	0	0	0	1	1	0	0	0	1	1	7
第 18 类	0	0	0	0	0	0	0	0	0	2	0	0	1	0	0	0	0	3
第 20 类	0	2	0	1	0	0	1	0	0	0	1	0	0	0	0	0	0	5
合　计	2	5	3	10	15	25	12	34	15	14	7	13	8	10	25	20	11	229

数据来源：2012 年 5 月 WTO 公布的《2011 年全球保障措施情况》